황철산黃鐵山, Hwang chul-san

사회과학원 민속학연구실장으로서 북한민속학의 초석을 다져놓은 인물로 파악된다. 연구범위나 대상, 분야 등에 있어서 폭넓은 학문세계를 보여주었으며, 북한민속학의 초기와 형성발전기에 중추 역할을 담당하였다. 일찍이 청진교원대학 교원시절부터 함경도일대에 대한 현지조사를 수행했으며, 1947년에 백두산답사조사를 청진대학에서 수행한 것으로 미루어 현장조사를 이미 해방공간에서 수행한 것으로 확인된다. 함경북도 북부 일대의 재가승마을에 대한 연구는 종족기원문제에서 뿐 아니라 본격적 의미에서의 민족지 구성이란 차원에서도 주목을 요하는 연구성과이다. 그는 물질문화유물보존위원회와 과학원 물질문화사연구소에서 도유호와 더불어 활동하였다. 고고학 및 민속학연구소 창립시 초대 민속학연구실장을 맡아 북한민속학계를 주도하였으며, 1960년 당시 부교수 직위에 있었다. 함경도에 밝은 식견을 지니고 있었으며 특히 민속학방법론을 주체민속학으로 열어놓는데도 일정한 역할을 담당하였다(자세한 내용은 해제 참조).

주강현朱剛玄, Joo Kang Hyun

제주대석좌교수(대학원 한국학과), 아시아퍼시픽해양문화연구원장(APOCC), 해양수산부 해양르네상스위원회 위원장, 『The Ocean』 편집주간. 전 세계로 발품을 팔며 연구하고 있으며, 일산 정발학연鉢學硏과 제주 산귤재山橘齋를 오가면서 자료와 사진아카이브를 축적시키고 있다. 아시아퍼시픽 해양문화국제컨퍼런스를 매년 개최하며 해양문화의 글로벌리더로 활약하고 있으며, KMI` 중앙일보 중앙SUNDAY와 해양실크로드문명탐사를 완주하였다. 지금까지 낸 책으로는 『등대문화사』, 『환동해문명사』, 『유토피아의 탄생』, 『제주기행』, 『제국의 바다 식민의 바다』, 『관해기』 Ⅰ·Ⅱ·Ⅲ, 『적도의 침묵; 해양문명의 교차로, 적도 태평양을 가다』, 『돌살; 신이 내린 황금그물』, 『상하이세계박람회』, 『세계박람회1862~2012』, 『Ocean Expology』, 『조기에 관한 명상』, 『黃金の海・イシモチの海, 호세이法政대학 출판부』, 『두레-농민의 역사』, 『우리문화의 수수께끼』 Ⅰ·Ⅱ, 『왼손과 오른손-억압과 금기의 문화사』, 『굿의 사회사』, 『마을로 간 미륵』 Ⅰ·Ⅱ 등 50여 권에 달한다. 번역서로 『인디언의 바다(Hilary Stewart)』가 있다. 문화관광부 남북문화교류위원을 지냈으며, 통일문화학회의 『통일문화』를 편집하였다. 북한관련 연구서로는 『북한민속학사』, 『북한민족생활풍습』, 『북한의 우리식 문화』 등이 있으며, 『북한의 우리식 문화』는 본의 아니게 '국방부금지도서'에 지정된 바 있다.

민속원 아르케북스 071　minsokwon archebooks

황철산 민속학
북한의 '역사과학으로서의 민속학'

| 황철산 짓고 |
| 주강현 엮음 |

민속원

책머리에

처음 북한관련 논저를 내던 시절은 엄중하기만했다. 88올림픽이 한창이던 시절 『조선의 민속놀이』 해제집(1988)을 펴낸 이래로 『북한민속학 - 재래농법과 농기구』(1989)를 통하여 당시 남한 학계로서는 생소한 북한의 물질생산민속에 관한 1차 정리를 한 바 있다. 필자의 학문적 궤적으로 본다면 북한민속 및 문화연구에 관심을 가진지 곧 30여년이 다가오는 셈이다. 광복50주년이 어제 같았는데 벌써 70주년을 넘겼으니, 통일은 염불처럼 읊어지지만 남북관계는 외려 상황이 악화되었다.

필자는 부문 학사로서는 최초인 『북한민속학사』(1991), 북한의 풍습을 망라한 방대한 분량의 『북한의 민족생활풍습 - 북한생활풍습50년사』(1994)를 펴냈으며, 개설서인 『북한의 우리식 문화』(2000)에 이르기까지 일련의 북한민속 및 북한문화를 '개척자적 자세'로 매진해온 바 있다. 통일문화학회 창립을 도모하고 『통일문화』를 4집까지 발간하였으나 정간이란 좌절을 맛보았으며 느닷없이 『북한의 우리식 문화』가 국방부금서로 지정되는 어처구니도 벌어졌다. 이렇듯 북한연구는 결코 순탄한 것만은 아니며, 북한정치연구가 주류를 이루는 가운데 문화연구는 '인기' 없는 비주류일 뿐이다. 그러나 북한의 문화연구는 소프트전략이라는 측면에서 매우 중요하며, 북한정치론 편향의 문제점까지 고려한다면 점차 그 중대성이 높아지고 있다.

'역사과학으로서의 민속학'을 주창하고 한국역사민속학회 창설을 도모하여 이론적 전거를 마련해온 입장에서 북한의 초대 민속학연구실장이었던 황철산에 대해 관심을 갖음은 너무도 당연하다. 오늘날 한국역사민속학회는 굳건한 학술단체로 성장을 거듭하여 확고부동한 위치를 차지하고 있으며 전국역사학대회에 역사민속학분과를 마련하여 사학사의 빈 고리를 채워주고 있다. 그러나 1990년 창립 당시에는 도심 외곽의 손바닥만한 연구실에서 오로지 역사민속학에 대한 학문적 열정과 의지만 가지고 공부하러 모이던 모습들이 눈에 선하다. 한국역사민속학회의 연구실장으로써 지면을 통해서나마 만난 황철산의 연구는 매우 역사적인 만남이기도 했다.

1991년도에 『북한민속학사』를 서술하여 북한민속학의 궤적과 본질을 단행본으로 제출한 바 있으나 그로부터 오랜 세월이 흘렀다. 민속학영역을 벗어나 해양문화학 및 문명사 영역으로 연구영역을 확장하여 유라시아-퍼시픽으로 확장되어 나간 마당에 한참 동안 북한민속학 자료들을 들추어볼 시간과 여유가 없었다. 이 책의 발간을 준비하면서 모처럼 '역사민속학'이라는 고향집으로 회귀한 느낌이다.

마침 2014년도 전국역사학대회에 한국역사민속학회는 '역사민속학의 사학사적 궤적'을 주제로 참여하였고, 황철산민속학에 대해서 본인은 다시금 문제제기를 하였다. 북한의 역사민속학에 대하여 본질적 문제제기를 한지 어언 30년 가까워지지만, 후학들이 후속연구를 해줄 줄 알았는데 한국학계에서 북한민속학의 사학사적 궤적을 옳게 알아채리는 연구자가 오늘날에도 거의 없다는 것이 현실이다. 물론 몇 연구자에 의한 '완벽한 표절'과 '무단베끼기' 등이 북한민속학연구에서도 수차례 있었으나 그냥 묻어두고 지나갔었다. 차마 같은 시대에 학문한다고 말하기 부끄러운 일이었다. 마침 민속전문출판사인 민속원과 황철산을 총괄한 선집을 단행본으로 묶기로 약속한 터에 오늘에 이르게 되었다.

그가 낸 단행본과 논문들을 최대한 모으고 엮었다. 글씨가 마모되어 재 타이핑치는 과정에서 일부 오류가 발생할 수도 있을 것 같아 저어된다. 그의 일생으로부터 연구사적 궤적, 각 분야별 연구 분석 등에 이르기까지 해제이지만 원고지 300매에 가깝게 상세 분석하고자 하였다. 남북 어디서도 평가에서 제외된 한 연구자에 대한 헌정의 의미를 지니는 해제집이 된 셈이다. 말하자면 이 책은 '황철산 역사민속학선집'이라 명명해도 좋을 것이다. 기회나는데로 잊혀져서 역사속으로 사라져간 여타 분들에 대한 선집도 펴내드렸으면 한다. 이로써 한국민속학의 빈 고리가 제대로 채워지길 기대해본다.

책을 펴내게끔 격려와 지원과 노고를 아끼지 않은 홍종화 민속원대표에게 감사드린다. '광복70주년'이라는 역사적 시점을 통과하며 이 책이 출간되어 더욱 기쁜 마음으로 이 편찬작업에 임하였다. 이 책이 두루 많은 이들에게 남북한 학문의 통합적 이해를 도모하는 '학문적 무기'로 쓰여지길 기대해보며 책머리에 갈음한다.

2016년 가을
제주 산귤재와 일산 정발학연을 오고가며
주강현

차례

책머리에　004
해제　　　013

제1부

**함경북도
북부 산간 부락의
문화와 풍습** 070

1. 머리말 ·· 70
2. 소위 "재가승"부락에 관한 개관 ··· 72
3. "재가승" 부락의 물질적 생산과 물질 문화 ································ 85
4. 가정, 사회 생활 풍습과 정신 문화 ·· 153
5. "재가승" 부락의 기원에 관한 견해들과
　　　이 지역 주민의 이동에 관한 력사적 고찰 ····················· 183
6. 맺는 말 ·· 208

**함경북도
북부 산간 부락의
기원에 관한
연구** 213

1. 소위 '재가승' 부락의 기원에 관한 견해들 ······························ 216
2. 륙진 지방의 원주민의 이동과 그 원인 및
　　　륙진 개척과 관련한 입거민의 구성 ································ 220
3. 소위 '재가승' 부락에 잔존하는 고유한 문화풍습과 그 기원 ········· 228

제2부

백두산 등산 연로의 유적 244

1. 신무성의 소사당 ··· 244
2. 무두봉 서북편의 "중산개소비" ·· 246
3. 압록, 토문 분수계상의 정계비의 유지 ·· 247
4. 토문강 안의 석돈 ··· 248
5. 천지반의 조산 ·· 250
6. 달문의 종덕사 ·· 250

구피의 狗皮衣에 관한 고찰 253

북포 北布에 관한 약간의 고찰 265

1. 북포의 유래와 그 발전 ··· 266
2. 삼 심기로부터 삼의 수확까지 ·· 271
3. '삼 심기'로부터 베 짜기까지 ·· 273
4. 베의 종류와 그 용도 ·· 276

함경북도 회령군 산간 지방의 목공업 280

1. '구름 깔개' 제작 ··· 280
2. 목공업 ··· 281

함경북도의 과거
농업 생산에 관한
고찰 286

과학으로서의
민속학의
대상과 방법 297

조중 친선 농업 협동 조합
농민들의 문화와
풍습 303

　　1. 생산 활동 ··· 304
　　2. 의식주 ··· 310
　　3. 가정 생활 ··· 313
　　4. 사상 의식의 개변과 문화적 요구의 장성 ······················ 317

향도(香徒, 鄕徒)에
관하여 325

　　1. 향도의 유래 ·· 326
　　2. 민간의 사회적 조직으로서의 향도의 내용, 기능 ············ 330
　　3. 향약법의 실시와 향도의 해소, 향도의 잔재 ·················· 337

지봉 리수광이 조선 민속학 분야에 남긴 유산　345

1. 지봉 리수광의 생애와 그의 저서 『지봉류설』 ·············· 346
2. 그가 남긴 민속학적 자료 ·············· 350
3. 그의 민속학적 소양 ·············· 372

성호星湖 리익李瀷이 조선민속학 분야에 남긴 업적　376

1. 성호 리익의 학풍과 그의 저 성호사설류선 ·············· 376
2. 그가 남긴 민속학적 자료 ·············· 381
3. 성호 리익의 민속학적 견해와 조선 민속학사 상 그의 위치 ·············· 404

18~19세기 경의 우리 나라 특별 음식　409

토론: 조선 민속학의 목적과 대상 범위에 관하여　416

1. 머리말 ·············· 416
2. 조선 민속학의 목적 ·············· 416
3. 조선 민속학의 연구 대상과 방법 ·············· 418
4. 조선 민속학의 범위와 다른 과학과의 관계 ·············· 420

제3부

14세기말~15세기 중엽의 북관개척과 개척민에 관한 연구 424

1. 고려 말의 남관 수복 ······ 424
2. 14세기 말 15세기 초의 북관 및 그 주변의 주민 ······ 432
3. 북관 해안 지방의 개척 ······ 443
4. 5진 설치와 실변이민 ······ 450
5. 북관 개척과 원주 녀진인 ······ 462
6. 북관 개척민의 부담과 그들의 투쟁 ······ 471
7. 15세기 중엽의 북관 주민들의 생활 형편 ······ 482

고조선의 종족에 대하여 490

1. ······ 491
2. ······ 499

예맥족에 대하여 1 507

1. 예, 예맥은 동일한 종족에 대한 두 가지 호칭 ······ 508

예맥족에 대하여 2 526

2. 예맥의 거주 지역과 그 문화와 풍습 ······ 526

과거 우리 나라 경작耕作 관습의 몇 가지에 대하여 535

1. 재배 작물의 종류와 그 배치 ········· 535
2. 씨붙이기 ········· 541
3. 김매기 ········· 547

우리 나라 과거 주택의 류형과 그 형성 발전 551

1. 우리 나라 주택의 류형과 그 분포 ········· 551
2. 주택 류형의 형성 발전과 각 류형에 공통한 특성 ········· 558

자료: 단오端午의 유래와 행사 563

그네뛰기 568

활쏘기 575

1. 리조 시기의 활의 종류와 용도 ········· 578
2. 리조 시기의 화살의 종류와 용도 ········· 578

찾아보기 585

일러두기
1. 이 책은 1950~60년대에 황철산이 발표한 논저를 엮은 책이다.
2. 이 책에 실린 논저는 현재 우리의 맞춤법과 상이하나 당시 북한의 맞춤법 체계(두음법칙, 띄어쓰기 등)를 그대로 따랐음을 밝힌다.
3. 독자의 이해를 돕기 위한 추가 설명이 필요한 경우에는 [ ]를 사용하여 원문에 설명을 더했다.

해제

북한의
'역사과학으로서의
민속학'

1. 황철산의 재발견
2. 북한민속학사상의 학문적 위상
3. 북한민속학의 역사과학으로서의 체계화
4. 역사와 문헌, 현지조사의 관계
5. 재가승과 종족문제 기원에 관한 문제
6. 생산풍습 및 물질민속 연구
7. 실학파의 민속연구와 민속학의 기점 문제
8. 현지조사 방법론연구
9. 세시풍속 및 민속놀이 연구
10. 맺음말 : 남북한 민속학의 통일적 모색을 겸하여

해제 .
북한의 '역사과학으로서의 민속학'

·

·

·

1. 황철산의 재발견

　　　　　　　　　어느 시대나 목격자는 있는 법이다. 해제자는 황철산이라는 '잊혀진 인물'에 대해서 그 목격자가 되고자 한다. 황철산은 자신이 활동했던 북에서 잊혀졌으며, 남에서는 아예 모르거나 무시한다. 학사라는 것은 무엇일까. 자신들이 알고 지냈던 이들만의 관계사, 조금 심하게 표현하여 '끼리끼리의 연구사' '그만그만한 연구사'에 머물기 십상이다. 저열하다는 표현이 허락된다면, 민속학사서술에서 그 저열성은 매우 일반화된 셈이다. 1950, 60년대 한국민속학사 서술은 그야말로 보잘것없이 몇몇의 약간의 연구를 제외하고는 서술할 거리 조차 작다. 그러나 그 1950, 60년대 북한의 민속학은 일종의 '황금시대'라 명명할 수 있을 정도로 저력과 힘을 보여준 바 있다. 특히 남한사회가 국문학·구비문학 일변도의 민속학으로 나아가고 있는 동안, 북한민속학은 역사과학으로서의 길을 걸었으며, 남한사회에서는 이루어지지 않던 물질및 생산풍습에 대한 연구의 초석을 놓고 있었다. 그 연구의 주역이 황철산이었다.

　사회과학원 민속학연구실의 초대 연구실장을 역임했던 그의 연구사적 궤적은 북한민속학사의 가장 중요했던 1950, 60년대를 꽉 채우고 있다. 그의 이름이 안보이기 시작한 1965년 이후, 북한민속학은 다른 학문분과가 대부분 그러하듯이 내리막길을 걸었다. 황철산의 시대에 역사과학으로서의 민속학에 관한 이론과 실천적 연구가 대체적으로 완성된 것으로 여겨진다. 1970, 80년대 이래의 북한민속학연구는 앞 시기의 성과를 반복하는 수준을 보여주고 있다. 그래서 더욱이 1950, 60년대 연구에 큰 의미를 부여해도 옳을 것이다.

황철산은 북한민속학의 방향을 '역사과학으로서의 민속학'으로 초석을 놓았다. 그의 학문적 성과는 단순히 북한민속학에 국한되지 않는다. 1950년, 1960년대의 남한민속학이 처해있던 수준과 역량에 비추어보아, 더 나아가 오늘의 입장에서 보아도 그의 연구는 일보 앞서있다. 1950, 60년대 한국민속학의 논문과 저서 수준을 황철산의 연구와 비교해볼 일이다. 그러나 한국민속학계는 황철산 등의 연구에 관심을 두지 않는 실정이다. 솔직하게 말한다면, 북한민속학의 많은 성과를 그대로 표절한 이들이 다수 있으며, 이를 숨기고 있는 상태이다.

필자가 이 땅에 '역사과학으로서의 민속학'을 주창하고 한국역사민속학회 창설을 주도한 입장에서 그에 대해 관심을 갖는 것은 너무도 당연하다. 일찍이 1991년도에 『북한민속학사』를 서술하여 북한민속학의 궤적과 본질을 단행본으로 제출한 바 있다.[1] 오랜 세월이 흘렀다. 그러나 한국학계에서 북한민속학의 사학사史學史 궤적을 옳게 알아채리는 연구자가 오늘날에도 거의 없다. 그러한 측면에서 '잊혀져간' 어느 연구자의 연구총량을 집결시켜 헌정의 의미를 담아내고 이를 분석하여 북한민속학및 남한민속학과의 상관관계까지 분석하는 일은 소중한 일이 아닐 수 없다. 남북 어디서도 평가에서 제외된 한 연구자에 대한 헌정의 의미까지 지니는 선집의 출현이 요구되는 이유이다.

기존 한국민속학사에서 볼 때, 황철산의 출현은 기존의 잔존문화론적, 정신문화 편향 일변도의 민속학에서 벗어나 물질민속, '과학으로서의 민속학' 등의 시각을 열어주는 각별한 감이 있다. 그의 연구성과는 '황철산민속학'이라는 당당한 명칭을 부여받을 수 있을 것이며, 본고는 이에 복무하는 글이 될 것이다. 황철산민속학이 21세기에야 뒤늦게 발간되어 한국민속학계 전체의 학사적 문제를 통일적 관점에서 재평가하게하고, 역사과학 입장에서는 '역사과학으로서의 민속학'에 대한 성찰을 통하여 사학사의 문제를 해결하는데 도움이 될 것으로 판단된다. 그래서 본 꼭지의 제목을 '황철산민속

---

1 이 글은 북한민속학에 연구를 총괄한 바 있는 다음의 초기 저작에 기초한다. 따라서 각주에 명시되지않은 문헌 출처는 다음 책을 참조. 주강현, 『북한민속학사』, 이론과 실천사, 1992.

학의 재발견'으로 잡고서 시작하는 것이다.

오늘의 북한민속학은 황철산시대의 학문적 성과와 수준에 비하면 지나칠 정도로 단순화되었고 학문적 깊이가 사라졌다. 그런 점에서 북한민속학사 자체의 관점에서도 황철산민속학은 각별한 점이 있다. 유의해야할 것은 황철산민속학이라고 했을 때, 당연히 개인 연구사에 초점을 맞추겠지만 동시대 사회과학원 민속학연구실 성원들이 수행했던 공동조사 등에 힘입고 있던 측면도 주목한다. 1948년 청진대학 백두산탐사대의 결과를 정리한 글에서 황철산은 이렇게 쓰고 있다.

> 당시 탐사시에 전 장석소長碩 동무는 력사과 학생 4명을 다리고 그 전부를 조사 측정하였는데 돌각담은 토문土門 같이 량 안이 절벽으로 된 곳까지 있고 그 아래는 어느 정도 더 가보아도 그런 것이 없었다….

전장석이 누구인가. 1950년대 민속학연구실의 연구사로 근무하던 유수의 민속학자이다. 전장석이 역사학전공임을 알 수 있고, 청진대학에 근무하던 함경도 출신들이 평양으로 옮겨와서 민속학연구실에 같이 근무하고 있던 정황을 알려주는 소중한 자료다. 사회주의협동농장의 현지조사 요강 같은 조사지침 문건들은 두말할 것 없이 공동의 노력이다.

그러나 아무리 공동의 노력이라고는 해도 연구는 결국 개인의 학문적 능력 없이는 불가하다. 그런 면에서 황철산은 한국민속학사에서 우뚝 선 인물이며, 얼마되지 않는 연구편수이지만 당대 학문적 수준에서 앞서가던 인물로 파악된다. 그의 글은 단순히 민속학적 연구로만 보아서는 안 된다. 역사민속학, 즉 '민의 생활사' 연구라는 큰 범주의 사학사 측면에서 재조망되어야 한다.

기존의 한국사학계는 문헌 위주의 연구에 매몰되어 생활사연구를 주축으로 하는 역사민속학의 위상에 대해서 무시 및 비하하는 아주 잘못된 태도를 지니고 있었다. 이른바 주류역사학의 이같은 그릇된 태도는 무지 및 오류에서 비롯된다. 근년에 문화사, 생활사, 구술사 등에 대한 관심이 높아졌는데 이는 본디 역사민속학에서 일상적으로 수행했던 과제일 뿐이다. 역사민속학의 학사적 선도성을 재평가해야 한다.

역사인류학자 샬린스가 말했듯이,[2] '역사학은 가능한 인류학이 되어야하고, 인류학은 가능한 역사학이 되어야한다'는 명제를 받아들인다면, 문헌과 구술과 물질의 삼각함수를 매개로 하는 역사민속학/역사인류학은 역사학 자체를 위해서도 중요한 것이다. 여기서 민속학/인류학은 제 몫이 다르지만, 통합적 관점에서는 민속학/인류학은 하나로 바라보는 열려진 태도도 필요하다.[3] 한국역사학계에서도 역사민속학에 대한 올바른 태도를 지녀야할 것이며, 대체로 역사학 전공자 출신으로 채워졌던 북한의 역사민속학에 대한 사학사적 이해를 지녀야할 것이다. 가령, 연희연구자로만 알려진 김일출 같은 전문 민속학자도 경성제대 출신의 역사학 전공자임을 이해할 필요가 있으며, 황철산·전장석 등이 모두 역사학 전공자였다.

남북관계의 소원함과 단절은 당연히 북한학사에 대한 무지나 무시 등을 유발하였으며, 광복70주년을 넘긴 오늘의 시점에서는 남북한 학문을 통합적으로 바라보려는 노력조차 없어졌다. 한 때 북한학문에 대한 일정한 관심이 존재하였지만 '종북' 등의 비학문적 용어가 학문을 앞지르는 비정상적 상황에서 북한 학자와 연구사를 올바르게 평가하는 일 자체가 버거운 일이 되고 말았다. 그러나 우리는 매우 냉정하게 남북한 학문의 통합적 이해를 모색할 필요가 있다.

북한이나 남한이나 1950, 60년대는 전쟁 참화 속에서도 나름 전통적 요소들이 잔존되던 상황이다. 남한의 경우, 산업화가 1960년대를 기점으로 본격화되어 전통이 날로 훼손 및 소멸, 변용되고 있었다. 북한의 경우도 예외가 아니어서 사회주의 협동화과정 속에서 사회구조가 바뀌고 전래 풍습의 변화가 촉진되던 상황이었다. 그런 점에서 1950, 60년대 북한민속의 정황을 엿볼 수 있다는 측면에서 당대 연구자들이 남긴 연구성과는 민속사民俗史 측면에서 중요하다. 더욱이 함경도 등 오늘의 입장에서 연구조차 불가능한 현장의 연구, 특히나 최소한 반백년 이상이 넘어선 제 연구에 관하여 학사적 의의는 부언 설명할 필요가 없을 것이다. 가령 함경도 재가승촌락에 관한 현지연구는 동북 변경사연구라는 측면에서도 소중한 자료일 것이다. 그렇다면 황철산은 어떤 인물일까.

황철산은 함경도 출신이다. 그에 관해서는 알려진 것이 드물다. 사적인 것은 제대로

----

2 Marshall Sahlins, *Historical Metaphors and Mythical Realities*, University of Michigan Press, 2010.
3 단, 남한의 민속학만이 그러한 것이 아니라 북한학계에서 '민속학'이란 용례를 쓸 뿐 '인류학'은 거의 쓰지않는 현상을 주목한다.

알 수가 없다. 연구사적 측면에서의 내력은 여러 글을 통하여 어느 정도 알 수 있다. 황철산은 민속학연구실장으로서 북한민속학의 초석을 다져놓은 인물로 파악된다. 연구 범위나 대상, 분야 등에 있어서 폭넓은 학문세계를 보여주었으며, 북한민속학의 초기와 형성발전기에 중추 역할을 담당하였다. 일찍이 청진교원대학 교원시절부터 함경도일대에 대한 현지조사를 수행했으며, 1947년에 백두산답사조사를 청진대학에서 수행한 것으로 미루어 현장조사를 이미 해방공간에서 수행한 것으로 확인된다.[4] 함경북도 북부 일대의 재가승마을에 대한 연구는 종족기원문제에서 뿐 아니라 본격적 의미에서의 민족지 구성이란 차원에서도 주목을 요하는 연구성과이다. 또한 그가 남긴 황두에 관한 일련의 연구는 남한학계의 생산풍습연구나 향촌사회연구에도 일정한 도움을 주었다. 가령 이태진이 발표한 황두관련 글도 황철산의 연구에 기초하고 있다.[5] 필자가 한국역사민속학회 창설을 주도하는 과정에서 손진태와 더불어 그의 연구를 집중 분석한 것도 역사민속학의 단절과 복원이라는 측면에서 유의 깊게 바라보았기 때문이다.[6]

그는 물질문화유물보존위원회와 과학원 물질문화사연구소에서 도유호와 더불어 활동하였다. 고고학 및 민속학연구소 창립시 초대 민속학연구실장을 맡아 북한민속학계를 주도하였으며, 1960년 당시 부교수 직위에 있었다. 함경도에 밝은 식견을 지니고 있었으며 특히 민속학방법론을 주체민속학으로 열어놓는데도 일정한 역할을 담당하였다. 그러나 도유호와 마찬가지로 1967년 이후에는 언급되지 않고 있다.

이상으로 볼 때, 해방공간 1947년의 백두산답사를 비롯하여 1965년 자료까지 확인되는 것으로 보아서 근 20여년 활발히 활동한 것으로 파악된다. 다음의 연보를 본다면 그가 대체적으로 북한 민속학의 방향을 주도하면서 역사민속학의 토대를 마련했음을 알 수 있다. 그가 아래의 모든 사안을 직접 주도하지는 않았겠지만, 민속학 분야에서 주도적 인물이었음은 분명하다. 가령, 고고학에서 도유호의 활동은 단지 그가 펴낸 논저에 국한되지 않는다. 도유호는 고고학 및 민속학연구소장으로서 민속학분야에 관해서도 자주 발언했으며 조사사업·출간사업 등에 관여했다. 마찬가지로 황철산 역시 민

---

4 "본고는 1948년 7월에 청진 교원 대학 '백두산 탐사대'에 참가하여 조사한 자료를 정리한 것"이라고 하였다.
5 이태진, 「17·18세기 香徒組織의 分化와 두레발생」, 『震檀學報』 67집, 1989.
6 주강현, 「역사민속학의 단절과 복원」, 『역사민속학』 11호, 한국역사민속학회, 2000.

속학연구실장으로서 현지조사 등에 깊숙이 관계하였으며, 연구자를 조직하고 민속학의 틀을 형성하는데 주도 역할을 담당하였다. 단순히 논문으로만 평가할 것이 아니라 북한민속학의 초석을 놓은 인물로 평가함이 마땅할 것이다.

이 글에서 '황철산민속학'이라 명명하였음은, '손진태민속학' 정도만 거론되는 한국학계에서 이북 쪽의 대비되는 역사민속학자에 관한 학문적 회고와 남과 북 어디에서도 사라져버린 그에 관한 연구사적 헌정의 의미도 갖는 것이다. 그는 북한학계에서 민속학을 역사과학으로 자리매김하는데 큰 역할을 했다. '황철산 민속학', 그 헌정의 의미는 한국사회의 '역사민속학'에 대해서도 시사하는 바가 클 것이다.

〈자료 1〉 황철산 논저 목록

「14세기말~15세기 중엽의 북관개척과 개척민에 관한 연구」, 『력사논문집』 제1집, 1957.

「백두산 등산연로의 유적」, 『문화유산』 1957년 4호.

「구피의에 관한 고찰」, 『문화유산』 1957년 5호.

「북포北布에 관한 약간의 고찰」, 『문화유산』 1958년 3호.

「함경북도 북부 산간 부락(≪재가승≫ 부락)의 기원에 관한 연구」, 『민속학연구총서』 제2집, 민속학논문집, 1959.

「함경북도 회령군 산간지방의 목공업」, 『문화유산』 1959년 1호.

「함경북도의 과거 농업생산에 관한 고찰」, 『문화유산』 1959년 4호.

『함경북도북부산간부락 재가승의 문화와 풍습』, 과학원출판사, 1960.

에쓰.아.또까례브, 「과학으로서의 민속학의 대상과 방법」, 『문화유산』, 1960(번역).

「조중 친선 농업협동조합 농민들의 문화와 풍습」, 『문화유산』 1960년 4호.

「항도에 관하여」, 『문화유산』 1961년 2호.

「지봉리수광이 조선 민속학분야에 남긴 유산」, 『문화유산』 1961년 4호.

「성호리익이 조선 민속학분야에 남긴 업적」, 『문화유산』 1962년 2호.

「자료 ; 단오의 유래와 행사」, 『문화유산』 1962년 3호.

「18~19세기경의 우리나라 특별음식」, 『문화유산』, 1962년 5호.

「토론 : 조선민속학의 목적과 대상범위에 대하여」, 『문화유산』 1962년 5호.

「고조선의 종족에 대하여」, 『고고민속』 1963년 1호.

「예맥족에 대하여(1)(2)」,『고고민속』 1963년 2, 3호.

「과거 우리나라 경작 관습의 몇가지에 대하여」,『고고민속』 1964년 4호.

「그네뛰기」,『조선의 민속놀이』, 1964.

「활쏘기」,『조선의 민속놀이』, 1964.

「우리나라 과거 주택의 류형과 그 형성발전」,『고고민속』 1965년 3호.

2. 북한민속학사상의 학문적 위상

북한민속학 형성과 전개도 어려운 여건에서 출발했던 것으로 보인다. 전문연구자가 거의 없었기 때문이다. 이 시기에는 북한뿐 아니라 남한 역시 민속학연구자가 매우 적었다. 민속학 자체가 학문상으로 볼 때 청소한 분야였기 때문이다. 당시 남한지역에 있었던 송석하는 전쟁 전에 사망하였고, 손진태는 전쟁기에 납북되었다. 북한에서는 도유호나 김일출 등 월북연구자가 확인되는 것으로 보아서 이들 연구자들에 의해 민속학 기반조성 작업이 시작됐던 것으로 판단된다. 도유호는 일찍이 독일유학에서 돌아와 일제강점기로부터 고고학연구에 종사하던 중 월북한 것으로 확인되며, 평양에서 박물관장을 지낸 한흥수와 김일출도 월북 연구자이다. 반면에 황철산은 함경도출신으로 해방 공간에서 청진교원대학 교원으로 있었던 것으로 추측된다. 일설에는 황철산 역시 월북자란 주장도 있으나 1947년에 이미 청진대학에서 백두산탐사대를 조직한 것으로 본다면, 본디 함경도에 거주하던 연구자로 보인다. 분명한 것은 그의 전공이 역사학이었을 것이란 점이다.

초기의 북한민속학은 주로 역사학연구자에 의하여 이루졌으며, 이는 북한민속학이 '역사과학으로서의 민속학'으로 일관되게 나가는데 영향을 미친 것으로 판단된다.[7] 당시 북한에는 이들 외에도 조선창극사를 쓴 정노식, 국문학자 고정옥, 홍기문 등 민속학과 일정하게 연관된 연구자들이 월북하여 자리를 잡고있던 것으로 판단된다. 그러나 이들은 문예, 고전문학 등의 파트에서 연구하였으며, 북한민속학은 황철산·전장석·

---

7 도유호같은 학자는 유학시절에 이미 선사고고학뿐 아니라 민속학도 연구했음을 주목할 것.

김일출 등 일련의 역사학자가 주도하였다.

고고학 및 민속학연구소장이었던 도유호(1905~1982)는 고고학자지만 유럽에서 문화사 세례를 받고 돌아온 입장이었다. 재미있는 것은 직급상 황철산 위에 있었던 도유호도 함경도 출신(함흥)이란 점이다.

그는 북경으로 가서 연경대학燕京大學 문학원에 입학하여 1년 수학하고, 1931년 독일로 넘어가서 프랑크프르트대학에 입학하여 사회철학과 사회사를 공부하였다. 1933년 오스트리아의 빈대학사학과로 옮겨 고고학을 전공하여 1935년에 철학박사 학위를 취득하였다. 그 뒤 바로 빈 대학 선사연구소에 들어가 1939년 귀국할 때까지 고고학과 민속학을 연구하였다. 귀국 후 일제의 탄압으로 아무 일도 못하다가 1942년 일본 동경東京으로 건너가서 대학선배인 오카岡正雄를 도와 맹힌Menghin, O.의 *Weltgeschichte Der Steinzeit*(Wien, 1931)을 번역해 『석기시대의 세계사石器時代の世界史』로 출판하기도 하였다.

1945년 해방공간에서는 잠시 함흥시립도서관장과 함흥의대 강사를 지내다가 월남하였다. 1946년 공산당에 입당하여 인민당 외교부장과 과학자동맹위원장직을 맡았다가 미군정의 체포령이 내리자 가족과 함께 월북하였다. 평양에서는 1947년 김일성대학 교수와 고고학연구소장, 1949년 조선역사편찬위원회 원시사분과위원이 되었으며, 1952년 과학원 물질문화연구소 초대 소장, 1959년 무질문화연구소가 개칭된 고고학 및 민속학연구소 소장직을 맡았다.[8]

잠깐 활동하였던 한흥수 같이 북한민속학과 연관이 있는 인물도 유럽에 풍미하던 문화사 영향권에 놓여있었다. 1936년에 출국한 한흥수는 오스트리아 비엔나대학을 거쳐 스위스 프라이부르크 대학에서 박사학위를 받았다(1940). 재미있는 것은 도유호나 한흥수나 독일 - 오스트리아 민속학의 주축을 이루었던, 이른바 비엔나학파의 학문적 분위기 속에서 유학생활을 보냈다는 점이다. 도유호와 한흥수는 1936년 비엔나에서 처음 만났으며, 10년 세월이 흐른 다음에 평양에서 다시 합류하였으며, 두 사람은 원시사회,

---

8 집안은 대대로 함흥에서 살아온 비교적 유복한 가정으로 알려져 왔다. 함흥 영신학교와 함흥 영생학교 4년을 마치고 1922년 서울의 휘문고등보통학교 5학년에 편입해 1923년 졸업하였다. 이 해 신흥공립보통학교에서 교편을 잡다가 1924년 사직하고, 경성고등상업학교에 진학해 1929년 졸업하였다.

민속학, 고고학에 관한 관심을 공유하면서 활동하였다. 그러나 두 사람의 학문적 접근 방식은 매우 이질적이었다. 한흥수는 1930년대 중반 자신이 내세웠던 조선적 특수성이란 관점을 벗어던지고 유물사관과 마르크스-레닌주의적 이론에 입각한 소비에트의 선진적인 연구성과를 적극적으로 활용하며 관련분야의 학문적 체계를 설정하고자 하였다. 반면에 도유호는 문화의 계통과 교류, 변증법적인 발전사관, 그리고 유물사관과의 적절한 조화를 통하여 자신의 학문적인 방향을 설정하고자 하였다.[9]

북한민속학의 초기 연구사업은 연관과학과의 합작형태로 진행되었다. 우선 1946년 4월 29일에 임시인민위원회에 의하여 "보물고적명승천연기념물보존령"이 발표되었으며, 1947년에는 이를 지도하기위하여 "북조선고적보존위원회"가 구성되었다. 1948년 정권수립과 더불어 "물질문화유물 보존관리에 관한 규정"이 발표되었으며, 동년 11월에는 이 규정에 따라서 "조선물질문화 유물조사보존에 관한 내각결정서"(내각결정 제110호)가 만들어진다. 이 위원회의 기구로서 원시사 및 고고학부, 미술사 및 건축사부, 민속학부, 박물관지도부, 총무부 등의 5개 기구가 설치된다. 평양과 각도에는 역사박물관이 설치되었고 이들 기관을 중심으로 연구사업이 진척된다. 이 시기의 민속에 대한 조사결과가 자료로서 확인되지는 못하지만 몇 가지 단편 자료를 통해서나마 우리는 각 연구자들이 일정한 연구사업의 기초를 다지고 있었음을 알 수 있다.

황철산이 1948년 7월 청진교원대학 '백두산탐사대'에 참가하여 조사한 자료를 재정리하여 발표한 글을 보면 이미 지역 대학이나 박물관 차원에서도 조사가 이루어졌음을 알 수 있다.[10] 여기서 청진지역이 지니는 고고학 및 민속과의 연관성을 잘 살펴보아야 한다. 1949. 9. 1~10.18일까지 48일간 발굴조사된 초도유적(함북 나진)을 당시 청진역사박물관에서 주관하였다. 이 박물관에는 고창훈, 황기덕, 정백운 등의 주요 연구자들이 있었다. 발굴에 참여하여 짐승뼈를 조사한 최여구같은 이는 당대 일급 어류연구자였으며, 황철산도 같은 청진의 대학에 있었다. 함경도 청진은 당시 고고학 및 민속학연구를 위한 많은 연구자들이 있었던 것으로 확인된다.

....
9 한창균, 「도유호와 한흥수, 그들의 행적과 학술논쟁(1948~1959)」, 『한국고고학보』 87집, 2013.
10 황철산, 「백두산 등산연로의 유적」(『문화유산』 1957년 4호)에서 백두산일대의 신종교(天佛敎)・탑・돌각담・신당 등의 조사가 이미 1948년에 이루어졌음을 보여준다.

북한민속학 기초준비를 위한 획기적인 일은 과학원 창설이다. 1952년 10월 과학원이 창설되어 12월부터 사업이 시작되며 과학원 내에는 "물질문화사연구소"가 설치된다. 1948년 11월에 설치된 "조선물질문화조사보존위원회"는 1953년 2월 18일 내각결정에 의하여 내각직속 〈물질문화유물보존위원회〉로 된다. 기존 위원회는 내각 직속으로 들어가게 되고 과학원 내에는 연구소가 설치된 것이다. 이로써 북한의 민속학연구는 과학원이 만들어지기 전까지는 위원회에서 총괄 추진되다가 과학원이 만들어진 후에는 연구소 체제로 편입되어 연구사업을 하게 된다. 황철산은 이런 과정에 깊숙이 개입한 것으로 파악된다. 그가 청진을 떠나 어느 시점에 평양으로 올라왔는지는 불분명하다.

한국전쟁 이후가 중요하다. 전쟁 기간인 1952년에 과학원 산하에 물질문화사연구소가 생긴 이래, 1956년까지는 이 연구소 주관으로 연구사업이 전개된다. 1957년에 이르면 고고학 및 민속학연구소로 명칭이 바뀌며, 이로서 북한의 민속학은 고고학과 병행하여 독자적 연구기관 체계를 꾸리게 된다. 고고학 및 민속학연구소는 고고학연구실과 민속학연구실, 미술사연구실의 3개의 중심 연구실을 갖추고 연구사업을 관장하게 된다. 미술사연구실은 건축사연구를 포괄한 상태로 존재하고 있었고, 음악사분야는 민속학연구실에서 포괄하고 있었다. 즉 고고학, 민속학, 미술사, 음악사 4개 분야가 존재하고 있었다.[11]

북한민속학계는 청소한 분야인 민속학 발전을 도모하면서 새로운 연구자도 양성해야하는 이중의 어려운 처지에서 연구사업이 진행되어나간 것으로 보인다. 이 시기 연구자들은 황철산, 전장석, 김일출, 김신숙, 리종목, 정시경, 강석준, 최원희, 홍희유 등이 주목된다. 가장 활발하게 활동한 연구자는 황철산, 전장석, 김일출 3인이다. 그 중 김일출은 60년대 초반에 제일 먼저 사라진다. 따라서 황철산과 전장석이 이 시기의 전 과정과 다음 시기까지 가장 활발한 활동을 한 연구자로 보인다. 앞에서 언급한 데로 황철산과 전장석은 일찍이 1940년대 후반에 청진대학에서 같이 활동하고 있었으니 1960년대에 이르면 근 20년 이상의 연구경력을 지닌 상황으로 파악된다.

---

11 과학원창립 5주년 기념학술보고회(1957)에서 이루어진 발표를 보면 고고학 및 민속학연구소 분야에서 음악사(문종상), 미술사(김용준), 김일출(민속학), 고고학(정백운)의 네 발표가 이루어지고 있음이 확인된다. 미술사나 음악사를 독립된 연구기관으로 만들어야한다는 견해도 표명되고 있으나 연구자의 부족으로 쉽지 않은 문제임을 토로하고 있다. 동시에 인류학의 필요성도 언급이 되었으나 이점도 연구자 부족을 토로하고 있다.

1957년 이후 학술잡지가 나오므로 이를 잘 살펴보면 구체적인 상황전개를 파악할 수 있다. 『문화유산』 창간은 북한민속학의 형성전개에서 중요한 역할을 한다. 『문화유산』을 중심으로 많은 연구성과가 집약되고 학자군이 선보이기 때문이다. '문화유산'이라는 말을 남한사회의 문화유산청 등 남쪽에서 먼저 쓴 것으로 오해하는 이들이 많은데, 당대를 기준으로 하여 문화유산이라는 말 자체를 가장 보편적으로 쓴 곳은 북한이다.

1950년대에는 전쟁의 참화 속에서 고고학 및 민속학연구소 『민속학연구총서』도 기획 출간되었다. 이 시기 연구성과 중에서 특히 강조되는 점은 '조선노동당 3차대회'(1956년)이후에 집중적으로 거둔 성과들 일 것이다. 전쟁이 끝나고 전후복구가 진행된 시기로 부터 사회주의 기초건설이 다져지는 이 시기, 즉 1961년의 4차 당대회까지 북한의 생활풍습자체가 급격한 변화를 겪는다. 무속분야에 대한 연구처럼 일정한 집중조사가 이루어졌다. 물론 무속분야는 조사가 이루어졌음에도 미신 타파 등의 이유로 공식 출간은 이루어지지 않았다. 남한 일각에서는 북한에서 '미신 타파' 등의 이유로 무속연구가 전혀 이루어지지않았던 것으로 생각하는 경우도 있으나 이는 전적으로 오류다. 민간예술과 생활풍습에 대한 연구는 탈놀이가 집중적으로 연구되었다. 학술적으로 중요한 성과가 이루어졌으니, 황철산에 의하여 조사가 이루어진 함경북도 재가승에 대한 연구이다. 본격 조사는 1956년 7월부터 시작하여 58년 12월에 완료됐으며, 1960년에 고고학 및 민속학연구소 민속학연구총서 제3집으로 출간되었다.[12]

황철산은 1950, 60년대 북한민속학계의 다양한 분야에 걸쳐서 참여하고 있었다.[13] 동시에 그 연구방식도 문헌, 현장, 물질을 두루 활용하고 있었으며 전통적인 신앙, 놀이류 연구에 국한되었던 민속학연구와 달리 물질문화, 종족문제 등에 이르기까지 폭넓게 구사되고 있었음을 알 수 있다. 그의 연구영역은 매우 넓었던 것으로 여겨지며, 연구자로서의 기본 토대가 잘 갖추어진 경우라 여겨진다. 그 세대가 그러하듯 한문과 일어에 능했으며, 러시아어도 관통하였다. 마르크스방법론을 깊게 들여다본 것으로 논문에서

---

12 『함경북도 북북 산간부락〈재가승부락〉의 문화와 풍습』, 평양:과학원출판사, 1960.
13 1961. 8. 1, 8. 8.(2일간) 토론회, "고조선의 종족구성과 시기구분에 대하여"
　1961. 8.29, 9. 2.(2일간) 토론회, "고조선의 생산력과 국가형성"

확인된다. 그러한 점에서 그는 한국민속학사상 최초의 본격적인 마르크스주의 민속학 연구자인 셈이다.

황철산이 1965년 이후에 사라진 것은 도유호와의 관계망 속에서 바라보는 것이 옳을 것이다. 도유호는 수많은 유적발굴조사를 하고 보고서를 발표하는 한편 많은 논문과 저서를 출간하였다. 그 중에서 가장 중요한 것은 '고조선의 위치비정설'과 『조선원시고고학』의 출간일 것이다. 북한 역사학계에서는 고조선의 위치에 대해 재만주설在滿洲說과 재평양설在平壤說로 갈린 상태였다. 약 10여 년간 토론을 거듭하면서, 1961년 김석형金錫亨을 비롯한 리지린李趾麟・림건상林健相・리상호・백남운白南雲 등 많은 문헌사가들이 재만주설에 동조하였다. 이에 대한 도유호를 비롯한 황철산・정찬영鄭燦永・황욱黃澳 등이 주장하는 재평양설은 점차 소수설로 전락하게 되었다. 1963년에 개최된 토론회에 이르러서는 도유호 등의 재평양설은 마침내 사라지게 되고, 고조선의 재만주설만이 남아 북한학계의 정설이 되었다. 이 사건으로 도유호는 1965년 이후 북한학계에서 설자리를 잃게 되었다. 이 여파가 황철산에게 어떤 결과를 미쳤는지는 불분명하나 어떤 여파가 있었던 것은 분명할 것이다. 왜냐하면 황철산 역시 1965년을 기점으로 더 이상 이름을 발견하기 어렵기 때문이다.

〈자료 2〉 북한민속학사와 황철산을 둘러싼 연보

- 1948. 7. 청진교원대학 백두산 등반로 일대의 탐사대 현지조사(이후 초대 민속학연구실장을 맡게되는 황철산이 참가하여 신종교의 존재와 사당, 조산造山 돌각담, 정계비 등에 대한 조사를 수행)

- 1948.11. 내각결정 110호, "조선물질문화 유물조사보존에 관한 내각결정서" 제정됨(원시사및 고고학부, 미술사 및 건축사부, 민속학부, 박물관지도부, 총무부 등 5개 기구 설치됨. 이는 후일 고고학민 민속학연구소의 근간을 이룸)

- 1956. 1.21. 과학원 제4차 총회(상무위원회및 각 연구소 소장 새로이 선출), 물질문화사 연구소 소장으로 도유호.

- 1956. 5.10. 쏘련 민속학 학술보고회에 참가하는 대표들 평양 출발. 레닌그라드에서 열린 민속학대회에 도유호등이 방법론 토론을 지켜봄

- 1956. 2. 고고학 및 민속학연구소 『문화유산』 창간(초대소장 도유호, "민족문화유산의 계승발전과 고고학 및 민속학연구소의 당면과업" 제시)

- 1956. 7. 함경북도 재가승집단에 대한 현지조사 착수(민속학연구실장 황철산)
* 과학원 창립 5주년 기념학술보고회(음악사의 문종상, 미술사의 김용준, 민속학의 김일출, 고고학의 정백운 발표)
* 이 시기에 북청지방의 민속들에 대한 종합조사와 무속연구 등의 현지조사가 이루어짐
- 1958. 8. 30. 8월말로 농업협동화 사업 완료(북한농촌사회에서 모든 생활풍습상의 일대 변화가 이루어지며, 이들 소멸・발전하고 있는 민속을 연구할 목적으로 많은 연구자들이 지역 현장으로 내려가게 됨. 황철산・김신숙・전장석・김일출・리종목 등 참여)
- 1958. 12. 황철산 주도로 재가승집단 현지조사 완료
- 1959. 2. 고고학 및 민속학연구소 보고", 전국농업협동조합대회에서 제시한 과업과 민속학의 당면임무"
- 1959. 6. "농업협동조합에 관한 현지 민속자료 수집요강". 2차에 걸쳐서 집약됨으로써 북한민속학현지조사방법론 상의 귀결점에 이르게 됨.
- 1960. 4. 1. 고고학 및 민속학 연구소 과학토론회, "고고학상으로 본 고조선"(황철산, 도유호, 황욱, 백연행, 김용간 등 참가)
- 1960. 11. 2년여에 걸친 재가승집단현지조사 보고서 『함경북도 북부 산간부락 〈재가승〉의 문화와 풍습』 간행
- 1961. 6. 재래농구 유형및 분포 조사보고
- 1961. 8. 1, 8. 8.(2일간) 토론회, "고조선의 종족구성과 시기구분에 대하여"(황철산, 김석형, 림건상, 박시형, 정찬영, 도유호, 백남운 등 참석. 민속학연구실장 황철산은 이 시기에 예맥족에 관한 연구를 발표하여 민속학분야에서 종족문제해결의 한 선례를 보여줌)
- 1961. 8. 29, 9. 2.(2일간) 토론회, "고조선의 생산력과 국가형성"(리상호, 리지린, 황철산, 정찬영, 림건상, 백남운 등 참석)
- 1962. 2. 고고학과 민속학에서 주체를 확립할 문제를 강력히 제기(이는 공식적으로 민속학 분야에서 주체문제가 가장 강력하게 제기된 문건임)
- 1962. 9. 3. 과학원고고학 및 민속학연구소 학술토론회, "조선민속학의 목적과 대상, 범위에 대한 학술토론회" 개최됨(황철산, 도유호, 계정희, 김신숙, 전장석, 김용간, 리원학, 김무삼, 김석형, 리지린 등 참석). 황철산이 주도한 이 토론회를 계기로 북한의 민속학은 쏘비에트민속학과 다르게 독자적인 영역을 지니는 주체적인 민속학으로 일정한 합의를 완전히 보게됨.

- 1962. 12. 과학원 고고학 및 민속학연구소 발간 『문화유산』 종간
- 1963. 3. 과학원 고고학 및 민속학연구소 발간 『고고민속』 창간(계간으로 『문화유산』 계승)

3. 북한민속학의 역사과학으로서의 체계화

북한민속학은 역사과학의 체계화 과정 속에서 위치지워 졌다. 학문의 성격, 연관 학문과의 관계설정, 연구기관 및 연구자 교육기관의 체계 등이 역사과학이란 규정성 속에서 이루어 졌다. 북한역사학은 문헌이 매우 적거나 없는 부분에 관한한 고고학, 민속학의 절대적 도움을 받고 있다. 따라서 문헌을 위주로 하는 역사학, 물질자료를 위주로 하는 고고학, 물질과 문헌을 참조로 하되 현지조사를 기초로 하는 민속학의 세 요소는 북한 역사과학의 기본을 이룬다.

북한민속학의 역사과학으로서의 체계화는 그 연구사 초기부터 확고한 것으로 보인다. '민속을 연구하려면 그 력사적인 고찰부터 필요한 것이다'는 주장이나 '우리는 먼저 조선민속에 관한 고전중의 기록부터 조사할 필요를 느낀다. 그리고 또 조선 민속에 관한 과거의 기록을 조사할 필요를 느꼈음은 물론이다. 이 문헌 자료조사에서 우리는 일련의 성과를 거두었다'는 표현에서 보이듯 역사학과의 관련성을 나타내주고 있다.[14] 여기서 민속학이 역사과학의 다른 부문들과 구분되는 특성이 제기된다.

> 사료를 정리하여 과거 역사의 객관적 법칙을 존중할 뿐만아니라 생동한 현실적인 인민의 문화와 풍습의 개선 개화를 위한 창조적이며, 실천적 활동을 동시에 진행하는데 있다. 따라서 민속학자의 학술 활동은 력사과학의 한 부분으로 자기의 지위를 확보하고 있는 것과 동시에 사회주의적인 민족 문화건설의 창작 활동에 보다 실제적이며 리론적 근거를 제공하는 데 있다.[15]

---

14 『문화유산』 1958년 1호, 2쪽.
15 『문화유산』 1958년 3호, 7쪽.

일반적 의미의 좁은 뜻에서의 역사학이 아니라 '역사과학의 한 부분'으로 민속학을 규정짓는 것이다. 이에 따라 문헌위주의 역사학, 고고학, 민속학의 세 분야가 위치지워 지는 것이다. 민속학은 역사학 뿐 아니라 북한민속학의 형성발전기 부터 오늘에 이르 기까지 고고학과 밀접한 관련을 맺고 있다.

> 고고학과 민속학은 력사과학의 분과로서 우리나라의 유구한 력사와 우수한 민족문화의 전통을 밝히는 데 필요한 불가결의 과학분야임은 주지의 사실이다. 창건 첫날부터 우리의 민족문화를 개화발전시키며 우수한 문화유산을 정당하게 계승발전시킬 데 대한 로선을 견지하여 온 우리당과 정부는 이 방면에 각별한 관심을 돌려왔다. 그리하여 이미 평화적 건설시기에 고고학및 민속학 분야에서는 적지않은 성과들이 달성되었다. 고고학분야에서는 중요한 유적을 수다히 발굴함으로써 새로운 자료를 축적하였으며 해방 전에는 모르던 력사적 사실을 허다히 알아냈다. 민속학 분야에서는 민족문화에 대한 허무주의와 복고주의로 표현된 부르죠아민속학의 여독을 극복하는 투쟁을 진행하면서 인멸하여가는 과거 민속자료를 수집하는 사업에서 일련의 성과를 거두었다.[16]

북한민속학의 대상과 목적에 관한 일정 합의가 공식적으로 이루어진 것은 황철산이 주도한 1962년의 "조선민속학의 목적과 대상 범위"에 대한 학술토론회로 보아야 한다. 그 이전에도 북한학계에서 각 연구자들에 의해 북한민속학의 목적과 대상에 대한 연구가 이루어지지 않은 것은 아니나 비로서 이 토론회에 이르러 공식 집약된 견해가 모아졌다. 1962년이라는 시기에 이르기까지 진행된 일련의 토론과정이 반영되어 하나의 결집된 공식견해로 나타난 것이다.

토론회는 과학원 고고학 및 민속학연구소가 조직되어 수년간의 연구조사를 집행한 결과를 총괄하고, 주체사상의 확립에 따른 북한민속학계의 공식적 견해를 하나의 방법론적 원칙으로 모두 집약시킨 토론회로 보여진다. 이 토론의 결과는 이후 북한민속학의 전개에 대한 하나의 방법론적 지침으로 작용하고 있음을 알 수 있고, 오늘에 이르기까지 여전히 많은 부분 유효한 것으로 판단된다.

---

16 「과학원 창립 이후 고고학과 민속학의 발전」, 『문화유산』 1962년 5호.

황철산(민속학연구실장, 부교수)이 토론을 이끌었으며, 많은 전문가들(당시 평양사범대학 계정희 교원, 고고학 및 민속학연구소 전장석연구사, 력사연구소 김석형 박사, 고고학 및 민속학연구소 김용간학사, 고전연구소 리원하 연구사, 력사연구소 리지린연구사, 중앙민속박물관 김무삼 부관장, 김일성종합대학 김신숙교원 등)이 참가하였다. 토론회의 의의는 고고학 및 민속학연구소 민속학연구실이 만들어진지 여러 해가 지난 후, 그 간의 논의를 총결하고 북한민속학의 위상을 종합적으로 검토한 본격적인 학술토론회라는 데 있다고 밝혔다.

북한민속학 초기에 다음과 같은 두 측면의 문제에 봉착하였다. 첫째, 사회주의 건설이 급격히 발전 장성함에 따라 낙후한 풍습은 급격히 사라지고 있었기에 사라져가는 풍습을 조사하여 기록에 남겨두는 것이 중요한 일로 제기되었다. 둘째, 사회주의 건설에 직접 복무하는 과업이 현실적으로 제기되었다. 따라서 이같은 일을 하기위하여 민속을 연구하기위한 역사적 고찰이 우선적으로 요구되었고, '역사과학으로서의 민속학'에 대한 논의가 정리되어나갔다.[17]

당시 북한민속학계는 조선노동당 3차대회의 결정과 이를 구체화한 당중앙위원회 1957년 12월 전원회의의 결정사항을 집행하는 과정으로 확인되었다. 이는 '현실에 접근하는 민속학'이란 개념으로 요약될 수 있을 것이다. 1962년 토론회에서 기조발표를 한 황철산은 다음과 같이 보고하였다

> 그러면 조선민속학은 무엇을 목적으로하는가? 우리인민은 단일 민족으로서 일찍부터 비상히 발달한 자랑스럽고 특성있는 문화와 미풍량속을 창조하여왔으며 오늘 사회주의 제도하에서 민족문화가 전면적으로 개화 발전하고있다. 이러한 환경에서 우리의 민속학은 우리 인민의 생활풍습의 각 부문에서 건전하고 인민적인 전통과 고상한 도덕적 풍모를 과학적으로 천명하는 것을 목적으로 하면서 현 시기 우리나라 혁명과업 수행에 이바지 하는 데 있다. 실로 조선 민속학은 우리 인민이 가지고있는 미풍 량속을 적극 아내여 계승 발전시킴과 동시에 부정적인 것에 대하여서는 그것이 존재한 리유와 그것을 소멸시킬 방도를 밝힘으로써 사회주의적인 새로운 생활 양식과 풍습을 창조하는 데 이바지하며 전체 인민들을 그들의 구미에 맞도록 교양하며 그들로 하여금 향토와 조국을 열렬히 사랑하도록 교양하는 데 이바지 하여야한다. 이것은 우리 민속학도들에게 부과된 고상한 의무며 높은

---

[17] 「1957년도 고고학및 민속학연구소의 사업총화」, 『문화유산』 1958년 1호.

영예로 된다. 이와 동시에 우리 민족이 단일 민족으로서 형성 발전한 과정을 밝히는 데도 이바지 하여야 할 것이다.

황철산은 "조선 민속학은 조선 력사 과학의 한 분과로서 우선적으로 직접적 관찰의 방법에 의하여 조선 인민의 생활 양식의 특성과 그것의 산생 및 발전의 합법칙성을 력사적으로 밝히는 과학"이라고 정의하였다.

"조선 민속학의 대상에 대한 이러한 규정에는 누구나 딴 의견이 없을 것으로 생각한다. 그러나 직접적 관찰의 방법 즉 현지조사의 방법을 우선적인 방법, 기본적인 방법으로 본다는 데는 의견이 있을 수 있다고 생각한다"고 하였다. 인민의 생활풍습은 오랜 전통을 가지면서도 문헌에는 기록되어 있지 않고 인민 생활 속에 산 기록으로 남아 있는 것이 많으며 그것은 문헌을 보충하여 주며 력사적 사실을 해명할 수 있게 하여 주기 때문이다. 그러므로 순전한 력사 민속을 연구함에 있어서도 직접적 관찰은 주요하다. 이제 와서는 그 존재의 의의를 상실하고서 인민들의 생활 속에 잔재로서 남아 있는 산 기록은 문헌을 보충하거나 또는 오직 그런 산 기록이 있음으로 하여 문헌에는 전연 없더라도 과거에는 이러 저러하였다는 것을 알 수 있는 것이 많다. 주지하는 바와 같이 현실과 맞지 않는 친족 칭호의 연구로써 과거의 친족 제도를 밝힌 모르간의 연구를 기초로 하여 엥겔스가 '가족 사유 재산 및 국가의 기원'을 밝힌 것은 그 뚜렷한 례로 된다.

공식적으로 지면에 소개된 자료는 얼마 되지 아니하나 번역된 소비에트 민속학자료는 북한민속학의 형성에 많은 도움을 주었던 것으로 짐작된다.[18] 청소한 분야인 민속학 수립에 대한 별다른 자료나 연구자 축적이 부족한 상태에서 쏘비에트 민속학이 지니고 있던 같은 사회주의 이념체계로서의 민속학 방법론은 북한민속학정립의 참고로서뿐

---

18 아.엘.몽가이트, 「1954년도 쏘련 고고학및 민속학 연구총화를 위한 과학 쎄시야」, 『력사과학』 1956년 1호; 에스.뻬.똘쓰또브, 「쏘련에서의 민속학 발전의 총화와 전망-1956년 5월 레닌그라드에서 진행된 민속학회에서의 보고」, 『문화유산』 1957년 2호; 엠.게.레빈,엔.엔.체복싸로브, 「경제문화 류형과 력사민족적 지역」, 『문화유산』 1957년 3호; 게.에스.치따야, 「민속학에서 현지조사사업의 원칙과 방법」, 『문화유산』 1958년 5호; 민속학연구실 역, 「쏘련에서의 공산주의 건설의 리론적 제문제와 쏘베트 민속학자들의 과업」, 『문화유산』 1959년 1호; 에스.아.도까레브, 황철산 역, 「과학으로서의 민속학의 대상과 방법」, 『문화유산』 1960년 2호; 브.유.끄루빤스까야, 최원희 역, 「쏘련노동계급에 대한 민속학적 연구범위와 방법론 문제」, 『문화유산』 1961년 2호.

아니라 이후 쏘비에트 민속학과의 엄격한 차별성 확인을 통한 '주체적인 민속학'의 확립으로 나아가게 되는 전초단계를 이루는 것이다. 1961년의 번역소개를 끝으로 더이상 북한민속학계에 공식적으로 쏘비에트민속학이 소개되지 아니한 시점인 1962년에 최초로 주체적 민속학의 공식적 견해인 "고고학 및 민속학에서 주체를 확립할데 대한 우리 당의 방침을 철저히 관철시키자"는 원칙제기가 이루어진다. 더 나아가 그해에 '조선민속학의 목적과 대상범위'에 대한 학술토론회가 개최되어 쏘비에트 민속학과의 차별성이 분명하게 선언된다.

황철산은 쏘비에트 민속학이 지니고 있는 쏘비에트 연방내의 민족문제 해결 방식으로서의 민속학과의 엄격한 차별성을 강조함으로써 주체로서의 민속학을 강조하였다. 나라에 따라 사회 정치 제도가 다르고 민족구성이 다르며 문화의 특성, 문화발전의 수준이 다른 데서 매개 나라들의 민속학이 추구하는 목적이 다름을 분명히 하였다. 자본주의 국가들의 민속학은 식민지의 인민 또는 자국의 피압박 계급을 효과적으로 통치하는 데 이바지하려는 목적에서 민속학을 그들이 말하는 '열등한' 인민들에 대한 연구 또는 농민에 대한 연구로 규정한다고 보았다. 이는 영·불 등의 민속학, 인류학이 지녔던 제국주의적 속성을 지적하고 있는 것이다. 반면에 사회주의 국가 중에서 쏘련의 민속학도 민족문제에 대한 레닌적 원칙에 의거 소수민족에 대한 주의를 집중하여왔으며 또 현재도 그렇게 하고 있다고 지적함으로써 단일민족으로 이루어진 우리민족의 민속학과는 차별성이 있음을 지적하였다. 따라서 북한민속학은 전적으로 독자적인 방향으로 나아갈 것임을 지적하고 있다.[19]

황철산은 번역을 감당할 만큼 러시아에 익숙했던 것으로 보인다. 당시 북한민속학계는 러시아 민속학 이론서를 몇 편 번역소개하고 있었는데 「과학으로서의 민속학의 대상과 방법」(1960)[20]가 그것이다. 그 자신의 학문적 견해가 아니라 번역문에 불과하나, 유독 그가 이 논문을 번역 선택한 것은 자신의 견해 및 당대 북한민속학의 입장과 일치되었기에 가능한 일이었다. 그는 잔존문화론적 시각에 비판을 가하였다. "많은 외

19　1957년 총결보고는 "소련의 이러한 경험(민속학조사)은 우리에게 귀중한 지침으로 되였다"는 표현에서 보이듯 1962년 보고와는 약간의 차이가 나고 있음을 주목할 것(『문화유산』 1958년 1호).
20　에쓰.아.또까레브, 「과학으로서의 민속학의 대상과 방법」, 『문화유산』, 1960.

국학자들은 민속학의 대상을 지나치게 협애하게 리해하고 있다. 혹은 민속학의 대상을 '원시적' 인민들에 관한 과학으로서, 혹은 문화의 기본 형식의 연구로서, 혹은 현대 인민들 속에서의 원시적 현상, 잔재의 탐구로서, 혹은 구라파 인민의 농민 문화 연구 등등으로 리해하고 있다"는 견해가 그것이다. 그는 민속학의 과업을 다만 '원시적' 인민과 사회 생활의 '원시적' 형식 연구에 국한하는 것은 낙후하고 압박 받는 식민지 인민과 '열등한' 인민에 대한 제국주의 대강국적 견해와 부분적으로 인종론적 견해를 반영하고 있다고 비판하였다. 여기서 기존의 역사과학은 "구라파와 아메리카의 '고등한', '문명한' 인민에 대한 임무만을 가지고 있으며 '렬등한' 인민에 대한 연구를 위하여서는 제2류의 과학-민속학과 같은 특별한 과학이 있어야 한다고 간주한다"고 비판하고 있다.

당시 소련에서 민속학этнография은 그 술어상 희랍어 에트노쓰-인민, 그라피아-기재, 기록, 즉 인민에 대하여 기재 또는 연구하는 과학으로 정리되고 있었다. 민속학을 영미식의 folklore가 아닌, '특별한 분과 과학으로서의 력사민속학'으로 간주하고, Ehhnography와 연관짓는 소련민속학계의 시각을 소개하였고, 실제로 북한민속학도 이같은 입장에 서있었음을 확인할 수 있다.

다음은 북한민속학 범위의 문제이다. 북한민속학에서 그 범위를 어떻게 잡는가를 이해함은 곧바로 북한민속학의 내용을 이해하는 길이다. 1959년에 전장석이 제시한 북한민속학의 편제, 토론회에서의 황철산의 분류, 그리고 그 이후 1986년의 김내창·선희창의 분류에 나타난 편제를 비교해보면 이를 쉽게 알 수 있다. 동시에 북한학계의 모든 역량을 집중하여 서술한 조선전사의 민속분야 서술의 방식도 검토를 요하며 민속박물관의 유물전시체계도 참조를 요한다. 황철산의 분류는 다음과 같았다.

앞의 토론회에서 북한민속학의 범주문제와 관련하여 보고한 내용은 두 가지로 나뉠 수 있다. 첫째, 종족의 기원, 물질적 생산과 물질문화, 가정및 사회생활, 오락·민간예술, 민간신앙 등으로 나뉠 수 있는 편제에서 다른 과학과의 관계가 문제가 된다. 둘째, 민속학을 어떤 체계로 서술할 것인가 하는 문제이다. 전자의 문제로서 그는 민속학에서 그 영역이 다른 분야에서의 연구와 중복될 우려가 있지만, 분명히 서로 다른 측면이 있다는 것을 예로 든다. 다음의 예로 설명하고 있다.

* **생산 물질문화**

종래 민속학을 하는 사람들은 거의 전적으로 오락, 민간예술, 민간신앙, 가족생활과 관련된 것을 다루어왔고 물질적 생산물질문화는 별로 취급하지 못했음을 지적한다. 단 여기서 의식주같이 의당 물질문화에 속하는 것은 몰라도 물질적 생산과 관련된 것이 민속학에 속하는가에 대한 문제를 지적한다. 그는 민속학은 내용적으로 인민생활의 다양한 측면을 포괄하여야 할 것인데 물질적 생산은 인민 생활에서 그 중요한 위치를 차지하는 것인만큼 포함시킬 것을 주장하였다. 이 점에 관해서는 생산에 관련된 실례로 농학분야를 들면서, 농학 범주는 현대적 농업기술, 재래기술 등 기술 자체의 문제이고, 민속학은 그런 기술, 그런 특성의 발생, 발전의 합법칙성, 교류관계, 전통관계 등을 고찰하면서, 나아가서는 종족 기원까지도 연구하는 데 중점을 둘 것이라며 양자의 차별성을 강조한다. 물론 그의 연구는 당시 북한의 수공업진흥 등 사회주의 경제건설의 실제적 목적과도 연관되었다.

* **오락민간예술**

민간예술 중에서 탈놀이, 농악을 예로 들면서, 예술학적 연구에서 미학적 기준에 근거한 예술적 가치의 평가 및 미학적 의식발전, 내용과 형식의 분석적 연구, 사실주의 발전의 규명 등에 중점을 둘 것이고, 민속학에서는 그 것들의 발생발전 및 인민들의 생활 풍습과의 관련을 역사적으로 해명하는 데 중점을 두게 됨을 지적하였다.

문제는 민속학적 입장에서 처리하지 못하거나, 또 그렇게 하기에 어려운 부분이 있다는 점에 동의하면서, 특히 물질적생산, 물질문화에 관한 것이 그러하다고 지적하였다. 왜냐하면 다민족국가의 소수민족 연구에서는 소수민족의 생활은 모든 것이 다 민속학적인 것으로 보이나, 단일민족이며 높은 문화를 지닌 민족에게는 생활의 모든 측면을 다 민속학적으로 처리하기에는 어려운 점이 있음을 토로하고 있다. 그럼에도 불구하고 일정 범주설정이 가능함을 밝힘으로서, '과학으로서의 민속학'에 대한 전망을 분명히 하였다.

둘째 문제는 민속학을 어떤 체계로 엮을 것인가의 문제였다.[21] 이 점은 〈민속학〉과

---
21 주강현, 「민속학 편제를 둘러싼 방법론상의 몇 가지 문제 – 20세기 남북한 민속학개론서 편제의 비판적 검토」, 『역사민속학』 9호, 1999.

〈민속사〉 양자의 차별성을 밝히는 매우 중요한 대목인데 민속의 서술문제에서 당도하는 현실문제가 아닐 수 없다. 그는 〈조선민속학〉을 엮는데서 시대별로 끊어서 엮는 방법, 예컨대 삼국 이전시기, 삼국시기, 고려시기, 이조시기 식으로 엮는 방법과 부분별로 생산, 의·식·주, 가정생활 및 사회생활, 오락, 민간예술, 민간신앙 등으로 나누어 엮으면서, 그것의 특성, 그 특성의 역사적 변화 발전을 밝히는 방법으로 양대별하고 후자의 방법을 지지하였다. 이는 〈민속학〉이라고 할 때 그것은 인민생활양식의 특성을 역사적 관점에서 즉 변화 발전 소멸의 합법칙성을 밝히는 방향에서 통일적으로 파악하는 학문이지, 시대시대의 특성을 밝히는 학문은 아니라고 생각하였기 때문이다. 매개 시기의 특성을 밝힘은 〈민속사〉인 바, 〈민속학〉과 〈민속사〉 사이에는 구별이 있으며, 각기 서술체계를 달리할 것을 주장하였다. 민속이라고 해서 시대별로 서술하지 못할 것은 아니지만, 민속은 사회정치적 사연이나 다른 문화현상에 비하여 그 변화가 서서히 진전되며 뚜렷하지 못하다는 점에서 기인한다고 보았다. 고구려 벽화에 보이는 씨름이나 이조시기의 씨름 사이에는 큰 차이가 없으며, 통일신라기에 형성된 연중행사는 조선시기에 이르기 까지 큰 변화가 없이 계속되었음을 예로 들었다. 그런데서 어느 한 시기의 민속을 서술하는 데는 아무런 무리가 없으나 그에 연속되는 시대의 민속을 계속해서 쓰려고 할 경우 무리가 생기고, 새로운 것이 없이 거의 대부분이 반복되는 결과가 되고말 것임을 지적하였다. 따라서 〈민속학〉의 성격으로 보나 서술의 합리성으로 보아서 〈조선민속학〉을 엮는 체계로서는 후자 방법이 옳다고 본 것이다.

이점은 역사과학에서 문헌을 위주로 하는 역사학이 보다 시대적 연속성을 서술하기 용이한 것과는 차별성이 있음을 말해주고 있다. 서술의 두 가지 방향을 지적하고 그 타당성과 불합리의 이유를 밝히고 있다. 훗날 1986년에 발간된 「조선의 민속」의 체계에 있어서 후자의 방법이 사용되고 있음으로 미루어보아서 북한민속학계의 공식 견해로 일찍이 채택된 것으로 보인다.

4. 역사와 문헌, 현지조사의 관계

황철산민속학이 왜 '역사민속학'인가하는 분명한 논거들

은 많지만, 그 중에서 하나의 구체적 사례를 들어서 살펴보기로 한다.[22] 황두와 향도에 관한 그의 연구는 역사와 문헌, 현지조사의 제 관계를 극명하게 설명해주는 좋은 사례일 것이다.[23]

1950년대 후반의 일이다. 북한에서 사회주의협동농장을 만들어가던 시절, 과학원 고고학 및 민속학연구소의 몇몇 민속학자들은 사라지던 전래풍습을 조사 다니고 있었다. 당시 연구실장을 맡고 있던 황철산은 청천강 건갈이乾畓 지역 답사에 나섰다. 그는 문득 재미있는 현상에 주목하게 되었다. 왜 남쪽은 모내기를 하고 있는데 북쪽의 그 곳은 너른 벌판임에도 불구하고 건답직파乾畓直播로 농사짓고 있을까. 민속학자로서 의심이 든 것은 당연지사. 게다가 남쪽에서는 상부상조하는 두레로 농사짓고 있었음에 반하여 그곳은 '황두'라는 명칭의 별난 조직으로 농사를 짓고 있었다.

1950년대 까지만 해도 북쪽 청천강 인근에서는 여전히 모를 내는 이앙법 대신에 마른땅에 직접 볍씨를 뿌리는 일명 건답직파법으로 농사짓고 있었다. 안주·문덕·숙천·평원을 포괄하는 너르디 너른 '열두삼천리벌'이 바로 그곳이었다. 열두삼천리벌은 서해 바다에 접해있는 청천강 하류로 가없이 넓고 기름진 땅이다. 이 벌은 안주·문덕·숙천·평원 등 4개군 500㎢의 넓은 지역을 포괄하나 대단히 가물었다. 오늘날도 북한에서는 이곳에 연풍호라는 대규모 저수지를 만들어 한재에 대비하고 있다.[24]

황철산이 궁금증을 가지면서 조사를 거듭한 끝에 황두의 실체가 비로서 모습을 드러내기 시작했다. 황철산은 노동조직 황두와 전래 향도조직과의 연관성에 최초로 주목하였다. 그는 지난날 함경도지방과 그에 인접한 강원도의 일부 지방에서는 대체로 다른 지방에서의 상예계에 해당하는 조직을 향도라고 하였으며, 평안도의 열두 삼천리벌을 중심으로 한 논벼를 건직파하는 소위 건갈이지대에서는 농번기에 조직하여 김매기를 공동으로 하는 조직체를 황두라고 하였다는 견해를 제시하였다. 현재로서도 황두의 실체는 북한에서 연구된 연구성과에 전적으로 의지할 수밖에 없는 실정이다.[25]

....
22 주강현, 「朝鮮後期 '황두'考 – 생산풍습 '황두'의 연구진전을 위한 몇가지 검토」, 『정신문화연구』 1993년 4호, 한국정신문화연구원, 1993; 「조선후기 황두공동노동 연구」, 『국사관논총』 99집, 국사편찬위원회, 2002.
23 황두와 향도에 관해서는 필자의 박사논문 『두레연구』(1994)에서 잘 제시된 바 있으며, 다음의 책에서 구체적으로 황두, 향도, 두레의 제 관계를 설명하였다. 주강현, 『두레』, 도서출판 들녘, 2007.
24 『금수강산』 3호, 평양, 1992.

황두는 해방 전후시기 까지도 서북지방에 일부 남아있던 공동노동풍습이었다.[26] 사실 황두와 향도는 밀접한 관계를 맺는다. 즉 〈향〉이 〈황〉으로, 〈도〉가 〈두〉로 전음된 것으로 보인다. 그리하여 전래 향도는 노동조직 황두가 되었고, 다른 한편으로는 '향도－상두'로 변천되어 상두꾼에서 잔존된 향도의 유제를 남긴 것으로 파악된다. 황철산은 여진족의 잔존풍습과 더불어 함경도풍습이 잘 결합되어 함경도의 전래풍습이 비교적 완강하게 남아있는 재가승在家僧 마을조사를 통하여 함경도 향도가 타 지역 향도와는 달리 전통성을 보존하면서 구성원들이 누구나 참여해야한다는 조직적 강제성을 밝혀냈다. 그는 향도와 황두를 다음과 같이 언급하였다.

> 지난날 함경도 지방과 그에 인접한 강원도의 일부 지방에서는 대체로 다른 지방에서의 상여계에 해당하는 조직을 향도라고 하였으며, 평안도의 열두삼천리벌을 중심으로 한 논벼를 건직파乾直播하는 소위 건갈이 지대에서는 농번기에 조직하는 김매기를 공동으로 하는 조직체를 황두라고 하였다.[27]

향도, 황두, 상두, 그리고 두레와의 연관성 속에서 황두의 위상을 도출할 수 있을 것이다. 황두는 조선시대 민중생활사를 이해하는데 매우 중요한 고리이다. 그러나 황두는 두레만큼이나 연구 자체가 매우 어렵게 되어 있다. 황두를 구체적으로 언급한 고문헌이 없기 때문이다. 황두 역시 유사무서有史無書의 전통임을 잘 말해 준다. 황철산의 주장은 계속된다.

> 왜냐하면 인민의 생활풍습은 오랜 전통을 가지면서도 문헌에는 기록되어 있지 않고 인민생활 속에 산 기록으로 남아있는 것이 많으며 그것은 문헌을 보충하여주며, 역사적 사실을 해명할 수 있게

---

25 북한의 공동노동에 관한 연구사.
전장석, 「두레에 관하여」, 『문화유산』 1957년 2호; 황철산, 「향도에 관하여」, 『문화유산』 1961년 2호; 림학선, 「과거 우리나라 농사에서의 상호 로력 부조조직에 대하여」, 『고고민속』 1965년 2호; 조대일, 「과거 우리나라 공동로동의 형태와 그 특성」, 『고고민속론문집』 5권, 1973; 김일출, 「농촌근로자들의 새로운 문화와 생활풍습에 대하여」, 『북한민속학자료집』, 극동문제연구소, 1974; 김내창·선희창, 「공동생활풍습」, 『조선의 민속』, 1986; 사회과학원민속학연구실, 『조선민족풍습』, 1990(주강현 해제, 서광학술자료사 재간행, 1992).
26 과학원 민속학연구실, 『민속학론문집』 4집, 23쪽.
27 황철산, 앞의 논문 참조.

하여 주기 때문이다. 그러므로 역사민속을 연구함에 있어서도 직접적 관찰은 주요하다. 이제와서는 그 존재의 의의를 상실하고 인민들의 생활 속에서 잔재로서 남아있는 산 기록은 문헌을 보충하거나 또는 오직 그런 산 기록이 있음으로 하여 문헌에는 전혀 없다 하더라도 과거에는 이러 저러하였다는 것을 알 수 있는 것이 많다……그리하여 민속학을 하는 사람들은 예컨대 함경도에서의 '향도 – 일종의 상여계', 청천강 하류 건갈이지대에서의 '황두 – 일종의 공동노동조직'에 관한 현지자료를 수집하였을 때, 그것이 문헌에 보이는 과거 민간의 협조단체였던 향도(香徒, 鄕徒)와 어떤 관계가 있는가를 생각하게 되며, 『농사직설農事直說』에서 그루갈이根耕에 관한 기사를 보았을 때 그러한 경작풍습이 언제까지 어느 지방에 남아있었는가를 알려고 한다. 이렇게 하여 민속학에서는 직접적 관찰에 의한 자료를 문헌사료및 유물과 함께 광범위 이용한다. 말하자면 력사학은 문헌사료를 기본자료로 하고, 고고학은 유물을 기본자료로 한다면, 민속학은 인민생활 속에 보존되어있는 산 기록을 문헌, 유물과 함께 기본자료로 하면서 그것에 의의를 부여하는 것이 방법적으로 력사과학의 다른 분야와 다른 중요한 특성이라고 할 수 있다.[28]

위의 주장은 1960년대 초반 북한민속학계의 방향을 바로잡는 가장 중요한 심포지움 자리에서 발표된 것으로 '황두 – 향도'의 관련성 규명이 민속학연구방법론의 좋은 사례로 적시되고 있다. 그가 향도를 구태여 '香徒, 鄕徒'로 병기하였음은 전자가 전통적 만불향도萬佛香徒를 뜻한다면 후자는 향리에 존재하였던 황두적 향도를 의도했음직하다.

황두 자체의 본질적 속성을 거론해보면 건갈이문제와 직결된다. 황두의 주 작업대상이었던 건갈이는 일찍이 『농사직설』에 향명鄕名으로 건사미乾沙彌(건삶이)로 표현된 농법이다. 건삶이는 물삶이로 심은 벼가 물을 대지 못하여 땅이 말라 죽는다는 것을 알게된 다음에 창안되었다. 수도水稻의 건파재배乾播栽培는 그 종자를 건답乾畓, 즉 육종답陸種畓에 파종하는 점에서 이를 육종陸種이라 칭하기도 했다. 건갈이는 이앙법의 계속적인 확산으로 18세기 경에는 남부지역에서는 극히 제한된 지역에서만 건갈이가 실시되고 중부지방 일대에서도 부분적으로 적용되었으나 서북지역 일대에서는 전통적으로 건갈이를 하였다.

---

[28] 황철산, 「조선민속학의 목적과 대상 범위에 관하여」, 『문화유산』 1962년 5호.

건갈이는 중국이나 일본에서 널리 보급되지 않았다는 데서 조선시대 수도작의 매우 특징적 일이었다. 건갈이 농법은 수도재배의 주류는 아니었으나 물이 귀할 때 그 대체로서 널리 채택되는 농법이었다. 수리시설이 빈약하기 그지 없었던 서북에서는 반드시 직파를 하여 건갈이로 벼농사를 지을 수밖에 없었다. 따라서, 건갈이 적용범위 변화에 따라 그에 적응된 노동조직의 보급지역도 변하지 않을 수 없었으며 20세기 초에는 서북지방에만 남게된 것이다. 『천일록』에서 관서西關를 언급하면서 '논들은 대개 파종하고 모내기를 하지않는다畓皆播種 不注秧'라고 하였음은 평안도 지역에 건답직파乾畓直播가 널리 행해지고 있었음을 말해준다. 또한 역농力農하는 남녀가 모두 힘을 함하여 공동노동으로 행하고 있었음을 보여줌으로서 황두노동의 실체를 증명해주고 있다.[29]

서북은 땅이 저습하여 밭농사에는 불리하였으나 논농사를 하기에도 관개시설 미비로 물갈이나 이앙을 할 수 없던 자연적인 처지에 따라 건갈이가 오래 존속되었다.[30] 건갈이 기술은 가장 오랫동안 대대적으로 그 방법을 실시하여 온 청천강 하류에서 발전하였으며 완성되었다.[31] 건갈이 농법을 기초로 하여 생긴 황두는 봄에 가뭄이 들거나 들지않거나를 막론하고 건갈이를 공동적으로 진행하여온 서북지방 일대에만 오랫동안 남아있게 된 것이다. 20세기 초에 황두조직은 용강, 강동을 연결하는 대동강 하류 이북으로 부터 박천, 대녕강 이남의 지역, 동쪽으로는 순천이서 지역을 포괄하는 논농사지역에 분포되어 있었다. 그 중 가장 성행한 지역은 『농정요지』에서 거론된 지역들과 거의 일치한다.[32] 특히 안주의 삼천평은 삼천리벌을 말하는 것으로 매우 넓은 농지에 대대적으로 황두공동노동이 행해진 지역으로 1945년 해방 당시 까지도 행해지고 있었다. 황철산의 논문 「향도에 관하여」는 이처럼 매우 간단한 것 같지만 간단치만 않은 중요한 문제들을 내포하고 있었던 것이다.

---

29 『千一錄』 卷 1, 「建都 附山川風土關扼」 西關.
30 "龍灣直路以西 田畓相半 以東 田多畓小 舞論東西 畓皆播種 不注秧"(『千一錄』 山川風土關扼 關西條)
31 청천강 하류지역은 砂質의 沖積土 지역으로 건갈이에 적합하다.(『韓國土地農産報告書』 평안도편)
32 『農政要志』 乾畓待時而耕 如平安之義州楊下坪 定州大明坪 安州三千坪 肅川補民洞.

5. 재가승과 종족문제 기원에 관한 문제

황철산연구의 압권은 함경도 재가승에 관한 연구이다. 황철산이 주도한 함경북도 부령군, 회령군, 유성군, 종성군, 온성군, 경원군, 경흥군들에 산재한 재가승 집단거주지에 대한 조사연구는 무려 2년 반의 시간이 소요되었다. 연구 목적은 책의 서문과 맺음말에 잘 나타난다.[33]

> 이 부락들의 사회경제생활에 기초한 문화와 풍습의 일반성과 특수성을 체계적으로 조사정리하여 그 긍정적인 면을 새로운 발전적 형태로 더욱 발양시키고 낙후한 면을 비판 부정함으로써 이 부락들의 새로운 사회주의적 문화와 풍습의 창조발전에 실천적으로 이바지하려는 데와 또 이 부락들에 현재 잔존하거나 또는 과거에 있은 풍습을 조사연구하여 그 유래와 계통을 밝힘으로서 이 부락들의 기원 내지 조선인의 형성문제 해명의 한 부문을 과거와 현재에 걸쳐서 널리 조사하여 체계화함으로써 그 공통성과 특수성을 과학적으로 파악하려고 기도하였다.
>
> 인민의 기원문제 연구에는 민속학적 자료와 함께 고고학, 인류학, 력사학, 언어학 및 기타 과학의 령역에 속하는 것인 바, 민속학은 모든 문화현상은 시대의 흐름에 따라 시시로 변화함과 동시에 계승된다는 문화 계승성의 원칙에 의거하여 현존하는 문화와 풍습 속에서 인민의 현실생활을 통하여 계승된 과거 잔재, 즉 문헌적 기록에 남아있지 않으나 현실생활에 전승되어 있는 물질적, 이데올로기적 자료들을 리용하여 과거를 복원하는 위력한 수단으로 삼음으로서 이 문제 해명에서 가장 중요한 위치를 차지한다.

황철산은 1960년에 단행본이 발간되기 직전에 토대가 될 수편의 논문을 연속 발표하고 있었다. 「구피의에 관한 고찰」(1957), 「북포北布에 관한 약간의 고찰」(1958), 「함경북도 회령군 산간지방의 목공업」(1959), 「함경북도의 과거 농업생산에 관한 고찰」(1959)이 그것이다. 특히 「함경북도 북부 산간 부락(≪재가승≫ 부락)의 기원에 관한 연구」는 『민속학 연구총서』 제2집(1959)으로 발간되었는 바, 단행본 재가승연구의 이론 부분과 완전히 겹

---

[33] 황철산, 『함경북도 북부 산간 부락("재가승"부락)의 문화와 풍습』, 『과학원 고고학 및 민속학 연구소 민속학연구총서』 제3집, 평양 : 과학원 출판사, 1960.

친다. 즉 이들 5편의 논문이 연결되어 단행본으로 귀결된 것으로 확인된다. 1959년의 논문에서도 종족기원문제와 민속학의 연관성을 강조하고 있다.

> 종족 기원 문제는 고고학, 민속학, 력사학, 인류학 등 여러 전문 과학의 종합적 공작으로써만 완전한 해명을 기할 수 있는바, 이러한 과학 중에서 민속학은 모든 문화 현상은 시대의 흐름에 따라서 계승된다는 문화의 계승성의 원칙에 의거하여 현존하는 문화와 풍습 속에서 인민의 현실 생활을 통하여 계승된 과거의 잔재, 즉 문헌적 기록에 남지 않았으나 현실 생활에 전승되어 있는 물질적, 이데올로기적 자료를 리용하여 과거를 복원하는 유력한 수단으로 삼음으로써 족 기원 문제 해결에 중요한 위치를 차지한다. 그러므로 소위 '재가승' 부락에 남아 있는 고유한 문화와 풍습을 조사 연구하여 그 기원을 밝히는 것은 이 부락의 기원을 해명하는데 가장 중요한 관건으로 되는 것이며 특히 이에 관한 문헌적 기록이 없는 조건하에서 더운 그러하다.[34]

재가승이란 특수집단에 대한 연구를 통하여 종족기원의 문제에 대한 본격적인 접근을 시도한 중요한 연구성과인 것이다. 이는 우리 민족이 고대는 물론이고 중세에도 적지않은 여진족 등을 포섭하여 형성된 것임을 밝히고 있다. 조선인민의 종족기원에 관한 민속학적 연구분야에서 중요한 한 측면을 해결하였다고 보는 것이다. 재가승의 집단마을에 대한 개관, 그들의 물질적 생산과 물질문화 · 가정 및 사회생활과 정신문화, 종족기원에 관한 역사적 견해들과 주민 이동에 관한 연구 등이 포함되었다.

단일주제로는 매우 포괄적으로 단위지역을 표본적으로 조사한 민족지적인 성격도 지닌다. 상세한 현지조사와 문헌작업을 통하여 이루어진 이 성과는 이 시기의 현지조사방법론에 의한 대표적 저작물중의 하나인 것이다. 황철산의 연구사를 검토해보면 다수 종족문제연구와도 연관되어있음을 알 수 있다.

두만강하구를 중심으로 조 · 중 · 러 국경 변경에는 무수한 종족들이 살고 있었다. 20세기 전반까지도 함북의 이른바 6진 지역에는 재가승이라 불리는 여진족 마을이 있었으니, 단일민족 따위의 신화는 존재하지 않았다. 재가승이 여진의 후예임을 역사적

---

[34] 황철산, 「함경북도 북부 산간 부락('재가승' 부락)의 기원에 관한 연구」, 『민속학연구총서』 제2집, 1959.

사실에 의하여 논증하려는 시도는 다각도로 이루어졌다. 그 대표적 연구가 황철산이다. 그의 연구는 오늘의 투먼, 훈춘을 비롯하여 나진, 청진, 회령 등 함경도 북부의 종족구성을 검증할 수 있다는 점에서 중요하다.[35]

발해사의 큰 수수께끼는 말갈이다. 말갈이 역사상 처음으로 기록된 것은 『북제서北齊書』이며, 정식으로 외국열전에 입전된 것은 『수서』(隋書 東夷) 말갈전 부터다. 그런데 수서로부터 등장하기 시작한 말갈은 그 거주지역이 종래 말갈의 선조로 추측되던 숙신, 읍루보다 광범위할 뿐더러 『삼국사기』에도 등장한다는 특장을 지닌다. 말갈은 빈번히 백제와 신라의 북변을 침탈하였다. 고구려에 의해 동원되어 나제 양국을 침공하였던 말갈의 실체는 동예였다. 동예는 임진강 유역의 일부와 영서, 그리고 원산만 일대에서 영일만 북단에 이르기까지 동해안에 거주하였다. 통일전쟁기에 한반도에 등장했던 말갈은 원주지가 만주지역이었던 읍루-물길-말갈로 이어지는 집단이었다. 즉 말갈은 동예를 후대에 개서改書한 것이었다. 말갈로의 개서는 통일신라기 이후 어느 시기에 이루어졌다. 말갈은 읍루-물길-말갈-여진-만주족으로 이어지는 오늘날의 만족의 조상으로서 동부 만주지역이 그 원주지였을 것이다.[36] 중국학자 중에서는 숙신-읍루-물길을 동종이족同種異族으로 표현하기도 한다.[37] 황철산의 연구는 이같은 종족문제 해결의 토대를 현지조사를 통하여 이해하게하는 매우 중요한 성과이다.

그는 재가승부락의 과거와 현재, "재가승" 부락의 분포와 그 호상 관계, "재가승" 부락의 물질적 생산과 물질 문화(농업, 축산업, 수렵, 수공업 등의 경제형편, 주택, 의복과 음식, 가정 및 사회생활 풍습)과 정신문화(가족 관계와 친족 관념, 부락 생활, 혼인 풍습, 관혼상제 풍습, 불교신앙·부락제·기타 미신, 오락, 재가승부락의 기원에 관한 견해들과 이 지역 주민의 이동에 관한 력사적 고찰) "재가승" 부락의 기원에 관한 견해, 두만강 류역의 "야인野人"의 구성 및 그들의 이동과 그 원인, 류진六鎭 개척에 따라 남쪽에서 온 이주민과 그들의 구성 등으로 서술하였다. 그는 자신의 연구가 이 전의 재가승연구와 다름을 강조하였다. 잔존문화론에 대한 비판이다.

----

35 주강현, 『문명의 회랑, 환동해 문명사』, 돌베개, 2015.
36 노태돈, 「삼국사기에 등장하는 말갈의 실체」, 『한반도와 만주의 역사』, 서울대출판부, 2000, 318쪽.
37 孫進己, 임동석 역, 『東北民族原流』, 동문선, 2000, 1992, 308쪽.

> 이 부락들에 대한 조사 연구는 그와는 목적을 완전히 달리한다. 우리의 목적은 이 부락들의 사회 경제 생활에 기초한 문화와 풍습의 일반성과 특수성을 체계적으로 조사 정리하여 그 긍정적인 면을 새로운 발견적 형태로 더욱 발양시키고 락후한 면을 비판 부정함으로써 이 부락들의 새로운 사회주의적 문화와 풍습의 창조 발전에 실천적으로 이바지하려는 데와 또 이 부락들에 현재 잔존하거나 또는 과거에 있은 풍습을 조사 연구하여 그 유래와 계통을 밝힘으로써 이 부락들의 기원 내지 조선인의 형성 문제 해명의 한 부분으로 삼으려는 데 있다.

그는 송석하宋錫夏를 비판하고 있다. 이후 북한민속학자들이 여타 연구자들의 성과를 아예 인용도 하지 않는 반면, 황철산은 자신과 동시대를 살았던 송석하에 대한 실명비판을 가하고 있다.

> 송석하는 "어느 시대 어느 나라를 물론하고 멸망해 가는 문화상 렬등 민족이 당하는 현상이지만 이 재가승은 점차로 그 수효가 감소하여 가며…"[38]라고 하였는 바, 이는 반동적 부르죠아 리론의 전형적인 표현이다. 문화상 낮은 민족이 운명적으로 멸망해 간다는 반동성은 더 말할 필요도 없고 "재가승"을 조선 민족이 아닌 다른 민족으로 본 것은 커다란 착오이다. 소위 "재가승"은 그 유래야 여하하였든지간에 력사적으로 형성된 조선 민족으로서의 공통성을 완전히 소유한 조선 민족인 것이다. 원래 "재가승" 부락들은 다른 산간 부락들에서는 볼 수 없는 특별한 근면성과 생활을 알뜰하게 꾸리는 좋은 전통을 가지고 있으며 따라서 그 생활력이 매우 강하다. 그러므로 그 수효가 점차로 감소하여 간다는 견해는 아무런 근거도 없는 그의 반동 리론에서 나온 독단인 것이다.

그의 연구는 매우 학제적 방식으로 전개되어있다는 특징도 있다. 가령 그의 「구피狗皮衣에 관한 고찰」도 구피의 연구에 그치는 것이 아니라 이를 통하여 종족연구 및 종족 전파에 관한 연구까지 이르는 방식이다. 그가 쓴 다음의 대목이 잘 설명해준다.

> 제주도의 주민 구성에 남방적 요소가 있다는 것은 제주도 개척 전설에 넉넉히 짐작 할 수 있으며 또 그 위치상 그러한 가능성이 농후하다. 그러나 『삼국지三國志』에 나타난 그들의 풍습은 결코 남방

---
[38] 송석하, 『조선팔도 민속개관』 함경도 편 「재가승」 조.

적이 아니고 북방적인 것이다. 가죽 옷과 웃옷만 있고 바지가 없다는 것은 틀림 없이 북방적 풍습이다. 외투와 같은 장포長袍를 입고 짧은 바지를 입고 기후 관계로 행건을 신지 않은 외형은 마치 하의下衣가 없는 것 같이 보였을 것이다. 남방적 의복은 그와는 반대로 간단한 하의만 있고 상의가 없는 것이다. '선비처럼 머리를 깎았다'라고 한 것은 더욱이 제주도 주민의 많은 요소가 북방계였다는 것을 말하여 주는 것이다. 즉 제주도의 고대 주민은 황해 바다를 리용하여 북으로부터 이주하여 온 자들과 중국 동해를 리용하여 남으로 이주하여 온 자들로서 구성되였는데 그 중에서도 북방으로부터의 요소가 더 우세하였다는 것을 말하여 주는 것이다. 근세까지 제주도에 보급된 구피의 착용하는 풍습이 바로 그대로 고대의 가죽 옷을 착용한 풍습의 전승이라고 보기에는 어렵다. 주호州胡 즉 고대 제주도 사람들이 입었다는 '위韋'는 털을 뽑고 이긴 가죽을 의미하는 것인데 개가죽은 털을 뽑고 이기는 것이 아니라 털채로 이기는 것이다. 그러므로 고대 주호의 가죽 옷은 개가죽이 아니라 제주도의 명산물인 미록피麋鹿皮를 리용한 것이라고 짐작된다. 그러면 제주도에서 구피의를 착용하는 풍습은 어디서부터 온 것인가, 그것은 몽고인이 전래한 것이 아닐까 짐작되는 바이다. 주지하는 바와 같이 제주도는 고려 중엽 이래로 몽고의 목장이 설치되어 많은 몽고인이 목자牧子가 래주하였고 그들은 고려 말에 몽고 세력이 다 몰려 나간 후에도 적지 않게 그대로 남아 있었던 것이다.

위치상으로나 기후상으로나 보아 완전히 정반대되는 우리 나라의 최북과 최남 지역에 구피의拘皮衣가 보급되었었다는 사실은 일견 기이한 현상으로 보았다. 그가 보기에 '동이 제족' 중에서 가축의 가죽 – 개, 돼지 가죽을 의복 자료로 광범히 리용하는 풍습은 송화강과 흑룡강 합류처 일대(黑水靺鞨)를 중심으로 하고 동남쪽으로 중국 동북지방과 연해주 지방(挹婁), 서쪽으로 흑룡강의 중류 및 상류 지방(室韋), 서남쪽으로 중국 동북의 중앙부(夫餘)와 그리고 또 흑룡강 하류 지방에 고대로부터 보급된 것이라고 추정할 수 있다. 울리치 외에 오르촌, 니브히, 네기달, 만주인이 사용하였다는 것을 지적하고 흑룡강 하류 지방의 복식에서의 어피, 구피, 해표피 리용은 태고로부터의 지방전통이라고 강조하였다. 이러한 연구방식은 민속학, 인류학, 민족학의 범주를 넘나든다는 점에서 유의미하다.

그의 종족에 관한 연구는 비단 종합보고서 격인 이 책 말고도 다음의 몇 편을 더 연결시켜 고려해야할 것이다.

「14세기~15세기에 있어서의 북관개척과 개척민에 관한 연구」, 『력사논문집』 1집.

「고조선의 종족에 대하여」, 『고고민속』 1963년 1호.

「예맥족에 대하여(1)(2)」, 『고고민속』 1963년 2·3호.

「고조선의 종족에 대하여」는 민족이 시원을 밝히는 문제를 력사학, 고고학, 민속학, 언어학, 인류학 등 여러 전문과학의 연구성과를 종합적으로 연구함으로서만 원만한 해결을 얻을 수 있다 보았다. 황철산의 융복합적 시각을 엿볼 수 있다. 그는 상고의 중국 본토 내의 동이를 우리의 같은 조상으로 간주하거나 산융 등이 활동한 지역까지 고조선의 영력으로 보는 경향에 비판적이다. 요컨대 우리의 조상으로 된 고대종족이라고 할 때, 고조선·부여·고구려·옥저·예(예맥), 한을 꼽았다. 이 논문은 이러한 시각에서 고조선을 집중적으로 서술한 연구이다. 그는 고조선이란 오늘의 료동과 한반도 서북지방을 가리킨 고장이름이며 그 주민은 예·예맥으로 불리운 종족의 일부라고 생각했다. 황철산은 예맥이 산동반도로 진출한 것으로 보았다. 종족문제에 관한 기원 해명에서 「예맥족에 대하여」는 2차례에 걸쳐 분재될 정도로 황철산이 깊게 고민한 영역이다. 이는 앞의 고조선연구에 연이은 일관된 연구작업이다. 그는 예맥을 맥의 일종으로 보는 견해를 일관되게 지지하였다. 즉 황철산의 민속연구는 재가승, 고조선, 예맥 등 종족문제 해결에서 탁월한 문헌고증과 역사적 분별력을 잘 보여준 것이다. 오늘날 남한사회 상고사연구에서 고조선영역을 둘러싸고 치열한 논쟁이 벌어지고 있는데, 그러한 점에서 그의 연구는 재평가받아야하고 다시 주목되어야한다. 즉, 해제자의 전공부분은 아니지만 남한사회 논쟁의 한 부분으로 재등장이 가능하다는 생각도 든다.

6. 생산풍습 및 물질민속 연구

'황철산의 시대'에 생산활동 및 생산풍습에 대한 연구도 활발히 이루어졌다. 당대 사회적 분위기는 그 무엇보다 생산활동에 초점을 주고 있었다. 생산활동 및 풍습에 대한 연구는 사회주의 기초 건설을 위하여 중요시되었다.[39] 노동조직 두레에 관한 본격적인 연구로서 전장석의 「두레에 관하여」(1957)는 당시에 요구되었던 집단노동에 대한 필요성 때문에 연구사 초기에 연구가 이루어졌다. 이는 후에 황철산의 「향도에 관하여」(1961)에서 청천강 건갈이지대 황두조직의 역사적 근거로서 문헌연구작업으로 귀결되어 나타난다. 다음으로는 농기구나 농법과 관련된 풍습연구를 들 수 있다. 이는 당시에 농촌의 기계화와 농법개량을 위한 필요성 때문에 이루어졌다고 본다. 농업 이외에 수렵이나 어로, 수공업 등에 대한 연구도 이루어졌다. 황철산의 「함경북도 회령군 산간지방의 목공업」(1959), 「구피의에 대한 고찰」(1957), 「북포에 관한 약간의 고찰」(1958) 등도 이 범주에 들어간다. 사회주의 협동조합이 속속 설립되면서 협동조합생활이라는 변화된 삶의 풍속은 긴급한 연구과제로 되었다. 황철산의 「조중친선농업협동조합 농민들의 문화와 풍습」(1960) 등도 당시 새롭게 형성되던 새로운 민속학의 과제들을 반영하고 있다. 황철산의 대표 연구 중의 하나인 재가승집단의 연구는 그가 종족문제에 이르기까지 폭넓은 역사민속학적 이해를 갖추고 있음을 알려준다.

왜 북한민속학계는 일찍부터 물질민속에 관한 관심을 기울였을까. 아무래도 이에 대한 올바른 답변은 북한의 민속학이 북한사회주의정권이 추구하고 있는 사회주의 생산력발전 문제와 밀접한 관계를 맺었다는 점이다. 봉건생활방식에서 사회주의적 생활양식으로의 변환을 꾀하였던 북한의 사회 여건상 물질민속에 대한 탐구가 절실한 과제로 등장하였을 것이다.

북한민속학 형성시기였던 1950년대에 북한은 전후복구건설을 하면서 동시에 사회주의건설을 서두르고 있었다. 당시까지만 해도 곳곳에 각 마을단위의 전래 생활풍습이 온존하고 있었다. 민속자료들 중에서 명절이나 놀이, 의식주생활, 농기구 등이 여전히 '살아있는 생활자료로 자리잡고 있었다. 그러나 협동화농장사업의 완성과정은 새로운 사회주의풍습의 전개를 의미했다. 따라서 북한민속학계는 인멸해가는 전래 풍습을 가능한 한 빨리 수집하고자 하였다. 전래 풍습에서 사회주의 건설에 부합되는 것이 있으면 이를 현실에 적용하고자 하는 강한 의지도 보였다. 당 시대의 민속학적 요구는 의식주문제 해결, 농기구 개량 같은 현실적인 문제에 눈길을 돌리고 있었다. 북한민속학계가 물질민속에 많은 역량을 쏟을 수밖에 없었던 현실적인 목표가 존재했던 탓이다.

...
39 주강현 편, 『북한의 민속학 – 재래 농법과 농기구』, 역사비평사, 1989.

물질민속에 대한 이해방식은 1990년대에 들어와서도 변한 것이 아니다. 북한의 모든 학문체계가 그렇듯이 1970년대 이래로 별다르게 발전된 모습을 보여주지 못하고 있을 뿐이다. 1990년대에 『조선의 민속전통』같은 전7권의 민속학총서가 출간됨으로써 북한 민속학계의 역량이 드러나기도 한다.[40] 그 같은 전서에는 반드시 물질민속이 중요한 자리를 차지하고 있다. 이는 물질민속에 대한 관심이 여전함을 말해준다. 북한의 물질민속 연구성과는 남한의 민속학계에도 시사해주는 바가 크다. 남한의 민속학계는 물질적 측면보다는 정신적 측면에 대한 경도가 심하다는 점에서 북한의 물질민속 연구는 지금도 유효한 연구성과로 인정된다.

그러나 북한민속학은 1970년대를 기점으로 연구의 질과 양에서 심한 약세를 보여주고 있다. 이는 북한의 어려운 경제사정과 맞물리는 것으로 보인다. 1970년대를 분수령으로 북한의 경제는 내리막길, 혹은 정체성을 보여주고 있으며 그러한 사회적 파장이 북한학계에도 그대로 반영된 것으로 보인다. 또한 주체사상의 전일적 지배로 들어가면서 학문적 논쟁이 약화되거나 사라지면서 발표논문의 편수 자체가 작아졌고, 논문의 길이조차 대중화 수준으로 발표되는 수준 낮은 하향평준화 경향을 보여준다.

첫째, 그는 수공업에 관한 현지조사를 수행하였다. 남한식으로 따지면 무형문화 연구조사 방식인데 북포, 목공업 등이 그것이다. 그런데 이들 성과는 앞 재가승연구 단행본과 일정 부분 겹치는 부분이 있다. 재가승연구 단행본에도 북포 현지조사나 회령군 창대리에서 수행한 수공업에 관한 현지조사 부분이 있기 때문이다.

「북포에 관하여」는 북관北關에서 생산하는 마포麻布에 관한 연구이다. 북포는 이 지방에서 산출하는 북어北魚(마른 명태)와 함께 이 지방의 유일한 이출품이였으며 동시에 이

---

40 『조선의 민속전통』 집필자를 분석해보면 물질민속관련 중요 연구자가 잘 드러난다. 대략 다음과 같이 볼 수 있다.
식생활풍습: 준박사 김호섭, 준박사 장명신.
옷차림풍습: 준박사 천석근, 준박사 백옥련.
주택생활풍습: 부교수 준박사 김내창, 부교수 준박사 리제오.
노동생활풍습: 박사 부교수 박영해, 준박사 리재선.
민속공예: 박사 부교수 조대일.
그 밖에 선희창 같은 이는 박사 부교수로써 60년대 연구진으로서 7~80년대를 지나 90년대에 이르기까지 일관되게 민속학분야에서 종사하고 있는 드문 연구자도 있다. 그 역시 물질민속에 관한 몇 편의 논문을 쓴 바 있다.

지방 주민의 유일한 의료衣料였다. 명천明川, 경성鏡城과 북부지역인 회령會寧, 종성鐘城의 가는 베細布는 리조 시기에 견직물소어의 평안도 녕변寧邊, 성천成川의 합사주合絲紬, 전라도 라주羅州의 후주厚紬 및 유문주有紋紬와 저마포苧麻布로서의 충청도 한산韓山, 서산舒山, 림천林川 둥지의 백저포白苧布, 유문저포有紋苧布, 황저포黃苧布 등과 함께 고급의 의료로서 전국적으로 저명하였으며 가내 수공업으로서의 높은 기술 수준에 달하였다. 이 연구의 목적 중의 하나를 다음과 같이 밝히고 있다.

> 저명하였던 북포는 우리 나라의 다른 여러 수공업 부문에서와 마찬가지로 그 생산 조직 자체의 모순 관계로 말미암아 공장 수공업체로 발전하지 못한채 우리나라가 일제의 식민지 상품 시장으로 전변되자 쇠멸의 일로로 밟아 가게 되었던 것이다.

목공업연구는 함북 회령군 산간 지대인 창태리蒼台里를 중심으로 이루어졌다. 1개 지역을 바탕으로 한 전형적인 민속학 조사방식이다. 창태리는 과거로부터 '구름 깔개'제작과 각종 목기木器를 만드는 목공업이 부업으로서 혹은 전업으로서 매우 성하였다. 목공업 제작품의 내용은 '밥상', '함지박', '인함박', '모래', '바가지' 등 소형 가구와 '고주판', '떡시', '소구시', '달구지', '구새' 등이였다. 목기구연구는 앞의 북포와 마찬가지로 이들 수공예를 사회주의 생산에 기여하도록 만드는 원천을 연구하는데 있었다. 그러나 그의 함경도 연구는 일관되게 종족문제 해결과도 연결되고 있었다.

> 함경도 목기 제조의 유래에 대하여 문헌상으로는 찾을 수는 없다. 목기의 명칭과 종류로 보아서 이 지방의 목기 제조는 이 지방 선주민 시기부터 있은 것이며 그 영향을 적지 않게 받은 것 같다. 즉 음식 담는 둥근 목기를 '모래'라고 부르는 것은 이 지방 선주민이였던 녀진인이 '완椀'을 '모라'라고 한 데서 온 것일 것이며 나무로 박과 꼭 같은 모양으로 될 뜨는 '박아지'를 만드는 것은 『만주원류고滿洲原流考』에서 녀진인은 "식기에 박, 질그릇이 없고 다 나무로 분盆을 만들어 쓴다"고 한 것을 련상시키는 것이다.

둘째, 생산관계 연구에서 가장 돋보이는 것은 역시 농업사에 관한 것이었다. 1950년대에 이루어진 농업기술에 대한 연구들 중에서[41] 「과거 우리 나라 경작耕作 관습의 몇 가지에 대하여」(1964)는 경작관습을 통한 물질생산민속연구의 전형적인 모습을 연구한 논문이다. 첫째, 경작 체계, 경작 관습의 형성은 기후 풍토, 주민의 관습과도 관련되지만 특히 재배 작물의 종류와 많이 관련된다. 그러므로 과거 우리 나라 경작 관습에 대하여 고찰하려면 재배 작물의 종류와 그 배치 및 그것의 변천을 보는 것이 필요하다고 보았다. 둘째, 벼농사의 중요 방식이었던 물갈이, 건갈이, 모심기 세 씨붙이기 방법을 고찰하였다. 셋째, 농사일의 가장 고된 과정인 김매기의 도구, 즉 호미류와 후치질을 분석하였는데 동시대에 정시경 등에 의하여 이루어진 농기구 연구와 연관된다.

「함경북도의 과거 농업 생산에 관한 고찰」도 눈에 띈다. "함북도에서의 과거 농업 생산에 관환 고찰은 당이 함북도 농촌 경리 분야 앞에서 제시한 현명하고 정확한 정책을 심오히 연구함에 있어서 참고 자료로 되리라고는 생각한다"고 하였다. 함북 농업사상의 민속학적 제 문제를 현지조사에 기초하여 연구하였지만, 이런 논문 속에서 당대 농업정책에 대한 비판적 테제를 포함시키고 있다. 당시에 전개되었던 이른바 '함경도파'에 대한 비판이 그것이다.

> 함북도에서 책임적 지위에서 사업한 반당 종파 분자들의 여독을 청산하지 못한 지방주의, 가족주의자들이 이 정확하고 현명한 당의 방침과는 어긋나게 "그래도 함북도에서는 알곡을 위주로 해야 한다"는 구호를 내걸고 용수 조건도 고려하지 않고 논 면적을 기계적으로 화장하며 "랭상모 100% 운동"을 관료주의적으로 내려 먹이는 등 당 정책을 외곡하며 …… 오늘 함북도 내 당, 정권 기관 일'군들과 전체 인민들은 지방주의, 가족주의, 관료주의자들이 부식한 여독을 하루 속히 청산하고 당이 제시한 현명하고 정확한 농업 정책을 관철하는 투쟁에 총궐기하고 있다. 우리는 함북도 농촌 경리 앞에서 제시된 방대한 파업들이 반드시 실천되며 초과 실천되리라는 것을 믿어 맞이 않는 바이다.

황철산의 물질민속연구는 의생활, 주생활, 식생활을 두루 망라하였다. 「18~19세기 경의 우리 나라 특별 음식」에서 음식연구의 의생활, 주생활연구와의 차별성을 다음과

---

41 홍희유에 의해 이루어진 다음의 연구도 주목을 요한다.
「15세기 조선 농업 기술에 대한 고찰」; 「15세기 이후의 조선농구에 대하여」.

같이 지적하였다.

> 주택이나 의복은 오래도록 유물로서 보존될 수 있지만 음식만은 그렇게 될 수 없으며 순간적인 물건이다. 그러므로 주택이나 의복은 유물과 문헌을 가지고 과거의 것을 연구할 수 있지만 음식만은 오직 문헌과 인민들 속에 보존되어 있는 산 기록에만 의존하는 수 밖에 없는바 유감스럽게도 음식에 관한 문헌은 어느 것보다도 적은 것이 일반적인 사실이다.

또한 인민의 생활 수단의 기본 요소로 되는 것 중에서 음식은 그 어느 것보다도 변화 발전이 더딘 것이므로 18~19세기 경의 음식 내용을 밝힌다면 그 이전의 면모를 짐작할 수 있을 것으로 보았다. 그는 특별음식이란 용례도 '이미부터 사용하여 오던 학술적 용어도 아니며 항간에서 널리 쓰고 있는 말도 아니다'고 보면서 다만 술어상 특별음식이라 사용한다고 하였다. 학술용어와 민간용어를 구분한 것이다.

「우리 나라 과거 주택의 류형과 그 형성 발전」에서는 우리 주택의 류형과 그 분포를 외통유형, 양통유형으로 분석하였는데 고고학적 기원과 역사적 발달과정, 자연지리적 풍토적 조건 등과 결부지어 연구하였다.

7. 실학파의 민속연구와 민속학의 기점 문제

1962년 8월 4일에 다산 정약용 탄생 200주년 평양시 기념보고회가 개최되었다. 1963년 4월 10일에는 지봉 이수광 탄생 400주년 기념회, 1964년 1월 18일에는 성호 이익 서거 200주년 기념모임이 진행되었다. 고고학 및 민속학연구소에서도 이미 1956년 10월에 추사 김정희 서거 100주년 기념추모회를 갖고 그를 '조선고고학의 창시자'로 확인하였다. 그 외에도 단원 김홍도 탄생 200주년 기념보고회가 1960년 10월 27일에 평양에서 열렸다. 이처럼 160년대 초반에 조선후기의 중요인물에 대한 기념행사가 다양하게 열렸고 곧바로 연구작업으로 반영되어 나왔다.

이와같이 북한학계는 이미 1950년대로부터 1960년대에 걸쳐 각종 실학관계 기념대회를 연 것으로 보고되고 있다. 동시에 실학관계 주요 연구서가 출간되었다. 이는 북한학계에서 실학을 평가하는 단면을 보여주고 있다. 북한의 민속학 분야에서도 예외는 아니어서 주요 실학자들의 민속학연구에 대한 정리가 이루어진다. 이같은 점을 올바르게 이해하는 길은 곧바로 '조선민속학'의 형성 기원을 이해하는 일과 일치하기 때문에 북한민속학사를 이해하는데 하나의 전제를 이룬다.

북한민속학연구에 있어서 실학관계연구가 지니는 의미는 매우 중요한 뜻을 지닌다. 그 연구논문의 편수에 있어서 불과 몇 편이 안 되지만 연구 목적과 의의를 면밀하게 평가해볼 필요가 있다. 왜냐하면 북한민속학의 연구사적 흐름은 거개가 단지 몇 편의 글이라 하더라도 나름의 중요한 의도가 있다고 여겨지기 때문이다.

첫째, 실학사의 의의는 우리 민속학사 서술에 있어서 그 기점 문제를 어디부터 잡는가하는 문제와 결부되고 있다. 모든 학문의 연구사 기점은 단순한 시기설정의 문제에 머무는 것이 아니라, 한 학문체계의 본질적 속성과 그 형성 발전의 사적 검토를 규정한다는 점에서 중요한 문제이기 때문이다. 가령 한국문학사에서 근대적 의미의 문학사 기점문제를 일제강점기로 잡느냐, 조선후기로 잡느냐하는 문제는 중요한 의미를 지닌다. 만약 우리 학문의 모든 기점을 일제강점기로 잡아나갈 경우, 우리 역사에서 내재적 동인은 인정할 수 없는 사태에 이르고 만다.

그간 남한민속학계에서의 시점 문제에 관한 기존의 두 가지 견해는 대략 일제강점기설과 조선후기설의 두 가지로 정리된다. 물론 거개는 일제강점기설을 옹호하는 경향이다.

첫째 견해로는 김태곤이 정리한 바 있는 「한국민속학원론」의 민속학형성사 부분에서 잘 드러나고 있다. 1973년에 초판을 낸 이 책에서 김태곤은 한국민속학 형성을 제1기(여명기 : 1920~1945), 제2기(중흥기 : 1945~1960), 제3기(발전 및 혼동기 : 1960~1970), 제4기(정리기 : 1970~현재)로 단계별 구분을 한 바 있다. 일연의 삼국유사나 조선후기 문헌에 대한 민속학적 가치를 높게 평가하면서도 그는 한국에서 민속학이 학문으로 정리되기 시작한 것을 1920년대로 잡고 있다. 1920년대 후반기를 한국민속학 형성의 시발기로 잡으면서, 그 개척자로 이능화를 꼽았으며 근대과학으로서의 학적체계를 갖춘 이로 손진태를 꼽으므로서, 민속을 과학의 대상으로 연구한 한국민속학의 학문적 개척자로 손진태를 내세우고 있다. 여기서 한국민속학의 맥은 일연으로부터 이능화, 손진태로 연결되고 있음을 지적하고 있음에도 불구하고 일단 그 기점을 일제강점기로 잡고 있는 것이다.[42]

둘째 견해로는 1978년에 초판을 낸 인권환의 「한국민속학사」에서 한국민속학의 기원을 실학으로 잡고 있는 점이다. 그는 여기서 남상기(이조말 실학사상), 형성기(1920년대), 정립기(1930년대), 침체기(1940년대), 발전기(1950~60년대), 전환기(1970년대)로 잡았다. 그가 한국민속학의 잉태기로 실학을 끌어온 것은 김태곤과는 차이가 난다.[43]

　그러나 양자의 문제점은 매우 비슷한 근거를 지니고 있는 것으로 보인다. 전자는 일제하에서 손진태 등과 일본인에 의해 합작으로 이루어진 조선민속학회 출발의 제한성을 올바르게 비판함이 없이 손진태를 '과학'으로서의 민속학자로 인정함으로서 두 가지 의문을 남겨준다. 그 하나는 일제가 우리나라에 들어와서 행한 민속조사의 침략적 연원이 매우 오래 전인 합방 이전으로 소급됨을 무시하고 일제하 식민통치의 정교성이 강화되어나가던 시기의 연구자들을 민속학사상의 기점으로 잡음으로서 식민지민속학의 내적 맥락을 탈피하지 못한 것으로 여겨진다.

　둘째, 인권환의 연구는 실학을 끌어오긴 했어도 전자와 마찬가지로 일제하 민속학을 동일하게 형성기로 잡음으로서 똑같은 우를 범하고 있다. 다만 그가 예시한 실학파에 대한 일련의 시각은 매우 값진 것이다. 물론 그의 실학파에 대한 인식의 정도는 매우 파편적이어서 민속지적인 평가로 일관하고 있는 한계를 보이고 있다. 많은 한계가 있음에도 불구하고 실학부분을 한국민속학의 기점으로 잡고있는 인권환의 견해가 보다 합법칙적 임을 알 수 있다. 가령 문학사서술에서 논쟁이 벌어져왔듯이, 고전문학과 현대문학을 양분하고 '이입'된 문학을 현대의 기점으로 잡으면서 '단절론'을 제사하는 일이 얼마나 비역사적 태도인지는 자명해졌기 때문이다.

　이와 같이 실학파와 한국민속학의 서술관계는 남북한 공히 함께 인식하고 있는 문제이다. 여기서 하나의 문제는 남는다. 인권환의 견해가 발표된 시점이 북한학계에서 일단 실학의 민속학적 측면에 대한 검토가 본격적으로 이루어진지 약 15년여 뒤에 이루어졌다는 점이다. 이점 남북한 학술교류가 연구자에 의하여 이미 '독자적'비교 연구에 의해 이루어지고 있었는지, 아니면 단지 시기상으로 우연의 일치로 15년여 뒤에야 남한 쪽에서도 연구가 이루어졌는지 그 변별성을 검토해 보아야할 것이다. 이점과 관련

...

42　김태곤 편저, 『한국민속학원론』, 시인사, 1984.
43　인권환, 『한국민속학사』, 열화당, 1978.

하여 우리는 몇 가지 결론에 도달할 수 있다.

민속학계의 경우만은 아니지만 남한학계에서 공공연하게 이루어진 '남북한 학문교류'의 역사가 매우 오래전으로 소급된다는 점이다. 자료를 보는데서 오늘의 상황도 별로 나아진 것은 없지만, 자료를 쉽게 볼 수 없던 시절에 '선택되어진' 연구자에 의해서만 볼 수 있었던 '숨은 자료'에 의한 '연구성과 참조하기'가 매우 은밀하게 진행된 사례를 발견할 수 있다. 시대적 상황이 인용을 하고도 그대로 밝힐 수 없었던 여건을 감안해야하나 혹자의 경우에는 거의 완전한 '참조(준표절)'가 이루어지고 있었음을 알아야 한다. 이점은 기회있을 때 일정한 분석을 요한다(일제하의 일본인에 의한 연구성과를 그대로 재판시킨 연구서의 경우도 다수임). 가령 오늘에 공개출판 된 『조선의 민속놀이』같은 자료도 극동문제연구소같은 공산권연구소의 내부자료로 이미 1970년대 초반 유신시절에 인쇄되어 대부분의 일반인은 책이름도 모르는 상태에서 '알만한' 연구자들은 이를 충분히 즐기고 개인 연구성과를 내는데 그대로 베끼는 수준으로 활용하였던 현실을 기억해야 할 것이다. 아무튼, 이같은 식을 통해서나마 남북한민속학교류가 일찍이 시도되어온 것으로 판단해야할까. 하여간 북한민속학계에서 최초로 던진 실학파의 민속연구사 문제는 앞으로 전체로서의 우리 민속학사를 서술해나가는 데 어떤 식으로든지 도움을 줄 것이다.

「조선 민속학의 목적과 대상 범위에 관하여」에서 황철산은 '우리 조상들은 일찍부터 민속학적 기술을 하여 왔다. 그것은 다 민속이라고 명료히 찍어 말하는 것은 아니라 하더라도 내용 상으로 보아 민속학적 기술인 것이 풍부하다'고 서술하였다. 통일 신라 시기의 혜초慧超의 『왕오천축국기往五天竺國記』, 고려 시기의 일연一然의 『삼국유사三國遺事』, 최자崔滋의 『보한집補閑集』, 리제현李齊賢의 『력옹패설櫟翁稗說』, 리조 시기 서거정徐居正의 『필원잡기筆苑雜記』, 성현成俔의 『용재총화慵齋叢話』, 리수광李睟光의 『지봉류설芝峯類說』, 리익李瀷의 『성호사설星湖僿說』, 저자 불명의 『견첩록見睫錄』, 리덕무李德懋의 『청장관전서青莊館全書』, 리규경李圭景의 『오주연문장전산고五洲衍文長箋散稿』, 홍석모洪錫謨의 『동국세시기東國歲時記』를 비롯한 세시기류 등등은 민속학적 기술이 풍부히 들어 있으며 거의 전적으로 민속학적 기술인 것도 있다. 또 봉건 국가의 명찬인 실록을 비롯하여 정사류 지리지류에도 민속학적 기술이 많다. 이것은 매우 자랑스러운 일이다. 그런데 그 중에는 특히 풍속이라고 항목을 달고 기술한 것도 있다. 『동국여지승람東國輿地勝覽』의 풍속 조는 그

대표적인 것이라고 할 수 있는바 그것으로서 우리 조상들이 무엇을 풍속, 즉 민속의 내용으로 삼았는가를 짐작할 수 있다.

거기에는 각도 주요 고을의 풍습이 간단하게나마 기재되어 있는바 그 내용을 볼 때에 우리가 오늘 조선 민속학의 범위에 넣으려고 하는 것이 많으나 적으나 간에 거의 다 포괄되어 있다고 할 수 있다.

북한학계에서 공식적으로 발표된 실학의 민속학적 연구대상은 지봉 이수광, 연암 박지원, 성호 이익의 세 명이다. 연구수순에 있어서 "우리가 우리 조상들이 조선 민속학 분야에 남긴 유산을 연구함에 있어서 우선 그로부터 시작하는 것은 응당한 순서로 되는 것이며 또한 그렇게 함으로써 우리가 다른 실학파 학자들에 대한 그런 연구를 하는 데 도움을 얻게 될 것이다"라고 하면서 실학의 선구자 이수광을 먼저 꼽았다. 그 뒤로 연암과 이익의 연구가 발표되었다. 즉 지봉芝峯 리수광李睟光(황철산, 1961), 연암燕巖 박지원朴趾源(전장석, 1961), 성호 리익李瀷(황철산, 1962)의 민속학 분야에 남긴 업적에 대한 고찰이 연속으로 이루어진 것이다. 황철산이 2편의 글을 담당하였다.

16세기 후반~17세기 초의 학자인 지봉 리수광은 실학의 선구자였고, 17세기의 학자인 반계磻溪 류형원柳馨遠은 실학의 창시자였다면, 17세기 말~18세기 중엽의 학자인 성호 리익은 류형원의 실학 사상을 계승 발전시킨 저명한 실학자로 간주하였다. 반계와 성호의 실학 사상은 성호보다 좀 후배이며 같은 실학의 조류에 속하면서도 그 학통을 달리한 북학론자北學論者 담헌湛軒 홍대용洪大容, 연암 박지원, 초정楚亭 박제가朴齊家에게 일정한 영향을 주었으며 18세기 말~19세기 초의 학자 다산茶山 정약용丁若鏞에 이르러 집대성되고 가장 높은 단계에 도달하였다고 보았다.

이수광을 그 서두로 뽑는 데는 몇 가지 이유를 제시하고 있다. 가령, 민속학적 의의를 가지는 개별적 학자들의 저서가 그 이전에도 있었음을 밝히면서 13세기의 최자崔滋의 『보한집補閑集』, 14세기 이제현李齊賢의 『역옹패설櫟翁稗說』, 15세기말의 서거정徐居正의 『필원잡기筆苑雜記』, 성현成俔의 『용재총화慵齋叢話』 등이 뚜렷한 바, 이수광의 지봉유설은 이를 계승한 것으로 보고 있다. 그러나 『지봉유설』은 다음의 몇 가지 점에서 이전의 연구와는 근본적으로 다름을 지적하고 있다.

첫째, 그 이전의 것들이 시야를 동방의 좁은 세계에 국한하였다면 이것은 남방과 서방의 구라파에 까지 미쳤다. 그 내용도 이전 것들이 대개 양반 내부 생활을 내용으로 한 것이었다면 그는 인민의 생활을 다분히 취급하였으며, 견해·평가 역시 진보적·인민적이었음을 지적한다.

둘째, 이 전의 것이 이른바 패설문학으로서 그야말로 일화적인 것이 주였다면, 『지봉유설』은 백과전서적 저작으로서 민속학적 내용이 집중적으로 포함되어 있다. 그 후 이익의 『성호사설星湖僿說』, 저자불명의 『견첩록見睫錄』, 이덕무李德懋의 『청장관전서靑莊館全書』, 이규경李圭景의 『오주연문장전산고五州衍文長箋散稿』, 유득공柳得恭의 『경도잡기京都雜記』, 김매순金邁淳의 『열양세시기洌陽歲時記』, 홍석모洪錫謨의 『동국세시기東國歲時記』 등의 효시라고 보았다. 따라서 이수광의 민속학적 연구에 뒤이어 그 이후 일련의 민속학적 연구가 진척된 것으로 보았다. 그는 이수광의 연구를 생산기술과 관련한 것, 복식·음식과 관련한 것, 가정 및 사회생활과 관련한 것, 속절 행사 및 오락 경기에 관한 것, 속신과 관련한 것 등으로 나누어 분석하였다.

성호 이익의 민속학적 업적은 『성호사설류선』을 중심으로 분석하였는데, (1) 생산에 관련한 것 (2) 의衣, 식食, 주住와 관련한 것 (3) 가족 생활 및 사회 생활과 관련한 것 (4) 음악 오락 및 속신과 관련한 것으로 구분하여 고찰하였다. 경작 풍습, 생산 기술과 관련한 적지 않은 기록을 남겼으며, 상업과 관련한 일련의 민속학적 기록도 남겼다고 보았다. 의衣와 관련한 것으로는 면화의 선진적인 재배법과 처리 방법, 염색방법, 흰옷의 유래와 전통, 남녀 복식의 변화, 관모의 유래를 주목하였다. 음식과 관련한 그의 서술에서는 특별 음식 중에서 중국 문헌에 보이는 특별 음식과 비슷한 것에 대하여 상호 비교의 방법으로 고찰하였고 또 우리 음식 중에서 중국 사람이 특히 지적한 일이 있은 것에 대하여 썼다. 그의 음식에 관한 서술은 일부 특별 음식에 한한 것이었다. 그러나 근 30종에 달하는 특별 음식에 관하여 만드는 방법을 비롯하여 귀중한 자료를 남김으로써 17~18세기의 특별 음식의 일반을 구체적으로 파악할 수 있음과 동시에 그것이 오늘과 큰 차이가 없었다는 것을 알게 되고 보았다. 주택에 관한 그의 서술은 많지 않았으나 우리 주택과 관련한 풍습에서 중요한 측면을 밝혀주는 귀중한 자료로 된다고 보았다. 가족 생활 및 사회 생활과 관련한 것은 일련의 풍습을 서술하면서 적절하게 평가하였을 뿐만 아니라 많은 경우 그 개혁안까지 제기하였다고 보았다. 음악 오락 및 속신과 관련한 것에서 20여 종에 달하는 고금의 향악에 대하여 해설·론평하였으며, 일련의 고유 놀이에 대하여도 썼는바 특히 그의 광대 놀이와 산대 놀이에 대한 서술이 생동하다고 보았다.

성호 리익의 민속학적 견해는 '인민의 힘, 인민의 지혜를 높이 평가하는 방향에서 썼으며 인민 대중 사이에 있는 소박하고 순진한 례의 도덕과 미풍 량속을 적극 찾아내고 높이 찬양하였다'고 보았다. 그는 모든 생활 풍습과 문화 현상은 계승성이 있음과 동시에 고정 불변한 것이 아니라 변화 발전한다는 것을 깊이 인식하였다고 보았다. 생활 풍습과 문화 현상의 현 상태에 대하여 객관적이 아니고 정당한 평가를 가하면서 옳은 전통은 계승하고 불합리한 것은 개혁할 것을 강조하였음을 주목하였다. 말하자면 성호 리익의 민속학적 서술은 인민의 생활 개선에 복무하자는 목적 지향성과 실천성을 가진 것이었으며 인민과 나라를 사랑하는 열정으로 충만된 것이었다고 보았다. 생활 풍습과 문화 현상에 대한 해석에서 사물 현상의 본질을 정확히 밝히며 그것을 훌륭히 일반화하는 재능을 발휘함으로써 그의 민속학적 소양이 범범하지 않음을 보여 주었다고 강조하였다. 총체적으로 볼 때에 성호 리익이 조선 민속학사 상에서 차지하는 위치와 관련하여 다음과 같이 정리하였다.

> 그가 남긴 민속학적 자료는 량적으로나 순 자료로서의 가치로 보아서는 그 이전의 『용재총화』나 『지봉류설』에 비하여 더 우월하다고 말할 수 없다. 그리고 그에게는 시대적 및 계급적 제한성으로 인한 일련의 그릇된 편향도 있었다. 그러나 우에서 말한 바와 같이 그의 민속학적 서술은 그 이전의 누구의 것과도 달리 확연히 인민적인 성격을 띠였으며 인민의 생활 개선에 복무하자는 일정한 목적 지향성과 실천성을 가짐으로써 우리 나라 민속학 분야에서 그 전에는 볼 수 없던 새로운 방향을 개척하였다. 이런 의미에서 우리는 그가 조선 민속학사 상에서 논 역할이 거대하였다고 서슴없이 말할 수 있다. 그가 개척한 이러한 방향은 그와는 학통을 달리하였으나 같은 실학 조류에 속한 연암 박지원을 비롯한 북학론자들에 의하여 더욱 발전하였다. 그리고 그 영향 하에 그 후 리규경李圭景의 『오주연문장전산고五洲衍文長箋散稿』, 류득공柳得恭의 『경도잡기京都雜記』, 김매순金邁淳의 『렬양세시기洌陽歲時記』, 홍석모洪錫模의 『동국세시기東國歲時記』와 같은 광범한 인민들의 생활 풍습과 문화를 내용으로 하는 많은 민속학적 저작들이 출현하게 되었다.

8. 현지조사 방법론연구

북한민속학은 '조선력사과학의 한 분과로서 직접적 관찰의 방법에 의하여 조선인민의 생활양식의 특성과 그것의 산생 및 발전의 합법칙성을 력사과학적으로 밝히는 것'으로 정리된다. 따라서 '직접적 관찰'이 북한민속학의 기본 방법론임을 알 수 있다. 문헌사료를 기본으로 하는 역사학, 유물자료를 기본으로 하는 고고학, 문헌자료 및 유물과 함께 '인민생활의 산자료'를 기본으로 하는 민속학으로 북한의 역사과학이 삼대별된다고 할 때 현지조사방법은 민속학이 중점을 두는 방법론임을 알 수 있다. "민속학적 연구는 문헌사료도 요구되나 그 과학 자체가 가지는 방법론상 특성으로부터 출발하여 보다 많은 현지민속자료에 기초하여야하며 특히는 인민들의 문화와 생활풍습이 구체적인 생활현실을 통하여 반영되는 것만큼 보다 생동하는 현실자료에 기초하여 과학적인 결론을 끌어내야한다"[44]는 지적은 이를 잘 말해준다.

북한민속학에서 직접적 관찰의 문제는 사회주의 건설사업에서 중요하게 인식되었다. 1950년대 후반과 60년대 초반의 농업경리의 사회주의적 개조과정에서 제기된 현실적 문제들을 민속학이 담보해내기 위하여 "보다 현실에 접근한 민속학적 연구실천"이 요구된 것이고 이는 무엇보다 현실생활의 직접관찰에 의하여 이루어진 것이다.

실제로 북한의 전 지역은 전쟁으로 말미암아 거의 모든 지역이 초토화되었고 전쟁의 피해는 민속자료조차 소멸시켰고, 동시에 급속한 전후의 건설과정 역시 민속자료의 소멸을 촉진하였다. 따라서 연구소 초기 단계부터 현지조사사업의 중요성이 강조되어 "사회주의 건설 도상에서 급속히 소멸되어가는 고유하고 전통적인 민속자료와 미술사자료, 미술사자료, 음악사자료들을 수집하는 것은 이 부문 연구에서 불가결의 기초공작일 뿐더러 연구소 기초 축성에서 가정 중요한 자리를 차지하는 사업이다"라는 현지조사사업의 의의가 정리된다. 즉 물질적·문서적 각종 자료를 체계적으로, 대량적으로 수집, 자료 축척·보충하는 사업이 민속학 분야 과학발전 10개년 전망계획에서 제1차적 지위를 차지하게된 것이다.

그리하여 민속학 분야는 그 연구사 초기에 시급히 사라져가는 자료수집에 주목하여

---

[44] 현지조사요강, 54쪽.

탈놀이를 비롯하여 재가승, 무속 등에 관한 1000여점의 자료를 이미 50년대 후반에 확보하고 있었으며 협동조합농민들의 문화와 풍습에 대한 연구에서도 현저한 연구성과를 거둠으로서 연구의 현실성확보에 성공을 한 것으로 보인다. 이같은 자료조사사업은 각 연구성원들이 논문작성에 선행해야할 '필수적 공작'인 만큼 역량투입이 요구되었다.

황철산의 시대는 현지조사가 활발히 이루어졌던 시기이기도 하다. 재가승부락에 대한 현지조사, 북청지방 민속오락조사, 함흥과 평양을 중심으로 한 무속조사, 황해도탈놀이조사, 개성지방의 살림살이 도구수집사업 등이 손꼽힌다. 1959년에 2회에 거쳐서 발표된 "농업협동조합에 관한 현지 민속 자료 수집요강"은 여러 점에서 중요한 의미를 지닌다. 협동화농장의 생활과 풍습에 관한 본격적 현지조사지침서의 성격도 띠고있으나, 이는 기왕에 북한민속학계에서 조사해온 현지조사방법론을 집대성하였다는 점에서도 연구사적 의의가 크다. 황철산이 실장으로 있던 민속학연구실의 공동토론을 거쳐서 만들어진 이 요강은 곧바로 북한민속학의 현지조사의 방법론적 지침이자 연구대상과 범위, 연구목적을 암시하기도 한다. 따라서 이 자료를 집중검토 함은 곧 북한민속학에 있어서의 현지조사방법론을 확인하는 길이 된다. 이는 그 자료의 방대성, 각 부분에 대한 치밀성에서 쉽게 드러난다.

① 협동조합의 경리 : 일반적 개관, 노동조직, 생산도구, 작물재배, 수공업, 교통운수, 상업유통 등.
② 부락과 물질문화 : 부락, 공공건물과 주택, 옷, 음식물 등.
③ 가족 및 가족풍습 : 가족구성 및 가족경리, 가족관계, 문화수준과 정치적 견해, 결혼, 산아, 아동교양, 장례, 가족명절 등
④ 사회생활 : 8.15 전후 농촌의 사회생활, 계급관계의 변화, 정치생활, 명절놀이, 여성들의 사회생활에서의 변화 등.
⑤ 문화생활 : 8.15 전후의 문화생활 등

협동화농장 지침에서 다음의 민속학 현지조사 원칙이 제시되었는데 ②항 정도를 제외한다면 오늘날의 남한학계에서 취하는 방법과 별 다를 것이 없다.

① 자료수집 대상지 주민들의 일반적인 물질생활 조건을 이해하며 일상생활과 관련된 전반적인

문제들에 대하여 이해한 가운데 조사를 해야지 성과를 얻을 수 있음.

② 자료를 수집하는 연구자의 옳은 관점(맑스레닌주의적 관점)과 보다 학구적인 태도와 치밀성이 요구됨.

③ 현지조사 대상을 옳게 선정하고 세밀하게 관찰할 것.

④ 모든 사회적 현상은 변화발전하며 상호 관련 있다는 변증법적 원칙으로 부터 사물을 관찰하여야 함.

⑤ 민속학적 관찰은 한 지역에서 폭 넓고 심도있는, 많은 대상에 걸친 조사를 해야함.

⑥ 조사기록은 표면적이나 단편적인 것이 아니라 조사대상과 현상을 충분히 반영하여 외적 측면 뿐 아니라 내적인 측면도 반영해야함.

⑦ 관찰 내용을 보충하며 확정하기 위해서 매 물건 현상에 관한 질문을 제기하는 것이 중요하며 이는 민속학적 현지조사 사업의 기본 수법의 하나로 됨.

⑧ 조사수집된 자료는 모든 것을 즉시 가능한데로 현지에서 구체적으로 기입해야함.

⑨ 조사결과는 노트나 비망록, 규격된 카드에 기재하고 그것을 그림으로 그리거나 촬영해두고 설명을 해둠.

⑩ 자료수집자는 어떠한 대상과 사실을 취급함에 있어서 시대성을 상실해서는 아니되며 반드시 발생・형성・발전과정의 주요 년대를 기록해야함.

    황철산이 주도한 연구에서 현지조사에 입각한 대표적인 업적은 앞에서 언급된 재가승촌락에 관한 연구일 것이다. 재가승을 둘러싼 광범위한 현지조사는 함북 부령군, 회령군, 유성군, 종성군, 온성군, 경원군, 경흥군에 산재한 집단거주지에서 무려 2년 반이 소요되었다. 단일 주제로는 매우 포괄적으로 단위지역을 표본적으로 조사한 민족지다. 상세한 현지조사와 문헌작업을 통하여 이루어진 이 성과는 이 시기의 현지조사방법론에 의한 대표적 저작물중의 하나이다. 물질적 생산과 물질 문화, 가정 및 사회생활 풍습과 정신문화 등 전반에 걸친 현지조사가 이루어졌다.

    황철산의 현지조사에서 각별한 것 두 개만 예로 들어본다. 일찍이 1948년 7월에 청진 교원대학 '백두산 탐사대'에 참가하여 조사한 자료를 정리한 것이 있다. 해방공간에서 북한학자들에 의해 이루어진 본격적 백두산 현지조사로 의의가 크다. 함북을 대표하는 청진대학에서 대학 차원의 탐사대가 조직되고 여러 전문가들이 참여하였다.

첫째, 무두봉無頭峯 서북 편의 '중산개소비衆山皆小碑'는 '선통 원년宣統元年(1909)' 7월에 당시 국자가局子街(延吉) 장백부설치지현長白府設治知縣 류 건봉劉建封이 세운 것이다. '이 비의 소재는 종래 백두산에 대한 어느 조사 보고서에도 보이지 않으며, 5만분의 1 지도에는 기입되어 있지 않다'고 하였다. 실제로 오늘날의 백두산 영역문제를 다루는 연구에서 백두산정계비와 달리 이 비석에 관한 언급은 보질 못하였다. 탐사대의 조사시점이 1948년이라 의미가 깊은 것으로 판단된다.

이 비는 건립한 후 1931년까지 220년이란 기간을 두고 엄연 그 자리에 서 있었다. 그리하여 1931년 7월 28일까지 백두산 등산대원들은 직접 이 비를 보았던 것이다. 그런데 이 때 등산대에 참가하였던 일제의 혜산진 '수비 대원' 약 50명과 무산 '삼장 수비 대원' 약 50명은 일반 등산자들을 천지로 올라 가라고 한 다음 자기들만 비가 서 있는 곳에 남아 있었는데, 그 이튿날 일반 등산자들이 천지로부터 내려 왔을 때에 벌써 비석은 간 곳이 없고 이 것이 섰던 자리 곁에 '백두산 등산로白頭山登山路'라는 표말만이 서 있었다는 것이다. 때는 바로 '9.18사변' 직전으로서 일제는 '만주滿洲' 강점의 만단의 계획과 준비를 갖추고 있었으므로 낱강도 일제의 '군부'는 지령을 내려 이 유서 깊은 력사적 유적을 계획적으로 인멸한 것이었다.

둘째, 압록鴨綠, 토문土門분수계상의 정계비定界碑 유지遺址는 현금에도 논란이 되는 토문강의 영역 문제이다. 처음에 청차淸差 목 극등穆克登은 압록, 토문 분수계상에 정계비를 세우면서 토문강이 송화강의 한 지류임을 알지 못하고 두만강의 상류인 것으로 오인하였다. 정계비 아래 골짜기 즉 토문강원土門江源을 따라 무릇 32~36km의 거리까지 목책, 돌각담 또는 흙무덕을 설치한 것이였다. "정계비가 섰던 분수계의 동쪽 골짜기의 우안에 따라 대개 사람의 머리 만한 돌들을 모아 커다란 각담 모양으로 만든 것이 일렬로 포치되어 있다 …… 흙무덕은 전혀 없고 목책이 썩은 것도 보이지 않았다"고 하였다. "허 량許樑 등이 '비가 서 있는 아래로부터 25리는 목책 혹은 돌을 모았고, 그 아래 물이 나는곳의 5리와 물이 말은 내 20여 리는 산이 높고 골짜기가 깊어서 내의 흔적이 분명하므로 표식하지 않았다'고 말한 것과 부합된다고 보았다.

기타, 민속학적으로 의미가 있는 것은 천지반天地畔의 조산造山이다. '당산축堂山築과 당산석堂山石의 한 개 발전한 형태'로 보면서 치성을 드리는 '미신迷信'으로 보면서도 이를 조사했다는 점이다. 당시 백두산 근역에는 이같은 조산이 대단히 많았던 것으로 보고하고 있다. 도교와 불교가 혼재된 백두산종덕사白頭山宗德寺, 백두산로의 신사 등도 기록에 남겨 사회주의 초기 단계임에도 당시 사회주의 입장에서 볼 때 이들 '미신'에 대한 기록을 성실하게 하였다.

농촌의 새로운 문화와 풍습의 연구를 목적으로 1959년 3월부터 동년 12월까지의 사이에 평안남도 순안군 조중 친선 농업 협동 조합에 대한 조사 사업을 집체적으로 진행한 것도 특기할 논문이다.[45] 당시 농촌 경리의 사회주의적 개조는 농민 생산활동과 관련한 일련의 풍습에서 거대한 변화를 일으켰다. 사회주의적 개조는 농민의 사상 의식과 문화적 요구에서 또한 거대한 전변을 가져 왔다.

> 우리나라 농촌에서의 새로운 문화와 풍습은 지금 바야흐로 발생 발전하는 중에 있는 것 만큼 거기에는 합법칙적인 것과 일시적 현상에 불고한 것을 판별하기 어려운 것들이 더욱 그러하다. 그러므로 이상에서 관찰 서술한 것에는 합법칙적인 것, 본질적인 것을 놓치고 일시적인 것, 부차적인 것에 치우친 것이 적지 않다고 생각한다. 그렇기는 하나 이것으로서 오늘 우리 나라의 농촌에서 특히 평야 지대의 농촌에서 발생 발전하고 있는 새로운 문화와 풍습의 경향성은 짐작할 수 있으리라고 생각한다.

그러나 앞에서 언급되었듯이 협동화 과정에서 야기되는 전반에 걸친 연구조사가 이루어졌으므로 위 논문도 무수한 사례 조사 중의 하나일 뿐이다. 특히 생산활동 및 풍습에 대한 현지연구는 사회주의 기초 건설을 위하여 중요시되었다. 황철산이 수행한 농기구나 농법과 관련된 풍습연구를 손꼽을 수 있을 것이다.

9. 세시풍속 및 민속놀이 연구

간단명료하면서도 정확하고 사실적이면서도 압축적이며 종합적인 '민속놀이 교과서'는 『조선의 민속놀이』를 능가할만한 것이 없다. 오늘날에

---
[45] 「조중 친선 농업협동조합 농민들의 문화와 풍습」, 『문화유산』 1960년 4호.

도 북한에서는 다양한 민속놀이 교본들이 출간되고 있는 바, 대개 이 책자를 저본으로 하여 재편집되거나 수정가공된 것들이다.

김일성대학 교수이자 조선고고학 및 민속학연구소장인 도유호를 비롯하여 벽초 홍명희의 아들인 사회과학원 부원장 홍기문, 초대 민속학연구실장이었던 황철산, 사회과학원 원사였던 역사학계의 원로 박시형 등의 이름이 보인다. 오늘날 북한 민속학계의 현직들을 지도한 당시 선희창이나 민속학연구실의 연구사였던 정시경 같은 이름도 엿보인다.

해방 공간에 북한의 각 지역에서도 민속놀이가 매우 활발하게 살아있었던 것으로 보인다. 물론 일제하에 많은 민속놀이가 소멸되었지만 전래의 농경사회에 뿌리를 둔 많은 놀이들이 여전히 행해지고 있었던 것이다. 마을단위의 공동체적 생활기풍이 여전하여 놀이 역시 농사절기에 맞추어 시시 때때로 놀아진 것이다. 차츰 '반제반봉건' 개혁이 가시화되면서 일정한 변화가 시도되었고 건국사상총동원운동에서 보이듯 '봉건잔재' 청산이란 이름으로 과거의 '미신적 행사'에 대한 비판이 이루어지면서 전승 놀이가 사라진 것도 생겨나기는 했다. 반면에 새롭게 단위행사의 집단놀이로 민속놀이가 살아나는 경향도 보여주었던 시기다. 가령 각종 기념일 등에는 반드시 풍물패가 행진을 주도하고 그네, 씨름 등이 경기종목으로 채택되고 있음을 알 수 있다.

그러나 전쟁이 끝나면서 전후복구과정을 거치며 사회주의 집단경리화가 완성되어가면서 전래의 마을 구성은 급격한 변화를 겪게 된다. 이에 따라 북한의 전역에서 전래민속놀이는 많은 소멸을 가져오게 된다. 그 변화는 매우 급격한 것으로 판단된다. 이러한 과정에서 북한에서는 사라져가는 놀이의 조사와 더불어 이를 새롭게 발전시킬 방도를 준비하게 된다. 1960년대 초반까지 300여종 이상의 놀이가 조사되며 『조선의 민속놀이』(사회과학원 민속학연구실)란 책으로 1차 집대성된다.[46]

「단오端午의 유래와 행사」(1962)에서 단오를 뜻하는 수리날이 어떤 특별한 의미를 가

---

[46] 해제자는 본의 아니게 남한에 소개된 「조선의 민속놀이」 세 종류 판본의 해제를 10년 간격으로 세 번씩이나 쓰게 되었다. 아래의 해제를 참조.
「북한민속놀이의 현단계 - 조선의 민속놀이 출간에 부쳐」, 『조선의 민속놀이』, 푸른숲, 1989; 「조선의 민속놀이, 그 전통과 변용」, 『조선의 민속놀이』, 푸른숲, 1999; 「조선의 민속놀이의 변화와 계승」, 서득창 편, 『조선의 민속놀이』 민속원, 2010.

지는 고어가 아닌가 비정하면서, '그 유래가 오래고 그렇게도 중요한 행사들이 진행되는 큰 명절 명칭이 떡의 모양에서 온 것이라고는 생각하기 어려운 것이다'고 보았다. 우리 단오 행사에 중국적 요소도 섭취된 것은 사실이나 우리의 단오 행사의 중심적인 것, 기본적인 것은 오랜 옛날이나 후세나 중국의 것과는 완전히 달랐다고 강조하였다.

황철산은 '그네뛰기'에서 그 기원을 북방종족, 즉 고대 북방으로부터 민족의 시원과 더불어 시작된 것으로 보았다. 그네뛰기나 씨름이 문헌상으로 뒤늦게 13세기 초부터 보이는 것은 그 즈음부터 인민들이 즐겨 노는 매력있는 이 놀이들이 차츰 양반계층들 사이에도 보급되었음을 뜻한다고 보았다. '활쏘기'에서는, 활쏘기가 무인(군인)들의 독점이 아니었고 전체 인민들이 즐겨 익힌 것이었으며, 문인이나 승려들에 이르기까지 뜻있는 사람들은 다 익힌 것으로 보았다. 조선시대 활과 화살의 종류와 용도를 분석하고 있는 바, 문화재조사에 버금가는 수준의 조사를 수행하고 있다. 활쏘기 경주에 대해서도 할애하였다.

10. 맺음말
: 남북한 민속학의
통일적 모색을 겸하여

황철산민속학을 종합화하면서 우리는 남북한민속학의 미래적·통합적 전망을 모색해볼 수 있을 것이다. 필자는 북한민속과 남한민속이 다음의 장단점을 나누어 공유한다고 본다. 이를 제 학문 분과별로 나누어서 작은 결론에 대신하여 설명해보고자 한다.

1) 역사과학으로서의 민속학과 국문학 구비문학으로서의 민속학

북한민속학사는 '역사과학로서의 민속학'으로 귀착되었음에 반하여 남한민속학사는 국문학연구의 한 방편으로서 귀착된 감이 짙다. 북한민속학의 학문편제, 김일성종합대학 등의 학문편제 등에서 역사과학으로서 일찍이 자리를 잡았다. 남한학계에서는 역사학에서 실증사학을 부르짖으면서 '쓰여지지 아니한 역사'에 대한 무관심으로 인하여 민속학을 역사학분야에서 '용도폐기'하였다. 해방 이후에 민속학연구는 주로 국문학연구자들 손에 의하여 주도되면서 구비문학연구의 일환으로 연구가 진척되었다. 그러나 1990년대 이래로 남한학계에서 역사민속학이 본격 대두하였다. 1970년대 이래로 북한민속학이 정체를 거듭하고 천편일률적인 한계에 봉착하는 동안, 남한학계에서는 비교적 활발한 연구가 이루어지고 있다. 남과 북의 처지가 위와 같이 다르기 때문에 학문통합의 방향도 서로의 약한 점을 보완해주는 방향으로 이루어질 전망이다. 2000년대 들어와서 남한의 역사민속학은 전국역사학대회 정규 참여분과가 되어 사학사의 한 부분을 본격 차지하게 되었다. 이는 남북의 단절된 역사민속학이 만날 수 있는 공유의 장을 마련한 것으로 판단된다.

2) 북한민속학 보존자료와 남한민속의 현장전승

북한은 사회주의화라는 과정을 통하여 민속현장이 급거 소멸되는 지경에 이르렀다. 따라서 북한민속학계에서 1960년대까지 광범하게 수집한 민속자료들은 매우 소중하다. 가령 1950년대에 조사된 관서·관북무가, 협동화농장에서 조사된 사진자료 등이 한 가지 실례일 것이다. 반면에 남한민속의 현장은 도시화를 통하여 다수 소멸하였다. 그럼에도 불구하고 많은 지역에 민속행사가 전승되고 있는 현실이다. 북한이 마을굿 등을 강제로 없앴음에 비하여 남한에서는 다수 남아있어 민속조사라는 입장에서 월등히 우월한 지위를 남한 쪽이 차지하고 있다. 따라서 남한의 전승되는 민속현장과 북한의 보존되었을 것으로 짐작되는 민속조사자료들의 상호 결합을 언젠가는 이루어야할 것이다. 북한에서 수행한 함경도, 평안도 등의 민속현지조사 자료들은 상당 부분 황철산과 그의 사람들이 주도적으로 획득해낸 것들이다. 남북한 민속의 한반도 전체로서의 그림을 그린다는 점에서 매우 소중한 자료들이다.

3) 물질민속연구와 정신민속연구의 변별성과 보완

북한은 일찍이 물질민속, 즉 노동노구 등의 연구에 많은 노력을 기울였다. 이미 1950, 60년대에 많은 현장조사를 통하여 연구성과를 얻었다. 반면에 정신적인 문화, 즉 무속

따위는 미신으로 철저히 파괴한 덕분에 제대로 연구가 이루어지지 않았다. 이에 반하여 남한의 민속학은 정신문화 영역에서 대단히 많은 연구가 이루어졌다. 따라서 양자의 보완이 요구된다. 북한의 민속학연구실에서 이루어졌던 농기구와 농법, 어로기구와 어법, 수공예생산, 사냥풍습과 사냥도구 현지조사 등은 그 자체 소중한 자료들이다.

4) 고고민속에 관한 경험의 공유

현재 남한학계의 고고학과 민속학은 전혀 별개의 학문으로 가고 있다. 그러나 북한의 민속학과 고고학은 발전초기부터 유기적 체계인 고고학 및 민속학연구소로 함께 활동하였다. 1957년 연구소가 조직되고 연구소 기관지로써 『문화유산』이 해마다 출간되기 시작하여 고고학과 민속학관계의 새로운 이론적 성과 및 자료들이 소개되고 지상논쟁도 소개된다. 이와 같이 북한의 민속학은 고고학과의 상호관련 속에서 발전하여왔다.

1980년대에 이룬 연구 중에서 북한 고고학과 민속학의 연계작업이 이루어지는 실예를 하나 살펴보면 양자의 관계를 쉽게 알 수 있다. 즉, '량통집'에 관한 연구를 하면서 오늘날의 현지조사사례와 신석기시대의 기원을 현지조사 및 발굴성과로 결합시키고 있다. 즉 '고고학적 자료와 기록 및 현지조사자료를 참조하여' 량통집의 시원을 밝히는 작업이 이루어지는 것이다. 여기에는 '오동유적8호집자리', '오동유적 5호 집자리', '범의 구석 9호 집자리', '범의 구석 31호 집자리' 등 고고학적 성과가 인용되며, '정지간이 있는 량통집(북부형, 남부형)', '봉당이 있는 량통집' 등 민속학적 현지조사 자료가 활용되고 있는 것이다. 이로써 북한에서 고고학과 민속학은 그 발전 시초부터 오늘에 이르기까지 일관되게 연계를 맺고 있다.[47] 이러한 경험은 남한민속학에서 참조할만 하다.

5) 인류학과의 관계

남한에서는 인류학이 학과로 설정되어 있음에 반하여 민속학은 자기 학과를 제대로 창출하지 못하였다. 반면에 북한에서는 인류학이 자기 학과를 창출하지 못하였음에 반

---

47 김내창, 「량통집의 유래와 지역적 차이에 대한 연구」, 『조선고고연구』 1989년 3호 참조.

하여 민속학은 자기 영역을 공적으로 인정받고 있다. 북한에서 인류학의 위상이 어떻게 되어있는 가를 검토함은 민속학과의 관련에서 매우 중요한 문제일 것이다. 이점은 남한의 민속학과 인류학과의 관계를 비교함에 있어서도 유익한 점일 것이다. 북한은 인류학에 대하여 제국주의론적인 시각을 지니고 있다.[48] 그러나 북한학계에서 인류학에 대한 입장이 그렇게 배타적인 것만은 아니었다. 고고학 및 민속학연구소 건설 초기에 이미 종족문제 연구에 있어서 인류학연구실의 필요성을 강조하고는 있으나 연구자의 부족을 현실적 난관으로 들고 있다. 즉, '민속학연구소가 독립 발전할 때에는 인류학연구실 설치가 예견된다'는 도유호의 발언으로 미루어 인류학에 대한 입장을 알 수 있다. 그 후에도, "특히 우리나라의 종적구성의 해명등 고고학과 민속학 분야에 절실하게 필요한 인류학의 발전을 위하여 힘을 기울여야 하겠다" 는 표현에서 보듯이 인류학건설에 대한 필요성은 계속 논의되고 있다. 그러나, 당시 북한 학계의 연구역량으로 볼 때는 인류학을 건설해낼 만한 연구 저변화는 이루어지지 못했고 이후에 본격적으로 제기된다.

'종족구성의 해명'을 위한 인류학의 필요성은 실제로 형질인류학 분야에서 많은 연구성과를 내었다. 인류의 기원문제, 한국인의 형질에 관한 연구들은 바로 인류학이 어떻게 북한학계에서 자리매김하고 있는가를 보여준다. 물론, 백기하의 「인류학에서 인종주의를 반대하여」[49]와 같은 글에서 보이듯 제국주의인류학에 대한 비판은 분명히 하고 있다. 즉 인류발전의 합법칙성을 증명하고, 특히 70년대 이후에는 주체사관의 확립에 부응하는 '조선인'의 주체적 성격규명에 많은 연구를 투입하고 있다. 김용남, 백기하, 장우진 등의 연구가 그것이다. 종족문제에 관한 연구는 바로 고고학 자체의 연구이자 민속학의 과제이기도한 것이다. 북한학계의 체질인류학, 형질인류학 성과 등은 남북통합에서 유의하여 살펴보아야할 대목이다. 황철산이 수행한 종족연구는 이러한 맥락에서도 소중한 자료들이다.

....
48 『철학사전』, 사회과학출판사, 1985, 241쪽.
49 『고고민속』 1985년 1호.

황철산 민속학

북한의 '역사과학으로서의 민속학'

제1부

01 함경북도 북부 산간 부락의 문화와 풍습
02 함경북도 북부 산간 부락의 기원에 관한 연구

01.
함경북도 북부 산간 부락("재가승"부락)의 문화와 풍습*

-
-
-

1. 머리말

함경북도의 북부 부령군富寧郡, 회령군會寧郡, 유선군遊仙郡, 종성군鍾城郡, 온성군穩城郡, 경원군慶源郡, 경흥군慶興郡의 일정한 산간 지역의 부락들은 리조 봉건 시대와 일제 조선 강점 시기에 "재가승"부락이라고 불리우면서 일반 벌野[마을] 사람들로부터 천대와 멸시를 당하고 있었으며 적지 않게 특수한 문화와 풍습을 보유하고 있은 것은 세상에 잘 알려져 있는 사실이다.

그러나 력사적 8·15 해방후 조선 로동당의 령도하에 우리 나라에서 사회 정치 경제 문화의 모든 분야에서 근본적인 변화가 일어남에 따라서 이 부락들의 사회 경제적 처지에는 완전히 일변하였으며 그 문화와 생활 풍습에 있어서도 급속도로 일대 전변을 일으키고 있다. 그리하여 오늘에 와서는 소위 "재가승"부락이라는 명칭은 한 개 력사상 술어로 되어 가고 있으며 또 그렇게 되어야 한다.

다른 지방에 류례가 없는 특수한 존재로서 특수한 풍습을 적지 않게 보유하고 있는 이 부락들은 일찍부터 학자들의 주목을 끌었다. 그리하여 이 부락들의 유래와 풍습에 대한 약간의 단편적인 기사들이 있다.[1] 그러나 그것은 체계적인 조사 연구에 의한 것이

---

* 과학원출판사, 1960.
1   (1) 이마니시(今西龍), 『朝鮮彙報』 1915년 3월호 – 재가승.
    (2) 나가이(永井勝三), 『北鮮間島史』 제5장 제6절 – 재가승(1952).
    (3) 김기철(金基哲), 『關北大觀』 제4장 제4절 – 북변의 재가승과 그 습속(1931).

아니고 극상해야기껏해야 어느 한 부락을 방문하고 피상적으로 관찰한 일이 있은 정도이며 거의 전부가 단편적으로 전하여 들은 바를 무비관적으로 라렬한 것이거나 단편적인 자료를 가지고 주관적으로 론단한 데 불과한 것이다. 그들이 추구하는 목적은 부르죠아 학자들에 공통적인, 진기한 풍습을 탐색하여 그 락후성을 중시하려는 데 있었고 긍정적인 면은 보려고도 하지 않은 것이다.

우리의 이 부락들에 대한 조사 연구는 그와는 목적을 완전히 달리한다. 우리의 목적은 이 부락들의 사회 경제 생활에 기초한 문화와 풍습의 일반성과 특수성을 체계적으로 조사 정리하여 그 긍정적인 면을 새로운 발견적 형태로 더욱 발양시키고 락후한 면을 비판 부정함으로써 이 부락들의 새로운 사회주의적 문화와 풍습의 창조 발전에 실천적으로 이바지하려는 데와 또 이 부락들에 현재 잔존하거나 또는 과거에 있은 풍습을 조사 연구하여 그 유래와 계통을 밝힘으로써 이 부락들의 기원 내지 조선인의 형성 문제 해명의 한 부분으로 삼으려는 데 있다. 이리하여 이 부락들의 문화와 풍습의 각 부분을 과거와 현재에 걸쳐서 널리 조사하여 체계화함으로써 그 공통성과 특수성을 과학적으로 파악하려고 기도하였다. 그러나 필자의 미력으로 인하여 아직 미진한 점이 많다는 것을 말하지 않을 수 없다.

독자 여러 분들의 비판 시정을 바라는 바이다.

우리의 이 부락들에 대한 본격적 조사는 1956년 7월부터 시작하여 1958년 12월까지 사이에 진행되었다. 따라서 본고에 수록된 현지 자료는 1958년까지의 것이라는 것을 말하여 둔다.

---

(4) 장용상(張用尙), 『佛敎』 1931년 6·7월 합본 - 류진(六鎭)의 재가승.
(5) 리능화(李能和), 『佛敎通史 下篇』 - 北道沼邑在家僧村.
(6) 일제총독부 편찬, 『朝鮮의 聚落 中篇』 - 재가승의 분포(1933).
(7) 리재욱(李在郁), 『동아일보』 1935년 11월 30일부터 련재 - 재가승만고(在家僧漫考).
(8) 송석하(宋錫夏), 『新東亞』 1936년 6월호 조선 팔도 민속지 개관 함경도편 - 재가승.
(9) 아끼바(秋葉隆), 『朝鮮民族誌』 - 山人~俗과 俗~.

2. 소위 "재가승"부락에 관한 개관

1) 소위 "재가승"부락의 과거와 현재

"재가승"부락은 함경북도 북부의 일정한 산간 지방에만 존재하고 다른 지방에서는 볼 수 없는 특수 부락이었다. 그러면 왜 "재가승"부락이라고 불렀는가? 그 리유는 다음과 같다.

리조 봉건 시기에 이 부락들은 부락마다 간단한 절'간을 짓고 전 부락민이 불교를 믿었었다. 혹 어떤 작은 부락, 례를 들어 회령군 창태리의 청조 부락, 경원군 룡현리의 한처부락, 증산리의 방은 부락에서와 같이 처음부터 절'간이 없는 부락도 있었으나 그런 부락들은 이웃 부락의 절'간을 리용한 것이었다. 이 부락들의 전체 남자들은 리조 봉건 시기에 머리를 깎고 승려의 형식을 갖추었으며 사람이 죽으면 불교식으로 화장하고 제사도 불교식으로 지내였다. 그러나 특별히 승려로서의 수행修行을 쌓은 일도 없고 한 부락에서 몇 명의 약간 불경을 외울 줄 아는 사람이 있는 정도이고 전부가 일반 사람들과 마찬가지로 가정을 가지고 농업에 종사하였으며 불공과 상제 때를 제외하고는 육식을 꺼리끼지 않았다. 이와 같이 승려의 형식을 갖추었으나 처를 취하고 가정을 가지며 고기를 먹는 일을 공공연히 하였으므로 "재가승在家僧" 즉 절'간에서 생활하는 것이 아니라 가정에서 생활하는 중이라고 부른 것이였다. 부락마다 있는 절'간에는 보통으로 일정한 주지住持가 있는 것이 아니고 평상시는 그냥 비여 두고 관리자나 정하는 정도로 하다가 4월 8일과 같은 불교의 명절에는 부락 남녀 로소가 모여서 불교 의식을 거행하였고 개별적으로 불공을 드리는 일도 있었다.

관가官家에서는 그들에게 일반 주민들과 대체로 동일하게 조세, 부역을 부담시키는 외에 귀밀[燕麥, 볏과의 한해 또는 두해살이 풀, 귀리의 북한어] 짚으로 만든 황지黃紙와 짚신, 목공품 등을 부과시켰으며 또 지방 토호들은 그와는 별개로 마음대로 그들에게서 황지를 비롯한 산간 토산물을 요구하며 사사일에 사역하기도 하였다. 토호뿐만 아니라 일반 벌 사람들의 그들에 대한 천대의 멸시도 혹심하였다. 그러므로 그들은 될수록 산간에 깊이 숨어 살면서 벌 사람들과 교제하지 않으려 하였으며 또 교제할 수도 없었다. 그들은 일반 승려와는 달리 승려가 되고 싶어서 된 것이 아니고 승려의 후예이므로 신분상 불가피적으로 승려로 되여야 하였으며 천대와 멸시를 받아야 한 것이었다. 그들의 환속還俗은 용허되지 않았으며 일반 량인이라도 일단 "재가승"의 녀자와 결혼한 자는 "재가승"으로 되여야 하였다. 일반 승려는 역역役役을 지지 않는 유한자, 피역자避役者였다면 "재가승"은 천역賤役을 정상적으로 부담한 고역자苦役者였다. 다른 지방에는 공공연히 처를 취하고 고기를 먹는 승려도 없었으려니와 이와 같이 천역을 정상적으로 부담한 승려도 물론 그 류례가 없는 것이다. 또 명산대찰이 있는 것도 아니고 주민이 적고 문화 경제 수준이 낮았던 이 변방 좁은 지역에 비록 완전한 승려는 아니었다 할지라도 수천에 달하는 승려가 존재하였다는 그 자체가 보통 례가 아닌 것이다. 여기에는 반드시 특별한 유래가 있음에 틀림없는 것이다.

 1883년(고종 20, 계미)에 서북 경략사西北經略使 어윤중魚允中이 (함경)북도의 오래 쌓인 폐단을 시정한다 하여 관가의 징수 규정을 개정할 때에 "재가승"은 그 천역을 면제 받았으나 그것은 규정상의 면제이고 실지에 있어서는 실천되지 않았다. 그들은 오직 1894년의 농민 전쟁을 계기로 하여 천역을 거부하여 중앙에 상소하는 등 적극적으로 투쟁함으로써만 실제적으로 천역에서 해방될 수 있었고 이로부터 차츰 머리를 기르고 성씨를 부르며 상제를 유교식으로 개변하기 시작하게 되었다. 그러나 벌 사람들의 천대와 멸시는 여전하였다. 이 머리를 기르는 풍습은 시대에 역행하는 경향이었으나 이로써 얼마나 그들이 상투를 부러워하였으며, 중 되기를 싫어 하였는가를 가히 짐작할 수 있는 것이다. 이 시기에 이 지방에서는 이러한 현상을 야유하여 "상투는 중에게로, 막대는 청년에게로, 쌈지는 녀자에게로 갔다"고 하였던 것이다.

 조선을 강점한 일제는 그들의 처지에 대하여 하등의 관심도 가지지 않았으며 또 가질 수도 없었다. 그러므로 그들은 8·15해방을 맞이할 때까지 정도의 차는 다소 있었다 할지라도 여전히 이러저러하게 천대와 멸시를 받으면서 무권리와 빈한 속에서 고립적 생활을 지속하여 왔다.

 수백년 동안 특수 부락으로서 천대와 멸시를 받던 이 부락 주민들의 앞에는 력사적인 8·15 해방과 함께 처음으로 광명의 서광이 비치였다. 당과 정부의 올바른 시책에 의하여 그들의 앞에는 완전한 자유와 권리가 부여되고 정치적으로 사회적으로 힘차게 진출할 광활한 길이 열리였다. 그들은 당과 정부의 시책에 무한히 감격하면서 "이제야 세상이 참말로 옳게 되였다"고 한결같이 웨치고 있다. 따라서 당과 정부의 정책을 받들고 사회주의 건설에서 발휘하는 그들의 열의는 비상히 드높다. 농촌의 사회주의적 건설에서 눈부신 혁신을 일으키고 있을 뿐만 아니라 조국 보위와 당과 국가기관 및 사회단체에 진출하여 고상한 애국적 열의를 발휘하는 청년들이 배출하고 있다. 그들의 물질문화 생활수준은 날로 제고되고 있으며 낡은(고) 락후한 풍습은 급격히 소멸되여 가고 새로운 사회주의적 문화와 풍습이 날로 장성 발전되고 있다. 례를 들어 회령군 창태리 창태 부락은 52호 중에서 해방 전에 자급자족하는 집이 15호, 여유 있는 집이 7호이고 그 외의 32호는 모두 생활이 극히 곤난한 형편이었다면 해방후 특히 1954년에 협동조합을 조직한 이래로 생활은 날로 향상되여 1958년 현재로 여유 있는 집이 12호, 자급자족하는 집이 39호, 로력자가 적고 부양가족이 많은 관계로 좀 부족한 집이 6호로 되고 있다. 해방 전은 물론이고 해방 직후만 하여도 학교 다니는 학생까지도 짚신을 신고 다니는 형편이었다면 현재는 학생과 민청원(민주청년동맹조직원)은 모두 양복에 운동화를 착용하고 일부 늙은이들과 특별한 작업을 할 때를 제외하고는 짚신을 신는 사람이라고는 볼 수 없다.

    여기서 우리가 특히 강조하여야 할 것은 이 부락들은 과거에 화전 경작을 주로 하고 소작 지은 일이 없었으므로 력사적인 토지 개혁 때에 분여 받은 것은 없었으나 그들은 량곡과 종곡의 대여, 현물세 면제를 비롯하여 많은 국가적 혜택을 받았다. 그러나 그들이 개인경리에 기초한 조건하에서는 더 발전할 수 없었으며 오직 김일성 동지의 "령세 농민 문제를 해결하는 유일한 길은 농촌 협동화"(1954년 11월 3일 조선 로동당 중앙 위원회 전원 회의에서 하신 결론)라고 하신 교시를 받들고 반농 반목축업 협동조합을 조직함으로써만 그들의 세기적인 빈궁 문제는 근본적으로 해결되게 되었다는 사실이다. 해방 전에 창태리 8개의 순 "재가승"부락에서는 4km 내지 6km 되는 거리에 있는 간이 학교(2년제)에 극소수의 아동들이 취학한 일이 있었다면 현재는 이 부락들의 7년제 학교 1교, 4년제 학교 1교, 인민 학교 분교 2교가 설치되여 전체 학령 아동들이 멀어서 2km 이내의 거리에서 통학하고 있다.

    이리하여 창태리 창태 부락 하나를 례로 들어 본다면 해방 전에 52호중에서 간이 학교를 졸업한 자가 12명이 있었다면 현재는 이미 중학교를 졸업한 자가 17명(그중 9명은 인민군대에 복무), 인민 학교를 졸업한 자가 26명이며 해방 전에는 간이 학교를 졸업한 자

12명 외는 거의 전부가 문맹자였다면 현재는 52호 254명의 인구 중에서 아직 문맹 퇴치 수준이 미약한 32명(50세 이하)의 수준을 높이기 위한 성인 교육 사업을 강력히 추진시키고 있다. 그리고 현재 이 부락에는 로동신문 4부, 함북일보 8부를 비롯하여 20종에 달하는 신문 및 잡지가 배포 륜독되고 있다. 이 부락 출신으로서 현재 외부에 나가서 사업하는 사람은 정권 기관에 4명, 기타에 3명이 있다. 인민군대에서 제대하여 온 동무가 14명이었는데 이들은 부락의 정치 사업, 문화 사업에서 큰 역할을 놀고 있다. 8·15 해방 당시까지만 하여도 창태리 8개의 순 "재가승" 부락 중에 4개소에 '절'간이 있었으며 형식적으로나 불교를 믿는 것이었다면 현재는 절'간이 하나도 없으며 로인들도 불교적 행사와 완전히 인연을 끊고 있다. 부령군 교원 부락, 황만 부락, 회령군 리춘'골 부락, 맹가'골 부락, 유선군 옥성동 부락, 종선군 연산 부락, 봉호'골 부락들에서와 같이 현재도 절'간이 남아 있는 곳도 있으나 그것은 지금에 와서는 한개 유적으로서 보존되고 있을 따름이다. 해방 직후까지만 하여도 이 부락들에서는 겨울이 되면 거의 집집마다 배자라는 굿을 하고 있었다면 그것은 지금에 와서는 한개 옛이야기로 되어 가고 있다. 협동 경리의 완성과 더불어 이 부락들의 물질적 생산과 가정생활 및 사회생활에서는 새로운 사회주의적 풍습이 날로 더욱 발생 발전하고 있다.

2) 소위 "재가승" 부락의 분포와 그 호상 관계

우에서 본 바와 같이 "재가승"은 과거에 신분상 천인으로서 관가에 대한 가혹한 부담뿐만 아니라 토호는 물론이요 일반 벌 사람들로부터도 혹심한 천대와 멸시를 받았다. 그러므로 그들은 될수록 산'골에 깊이 들어 가 살면서 일반 벌 사람들과 접촉하려 하지 않았으며 또 일반 벌 사람들 사이에 섞여서 살 수도 없었다. 이와 관련하여 "재가승" 부락에 관한 많은 기사에서 속인俗人 부락과의 사이에 반드시 돌담石墻을 쌓아 구별하고 이 돌담 밖으로 나와서 살 때에는 토호들이 붙잡아 노비로 만들었다고 지적하였으나[2] 그것은 완전히 사실에 없는 오전이다. 수많은 "재가승" 부락의 어디에도 그러한 례는

---

2   전게 나가이(永井勝三), 『북선 간도사』, 제5장 재가승; 김기철, 『관북대관』, 제4장 변경의 재가승과 그 습속; 송석하, 『조선팔도 민속개관』 함경도편, 재가승; 리재욱, 「재가승만고」 참조.

없었던 것이다. 회령군 원산리 령천 부락에서와 같이 속인 부락과의 사이에 선돌立石이라는 천연적 바위가 있어서 그 바위 안쪽 즉 선돌안이라고 부르는 곳은 "재가승"부락이고 그 바깥쪽은 속인 부락이었던 것과 같이 어느 바위 모로의 우는 "재가승"부락이고 아래는 속인 부락이었던 곳들은 있으나 인공적으로 돌담을 쌓은 곳은 전혀 없었다.

이렇게 "재가승"은 벌 사람들과 떨어져서 산'골에 특수 부락을 형상하고 있었다. 그러나 이러한 특수 부락은 홀로 멀리 떨어져 있는 것이 아니라 일정한 거리 내에 분포하여 한 개 집단 지역을 이루고 있다〈삽도 1〉참조). 그 집단 지역은 다음과 같이 구분할 수 있다.

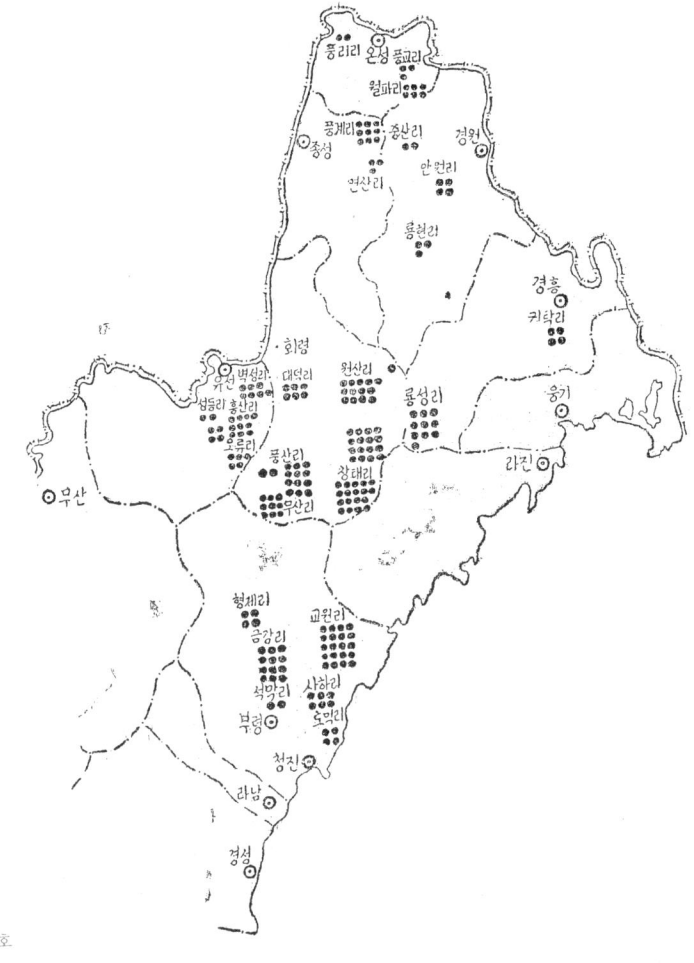

〈삽도 1〉 재가승의 분포도　●…5호

(1) 부령 집단 지역(남부 집단 지역)

이 집단 지역에는 함경산맥의 남쪽 사면인 부령군 내 산간 계곡의 소위 "재가승" 부락들이 포함된다. 즉 부령천 좌우 지류의 계곡 부락들 - 사하리의 황만, 계화, 박상 부락, 석막리의 옥련 부락, 금강리의 김채'골, 종평, 김성, 강선 부락, 형제리의 연대, 다갈 부락과 청진에서 라진으로 통하는 도로의 서쪽 계곡 부락들 - 토막리의 가는'골 부락, 교원리의 남원, 교원, 불옹 부락들이 포함된다.

이 집단 지역 내의 1957년도 현재의 호수는 다음의 표와 같다.

마을명	호수	마을명	호수
사하리	27호	형제리	41호
석막리	8호	토막리	21호
금강리	48호	교원리	96호
계			241호

이 중에서 가장 호수가 많은 교원리는 원래는 청계사淸溪寺 부근 남원 부락만 "재가 승"부락이었는데 차츰 확장되어 교원, 불옹 부락까지 완전히 "재가승"부락으로 된 것 이라고 전하여 온다.

이 집단 지역내의 부락들은 바로 이웃 "재가승" 부락과의 거리가 멀어서 4km 정도이 며 청진과의 사이가 당일로 왕환할 수 있는 거리이므로 일제시대에 청진으로 화목火木 팔이를 많이 다니어 다른 어느 집단 지역의 "재가승" 부락보다도 자본주의 사회의 영향 을 더 많이 받았으며 또 이 부락들에는 일찍부터 천도교의 영향이 미쳤다.

한편 이 집단 지역내의 부락들은 백사봉재白沙峰峙를 넘어서 회령군 장태리, 무산령을 넘어서 회령군 무산리, 그 서쪽의 령을 넘어서 유선군 옥성리, 홍산리 방면의 "재가승" 부락과의 사이에 밀접한 련계를 가지고 있었다. 부령군 교원리는 회령군과의 거리가 백수십리에 달하는 것이나 교원리 "재가승" 부락에서 회령군 내의 "재가승" 부락의 여 자와 결혼한 례가 호주만으로서 6건에 달하는바 이것은 호상 련계가 밀접하다는 것을 단적으로 보여주는 것이다. 이와 같이 량 지역 간에는 밀접한 련계가 있으므로 또 량 지역 "재가승" 부락간의 이주의 례도 많았다.

(2) 회령~유선 집단 지역(중부 집단 지역)

이 집단 지역에는 함경 산맥 북쪽 사면인 회령군, 유선군 내 산간의 "재가승" 부락들이 포함된다. 즉 회령천 상류 및 좌우 계곡 부락 – 무산리의 무산, 신명, 곡전거리 부락, 풍산리의 맹가'골, 봉의'골 부락, 대덕리의 리춘'골 부락, 창태리의 창태, 박두, 마위, 명당모로, 청초, 원두, 대홍안, 소홍안, 원평 부락과 이와 린접한 경흥군 룡성리의 어운 부락(행정 구역 변경 전 회령군 룡흥면)과 회령군 팔을천 상류 원산리의 령천 부락과 유선군 보을천 상류 오류리의 옥성 부락, 성동리의 세동, 구절령 부락, 홍산리의 팔소, 오소, 편인동 부락 및 벽성리와 대탑 부락들이 포함된다. 이 중에서 창태리의 원평, 마위, 명당모로는 원래는 속인 부락이었는데 지금은 전'적으로 또는 거의 전'적으로 "재가승" 출신 부락으로 되었고 유선군 벽성리의 대탑 부락도 원래는 속인 부락이었는데 지금은 과반수가 "재가승" 출신으로 되고 있다. 그리고 회령군 풍산 역전과 특히 회령읍과 그 주위에는 해방후 "재가승"출신 이주자가 매우 많게 되었다. 그 수는 조사하기 어려우나 풍산 역전과 회령 금생리 새길 농업 협동 조합만 하여도 합 60여 호에 달한다. 이 집단 지역내의 1957년 현재의 호수는 다음의 표와 같다.

군명	리명	호수	군명	리명	호수
회령군	무산리	76호	유선군	오류리	32호
〃	풍산리	46호	〃	성동리	32호
〃	창태리	187호	〃	흥산리	53호
〃	대덕리	32호	〃	벽성리	39호
〃	원산리	64호	경흥군	룡성리	49호(전 회령군)
계		610호(이 외에 회령읍과 그 주위에 많은 이주자가 있음)			

이 집단 지역내에는 전체 "재가승" 호수의 반수 이상이 포함되며 바로 이웃 "재가승" 부락과의 역시 멀어서 4km 정도이나 전체적으로 볼 때에는 사방 수 십리의 범위내에 분포되고 있다. 이 집단 지역은 남으로 부령 집단 지역과 북으로 종성~경원~은성 집단 지역의 중간에 위치하고 있으며 그 호수도 전체 "재가승"의 반수 이상을 차지하고 있는 것만큼 전 "재가승" 부락중의 중심 지대를 이루고 있다. 이미 말한 바와 같이 부령 지

역의 "재가승" 부락과의 사이에는 혼인 관계, 친척 관계, 호상 이주 관계가 많다. 그러므로 단어의 발음 같은 것은 바로 이웃의 벌 사람들과보다도 부령 발음과 더 가깝다. 례를 들어 회령 이북 사람들은 모두 좋지"를 "됴티"로 "입쌀"을 "닙쌀"로 발음하지만 이 지역 "재가승" 부락에서는 제대로 발음한다. 또 종성~경원 지역의 "재가승" 부락과의 사이에도 련계가 깊다. 례를 들어 회령군과 경원군과의 거리는 백 수십리나 되나 경원군 룡현리의 한처'골 "재가승" 부락 14호중에서 호주만으로서 회령군내 "재가승" 부락 녀자와 결혼한 례가 2건이 있고 그보다도 퍽 거리가 먼 경흥군 귀락리의 송상 "재가승" 부락 21호중에서 호주만으로서 회령군내 "재가승" 부락 녀자와 결혼한 례가 3건이 있다. 이리하여 이 집단 지역은 전 "재가승" 부락의 중심부를 이루고 있다.

그러므로 소위 "재가승" 부락의 문화와 풍습을 연구함에 있어서는 이 지역을 중심으로 하여야 할 것이다. 특히 그 중에서도 회령군 창태리는 그 호수가 187호에 달하고 과거에 '절'간이 4개소나 있었고 풍산리의 맹가'골, 봉의'골, 무산리의 곡전거리, 무산, 신명, 대덕리의 리춘'골, 원산리의 령천, 현 경흥군 룡성리의 어운'골 등의 "재가승" 부락들과 직접 린접하고 있으므로 그 일상적으로 호상 왕래하는 범위가 가장 너르다. 또 예로부터 남으로 함경산맥을 횡단하는 백사봉재를 넘어서 부령 지역과 직통하고 북으로 자그마한 오막동령을 넘어서 오룡천五龍川 류역을 따라서 종성, 경원 지역과도 쉽게 왕래하였다. 그러므로 이 창태리야말로 "재가승" 부락의 중심 중의 중심으로 된다고 할 수 있다.

이리하여 필자는 "재가승" 부락의 조사 연구에서 이 창태리와 그와 린접한 어운'골에 중점을 두고 다른 지방을 대비하는 방법을 취하였다.

(3) 종성~온성~경원 집단 지역(북부 집단 지역)

이 집단 지역에는 종성군과 경원군의 분계선 상에 있는 증산甑山이라는 산형이 시루 모양으로 된 산을 중심으로 하고 그 주위 30~40리 거리내에 있는 "재가승" 부락들과 그 북쪽인 온성군내의 "재가승" 부락들 및 그 남쪽인 경흥군 송진산松眞山 밑 "재가승" 부락이 포함된다. 즉 종성군 풍계리의 차'골眞洞, 심포 부락, 1958년 경원군으로 구역이 변경된 연산리의 연산, 봉오'골 부락, 경원군 룡현리의 한처'골 부락, 안원리의 금월 부락, 증산리의 방은防銀 부락과 은성군 월파리의 상월 부락, 제봉 부락, 풍리리의 오지

바위 부락, 경흥군 귀락리의 송상 부락들이 포함된다.

함경 산맥은 북으로 갈수록 낮아지므로 이 지역 내의 "재가승" 부락들은 종성군 연산리의 연산, 봉오'골 부락을 제외하고는 회령 지역이나 부령 지역의 부락들에 비하여 일반적으로 깊은 산'골이 아니며 따라서 "재가승" 부락에 특징적인 화전 경작이 적었고 또 수렵과 목공업도 비교적 적었다. 이 지역 내의 1957년 현재의 호수는 다음과 같다.

군명	리명	호수	군명	리명	호수
종성군	풍계리	45호	은성군	원파리	33호
경원군	연산리	17호	〃	퐁교리	8호
〃	증산리	12호	〃	풍리리	8호
〃	안월리	22호	경흥군	귀락리	21호
〃	룡현리	14호			
계	180호				

이 지역 내의 부락들은 호수가 적고 또 호상간의 거리가 일반적으로 멀다. 그러나 호상간에는 밀접한 련계가 있는바 례를 들어 경원군 룡현리의 한처'골 부락 14호의 호주의 혼인 관계를 볼 때에 경흥군 귀락리의 송상 부락과의 사이에 4건, 종성군내의 부락간에 2건, 회령군내의 부락간에 2건 즉 과반수가 타군의 같은 부락간에 혼인 관계를 맺고 있다.

이상에서 "재가승" 부락의 분포 정형과 호상 관계를 대하여 개관하였다. 다시 한 번 요약하여 말하면 그들은 과거에 벌과 떨어져서 깊은 산'골에 특수 부락을 형성하고 있었는바 그러한 산'골은 홀로 떨어져 고립하여 있는 것이 아니라 일정한 거리 내에 분포하여 한 개 집단 지역을 이루고 있었으며 그러한 집단들 간은 수 백리의 거리가 되나 상호간에 밀접한 련계가 가지여 거리와는 관계없이 한 개의 독특한 그루빠[그룹의 러시아어, 즉 모임]를 형성하고 있었다. 이것은 봉건적 인습 관계로 벌 사람들과는 거리가 가깝다 할지라도 혼인하거나 교제할 수가 없었으며 또 그들의 압박을 피하기 위하여 될수록 벌 사람들과 멀리하는 반면에 자기들 상호간에는 거리와는 관계없이 밀접한 련계를 가졌으며 또 그러지 않을 수 없는 데서 이루어진 것이었다.

이러한 기형적 인간 관계는 오늘 사회주의 건설과 함께 혁명적으로 철폐되어 가고 있다. 1957년 현재 이 부락들의 총 호수(원주지의 총 호수)는 1,031 호에 달한다.

해방 후 그들은 활발하게 벌로 이주하고 있다. 우에서 말한 바와 같이 례를 들어 회령읍과 그 주변에는 수다한 "재가승" 출신 이주자가 있는바 금생리 새길 농업 협동 조합만 하여도 30여 호에 달하며 풍산 역전에도 30여 호의 이주자가 있고 은성읍 부근에도 많은 이주자가 있다. 과거에도 이주 현상이 있었으나 그것은 같은 "재가승" 부락 간의 이주이거나 그렇지 않으면 멀리 중국 동북 지방에의 이주였고 부근의 벌에로의 이주는 극히 드문 일이었다. 당과 정부는 농촌에서의 사회주의 건설의 진전에 따라서 농촌 경리의 합리화를 위하여 산간의 작은 "재가승" 부락 주민들을 다른 벌 부락에 이주시키고 폐합하는 사업도 진행하고 있다. 례를 들어 경흥군 증산리 심령 부락은 이미 폐합되었고 방은 부락은 1959년도에 폐합하기로 되었으며 경흥군 룡현리의 어운 부락도 폐합하기로 되었다. 오늘 농업 협동 조합이 리 단위로 통합되었고 축산업의 급속한 발전의 위하여 경사가 심한 땅들과 폐경한 땅들을 방목지로 만드는 문제가 중요하게 제기되고 있는 조건하에서 깊은 산간에 산재하는 "재가승" 부락 중에는 벌에 폐합하여야 할 것이 적지 않다고 생각한다.

"재가승" 부락에 대한 일제시대의 분포 조사는 극히 불비한 것이다. 그러나 이 부락들의 호구의 증감 정형을 보기 위하여 불비한 대로 현재와의 대비를 표시하기로 한다.

일제 시대의 조사(1933년)			1957년도의 조사		
당시의 행정 구역명	호수	인구수	현재의 행정 구역명	호수	인구수
부령군 부령면 허통동 연대'골	19	112	부령군 형제리 본 부락	32	160
			부령군 형제리 다갈	9	
부령군 석막면 금강동	24	175	부령군 금강리 김채, 강선 등	35	171
			부령군 금강리 장흥	13	67
			부령군 사하리 황만, 계화, 박상	27	162
			부령군 석막리 옥련	8	41
			부령군 토막리 가는'골, 광주령	21	78
			부령군 교원리 남원, 불응	96	571

일제 시대의 조사(1933년)			1957년도의 조사		
회령군 창두면 무산동	70	421	회령군 무산리 무산, 신명, 곡전 거리	76	414
회령군 창두면 풍산동(맹가'골, 봉의'골, 보하'골)	18	126	회령군 풍산리 맹가'골, 봉의'골	12	66
			회령군 풍산리 풍산 역전	34	199
회령군 창두면 종암동(원평, 홍안, 원두)	92	684	회령군 창태리 원평, 홍안, 원두	104	593
회령군 창두면 령산동(청초)	10	72	회령군 창태리 청초	6	49
회령군 창두면 창태동(명당, 마위, 박두, 창태)	55	385	회령군 창태리 명당, 마위, 박두, 창태	77	459
회령군 벽면면 대덕동(리춘'골)	30	108	회령군 대덕리 리춘'골	32	150
회령군 팔을면 령천동(선들안)	47	285	회령군 원산리 령천, 가촌	64	339
회령군 룡흥면 어운동	68	299	경흥군 룡성리 어운'골	49	227
			회령군 회령읍 및 그 주변		
			유선군 오류리	25	
			유선군 성동리 구절령, 가는'골	32	
			유선군 흥산리 오소, 팔소, 평인동	53	
			유선군 벽성리 대랍, 벽성	39	
종성군 풍곡면 풍계동 절'골	28	154	종성군 풍계리 차'골, 심포	45	230
			경원군 연산리 연산, 봉오'골	17	
			경원군 증산리 방은	12	50
			경원군 안원리 금월	22	72
			경원군 룡현리 한처' 골	14	57
온성군 미포면 월파동 영월사	53	309	온성군 월파리 상월파	33	153
온성군 미포면 풍교동 제봉	10	65	온성군 풍교리 제봉	8	
온성군 유포면 오지바위	8	52	온성군 풍리라 오지바위	8	47
온성군 주원면 구암	3	13			
경흥군 상하면 송상동 보현'골	10	63	경흥군 귀락리 송상	21	111
계				1031	

이 표에서 보는 바와 같이 일제의 조사는 "재가승" 부락의 전반에 걸치지 못하였다.

특히 부령 지역에서 중심으로 되고 있는 교원리와 회령~유선 지역의 유선군 부분과 종성~은성~경원 지역의 경원군 부분이 몽땅 빠졌다. 그러나 이 조사에는 전체 "재가승" 부락의 반수 이상이 포괄되고 있는 것만큼 그것과 당해 부락들의 현재의 호구수를 종합 비교하여 보는 것은 전체 "재가승" 부락들의 인구 동태의 경향성을 고찰하는 유일하게 가능한 방법으로 될 것이다. 이제 일제시대(1933년)에 조사된 각 지역의 극히 국한된 부락들의 총 호수 및 총 인구수와 현재 그 부락들의 총 호수 및 총 인구수를 대비 표시하면 다음과 같다.

지역별	일제 시대의 조사		1957년도의 조사	
	호수	인구수	호수	인구수
부령 지역	(19) 24	(127) 175	(32) 35	(—) 171
회령~유선 지역	(30) 360	(108) 2,271	(32) 388	(—) 2,148
종성~경원~은성 지역	(10) 99	(65) 578	(8) 107	(—) 541
계	(59) 483	(300) 3,024	(72) 530	(—) 2,860

이 표에서 우리는 일제시대에 조사된 부락에 대하여 당시와 현재를 비교하여 볼 때에 일반적으로 호수를 증가하였는데 인구수는 감소한 것을 보게 된다. 이것은 무엇을 의미하는가?

첫째로 호수는 늘었으나 인구수는 줄어서 매 호 평균 6.2명으로부터 5.4명으로 저하되었다는 것은 이 부락들에 있어서도 대가족으로부터 점점 소가족화하여 간다는 것의 의미한다.

둘째로 호수는 붙었으나 인구수는 극히 적은 수이나 줄었다는 것은 이 지역들에서는 해방 후 당과 올바른 시책에 의하여 그들의 앞에 사회적으로 정치적으로 활발히 진출할 수 있는 광할한 길이 열려 다른 곳으로의 이주 현상이 현저하게 되었다는 것을 의미한다. 그리하여 우에서 말한 바와 같이 회령읍과 그 주위, 풍산 역전, 유선군 벽성리의 대탑, 온성읍 부근에는 대량적 이주를 보게 되었다. 회령 금생리 새길 농업 협동 조합과 풍산 역전만 하여도 해방후 60여 호의 이주자가 있다. 그러므로 소위 "재가승"의 일부 원주지에서의 감소의 경향은 자연 감소에 의한 것이 아니라 이주 관계에 의한 것이며 총체적으로 볼 때에는 많은 증가를 본 것이다.

그런데 송석하宋錫夏는 "어느 시대 어느 나라를 물론하고 멸망해 가는 문화상 렬등 민족이 당하는 현상이지만 이 재가승은 점차로 그 수효가 감소하여 가며…"³라고 하였는바 이는 반동적 부르죠아 리론의 전형적인 표현이다. 문화상 낮은 민족이 운명적으로 멸망해 간다는 반동성은 더 말할 필요도 없고 "재가승"을 조선 민족이 아닌 다른 민족으로 본 것은 커다란 착오이다. 소위 "재가승"은 그 유래야 여하하였든지간에 력사적으로 형성된 조선 민족으로서의 공통성을 완전히 소유한 조선 민족인 것이다. 원래 "재가승" 부락들은 다른 산간 부락들에서는 볼 수 없는 특별한 근면성과 생활을 알뜰하게 꾸리는 좋은 전통을 가지고 있으며 따라서 그 생활력이 매우 강하다. 그러므로 그 수효가 점차로 감소하여 간다는 견해는 아무런 근거도 없는 그의 반동 리론에서 나온 독단인 것이다.

우에서 본 바와 같이 "재가승"이라고 불리우던 부락은 현재 부령 이북의 소위 륙진六鎭⁴ 지방에만 국한하여 존재하나 원래는 경성군에도 "재가승"이 있었다고 보여진다. 왜냐하면 북관지北關志 명천明川 도호부 불우佛宇 조에는 "경성 이북으로부터는 중들이 처자를 가지고 있어서 사찰이 어지러워 있을 수 없다. 칠보산七寶山 이남으로부터 비소로 사찰이 깨끗하다"⁵라고 하였다. 이것으로 보면 경성군내에도 사찰부근에는 약간의 "재가승"이 있었다고 보여진다. 또 19세기 후반기에 편찬된 『속관북지증보續關北誌增補』에는 경성군내의 불우로서 현존하는 것들과 이미 없어진 것들을 렬거하고서 "소위 지금 있다는 것도 그것은 암자庵子에 불과하며 막승幕僧에 불과할 따름이다"⁶라고 하였는바 이 막승은 역시 가정을 가지고 농사를 짓는 중을 의미한 것이라고 보여진다. 그것은 "재가승"의 처를

∙∙∙
3 전게 송석하, 『조선팔도 민속개관』 함경도 편, 「재가승」 조.
4 리조 시기에 함경북도의 부령, 회령, 종성, 온성, 경원 경흥은 행정적으로는 도호부(都護府) 임과 동시에 군사적으로는 국경을 방어하는 6개의 진이었으므로 이를 륙진(六鎭)이라고 총칭하였는바 17세기 후반에 무산을 개척한 후부터는 부령 대신에 무산을 넣어서 륙진이라고 칭하기도 하였다.
5 『北關志』「明川都護府 佛宇」조. "自鏡城以北 僧人有妻子 寺刹陋惡不可居 自七寶山以南 始淸淨."
6 『續關北誌增補』「佛宇」조. "…且所謂今在者 不過是庵子而幕僧而已."

"막직이"라고 부른 일이 있는 것으로 보아서도 짐작할 수 있다. 그렇다면 19세기 후반기까지도 경성군내에는 약간의 "재가승"이 잔존하였다고 보여지는 것이다.

3. "재가승" 부락의 물질적 생산과 물질 문화

1) 경제 형편

우에서 본 바와 같이 "재가승" 부락들은 함경 산맥 북부 남북 사면의 산간 계속에 분포하고 있다. 함경 산맥은 동북으로 향할수록 낮아지므로 이 계곡들은 함경 산맥 남부의 산간 계곡에 비하여 해발海拔이 높지 않다. 해발이 가장 높은 회령군 무산리가 해발 500m 정도이다. 그리고 어느 계곡 부락이나 철도 연선 또는 버스 연선에서 그다지 떨어져 있지 않다. 철도 또는 버스 연선에서 가장 멀리 떨어져 있는 회령군 창태리가 원라선 중도 역에서 35리 들어가 있다. 그러므로 이 계곡 부락들은 그 어느 곳이나 소위 "하늘 아래 첫 부락"이라는 감을 느끼게 하지 않는다. 그러나 산'골인 것만은 틀림 없으며 따라서 화전을 위주로 하는 농업을 주업으로 하고 축산업, 화목 판매, 목공업, 수렵을 부업으로 하는 것이 그 경제의 특징이었다. 종성~경원~은성 지역에서와 같이 깊은 산이 아니므로 과거에도 목공업, 수렵이 커다란 의의를 가지지 않은 곳도 있다. 그러나 공통적으로 화전 경작을 위하여서든지 화목 또는 목공업 원료 벌채를 위하여서든지 수렵을 위하여서든지 간에 주민들은 산에 의거하여 살았으며 산이 그 활동 무대였다. 그러므로 이 부락들에서는 일하러 간다는 것은 주로 산으로 가는 것을 의미하였다.

그런데 산으로 일하러 간다는 것은 주로 산으로 가는 것을 의미하였다. 그런데 산으로 일하러 가는 것을 "매으로 간다" 또는 "매실간다"고 말한다. "매"는 "뫼-山"를 의미하는바 무산령 이북에서는 일반적으로 "뫼"를 "매", "회"를 "홰"의 식으로 발음한다. 그러므로 "매으로 간다"는 말은 산으로 간다는 의미이고 "매실간다"는 것은 뫼 일(뫼'일) 즉 산 일하러 간다는 의미인 것이다. 부령 지역의 "재가승" 부락에서도 이렇게 말한다.

벌 사람들은 그 의미를 리해하지 못하고 이것을 조선 말이 아닌 것 같이 생각하는 일이 있다. 이 말은 이 부락들에서의 기본 생산 활동을 표시하는 말로서 잠간 이 부락들을 방문하는 사람이라도 곧 듣게 되는 것이었다.

(1) 농업

"재가승" 부락은 그 어느 지역에서나 화전을 주로 하였으며 평전이라 할지라도 그것은 계곡의 척박한 조약돌 밭이었다. 그러므로 매호 평균 경지 면적이 굉장히 많았다. 회령~유선 지역내의 창태리(회령군)를 례로 들어 본다면 과거 20~30년 전만 하여도 대농호는 평전 5,000평에 화전 20,000평 정도의 면적을 경작하였고 소농호라 할지라도 평전 3,000평에 화전 10,000평 정도의 면적을 경작하였다. 즉 매호 평균 경지 면적은 일만 수천 평에 달하였으며 그 70~80%는 화전이었다. 이 현상은 어느 지역이나 대동소이하였다. 오늘의 협동 경리하에서도 각 지역의 매호 평균 경지 면적은 약 10,000평에 달하는바 그 중에서 산전 즉 화전이 약 30%를 차지한다.

이 부락들의 경작 방법, 경작 기술에는 벌 부락들에 비하여 약간의 차이가 있었다. 그러나 그 차이는 산전 즉 화전을 경작하는 데서와 넓은 면적을 경작하는 데서 온 차이이고 그 유래와 기원이 특별한 전통을 가지는 것은 아니었다.

작물로서는 보리, 콩, 조가 제일 많았고 다음으로는 피, 기장, 열콩, 옥수수, 감자, 메밀 등을 심었으며 대마도 심었다. 귀밀燕麥은 원래 주작물이라고 할 수 있었으나 수십 년 전부터 이삭이 나올 무렵에 황이 들면서(병해가 나면서) 잘 결실하지 않고 또 메'돼지 때문에 그 피해가 심하므로 심지 않게 되었던바 근년에 와서 황도 덜 들고 하므로 다시 약간 심기 시작하였다. 종성~경원~온성 지역의 월하 부락, 금월 부락, 방은 부락 같은 데서는 벼도 경작하기 시작하였다.

이상과 같은 작물 제배의 품종별 순위는 우리 당의 정확한 농업 정책과 현명한 령도 하에 일대 변혁을 일으켰다. 종래 2차적 작물이던 옥수수와 감자는 지대적 및 기후적 조건에 적응한 다수확 작물로서 일차적으로 되었고 종래 1차적 작물이던 보리, 콩, 조와 열콩, 귀밀 등 작물이 2차적으로 되었다. 종성군 풍계리 차골에서와 같이 무리하게 일부 수전 경작도 하던 것을 폐답함으로써 더 좋은 성과를 올린 곳도 있다.

기경 도구로서 특이한 것은 없다. 기경에는 평전의 보리, 콩을 심는 데 사용하는 큰

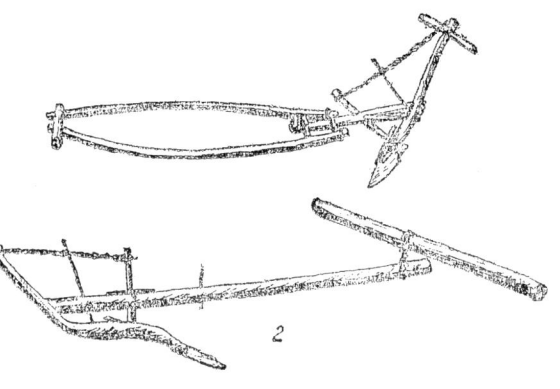

〈삽도 2〉 후치(1)와 가대기

쌍멍에 가대기(연장의 일종)와 산전을 가는 작은 쌍멍에 가대기 및 화종禾種(조 심는 것)과 중경 제초에 사용하는 후치의 세 종류가 있다. 산전은 경사가 급하여 큰 가대기를 사용할 수 없으므로 벌에서는 볼 수 없는 작은 가대기가 따로 있는바 그 구조는 큰 가대기와 꼭 같다. 이 작은 가대기에는 작은 소라도 능히 사용할 수 있다. 그러므로 이 지방들에서는 작고 어린 소를 형용하여 "산마래나 할 만하다"고 한다. 마래라는 것은 쌍멍에 가대기(소 두 필이 끌게 하는 기경농법)에서 힘이 덜 드는 편 즉 멍에의 오른쪽을 의미하며 그 쪽을 메는 소를 마래소라고 하고 반대로 멍에의 왼쪽을 메는 소를 안소라고 하는 것이다. 이 부락들에서 사용하는 가대기와 후치는 그 구조와 사용법에서 함경도에서 일반적으로 사용하는 것과 다른 점이 없다.

밭갈이에서의 로력 조직은 "소결이"[소거리라고도 부르며 소를 중심으로 엮인 품앗이류 노동조직] 반을 단위로 하였다. 원래 이 부락들에서는 축산이 특히 생업에서 중요한 비중을 차지하였으며 축우의 다과는 곧 빈부의 중요한 표준으로 되었다. 따라서 이 부락들에는 축우가 많았고 또 이 부락들에서는 전체 녀자가 철저하게 농사 일에 참가하여 매호의 로력 수가 많으므로 한 호 단독으로 "소 결이"를 조직하는 례가 특히 많았는바 이렇게 하는 것을 "독 결이"를 한다고 한다. "독 결이"의 례는 소위 "재가승" 부락 뿐만 아니라 류진 지방에는 벌에도 흔히 있었다. 그러므로 "소 결이"란 말은 쌍 멍에를 메우게끔 소 두 마리를 결합한 것을 지칭하는 것으로서 반드시 이웃집 소와 이웃집 소를 합하여 조직하는 것만을 지칭하는 것은 아니었다.

보리를 심을 때에는 매개 "소 결이" 반을 단위로 작업을 조직하였으나 조를 심을 때 즉 "화종" 때에는 몇 개의 "소 결이"반이 합쳐서 하는 것이 보통이었다. 그것은 "화종"할 때는 밭'이랑을 작은 보습으로 갈아 나가므로 속히 갈 수 있어서 이 때에는 축력에 비하여 많은 로력이 요구되므로 소를 교대로 쉬면서 몇 개의 "소 결이"반 인원이 합쳐서 더 큰 범위로 공동 작업하는 것이 더 능률적이었기 때문이다. 그러나 벌 사람들은 이렇게 조직하는 일이 없었다. 이는 이 부락들에서 공동 작업 정신이 벌 사람들보다 더 성하였다는 것을 의미한다. 이 부락들에서는 기타의 작업에서도 공동 작업의 정신이 성하였는바 이러한 풍습은 오늘 사회주의 경리에 좋은 영향을 주고 있다.

"소 결이"반 조직에서 소가 없는 집에 어느 "소 결이"반에 로력만 참가하는데 이를 "보도치"에 든다고 하며 그런 사람을 "보도치'군"이라고 한다. 이러한 제도는 우리 나라에 각처에 있는 것이며 "보도치"란 말도 함경도에서 널리 사용되는 말이다. 이 경우에 "보도치'군"은 소 가진 자보다 경지 면적이 퍽 적거나 로력 공수를 많이 더 내여야 되었음은 물론이다.

밭갈이에서 로력 분공은 다른 지방에서와 마찬가지로 집탑군, 씨'군, 분재'군, 자귀'군으로 구분한다. 이 부락들에서는 씨'군, 분재'군, 자귀'군으로서 옛날부터 녀자가 남자들과 동일하게 참가하였다. 이렇게 과거부터 녀자들이 농업 생산 로동에 적극 참가하였으므로 오늘 중경 제초로서의 후치질[후지(질)]은 녀자들이 담당하며 능히 잘 수행한다.

조 심는 "화종"은 일반적으로 하는 방법 즉 집탑군이 밭'이랑 둔덕을 작은 보습을 끼운 "화종" 후치(중경 제초용 후치로서 겸용함)로서 갈아 나가면 씨'군이 드베를 두드리면서 씨를 떨어 놓고 분재'군이 분재(비료)를 뿌리면 자귀'군이 자귀를 밟고 덧자귀'군이 덧자귀를 밟는다. 그런데 함
경북도의 무산령 이북 지방에서는 이 "화종"에 자귀'군이 발로서 자귀를 밟는 대신에 "화패" 또는 "끌개"라고 부르는 도구를 사용한다.

"화패"－"끌개"(〈삽도 3, 4〉)는 활 모양으로 구부러진 길이 45cm 가량의 각목角木을 밑판으로 하고 거기에 직각으로 길이 75cm 가량의 선대를 세우고 선대 끝에 가대기의 탐조지[쟁기의 방엔]와 꼭 같은 손잡이를 붙인다. 이 밑판과 선대에는 천연적으로 된 세 가닥 나무를 리용하는 일이 많다. 이 활 모양으로 구부려진 밑판의 량단에 철사를 매고 그 철사를 바에 이어 멍에에 걸어 매놓으면 소가 멍에를 끌고 나감에 따라 "화패"도 끌려 나간다. "화패'군은 손잡이를 쥐고 조종만 하면 조씨는 묻히게 된다. 또 덧자귀 대신에 "개지"라고 하는 무거운 나무 토막을 끌고 다니는 일도 있다. 이 부락들에서는 경사지와 조막돌 밭에서는 "화패"를 사용할 수 없는 것으로 생각하고 사용치 않았었는데 약 30년 전부터 사용하지 시작하였다 한다. 이런 것들은 모두 한전 지대에서 특히 넓은 면적을 경작하는 곳에서 로동 체험에서 창의 고안된 것이다. "화패"는 함경남도 덕성군

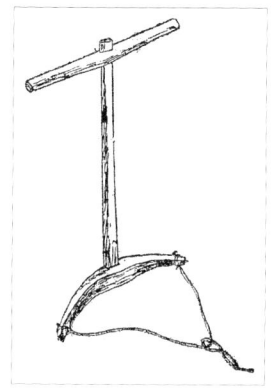 

〈삽도 3〉 화패 〈삽도 4〉 화패 사용 방법

방면에서도 볼 수 있고 "개지"는 평안도에서도 볼 수 있다.

조 씨를 뿌리는 도구인 "드베瓠種"는 이 부락에만 특유한 것이 아니라 전 함경북도와 함경남도의 많은 지역에서도 사용한다. 이 도구(〈삽도 5〉)는 박瓠의 두 머리와 옆에 직경 약 4cm가량의 구멍을 뚫고 두 머리의 구멍을 관통하는 길다란 나무'대를 꽂아 만드는데 이 나무'대의 한쪽은 10cm 정도로 박 밖으로 나가게 하고 다른 한쪽은 1m 쯤 박 밖으로 나가게 한다. 이 길게 나가게 한 부분은 속이 비게 하였으므로 박 옆 구멍을 통하여 박 안에 넣은 씨는 이를 통하여 내려 갈 수 있으나 그 끝이 막혔으므로 끝에 가서 머물게 된다. 끝의 등면背面에는 작은 구멍을 뚫거나 또는 끝의 등면을 트이고 거기에 가는 쑥 가지 같은 것을 뱃어[엮다의 북한어, 즉 엮에] 붙임으로써 나무'대를 두드리면 끝에 내려간 씨가 구멍 또는 쑥 가지 사이를 통하여 튀어 나오게끔 되었다. 연암燕巖 박지원朴趾源은 그의 저 과농소초課農小抄에서 이상에서 말한 바와 꼭 같은 구조를 가진 호종瓠種이 북 중국燕趙과 료동 지방에서 널리 사용되고 있음을 지적하고 우리나라에는 황해도에 호종이 혹 있으나 그것은 박 아구리[아가리의 북한어]에 노를 걸어 매고 흔들며 다니는 불안전한 것이라

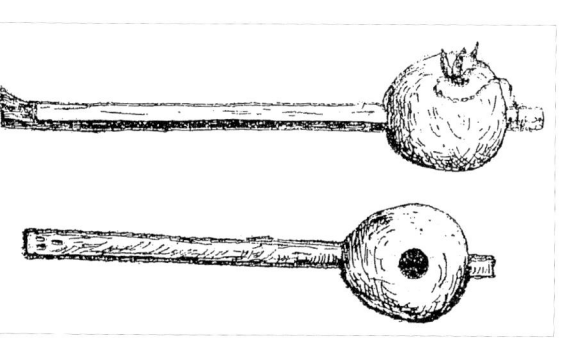

〈삽도 5〉 드베

고 하였다.[7] 그는 함경도에서 드베 즉 중국에서 말하는 "호종瓠種"이 광범히 사용되고 있음을 알지 못하였던 것이다.

그러면 어떠한 경로로 이러한 도구가 함경도 지방에 전파되었을까? 17세기 중엽의 저작인 『북관지』「경성 도호부 풍속」조에는 "농사짓는 법이 또한 다른 도와 다른 점이 있다. 조 씨를 뿌릴 때에 조를 둥근 박에 담고 두드리면 조가 구멍으로부터 흘러 나온다"[8]고 하였다. 이것으로 보면 함경도에서의 "드베"의 사용은 그 력사가 상당히 오래다고 보여지는 것이다. 그런데 두만강 내외에 거주한 녀진인들은 15세기 중엽에 료동 지방에서 녀진인들에게 랍치된 한인漢人을 구입하여 노비로 만들고 농사를 짓겻는바[시켰는바?] 그 수는 상당히 많았다.[9] 이 들은 료동 지방에서 사용하던 호종 즉 "드베"를 녀진인 사이에 전파시켰으리라고 짐작되는 것이며 함경북도와 함경남도의 많은 지역에서만 "드베"가 사용되고 있다는 사실은 이것이 녀진인으로부터 전수한 것이라는 것을 보여 주는 것이라고 할 수 있다.

분재 즉 비료를 운반하는 도구로서는 발구가 사용된다. 발구는 비료운반 뿐만 아니라 각종 운반에 사용된다. 이 부락들에서는 비료를 운반할 때에 발구 우에 "똥뒤"라고 하는 느릅나무 가지나 버드나무 가지로 틀어 만든 큰 광주리와 같은 것을 얹고 운반한다. 이와 꼭 같은 수법으로 된 발구에 사용하는 비료 적재 용구는 량강도, 자강도 지방에서도 볼 수 있다.[10] 이것은 우연한 일치인 것 같지 않다. 발구는 원래 녀진인(녀진족, 여진족) 사이에 성히 사용되었던 것인바 오래도록 녀진인이 거주한 우리나라 북부 지방에서 꼭 같은 수법의 발구 부속 용구를 보게 되는 것은 그것이 역시 녀진인으로부터 전수된 것이 아닌가 짐작하게 하는 것이다.

이 부락들에서 사용하는 발구는 장채 발구가 아니라 모두가 앞발구와 뒤'달애의 두

....

7 朴趾源, 『燕岩集』 卷之十六 課農小抄 農器瓠種條. "瓠種 窾瓠貯種 量可斗許 乃穿瓠兩頭 以木箠貫之 後用手執爲柄 前用作자醬(瓠醬中草莖通之 以下其種) 瀉種於壠畔(恐太甚則致田種於壠畔 隨耕隨瀉 務使均勻 … 燕趙及遼以東多有之 … 臣趾源曰 瓠種 我國黃海道或有之 而繁繩瓠口 行如振鐸 又未如此法之備也"
8 『北關志』 「鏡城都護府 風俗」條. "作農亦與他道有異 播粟種時 以栗盛子田瓠 叩之則栗子孔流出"
9 『리조실록』에는 녀진인에게 노비로서 사역되던 한인(漢人)이 그 고통을 이기지 못하여 우리 경내로 도망하여 온 기록이 수다히 보인다. 회령에 거주하고 있는 녀진 추장 범찰(凡察)도 한인 노비를 사역하고 있다.
10 함경북도의 남부 지방에서는 발구에 사용하는 비료 적재 용구로서 직경 3~4cm 되는 길다란 참나무대를 반원형으로 후린 것을 여러 개를 원형으로 조립하여 용구의 골간(궁줄 살이라 함)으로 하고 그 사이를 새끼로 얽어서 만드는데 그것을 "궁주리"라고 한다.

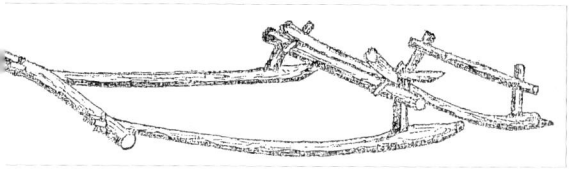

〈삽도 6〉 발구

개 부분으로 구성된다〈삽도 6〉. 뒤'달애를 앞 발구의 도망에 걸어 놓음으로써 전체적으로 발구의 지면에 닿는 부분이 적게 되며 따라서 지면과의 마찰면이 적게 된다. 또 장채가 아니고 두 개 부분으로 구성되어 있으므로 우곡한(구부러진, 꾸불꾸불한) 산로에서도 발구를 돌리기 쉬우며 급경사에서도 덜 미끄러진다. 특히 지면과의 마찰면을 더욱 적게 하기 위하여 뒤'달애의 발구채를 한 대로 하고 그 우에 두 가닥 나무를 붙여서 "똥뒤"를 놓을 수 있게 한 것(〈삽도 7, 8〉- 창태리)도 있고 뒤'달애에 두 개의 작은 구불'대를 달아 수레와 같은 역할을 수행하게 한 것도 있다〈삽도 9〉- 피원리). 이러한 것은 발구를 많이 사용하는 이 부락들에서 오래 동안의 체험을 통하여 창안한 것이다. 많은 부락들에서 수레(달구지)도 사용된다. 수레의 구조는 벌에서 사용하는 것과 꼭 같으나 그 크기가 현저히 작다.

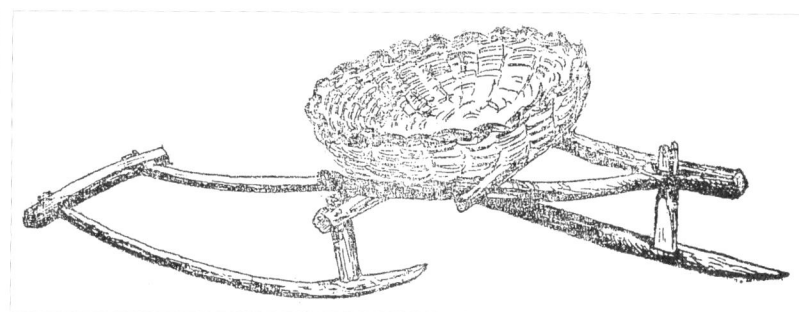

〈삽도 7〉 뒤'달애의 발구채를 한 대로 한 발구

〈삽도 8〉 뒤'달애의 발구채를 한 대로 한 발구에 똥뒤를 얹은 것

〈삽도 9〉 뒤'달애에 구불'대를 단 발구

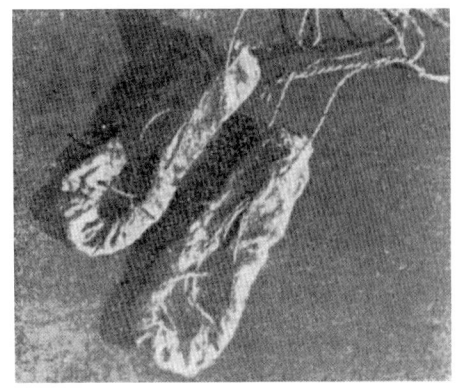

〈삽도 10〉 도레기

〈삽도 11〉 도레기

밭갈이에 일'군들은 "도레기"라는 특별한 신발을 신는다. "도레기"는 이 부락에서 뿐만 아니라 전 함경북도와 함경남도의 많은 지역에서도 최근까지 사용한 것인데 그것은 분명히 녀진인으로부터 전수한 것이다.

"도레기"(〈삽도 10, 11〉)는 적당한 크기로 끊는, 이기지 않은 한 조각의 소가죽을 테두리로 노繩 또는 가죽 오라기(가느다란 조각)로 얽어 졸라서 마치 구두 우에 꿰는 카바 모양으로 하고 거기에 역시 노 또는 가죽 오라기로 끈을 꿰어 벗어지지 않도록 만든 극히 소박한 가죽 신발이다. 원래는 이와 같이 가죽 한 조각만으로 만들고 등 가죽을 따로 붙이지 않은 것은 "오로시"라고 등에 삼각형의 가죽을 더 붙인 것을 "도레기"라고 한 것이었는데 지금은 보통 이를 구별하지 않고 모두 "도레기"라고 부른다.

"도레기"는 녀진인의 "우라화兀拉靴" 그대로의 전승이라는 것을 다음과 같은 기록에서 잘 알 수 있다. 즉 『계림구문록鷄林舊聞錄』에서는 녀진인의 "우라화"를 설명하면서

> 네모난 한 자 가량 되는 소가죽을 꾸부려서 만드는데 덮개와 등을 붙이지 않는다. 겨울 여름 할 것 없이 신고 일을 하는데 이 풀[우라초(烏拉草)-필재]을 그 안에 펴므로 가죽신인데 우라라고 부르는 것이다[11]

---

11 『鷄林舊聞錄』, "…用方形牛皮 屈曲成之 不可緣綴覆及背 冬夏胥着 以操作 因用此草薦履 而書作靰鞡靴字并寓 象形之意"(鳥山喜一, 『滿鮮文化史大觀』 - 금초에 있어서의 녀진인의 생활 형태중의 인용문에 의함)

라고 하였다.

즉 녀진인의 "우라화"는 그 제조법이 "오로시"의 제조법과 꼭 같은 것이다. 그러므로 "오로시"라는 명칭 자체도 우라에서 온 것임이 틀림없다. 또 『오체청문감五體請文鑑』에 의하면 만주 말로 화유자靴蚴子 즉 우라화의 등을 "투레"라고 한다. 그렇다면 함경도에서 "오로시"에 삼각형의 등(靴蚴子)을 붙인 것을 특히 "도레기"라고 부른 것은 그 어원이 "투레"에서 온 것임이 틀림없다.

녀진인은 "우라화"를 상하 없이 누구나 다 일상적으로 신었다. 건주위建州衛의 누루하치와 같은 큰 추장도 신었고[12] 회령 경원의 개시開市에 왕래하는 청국 상인도 신었던 것이다.

그러나 함경도 일반에서는 "도레기"를 발같이 신발로 널리 사용하였으나 외출시에는 신지 않았다. 그런데 이 부락들에서는 가장 위신 있게 차림할 필요가 있는 외출에도 이를 신었다는 것을 다음과 같은 격언에서 찾아 볼 수 있다. 즉 이 부락들에서는 처녀가 있는 집으로 혼사 말 다니는 일은 인내성 있게, 줄기차게 하여야 한다는 것을 비유하여 "첫치 도레기 다 닳도록 다녀야 한다"고 한다. 첫치 도레기라는 것은 가죽에서 제일 좋은 등 가죽으로 만든 "도레기"를 의미한다. 남자의 부모가 처녀 있는 집으로 혼사 말 다니는 일은 가장 위신을 요하는 일인데 이런 때에도 "도레기"를 신었다는 것은 녀진인이 상하 없이 일상적으로 "우라화"를 신는 것과 공통성을 가진다고 할 수 있다.

조는 "화종" 방법으로 심는 것이 원칙이지만 산전은 "화종" 방법으로서가 아니라 "갈배기" 방법으로 심는다. 산전은 나무뿌리와 풀뿌리가 많아서 "화종" 방법으로서는 심을 수 없기 때문이다.

"갈배기"라는 것은 "화종" 방법과 같이 작은 보습으로 밭'이랑 둔덕을 갈아 나가는 것이 아니라 큰 보습으로 밭을 전경한 다음에 발로 밑자귀를 추고[치다의 방언, 즉 치밀어 올리다의 뜻] 거기다가 씨를 떨어 넣고 발로 자귀를 밟는 방법이다. 평전이라 할지라도 피를 심을 때나 묵은 밭을 개간할 때에는 역시 "갈배기" 방법으로 한다.

보리, 귀밀, 콩은 흔히 "찌갈이" 방법으로 심었다. "찌갈이"라는 것은 밭을 가는 방법은 "갈배기" 방법과 같은데 "갈배기"와 다른 점은 밭을 갈아 나간 뒤에 씨를 뿌리고

---

12 申忠一, 『建州紀程圖記』 참조.

다음 갈아 들어 올 때에 갈아 넘어 가는 흙으로 그 씨가 자연적으로 묻히게끔 하는 방법이다. 이 경작 풍습은 역시 넓은 면적을 경작하는 사정과 관련되는 것으로서 적은 로력으로 많은 면적을 파종하려는 데서 온 것이며 가장 조야한 방법이다. "갈배기"와 "찌갈이" 방법은 부분적으로 별 부락들에도 있었다.

　이 부락들에는 륜작법은 있었으나 간작법은 옛날에는 전연 없었다. 약 30년 전부터 보리밭에 간혹 콩을 간작하는 일이 있었으며 보리를 베어 낸 다음에 그 일부 비옥한 부분을 택하여 소채를 심는 일이 있었을 뿐이다.

　품종별 파종 순차를 보면 보리를 제일 먼저 한식 후 4~5일 지나서부터 심고 다음에 조를 심고 그 다음에 콩, 귀밀을 심었다. 귀밀은 심기 시작하여 망종芒種(양력 6월 5일 경)에 이르기까지 긴 기간을 계속적으로 심었다. 따라서 그 수확기가 일정하지 않고 되는 쪽쪽 베어내는 것이 그 특색이었다.

　기경 파종은 일 년 농사 일 중에는 가장 중요한 일이며 가장 힘든 일이다. 특히 원시적인 략탈농 방법에 의존하면서 넓은 면적을 경작하던 이 부락들에 있어서는 더욱 그러하였다. 그런데 기경 파종에서 조를 심는 "화종"은 바로 중간 최고조기에 해당하며 또 우에서 말한 바와 같이 이때는 여러 "소 결이"반이 합쳐서 하는 일이 많았다. 그러므로 "화종"철은 말하자면 이 부락들에서는 바로 수전 경작 지대에서의 벼′모 철에 해당한다고 할 수 있었다. 그리하여 "화종"할 때에는 "화종"점심이라 하여 매 호에서 륜번으로 조찰밥 또는 조찰떡을 쳐서 점심 식사를 갖추었는데 이때에는 다른 이웃 "소결이"반까지 초청하는 것이었으며 호상 경쟁적으로 하였다. 이 "화종"점심을 륜번으로 하는 풍습은 다른 별 부락들에도 있는 일이다.

　우에서 말한 바와 같이 이 부락들은 과거에 화전 경작을 주로 하면서 경지 면적만 많이 하고 수확이 적어지면 폐경하고 새로 화전을 일구던 관습에서 기경 파종 방법이 매우 조야하였다. 특히 오래 동안 시비를 거의 하지 않고 락후한 원시적인 영농 방법에 의존하고 있었다. 여기에는 많은 부분이 산전이어서 비료를 운반하기 곤난한 관계도 있기는 하였다. 이러한 데로부터 이 부락들에서는 비료에 대한 관심이 비교적 희박하다. 이것은 새로운 영농 방법에 부정적 영향을 주지 않을 수 없다.

　그러나 오늘 이 부락들에서는 당과 정부의 정확한 농업 정책과 현명한 령도하에 새로운 영농 방법과 선진적 기술 도입에 한결같이 일떠 서서[일어서다의 북한어] 일대 혁신을 일으키고 있다. 이에 있어서 관계로부터 남녀노소가 로동을 즐기고 협동적 정신이 강하던 진보적인 인습은 더욱더 발양되어 좋은 결과를 초래하고 있다. 오늘 이 부락들에서는 이 지방의 지대적 및 기후적 조건에 적응한 다수확 작물인 옥수수와 감자를 주작으로 하면서 경지를 큰 가대기로 전경한 다음 후치로 이랑을 짓고 네 이랑 건너로 옥수수와 감자를 혼작하고 거기에 열콩을 간작한다. 보리밭에는 반드시 콩을 간작한다. 인가에서 거리가 멀고 경사가 급하여 비료를 운반하기 곤난한 산전에도 현장에 퇴비장을 설치하고 퇴비를 만들어 시비하고 있다. 15도 이내의 경사지는 모두 관개할 수 있게끔 만단의 준비를 전개하고 있다. 이리하여 력사 이래로 조약한 원시적 영농 방법에 의존하던 이 부락들은 알뜰하게 가꾸어진 전포로 둘러싸인 문화적으로 꾸려진 농촌으로 전변되어 가고 있다.

김은, 조 밭은 세 벌씩, 보리, 콩, 귀밀 밭은 한 벌씩 맨다. 김매는 데 사용하는 호미에는 큰 호미와 작은 호미의 두 종류가 있다.

큰 호미(〈삽도 12〉)는 함경도에서 보편적으로 보는 크기와 형태를 가진 것이다. 호미 날의 폭은 약 15cm, 그로부터 수메(자루에 꽂은 부분)쪽으로 올라가면서 점점 좁아져서 전체적으로 삼각형을 이루는바 그와 자루와의 각도는 흙을 끌어당기기 좋게끔 직각보다 오그라졌다. 호미 자루는 업디 여서 김을 매기 좋게끔 길이 50cm 이상 된다. 약 200년 전에 홍량호洪良浩는 이러한 호미를 보고 "호미의 크기가 삽만 하고 자루가 긴데 잔풀은 매지 못한다"[13]고 하였는바 이러한 형태의 호미는 함경도에만 분포하며 가대기, 드베, 도레기의 분포와 일치한다. 이러한 농경 도구들은 이 지방의 선주민 – 녀진인으로부터 전수한 것이라고 보여진다.

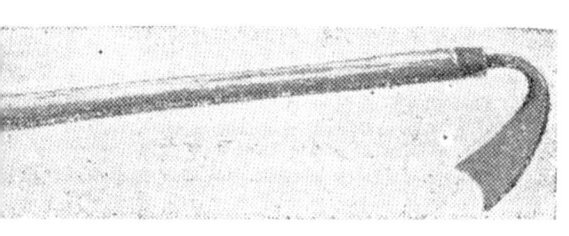

〈삽도 12〉 호미

이 큰 호미는 조 밭 세 벌 김과 보리, 콩, 귀밀 밭 김에 사용한다. 작은 호미는 그 형태는 큰 호미와 꼭 작으나 호미 날 폭이 7~8cm에 불과하다. 이 작은 호미는 조 밭 아시[애벌의 북한어, 즉 맨 처음] 김과 두 벌 김을 매는 데 사용한다. 이 작은 호미

---

13 洪良浩, 『北塞記略 孔州風土記』, "鋤大如鍤而柄長 不耨細草"

는 회령 이북에만 있고 같은 함경북도에서도 남부에는 없다. 즉 작은 호미의 분포는 "화종"에 사용하는 "화패"의 분포와 일치한다. 이 일치는 "화종"에 "화패"를 사용하면 조 밭 이랑 둔덕이 비교적 평평하여져서 흙을 끌어 내리면서 매는 아시 김과 두 벌 김에 끌어 내릴 것이 적으므로 이런 작은 호미를 사용하는 것이 편리한 데서 온 것일 것이다. 그러나 흙을 끌어 올리면서 매는 세벌 김에는 큰 호미가 편리하므로 이때에는 큰 호미를 사용한다.

　김에는 산전의 열콩 밭 같은 것은 후치질만 하고 호미질을 하지 않고 손으로 풀만 뽑는 일이 있는데 이를 손김이라 한다.

　김에는 린근의 벌 부락과는 판이하게 과거부터 녀자가 남자와 꼭 같이 참가하였다. 그것은 첫째로는 토지가 척박하여 단위당 수확고가 적으므로 많은 면적을 경작하는 관계상 로동력이 많이 요구되었기 때문이며 둘째로는 유교의 영향이 미치지 않아 남녀간의 내외법이 적고 녀자들의 활동이 활발하였기 때문이라고 보여진다. 이와 같이 린근 벌 부락들과는 달리 전체 녀자들이 생산 로동에 철저하게 참가한 전통은 오늘 좋은 영향을 주고 있다. 어느 농업 협동 조합에서보다도 먼저부터 후치질 같은 일을 보통으로 녀자가 담당하여 수행하고 있다.

　이 부락들에서의 여자들의 로동과 관련하여 짐을 운반함에 있어서 머리에 이기보다 주로 진다는 것이 특징적이다. 지금도 중년 이상 여자는 주로 진다. 지는 방법은 한쪽 어깨에 걸되 짐이 등에 비껴斜 붙게 하여 진다. 이렇게 녀자들이 짐을 이지 않고 주로 지는 풍습은 과거에 녀승의 형식을 갖춘 일이 있어서 짐을 이지 않고 지던 유습일 것이라고 추측할 수도 있으며 또는 산간 지대이므로 지는 것이 편리하기 때문일 것이라고 할 수도 있다. 그러나 이 부락 녀자들이 녀승 형식을 취하였다는 말은 없으며 산간 지대라고 하여 녀자들이 다 짐을 지는 것도 아닐 뿐만 아니라 이 부락들은 그렇게 험한 산'골도 아닌 것이다. 황해북도 신평군 생양리에서는 녀자들이 짐을 지는바 그곳은 실지로 험한 산'골인 것이다. 녀자들이 짐을 머리에 이는 것이 전국적으로 공통적이며 특징적임에 불구하고 이 부락들에서는 그렇지 않았다는 것은 독특한 전통을 가지는 것이 아닌가 싶다.

　품앗이는 일시적으로 조직하는 것 뿐만 아니라 일년 농사 일 전체를 품앗이 방법으로 진행하는 일도 있었다. 또 품앗이는 농사일에만 있는 것이 아니었다. 화목火木을 패는 일은 품앗이 방법으로 하는 것이 상례였다. 즉 산에서 화목용 원목을 소발구에 실어다가 10~12 발구 분씩 "잼"으로 쌓고 이런 "잼"이 7~8 되면 그것을 잘게 패여 나무'가리로 쌓는데 잘게 패여 나무'가리로 쌓는 이 작업은 품앗이 방법으로 한 집 분씩 돌아다니면서 하였다. 이때에는 떡을 쳐서 점심으로 먹이면서 경쟁적으로 다른 집 나무'가리보다 더 크게 만들려고 하였다. 나무가 묵으면 세간이 묵는다고 한다. 화목 벌채는 겨울에 하며 산에 눈과 강에 얼음이 녹기 전에 운반하여 온다.

 이 부락들에는 농사와 관련하는 미신적 풍습이 특히 많았다. 그것은 첫째로 원시적 영농 방법을 지속하면서 자연력에만 의존하고 자연을 극복하려는 노력이 거의 없었던 관계이며 둘째로는 오래 동안 봉건적 인습의 울타리 안에서 외부와의 련계가 극히 적었으므로 다른 지방에서는 이미 소멸된 지 오랜 풍습도 그대로 보유하는 일이 많았던 관계라고 보여진다. 한보름(음력 1월 15일) 아침에 처음 들어오는 손님이 키가 작거나 어린 아이일 경우에는 그해에 그 집 삼大麻의 키가 크지 못한다 하여 크게 꺼리면서 그를 예방하는 방법으로 그의 머리에 바부제(떡을 찔 때에 시루 밑에 펴는 편제품編製品)를 씌우고 물을 치는 풍습이 있었는데 이를 "서덕 물을 친다"고 하였다. 이는 일종의 모방주술模倣呪術에 의하여 재화를 피하려 하는 풍습이다. 이것은 또한 이 부락들에서 유일한 직물 원료인 삼을 얼마나 중요하게 여겼으며 또 한재를 얼마나 두려워하였는가를 짐작하게 하는 것이다. 이렇게 한보름 날 아침에 키가 작은 손님이 오면 그 해에 삼이 흉작될 징조라 하여 꺼리는 풍습은 강계江界지방에도 있었다. 매 농호에는 산전을 밭갈이 할 때에 찰밥을 지어 가지고 가서 밭 제사를 지내는 밭이 몇 필씩 있다. 이를 "진지를 붙인다"고 하였는바 밭갈이 도중에 농구가 파손되거나 소가 탈이 나거나 범과 같은 맹수가 나타나도 그것을 진지 탈이라고 하면서 이 "진지 붙이기"를 특히 조심스럽게 한 것이었다. 복伏제사도 성히 하였으며 이때에 오이 밭에는 오이 서방을 드린다고 하여 길쭉한 나무'대를 들어 뜨리는(집에서 속에 넣다의 북한어) 풍습도 있었다. 이 역시 일종의 모방 주술에 의하여 풍작을 비는 풍습이다. 쑥이나 풀을 삼복三伏 전에 베면 풍재가 나고 갈이나 삼을 백로白露 전에 베면 서리가 일찍이 내린다고 하면서 이를 엄금하였다. 여기에는 아직 여물지 않은 것을 베지 말라는 금지의 의미도 있겠지만 동시에 얼마나 자연력을 두려워하였으며 그것을 신의 조화로 생각하면서 그 뜻을 거스르지 않으려는 관념이 농후하였는가를 짐작할 수 있다. 또 쑥 나무와 새(볏과 식물의 총칭)를 베는 것을 벤다고 하지 않고 판㨘다고 하는바 이 역시 쑥 나무와 새를 신성시하면서 그것을 베는 것을 기휘하여 실제로는, 베면서도 판다고 한 것이 아닌가 싶다. 삼을 백로 전에 수확하지 않는 풍습은 함경도에 일반적으로 있는 것이며 쑥 나무와 새를 벤다고 하지 않고 판다고 하는 말은 종성 지방에서는 벌 사람들 사이에도 있다.

오늘 이러한 미신들은 없어졌다. 농업에서의 선진 기술의 도입과 가물[가뭄]과의 투쟁, 높고 확실한 수확을 위한 당과 정부의 정확하고 현명한 대책은 이러한 미신을 뿌리채 뽑아 버렸다. 늙은이들까지도 "그러지 않아도 아무 일도 없는 것을 쓸 데 없는 짓들을 하였다"고 과거의 몽매를 뉘우치고 있다. 그러나 그 관념의 잔재를 완전히 극복하기 위하여서는 사회주의 건설의 일상적 실천과 긴밀하게 련결된 꾸준하고 계통적인 선전 교양 사업이 계속 요구됨은 물론이다.

전'적으로 한전 농사를 하고 있는 이 부락들에서는 종래의 "가리개", "도리깨" 등 도구가 아직 탈곡에서의 기본 도구로 되고 있으며 부분적으로 "궁재"도 사용되고 있다. "가리개"는 조 이삭을 갈겨[갈다, 문지르다의 의미] 자르는 도구로서 박탈나무를 깎아서 긴 칼 모양으로 만드는바 다른 지방에도 있는 것이다. "도리깨連枷"도 함경북도의 다른 지방의 것과 같이 "도리깨 아들" 세 개를 엮어서 만든다. "궁재"는 돌을 다듬어 만든 탈곡용 들금배(로-라)이다. 이 "궁재"는 같은 함경북도에서도 무산령 이북 강변 지방에서만 사용되는바 이와 린접한 중국 동북 지방에서는 광범히 사용되고 있으며 그 이름도 역시 "궁재"라고 한다. 연암 박 지원은 그의 저 "과농소초"에서 료동 지방에서 돌로 만든 돌금배磟碡를 나귀 또는 소에 메워서 끌게 하면 바퀴처럼 잘 구는데 그것은 다만 밭에 굴려서 심은 종자를 누르는壓데 쓸 뿐만 아니라 매'돌에 굴려 조 껍질을 벗기는 데도 쓰고 마당에 굴려 탈곡하는 데로 쓰는바 그 결과가 "도리깨"보다 낫다고 하였다.[14] 이렇게 "궁재"는 중국 동북 지방의 중국 사람들 사이에 여러 가지 일에 광범히 사용되는 것이다. 그러고 보면 이 지방에서의 "궁재" 사용은 중국 동북 지방에서 본받은 것임이 틀림없는 것이다.

....

14 朴趾源,『課農小抄』「農器條」. "趾源曰 磟碡壓土器也 勞把之後 猶慮其土性浮䟽乃以此器 轉而壓之 蓋其種子處 則易捐故也 遼東田間路傍 往往而有其制 用石磨圓長尺三尺 圓經二尺 兩頭有簨軸 斲木如臂大 方以四周 納簨於 䡈駕畜或驟或牛而輓之 石轉如輸 此所謂混軸也 非獨用之田中 以壓種 碾之礇上 以脫栗 轉之場圃 以脫浮穗 其功勝於連枷"

"도리깨"질하는 방법에서 벌 사람들과 뚜렷이 다른 점이 있다. 벌 사람들은 여러 사람이 도리깨질할 때에 반드시 두 패로 갈라져서 한 쪽에서 "도리깨"를 올리면 다른 쪽에서 내려치는 식으로 하는데 이 부락 사람들은 어디서나 공통적으로 여러 사람이 각각 따로 따로 치는 방법으로 한다. 보통 3명이 치는 세 도리깨질, 4명이 치는 네 도리깨질을 하는데 절대로 두 사람의 "도리깨"가 동시에 올라가거나 내려지는 때가 없이 사람마다 어기 바꾸어 친다. 현재 농업 활동 조합에서 벌 사람들과 합쳐서 작업하는 때에 한 개 대조로 되고 있는바 벌 사람들은 그 능숙한 데 탄복하고 있다. 특히 녀자들로이 방법으로 능숙하게 한다.

곡물 저장용 "두지"로서는 다음과 같은 것들을 사용한다. (1) 두터운 널판으로 큰 궤짝 같이 만든 것(〈삽도 13〉) - 지금도 광범히 사용하고 있다. (2) 싸리 또는 버드나무 가지로 항아리 모양으로 틀고 그 안 또는 안과 밖 전체를 진흙으로 발라서 두리두리하게(둥글고 크게) 만든 것 - 지금은 없다. (3) 짚으로 두리두리하게 틀어 만든 것 - 지금은 없다. (4) 속이 빈 나무를 리용하여 만든 나무통 - 지금도 간혹 볼 수 있다. 이러한 나무통은 시루로도 사용한다.

조, 보리, 귀밀 등의 쌀을 찧는 데는 물방아(〈삽도 14〉), 연자마, 발방아가 리용된다. 하천이 경사진 계곡 물이므로 물방아 설치가 용이하다. 지금도 물방아를 흔히 볼 수 있다. 물방아의 호박(틀)은 큰 것은 15 두 가량 넣을 수 있는바 돌로 만드는 것이 아니라 큰 나무의 속을 파내여 만든다. 연자마도 사용하나 지금은 보기 드물다. 집방아는 집집

〈삽도 13〉 두지

〈삽도 14〉 돌방아(부령군 교원리)

마다 있으며 지금도 성히 사용되고 있다. 집 방아의 호박은 돌로도 만들고 나무로도 만든다. 이 부락들에도 짧은 기간 내에 전기화가 실현될 것이며 그러는 날에는 이러한 락후한 도정搗精 방법이 일소될 것은 물론이다.

(2) 축산업

가축으로서는 소, 돼지, 개, 닭이 사육된다.

소는 이 부락 주민들에 있어서 가장 중요한 재산이었다. 소 두수의 다소는 곧 빈부의 척도로 되었으며 콘 농호에서는 여러 마리 길렀다. 그러므로 밭갈이에 "독결이"[자신의 소를 가지고 단독으로 농사짓는 방식]하는 집이 많았던 것이다. 그러나 가난한 집에서는 역시 소를 가지지 못하여 로력을 착취당하면서 "보도치"[소를 중심으로 여러 명이 공동 이용하는 조직 체계]에 들거나 로력 또는 금전을 착취당하면서 "윤둘소"를 맡아서 밭갈이를 하였던 것이다.

"윤둘소" 제도와 "수양소" 제도는 이 부락들에서 뿐만 아니라 벌에도 있는 제도이다. "윤둘소" 제도에는 두 가지 종류가 있었다. 그 하나는 두 살 되는 송아지를 남의 집에서 가져다가 1년간 길러서 세 살 되는 때부터 1~2년간 농우로 사용하고서는 큰 소로 만들어 돌려주는 방법이고 다른 하나는 처음부터 큰 소를 윤둘 값으로 금전을 선납하고 가져다가 1년간 농우로 사용하고 돌려주는 방법이다. 윤둘 맡은 사람은 소를 잘 거두어 소임자의 눈에 들게 하여야 다음에 또 다시 맡을 수가 있었다.

"수양소"라는 것은 한 살되는 젖떼기 송아지를 가져다가 길러서 큰 소로 만들어 주면서 송아지 한 마리를 가지는 제도이다. "수양소" 제도는 "윤둘소" 제도에 비하여 그 례가 적었는데 그것은 착취자들이 젖떼기 송아지를 주고 큰 소로 만들어 받으면서도 그 소가 낳은 송아리 한 마리를 떼우는 것이 아까워서 "수양소"로 주는 례가 적었기 때문이었다.

"윤둘소" 제도와 "수양소" 제도는 예로부터 있는 것이지만[15] 일제 말기에 특히 이 부락들에서 성행하였다. 례를 들어 경흥군 룡성리 어운 부락에서는 1940년경에 32호중

---

15 18세기 중엽의 저작인 홍량호의 『北塞記略 孔州風土記』에도 소를 세로 주는 것을 윤도리라고 한다(貰牛曰輪道里)고 하였다. 이 제도는 이보다 썩 이전부터 있었을 것이다.

18호가 "윤둘소"를 맡았다. 그것은 일제의 착취가 더욱 혹심하여져 생활이 더욱 곤난하여짐에 따라 재산 중에서 가장 값 가고 잘 팔리는 농우를 처분하여 무축 농가가 태반으로 되었기 때문이었다. "윤둘소", "수양소"를 주는 착취자는 부락 내에도 있었지만 벌에서 맡아 오는 례가 더 많았다. "윤둘소", "수양소" 제도는 농촌에서의, 특히 "재가승" 부락에서의 중요한 착취 형태였다. 이 부락들에서는 소작제와 고용농제는 그 례가 극히 적었다. 그 반면에 척박한 토지를 많은 면적을 경작하게 되므로 농우가 절실히 필요하여 "윤둘소", "수양소" 제도가 다른 어디보다도 성행하였던 것이다.

그러나 오늘 이 부락들은 당과 정부의 정확한 농촌 정책과 현명한 령도 하에 농업과 축산업을 적절히 배합하여 축산에 많은 힘을 경주한 결과 례를 들어 회령군 창태 농업 협동 조합은 1958년 현재로 매호 평균 소 두 마리에까지 도달하였다.

돼지는 농사철에는 굴에서 기르고 겨울에는 놓아기른다. 이 부락들을 포함하여 회령 이북 지방에서는 큰 돼지는 결코 돼지라고 하지 않고 돝이라고 하며 돼지라고 할 때에는 반드시 새끼를 의미하는바 이것은 어원상으로 볼 때에는 옳은 것이다. 돼지 또는 도야지는 돝아지의 줄인 말로서 송아지, 강아지, 망아지와 마찬가지로 돝의 새끼를 의미하는 것이다. 이 부락들에서는 암돼지가 새끼를 가지지 않게끔 새끼집을 들어내는 것을 악대를 친다고 한다. 악대를 친다는 말은 일부 벌에서도 사용하고 있는바 이것은 북쪽에서 온 외래어라고도 하나 잘 알 수 없다.

이 부락들에서는 개를 잡을 때에 튀(털을 뽑는 것)를 하면 하늘이 노하여 큰 비가 온다고 하면서 튀를 하는 것을 극히 꺼렸다. 개를 잡아 기우제祈雨祭를 지낼 때 이외에는 절대로 튀를 하지 않고 껍질을 벗겼다. 기우제는 신성한 곳을 더럽히여 하늘을 노하게 함으로써 그것을 씻어 내기 위하여 하늘이 비를 내리게끔 하려는 관념에서 출발한 것이다. 그러므로 미신이 성하여 기우제를 지내던 시기에는 이러저러한 신성하다는 곳에 개 피를 발라서 더럽히는 것이었는데 이 부락들에서는 튀를 하면 하늘이 노한다는 미신 금기가 있었기에 이때에만은 일부러 튀를 한 것이었다 한다. 그러나 개를 튀를 하여서는 안 되다는 금기의 본질은 이 부락들은 과거에 특히 개 가죽을 의복 자료로서 중요하게 사용하였던 관계가 아닐까 짐작된다. 또 과거 불교가 성하였을 때에도 소, 돼지, 산수고기는 거리낌 없이 먹었지마는 개고기는 덜 먹었다고 한다. 불교에서 고기 중에서도 특히 개고기를 꺼린 것은 사실이다. 그러나 우리는 여기서 또한 선주민 녀진인이 개고기를 먹지 않았다는 것을 상기하게 된다.

리민환李民寏의 『건주문견기建州聞見記』에 의하면 "녀진 풍속胡俗이 개를 시조始祖로 삼으면서 절대로 잡지 않는다. 우리나라 사람으로서 개가죽을 입은 자가 있으면 크게 꺼린다고 한다"[16]라고 하였다. 녀진인이 개가죽을 의복 자료로 사용하였다는 것은 『대금국지大金國志』에 씌여 있는 바인데 리민환이 들은 바에 의하면 적어도 17세기의 건주녀진은 개고기를 먹지 않았을 뿐만 아니라 개가죽도 입지 않은 것으로 된다. 하여간에 이 부락들에서 개를 튀를 하지 않았다는 것, 개고기를 덜 먹었다는 것은 주위의 부락과는 다른 풍습이었다.

일반적으로 제사에는 개를 쓰지 않는 것인데 례를 들어 이 부락들을 포함한 함경북도의 북부의 일부 지방과 평안도 해안 지대에서는 성황신(함경도에서는 국사당이라고 함)을 위할 때에 개를 썼으며 함경북도 라진 초도와 평안북도 해안 지방에서는 배의 목신을 위하는 데도 썼고 또 평안북도의 산간 지방에서는 호산령을 위하는 데 개를 썼다. 호산령을 위하는 데 개를 썼다는 것은 범은 개를 잘 먹는다는 데서 온 것일 것이나 기타의 경우에 개를 쓴 리유는 알 수 없다.

(3) 수렵

이 부락들에서는 과거로부터 수렵이 성하였으며 수렵에 능한 사람이 많았고 현재도 많다. 그것은 산'골이어서 산'돼지, 곰, 범, 노루, 사슴, 오소리, 황가리[족제비의 방언] 등 산수가 많은 관계도 있겠지만 이 부락 사람들 중에는 전통적으로 수렵에 대한 특별한 소질을 가진 자가 많다는 관계도 있다. 이 지방의 선주민이었던 녀진인이 수렵에 능하였다는 것은 잘 알려져 있는 사실이다. 그리하여 이 부락들에는 과거 이름 난 명포수의 공로에 대한 이야기가 많이 전하여 오며 현재 살아 있는, 과거에 이름 있는 로포수도 있고 또 중년, 청년으로서 수렵에 특히 능한 자가 많다〈삽도 15〉 포수의

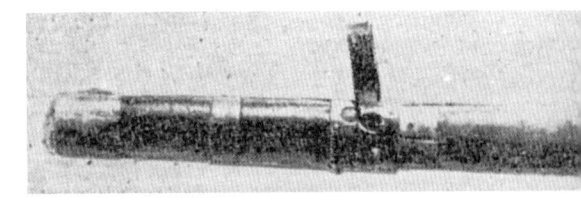

〈삽도 15〉 포수의 칼

---

16 李民寏, 『紫岩集』 卷六 建州聞見錄 참조(李朝各種文獻 民俗關係資料撮要 일본문 번역에 의함)

칼은 창태리의 로포수가 사용하던 것임). 례를 들어 회령군 창태리 청초 부락의 김종국(사망), 창태 부락의 정기봉, 원형 부락의 정고봉, 홍안 부락의 김창원 동무들은 특출한 재능을 가지고 있다. 이제 이 부락들에서의 수렵에 대하여 개관하기도 한다.

수렵대상
산'돼지, 곰, 범, 노루, 사슴, 오소리, 황가리, 족제비, 꿩 등

수렵도구
옛날에는 활과 창이 가장 중요한 수렵 도구였을 것이나 활로써 수렵하던 시기의 이야기는 전하여 있지 않다. 그러나 창을 가지고 범 또는 곰을 잡던 이야기는 많이 전하여지고 있다. 청진 력사 박물관에서는 부평군 금강리 "재가승" 부락에서 창 끝 1점을 수집하였는데 그것은 길이 약 30cm되는 인부刃部와 자루를 꽂는 통부筒部로 된 것이다.

총 - 이 부락 포수들이 언제부터 총을 사용하였는지는 잘 알 수 없다. 처음에는 화승태를 사용하다가 약 70년 전에 동강(로령 연해주 지방)에서 "베르다니"(총 명칭)가 들어오면서부터 현대식 총이 사용되기 시작하였다 한다.

덫 - 덫에는 범, 곰, 산'돼지 등 큰 짐승을 잡는 그 규모가 큰 것과 황가리, 족제비 등 작은 짐승을 잡는 그 규모가 작은 것이 있다. 특히 곰을 잡는 덫을 "치덫"이라고 한다. 덫은 간단히 말하여 "미끼"를 단 "고뎅이"를 다치면 무거운 짐을 실은 천정이 일시에 락하하면서 짐승이 끼이게끔 한 장치이다.

함정 - 함정은 땅을 2m 이상 깊게 아래로 내려 갈수록 좁아지게 파고 거기에 나무 창을 꽂아 놓고 표면을 나무 가지와 풀잎으로 덮어 놓은 간단한 장치이다. 산'돼지, 노루가 다니는 길 목에 설치하여 놓으면 그런 짐승들이 지나가다가 빠지게 된다.

구덩이 - 함정의 일종으로서 땅을 1m 정도의 깊이로 함정보다 얕게 파고 표면에는 나무'대를 뺏아서[엮다의 북한어] 놓는다. 그러면 짐승이 이 구덩이 우를 통과하다가 사족이 뺏은 나무'대 사이에 빠져서 움직이지 못하는 것을 생포한다. 이 방법으로서는 주로 산'돼지를 잡는다.

목노 - 목노는 범, 노루 등을 잡는 장치인데 이 부락들에서는 옛날에는 이 방법을 알지 못하였는데 약 40년 전에 평안도 사람들이 와서 목노로 범을 많이 잡는 것을 보고

배워서 보급되게 된 것이라 한다. 그 구조(〈삽도 16〉)는 긴 장대기의 중간 한 쪽을 조군 조군한 철사로 된 와이야로 결박하고 그 와이야를 반원형을 그리면서 반대쪽에 설치한 "고이"를 통하여 나가게 하고 그 끝에 무거운 몽둥이를 달고 반원형으로 된 와이야 중간에 "미끼"를 단 것이다. 짐승이 "미끼"를 먹으려고 뛰어 들면 목 또는 허리가 끼이게 되는데 빠져 나가려고 움직이면 움직일수록 더 졸리여져서 포착되는 것이다.

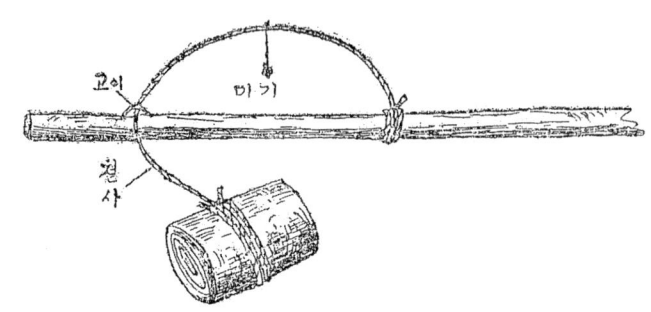

〈삽도 16〉 목노

낫쇠뇌(낫소뇌) - 낫쇠뇌(낫소뇌)는 지나가는 짐승이 줄을 다치면 긴 낫이 넘어치면서 짐승을 찍게 하는 장치인데 지금 이 방법은 사용되지 않는다. 인축에 특히 위험하기 때문이다.

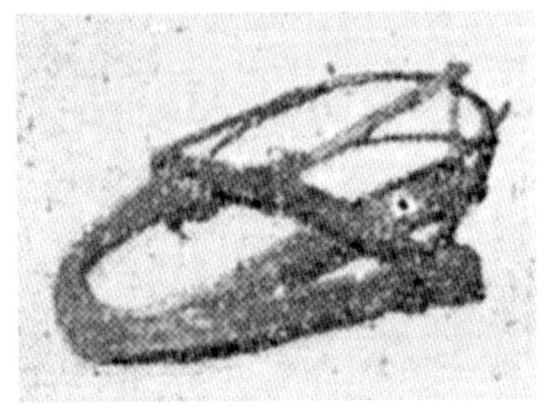

〈삽도 17〉 차끼

차끼 - 꿩, 비둘기 등을 잡는 차끼는 "고뎅이"에 단 미끼를 다치면 괴여진 차끼의 웃고패가 내려지면서 꿩의 목이 웃고패와 아래 고패 사이에 끼이게 된 것이다(〈삽도 17〉). 차끼는 지금도 널리 사용되고 있다.

꿩의 굴 - 나무 가지를 귀틀 집 짓는 식으로 쌓아 올려 굴을 만들고 그 웃아구리의 중간 공중에 드리우게 미끼를 달아 놓는다. 꿩이 미끼를 먹으려고 굴 우에 올라 앉았다가 미끼와의 거리가 멀므로 풀 가지로 덮인 아구리 한판쪽으로 옮겨 앉다가 굴 속에 빠지게 된다(〈삽도 18〉).

수렵에는 이상과 같은 수렵 도구를 리용하는 방법 외에 오소리 굴 들추기, 노루 또는 사슴 쫓아 잡기 등 방법이 있다.

〈삽도 18〉 꿩의 굴

오소리 굴 들추기 - 오소리는 겨울 동안은 굴에 들어가고 나오지 않으며 한 굴 안에 6~7마리, 때로는 10여 마리가 모여 있다. 겨울 농한기에 몇 사람이 조를 짜고 떠나서 오소리 굴을 파는 공사를 진행하면 굴 속의 오소리를 몽땅 다 잡을 수 있다. 그런데 오소리 굴에는 굴마다 등의 털이 닳아서 많이 없어지고 털이 깨끗지 못한 늙은 오소리가 한 마리씩 있다 한다. 또 오소리는 겨울 동안은 굴에서 나오지 않으나 굴 안에는 서식棲息하는 곳과 똥 누는 곳이 꼭 구별되어 있다 한다. 여기서 많은 사람들은 털이 깨끗하지 못한 늙은 오소리를 똥을 져 내는 머슴 오소리로 잘못 인식하고서 오소리 굴에는 반드시 똥 져 내는 오소리가 있는 것이라고 하였다. 남들에게 몰리면서 활기를 펴지 못하는 사람을 "똥 진 오소리"라고 형용하는 말은 이런 착오에서 온 것이다.

노루 또는 사슴 쫓아 잡기 - 겨울에 눈이 많이 왔을 때에 청장년들이 조를 짜고 산에 가서 노루를 깊은 눈 속에 쫓아 넣어 잘 뛰지 못하게 하고 생포하는 방법은 예로부터 있었다. 청장년 몇 사람이 조를 지어가지고 사슴 무리를 며칠 동안 몇 십리를 계속 뒤를 따라 쫓아서 사슴이 기진맥진하게 하고 생포하는 방법도 있는바 이 방법은 이 부락 사람들은 알지 못하였던 것이며 다른 지방 사람들이 와서 한 것이라 한다. 생포한 사슴은 가져다가 기른다.

함경도 지방은 고래로 보라매海東靑를 비롯하여 좋은 매鷹의 산지로서 저명하였으며 그러한 좋은 매는 봉건 왕실에 대한 귀중한 공납물로 되었었다. 함경도 지방은 매의 명산지였던 것만큼 매 사냥이 또한 성하였는바 해방 전까지도 부분적으로 있었다. 그러나 이 부락들은 과거 봉건 시대에는 매 사냥을 할 수 없었다. 그것은 원래 매 사냥은 경제적 의의를 가지는 것이 아니라 유한 계급들이 취미 오락으로 하는 것이었으므로 지방 량반들이 재가승이 매 사냥하는 것을 금하였기 때문이다. 이 부락들에서 매 사냥을 한 것은 약 40년 전부터의 일이었으며 해방 전까지 부분적으로 있었다.

함경도 지방에서 매 사냥에 사용하는 매를 포착하는 방법으로는 다음과 같은 것들이 있었다. 첫째로는 깊은 산중에 들어가서 높은 나무 우에 지은 매 둥우리를 발견하여 감시하다가 매 새끼가 적당히 크게 되었을 때에 그것을 내리워서 기르는 방법이고 다른 방법은 생 매를 붙잡아 길드리는 방법이었다. 후자의 경우에는 또 두 가지 방법이 있었다. 그 하나는 산에 "매 자지"라는 장치를 만들어 세워 놓음으로써 매들이 지나다가 앉기 좋은 나무인 줄 알고 앉으면 고뎅이가 벗어지면서 자동적으로 매의 발목이 옥노(올가미의 방엔)에 매이게 하고 붙잡는 방법이고 다른 하나는 생 매가 꿩을 잡아먹는 것을 발견하여 그 자리를 표식하여 두었다가, 매는 잡은 꿩을 단번에 다 먹지 못하고 며칠씩 그곳을 찾아 와서 먹고는 가는 습성을 리용하여 매가 오기 전에 그 곳에 가서 덫 장치를 하여 놓거나 또는 긴 장대기 끝에 옥노 장치를 한 것을 가지고 숨었다가 매가 와서 꿩 먹기에 열중할 때에 몰래 목을 걸어 붙잡는 방법이었다. 이 부락들에서는 이러한 방법들을 잘 알고 있다. 과거 봉건시대에 매 사냥은 할 수 없었다 하여도 매 붙잡는 일은 한 것 같다. 산간이므로 매를 붙잡을 수 있는 조건은 더 있었을 것이다.

이 부락들에서는 범, 여우, 족제비를 잡기나 하였으나 잡는 것을 꺼리는 미신이 있었다. 여우 잡기를 꺼리는 것은 다른 지방에도 있는 일이다. 또 범을 산령(산의 신성한 동물)으로 간주하는 풍습은 우리나라 각지에 있었으며 씨비리(시베리아의 북한에)의 아무르 지방 여러 종족들 사이에도 있었다. 이 부락들에서는 이러한 동물들을 잡으면 귀신이 뻐쳐서 탈이 난다고 하였으며 탈이 났을 경우에는 그 짐승의 그림을 그려 놓고 굿을 한 것이었다 한다.

수렵에서 얻은 포획물은 단독으로 하였을 때에는 단독 수입으로 하지만 그렇지 않고는 보조'군(몰이'군)이 있었을 때에는 포수 몫, 보조'군 몫뿐만 아니라 사냥'개의 몫, 발견자의 몫까지도 넣어서 분배하는 것이 관례였다.

오늘 농업 협동 조합들에서는 수렵에서의 포획물을 조합의 수입으로 하고 포획물의 가격을 사정하여 3원에 한 공수의 비율로 로동일을 계산한다(회령군-창태리 농업 협동 조합~1958년).

(4) 수공업

수공업은 또한 이 부락들에서의 생산업의 중요한 일부를 이루고 있었는바 여기에는 지방 관아에 바치기 위하여 만드는 것과 자가용 또는 판매용으로 만드는 것이 있었다. 함경도에서 유일하게 생산한 황지黃地 제조는 전자에 속하는 대표적인 것이었다.

① 황지 제조

리조 시기에 이 부락들에서는 황지를 제조하여 관아에 바치며(〈삽도 19〉 고문서 참조) 또 량반들의 강제적 요구에도 응하였다. 종이紙 공납은 승려들에게 일반적으로 있는 일인바 이 부락들에서 닥나무楮가 산출되지 않는 조건하에서 자기 부락들에서 다량 생산한 귀밀 짚을 리용하여 독특한 황지를 제조하였다. 여기에는 이 부락 주민들의 총명한 지혜와 창조적 로력이 발휘되었다. 리조 시기의 함경북도 지방의 공식 문서와 이 지방에서 필사 또는 인쇄한 서적들이 거의 전부 황지로 되어 있는 것으로 보면 그 생산은 상당한 량에 달하였으며 이 지방 문화 발전에 기여한 바가 컸었다. 그러나 봉건적 생산 관계의 질곡으로 인하여 더 발달을 보지 못하고 이 고귀한 창안과 생산 경험은 헛되이 인멸되지 않을 수 없었다. 이제 고로들과의 담화 자료에 의한 그 제조 방법에 대하여 보기로 한다.

자료

귀밀 짚-황지의 원료

황벽나무 뿌리 껍질-누른 색깔을 내는 원료

도구

가마-보통 가정에서 쓰는 가마

작도-짚을 눌러서 써는 도구

물방아 - 쌀 찧는 물방아

구유(구시) - 길이 2~3m, 폭 40~50cm되는 나무통

목판 - 발'대로 뜬 원료를 놓는 널판

구불'대 - 밀'대

숭매 - 베실삼(실) 또는 피 나무 껍질로 만든 심지

발 - 참대로 만든 원료를 뜨는 뜰체篩

나무통 - 시루와 같은 높이 80cm, 직경 1m 정도의 나무통

다디미 메 - 황지를 두드려 다듬이하는 데 쓰는 넓적한 나무 방망이

목척 - 나무로 만든 자

삭발도 - 옛날 면도칼, 황지의 가장자리를 베는 데 사용

돌판 - 황지를 다듬이할 때에 쓰는 돌판

〈삽도 19〉 고문서(원본 용지는 황지) 황지(黃紙)는 "재가승" 부락들에서만 생산하여 도호부, 순찰사영들에 상납하고 또 토호들의 강제적 요구에도 응하였는바 이 고문서의 내용에 의하면 적어도 순찰사영에 상납한 분에 대하여는 약간의 대'가를 주기로 되었으나 실지로는 주지 않았다는 것과 이 부락들은 황지를 상납함과 동시에 별 사람들과 마찬가지로 전세도 물었다는 것을 알 수 있다.

황지 제조 방법

우선 귀밀 짚을 추린다. 즉 풀'대를 가리고 어지러운 것을 버리는 작업을 한다. 다음으로 가마 우에 나무통을 놓고 그 안에 추린 귀밀 짚을 재灰에 섞어 넣고 주야 푹 삶은 후에 이것을 내'물에 씻어 말리운 후에 작도로 잘게 썬다. 다음으로 물방아에 찧어 가루로 만든 후 내'물에 씻어 재'물을 완전히 빨아 낸 후 여기에 적당히 물을 배합하면 원료 처리 공정이 완전히 끝난다.

다음으로 이 원료를 구유(구시) 안에 넣는다. 그리고 발'대로 구유 안에 있는 원료를 뜬다. 이 원료를 뜨는데 황지 제조의 최고의 기술이 요구 된다. 발'대로 원료를 수평으로 고르게 뜨는 데 앞으로 당기면서 뜬다. 만일 단번에 수평으로 고르게 뜨지 못 하였을 때에는 고르지 못한 쪽을 좌우로 또 다시 떠서 고르게 한다. 이때에 물론 발'대에 뜨인 원료에서 물이 흐른다. 다음으로 원료를 뜬 발'대를 목판 우에 놓고 구불'대로 밀어 압축하면 원료에서는 수분이 빠지고 한 장의 황지의 원형이 만들어진다. 이렇게 만들어진 황지의 원형의 일단에 숭매 즉 심지를 놓고 20장까지 뜨면 심지로 한 장 한 장 들어서 떼는 데 황지와 황지가 맞붙는 일은 없다. 다음으로 이것을 더운 방에 걸어서 말린 다음에 평평한 돌판에 놓고 다듬이 메로 두드려 빤빤하고 윤택이 나게 하는데 이 작업이 몹시 힘들

다. 최후에 이 황지의 원형의 사면을 목척을 대고 삭발도로 베여 20장씩 한 권으로 묶는다. 그리고 누른 빛깔을 특히 내기 위하여서는 황벽나무 뿌리 껍질에서 뺀 누른 물′감을 들이는데 그것은 다듬이하기 전에 한다. 필자는 회령군 창태리에서 젊은 청년이 살진 닭국물에 기름이 누렇게 많다는것을 형용하여 황벽나무 껍질 물 같다고 하는 것을 들었다. 황지 제조가 없어진지 수십년이 되는 오늘에도 이런 말이 남아 있다는 것은 얼마나 이 부락들에서 과거에 황벽나무 껍질 물을 황지를 만드는라고 많이 취급하였는가를 짐작할 수 있게 한다.

이 부락들은 1883년 이후 황지 제조의 역을 법적으로 면하게 된 모양이나 지금 70이 넘은 로인들은 십오륙세쯤 될 때에 실지로 황지 제조의 일 시중을 하였다 한즉 20세기 초까지는 황지 제조가 계속되었던 모양이다.

② 목공업

회령군 창태리를 중심으로 한 이 부락들에서는 과거부터 소목공업을 부업으로 또는 전문적으로 많이 하였다. 소목공업에는 밥상(〈삽도 20〉), 함지, 인함지, 모래(大木椀, 모래기라고도 함), 바가지, 중의 롱(일종의 의롱), 고주판(두부 만들 때에 사용하는 도구), 떡구유(떡구시)와 같은 가구와 소구유(소구시), 구새(연통), 수레(달구지)도 만들었다. 현재도 함지, 인함지, 모래, 바가지와 같은 소가구 즉 목기 제조는 일부에서 계속되고 있는바 그것은 점점 소멸의 일로를 걷고 있다.

오늘 전체 인민들은 우리 당 중앙 위원회 1958년 6월 전원 회의의 결정 정신을 받들고 인민의 의식주 문제 해결의 중요 측면의 하나로서 우리 당이 제기한 식료품 가공 공업과 일용품 생산을 강화하는 과업 실천에 궐기하고 있다. 이와 관련하여 이 부락들에서의 목공업 제품은 맵시

〈삽도 20〉 밥상

도 괜찮고 쓸모 있고 질기며 지방적 특색을 가지는 가정 일용품으로서 그 생산을 계속하며 제고할 필요가 있다고 생각한다.

목기의 원료로 되는 목재로서는 피나무가 제일 좋고 황철나무, 버드나무도 사용된다. 그 제작 공정과 소요 도구는 다음과 같다.

원료로 되는 목재를 함지일 경우에는 직경의 2배 정도의 길이로, 모래나 바가지일 경우에는 직경과 동일한 길이로 토막 토막 자른다. 그 다음에 도끼로 그 토막을 절반되게 쪼개고 목기 파기를 시작하는바 원료로 되는 목재는 젖은 나무를 사용한다. 마른 나무는 굳어서 파기가 곤난하기 때문이다.

우선 두 조각으로 갈라진 나무 토막에 만들려는 기구의 륜곽을 먹으로 그린 다음 도끼로 먹 금의 안과 밖을 대체적으로 깎는다. 이때에 사용하는 도끼는 보통 사용하는 도끼보다 좀 작은 것일 뿐이고 특별한 형태를 가진 것이 아니다. 다음 "쫏개"로서 좀 더 구체적으로 미끈하게 목기의 안을 파낸다. "쫏개"(〈삽도 21〉)는 인부刃部가 활弓처럼 생긴 자귀로서 다음에 말할 "옥자귀"와 류사하다.

"옥자귀"보다 자루가 길고 자루와 인부의 몸체와의 각도가 더 뻐드러진 것이다. 그 다음 "옥자귀"를 사용하여 목기의 안을 기본적으로 완성할 정도로 파낸다. 그러기 위하여 "옥자귀"(〈삽도 22〉)는 자루가 짧으며 인부가 활 모양이라기보다 반원형으로 생기고

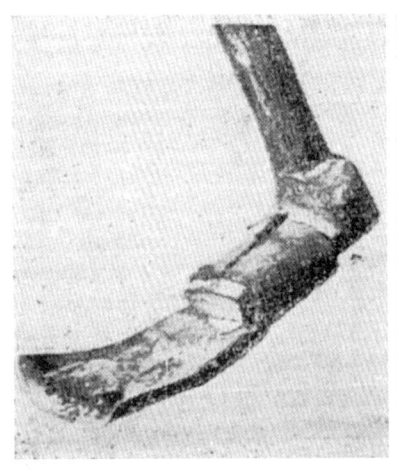

〈삽도 21〉 쫏개

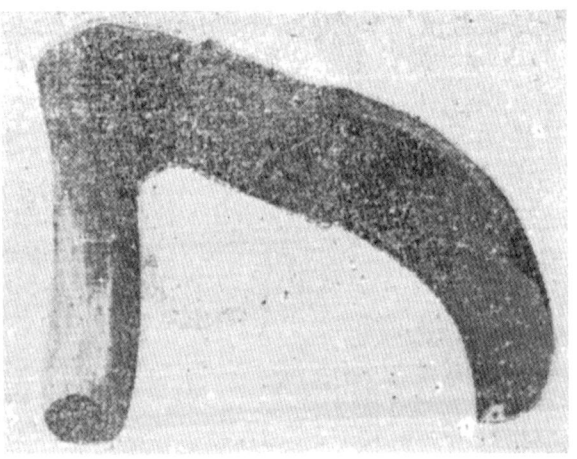

〈삽도 22〉 옥자귀

〈삽도 23〉 등밀이

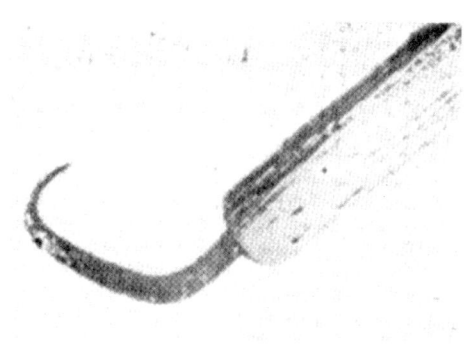

〈삽도 24〉 오비칼

인부의 몸체까지도 구부려졌으며 자루와 인부의 몸체와의 각도는 몹시 오그라졌다. 다음 "겉자귀"를 사용하여 목기의 외면을 곱게 깎는바 "겉자귀"는 우리가 보통 말하는 자귀와 형태와 크기가 같다.

다음 "등밀이"를 사용하여 목기의 외면을 최종적으로 곱게 다듬는다. "등밀이" (〈삽도 23〉)는 목기의 등背을 민다(깎아 낸다)는 의미에서 온 명칭이다. 이것은 보통 "대패"와 같은 임무를 수행하며 그와 같은 원리로 만들어졌으나 대패와는 형태가 다르며 대패로서는 밀어 깎아 낼 수 없는 것을 깎을 수 있게끔 만들어졌다. 그 형태를 대패와 비교할 때에 대패는 그 몸체가 나무를 밀어 깎는 방향으로 길게 생김으로써 깎이의 수평을 보장할 수 있게 되었는데 "등밀이"는 몸체가 앞뒤로 짧고 옆으로 넓어져 있으므로 구면을 밀어 깎는 기능을 수행할 수 있게 되었다. 그와 반면에 "등밀이"로서는 깎는 면을 수평으로 밀어 깎을 수는 없다.

다음으로 "오비칼"로 목기의 내면을 곱게 다듬는다. "오비칼"(〈삽도 24〉)은 목기의 안을 "옥자귀"로 파낸 다음에 파낸 그 밋밋하지 못한 데를 완전히 없이 하는 데 사용하는 가장 정교한 도구이다. 그러므로 목기 만드는 사람들은 이 도구를 제일 귀중히 여기는 바 그 형태는 갈구리 모양으로 되고 량면에 다 날이 있다.

회령군 창태리에는 목기를 제조하는 기술자 뿐만 아니라 이상과 같은 도구들을 제조하는 기술자까지도 있다.

목기 제조에는 이상과 같이 하여 아주 빤빤하게 깎아 만드는 외에 또 다음과 같은 다른 방법도 있다.

그 하나는 일부러 "쫏개" 또는 "옥자귀"로 깎은 자리가 무늬처럼 남아 있게 하는 방법이고 다른 하나는 "갈이 칼"이라 하여 칼을 피대'줄에 달아 활차를 리용하여 피대를

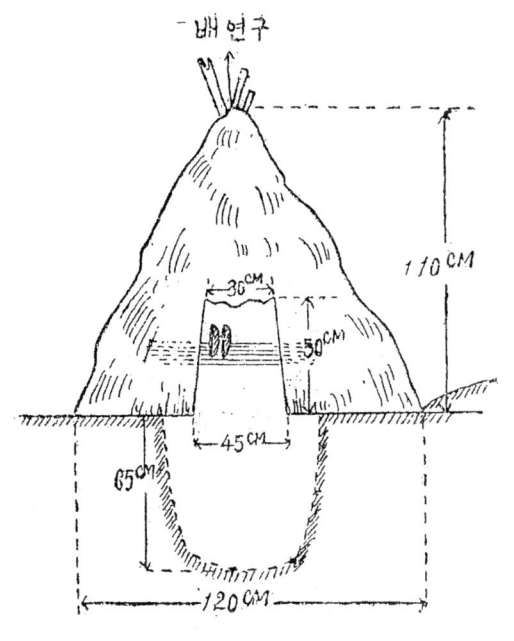

〈삽도 25〉 목기 건조용 화덕

돌림으로써 목기의 안팎을 깎아 내는 방법이다. 후자의 경우에는 원선圓線 무늬 모양이 목기의 내외의 전면에 남게 된다. 전자의 방법으로 만드는 것을 "깎이"라고 하고 이 수법으로 만든 모래를 "깎이 모래"라 하며 후자의 방법으로 만드는 것을 "갈이"라고 하고 이 수법으로 만든 모래를 "갈이 모래"라고 한다.

제작한 목기가 일정한 수에 달하면 "화덕"에 넣어 건조시킨다. "화덕"(〈삽도 25〉)은 우선 지면을 김치 움처럼 파고 그 우 지면에 나무 가지로 원추형으로 빽빽하게 기둥을 세우고 그 표면을 잔디로 덮어 원추형의 막같이 만들고 원추형 꼭대기에 연기 나갈 구멍을 낸다. 내부에 통나무 3~4본으로 덕[시렁, 선반]을 만들고 그 우에 건조시키려 하는 목기들을 세로 세워 엊고 움 안에는 목기를 만들 때에 생긴 젖은 나무 지저귀[지저깨비의 북한어, 즉 부스러기나 조각]를 쌓고 불을 달아 놓은 다음 공기가 통할 작은 구멍만 남기고 아궁을 막아 버린다. 이렇게 하면 불이 미지근하게 붙음으로써 목기가 탈 우려가 없고 적당한 온도가 오래 보존된다. 또 불이 다 붙은 다음에는 구멍들을 다 막아 둔다. 이렇게 하면 목기는 더 갈라지는 일이 없이 잘 마르고 또 적갈색의 좋은 빛으로 된다. 이렇게 하여 건조시킨 후에 속새木賊로 목기의 안과 밖을 닦아서 더욱 빤빤하게 한다. 이것으로써 목기 제작 공정은 끝나고 제조품은 그대로 수요자에 공급된다. 그러나 이것으로서 완성된 것은 아니다.

목기는 항상 물 그릇으로 쓰는 인함지, 바가지를 제외하고는 그대로 사용하는 것이 아니라 안팎 전면에 황토(붉은 색인데 황토라 함) 물을 칠하고 기름을 발라 곱게 윤채를 낸 다음에 사용하는 것이다. 그런데 이 공정만은 과거부터 제작자가 하지 않고 수요자가 각자로 하기로 되었는바 이것은 꼭 고쳐야 할 일이다. 과거 함경북도 지방에서 목기가 중요한 일용 가구로 사용되었을 때에는 색깔을 내지 않은 것을 구입하여 각자가 황토를 구하여 윤채를 내였으나 오늘과 같이 목기를 주로 법랑 칠기의 보조 혹은 대용으로 사용하는 이때에 채색하지 않은 목기를 사서 각자가 채색하기는 곤난한 일이며 일반적으로 그 방법조차 알지 못하는 것이다. 그러므로 수요자는 채색하지 않은 채로 사용하는 수밖에 없게 된다. 그리하여 좋은 모양도 그 미관을 크게 저락시킨다.

이 부락들이 과거에 특별히 목기를 많이 사용하였다는 것은 잘 알려져 있는 사실이다. 절′간에서의 공동 식사 때는 물론이고 연향 때에 사용하는 부락 공동 소유의 떡과 국을 담는 그릇들은 모두 나무로 만든 것이었다. 이것으로 보면 과거에는 일반 가정에서도 식사용 그릇이 목기가 주였으리라고 짐작된다. 이 부락들을 대표적으로 하고 함경북도 지방에서 사용한 목기는 그 명칭과 종류로 보아서 이 지방의 선주민이었던 녀진인의 영향을 적지 않게 받은 것 같다. 즉 함경북도 지방에서 음식 담는 나무로 둥근 그릇을 "모래"라고 부르는 것은 녀진인이 "완椀"을 "모라"라고 한 데서 온 것일 것이며 이 부락들에서 나무로 박瓠과 꼭 같은 모양으로 만든 물 뜨는 바가지를 만들며 떡, 국을 담는 그릇도 나무로 만들었다는 것은 『만주원류고滿洲原流考』에서 녀진인은 "식기에 박, 질그릇이 없고 다 나무로 분盆을 만들어 쓴다."[17]고 한 것을 련상시키는 것이다.

이 부락들의 목공업과 관련하여 더 말하여야 할 것은 소위 "중의 롱"이라고 하는 일종 독특한 수법으로 만든 의롱衣籠과 통나무 구새(연롱)의 제조이다. "중의 롱"이라는 명칭 자체로 보아서 이것은 이 부락들에서 제조한 것이며 타 부락에서도 널리 그 유물을 볼 수 있는 것으로 보아서 과거에는 그 제작이 상당히 성하였있다는 것을 알 수 있다. 라진 부근 고로의 말에 의하면 "재가승" 부락에서 이 "중의 롱"과 피꽂나무 껍질로 만든 "장걸네"(길다란 바)를 가지고 와서 소금과 고기를 바꾸어 갔다고 한다. 이 부락 고로들은 말하기를 이것을 "중의 롱"이라고 예로부터 불러 온 것으로 보아서 이 부락들에서 만든 것임이 틀림없으나 실지 만드는 것을 본 일은 없다고 한다. 벌써 적어도 60~70년 전부터는 제조하지 않은 것으로 보여진다.

그 수법의 특징은 널 쪽을 가지고 조립함에 있어서 널 쪽 량단을 가는細 톱날鋸齒 모양으로 잘고 빽빽하게 교묘히 파 낸 것을 서로 맞물림으로써 못 한 개도 쓰지 않고

---

17 『欽定滿洲原流考』卷二六 國俗 雜綴條. "食器無瓠陶 以木爲盆 … 以木梯盛飯 木盌盛羹"

물을 담아도 새지 않을 정도로 정교하고 견고하게 조립한 점이다. 이러한 수법은 다른 지방에서는 볼 수 없는 것이다. 창태리 함병순 로인은 이것은 과거에 장식 겸 조립을 튼튼히 하기 위하여 사용할 철물을 구하기 어렵던 시기에 안출된 수법이라고 하였다. 여기에는 일리가 있다고 생각된다. 이러한 수법을 다른 지방에서는 볼 수 없고 함경북도에만 있다는 사실과 과거 이 지방과 동만에 거주하던 녀진인이 철을 생산치 못하여 그 구독을 무엇보다 갈망하였으며 리조 정부의 그들에 대한 회유 방법의 하나가 철물 교역이였으며 또 철의 사'적 교역은 엄격히 단속하였다는 사실과 아울러 생각할 때에 이 수법은 역시 녀진인에서 시작된 것이 아닐가 짐작되는 것이다.

통나무 구새는 지붕 높이만큼 길다란 통나무를 두 조각으로 쪼개고 그 속을 파 낸 다음 다시 합하여 칡 넌출[길게 뻗어 나가 늘어진 식물의 줄기](근년에는 철사)로 뜨문뜨문 묶어서 만든다. 부령 지구와 회령 지구의 이 부락들에서는 집집마다 이런 통나무 구새를 사용한다. 함경북도의 다른 지방에서도 이런 길다란 통나무 구새를 간혹 볼 수 있다. 그런데 이 통나무 구새가 『만주원류고滿洲原流考』에서 "호란呼蘭(연통의 녀진말-필자 주)은 속히 빈 나무를 리용하여 곧게 파 내여 한 개 기둥 같이 만들고 그것을 처마 밖에 온돌炕 연기를 끌어 나가게 한다. 집집마다 다 그렇게 한다"[18]고 한 것과 꼭 같은 것이며 그의 전승임이 틀림 없다.

떡구유, 고주판(〈삽도 26〉), 소구유도 이와 류사하게 나무의 속을 파내어 만든 것인데 과거 이 부락들에서는 이러한 것을 많이 만들어 벌 사람들에게 판매하였으나 그것은 큰 나무를 요하는 것이므로 지금은 만들지 않는다.

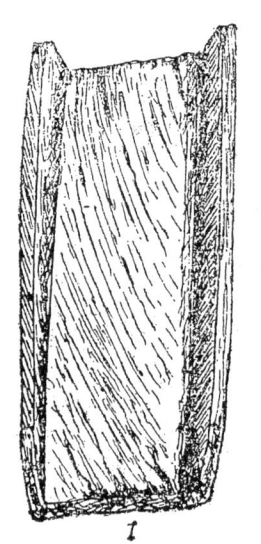

〈삽도 26〉 떡구유(1)와 고주판(2)

...

18 위의 책. "因木之中空者 剖使直達 截盛孤柱 樹簷外 引炕煙出之 …比室皆然"

③ 편세공編細工

편세공으로서 가장 광범하게 수행되는 것은 "구름 깔개" 결이編製이다.

"구름 깔개" 결이는 극히 간단한 공정으로서 수행되는바 이 지방에서는 어린 아이들까지 누구가 다 결는[갈대, 싸리 따위로 씨와 날이 서로 어긋나게 엮어 짜는] 기술을 가지고 있다. 참나무를 길이 70cm 가량으로 끊은 것을 간단한 나무 틀에 놓고 초생'달 모양으로 된 구름 칼을 량손에 쥐고 우선 껍질을 벗기고 다음으로 넓이 2cm 가량의 엷고 긴 오라기[실, 헝겊, 종이, 새끼 등의 길고 가느다란 조각으로 켜낸다. 이 엷고 긴 나무 오라기를 "구름"이라고 한다. 산에서 나무를 베여 오는 알과 이 "구름" 켜는 일은 보통 남자들이 한다. 그러나 이렇게 하여 켜낸 "구름"을 가지고 깔개(이 지방에서는 점제라고 함)를 결는 일은 전 가족 성원이 다 한다. 인민 학교 학생들까지도 다 한다〈삽도 27〉. 원료인 "구름"은 직경 7~8cm 가량의 크지 않은 나무에서 켠 것이 좋고 그보다 큰 나무를 쪼개서 켜낸 것은 좋지 못한다. 이 부락들에서는 녀성이라도 사방 8척의 깔개를 한 사람이 하루에 1~2매를 결는다. 이 "구름 깔개"는 질기고 수요가 많은 것이나 원료로 되는 목재를 고려할 때에 다량 생산하기는 곤난한 것이다.

또 이 부락들에서는 편세공품으로서 잔 버드나무를 만드는 키箕, 동고리, 광주리, 죄리(조리) 등과 싸리로 만드는 바구니 등속이 제작된다〈삽도 28, 29〉. 동고리에는 대소 여

〈삽도 27〉 구름 깔개 걷는 소녀

〈삽도 28〉 키箕 만드는 로인
머리에 쓴 것은 오소리 관

〈삽도 29〉 광주리

러 가지가 있는데 특히 작은 것을 "오송 캐"라고 부르고 네모나게 자그마하게 한 것을 "도세끼" 또는 "평개"라고 부른다. 싸리를 쪼개서 만든 바구니를 함경북도 지방에서는 "중 바구니"라고 하는 것으로 보건대 전'적으로 이 부락들에서는 만들었으며 이 부락들에서는 특히 많이 사용된 것 같다. 죄리는 조리의 변음일 것인 바 함경북도에서 죄리라고 하는 것은 조리와 같이 적은 것이 아니며 조리처럼 굽이 뾰족하고 깊은 것이 아니다. 큰 꼬리 쟁개비[무쇠나 양은 따위로 만든 작은 냄비] 모양으로 된 것으로 삶은 보리쌀을 건지거나 감자를 담아서 찌는 데도 사용된다.

③ 주조업鑄造業

이 부락들 중에는 과거에 주조업을 하던 곳들이 적지 않게 있다. 부령군 판장板長(지금 인가가 없음), 회령군 창태리 원평, 회령군 대덕리 리춘골에서는 과거 40~50년 전까지 주조점이 있었다 한다. 그런데 이 주조업은 결코 이 부락 사람들이 이에 대한 특별한 소질이 있거나 이 지방에 좋은 품질의 철광이 있어서가 아니었고 주조업에 절대적으로 필요하며 다량적으로 요구되는 목탄을 쉽게 만들 수 있었기 때문이었다. 그것은 고로들의 말에 의하면 주조업에서의 기술자 즉 대장大匠은 다른 지방에서 왔고 이 부락사람들은 일반 일'군으로서 일하였다는 것, 원료인 철은 파쇠를 썼다고 하는 것으로써 짐작할 수 있다. 그러므로 이 부락들에서의 주조업은 다른 지방에서의 그것과 같은 것이었고 특색 있는 점은 없었다. 이제 그 로력 조직, 제품 종류 및 제조 방법에 대하여 보기로 한다.

로력 조직 - 대장 1명, 일'군 16~18명

대장은 전 리윤의 10/1을 가졌고 리윤의 10/9를 일'군들이 평균적으로 나누어 가지는 것이 보통이었으며 작업 분공은 기술에 따라서 풀무를 누르는 사람, 종독을 만드는 사람, 덩지鑄型를 만드는 사람 등으로 구분되었으며 대장은 모든 일에서 가장 기술이 있었다.

제품의 종류 - 가마, 물'두무, 화로, 보습 등

어떤 제품을 만들려면 먼저 일정한 덩지를 마련하게 된다. 이 덩지는 일종의 주형鑄型인데 각종의 덩지에 따라 쇠'물을 부으면 가마든가 보습이든가 각종 제품이 나오게 된다. 그러므로 덩지는 가장 중요한 제조 도구로 되는바 가마 덩지를 례로 들면 다음과 같이 만들었다. 덩지는 고도의 열에도 타지도 않고 트지도 않아야 되므로 특별한 괘흙을 사용하였는데도 우선 가마의 크기 즉 도래(나무로 만든 형型인데 이 형에는 한 도래, 두 도래 등의 규격이 있다)의 규격에 맞추어 땅을 판다. 여기에 괘흙을 이겨 발라 붙이고 도래로서 빤빤히 다림하고 마른 다음에 땅에서 뽑아 내면 덩지가 되는 것이다. 이 덩지를 더욱 튼튼히 하기 위하여서는 머루山葡萄 넌출을 돌리고 괘흙을 발라 완성한다. 가마 덩지에는 수캐와 안캐가 있는데 수캐는 가마 테두리가 되는 부분, 안캐는 가마 밑창이 되는 부분을 가리킨다. 다음으로 모래를 채로 쳐서 괘흙을 섞어서 반죽한 것을 덩지의 내부에 바른다. 이것을 알을 박는다고 하는데 이 알이 마른 후에 덩지에서 뽑아내고 밖을 깎고 다시 넣으면 알과 덩지 사이에 짬이 나게 된다. 이 짬에 송쇠라는 낡은 마사진(부서지거나 깨진) 가마 테두리 쇠 조각을 사면에 넣고 그 짬을 고르게 한 후 이 짬에 쇠'물을 붓는다. 쇠'물이 식은 다음에 알을 빼내고 덩지에서 완성된 가마를 꺼내게 된다.

원료로 되는 쇠는 종독에 넣어서 숯불에 녹이는데 이때의 송풍 장치에 궐리(바람을 불어넣어 화력을 보장하는 장치)를 리용하였다. 궐리를 드니는(디디는)의 방엔 사람은 그 로동 과정에서 타령을 부르면서 흥겹게 하는 것이었다. 이 부락들에서 부른 궐리 타령 가사에는 다음과 같은 것들이 있다.

궐리 타령

궐리로세 궐리로세
　대궐리를 드디여라
소궐리를 드디여라
　에헤 얼사 소궐리라
숯은 녹아 재가 된다

쇠는 녹아 랭수된다
오늘 저녁 성역쥔[19]은
　헌 입성 벗겨 주고
　금의 화복 입혀 주소
저녁 먹고 냇다 서니
　월편에서 손을 친다
먼데 님은 손을 치고
　근데 님은 눈을 갠다
눈 개는 데 밤에 갈가
　손 치는데 낮에 갈가
노다 가면 불인[20]이라
　자다 가면 내 랑군 될가

　　　　　　회령군 창태리 신정삼 로인이 부르는 가사.
　　　　이 로인은 청년 시기 부령군 판장(지명) 가마점에서 일하였다

*　*　*

궐리로세 궐리로세
　대궐리를 드디어라
사사십륙 열 여섯이
　발 맞추어 잘도 노오
저 소탕에 숯은
　일천석을 들어 치고
쇠라 쇠는
　일천근을 들어 놓고

* * *
19　성역쥔 : 공사 주인.
20　불인 : 옳지 못한 사람.

숯불을 배 꽃 같고
　쇠'물은 랭수로다
큰 대장이 집게 벌여
　종데기를 짚어 부으니
　도래 맞는 가마로다
　세귀 맞는 보습이라
큰 대장이 춤이 나오
　족세를 높이 들어
　소탕을 울리며 소리치네
　산로 령산 세존님은 굽어 보소
저기 가는 저 처녀는 날 홀린다
　머리 끝에 갑사 댕기 휘날린다
　갈룽스러운(간능스럽다(재간 있게 능청스러운 데가 있다)의 잘못)[21] 우리 영군 돌아 보소
　한참 서서 구경하소

　　　　　　　　　　　　회령군 창태리 함병순 로인이 부르는 가사

* * *

궐리로다 궐리로다
　이 궐리를 드디면은
　왕생코에서 선녀가 논다
검덕산에서 숯을 부어
　이 소탕에 들어치니
　쇠는 녹아 랭수되고
　숯은 녹아 꽃이 된다

　　　　　　　　　　　　회령군 원산리 령천 부락에서 부르는 가사

* * *
21　갈룽스러운 : 건강한.

이 가사들은 로동 성과에 대한 환희와 단련된 자기 몸에 대한 긍지를 소박하고 솔직하게 잘 표현하고 있다.

④ 베 나이織布와 가죽 이기기皮革加工

베麻布와 가죽은 과거 이 부락들의 중요한 의복 재료였다. 베의 원료로 되는 삼大麻을 심는 일로부터 수확하기까지와 삼 삼이(삼을 째여서 잇는繼 일)로부터 베 짜기까지의 모든 복잡한 공정이 함경북도의 다른 지방과 특별이 다른 점이 없다. 필자는 북포北布 즉 함경북도의 마포에 대하여 이전에 발표한 바가 있다.[22] 그러므로 여기서는 다른 지방과 완전히 같은 점은 략하고 약간의 차이가 있는 점에 대하여 서술하기로 한다.

원래 함경북도 지방에서는 베 나이가 농가의 부업이라기보다도 농업과 분리할 수 없는 농가의 필수적인 생산업이었다. 이 지방에서는 베를 짜서 자가용 옷감으로 할 뿐만 아니라 그 많은 부분을 특히 가는 베細布를 중간 상인을 통하여 남조선 지방에 공급하였는바 그것은 이 지방 농민들의 중요한 수입 원천으로 되었다.

〈삽도 30〉 물레

...
22 「북포에 관한 약간의 고찰」, 『문화유산』 1958년 3호.

그러나 이 부락들에서는 일'군들이 농사 일에 입는 자가용 농포農布를 주로 하였다. 즉 많은 시간과 기술을 요하는 가는 베는 벌 부락들에 비하여 적게 하고 굵은 베를 주로 하였다. 이것은 이미 말한 바와 같이 이 부락들에서는 녀자들이 철저하게 농업 로동에 참가함으로써 길삼일에 전력할 수 없는 까닭이었을 것이다.

삼 수확 처리에서 삼을 찌는蒸 공정으로서의 "삼 굿"하는 방법은 함경북도의 다른 지방에서 하는 방법과 같다. "삼 굿"의 구조도 같으며 이 공정만은 과거에도 철저하게 전 부락의 공동 작업 방법으로 실시한 점도 같다. 삼 실을 희게 하는 공정으로서의 "실'자리"하는 방법에서는 약간의 특색을 볼 수 있다. "실'자리"라는 것은 온돌판에 재灰를 이겨서 두껍게 바르고 그 우에 실겻(삼실 뭉치)을 재에 볶아서 쌓고 다시 그것을 젖은 재로써 파묻고 만 2일간 불을 때여 실을 삶은 다음에 꺼내어 내'물에 씻는 공정을 말한다. 보통으로 이 공정을 세 번씩 반복한다. 다른 지방에서는 이 "실자리"를 정주'간 온돌판을 리용하여 하는데 이 부락들에서는 정주'간 온돌에서도 하지만 특별히 내'물'가에 온돌을 설치하고 하기도 한다. "실'자리"는 가장 락후하고 비위생적인 표백 방법인데 이를 주택에서 하지 않고 밖에서도 하였다는 것은 확실히 일보 전진이다. 이 부락들에서의 이러한 착안은, 산간 계곡이므로 온돌 놓을 돌이 많고 나무가 흔한 데서 온 것일 것이다.

베 나이와 관련한 작취 방법으로서의 "쉬내"제도는 이 부락들에도 존재하였다. "쉬내"라는 것은 삼을 벗겨서 다른 사람에게 주면 다른 사람이 그것을 삼아서 베를 만들어 반작하는 제도이다. 이 부락들에서는 이러한 방법 외에 삼을 심어서 다 큰 다음에 삼밭麻田 그대로 다른 사람에게 주면 그 사람이 삼을 수확하여 베를 만들어 삼 임자에게 3분지 1을 주고 자기가 3분지 2를 가지는 방법도 있었다. 이와 같은 착취 방법의 존재는 삼밭으로 적당한 곳이 많다는 것을 의미한다.

오늘 이 부락들에서는 섬유 공예 작물로서 삼을 계속 심고 있다. 그러나 베 나이는 거의 하지 않는바 락후한 수공업적 방법으로써는 수지타산이 잘 맞지 않는 것이다. 삼 즉 대마는 우리나라에서 생산되는 자연 섬유 원료의 하나이며 함경북도 특히 그 산간 지대는 대마 재배의 적합지이다. 김일성 동지는 전국 농업 협동 조합 대회에서 한 보고에서 "우리는 면화 재배에서 정당 수확고를 3~4톤 이상으로 높이고 그의 파종 면적을 더욱 확장함으로써 2~3년 내에 면화 생산량을 20만 톤 이상으로 장성시켜야 할 것입니다. 이와 함께 자강도, 량강도 및 함경북도의 산간 지대들에서는 아마와 대마를 광범히 재배하여야 하겠습니다"라고 교시하시었다. 앞으로 이 부락들에서의 아마, 대마의 재배는 크게 기대되는 것이다.

이 부락들에서는 개 가죽, 노루 가죽, 오소리 가죽 등이 또한 옷감으로서 특히 많이 리용되었으며 현재도 일부에서 리용되고 있다. 그러므로 가죽 이기는 수공업은 일부에서 지금도 존속되고 있다. 가죽옷 입는 풍습에 대하여는 다른 항에서 말하기로 하고 여기에서는 가죽 이기는 방법에 대하여 보기도 한다.

노루 가죽, 사슴 가죽은 다음과 같은 방법으로 이긴다. 우선 가죽에 붙은 털毛을 밀어 빤빤하게 하고 잘 씻는다. 다음에 삶은 개 골腦 또는 돼지 골을 빼어 물에 풀고 그 물에 가죽을 푹 담가 둔다. 하루'밤 담가 두었다가 꺼내어 틀을 짜서 빼고 잘 펴면 가죽이 부드러워진다. 지금도 노루 가죽, 사슴 가죽은 이렇게 이긴다. 이 부락들에서는 백골로 된 개 또는 돼지 대가리를 처마 끝에 몇 개씩 귀중히 달아 맨 것을 흔히 보게 된다. 처음 보는 사람에게는 매우 기이한 풍속으로 보이나 알고 보면 그것은 가죽 이기는 약재로 하기 위하여 미리부터 개나 돼지를 잡을 때마다 보관하여 둔 것이다.

털채로 이기는 개 가죽, 범의 가죽, 여우 가죽, 오소리 가죽, 황가리 가죽 같은 것은 소금 물에 담갔다가 얼구어[어울리다의 북한어] 가지고 비비여 이긴다. 지금은 소금 대신에 비누, 암모니아를 많이 쓴다.

이렇게 이 부락들에는 현재도 가정에서 소규모로 가죽 이기는 수공업이 남아 있다.

2) 주택

이 부락들의 주택은 함경북도의 일반 주택과 외관상으로나 내부 구조, 내부 시설에 있어서 특별한 차이가 없다. 약간의 차이가 있다 하더라도 그것은 기본적인 차이가 아닌 것이다. 약간의 차이를 보게 되는 것은 주로 이 부락들은 오래 동안 외부와의 련계가 극히 적었으므로 생활 풍습상 약간의 특색이 있는 것과 그 사회 경제적 및 문화적 생활 수준에 변동이 적었으므로 주택에서의 변천이 적고 오랜 잔재가 비교적 많이 남아 있기 때문인 것이다.

함경북도의 주택의 특징은 몸채가 쌍통으로 되어 살림'방뿐만 아니라 고'간庫間, 방아'

간 외양'간 까지도 몸채에 설치되고 있는 것, 따라서 부속 건물이 극히 적거나 거의 없는 것, 경제 문화적 생활 수준에 비하여 집이 크고 튼튼하게 된 것들이라고 할 수 있다. 이와 같은 집 제도를 건출 홍량호洪良浩의 "공주풍토기"에서는 "모두 한 채의 집에 겹 기둥을 세우고 집 가운데 겹벽을 설치함으로써 방室 또는 마루'방堂으로 구획한다. 고'간과 외양'간도 다 설치한다. 집에 구부러진 데와 련결하는 량하가 없다"[23]라고 묘사하였다. 함경북도의 주택은 몸채가 쌍통으로 되어 모든 살림'방들과 시설들이 다 여기에 집중되고 있는 것뿐만 아니라 몸채가 4각형으로 되고 구부러진 데가 없는 것이 또한 특징인 것이다.

(1) 주택의 실 배치와 용도, 내부 시설

이 부락 주택의 실 배치는 주택 평면도에서((삽도 31)) 보는 바와 같이 함경북도의 일반 주택의 그것과 꼭 같다. 집 좌향은 지형상 큰 지장이 있지 않는 한 반드시 남향 또는 동남향으로 한다.

우선 실 배치부터 보면 주택의 중앙부는 부엌 달린 정주'간으로 된다. 정주'간을 중심으로 하고 한편은 온돌'방인 새'방과 새'고방 다음으로 웃방과 장'고방이 배치되고

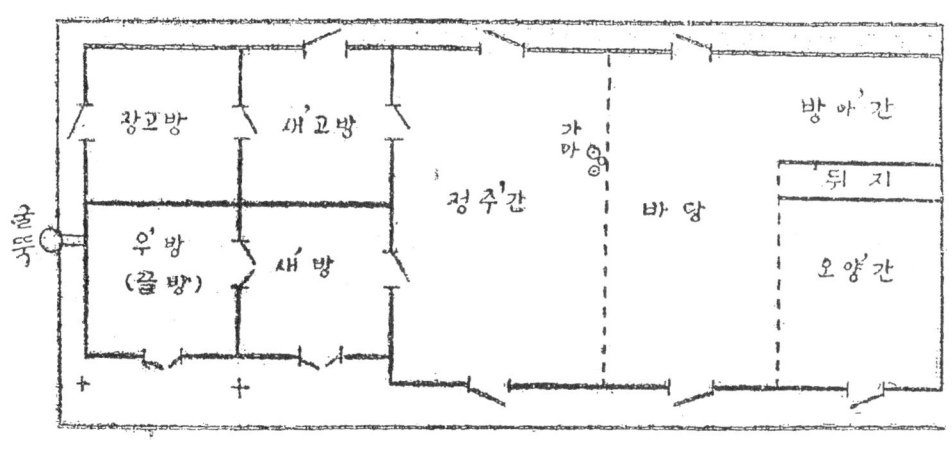

〈삽도 31〉 주택 평면도

---

23 洪良浩, 『北塞記略 孔州風土記』. "屋制皆一宇重楹 中說複壁 或室或堂 廏庫皆具 無曲阿連廊".

한편은 흙바닥인 바당(바닥의 방엔) 다음으로 방아'간과 외양'간이 배치된다. 정주'간을 중심으로 하고 방과 바당의 위치는 일정하지 않다. 서쪽이 방으로 될 수도 있고 동쪽이 방으로 될 수도 있다. 집 터 주위의 지형으로 보아서 높은 쪽이 방으로 된다. 그렇게 하여야만 바당에서 때는 온돌불이 잘 들게 되는 것이다.

새'방, 새'고방들과 방아'간, 외양'간은 집 중간에 간벽을 만들어 2분하여 만들지만 정주'간과 바당만은 2분하지 않고 장'간으로 한다. 정주'간에서 바당으로 내려가는 끝쪽, 중앙에서 좀 뒤로 치우쳐서 바당에서 불을 뗄 수 있게 부엌을 설치한다. 부엌에는 큰 가마 한 쌍을 건다. 혹은 큰 가마 앞에 작은 솥을 거는 일도 있다. 가마 건 데로부터 남쪽의 바당으로 내려가는 끝을 지방 끝이라고 한다. 지방 끝 중앙에는 "등디"(삽도 32)라고 하는 진흙을 다져서 구형矩形 또는 타원형으로 한 고정적인 화덕爐을 설치한다(해방 후 없애 버렸으나 1958년까지도 한 부락에 한 두 집에는 "등디"가 남아 있었다). 정주'간 북쪽 벽에는 살궁이라 하여 두터운 널판으로 선반(당반 - 보통 3층)을 매고 식장으로 한다(삽도 33)).

바당판은 흙을 다져서 만든다. 마당 한 쪽켠, 지방 끝 밑에는 작도'간斫刀間과 개굴을 만든다. 정주'간과 바당과의 사이에는 아무런 간벽도 없다.

바당 건너편은 남쪽은 외양'간, 북쪽은 방아'간으로 된다. 이 두 간 사이에는 간벽이 있으나 이 두 간과 바당 사이에는 간벽이 없고 외양'간과 바당 사이에 길다란 나무 구유(구시)를 걸고 그 밑을 흙으로 발랐을 뿐이다.

이렇게 하여 정주'간, 바당, 방아'간, 외양'간은 통간이나 다름없이 되고 있다.

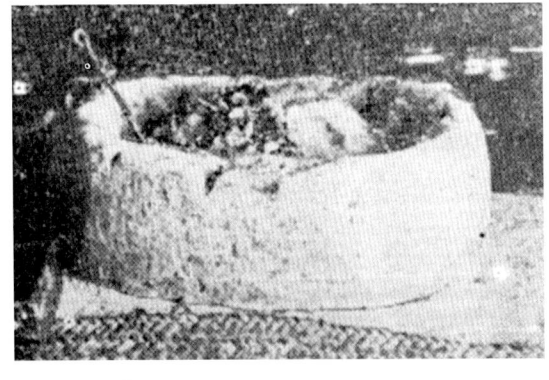

〈삽도 32〉 등디

〈삽도 33〉 살궁

오늘 당과 정부는 문화 혁명에서 중요한 고리로 되는 문화 위생 사업을 전 인민적 운동으로 강력히 전개할 것을 제시하고 있다. 이와 관련하여 이 부락들에서는 정주'간과 바당 사이에 간벽을 만들기 시작하였다. 이리하여 문화 수준의 제고와 더불어 재래의 주택에 큰 개조를 일으키고 있다.

새'방과 새'고방(안'방이라고도 함), 웃방(끝방, 맏웃방이라고도 함)과 장'고방(한'고방이라고도 함)은 서로 대칭對稱적으로 위치하며 그 크기가 꼭 같다. 이 방들에는 특별한 시설은 없고 물건을 얹기 위하여 당반 또는 시렁을 매는 일이 있을 뿐이다.

이상과 같이 4개의 방과 정주'간, 바당, 방아'간, 외양'간이 다 있는 집을 8간집이라 하고 웃방과 장'고방이 없는 집을 6간집이라고 하며 8간집보다 방이 둘이 더 있는 집을 10간집이라고 한다.

정주'간은 함경도 주택에서 특징적인 것이다. 함경도의 일반 부락들에서는 이 정주'간에서 녀자들과 아이들만 숙식하고 같은 가족이라 할지라도 성년 남자들은 숙식하지 않는 것이 원칙으로 되고 있다. 그러나 이 부락들에서는 이 정주'간이 대부분의 남녀 가족의 일반 숙식처로 되고 있다. 그리하여 그 크기가 다른 부락의 것에 비하여 훨씬 크다. 거의 새'방과 새'고방, 웃방과 장'고방의 네 간을 합한 것의 3분지 2에 해당하는 크기로 한다. 이렇게 정주'간이 특히 큰 것이 부락 주택에서의 특징이다.

이 부락들에서 정주'간은 대부분의 가족들이 숙식하는 곳으로 될 뿐만 아니라 동리 사람은 물론이고 외지에서 온 사람도 바당문으로부터 들어 와서 정주'간으로 들어오는 것이 원칙이었다. 그러므로 정주'간은 가족들의 일상 숙식처임과 동시에 손님 접대처로도 된 것이었다고 할 수 있다. 새'방, 웃방은 손님 방으로도 쓰지만 세 외지인으로 된 로인 방으로 전용되었다. 이와 같은 풍습은 량강도의 삼수 갑산에서도 볼 수 있다. 그 뿐만 아니라 우리는 16세기 초엽까지도 함경도와 평안도에서는 단간의 긴 온돌'방에서 전 가족이 기거하며 지나가는 나그네도 류숙시키고 있었다는 것을 다음과 같은 리조 실록의 기사에서 알 수 있다.

> 정언正言 박한주朴漢柱가 말하기를 제가 일찍이 영안남도永安南道(함경남도) 평사評事로 되어 그 민속을 보았는데 아직도 야인野人(녀진인…필자)의 풍습이 있습니다. 부모 형제가 죽으면 주검을 나무 통木槽에 넣어 들에 버리고 돌을 모아 눌러 놓습니다. …한주 또 말하기를 그뿐이 아닙니다. 함경도 사람들이北

ㅅ 남녀의 분별이 없으며 집에 긴 온돌, 간을 만들고 지나가는 나그네도 다 재우면서 분별함이 없습니다.[24]

평안, 함경 량도에서는 한 간의 긴 온돌에서 아비, 아들, 나그네가 섞여서 자는 것이 이적夷狄의 풍습과 다름이 없다.[25]

이것으로써 보면 함경도의 주택은 원래는 커다란 하나의 온돌'간으로 되어 있었는데 그와 같은 구조는 녀진 풍습의 영향이었으며 후에 그 일부가 분할되어 커다란 정주'간과 작은 방들로 구획된 것 같다. 실지로 북청 지방에 부락마다 있는 공동 집회로서의 도청都廳은 널다란 실내 전체를 온돌 한 간으로 하였다. 도청 중에는 늙은이들이 앉는 웃쪽을 문'지방 모양으로 길다란 각재목으로 구획한 데도 있는바 여기에 올바리를 드리고 벽만 붙인다면 작은 방으로 될 것이다. 바로 이 부락들에서의 커다란 정주'간과 그 사용에 있어서 우에서 말한 바와 같은 풍습은 주택이 하나의 큰 온돌'방으로 되어 있었을 때의 풍습이 그대로 잔존하는 것이라고 할 수 있으며 그 잔존의 원인은 남녀간에 내외법이 별로 없는 풍습과 관련된다고 할 것이다.

평안도에서의 하나의 긴 온돌'방의 유습은 지금도 뚜렷이 남아 있다. 평안도에서의 주택은 몸채도 쌍통으로 즉 소위 "일자중영一字重楹"으로 되어 있지 않다. 그러므로 긴 온돌'방이라 할지라도 함경도에서의 정주'간과 같이 방이 전후로 긴 것이 아니라 좌우로 긴 차이는 있다. 그러나 몸채의 살림'방이 긴 온돌'방 하나로 되어 있으며 일부를 막고 두 간으로 나누는 일이 있다 하여도 그것은 극히 간단히 막은 것으로서 언제든지 쉽사리 제거할 수 있게끔 되었다.

함경도에서와 같이 길다란 정주'간이 있는 것은 아니나 쌍통식으로 된 주택 류형은 강원도 지방에서도 볼 수 있다. 그런데 만주족 내지 연해주의 아무르 지방 원주민이 주택은 실내에 막은 것이 없어서 단실형이기는 하나 사면 벽쪽에 각각 항炕을 설치한

...

[24] 『성종실록』 22년 경술 12월조. "正言朴漢柱啓日 臣爲永安南道評事 見其民俗 尙有野人之習 父母兄弟死 則置屍于木槽 棄之田野 聚石以押 … 漢柱又啓日不特此也 北人男女無別 家作長突 而行旅之人皆許宿無間"
[25] 『중종실록』 25년 경인 3월조. "平安咸鏡兩道 則父子賓旅混宿於一房長突 無異於夷狄之風"

다.[26] 이것은 역시 쌍통식 류형이라고 할 것이며 함경도에 전형적이고 강원도에까지 미친 쌍통식 류령(형)은 이와 련관이 있다고 할 것이다.

이 부락들에서 정주´간으로 출입함에는 반드시 먼저 바당으로 들어 와서 "등디 끝"에 신발을 벗어 놓고 들어와 앉는다. 그런데 바당으로 들어오는 문을 "한문"이라고 한다. "한문"이란 말은 그야말로 전 집에서 총출입문이라는 것을 의미하는 것이다.[27] "한문"은 전체를 널로 튼튼하게 만든다. 정주´간에도 출입문이 있는바 이 부락들에서는 이 문을 정주문이라고 부르지 않고 "되창문"이라고 한다(회령 이북 일부의 벌 부락들에서도 그렇게 부르는 일이 있음). 출입문임에도 불구하고 "되창문"이라고 하는 것은 원래 정주´간에는 문이 없고 채광용 창만 있었다는 것을 말하여 주는 것이다.

지방 끝에 설치한 "등디"는 낮에는 부엌에서 불을 펴서 놓고 음식을 끓이거나 감자 같은 것을 굽는 일에 쓰고 밤에는 여기에 불을 피워 등화 대신으로 한다. "등디" 바로 우에는 덕[시렁, 선반]을 달아 드리우고 거기에 "등디"에 피울 나무를 잘게 패여 얹어 둔다. 이렇게 하면 밑에서 피우는 화력으로 그것이 잘 마른다.

겨울이 되면 이 부락들에서는 이 "등디"에 피우는 우등´불[모닥불의 북한어]을 리용하여 널다란 정주´간에서 구름 깔개도 걸고 녀자들은 삼도 심고 많은 사람들이 모여서 놀기도 하였다. 이렇게 집 안에서 불을 피우므로 연기가 집 안에 차게 된다. 이 연기를 내보내기 위하여서는 정주´간 남쪽 벽 우에 공창이라는 작은 창을 특별히 설치한다.

이와 같이 원시적인 등화 강구 방법이 이 부락들에서는 먼 과거로부터 최근까지 그대로 지속하여 왔다. 그러나 해방후 당과 정부의 정확한 경제 정책으로 이 부락의 경제 문화적 생활 수준이 급격히 제고됨에 따라서 이와 같은 락후한 비문화적인 풍습은 급격히 소멸하고 카바이트 가스 불을 쓰게 되었다. 1958년에는 "등디"가 남아 있는 집을 한 부락에서 한 두 집 밖에 볼 수 없게 되었으며 그도 등화 대용으로 리용하는 일은 전연 없고 화로 대신으로 남겨 둔 데 불과하다. 우리나라는 앞으로 1~2년 내로 농촌의

...

26 온돌의 기원과 그 발전에 관하여 그 기원은 고구려의 옛 땅인 만주일 것이며 그 발전 순서는 간단한 부뜨막에서 실내 일면항(一面炕)으로, 일명항에서 만주족에서 보는 바와 같은 삼면항(三面炕)으로, 삼면항에서 함경도에서의 정주´간과 같은 실내 전면 온돌로 발달하였으리라는 견해가 있다.
27 함경북도의 남부 지방에서는 바당으로 들어오는 문을 "청문"이라고 한다. 청문(聽聞)은 즉 마루´간 문이라는 말로서 이 역시 총 출입문을 의미하는 것이라고 할 것이다.

전기화가 완성되게 되었다. 이 부락들에도 휘황한 전등'불이 들어 올 날이 눈 앞에 당도하고 있다.

"등디"의 설치는 이 부락 주택의 특징 중의 하나이다. 그러나 옛날에는 이 부락들뿐만 아니라 함경도에서는 전반적으로 "등디"를 설치하였다는 것을 다음의 사실로써 짐작할 수 있다. 즉 함경도에서는 정주'간에서 바당으로 내려 가는 곳 – 지방 끝을 등디 끝, 등디 목 또는 등디'간이라고 부르는바 이것은 옛날에 여기에 등디가 설치되어 있은 사실을 말하여 주는 것이며 지금은 그 의미조차 알지 못하면서도 그 이름만은 남아 있는 것이다. 일본인 어용학자 아끼바秋葉隆는 부령 지역 "재가승" 부락에서 "등디"를 보고 이는 "산 사람"에 특유한 것이라고 하였는바[28] 이것은 이상과 같은 사실을 알지 못한 데서 온 독단인 것이다.

그런데 만주족도 커다란 한 간 집 사벽쪽에 항炕을 설치하고 가운데 바당土間에 돌로 화덕을 설치하는 모양이다.[29] 이 만주족의 화덕과 함경도에 보편적으로 있었던 "등디"는 공통성을 가지는 것이라고 할 수 있으며 그것은 먼 옛날의 읍루挹婁, 말갈靺鞨의 움'집에서 사용하던 화덕에 줄을 다는 것이라고 할 수 있다.

등화로서는 또한 "등" 또는 "등 꼬쟁이"라는 것이 예로부터 사용되었다. "등 꼬쟁이"라는 것은 저릎麻骨, 또는 쑥'대에다가 쌀 뜨물(쌀 씻은 물) 강치를 가라 앉혀서 진흙 같게 한 것을 붙이고 그 우에 겨糠를 발라서 말리운 것이다. 이것에 불을 켜서 등화로 사용하는 일은 함경도 전반에 걸쳐 근년까지 있은 일이며 멀리는 강원도 법동 판교, 이전에서도 근년까지 사용하였는바 강원도에서는 이를 "마골'대 불"이라고 한다.[30]

그런데 이것이 또한 만주족의 하웅霞棚[31]과 꼭 같은 것으로서 녀진인으로부터 전승한 것임이 명백하다.

"등"을 꽂는 "등 꽂이"로서는 다음과 같은 것들이 있었다.

---

28 秋葉隆, 『朝鮮民俗誌』, 253쪽 참조.
29 秋葉隆, 『滿洲民俗誌』, 56쪽 참조.
30 1958년 8월 원산 력사 박물관 현지 조사에 의함.
31 『欽定滿洲原流考』 卷二六 國俗五 御製吉林土風雜詠 霞棚條. "蓬梗爲幹 搏穀糠和膏傳之 以代燭燃之 青光熒熒 煙結如雲 俗呼糠燈"

(1) 진흙으로 길이 40cm, 넓이 10cm, 높이 5cm 정도의 립방체를 만들고 등을 꽂을 구멍 6~7개를 내고 불에 구워서 만든 것, 이것을 가운데 구멍에 끈을 꿰여 시렁에 동여매고 등을 구멍에 꽂아 불을 켰다.
(2) 새′방과 웃방 사이′벽에 구멍을 뚫고 두 방에서 등꽂이로 하는 것.
(3) 등경(등경′대, 등경판)은 보통 등을 꽂는 장치와 등잔을 얹어 놓는 장치를 함께 하였다〈삽도 34〉.

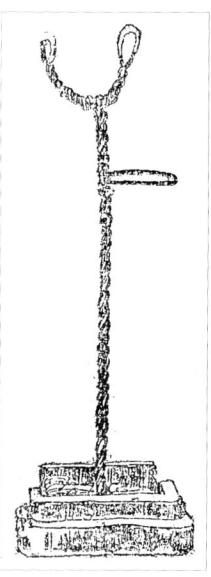

〈삽도 34〉 등경

이 부락들에서는 이 외에 등화로서 역 기름(대마의 씨로써 만든 기름)을 사용하였다.

식사 도구들을 얹어 두는 시설로서 정주′간 북쪽 벽에 두텁고 밋밋한 널판을 붙여 선반(보통 3층, 그중 맨 웃층은 특히 길게 바닥 벽까지 닿게 함)으로 하는 풍습은 또한 이 부락들에서 뿐만 아니라 전 함경도에 공통적이다. 지방에 따라서는 좋은 각재角材로 앞턱을 하고 그릇 놓이는 데는 얇은 널을 놓는 데도 있으나 그것은 근본적인 차이가 아니고 목재가 흔한가 흔하지 않은가에 관계되는 것 같다.

그런데 『흠정만주원류고欽定滿洲原流考』에 의하면 만주족은 집집마다 이렇게 하는데 그것은 예로부터의 풍습이라고 하였다.[32] 이 지방 일반 벌 사람들은 이것을 조왕덕대라고 부르는데 이 부락들에서는 "살궁"이라 한다. 『오체청문감五体淸文鑑』에 의하면 만주말로 "앙가盎架" 즉 식기 얹는 장치를 "사르후"라고 하는 것으로 보아서 "살궁"은 "사르후"에서 온 것이 아닐까 싶은 점도 있으나 경상도 지방에서는 과거에 부엌′간의 식사 기구 얹는 데를 "살강"이라고 하였은즉 "살궁"은 "살강"의 사투리임이 틀림없다. 이 부락들에는 린근, 다른 부락들에서는 이미 폐어廢語로 된 말들이 이 밖에도 적지 않게 남아 있다.

"살궁"은 곱게 황토칠(적갈색)을 하고 기름으로 휘황찬란하게 윤채를 낸다. 모든 식기류, 모래기, 함지, 상들을 다 여기에 얹어 둔다〈삽도 35〉. 전 집안 장식품 중에서 제일 눈에 띠우는 것이 "살궁"이라고 할 수 있다. 또 이 부락들에서는 물′두무에 특히 관심

---

32 위의 책, 卷二十 國俗五 御製盛京土風雜詠 額林條 小註. "楣棟間度橫板 以置瓶盎廁餞諸器 家具精粗咸備 滿洲舊俗 比室皆然"

이 많다. 대개 어느 집에서나 거울 같이 잘 닦은 커다란 쇠두무가 "살궁"밑, 가마에 가까운 곳에 놓여 있는 것을 보게 된다(삽도 35). 현재 어느 부락이나 가마점에서 멀리 떨어져 있건마는 어디로 가든지 다 그러하다. 이리하여 정주'간은 모든 방 중에서 잘 꾸려진 방으로 되고 있다. 정주'간은 가정 생활에서 중심이며 손님들을 응접하는 곳으로도 된다는 것이 여기에도 표시되고 있는 것이다.

새'방, 웃방(끝방)은 늙은이들의 방으로 되고 새'고방은 젊은 부부의 방으로 되며 장'고방은 순전히 고'간으로 사용된다. 이것을 특히 장'고방이라고 부르는 것은 장'독을 여기에 두기 때문이다. 웃방 또는 새'고방에는 보통 간단히 의롱이 놓여 있고 벽에는 홰'대가 달려 있다. 홰'대라는 것은 직경 3~4cm 되는 길다란 다듬은 나무'대를 량단에 노끈을 매여 벽 중앙에 드리우게 하고 거기에 의복을 걸쳐 놓는 것으로서 과거에는 벌 부락들에도 있은 것이다.

〈삽도 35〉 살궁의 밑단과 물'두무, 가마

(2) 문, 연통, 지붕

집으로 출입하는 문으로서는 전면에 웃방문, 새'방문, 되창문(정주문), 한문(바당문), 외양문이 있고 후면에 부엌문(부성문), 새'고방문이 있다. 그 중에서 한문, 부엌문, 외양문은 널로 하고 기타 문은 다 살지문으로 한다. 살지문에는 안에 미닫이문을 더 달기도 한다. 그런데 이 부락들에서는 살지문에 문창지를 밖에 붙인다. 회령 이북 지방에서는 일반 벌 부락들에서도 밖에 붙이는 데가 있다. 부령 지구의 이 부락들에서는 밖에도 붙이고 안에도 붙인다. 그러나 부령 지방의 벌 부락에서는 결코 밖에 붙이는 일이 없다. 밖에 붙이기 위해서는 처음부터 문을 돌려 달아야 하는 것이다. 그러나 이 부락들에서는 미닫이 문만은 밖에 붙이지 않고 안에 붙인다. 문창지를 밖에 붙이는 풍습은 중국 동북 지방에 보편적이다. 이렇게 하는 리유는 겨울에 눈'바람이 많아서 안에 붙이면 견디지 않기 때문이라고 한다. 안에 겹다는 미닫이만은 그렇게 하지 않는 것으로 보아서 확실히 눈'바람 때문인 것 같다. 그러나 일본인들은 눈'바람이 없음에도 불구하고 문창지는 반드시 밖에 붙인다. 그러므로 문창지를 밖에 붙이는 풍습은 비단 눈·바람 때문일 뿐만 아니라 독특한 전통을 가지는 풍습인 것 같기도 하다. 문창지를 밖에 붙이는 풍습은 평안도 북부의 일부 지방에서도 볼 수 있다.

집안에 문으로서는 정주'간에서 새'방, 새'고방으로 들어가는 문과 새'방에서 웃방으로 들어가는 문(이 문은 쌍 바라지로 함) 및 새'고방에서 장'고방으로 들어가는 문이 있다. 이 문들은 모두 널로 만든다.

연통 – 이 부락들에서는 높다랗게 통나무로 만든 "구새"를 특히 많이 보게 되는바 이것은 이깔나무[잎갈나무의 북한어], 저수리[전나무의 북한어] 등과 같은 원목이 많기 때문일 것이다. 그러나 길다란 통나무 구새 자체의 체제는 만주족의 호란呼蘭(연통)과 꼭 같은 것으로서 녀진인으로부터 전승한 것이리라는 것은 이미 우에서 말한 바와 같다.

지붕 – 초가집 지붕은 쑥 또는 새초를 베여 피껕 껍질로 길게 엮어서 이영[이엉의 북한어]을 잇는다. 이렇게 길게 엮은 쑥으로 이영을 잇는 데는 반드시 쑥 그루쪽이 아래로 향하게끔 한다. 그러므로 이영 모양은 삽도에서 보는 바와 같이 층층으로 줄이 지게 된다〈삽도 36〉. 그러나 이 지방의 벌 사람들은 이영을 쑥으로 이을 때에도 엮어서 잇지를 않으므로 이영에 줄이 지지 않는다. 엮어서 잇는 데는 품이 많이 드는 것이지마는 그렇게 하면 이영이 오래 견딘다고 한다. 쑥을 베여 한 아름씩을 한 단束으로 하고 50단을 한 동이라고 하는데 이영을 한 벌 잘 잇자면 40~50동이 있어야 한다 하며 이렇게 한 번 잘 이으면 5~6년은 견딘다고 한다.

〈삽도 36〉 초가집 부령군 교원리

〈삽도 37〉 기와집 부령군 교원리

기와집은 토와로서 4각 또는 8각으로 잇는다〈삽도 37〉. 이 부락들에는 기와집이 비교적 많다. 가장 큰 집단 부락을 형성하고 있는 부령 지역의 교원리와 회령~유선 지역의 창태리는 전 호수의 약 반수가 기와집이다. 이런 산'골에 무슨 멋으로 그와 같은 큰 기와집들을 짓는가고 의심할 만큼 그 경제 생활 형편에 비하여 훌륭하게 집을 짓는다. 여기에는 리유가 있는 것이다.

그것은 다른 산간 주민들은 살림살이가 곤난하여 막부득이 산간에 들어 왔으나 경제만 허락하면 언제든지 떠날 것을 생각하고 주택에 대해서 관심을 크게 가지지 않지만 이 부락 사람들은 오래 동안 봉건 통치배들과 지방 토호들의 차별적 대우로 인하여 벌로 나가기를 단념하고 그곳을 자자손손이 영주할 곳으로 인정하였으며 또 이 부락사람들은 특히 근로 정신과 호상 협조의 정신이 강하여 집을 짓는 데 많은 비용이 들지 않았기 때문인 것이다.

(3) 부속 건물들과 우물

살림살이가 유족한 집에서는 몸채를 중심으로 하고 뒤'사랑, 모캐 사랑, 앞 사랑을 짓는다. 그러나 이렇게 완비한 집은 극히 드물고 대개의 집들은 부속 건물이 벌로 없거나 뒤'사랑 또는 모캐 사랑만 있을 뿐이다.

뒤'사랑은 온돌을 놓지 않으며 내부에 간격도 없이 하고 주로 곡식 창고로 사용하며 농기구도 둔다. 모캐 사랑은 몸채와 "ㄱ"자 형으로 되게 짓는데 절반은 온돌'방으로 하고 절반은 창고로 한다. 앞 사랑은 대문'간을 중앙으로 하고 몸채의 새'방, 웃방에 면한 쪽으로 온돌'방으로 하고 몸채의 바당, 외양'간에 면한 쪽을 창고로 한다. 이러한 온돌'방들은 큰 잔치 같은 것이 있을 때나 사람이 류숙하고 평소에는 비어 두거나 창고로 쓰거나 한다. 사랑 없는 집들에서는 마당 앞에 헛간(허덕간)을 짓는다. 헛간은 비가 새지 않게 이영을 잇고는 3면만 널로 벽을 하고 창고로 쓴다. 헛간을 자그마하게 귀틀집 식으로 지은 것을 볼 수도 있다⟨삽도 38⟩.

⟨삽도 38⟩ 귀틀식으로 지은 작은 헛간

그런데 이 부락들의 대문은 삽도에서 보는 바와 같이 소위 평대문平大門이라 하여 앞 사랑과 지붕 높이를 같게 한다〈삽도 39)〉. 즉 대문은 앞 사랑의 온돌'방으로 된 건물과 창고로 된 건물하고 한 룡마루로 련속되어 있다. 앞 사랑의 높이보다 대문을 더 높게 하는 소위 "솟을 대문"은 이 부락들에서는 볼 수 없다. 봉건 시대에 량반들은 이 부락들에서 "솟을 대문"을 짓는 것을 금하였던 것이다. 이리하여 이 부락들에서는 굉장히 크고 완비하게 짓는 집에서도 "솟을 대문"만은 만들지 않았는바

〈삽도 39〉 평대문

이것은 이 부락 주택의 특색이며 주택에서의 계급 관계의 반영이었던 것이다.

집 주위는 바재(울타리)로 둘러막는다. 바재는 물갬나무[자작나뭇과의 낙엽활엽 교목] 2년생 또는 버드나무 어린 가지로 엮어서 만드는데 이렇게 바재를 엮는 것을 바재를 드린다고 한다. 이렇게 만든 바재의 보급은 함경북도 주택에서의 특징이다.[33]

회령 지역의 이 부락들에서는 바재를 세움에 있어서 우선 바재의 높이보다 낮게 든든한 꼭대기쪽에 아귀 있는 나무로 바재 기둥을 세우고 (아귀 없는 나무를 사용할 때는 꼭대기에 홈을 팜) 그 아귀를 리용하여 기둥과 기둥 사이를 련결하는 바재 세장을 가로 얹는다. 다음으로 기둥과 기둥 사이에 일정한 간격을 두고 기둥보다 가늘고 긴 바재 말장을 세운다. 바재 말장은 기둥보다, 바재 키보다 더 높게 하며 그 끝을 뾰족하게 한다. 이렇게 바재의 지주支柱들을 세운 다음에 바재를 이 지주의 바깥쪽에 세우고 느릅나무 가지로 기둥과 말장[말뚝의 북한에]에 동여맨다. 이렇게 세운 바재는 매년 가을과 봄에 한 번씩 느릅나무 가지로 동여매는 손질만 한다면 7~8년은 견딘다고 한다. 바재의 지주로서 말

---

33 약 300년 전에 리단하(李端夏－北兵使)는 그의 저서 『北關誌』「경성 풍속」조에서 "閭家皆用?籬"라고 지적하였고 약 200년 전에 홍량호(洪良浩)는 그의 저서 『北塞記略 孔州風土記』에서 "無垣墻 ?以籬 織杻或編柳爲之"라고 지적하였다.

장 외에 기둥을 세우는 일은 회령 지역 이 부락들에서밖에 볼 수 없는 특색 있는 것인 바 그것은 바람이 특히 세기 때문이라고 한다.

음료수로서 하천에 가까운 집들은 하천 옆에 간단하게 우물을 만든다. 그러나 하천이 먼 집들에서는 공동으로 또는 단독으로 룽드레 우물을 판다. 계곡 사력층砂礫層 땅이므로 우물들은 일반적으로 상당히 깊다. 우물이 깊고 겨울 추위가 심한 관계가 있겠지만 룽드레 우물이 특히 많은 것이 이 부락들의 특징이라고 할 수 있다. 음료수 운반은 여름에는 녀자들이 물동이로 이여 들인다. 과거에 이 부락들에서 녀자들이 짐을 지고 다녔을 때에도 물동이는 꼭 이는 것이었다. 겨울에는 물 지게로 꼭 남자들이 운반하였는데 근간에는 지게로 운반함에 있어서도 주로 녀자들이 한다. 이것은 벌 부락과의 접촉이 밀접하여짐에 따라서 벌 사람들의 풍습 영향을 더 받게 되는 일례라고 할 수 있다.

집 근방에 나무를 심기를 싫어한다. 나무에 대한 미신적 관념으로 집 근방에 나무를 자리웠다가(기르다의 방엔) 그 나무를 베면 작목탈(나무 벤 데로써 오는 탈)을 본다고 하면서 두려워하였다. 작목탈에 대한 관념이 다른 부락에 비하여 특히 농후하였다. 집 근방에 있는 고목은 베기는 고사하고 나무 가지도 다치지 못하였다. 회령군 창태리, 경흥군 룡성리 어운'골 등지에는 "고장나무"라 하여 집 근방 또는 부락내 곳곳에 수십본씩 또는 2~3본씩 고목이 서 있는 곳이 있었는데 그런 나무를 베면 베는 사람에게만 탈이 나는 것이 아니라 나무 근방 집들에 탈이 난다고 하면서 부락적으로 금하였다. 그러나 오늘 이 부락들에서는 청년들이 이러한 나무들을 모조리 베어 화목으로 하여 하나도 남은 것이라고는 없게 되었다. 나무를 함부로 베는 것은 고려할 일이지만 이 부락 청년들의 미신 타파를 위한 의기는 드높다.

다음으로 주택 건축과 관련한 이 부락들의 종래의 풍습에 대하여 보기로 한다.

이 부락들에서는 주택을 건축함에 있어서 집 재료 운반으로부터 완성할 때까지 그 대부분을 부락의 로력 협조에 의하여 수행하였다. 물론 벌 부락들에서도 주택 건축에 로력 협조가 있는 것이지만 이 부락들의 그것은 특히 철저하였다. 정초定礎(집 터를 다지고 기초'돌을 놓는 일), 립주 상량立柱上樑(기둥 세우고 룡마루를 얹는 일), 새위 얹이(지붕에 흙을 올리는 것), 벽 붙이기와 온돌 놓기 등 많은 로력을 요하는 일에는 온 동리가 총 동원하여 단번에 해버렸다. 기타 일에도 개별적으로 여유 로력이 있는 집에서는 수일씩 협조하였다. 동리내의 집 한 채 건축해 어느 집이나 6~7일씩은 협조하게 되었다. 목수 일까지도 삯을 주고 시키는 것이 아니라 호상 로력 교환 또는 로력 협조의 방법으로 해결하였다. 집 짓는 방법이 방한과 견고성을 위주로 하기 때문에 대강 나무를 깎을 줄 아는 사람은 다 목수 일을 하며 그 중에서 좀 나은 사람을 대목수로 지정하고 지휘하게 하였다. 특별히 훌륭하게 짓는 집에서나 삯을 주고 외방에서 대목수를 데려다가 목수일을 시켰다. 이렇게 주택 건축에서 중요 로력은 물론이오 목수 일까지도 로력 협조 또는 로력 교환의 방법으로 해결하므로 주택 건축에 큰 비용이 들지 않았다. 우에서도 말한 바와 같이 이 부락들의 주택이 그 경제 형편에 비하여 훌륭한 리유가 여기에도 있는 것이다.

주택 건축과 관련하여 다음과 같은 미신 행사가 있었다. 물론 그것은 이 부락에만 고유한 것이 아니고 다른 지방에도 있는 것이다. 집터에 말뚝을 박고 땅을 다지고 주초'돌을 놓는 정초 때에는 조 찰밥을 지어 진지를 부치며 기둥을 세우고 룡마루를 얹는 상량 때에는 조 찰떡을 쳐서 모래기에 떡과 쌀을 담아서 사방 네 기둥 우에 놓고 또 정주 중앙 큰 기둥(정주 상고주) 밑에 떡을 차려 놓고 간단히 굿을 하였다. 동시에 바당 보에다가 "庚申年庚申月庚申日庚申時 姜太公造作 李太白下馬處"[34]라는 문구와 개기 정초, 립주 상량 년 월 일, 대목수 성명 등을 썼다. 그러나 이렇게 글을 쓰는 풍습은 벌 사람들에게서 본받은 것이고 과거에는 없었다 한다. 집이 완성되어 입택하는 날 저녁에는 "성조 풀이"를 하였다. 바당 중앙 큰 기둥(상고주) 우에 서는 대공에 1m 가량의 배를 기슭만 찢어서 둘러메고 복술을 청하여 굿을 하였다. 이 굿을 "성주 풀이"라고 하는데 자신을 위하여 하는 굿인 것이었다. 입택하는 첫날 저녁에는 반드시 하였으며 동리 사람들도 많이 모여와서 떡을 먹는 풍습이 마치 집들이를 하는 것과도 같았다. 이 부락들에서의 "성조 풀이"는 다른 부락들에 비하여 특히 성하였던 것이다.

오늘 이러한 미신적 행사는 그 자취를 감추어 가고 있다.

오늘 우리나라의 농촌들에서는 생산 시설, 교육, 문화, 위생, 편의 시설들을 비롯하여 문화 주택들이 눈부시게 건설되고 있다. 이 부락들은 전쟁으로 인한 파괴가 전연 없었

---

34 柳得恭, 『京都雜記』 風俗 第七 新門呪 조에 "閭巷新說白板門 書庚申年庚申月庚申日庚申時姜太公造 蓋取金克木之義也"라고 하였다. 이것으로 보면 "庚申年…"이라는 주문(呪文)은 원래는 새로 대문을 만들었을 때에 쓴 것이었는데 차츰 집을 신조할 때에도 룡마루 또는 상고주에 쓰게 된 것 같으며 그것은 음양술서에서 "庚"은 "金"이고 "金"은 "木"을 제승(制勝)한다고 한 데서 그렇게 씀으로써 사용한 나무로 인하여 탈을 보는 일이 없도록 하자는 일종의 주술(呪術)이었던 것이다.

으며 우에서 말한 바와 같이 주택 건물들이 비교적 견고하다. 그러므로 아직 새로운 문화 주택들을 건설하는 문제는 이 부락들에서의 급선무로는 되지 않을 것이다. 그러나 산재하는 주택들을 집결하고 낡은 주택들을 새로운 문화 주택으로 개조하는 문제는 결코 등한시 할 수 없는 일이다. 원래 이 부락들은 전 경지 면적의 50~80%에 해당하는 화전을 경작한 산간이었지만 주택들을 반드시 계곡 평지에 건설하였으므로 다른 산간에서 흔히 보는 바와 같이 그렇게 각 개의 주택이 서로 멀리 떨어져 있지는 않다. 그리

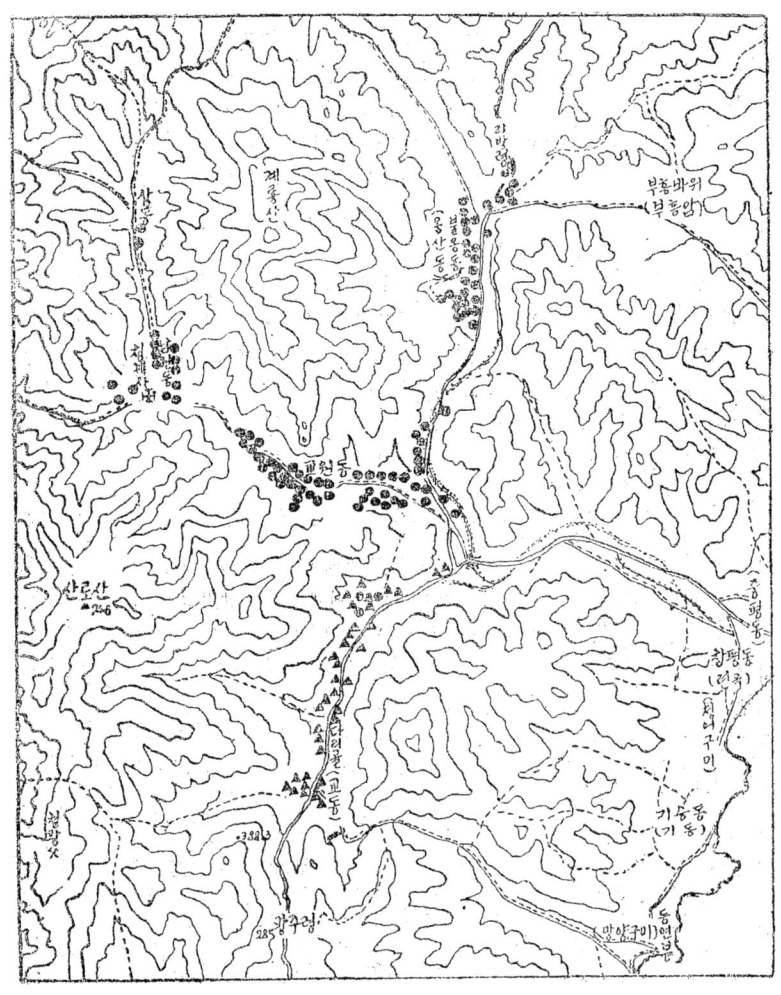

〈삽도 40〉 부령군 교원리 ● -본래의 《재가승》 ▲ -본래부터의 속인

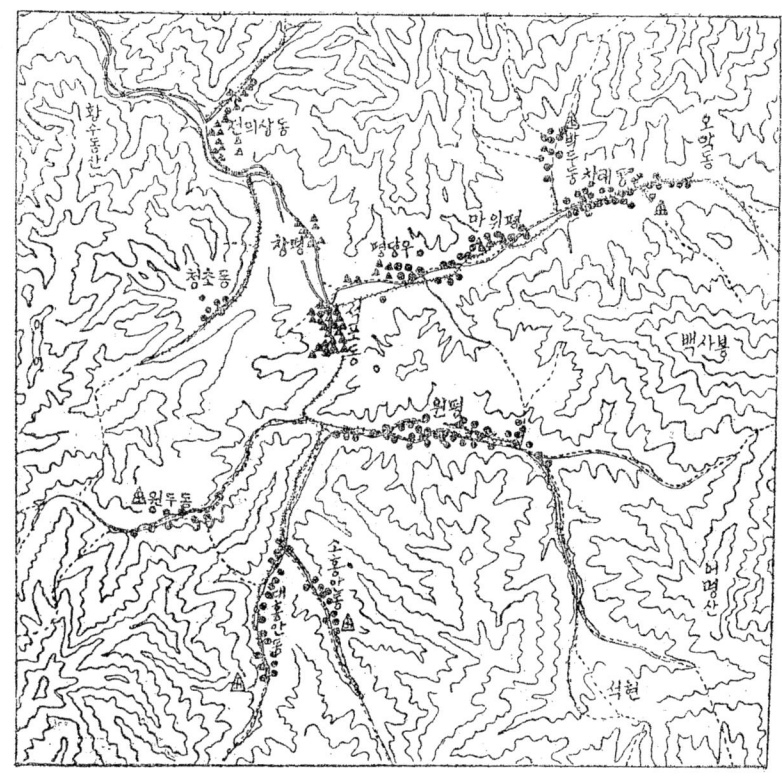

〈삽도 41〉 회령군 창태리 ● - 본래의 《재가승》 ▲ - 본래부터의 속인 △ - 절터

하여 이 부락들은 집촌은 못된다 할지라도 일정하게 부락을 형성하고 있다(〈삽도 40, 41〉). 그러므로 오늘 부락별로 설치된 협동 조합 공동 작업장을 중심으로 하고 주택들을 집결할 수 있는 토대는 충분히 있다. 공동 작업장 부근의 기존 주택들을 개조 리용함과 동시에 일정한 계획하에 여기에 점차 새로운 문화 주택들을 건설하며 계획적으로 각종 시설들을 정비함으로써 집단 로동과 정치 문화 사업을 높은 수준에서 보장할 수 있도록 하는 문제는 오늘 이 부락들에서도 중요하게 제기되는 것이다. 이와 동시에 토지가 척박하고 호수가 극히 적은 부락들을 벌에 폐합하고 그 토지를 적의하게 리용하는 문제도 반드시 고려되어야 할 것이다.

3) 의복과 음식

(1) 의복, 장신구

이 부락들의 의복은 현재 벌 사람들의 의복과 꼭 같다. 이 부락들은 주택에서 그러하였던 바와 같이 일반적으로 그 생활 형편에 비하여 의복을 잘 갖추며 특히 외출시의 의복에 특별한 관심을 가지고 있는 것이 주목된다. 필자는 1957년 봄에 회령군 풍산리 맹가'골 어느 제사 집에서 모든 남녀 로소가 빠짐없이 다 깨끗한 의복을 입고 있는 것을 보고 놀라지 않을 수 없었다. 주택과 복식에 대한 관심이 다른 산간 부락 주민에 비하여서 뿐만 아니라 벌 농촌 사람들에 비하여서도 더 크다는 것을 누구나 느끼게 된다.

일반적으로 의복에 대한 연구는 주택에 대한 연구보다 현저히 더 어렵다. 왜냐하면 건물은 오래 보존되지마는 의복은 더 급속히 새로운 식에 의하여 대체되기 때문이다. 특히 이 부락들은 경제 형편이 넉넉지 못하였던 관계로 과거의 유물들이 잘 보존되어 있지 못하다. 그러므로 풍습에서의 과거의 잔재와 고로들과의 담화 자료에 의하여 이 부락들에서의 의복 형식의 변천을 보기로 한다.

현재 남자 의복으로서의 바지, 저고리, 쪼끼, 두루마기들과 녀자 의복으로서의 치마, 저고리, 단속옷 등 의복이 벌 사람들과 조금도 다름이 없다. 그러나 과거 리조 시기에는 남자들의 바지는 아래 가랑이를 좁게 하였고 무릎 아래로 졸라맸으며 저고리는 길이를 길게 하였다. 무릎 아래를 졸라매는 풍습은 지금도 남아 있다. 이러한 의복 형식은 소위 호복胡服을 련상케하는 것이다. 함경북도 지방에서는 홑바지를 "주의"(회령 지방에서는 가비라고 함)라고 하고 "주의" 아래 가량을 좁게 한, 작업할 때에 바지 우에 덧입는 "주의"를 "호복 주의"라고 한다.

이 "호복 주의"의 "호복"이 결코 "홑옷"의 와음訛音이 아니라는 것은 "주의" 자체가 홑옷을 의미할 뿐만 아니라 특히 아래 가랑이 좁은 것을 지칭하는 것으로 보아서 명료하다. "호복 주의"는 명칭 자체가 말하여 주는 바와 같이 틀림없이 녀진인으로부터의 전승이다. 그런데 이 부락들에서의 바지 아래 가랑이가 솔았던[좁았던] 것과 저고리가 길었던 것은 역시 호복의 영향이 아닌가 싶다. 또 겨울에는 방한복으로서 솜을 놓은 커다란 덧저고리를 특히 많이 만들어 입었다. 이 덧저고리를 옛날에는 토스래 베(몹시 굵은 베)로서 만들었다 한다. 커다란 덧저고리 역시 호복의 영향이 아닌가 싶다. 그러나 한편 승려의 복식은 일반적으로 저고리가 크고 바지가 좁은 편이었다는 것을 또한 고려하지 않을 수 없다.

　오늘 이 부락들에서도 조선 바지, 저고리는 중년 이상 늙은이들이나 입고 청장년들은 모두 양복을 입는다. 일반적으로 함경북도 지방은 다른 지방보다 일찍부터 농민들 사이에까지도 양복이 보급되었는바 그 리유로서는 함경북도 지방 농가들은 무명 나이를 하지 못하여 의복 자료를 사게 되므로 아마도 사는 바에는 간편하게 양복을 산다는 것, 복식 문화에서 완강한 전통이 적었으므로 새것에 대한 접수가 빨랐다는 것과 일찍부터 로령 연해주 지방에 출입한 자가 많아서 양복에 대한 리해가 다른 지방 사람들보다 일렀었다는 것을 들 수 있을 것이다.

　녀자들의 의복에서 특이한 것은 과거 리조 시기에 단속옷을 반드시 오금을 매였다는 점이다. 이것은 본래 녀자들도 남자처럼 바지를 입고 치마를 입지 않은 데서 온 것일 것이다. 녀자들이 바지를 입는 풍습은 녀진인들에게 있은 것인바[35] 이 부락들의 녀자들은 이러한 녀진적 풍습의 영향으로서 바지를 입었거나 또는 옛날에 녀승尼(녀자 중)의 형식을 차리면서 남자처럼 바지를 입은 것이 아니었는가 싶다.

　이 부락들에서도 과거에는 녀자들의 저고리를 짧게 하고 저고리와 치마 사이에는 넓이 약 30cm되는 허리띠를 띤 것이 벌 부락들과 다름없었으며 특수 복식으로서 웃저고리가 있는 것도 동일하였다. 웃저고리는 잔치 때나 명절에 입는 것이었는데 색동정을 넣고 끝소매도 딴 천으로 하였으며 역시 길이를 짧게 하고 겨드랑 밑에는 좌우 량편에 길다란 색고름 네 개를 장식으로 단 것이었다.

　그런데 벌 부락들에서는 이렇게 저고리를 짧게 하였을 시기에도 허리띠로 유방乳房을 돌려 싸서 감추는 것이었는데 이 부락들에서는 출가한 녀자이거나 처녀이거나를 막론하고 유방을 남이 보도록 로출하였다. 이는 이 부락들의 특이한 풍습으로서 일찍부터 널리 알려졌다. 이에 대하여 이 지방에는 리조 시기에 선주민인 녀진인을 집결하여 "재가승" 부락으로 하고 그 부락들에서 "대유녀大乳女"를 선발하여 청 나라에 공납하

35　『大金國志』卷三十九, "貧者 春夏 幷用布爲衫裳 秋冬 亦以牛馬猪羊猫犬魚蛇之皮爲衫袴 襪皆以皮 至婦人 衣白大襖子 下如男"(鳥山喜一, 『滿鮮文化史大觀』－금초에 있어서의 녀진인의 생활 형태 중의 인용문에 의함)

기 위하여 유방을 발달시킬 필요상 로출케 한 것이었다고 전하여 오는 말이 있다. 그러나 뒤에서 설명할 바와 같이 이것은 력사적 사실과 전혀 부합되지 않는 억측에 불과한 것이다. 이 부락 출신 고로들은 말하기를 녀자들이 게으르기 때문이었다고도 하며 혹은 신분적 차별로 유방을 로출하게끔 하였기 때문이었다고도 한다. 그러나 이 부락들의 부녀자들은 결코 게으른 것이 아니다. 의복을 깨끗이 하며 집안을 알뜰하게 거두기를 벌 부락 사람들보다 더 잘한다, 그러므로 게을러서 유방을 처녀까지 로출한 것이었다고는 도저히 생각할 수 없는 일이다. 그리고 만일 신분적 차별로 유방을 로출하게끔 한 것이 사실이었다면 그것은 원래 이 부락들에 그런 풍습이 있어서 그렇게 하던 것인데 벌 량반들을 모방하여 그와 달리하는 것을 량반들이 금한 것일 것이다. 왜냐하면 우리나라 어디에도 천인들에 대하여 유방을 감추게 못하는 신분적 제한은 없었기 때문이다. 그러므로 이 부락들의 유방 로출의 풍습은 고유한 기원을 가지는 것이라고는 보아야 할 것인바 이 부락들에서는 유방을 로출시켜 발달시키고 발달한 유방을 구라파에서처럼 녀성의 미의 한 조건으로 한 것이 아닌가 싶다.

다음과 같은 사실은 녀진인들 사이에 이와 유사한 풍습이 있었다는 것을 상상케 한다. 17세고 초에 은성 유원진 월편에서 피해당한 두만강 하류의 후라도 "후라도厚羅島"에 거주하던 녀진인 "번호藩胡" 일행의 소지품 중에는 "유리乳裏" "일부一部"가 들어 있었다.[36] 이 "유리乳裏"를 조선 부녀자의 허리띠와 같은 것이 아니었을까 라고 생각할 수도 있다. 그러나 그런 것이 아니었다는 것은 여기서 말한 일부의 부部는 허리띠와 같이 하나로 된 것을 세는 단위가 아니라 한 쌍, 한 조를 세는 단위였다는 데서 명료하다. 즉 동일한 기록에서 "유리乳裏"외에 "비갑臂甲", "오자화烏刺靴"도 부를 단위로 센 것을 보면 부는 쌍으로 된 물품을 세는 단위였음이 틀림없는 것이다. 그렇다면 "유리乳裏"는 쌍으로 된 것으로서 유방을 로출시키고 그 우를 가리우는 장식이었거나 그렇지 않으면 유방이 발달하였음을 표현하기 위하여 두터운 "유리乳裏"를 사용하고 그 우에 옷을 입은 것일 것이다.

『위서魏書』「물길전勿吉傳」에는 물길인은 "처음 혼인하는 날 저녁에 남자가 녀자의 집에 가서 녀자의 유방을 쥐는 것으로서 곧 혼사 약정으로 하고 부부로 된다"[37]고 하였

...

36 『滿淸入關前與高麗交涉史料』崇德四年 二月六日 朝鮮國王與禮曹咨文 參照.

다. 물길은 후에 "말갈靺鞨"이라 칭하였으며 말갈은 즉 녀진의 전신으로 되는 것인즉 녀진 계통에는 옛날부터 발달한 유방을 녀성의 미의 표징으로 삼는 풍습이 있은 것 같다.

녀자들의 의복 색깔로서는 일반적으로 진한 색깔을 좋아하며 여름에도 진한 색깔을 쓰는 경향이 있다. 이것은 산간이며 벌 부락과의 접촉이 적으므로 시기 시기의 류행에 뒤떨어지는 관계일 것 같기도 하나 한편 또 우에서 말한 17세기 초에 두만강 하류 섬에 거주하던 녀진인 일행이 소지한 의복은 모두 "청靑", "홍紅", "록綠", "흑黑" 등 진한 색깔 옷이었다는 것을 상기하게 된다.

이 부락들에서는 현재도 일부에서 가죽으로 만든 다음과 같은 옷들을 작업복으로 사용하고 있다.

"록피鹿皮" 바지 저고리와 "장피獐皮" 바지 저고리는 수공업에서 말한 바와 같은 방법으로 사슴 가죽, 노루 가죽을 이겨서 만든다. 그 모양은 저고리는 보통 저고리보다 크고 길게 하고 바지는 짧게 한다〈삽도 42, 43〉. 작업할 때에, 특히 산에 가서 작업할 때에 입는다. 그것은 나무 밭에서도 헤어지지 않고 오래 잘 견디기 때문이다. 한 벌 만들면 수년 동안을 입을 수 있는 것이지만 재료 문제와 가죽 이기는 데 품이 많이 드는 관계로 목노도 놓을 줄 아는 부지런한 늙은이가 있는 집에서나 만든다. 특히 회령~유선 지역

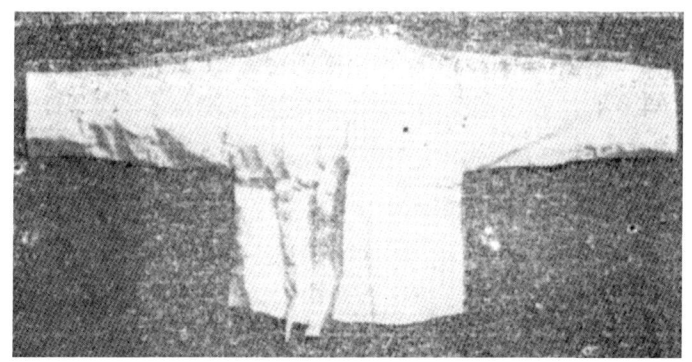
〈삽도 42〉 장피 저고리

〈삽도 43〉 장피 바지

---

37 『魏書』「勿吉傳」. "初婚之夕 男就女家 執女乳而罷 便以爲定 仍爲夫婦"

에서 흔히 볼 수 있다. 록피 장피 옷은 젖으면 굳어져서 안되는바 젖었을 때에는 비비면서 말린다. 이 부락들에서는 또 록피, 장피로 주머니와 쌈지도 만든다.

그런데 『오주연문장전산고五洲衍文長箋散稿』에서 "우리나라에서는 북관北關(함경북도 지방) 사람들이 청인 상인彼商에게서 록피 바지 저고리를 사서 입는다. 선조宣祖가 왜구 때문에 의주에 갔을 때에 드리는 록피 바지 저고리를 입었다. 지금 옛 것을 좋아하는 사람들이 록피 띠를 띠는 것을 고상한 취미로 여긴다. 혹은 토수를 만들고 혹은 주머니와 배자도 만든다"[38]라고 하였다. 이것으로써 우리는 록피 바지 저고리(록피와 장피는 류사함)는 오늘날의 함경북도 지방 사람들이 회령, 경원 개시開市에 오는 청인(만주인 - 이전의 녀진인) 상인에게서 사서 입은 것이며 역시 국경 개시가 있는 평안북도 지방에도 일부 류포되고 있었다는 것을 알 수 있다. 또 록피로 허리띠, 주머니, 배자를 만드는 일은 전국적 범위에서 일부 사람들 사이에 있은 일이라는 것을 알 수 있다.

녀진인은 옛날부터 록피, 장피로 바지와 저고리를 만들어 입었던 것이다. 그런데 상게 인용문에 의하면 북관사람들의 록피 바지 저고리는 자체로 만든 것이 아니라 녀진인의 후예인 청인으로부터 사서 입은 것이었다. 따라서 광범히 보급된 것은 아니었다고 보여지는바 『북관지』를 비롯한 많은 기록들에서는 북관 지방에서 개 가죽 옷이 광범히 사용되고 있음을 특기하면서도 록피 장피 옷에 대해서는 전연 언급이 없다. 이와 관련하여 이 부락들에 록피 장피 옷이 오래도록 잔존하는 것은 과거에 그것을 교역하여 입은 것이 아니라 일찍부터 자체로 만들어 입는 풍습이 있었음을 말하는 것이라고 할 것이다.

개 가죽 배자(등걸이)와 개 가죽 버선, 개 가죽 토수, 소 가죽 행건은 현재도 일부에서 실용되고 있다(삽도 44, 47). 개 가죽 바지 저고리(〈삽도 48, 49〉)는 지금은 실용하는 것을 볼 수는 없으나 만들 줄 아는 로인은 적지 않게 있다. 과거에는 이 부락들 뿐만 아니라 함경북도 지방은 개 가죽 바지 저고리를 근로 인민들이 전반적으로 만들어 입었던 것이다. 『북관지』「경성 풍족 조」에는 "서민류가 모두 개 가죽을 입는다"고 하였으며 회령 풍속 조에는 "남자들은 겨울 여름 할 것 없이 한 벌의 개 가죽 옷이 있을 뿐이다"

---

[38] 李朝各種文獻民俗關係資料撮要의 일본문 번역에 의함.

삽도 44 | 삽도 45
       | 삽도 46

〈삽도 44〉 개 가죽 배자(등걸이)
〈삽도 45〉 개 가죽 버선
〈삽도 46〉 개 가죽 토수(토시)

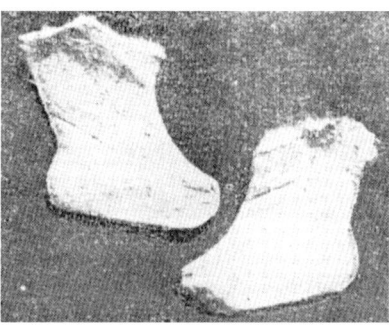

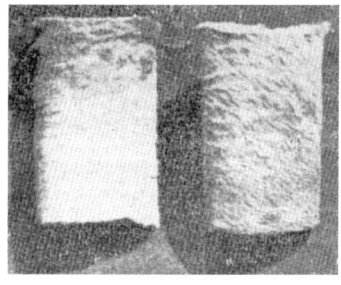

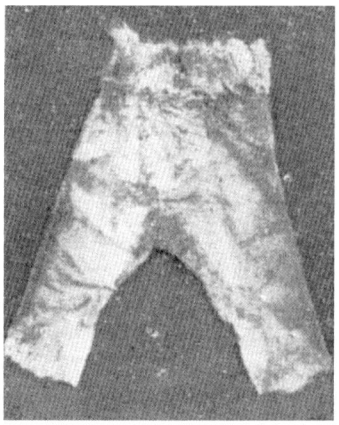

삽도 47 | 삽도 48
삽도 49 |

〈삽도 47〉 소 가죽 행건
〈삽도 48〉 개 가죽 저고리
〈삽도 49〉 개 가죽 바지

라고 하였다. 이러한 상태는 1870년경까지도 한 모양으로 존속되었던 것이다.[39] 개 가죽 바지 저고리는 털 쪽을 겉으로 하고 만든다.

가죽 행건은 소 가죽으로 털이 있는 채로 만들어서 아래 다리에 친다. 특히 겨울 작업에 착용한다.

머리는 쓰는 모자 등속이 벌 부락들과 현재 다른 점이 없다. 그러나 과거 리조 시기에는 승려의 형식을 차렸던 것만큼 외출할 때에는 고깔을 쓰고 평상시는 수건으로 머리를 쌌다. 지금도 늙은이들은 작업할 때에 그렇게 수건으로 싸는 일이 많다. 갑오 농민 전쟁을 계기로 신분적 차별이 폐지됨에 따라서 이 부락들에서는 시대의 전진에 역행하여 깎았던 머리를 도로 기르기 시작하였었다. 머리를 기름으로서부터 갓과 갓끈, 동곳 등을 벌 사람들보다 더 화려하게 하였었다. 그리고 벌 사람들보다 오히려 더 오래도록 머리를 깎지 않았다. 얼마나 승려의 형식을 차리는 것을 싫어하였으며 상투를 짜고 갓을 쓰는 것을 부러워하였던가를 짐작할 수 있는 것이다. 지금도 늙은이들 사이에는 외출시에 깎은 머리 우에 탕건에 갓을 바쳐 쓰고 다니는 것을 종종 보게 된다(삽도 50). 겨울에 쓰는 방한용 모자로서 오소리관이라는 것이 있다. 그것은 오소리 가죽을 통 채로 재단하여 둥글게 만든 것으로서 안팎이 다 털로 되어 있다(삽도 51). 지금도 늙은이들이 만들어 쓴다. 과거에는 벌 부락들에도 있은 것이다.

〈삽도 50〉 탕건에 갓을 받쳐 쓴 로인

...

39 趙宇熙, 『金鐵奇觀』. "至磨天嶺 … 此地北關初界也 居民皆着狗襦狗袴 其往來行走之狀 宛如巨犬 初見不覺失笑 入北漸深 無人不着 故見頗尋常 但女人不着焉"[『朝鮮近代史研究』, 442쪽 인용문에 의함. 조우희는 1870년 북병사(北兵使)로 부임하였음]

〈삽도 51〉 오소리 관

녀자들은 과거 리조 시기에 벌 부락들과 좀 다르게 푸산머리로 즉 머리를 땋지 않은 채로 틀어 얹었다고 한다. 물론 지금은 다 뒤에 쪽지거나 젊은 녀자들은 빠마도 한다. 그러나 로인들만은 상가나 제사 집으로 갈 때에는 머리를 틀어 얹고 가는 일이 많다. 여자들이 머리에 머리'보를 치는 것은 이 지방 벌 부락도 그러하지만 약 30년 전부터 시작된 것이라 한다. 과거 리조 시대에 녀자의 머리 장식으로 특이한 것은 출가 갈 때에 신부가 머리가 옷 저고리를 앞에 꿰매어 쓰고 소나 말을 타고 간 사실이다. 이러한 풍습은 벌에는 없는 일이다. 이 풍습을 벌 사람들은 매우 기이하게 여겼다. 그러나 남쪽 지방에서는 근세까지도 미천한 가정에서 녀자가 출입할 때에는 "쓸치마"를 쓰고 소를 탔다는 것을 고려할 때에 이 풍습은 그와 상통하는 것이다.

함경북도 지방은 경제 문화적 생활 수준이 낮았으므로 각종 장신구가 발달할 수 없었다. 특히 이 부락들과 같은 산간 지대의 주민들에 있어서 더욱 그러하지 않을 수 없었다. 그러므로 장신구에 대하여 특기할 것이 없다. 다만 과거 이 부락들에서 어린 남자 아이들께 호신부護身符 겸 노리개로써 채운 장신구 중에는 특색 있는 것이 있으므로 이에 언급하기로 한다. 그 하나는 산'돼지 어금'이齒로써 만든 것인데 집돼지 이'발로 만드는 일도 있었다. 만드는 방법은 어금'이 두 개를 그루쪽을 마주 붙이고 그 표면에는 색 실로 알락 알락하게[여러 가지 밝은 빛깔의 점이나 줄 따위 무늬가 고르게 촘촘한 모양] 감아 올라간 모양으로 장식하고 그 끝에는 술을 단다. 이런 것을 한 조만 만들어 채우는 일도 있고 큰 것부터 차례 차례로 세 조를 련이어 채우는 일도 있었다. 채우는 위치는 아이가 쥐어서 오손하거나[더럽히거나 파손하다의 의미] 또 아이를 업어도 그것이 아이 가슴에 맞히는 일이 없도록 하기 위하여 허리 등에 채웠다. 이것은 남쪽 지방의 노리개 "호랑의 발톱"과 공통성을 가지는 것으로서 상아 또는 동물의 뼈를 깎아서 범의 발톱 모양으로 만드는 대신에 천연적으로 된 산'돼지 어금'이를 리용하고 금속으로 장식할 대신에 색 실로 장식한 차이가 있을 뿐이다. 또 구리銅나 연鉛으로써 도끼 모양을 만들어 작은 주머니에 넣어서 채우는 일이 있었다. 이것도 역시 남쪽 지방의 노리개 "도끼"와 공통성을 가진다고 할 것이다. 남쪽 지방의 노리개 "도끼"는 조각하여 아름답게 하여 그대로 채우는 것이지만 이 부락들에서의 그것은 주머니 안에 넣음으로써 호신부로서의 의의만 가지고 장신구화 하지 못한 것이었다.

이와 같이 이 부락들에는 함경북도의 다른 지방에는 없고 오히려 직접 남쪽 지방과 상통하는 풍습 또는 어휘도 있는 것이다. 또 어린 아이들께 "포무갈"(참나무 잎을 먹는 벌레의 고치 ?)를 따다가 거죽에 색실로 수를 놓고 채우며 벼락 맞은 나무 조각(또는 사람의 뼈 가루나 화장으로 탄 재)을 주머니에 넣어서 채우는 일도 있었다. 전자는 장신구적 의의를 겸한 것이고 후자는 순전히 호신부로서의 의의만 가지는 미신이었다.

(2) 신발

신발로서는 주로 짚신(메커리)을 신었다. 해방 직후 1946년, 1947년경까지만 하여도 학교 다니는 학생들도 짚신을 신었다(폐하면 회령군 창태리). 그러나 오늘 인민의 물질 문화 생활 수준의 향상과 더불어 이 부락들에서도 청장년 학생들은 모두 양복에 구두, 운동화, 고무신 등을 신고 늙은이들 중에서 혹 짚신을 신는 것을 볼 수 있다. 또 산 작업에서 짚신을 신는 것을 볼 수 있다. 오랜 집들에는 주택 후면 벽 또는 측면 벽에 신틀(신을 삼을 때에 쓰는 도구)이 달려 있는 것을 볼 수 있으나 완전한 것이라고는 거의 없다. 이제는 신틀이 실용되는 일이 극히 드문 것이다. 이제 이 부락들에서 제조한 짚신의 종류와 그 제조법에 대하여 보기로 한다.

"게발이" - 피꼊나무 껍질로 손쉽게 틀어 신는 것인데 아무 도구도 없이 피 나무 껍질만 가지고 발'가락에 끼우고 한 시간에 한 켤레는 튼다. 지금도 산에 일하러 갔다가 쉬는 동안에도 한 짝씩은 튼다고 한다. "게발이"는 신총(짚신이나 미투리의 앞쪽 운두를 이루는 낱낱의 올)도 딴 것으로 하는 것이 아니라 그냥 피꼊나무 껍질로 4~5개씩 내면서 튼다. 일이 바쁠 때에는 흔히 "게발이"를 틀어서 신었다. "게발이"라는 명칭은 그 신총 수가 게蟹 발 수만 밖에 되지 않아서 그 모양이 게 발 같다는 데서 온 것일 것이다.

"가래 메커리" - 재료로서 어린 가래 너무 껍질을 벗겨서 말려 두었다가 다시 물에 불려서 눅여 가지고 칼로 겉 껍질을 벗겨 버리고 속 껍질을 사용한다. 보통 신발로서는 가래 껍질로 삼은 이 "가래 메커리"가 많았으며 질기기도 한다.

"피총 메커리" - 신총을 피꼊나무 껍질로 하고 신 바닥을 삼大麻으로 한다. "피총 메커리"는 "중의 메커리"라고 하면서 이 부락들에서만 신고 벌 사람들은 신지 않았다.

"익총 매커리" - 신총을 조리 삼으로 노를 꽈서 재'물에 이긴 것으로써 하고 신 바닥을 삼으로 6날이나 8날로 한 것인데 외출시에 신었다. 조리삼이라는 것은 말라 썩은 삼'대에서 찌지蒸 않고 그냥 벗겨 낸 삼인데 보통 삼보다 몹시 질기다. 날經이라는 것은 신 바닥을 삼으로 틀 때의 골간으로 되는 노繩인데 날 수가 많을수록 신이 고급으로 되는 것이다.

"백지총 신" - 마른 신이라고도 하는데 제일 고급의 것으로서 기술 있는 신쟁이라야 삼을 수 있다. "백지총 신"은 신총으로서 속은 삼이고 겉은 백지가 씌우게 자재에 잣아서 만든 가는 끈을 사용한다. 신 뒤축에는 가래 나무 껍질 또는 희나무 껍집을 감는다. 여자용 "백지총 신"은 뒤축을 검은 가래 나쿠 껍질과 흰 희나무 껍질로써 알락 알락하게 무늬 나게 감기도 한다. "백지총 신"은 다 삼은(틀) 다음에 그 모양을 곱게 하기 위하여 형型을 넣고 모양을 바르게 하는데 이것을 신골을 친다고 한다.

이 부락들에서는 리조 봉건 시기에 황지와 함께 짚신(메커리)을 삼아 관아에 바치었다. 종이와 짚신 공납은 승려에게 일반적으로 있은 일이었다. 이러한 공납품을 수량대로 보장 못하였을 때에는 체형을 받거나 재산을 몰수당하였다 한다. 황지에서와 마찬가지로 지방 량반들은 짚신도 개별적으로 강제 징수하는 일이 많았다 한다. 밭 갈이의 신발로서 "도레기"를 예로부터 사용한 것은 함경도에 보편적인 일이었으며 근년까지도 그러하였다. 그런데 이 부락들에서는 오랜 과거에는 밭 갈이에 뿐만 아니라 일상 외출에도 "도레기"를 신었음이 틀림없다는 것은 우에서 이미 론증한 바와 같다.

겨울에 얼음 우나 눈 우에서 미끄러지지 않기 위하여 〈삽도 52〉에서 보는 바와 같이 철편으로 만든 "사발"이라는 것을 신발 밑에 덧 신는다(례 부령군 교원리). "사발"은 과거에는 함경도에서 널리 사용된 모양이다. 북평사 조우희趙宇熙는 1870년경에 그가 목격한 "사발"의 모양과 기능에 대하여 서술하였는바[40]

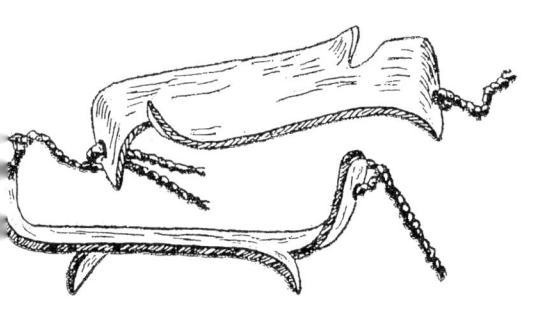

〈삽도 52〉 사발

---

40 위의 책, "至磨嶺 … 此地北關初界也 … 且靴底着鐵片 繁以繩 其制似馬牛之蹄鐵 而形廣且方 下附兩鐵脚 雖氷嶺

그것은 이 부락들에 잔존하는 그것과 꼭 같다.

또 이 부락들에는 눈 우에서 빠지지 않게 하기 위하여 신발 밑에 덧 신는 것이 있었다. 그것은 테두리를 버드나무로 하고 가르대[가로지르는 끈]를 노로 그물로 엮고 사방에 끈을 단 것(길이 40cm, 폭 25cm)이었는바 이것도 역시 사발이라고 하였다. 이것은 이른 봄철에 쌓인 눈의 표면이 녹았다가 얼어서 굳어진 우를 다닐 때에 사용한 것인데 널리 사용된 것은 아니었다.

이상과 같이 다른 지방에서는 없어진지도 오랜 얼음에서 미끄러지지 않기 위하여 덧 신는 "사발"이 잔존하며 눈에 빠지지 않기 위하여 덧 신는 "사발"을 잘 기억하고 있으며 작업에 짚신을 흔히 사용하고 있는 사실은 이 부락 사람들이 그 경제 생활에서 산과 밀접한 관계가 있다는 것을 단적으로 말하여 주는 것이다.

(3) 음식

① 일상 음식

일반적으로 산간 부락은 주곡이라 할 곡식의 비중이 절대적인 것이 못되고 각종 잡곡의 종류가 많고 그 비중이 커서 그것들이 다 일상 식사에 중요한 재료로 등장하는 것이 특징적인 것이다.

이 부락들에서는 과거에 보리, 귀밀, 조, 감자, 옥수수, 열콩, 콩 등이 다 일상 식사에 중요한 재료로 되었다. 우에서 말한 바와 같이 그 중에서 귀밀만은 벌써 수십년 전부터 황병 때문에 별로 심지 않게 되었으므로 중요 식료로는 되지 않았다. 보리, 귀밀, 조로서는 밥을 지어 먹는데 이에는 열콩, 콩 등을 중요하게 섞는다. 감자는 밥에 섞기도 하지만 그대로 찌거나 구워 먹는다. 옥수수는 일반적으로 함경북도 지방에서는 종래 망에 갈아서 밥을 하는 것이 아니라 그대로 껍질을 벗겨서 열콩을 섞고 물을 많이 붓고 푹 끓여서 죽으로 하여 먹는 것이 평안도, 자강도, 지방들과 다른 점이었다.

오늘 이 부락들은 다수확 작물인 옥수수와 감자를 주작으로 하는 것만큼 옥수수, 감자에 열콩을 섞어서 밥을 지어 주식으로 한다. 그러나 앞으로 짧은 시일 내에 이러한

雪棧 擔輿而無蹉跌 皆以此力也 名曰沙發"

것은 공업 원료로서 입쌀과 교환될 것은 물론이다.

　부식물로서 중요한 된장과 간장은 벌 부락들보다 더 맛 좋게 한다고 예로부터 말하여 오는바 그것은 겨울에 화목을 많이 때여 집이 더우므로 메주가 잘 뜨는 관계라 한다. 메주는 바당 천정 밑에 덕대를 만들고 얹는다. 이 메주 덕대는 가마 우에 있는 시렁과 바당 보를 리용하여 연목 가지만큼 한 나무'대를 여러 개 가로 놓고 그 우에 싸리를 뻣어 얹어 만든 것인데 이 부락들에서는 과거에 잔치나 제사를 성대히 하던 시기에 이를 고기 써는 "숙뒤'간"으로도 리용하고 여름에 사람이 자기도 한 것이라 한다. 장독은 안'고방에 둔다. 그러므로 장'고방이라는 명칭까지 있는 것이다.

　이 부락들은 김장에 대한 관심이 덜하다고 할 수 있다. 우선 농사철에 채소 재배에 대한 관심이 적다. 보리를 베어 낸 밭에 무를 심으며 배추도 철이 늦어서 심으므로 잘 되지를 않는다. 무우 김치는 종래 통김치로 소금물에 담갔다가 먹을 때에도 통무우를 물에 띄어서 사발에 담아 놓았다. 무우를 썰어서 말리웠다가 김치로 하는 일도 있으나 그것은 국수 취미꺼리로 하는 정도이고 많이 말리우지는 않는다. 무우 깍두기는 근년부터 보급되는 중이다. 종래 무우 김치로서 특별히 한다는 것이 무우를 잘게 썰어서 고추 가루를 섞어 단지에 담그는 것인데 이것을 짠지 또는 잔채라고 한다. 배추 김치도 소금 물에 담글 뿐이고 고추 가루도 넣지 않는다. 이상과 같은 김장 제조 방법은 이 부락들에서 뿐만 아니라 과거에 함경북도 농촌에 일반적인 현상이었다. 일반적으로 함경도에서는 남쪽 지방에 비하여 된장, 간장에 대하여는 관심이 크고 김장에 대하여는 덜하였던 것이다.

　채소와 관련하여 더 말할 것은 이 부락들에는 질굼(콩나물의 방언(함경)]에 콩 질굼(콩나물), 록두 질금(록두 나물) 뿐만 아니라 장박 질굼이라 하여 무우 씨로 만든 것이 있다. 벌 부락에서는 장박 질굼을 알지 못한다. 또 염지(쏠)[부추의 방언(함경)]를 "성쿠레"라고 하는데 이것은 완전히 녀진 말인 것이다. 함경북도 북부 지방에서는 간혹 벌 부락에서도 "성쿠레"라고 하는 일이 있다.

　이 부락들은 산간인 것만큼 산채가 많으며 많이 먹는다. 고비(고사리), 소고비, 붉은 고비, 도라지, 더덕이, 오무달리, 미나리, 어리방, 삼붓대, 어사리, 질우배, 우벙[우엉의 방언(강원, 경상, 전북, 함경)]줄기, 참취, 곰취, 엄드릅, 무슨들레(미음드레), 상가시, 무수애, 강영이, 쉬나물, 구정구미, 보앙개 등 다종 다양하다. 이 중에는 오무달리, 보앙개 등과 같이 벌 사람들은 먹을 줄 모르는 것들이 있는가 하면 벌 사람들이 먹는 배짜개(질경이), 쑥은 먹지를 않는다. 떡에 넣어 먹는 떡쑥은 산간에는 없기도 하다.

이 지방의 벌 부락들에는 "나물"을 "나말"이라고 하는 사투리가 전연 없다. 그런데 이 부락들만은 어디서나 공통적으로 "나물"을 "나말"이라고 하며 보리麥를 "바리"라고 한다.

조미료로서 기름을 벌 사람들보다 더 많이 쓴다고 할 수 있다. 기름에 들깨 기름, 역 기름麻子油, 호박씨 기름이 있다. 기름을 많이 사용하는 리유는 과거에도 고기를 먹기는 하였지만 불공과 제사에는 고기를 쓰지 않았으므로 벌 사람들보다 채소 료리를 더 많이 만들었으며 따라서 기름을 많이 쓴 관습에서 온 것일 것이다. 절간 음식에 기름을 많이 사용하고 있는 것을 잘 알려져 있는 사실이다. 또 일반적으로 음식을 짜게 하지 않는 경향이 있다.

② 특별 음식

잔치, 제사, 명절 기타 특별한 때에 만드는 음식에는 적지 않게 벌 부락들과 다른 것들이 있다. 거기에는 재료상 차이 관계도 있지만 고유한 전통을 가지는 것도 있는 것 같다.

조찰떡 – 조찹쌀을 쪄서 떡구유에 쳐서 만드는 것으로서 벌 부락들에서의 것과 다른 점이 없다. 찰떡을 떡 그릇에 담을 때에 벌 사람들은 잘게 베어 담는데 이 부락들에서는 주먹만큼 크게 베어 담는다. 그리하여 벌 사람들은 떡 개가 큰 것을 형용하여 "중의 떡 개만 하다"고 말한다. 주로 잔치, 제사 때에 만들고 보통 때에도 만들어 먹는 일이 있다.

우구시 – 잔치, 제사 때에 찰떡 우에 덮는 것으로서 피쌀로도 만들고 좁쌀로도 만든다. 과거에는 귀밀 쌀로 많이 만들었다. 피쌀이나 좁쌀을 물에 오래 불려 잘 퍼지게 한 다음에 가루를 내여 반죽하여 밀대로 엷게 밀고 칼로 베어 사각형으로 하고 솔 잎을 사이 사이에 펴면서 가마에 넣어 쪄내어 찬물에 씻고 기름을 발라서 만든다. 잔치나 제사 때에는 찰떡 우에 우구시[웃기떡의 방언(함경), 우구는 위를 의미하므로 곧 위에 올려놓는 떡을 말함]를 반드시 덮는 것으로 되여 있다. 그러므로 이 부락들에는 한 가지 물건에 반드시 따라 가는 부속물을 비유하여 "떡 우에 우구시"라고 말한다. 우구시는 함경도 다른 지방에서 입쌀 가루로 엷고 둥글게 만들어 떡 우에 덮는 "위귀"와 같은 것이다.

메밀구편 - 메밀 가루를 물에 풀어서 냄비에 기름을 바르고 한 종지씩 펴 굽는데 이것은 이 부락들에서만 만드는 것이다.

시루떡 - 조찰떡을 제외하고 흔히 하는 것이 시루떡이다. 시루떡은 조찹쌀 가루와 좁쌀 기타 잡곡 가루를 섞어서 열콩 부루개를 놓고(콩 등속을 밥이나 떡에 섞어 넣은 것을 부루개를 놓는다고 함) 가마에 쪄 낸 다음에 다시 함지에 대고 잘 주물러서 잘 혼합시키고 칼로 베어 먹는다. 오래고 작은 제사에는 대개 조찰떡을 하지 않고 시루떡을 한다.

가랍떡 - 조찹쌀과 좁쌀 또는 옥수수 가루 등을 혼합 반죽하여 널찍하게 하고 가랍 잎(가락 잎)에 싸서 가마에 쪄가지고 먹을 때에 가랍 잎을 벗긴다. 5월 단오나 초복이나 추석에 만들며 기타 여름에 만든다.

장떡 - 장떡에는 귀밀 장떡과 감자 장떡 두 가지가 있다. 장떡은 린근 부락에는 없고 이 부락들에만 옛날부터 있은 특이한 음식으로 잘 알려져 있다. 귀밀 장떡은 귀밀 가루를 반죽하여 속에 양념 넣은 된장을 넣어 일종의 만두처럼 만들고 가락 잎 또는 옥수수 잎에 싸서 가마에 쪄서 먹는다. 특히 추석에 햇귀밀쌀로 많이 만들어 명절을 쉰다, 특별히 만들 때에는 양념으로 돼지고기, 송이 같은 것을 된장에 섞어서 넣는다. 귀밀 장떡을 이 부락들에서는 제일 좋은 특별 음식으로 친다. 그런데 떡 가루에 장을 섞어서 지짐으로 하여 반찬으로 하는 일은 다른 지방에도 있는 일이다. 그러나 된장을 속으로 넣은 떡은 어느 지방에서나 어느 절에서나 볼 수 없는 이 부락에만 특유한 것이다. 감자 장떡은 1930년경부터 알게 된 것으로서 귀밀 가루 대신에 감자 가루와 감자 가루(갑분)를 내고서 남은 송치를 가마에 쪄서 혼합하여 만든다. 햇감자가 나게 되면 흔히 감자 장떡을 만드는데 속에는 대개 된장에 풋고추와 마늘을 썰어서 섞어 넣는다.

귀밀 수단 - 귀밀쌀 가루로 잘게 동그랗게 빚어 끓는 물에 삶아서 찬물에 씻고 간장 물을 놓아서 먹는다. 귀밀 수단은 미끄러워서 저'가락으로는 집을 수 없다.

세병 - 귀밀쌀 또는 조찹쌀 가루로 시루떡처럼(열콩을 섞지 않고) 하고 엷게 만들어 기름을 바른 것인데 녀자들이 제사 집으로 갈 때에 부조로 흔히 만들어 간다.

오그랑떡 - 조찹쌀, 좁쌀, 밥수수쌀 등의 가루를 반죽하여 햇닭알만큼하게 동그라미를 빚어서 열콩을 삶다가 그 물에 넣어 끓여 낸다. 떡물이 없이 하여 저'가락으로 집어 먹는다. 오그랑떡은 제사에는 하지 않는다. 명절에도 오그랑떡을 하는 것은 잘 하지 못하는 것으로 친다. 또 오그랑떡에는 물 오그랑떡이 있으며 물 오그랑떡에도 깨'물 오그랑떡, 맨물 오그랑떡이 있다. 깨'물 오그랑떡은 깨를 볶아 찧어 물에 풀고 그 물에 끓여 내어 오그랑이 깨'물에 섞은 것이고 맨물 오그랑떡은 오그랑이 맨물에 섞은 것이다. 깨'물 오그랑떡은 "화종" 점심에 흔히 하였다.

증편(기지떡) - 증편은 과거에는 전연 만들지 않았다. 벌 사람들의 음식으로만 알았다. 근년에 와서 혹 만드는 일이 있으나 잘 만들지 못한다.

메밀 국수 - 이 부락들은 메밀 국수를 잘 만드는 것으로 이름이 있다. 그것은 예로부터 메밀을 많이 심으며 메밀 국수를 자주 만들어 익숙하기 때문이다, 메밀 국수에는 농매국수와 막국수의 두 가지가 있다. 농매국수라는 것은 메밀쌀을 망에 갈아서 속 껍질을 벗겨 키로써 까불러 내고 가루를 내어 만든 것이고 막국수라는 것은 메밀쌀을 그대로 가루를 내어 만든 것이다. 농매국수는 특별한 손님을 위할 때나 사돈 집으로 보내는 음식 같은 때에 하고 보통 때는 막국수를 한다. 국수를 먹음에 있어서 이 부락들에서는 간장물에 말지 않고 뜨거운 된장국에나 찬 김치물에 만다. 간장물에 마는 것을 좋아하지 않는다. 일제 시기의 "재가승" 부락의 풍습에 관한 기사 중에 이 부락들에서는 벌 사람들과는 달리 국수를 먹을 때에 국수물을 먼저 떠놓고 그 우에 국수를 넣는다고 한 것이 있으나 그런 일은 없으며 과거에도 없었다 한다.

메밀 국수와 관련하여 이야기 되어야 할 것은 이 부락들에서 겨울에 성히 한 국수 "되치럭"이다. "되치럭"은 "되놀이"라고도 하는바 매 개인이 일정한 량의 쌀을 가지고 한 곳에 모여서 자기들 손으로 국수 또는 떡을 만들어 먹으면서 노는 일종의 공동 식사 조직이다. "되치럭"이란 말은 되升로써 쌀을 모은다는 의미로서 "되취렴升聚斂"의 와음訛音일 것이다. 이러한 풍습은 벌에도 있었다. 그러나 이 부락들에서는 그것이 특히 성하였으며 남자들끼리 또는 녀자들끼리 하는 일도 있고 남녀 합하여 하는 일도 있었다. 이렇게 이 부락들에서는 남녀간의 차별과 내외가 없이 한데 모여 노는 풍습이 과거에도 많이 있었다. 이 부락들에서는 "되치럭"할 때에는 보통으로 남의 집 김치를 모르게 퍼다가 먹는 것이었는데 "되치럭"할 때에 그러는 것은 허물치 않는 것이었다(례 경흥군 룡성리 어운동).

자바귀 - 자바귀는 이 부락들에만 있는 것으로서 찰떡을 쳐서 밀대로 밀어 엷게 하고 기름에 구운 다음에 물엿을 바른 것이다. 이것은 과줄에 튀개쌀을 붙이지 않는 것에 해당한다. 큰 잔치나 제사 때에 만들어 떡 사발 우에 얹는 것이다. 벌에서는 자바귀란 말조차 알지 못하는 것인데 이 부락들에서는 입쌀이 극히 귀하여 튀개쌀을 만들 수 없기 때문에 그렇게 한 것이라 한다.

술과 감주 - 소주와 귀밀 간주를 많이 만들었다. 감주에는 단감주와 쏜감주(탁주)가 있었다. 술과 관련하여 이 부락들에서는 어디서나 공통적으로 술을 데우라는 것을 술을 달구라고 말하는 것이 주목된다. 주위의 벌 부락에서는 그렇게 말하지 않는다.

4. 가정, 사회 생활 풍습과 정신 문화

1) 가족 관계와 친족 관념, 부락 생활

현재 이 부락들의 가족 구성을 보면 세대주의 부처와 그의 아들, 딸 또는 손자 손녀들로 구성되어 있음이 벌 부락들과 다름이 없다. 1957년에 조사한 733호에 대한 평균 가족 수는 5.35명으로 그중 남자는 2.55명, 녀자는 2.8명으로 되어 녀자가 좀 더 많다.

서론에서 이미 본 바와 같이 일제가 일부 부락들에 대하여 조사한 호구 수와 그에 해당하는 부락들의 현재의 호구 수를 비교하여 볼 때에 일제 시대에는 매호 평균 6.2명이였다면 현재는 5.4명으로 되는 것이다. 이것은 이 부락들이 역시 소가족화하여 가고 있다는 것을 보여 주는 것이다.

과거 리조 봉건 시대에 이 부락들에서도 대가족으로 십오륙명 가족이 한 집에서 동거한 일도 있었다고 한다. 그러나 원래 이 부락들은 대가족제의 유습이 적었다는 것을 그 분가分家 풍습을 보아서 알 수 있다. 이 부락들에서는 과거부터 자식을 분가시킴에 있어서 장자, 차자 순으로 장년이 되면 농토와 축우 등 재산을 평등적으로 나누어 분가시키고 부모는 막내 아들과 동거하다가 사망할 림시에 장자의 집으로 가기도 하고 그냥 마감까지 있기도 하는 례가 매우 많았다. 례를 들어 회령군 창태리 내의 이 부락들에도 8건, 경흥군 룡성리 어운동에는 9건의 장자 분호의 례가 있다. 장자 분호의 례는 과거일수록 더 많았는바 벌 사람들의 풍습을 본 받기 전에는 전'적으로 그러하였다고 보여진다. 이와 같이 장자를 편중하지 않고 또 재산도 평등으로 분배하였으므로 부모 사망 후의 제사도 분공적이다. 장자가 아버지 제사를 지내고 차자가 어머니 제사를 지내며(단 제사에서의 주제의 역은 장자가 함) 장자가 부모보다 먼저 사망하였을 때에는 살아 있는 아들 집에서 부모의 제사를 지낸다. 대 소상 제사에 손님께 술을 권할 때에도 맏 아들 술, 둘째 아들 술식으로 아들마다 제 몫씩 권한다. 부모의 제사뿐만 아니라 조상의 제사도 여러 아들께 나누어 맡긴다.

장자 분호의 풍습을 단순하게 경제적 관계로 즉 경제 형편이 넉넉지 못하여 우선 자기로 살아 갈 수 있는 자로부터 독립시켜 내보내고 아직 독립적 생활을 할 수 없는 자를 부모가 데리고 걱정하여 주는 것이라고만 볼 수는 없는 것이다. 여기에는 반드시 고유한 전통이 있다고 보아야 할 것이다. 린접 일반 부락들에서는 경제 형편이 아무리 곤난하여도 장자를 분가하는 일은 없는 것이다. 15, 16세기에 녀진인들 사이에 이와 같은 장자 분가 제도가 있었다. 1485년(성종 16)에 래조한 건주위의 추장 리달한李達罕(리만주李滿住의 손자)의 셋째 아들 살두沙乙頭는 말하기를 아버지 달한이 나를 보내면서 말하기를 "전자에 포라대包羅大(달한의 "맏아들……필자), 리달지개李多乙之介(달한의 둘째 아들……필자)가 대국大國(조선을 의미……필자)에서 말 안장과 말鞍馬을 받아 와서 감격하여 마지 않는 바이다. 그러나 다 별거하고 있으므로 나에게는 도움됨이 없다. 너는 나와 한 집에 동거하고 있으므로 다행히 주상의 은덕으로 또 말 안장과 말을 받아 온다면 나도 또한 쓸 수 있겠다"고 하였다"[41]고 하였으며 1517년(중종 12)에 만포滿浦에 온 김주성가金主成可의 사위 동상시童尙時는 말하기를 "주성가는 두 아들을 데리고 동거하고 그의 장자, 차자와 나와는 각각 따로 살고 있노라"[42]고 하였다. 이것으로 보면 녀진인 사이에는 추장격의 사람들 사이에도 장자, 차자 순으로 분가시키는 풍습이 있었던 것이다.

리조 실록에는 이와 동일한 시기에 "本國風俗 男歸女第 其來久矣"라느니 "本國風俗 則女婿寄妻家 以成其身 擧世皆然"이라느니 한 기사들이 있다. 그러나 여기서 말하는 "남

...

41 『성종실록』 16년 12월 임오조. "父達罕送我云 前者子包羅大李多之介 受大國鞍馬而來 不勝感戴 然皆別居 無益於我 汝則同居一家 幸蒙上恩 又受鞍馬而來 則我亦得而資之矣" 이렇게 말한 沙乙豆는 李達罕의 셋째 아들이었으며 당시 23세였다.

42 『중종실록』 12년 12월 을축조. "… 金主成可子三人女婿童尙時等 來滿浦 告于僉事日 我等被建州衛侵略 移居茂昌越邊 … 問人家凡幾戶 答日主成可率二子同居 長子次子及我則各居 幷他人凡九戶來居"

자가 녀자의 집으로 간다", "사위가 처가에 기류한다"는 것은 남자가 녀자의 집에 영구히 가 있는 것을 의미하는 것이 아니고 즉 장자, 차자 순으로 부모와 별거하게 되는 것을 의미하는 것이 아니고 고구려의 혼인 풍습에서와 같이 남자가 처가에 기류하여 아이도 낳고 상당한 년령에 달하면 처를 데리고 자기 집으로 돌아 온 것을 의미한 것일 것이다. 그렇지 않고 전반적으로 남자가 녀자의 집에 영구히 가 있고 돌아 오지 않는 것이라면 어느 집이고 남자 자식은 남아 있을 수 없으며 따라서 상속은 딸 또는 사위가 하는 모계 제도로 되겠는데 이 시기에 이러한 제도는 도저히 있을 수 없는 것이다. 그러므로 그것은 봉사혼적 의의를 상실한 일종의 데릴 사위혼 풍습이었고 녀진인이 장자, 차자 순으로 분가시킨 풍습이나 "재가승" 부락에서 그렇게 한 풍습과는 본질상 완전히 다른 것이다.

장자를 분가하였을 경우에도 장자의 집을 큰 집이라고 하는 것이 아니라 부모가 있는 집을 큰 집이라고 한다. 큰 집과 작은 집 사이에는 작은 집에서 큰 집 일을 로력적으로 방조하여 주며 큰 집에서는 작은 집을 경제적으로나 기타 물질적으로 방조를 주며 명절 같은 때에도 큰 집에서 음식을 하여 한데서 먹게 하는 것이 작은 집을 애호하는 것으로 된다.

과거에 일반적으로 적자嫡子, 서자庶子의 구별을 엄격히 하던 시기에 있어서도 이 부락들에는 그러한 풍습은 전혀 없었다. 우선 첩을 두는 례가 없었던 것이며 재취再娶에 또는 처음 장가에 홀어미를 얻었다 하지라도 그에게서 난 자식을 천시하는 일이 전혀 없었다. 근세에 와서 벌 사람들의 고루한 유교적 풍습을 여러 가지 면에서 많이 본받았으나 적자, 서자를 구별하는 풍습은 이 부락들에는 전파되지 않았다.

종래의 "재가승"에 관한 기사에 남자 자식이 없을 때에는 맏사위를 양자로 한다고 하였다. 그러나 실지에 그런 일은 없었다. 남자 자식이 없거나 남자 자식이 어릴 때에 데릴사위를 삼는 일이 많았다. 그러나 그것은 봉사혼奉仕婚의 의의를 가지는 것이었고 양자의 의의를 가지는 것은 아니였다. 타성을 양자로 삼는 일은 없었던 것이다.

과거에 이 부락들에서는 자식을 분가시킬 때에 동리의 좌상 로인 또는 "스님" 노릇하는 어른에게 상의하는 풍습이 있었다. 그러나 이것은 한 개 형식이며 례의였고 실지에 있어서 좌상이나 "스님"이 분가의 가부를 결정하는 권리를 가진 것은 아니었다. 우선 분가시키자면 집을 지어야 하며 집을 짓는 데는 동리 사람들의 로력 협조를 받아야 하는 것이므로 동리의 좌상이나 "스님"과 문의하는 것은 례의로 되었으며 또 필요하였던 것이다. 그 뿐만 아니라 이 부락들에서는 누구나 어려운 일, 큰 일은 마을의 좌상이나 "스님"과 문의하는 것이었으며 친족을 단위로 한다는 것보다 부락을 단위로 하는 단결력 화목성이 특히 강하였는바 여기에는 친족 관념, 집안 관념이 벌 사람들보다 적었다는 것이 또한 관련된 것이다.

친족 관념, 집안 관념에서 벌 사람들과 다소의 차이가 있다. 과거에 이 부락들에서는 사람이 죽으면 화장하고 다시 그 뒤를 살펴 보는 일이 없이 완전히 잊어 버렸으므로 누구의 집에나 몇 대전 조상의 산소라고는 없다. 거의 전부가 몇 대전 조상을 알지 못한다. 그러므로 과거 봉건 시대에 있어서도 공동 조상에 대한 관념이 희박하며 먼 촌수까지 따져서 친족으로 치는 관념이 적었다. 8촌까지나 촌수를 캐였다. 그 반면에 8촌 이상이 되면 촌수를 나누어 6촌, 8촌으로 만드는 일이 많았다. 이와 같이 촌수를 나꾸어 오는 례는 경상도의 일부 지역에도 있다.

이 부락들은 과거 봉건 시대에 승려의 형식을 차렸으며 승려의 취급을 받았으므로 성씨를 부르지 못하고 이름만 불렀다. 승려는 원래 "온갖 내'물이 바다에 들어 가면 한결같이 짠 맛으로 되고 모든 사람들이 불도에 들어 가면 한결같이 석씨로 된다百川入海 同一醎味 四姓出家 同一釋民."는 원칙에 의하여 본래의 성씨를 부르지 않고 이름만 부르는 것이었다. 이 부락들에서도 이 원칙에 의하여 본래의 성씨 즉 속성俗性을 가지고 있었으나 그것을 부르지 않았으며 또 부를 수도 없었다. 보통으로 성 대신에 이름자의 마감자를 성처럼 썼는바 례를 들어 하상덕이랑 자가 첨지僉知였다면 "하 첨지"라고 하는 것이 아니라 "덕 첨지"라고 불렀다. 이러한 례는 승려간에 일반적으로 있은 일이다.

이상과 같이 이 부락들에서는 먼 촌수까지 친족으로 치는 관념이 적으며 과거에 성을 공적으로 쓰지 않았으나 "동성 동본"이라고 하는 사이에는 서로 혼인하는 일이 절대로 없었다 한다.

한편 이 부락들은 전 부락적으로 되는 단결력과 화목성이 비상히 강하다. 이것은 동시에 배타적인 편향을 가지게 한다. 이와 같은 특성은 과거에 수 많은 벌 량반들을 상대로 하고 그들의 억압 착취와 멸시에 저항하면서 살아가는 조건에서 자체 유지상 필요로 이루어진 것이었으며 그것은 과거의 환경 조건에서는 긍정적이었다. 요컨대 벌 부락들은 동종同宗적으로 단결하고 배타하는 편향이 있었다면 이 부락들은 전 부락적으로 단결하고 배타하는 편향이 있었다. 이와 관련하여 이 부락들에서는 자기네들을 "우리 쓸"이라고 하고 벌 사람들을 "나그네 쓸"이라고 부른다. "쓸"이라는 말은 벌에는 없는바(과거에는 있었을지 모르나) 『오체청문감五體淸文鑑』에 의하면 만주말로 동성同姓을 "씰베"라고 한다. "쓸"은 "씰베"에서 온 것이 아닌가 짐작되는바 우리 쓸, 나그네 쓸이라는 말에는 자기들이야 말로 본래부터의 주민이요 벌 사람들은 후에 온 사람들이라는 의미를 포함하고 있는 것 같다.

"재가승"도 승려였음에는 틀림없다. 그러나 과거에 어느 상급 사찰의 감독도 받은 일이 없어 동떨어져 있었다 한다. 리조 시기에 전국 각도의 사찰을 나누어 맡아서 관할하는 5개의 사찰이 있어서 이를 "오규정소五糾正所"[43]라고 하였으며 각도에 또 도 규정소가 있었는데 소위 "재가승" 부락의 사찰만은 어느 규정소도 감독하지 않았을 뿐만 아니라 이 부락들의 절에 돌아다니는 승려까지도 천시하였다 한다.

이와 같이 소위 "재가승"은 상급 사찰의 감독을 받지 않았으므로 그 사회의 질서 유지는 자체 내의 엄격한 규률에 의하여 유지되었다. 행정적으로는 각 부락에 방장房長이 임명되어 조세 공납 등 행정 사무를 처리하고 군적으로는 도방장이 임명되어 이를 통할하였다. 방장을 비롯한 부락의 유력자들은 큰 세력을 가진 것이었으나 그러나 공공일을 결정함에 있어서는 상하, 로소의 합의를 요하였다.

원래 이 부락들은 승려가 되고 싶어서 된 것이 아니라 신분상 불가피적으로 그리되어 압박과 천시를 당한 것이므로 리조 말에 신분제가 법적으로 폐지된 후로는 모든 것을 벌 사람들과 같이 하게 되었으며 중이라는 말조차 모욕으로 생각한 것이었다. 그러나 오래 동안의 인습으로 자체끼리만 단결하고 외부 사람을 잘 믿지 않으며 벌 사람들과의 접촉을 싫이하는 인습만 오래도록 존속되었다. 여기에는 벌 사람들의 옳지 못한 태도가 또한 크게 관련되었다. 이러한 장벽은 오직 해방후 우리의 사회 제도가 근본적으로 변혁됨으로써만 타파되게 되었다. 이러한 배타적 편향성의 잔재는 급속히 완전히 일소되어야 함과 동시에 그 단결성과 호상 협조의 정신은 새로운 발전적 형태로 더욱 발양되어야 할 것이다.

---

43 광주 봉은사(奉恩寺), 양주 봉선사(奉先寺), 남한(南漢) 개운사(開運寺), 북한(北漢) 증흥사(重興寺), 수원 룡주사(龍珠寺).

2) 혼인 풍습

이 부락들에서의 혼인은 주로 부락내에서의 혼인이고 타부락과의 혼인이라 할지라도 그것은 같은 소위 "재가승" 부락간에서 행하여진다. 그러나 해방후 이 부락들로부터 다른 지방에 나가서 사업하는 청년으로서 그곳에서 결혼하는 례와 이 부락들의 녀성으로서 외부로 출가하는 례들을 차츰 볼 수 있다. 이는 우리 당의 봉건적 인습을 타파하기 위한 투쟁의 결과에 이루어진 것으로서 과거에는 상상도 하지 못한 일이다.

혼인에서의 부락적 관계를 보기 위하여 몇 개 부락들의 세대주들의 혼인 정형을 표시하면 다음과 같다.

부락명	세대주의 주	그중 부락내의 혼인 수	그중 타 "재가승" 부락간의 혼인 수	그 중 벌 사람과의 혼인 수	미 조사 수
부령군 교원리	96	61	30	4(홀어미와의 결 3)	1
은성군 월파리	33	17	16	—	—
경흥군 귀락리	21	12	7	—	2
경흥군 증산리	12	5	6	—	1

이 표에서 우리는 부락내의 혼인이 주이지만 부락내의 호수가 적을 경우에는 자연적으로 다른 "재가승" 부락과의 혼인 수가 많아지고 있다는 것과 8·15해방 전에도 극소수이나 이 부락들의 남자로서 벌 부락 녀자와 결혼한 례가 있기는 하였으나 그것은 홀어미와의 결혼이었다는 것을 알 수 있다.

또 녀자를 벌 사람들께 출가시키는 일도 전연 없었다고 할 수 있으나 먼 지방 사람으로서 이러 저러한 리유로 고향을 떠나 이 부락들에 찾아 들어 와서 이 부락들의 녀자와 결혼하고 그대로 남아 재가승으로 된 례가 상당히 많다. 그 조상이 몇 대 전에 다른 지방 특히 남쪽 지방에서 온 것임을 자타 명확히 알고 있는 집도 상당히 있다. 그 대표적인 례를 들면 회령군 풍산리 맹가'골 지 모의 고조부는 원래 경기도 수원군 서신면 상안리 사람이었는데 젊어서 과거에 락제하고 고향을 떠나 류랑 생활을 하다가 함흥 귀주사에서 단발하고 중이 되었다. 이리하여 그는 중 차림을 하고 떠돌아 다니다가 부령군 속사'골(현 회령군 무산리)에 사는 김 모의 집에 와서 자면서 그의 딸게 마음 두고 밤에 남몰래 바지 띠를 풀어서 녀자 있는 안'방에 들어뜨리고는 이튿날 아침에 자기는 그 녀자와 관계가 있노라고 하면서 강혼하려고 하였는바 김 모는 부령 부사에게 상소 하였으나 당시의 부령 부사 홍 모는 마침 지 모와 동문 수학한 자였으므로 그를 승소하 게 하였다는 것이다. 이리하여 그는 재가승으로 되어 도방장都房長을 하고 그 아들은 방장을 함으로써 재가승 부락에서 유력자로 되었다. 그 자손들이 수원에 찾아 갔다 온 일도 있다. 회령군 창태리 장 모의 증조는 남쪽 어디선가(자손들도 알지 못함) 득죄하고 들 어 와서 재가승의 딸과 결혼하고 재가승의 되어 아들까지 낳았다는데 나중에는 가족 모르게 도망하여 갔다. 회령군 무산리 심 모의 부친은 원래 함흥 사람이었는데 그 일족 이 산탈로 많이 죽는다 하여 15세 때에 그의 부친의 지시에 의하여 귀주사에 가서 중이 되고 돌아 다니다가 회령군 곡전거리에 와서 재가승 딸게 장가 들고 재가승이 되었다. 경흥군 룡성리 황철밭골 공 선달은 남쪽에서 와서 재가승 딸과 결혼하고 재가승이 되 었는데 중으로서 무과에 급제하였다. 온성군 월파리 리 모의 증조는 강원도 통천 사람 이었는데 고향에서 도박으로 패가하고 떠 돌아 다니다가 이곳에 와서 재가승 딸과 결 혼하고 재가승으로 되었는데 림종에야 자기의 고향을 말하였으며 자손들이 통천에 찾 아 갔다 온 일이 있다. 이 부락 최 모의 증조는 경원 사람이었는데 재가승의 딸과 결혼 하고 재가승으로 되었다. 이러한 례들은 그 조상이 원래 재가승이 아니었음을 벌 사람 들까지도 명료히 알고 있는 대표적인 례들이다.

 이와 같은 먼 지방 사람들의 이 부락들에로의 류입은 일시적 현상이 아니라 장구한 기간을 통하여 계속 부단히 있은 것일 것이며 그들은 부락내에서의 높은 문화 소지자 로서 또 유력자로시 이 부락들의 문화와 풍습에 큰 영향을 주었을 것은 의심할 바 없 다. 이 부락들의 풍습과 언어에서 다른 린근 부락들에서는 볼 수 없는 직접 남쪽적인 요소들을 볼 수 있는 것은 이와 같은 사정에서 온 것이라고 할 것이다. 이 부락 사람들 은 전부가 그 조상이 남쪽에서 왔다는 것을 말하고 있다. 그러나 그것을 그대로 믿을 수는 물론 없는 것이다.

 남녀의 혼인 년령의 경향성을 보기 위하여 부령군 교원리 세대주 96명의 부처에 대 한 혼인 년령을 표시하면 다음과 같다.

남녀별 \ 혼인년령	15세 이하	16~18세	19~20세	21세 이상	미조사 수
남자의 혼인 년령	20(21%)	36(39%)	15(16%)	22(24%)	(3)
녀자의 혼인 년령	6(6%)	34(37)	33(35%)	20(22%)	(3)

%는 조사된 총수에 대한 비율

즉 남자의 혼인 년령은 18세 이하가 60%, 20세 이하가 76%를 차지하며 특히 15세 이하의 심한 조혼早婚이 21%나 되고 21세 이상은 겨우 24% 밖에 되지 않는다. 녀자의 혼인 년령은 18세 이하가 43%, 20세 이하가 78%를 차지하고 21세 이상은 22% 밖에 되지 않는다. 즉 남녀 다 상당히 조혼이다. 이러한 경향은 현재도 이 지방의 일반 벌 부락보다 더 농후하여 남녀 18~20세를 보통으로 하고 20세가 넘으면 과절한 것으로 생각하는바 그것은 산간이어서 도시와의 접촉이 덜하고 낡은 인습에 대한 보수성이 더 강하게 작용하기 때문이다.

다음으로 약혼으로부터 결혼까지 사이의 행사에 대하여 보기로 한다.

이 부락들은 과거에도 남녀간의 내의법이 적었으나 약혼은 역시 부모 간의 합의로서만 성립되었다. 당사자들의 의사를 존중하게 된 것은 대체로 해방 이후부터의 일이라고 할 수 있다.

부모가 처녀 있는 집으로 구혼求婚가는 것을 "중신"을 간다고 하며 구혼 온 것을 "중신 아비" 왔다고 한다. "중신"이라는 말은 남부 조선에 있으나 이 지방의 벌 부락들에는 전연 없다. 이와 같이 이 부락들에는 린접한 벌 부락들에는 없고 남쪽 지방에만 있는 어휘도 볼 수 있다. 다른 례로서 목욕하는 것을 "먹 감는다"고 하는 말도 이 부락들에만 있고 함경북도의 다른 지방에는 없는 것이다. 이것은 우에서 말한 바와 같이 이 부락들에서는 전´적으로 부락내의 혼인이나 또는 같은 부락간의 혼인을 하지만 먼 지방 사람으로서 다시 돌아갈 념려가 없는 사람에게는 딸을 주었으며 그는 그대로 남아서 소위 "재가승"으로 된 례가 많았다는 사실에서 해명된다.

녀자의 친권자의 약혼 승인을 받은 것을 허락을 받았다고 하는바 허락은 받은 후 과거에는 성례할 상의를 다닐 뿐이었는데 근년부터 "사돈 보기" 또는 "기쁜 례"라 하여 신랑 측에서 음식을 갖추어 가지고 남녀 친척이 많이 새 사돈 집으로 가는 풍습이 있다. 이 때에 친척들은 신부에게 돈을 주고 신랑은 선물을 준다.

결혼식 날자는 이 부락들에서도 과거에는 복술에게 택일시켜 정하였으나 지금은 일요일을 택하고 특별히 택일하는 일은 드물다.

신랑 측의 례장감으로서는 신부가 첫날 입을 웃옷(저고리와 치마)을 만들어 대장함에 넣어서 결혼식 날 가져간다. 물론 잘 준비하는 집에서는 기타의 천돌과 돈도 넣는다. 웃옷은 결혼식 전에 가져 가는 일도 있다. 대체로 신부가 결혼식 날 입을 웃옷은 신랑 측에서 준비하고 신부 측에서는 금침을 준비하는 것이 준례로 되고 있다.

결혼식 날 신랑 측에서는 신부 집으로 신랑을 따라 대장 우시'군(위요가는 사람, 또는 지위가 높은 사람을 가리키는 북한어) 1명, 사환 우시'군 1명, 교군'군(가마 메는 사람) 4~6명, 우차 몰이'군 1명이 간다. 우시'군으로서는 상에 든 자, 부인이 임신중에 있는 자를 꺼리며 친척이 가지 않는 것을 원칙으로 한다. 신부 집에 가서 기러기(나무로 만든 기러기)와 대장함을 드리는 전안奠雁식을 거행한다. 이 기러기를 전하는 례를 지금도 실시하고 있는바(례컨대 회령 창태리) 이것이 벌 사람들로부터 본 받은 것임은 물론이다. 신랑의 지혜를 시험하는 방법으로서 전안할 때에 돗 자리 밑에 콩을 펴서 신랑이 미끄러지게 하며 전안이 끝나고 신랑께 드리는 큰 상에다가 가시 붙은 몽둥절을 놓음으로써 신랑을 당황하게 하면서 신랑의 지혜를 시험하는 풍습이 있었다.

전안식이 있는 당일로 신부를 데려 오는데 리조 말까지는 신부는 머리에 웃저고리를 꿰메어 쓰고 말 또는 소를 타고 우시'군으로 오는 오빠들이 붙잡고 갔던 것이다. 이것은 봉건 량반들이 가마 타는 것을 금하였기 때문이었으며 우에서 이미 말한 바와 같이 남쪽 지방에서는 근세까지도 미천한 가정에서 녀자가 출입할 때에 쓸 치마를 쓰고 소를 탄 사실과 서로 통하는 풍습이라고 할 것이다. 이리하여 가마를 타기 시작한 것은 40~50년 전부터였는바 지금도 가마 또는 초교(림시로 간단히 가마모양을 만들고 우에 천을 친 것)를 쓰며 우차(우에 천을 치고)를 쓰기도 한다. 가마가 집 근처에 당도하였을 때에 가마 멘 사람들이 신랑의 부모 형들이 나와 맞으라고 외치면서 행부(보)석行步席을 펴지 않고서는 발이 아파서 들어 갈 수가 없다고 졸라대면 부모 형들은 광목천 같은 것을 가지고 나와서 길에 펴 놓는척 하는 풍습이 있다.

신부가 큰 상을 받을 때에 일체 례절을 가르치며 안내하는 역할을 하는 여자를 "인숙" 또는 "인숙 어미"라고 한다. 이날 "인숙"이 받은 상에 음식은 "인숙"이 가져 가고 신부 상에 음식은 본 집에 가져 간다. 결혼식이 있은 몇일 후에 가까운 친척 집들에서 떡을 하고 신부를 초청하는데 이것을 "집을 뵈운다"고 한다. 이 집을 보이는 행사는 "인숙"으로 된 집에서부터 시작한다.

신부를 따라 신부측에서는 우시'군으로서 신부의 오빠, 오빠의 처 등 3~4명과 상우시'군으로서 동리를 대표하여 한 사람이 간다. 이 동리를 대표하여 가는 풍습은 예로부터 있은 일이며 녀자가 우시'군으로 가는 것은 근간부터 있은 풍습이다. 또 과거 40~50년 전까지는 결혼식이나 큰 제사가 있을 때에는 친척 아닌 동리 사람 중에서 도감을 정하고 도감이 손님 접대의 총책임을 졌다. 신부측에서 온 우시'군은 손님 접대를 잘하라고 도감을 다루며 잘 접대 못할 때에는 도감을 달아 매는 일도 있었다. 이와 같이 동리 사람이 손님 접대의 총책임을 지나 또는 상우리로 가는 일은 벌 부락에는 없었다. 이와 같은 풍습은 이부락들은 과거 봉건 시대에 있어서도 집안 타성을 론함이 없이 전 부락적으로 호상 협조하는 정신이 농후하였다는 것을 보여 주는 것이다.

결혼식 이튿날 아침에 신부를 시부모와 친척들께 절拜을 시키는데 이 때에 절을 받은 사람들은 답례로 돈을 준다. 필자는 1957년에 경흥군 홍성리 어운 부락에서 이러한 일이 있을 때에 어떤 로인은 나는 절 받은 값을 낼 돈이 없으니 못 가겠다고 하는 것을 보았다. 이러한 풍습은 『용재총화慵齋叢話』에서 "야인"의 풍습을 서술하면서 결혼시에 "동리 사람이 다 모으면 신부를 성장하고 나가서 뵈게 하는데 이때에 또 년소한 녀자를 잘 차리고 신부의 례절을 가르치게 하는데 이를 인속引屬이라고 한다. 큰 바구니를 들고 객의 앞에 가서 절을 하면 객들은 다소를 물론하고 혹은 의복 혹은 천布帛類을 그 바구니에 던져 줌으로서 신부의 살림을 도와 준다"[44]고 한 것을 련상케 한다. 특히 신부의 례절을 가르치는 여자를 "인속"이라고 하는 것은 우에서 말한 이 부락들에서 신부가 큰 상 받을 때에 례절을 가르치는 대반전통 혼례에서 신랑이나 신부 또는 후행後行 온 사람을 옆에서 접대하는 일. 또는 그 일을 맡은 사람 역할을 하는 녀자를 "인숙"이라고 하는 말과 일치한다. "인숙"이라는 말은 이 부락들에는 부령 지역까지도 공통적이며 회령 지방에서는 벌에서도 그렇게 부르는바 이 말은 틀림없이 "인속"과 동일어인 것이다.

44　成俔, 『慵齋叢話』 卷之十 野人女眞風俗, "… 其婚姻也 納牛馬數十頭 方輿定約婚 隣里之人皆來 盛飾新婦而出謁 又飾年少女 名曰引屬 引屬敎新婚禮遇 執大筐就拜客前 客不論多少 或衣服或布物 投之於筐 以助新婦之産"

이 부락들의 혼인에서 데릴 사위혼率婿婚, 밑며누리혼豫婦婚, 맞혼二婚, 삼결례혼三婚이 많은 것이 또한 특징적이다.

여기서 말하는 데릴사위혼이라는것은 남자가 경제적으로 곤난하다든가 형제가 많아서 장가 가기가 곤난한 경우에 2년 또는 3년 동안을 약정하고 녀자의 집에 가서 일하여 주고 만기가 되면 처자를 데리고 자기 집으로 돌아 가는 혼인을 의미한다. 이러한 봉사혼적 의의를 가지는 데릴사위혼의 례가 이 부락들에는 특히 많았으며 근년까지도 있었는바 례를 들어 회령군 창태리에는 현재 살아 있는 례만 하여 9건이 있다. 이 경우에 장인 장모가 인심이 좋고 사위가 잘 일하여 주었을 때에는 세간살이 차림을 하여 보낸다. 녀자의 집으로 볼 때에는 로력자가 부족하여 그러는 것이 보통이었지마는 때로는 로력자도 있고 가세도 넉넉하여 가지고도 그러는 일이 있었다. 이렇게 데릴사위혼은 남자가 처를 얻기 위하여 처가집으로 일하러 가는 것이므로 녀자 집에서는 데릴사위라고 불렀지만 남자 측에서는 "가시집 살이"로 간다고 하였다. 이와 같은 봉사혼적 의의를 가지는 데릴사위혼은 이 부락뿐만 아니라 함경도와 평안도 지방에 빈한한 사람들 사이에 있은 일이다.

남자가 녀자의 집 가족이 되던 모권제母權制 사회의 유습이라고 보여지는 이러한 데릴사위혼은 고구려를 비롯하여[45] 고래로 만주, 몽고, 씨비리[시베리아의 러시아에] 등의 여러 종족 사이에 보편적으로 있은 제도였으며 리조 중엽까지도 남자가 녀자의 집에 기류寄留하는 혼인 풍습(봉사혼적 의의를 상실한)이 전국적으로 있었다는 것은 우에서 이미 본 바와 같다.

밑며누리혼은 이러 저러한 조건으로 장가 가기 어려워만 싶을 때에 남자의 가정에서 가정 형편이 어려운 집 녀자를 어릴 때에 데려가다 기르다가 십오륙세가 되면 성혼하는 혼인이다. 고대에 옥저沃沮의 혼인법이 이와 류사한 것이었다는 것은 [46]잘 알려져 있는 사실이다.

맞혼二婚은 갑과 을이 서루 누이를 바꾸어 결혼하는 혼인으로서 "누이 바꿈"이라고도

...

45 『三國志』「魏書 高句麗傳」, "其俗作婚姻 言語已定 女家作小屋於大屋後 名婿屋 婿暮至至女家戶外 自名跪拜 乞得就女宿 如是者再三 女父母乃聽小屋中宿 傍頓錢帛 至生子 己長大 乃將婦歸家"
46 위의 책,「沃沮傳」小註, "魏略曰 其嫁娶之法 女年十世 已相說許 婿家迎之 長養以爲婦 至成人更還女家 女家責錢 錢畢 乃復還婿"

하며 삼결례혼三婚은 갑, 을, 병이 삼각 관계로 누이를 바꾸어 결혼하는 혼인이다. 이것은 빈한한 관계로 결혼 상대자를 구하기 곤난하여 있은 일이지만 여기에서는 또한 씨족 사회 시대에 일반적으로 있은 특정한 씨족간에 한하여 서로 혼인하던 풍습의 잔재를 엿볼 수가 있다. 밑며느리혼, 맞혼, 삼결례혼은 과거에 이 지방의 벌 부락들에도 간혹 있은 일이었는데 이 부락들에는 근년까지 있었다. 례를 들어 창태리를 중심으로 한 근방만 하여도 현재 살아 있는 례로서 밑며느리혼 2건, 맞혼과 삼결례혼의 례가 4건이 있다.

어린 자녀를 남기고 남편이 죽은 녀자가 시부모와 별거하여 홀로서 자녀는 양육하기 곤난할 경우에 개가하여 다른 데로 가는 것이 아니라 자기 가정에 다른 남편을 맞아서 동거하는 일이 있었는데 이를 "대드리"라고 한다. "대드리"로 들어 온 자는 그 처의 이전의 시부모를 아버지, 어머니라고 칭하면서 그 집으로 출현하고 시부모도 며느리의 후'남편을 즉 "대드리"를 자식처럼 대우하는 풍습이 있었다. 현재 연해주 씨호떼 산맥 계곡에 살고 있는 우데게인들은 홀어미의 과거 죽은 남편의 씨족과 새로 맞은 남편의 씨족간에 동일한 씨족간에서처럼 결혼이 금지되고 있는바 이러한 씨족간의 결합을 그들을 도하доха라고 부른다.[47] "대드리"와 "대드리"의 처의 본래의 시부모간의 관계는 이를 련상케 한다. 우데게인이 이 지방 선주민이었던 "야인野人"-녀진인의 한 요소였다는 것은 뒤에서 상세히 서술하려 한다. 이 부락들에서의 소위 "대드리"혼은 경제적 사정이 주되는 원인이었겠지만 여기에서 또한 모권적 흔적을 엿볼 수가 있다.

이 부락들에 있어서는 봉건 시대에도 가정에서의 녀성의 처지가 벌 부락들에 비하여 높았다. 시부모와 며느리간, 남편과 처와의 사이에 심한 구속이 없었다. 여기에는 녀자가 철저히 생산 로동에 종사하였으므로 경제적 권리가 어느 정도 있었다는 관계도 있었겠지만 역시 모권적 잔재가 벌 부락들보다 더 있었다고 할 수 있다. 또 과거에 이 부락들에는 이미 결혼한 남녀가 다른 이미 결혼한 남녀와 몰래 관계를 가진 례가 많았다 하여 그에 대한 상호간의 시기도 심하지 않았다 한다. 이와 같은 사실은 원시적 혼인 형식의 흔적이었다고 볼 수 있을 것이다.

물론 오늘 이러한 락후한 풍습은 일소되었다.

...
[47] институтт этнографии 1957 XXVII, pp.39~40 참조.

혼인의 일종 형태로서 과부를 략탈하는 풍습은 조선 각지에 있은 일이다. 함경북도 지방에서는 이것을 "과부를 둥여 간다"고 하였는바 20세기 초까지 있은 일이다. 그 방법은 밤 어둠을 타서 과부 있는 집에 침입하여 붙잡아 가는 것이었으며 붙잡혀 가면 그대로 결혼이 성립되는 관습이었다. 이 부락들에도 이 풍습이 있었다. 그러나 처녀를 략탈하는 풍습은 이 부락들에도 없었다 한다. 처녀를 략탈하는 혼인을 함북도에서는 "몽둥 서방을 든다"고 하였다. 필자는 "몽둥 서방"으로 결혼하였다는 로부부를 친히 본 일이 있다(그 결혼은 지금부터 약 80년 전의 일일 것이다). 그 방법은 다음과 같았다.

남자 집에서 녀자 집에 구혼하여도 응하지 않을 경우에 남자 측에서 정식 혼인할 때와 꼭 같이 신랑을 차림하여 앞세우고 우시'군 이하 많은 건장자들이 동행하여 처녀의 집에 가서 신랑이 처녀를 붙잡게 하는데 관습상 이 때의 처녀의 편에서는 신랑에 대하여는 절대로 가해할 수 없고 다만 처녀가 붙잡히지 않게끔 보위할 따름이며 신랑과 동행하여 온 우시'군 이하를 란장 칠 수 있을 뿐이었다. 이에 대하여 우시'군 이하 신랑과 동행하여 온 자들은 소극적으로 방어할 뿐이고 적극적으로 대적할 수는 없었으며 만일 신랑이 처녀를 붙잡기만 하면 곧 화해하고 결혼이 성립되는 관습이었다. 물론 이런 례는 과부 략탈에 비하여 드문 일이었다. 이 부락들에는 세력 있는 자가 녀자와 관계 있노라고 하면서 강혼한 례는 있었지만 "몽둥 서방" 드는 풍습은 없었다 한다. 이것은 아마도 이 부락들에서는 처녀 장가 들어서 출생한 자식과 그렇지 않은 데서 출생한 자식을 즉 적서嫡庶를 구별하는 풍습이 없었기에 벌 부락에서처럼 적어도 처음 가는 장가는 처녀에게로 가려는 념원이 그다지 농후하지 않았던 관계인 것 같다.

3) 상제 풍습

이 부락들에서는 40~50년 전까지는 죽으면 모두 화장을 하였다. 부분적으로는 20~30년 전까지 화장하는 일이 있었다. 이 부락들에서 화장하는 방법은 다음과 같았다.

화장터는 특별히 정하여져 있은 것이 아니라 인가에서 멀리 떨어진 산에 나무가 많은 곳에 적당히 정하였다. 화장터에서는 나무를 많이 베여 관이 들어 갈만큼 귀틀식으로 쌓고 관을 넣은 다음에 "스님"이 불경을 외이면서 불을 질렀는바 이것을 거화한다고 하였다. 거화한 다음에 불이 다 붙기 전에 상제들은 돌아 오고 동리 사람들만 몇 사람씩 남아서 불이 다 붙을 때까지 있다가 돌아왔다. 그 이튿날 아침에 상인들은 화장터에 가서 약간 남은 불에 탄 유골을 버드나무 저'가락으로 집어 모아 땅에 파묻은 후 그 버드나무 저'가락을 심고 그것이 잘 착근하면 좋은 곳으로 간 것이라고 하였다. 이러한 화장 방법은 대체로 일반 승려들의 화장 방법과 같다.

화장할 때에 녀자 상제, 녀자 복인을 비롯하여 동리의 녀자들까지 화장터로 많이 갔으며 지금도 장지에 녀자들이 많이 가는 부락이 있다. 이것은 일반 벌 부락과 다른 풍습인바 역시 남녀간의 내외법이 적었던 데서 온 풍습일 것이다.

화장법을 페지한 후는 벌 부락들에서와 같이 토장을 하였다. 차츰 향도(鄕徒, 香徒)도 벌 사람들과 합류하여 조직하게 되었다. 향도라는 것은 부락 공동으로 상여喪輿((삽도 53))을 준비하여 도가都家 집(상여 넣는 막집)((삽도 54))에 보관하고 상고가 있을 때는 부락 전체가 또는 부락을 몇 개의 조로 나누어 류번으로 장의 역사 일체를 하여 주는 조직체이다.

함경도 지방에 공통적으로 있는 향도는 다른 지방에 있는 상여계喪輿契에 해당한다. 그러나 함경도의 향도는 그 기능에 있어서 다른 지방의 상여계와 다소 다른 점이 있다. 일반적으로 상여계는 부락 공동으로 상여를 준비하고 상여 사용을 공동으로 하는 조직체이고 장의 역사를 공동으로 하는 즉 구성원이 누구든지 장의 역사에 참가하여야 하는 조직체는 아니었다.

그리하여 량반들은 상여계의 상여를 사용함에 있어서도 장의 역사는 천인을 시켰고 자기들이 상여 메는 일은 없었다. 상인常人 이하만은 상여계의 상여를 사용함과 동시에

〈삽도 53〉 상여 부령군 교원리

〈삽도 54〉 도가집 부령군 교원리

장의 역사를 호상 협조의 형식으로 하였다. 그러나 함경도에서의 향도는 그 명칭 자체에서도 짐작할 수 있는 바와 같이 상여 사용을 공동으로 하는 데 중점을 두었다기보다 엄격한 질서하에 공동으로 장의 역사를 하는 데 중점을 둔 즉 구성원은 누구나 장의 역사에 참가하여야 하는 조직체였다. 그런데 소위 "재가승"부락은 원래 벌 사람들과 합류하여 향도를 조직하는 일이 없었으며 또 그렇게 할 수도 없었던 것이다.

벌 사람들과 향도를 같이 조직하게 된 것은 40~50년 전부터의 일이다.

토장을 하게 된 후에도 산소에 대한 관념은 벌 사람보다 적었다. 묘지를 정함에 있어서도 대게 로인들의 소견대로 적당히 정하고 풍수가 정하는 일은 극히 드물었다. 토장을 하였다가도 가족에 병이 나서 문점하여 산탈이라고 하면 다시 파내어 백골을 화장하곤 하였다. 그런 실례가 최근까지도 있었다. 벌 사람들의 풍습을 따라서 토장을 하면서도 오래 동안의 인습으로 그것이 그다지 마음에 드는 일이 아닌 것 같다.

화장을 하였을 시기에도 백일제, 대소상제大小祥祭, 기제忌祭를 자기 집에서 지내였었는데도 다만 불경을 외이고 고기, 물'고기를 제물로 쓰지 못하였을 뿐이었다. 토장을 함과 동시에 유교식으로 축祝을 고하면서 대소상제, 기제 등을 벌 사람들과 같이 지내게 되었는데 현재는 벌 사람들보다 더 엄격하게 유교식으로 성대하게 지내는 경향이 있다. 그런데 제사 지내는 시각이 사망한 전날 초저녁이다. 이것을 일반 벌 사람들은 매우 기이하게 여기면서 이 부락들에서의 고유한 풍습으로 인정하여 왔다. 그러나 불교에서는 사망자를 위하는 재齋를 보통으로 사망한 전날 초저녁에 거행하는 것으로 보아서 이 부락들에서는 유교식으로 제사를 지내게 된 후에도 시각만은 그전의 관습이 그대로 남은 것이라고 보면 기이한 점이 없다.

제사에서 특이하다고 보여지는 것은 섣달 그믐달 초저녁과 추석 전날 초저녁에 정주 서쪽 벽 중앙에 있는 상고주(중심으로 되는 기둥) 밑에 여러 상의 제'상을 차려 놓고 주로 녀자와 년소한 자가 제사를 지내는 사실이다. 이와 같이 방에서 지내지 않고 정주'간의 서쪽 벽 밑 중앙에서 지내는 것은 과거에 집 구조가 장롱 한 간으로 되었고 그 상석上席이 서쪽 중앙이었으므로 여기서 조상의 제사를 지내던 풍습이 련면하게 남아 내려 온 것이 아닌가 싶다. 또 성년 남자가 지내지 않고 부녀자와 년소자가 지내는 것은 이 제사야말로 오랜 옛날부터의 고유한 제사인데 성년 남자가 모두 승려로 된 후부터는 부녀자와 년소자에 맡기고 자기들은 관계하지 않았던 데서 유래한 것이 아닌가 싶다.

또 현재 제사에서 집사執事의 역을 주로 녀자가 하는바 이 역시 불교식으로 지내지 않는 제사는 녀자에게 맡기는 풍습이 있었던 잔재가 아닌가 싶다. 집사의 역을 하는 녀자가 붉은 색 옷을 입은 것을 목격하고 신기하게 이야기하는 것을 들을 수 있다. 녀자가 제사에 집사를 하며 붉은 옷을 입는 일도 있다는 것은 샤마니즘에서의 무녀巫女를 련상시키는 점도 있다. 그러나 이 부락들에서는 제사에 참가할 때에는 깨끗한 새 옷을 입는 것인데 젊은 녀자들의 새 옷은 진한 색 옷이 보통인 관계로 집사하는 녀자가 붉은 옷을 입는 경우도 있을 수 있는 것이고 특별히 붉은 옷을 입어야 한다는 일은 없으며 과거에도 없었다 한다.

우에서 말한 바와 같이 부모 및 조상의 제사는 장자, 장손이 도맡아 지내는 것이 아니라 분공하여 지낸다. 우선 분가할 때에 재산을 평등적으로 나누어 줌과 동시에 제사도 나누어 준다. 이것이 또한 제사에서의 한 개 특징이라고 할 수 있다.

잔치, 제사 때에 손님께 대접하는 음식을 차리는 일을 모두 청년들이 한다. 떡을 베는 사람, 사발에 담는 사람, 우구시를 덮는 사람, 고기를 베는 사람, 접시에 담는 사람, 상을 차리는 사람으로 분공하여 전부 남자들이 하고 녀자들이 하는 것은 밥을 짓는 것과 떡을 찌는 일 외는 없다. 이 부락들에서는 해방 전까지도 이렇게 하였는바 이와 류사한 풍습은 과거에는 이 지방의 벌 부락들에도 있은 것이다.

잔치나 제사 때는 손님들께 한번만 음식을 대접하는 것이 아니라 낮제끼[음식을 차려 남을 대접하는 일], 저녁제끼, 밤제끼, 아침제끼라 하여 여러 번 대접한다. 이 중에서 낮제끼와 밤제끼는 떡이나 국수 같은 특별히 준비한 음식으로 대접하는 것인데 밤제끼는 제사 때에만 있다. 저녁제끼와 아침제끼는 순전한 밥으로 대접하는 식사인데 이 부락들에서는 몇 해 전까지도 큰 잔치나 제사 때에는 먼 곳에서 온 손님 뿐만 아니라 온 동리에서 남녀 로소가 전부 모여 가서 저녁제끼와 아침제끼(이튿날 아침 식사)에 참가하고 자기 집에서는 식사를 준비하지 않았다. 20~30년 전까지는 기제사 같은 때에도 저녁 먹으로 온 동리에서 전부 모여 갔다. 이와 같은 풍습은 『흠정만주원류고欽定滿洲原流考』에서 "녀진은 잔치에 손님이 다 친우를 데리고 오며 서로 가까운 집은 청하지 않아도 모두 온다"48고 한 것을 련상케 한다.

---

48 『欽定滿洲原流考』第十八 國俗 祭祀條. "[北盟錄] 女眞飮宴 賓客盡休 親友而來 相近之家 不召皆至"

4) 불교 신앙, 부락제, 기타 미신

우에서 말한 바와 같이 리조 봉건 시기에 이 부락들은 부락마다 절'간을 짓고 성년 남자들은 모두 승려의 형식을 갖춘 것이었으나 리조 말에 봉건적 신분제가 철폐된 후로부터 승려의 형식을 버렸다. 원래 승려가 되고 싶어 된 것이 아니라 신분상 불가피적으로 된 것이었다. 그러나 해방 당시까지도 곳곳에 절'간이 남아 있었으며 진실로 불교를 믿는 자는 극히 적었다 할지라도 늙은이들을 비롯하여 일부 사람들은 절'간에 대하여 적지 않게 관심을 가지고 있었다. 그리고 또 이 부락들에는 샤마니즘적 미신 행사가 특히 많았다.

이와 같은 사실을 어떻게 설명할 것인가? 그것을 이 부락들의 불교와 샤마니즘에 대한 오랜 전통과 주민들의 력사적인 고립성과 무지성만 가지고서는 설명할 수가 없음은 물론이다. 일찌기 레닌은 자본주의 조건하에서의 종교의 근원에 대하여 도시 프로레타리아트의 락후한 층이나 반프로레타리아트의 광범한 층, 또는 광범한 농민 대중 속에 종교가 유지 되는 것을 인민이 무지하기 때문이라고 하는 견해는 충분히 심각하게 유물론적으로 종교의 근원을 설명하지 못하고 관념론적으로 그것을 설명하는 것이라고는 지적하면서 "현대 자본주의 제국에 있어서는 그 근원은 주로 사회적인 것이다. 근로 대중에 대한 사회적 압박과 전쟁이나 지진 등등과 같은 비상한 온갖 사건보다도 천배나 더 무서운 신고와 야만적인 고통을 보통 로동자들에게 주는 자본주의의 맹목적 힘에 대한 근로자들의 의견상의 완전한 무력 – 이것이야말로 오늘날의 가장 심각한 종교의 근원이다. '공포가 신을 창조하였다'. 자본주의의 맹목적 힘에 대한 공포 – 그것이 맹목적이라고 하는 것은 인민 대중에 의하여 예견될 수 없는 것으로서 그것은 프로레타리아와 소경리자들의 생활의 매 걸음마다에서 그들에게 '돌변의', '불의의', '우연적', '파산과 멸망'을, 빈궁과 기아와 매춘부에로의 전락을 가져 오려고 하며 또 가져 오고 있기 때문이다 – 이것이야말로 무엇보다 먼저 또 무엇보다도 더 유물론자들이 고려하지 않으면 안 될 오늘의 종교의 기원이다. 만일 그들이 예비과의 유물론자로 남아 있지 않으려거든"[49]이라고 말씀하였다. 이 부락들에서의 과거의 불교 및 샤마니즘적 미신 행

---
49 『레닌 전집』 제4판 제15권, 374~375쪽.

사의 존재 리유도 바로 이 자본주의의 맹목적 힘에 대한 공포에 있는 것이다. 종교, 미신, 신비론을 극복하기 위하여서는 종교, 미신, 신비론을 발생시키고 양육하는 지반을 근절하지 않으면 안 된다. 즉 자본주의 사회를 폐절하고 사회주의~공산주의 사회를 건설하지 않으면 안 된다.

오늘 우리나라 북반부에서는 조선 로동당의 령도하에 도시와 농촌에서의 사회주의적 개조, 인간에 의한 인간의 착취의 폐절 및 착취 계급의 폐절과 함께 종교, 미신의 사회적 근원은 영원히 근절되었다. 농업의 기계화의 장성과 가물과의 투쟁, 높고 확실한 수확을 위한 투쟁에 있어서의 당과 정부의 정확하고 현명한 대책은 종교적 미신을 뿌리채 뽑아 버렸다. 인민들은 존재하지도 않는 신으로부터 뿐만 아니라 자연으로부터도 수동적으로 혜택을 기다려서는 안 된다는 것을 명백히 깨닫고 있다. 그러나 새로운 것이 방금 발생하였을 때에는 낡은 것의 요소는 아직 새로운 것과 함께 잔존하는 것이 상례이다. 경제에 있어서나 이데올로기 령역에 있어서 그러한바 종교는 이데올로기의 가장 보수적인 형태이다.

종교적 잔재, 샤마니즘의 미신 잔재는 의심할 것도 없이 공산주의에로의 우리의 발전의 장애물이다. 종교적 세계관을 반대하며 유물론적 세계관을 위한 투쟁은 공산주의를 위한 투쟁의 한 부분이다. 그렇기 때문에 사회주의 사회의 조건하에서 과학적 세계관의 선전은 특별한 의의를 가지는 것이다. 우리나라에서는 종교의 사회적, 경제적 근원이 이미 근절되었다. 그러므로 우리에게는 사회주의 건설의 일상적 실천과 긴밀하게 련결된 능숙하고 계통적인 종교 미신을 반대하는 선전 교양 사업이 결정적 의의를 가

〈삽도 55〉 청계사 부령군 교원리

〈삽도 56〉 요수사 회령군 대덕리 리춘'골

지는 것이다.

해방후 이 부락들은 우리 당의 계통적인 선전 교양 사업과 자실들의 사상 투쟁을 통하여 그 사상 의식이 비상히 제고됨에 따라서 늙은이들까지도 불교와 완전히 인연을 끊게 되었다. 현재 이 부락 사람들은 과거에 불교와 인연이 있은 것을 수치로 생각하며 "재가승"이라는 말만 들어도 말할 수 없는 모욕으로 느끼고 있다. 그러나 우에서도 말한 바와 같이 사회주의 사회에서도 종교적 견해의 완전한 극복은 꾸준한 선전 교양을 요하는 것만큼 사람들의 사상 의식은 물질적 변화보다 뒤떨어지는 것만큼 이 부락들에 대한 불교적 잔재와 샤마니즘적 미신 행사의 잔재를 완전히 극복하기 위한 투쟁은 금후도 계속 꾸준한 노력을 요함은 물론이다. 그를 위하여 과거 이 부락들에 있은 불교 신앙, 불교 의식과 샤마니즘적 미신 행사의 구체적 내용을 조사하는 것은 미신 선전 교양 사업에 구체적 자료를 제공함으로써 종교 미신의 잔존을 근절하는 투쟁에서 구체성과 실질성을 띠게 하는데 도움으로 됨과 동시에 과거 이 부락들의 종교 미신과 관련한 민속 자료의 정리 사업으로도 된다. 이러한 의미에서 아래에 이 부락들의 종교 미신에 관한 과거 상례를 서술하기로 한다.

(1) 불교 신앙

과거 이 부락들의 절'간에는 전문적인 승려가 별로 없었다. 있었다면 남도 사람으로서 소위 "남중"이라고 불리우는 자가 있었다. 그러므로 평상시는 비여 두었다. 일반 "재가승"들은 약 70~80년 전까지는 저녁 놀 때에 모여 앉아 불경을 외울 줄 아는 사람이 외우면 따라 외우는 공부와 법고 춤을 약간 배우는 일이 있었다. 그런 정도이고 특별한 수행修行을 쌓은 일은 없었다. 문'자를 아는 자로서 불경을 공부하여 절'간이나 기타 불교적인 행사에서 념불할 줄 아는 자는 그것을 큰 행세로 알았으며 부락에서 존대를 받으면서 우두머리 노릇을 하였다. 이러한 자가 한 부락에 1~2명씩 있었다.

절'간 유지비는 부락이 공동적으로 부담하였으며 절'간 소유 재산은 별로 없었다. 혹 절'간 밭이라는 것이 있었는데 그것을 공동 경작하여 그 수입으로 절'간 수리 비용과 비품 비용에 충당하였다. 전문적인 승려 즉 소위 "남중"이 있는 곳에서도 그의 생활비는 시공미와 동냥으로써 충당하고 부락이 공동으로 부담하는 일은 없었다.

불교 행사로서는 4월 8일(초파일)과 섣달 그믐날에 부락적으로 절'간 가는 것과 화장할 때와 대소상제사와 기제사에 불경을 외우는 것과 병자를 위하여 맞이를 부치는 것(불공을 드리는 것)이 있었다. 이제 경흥군 룡성리 어운 부락의 례를 들어 초파일(4월 8일) 행사를 어떻게 하였는가를 보기로 한다.

과거에 소위 "재가승" 부락들에서의 년중 행사에서 그 어느 때보다도 성대하게 기념하는 것이 파일 행사였다. 이 어운 부락에서는 1938년~1939년경까지 이 행사가 성대하게 시행되었다. 이 날은 부락 남녀로소가 모두 참가하는 것으로서 늙은 할머니나 집을 볼 사람으로서 남겨 두고 총동원하여 가는 것이었다. 이날 행사의 준비품으로서는

재미쌀 - 각 자가 준비하여 가지고 가는 것인데 남자 수에 의하여 매 명 찹쌀 한 사발씩 준비하였다. 절'간 명록에 남자는 아이들까지 등록하였는바 매년 이대에 새로 출생한 자와 사망한 자를 수정하여 그 명록에 의하여 재미쌀을 거두었다. 재미쌀은 성의껏 준비하지 않으면 벌을 받는다고 믿었기에 누구나 자원적으로 준비하여 가지고 간 것이었다. 우선 탈곡할 때부터 정결하게 따로 찧어 정성껏 준비하는 것이었다. 미신에 사로잡혀 불결하면 탈을 본다는 공포심에서 이렇게 하였던 것이다.

절취력 쌀(절취렴 쌀) - 파일 2~3일 전에 부락에서 두부, 콩고물, 기름용으로 콩과 역씨大麻子를 거두었다. 이것을 절취력 쌀이라고 하였는바 그것은 절취렴聚斂쌀의 와음일 것이다. 이렇게 거둔 콩과 역씨로 류번제로 공동으로 두부, 고물, 기름을 준비하는데 당번이라도 집이 흐리거나 만들 사람이 눈이 흐려도 다른 집에 시켰다. 흐리다는 것은 사람이 죽었거나 짐승을 잡았거나 그런 것을 본 것을 의미하였다.

음식 준비 - 파일 아침 일찍 어른들이 먼저 재미쌀을 베 보에 싸서 한 쪽 어깨에 메고(이렇게 메는 것을 벌 사람들은 중이 하는 식이라고 한다) 절'간으로 갔다. 비여 두었던 절'간문을 열고 청소한 다음 이날 음식 준비할 일'군들을 지명하였는바 모든 음식 준비는 남자들로써 하는 것이었다. 떡을 찌는 패, 국을 끓이는 패, 두부를 굽는 패 등으로 분공하여 하였는데 가마는 밖에다가 림시적으로 걸었다. 타 지방에서 시주로 온 쌀도 한데 넣어서 하였다. 이때에 사용되는 기구들은 거의 전부가 나무로 만든 목기였다. 심지어 시루까지도 나무도 만든 것이었다.

행사 - 음식 준비가 끝나면 행사가 시작되었다. 석가무니 부처의 탁상에는 떡을 커다란 함지 같은 그릇에 통채로 담아 놓고 기타의 부처 앞에는 그만 좀 작은 그릇에 담아 놓고 두부, 국도 역시 큰 함지 같은데 담아 놓았다. "스님"이 요령搖鈴을 저으면서[돌리면

세 념불하면 로인들과 어른들은 청수를 떠올리면서 절을 하였다. 스님은 명록을 외우면서 신도들의 복을 비는 것이었다. 다음으로 밖의 마당에서 목기에 떡과 국을 20여 그릇씩 담아 놓고 또 념불을 하였는데 이것은 과거 사망한 이름 있는 "스님"을 위하는 것이었다.

음식 배식은 나무 꼬쟁이에 주먹만씩 큰 떡개를 다섯 개 또는 세 개씩 꿰여 한 사람에 한 꼬쟁이씩 돌리고 국도 돌렸다. 늙은이와 "손님"께만은 목기에 떡을 담았다. 세 개씩 꿴 것은 젖 먹는 어린 애의 분으로 하였다. 일'군들은 커다란 나무 그릇에 모여 앉아서 먹고 남은 것이 있으면 사고로 참가 못한 집에 보내었다. 재미쌀은 참가 못하여도 낸 것이었기 때문이다.

배식이 끝나면 법고, 바라, 태징을 울리면서 중의 춤僧舞을 추었다. 현재 회령군 창태리에는 승무를 다소 아는 늙은이 2~3명 있다.

섣달 그믐날의 행사는 이 어운'골 부락에서는 늙은이들이 절'간에 가서 불을 켜고 부처와 같이 밤을 밝히는 것이었다. 그러나 어떤 부락들에서는 역시 떡을 하여 가지고 가서 부처를 위하고 놀았다. 이러한 섣달 그믐날 행사는 일반 절에는 없었다.

이상에서 본 바와 같이 이 부락들의 불교 행사는 극히 소박하였다. 그러나 그 유래가 오랬고 전 부락 남녀로소가 다 이러한 행사에 참가하였으며 불교에 물젖었던 것만큼 오늘 비록 우리나라 북반부에서는 종교, 미신의 사회적 근원이 근절되었으며 이 부락 주민들도 불교와 완전히 인연을 끊었다 할지라도 그 유신론적 잠재 의식을 완전히 청산하는 데는 계속 꾸준한 선전 교양 사업과 자체의 강한 사상 투쟁이 요구됨은 물론이다.

(2) 부락제와 기타의 미신

이 부락들은 과거에 불교 뿐만 아니라 각종 부락제와 수많은 샤마니즘적 미신 행사로서 충만되였었다. 승僧과 무巫의 접근과 신神과 불佛의 혼합은 오래전부터 있은 일이며 특히 리조 시기에 들어와서 불교를 억압하는 정책을 실시한 이래로 불교에 샤마니즘적 요소가 더 가미된 것도 사실이다. 그러나 이 부락들에서와 같이 소박하고 불철저하였으나마 전 부락이 승려의 형식을 갖추었음에도 불구하고 벌 부락俗人들보다도 한층 더 샤마니즘적 행사가 많았으며 어느 것이 주되는 것이고 어느 것이 부차적인 것인지 알 수 없는 형편이었으며 "스님"이 복술을 겸한 일이 흔히 있었다는 사실은 보통 례가 아닌 것이다. 이것을 단지 주민이 특히 무지하였기 때문이라고 할 수는 없는 것이다.

우리는 이와 류사한 점이 이 지방 선주민이었던 녀진인의 후신인 만주족 사이에 현저하였다는 것을 알게 된다. 만주족은 특히 현저하게 불과 함께 많은 신을 신봉하였던 것이다.[50]

부락제는 부락에 따라서 그 종류와 회수 및 방법에 차이가 있었다. 이제 역시 경흥군 룡성리 어운 부락을 례로 들어 그 개략을 보기로 한다.

산 치성 – 산 치성에는 정초 산 치성과 10월 산 치성이 있었다. 이것을 함경북도의 어떤 지방에서는 부군府君 치성이라고 하였으며 어떤 지방에서는 려신제厲神祭라고 하였다. 어운 부락에서는 정초 산 치성의 준비로서는 찹쌀, 쌀, 콩을 거두어 떡, 술, 두부를 만들었다. 술 빚는 집은 정결하고 흐리지 않은 집이라야 하며 빚는 사람도 눈이 흐리지 않은 사람이라야 하였다. 사람이 죽은 집이나 짐승을 잡은 집은 흐려서 안 되며 동물이 죽은 것을 보았거나 피血를 본 사람은 눈이 흐려서 안 된다고 하였다. 또 이때에 쓰는 돼지는 수컷이라야 하며 암컷은 산신이 받지 않는다고 하였다. 치성 장소는 이 부락에서는 절당 후원이었다. 술과 떡, 두부를 가지고 복술과 함께 로인과 어른으로서 한 집에서 한 사람씩 가서 복술이 굿을 하고 다른 사람들은 절을 하면서 당년에 부락내에 운독질병이 없고 농사 등풍하여 전 부락이 안과태평하기를 빌었다. 이것이 끝난 다음에 이 부락에서는 과거 이 부락에서 "스님"노릇과 복술 노릇을 잘 하면서 우두머리 노릇한 두 개인신을 위하였다. 산 치성에 개인신까지 위하는 것은 부락마다 있는 일은 아니었으나 이것으로서 이 부락들이 과거에 얼마나 우두머리를 존경하였으며 그를 중심으로 하고 단결하였는가를 짐작할 수 있다. 다음으로 산에서 내려와서 술과 떡을 우선 음복하였다. 산에 가서 치성하는 사이에 집에서는 돼지를 잡아 생채로 귀신을 위한 다음에 삶아서 밖에 차려 놓고 복술이 굿을 하였다. 마지막에 돼지 고기를 나누어 놓고 가족들이 밥을 가지고 와서 먹었는데 부락 내에 손님이 왔으면 공동으로 손님의 분을 따로 내고 복술에게는 제일 좋은 고기로 많이 준 것이었다. 이렇게 돼지를 잡고 삶는

---

[50] 『彙記滿洲祭祀故事』, "我滿洲國 自昔敬天與佛與神 出於至誠 故創基盛京 卽奉建堂子 以祀天 又於寢宮正殿奉建神位 以祀佛菩薩神及諸祀位"(赤城智城·秋葉隆, 『滿蒙의 民族과 宗敎』, 219쪽 인용문에 의함)

집을 소'집이라고 하였는데 소'집은 매년 륜번으로 정하였다. 이와 같이 부락제에 복술이 주역격으로 되어 산령가山靈歌, 명당경明堂徑, 지신경地神經 등을 외우면서 지냈다는 것은 이 부락들의 부락제에는 유교적 형식(제관을 정하고 축문을 읽는)이 도입되지 않았다는 것을 의미한다.

10월 산 치성도 정초 치성과 동일한 것으로서 매호당 1명씩 가서 복술이 굿을 하고 부락민들은 절을 하면서 엎드리고 있었다. 다만 이때에는 술 쌀만 거두어서 술만 갖추었다.

산제山祭 - 산제라는 것은 부락내에 있는 가장 력사가 오랜 국사당國師堂에 대한 부락 공동 제사였다. 시기는 년중 4회로 정월, 3월, 7월, 9월에 매 초생 지냈다. 춘추 2회로 3월과 9월에만 지내는 부락도 있었다. 매호 가족수에 따라 1명당 찹쌀 한 사발씩 거두어서 륜번제로 어느 한 집에서 떡을 하였다. 떡은 아침이나 저녁식사에 겸하여 먹도록 하였다. 제사 지내는 방법은 떡개를 크게 잘라서 고물에 볶아서 우선 처음으로 한 그릇을 담아, 부락을 대표하여 한사람은 떡 그릇을 들고 한 사람은 향불을 들고 국사당國師堂에 가서 손을 비비면서 절을 하고 다음으로 떡 한 개를 잘게 뜯어서 사방에 뿌리고 떡 그릇을 그대로 가지고 돌아 왔다. 그 동안에 집에서는 떡 하나는 집 터밭에 나가서 짚을 펴고 떡 다섯 그릇을 다음 같이 차려 놓았다. 제일 상좌에는 쌀을 담은 나무 함지 우에 "판디"라고 하는 깨끗한 웃옷 한 벌을 놓고 그 우에 떡 그릇을 놓았다. "판디"는 베 두루마기나 베 적삼을 사용하는데 베옷이 없을 경우에는 다른 천으로 한 것을 사용하되 녀자의 옷은 절대로 사용치 않았다. 제일 상좌에 이렇게 특별하게 차려서 놓은 다음에 그 아래로 두 줄로 한 줄에 떡 두 그릇씩 놓고 가운데는 남은 떡을 함지채로 놓았다. 이렇게 한 다음에 한 집에서 한 사람씩 참가하여 손을 비비면서 절을 하였다. 약 30년 전까지는 산제를 지낼 때에도 간단한 굿을 하였다 한다. 마지막으로 떡을 분배하였는데 쌀을 거둔 비례로 즉 인구 비례로 나누는데 이때의 떡개는 특히 컸으므로 다른 때에도 떡개가 큰 것을 산제 떡개 같다고 말한다.

대산귀大山鬼 - 대산귀는 모듬 구명(굿)이라고 하였다. 부락내에 개인 병자가 났을 때에 복술에게 문점하여 대산귀 탈 즉 정초와 10월의 산 치성에 위하는 귀신의 탈이 났다고 하면 부락 공동 부담으로 대대적으로 대산귀 즉 모듬 구명을 차렸다. 많은 쌀과 돼지나 송아지를 사는 데 비용이 많이 드는 것이었음에도 불구하고 이 부락에서는 1년에 한 번 내지 두 번 가량은 없는 때가 없었으며 십오륙년 전까지도 있었다. 다른 부락에서는 수십년 전에 없어졌다 한다. 그 방법은 하천 가까운 깨끗한 공지에 장소를 선택하고 높은 다락을 3계단으로 만들고 중앙에 높은 장대기에 크고 길다란 천에 신명(神名)을 써 달고 떡 20~30 그릇을 차려 놓고 복술 2~3명을 데려다가 밤을 새워 가면서 굿을 하고 동리에서는 의무적으로 동원되어 추운 때면 우등'불(모닥불)을 놓고 밤을 새웠다. 이튿날 아침 늦어서 돼지를 잡아 고기를 올리고 또 굿을 하고 저녁이 되어야 끝났는데 하는 중간에 몇 번 점을 처보고서는 굿이 잘 되느니 못 되느니 하면서 돼지를 잡자고 하다가도 소를 잡는 일도 있었다. 끝난 다음에는 우선 복술의 집에 떡과 고기를 많이 보내고 부락에서 분배하였다.

이와 같이 이 부락들은 불교 행사와 부락제만 하여도 1년에 8, 9회에 달하였으며 여기에 개별적으로 하는 정기적, 림시적 대소 미신 행사를 합하면 그 수가 실로 막대하였다. 모든 생활이 미신 행사에 바쳐졌다고 하여도 과언이 아니었다. 개별적으로 하는 미신 행사중에서 가장 보편적인 것은 "배자"(배장)와 10월 "상산제"였다.

배자(배장) - 이 부락들에서는 거의 집집마다 성대히 "배자"라는 굿을 하였다. 그 시기는 10월부터 12월까지의 사이였는데 부득이한 사정이 있을 경우에는 이듬해 정초에 하는 일도 있었다. 가장 많이 하는 때가 11월경이었는데 날자는 미리 복술에게서 택일하였다. "배자"는 그 내용상으로 보아서 첫째로 떡만 하고 정주'간에서만 하는 "떡 배자", 둘째로 정주'간에서 "배자"를 한 다음에 돼지를 잡고서 밖에서 "필구명"을 하는 배자, 셋째로 "배자"하기 전에 방에서 먼저 "가택"을 하고 다음에 정주'간에서 "배자"를 하고 마지막으로 돼지를 잡고서 밖에서 "필구명"을 하는 "배자"의 세 가지로 구분 할 수 있었는바 제일 많이 하는 것이 둘째 식의 "배자"였다. 이제 제일 복잡한 "가택"을 겸한 배자의 내용을 구체적으로 보기로 한다.

제 1 계단 - "가택"

시각 - 초저녁

장소 - 한웃방(맏웃방)

설비 - 북쪽 벽에 소나무를 여러 가지 베여다가 세우고 벽에 기대여 두 층으로 단을 만들고 그 앞에 잇대어 또 낮은 층 하나를 만들고 층마다 떡 그릇과 술을 부어 놓고 불과 신의 이름을 써 붙였다. 떡 그릇은 총대에 뿐만 아니라 총대를 차린 방'바닥에도 놓고 또 복술이 지시하는 대로 짚가리, 돼지 우리, 바당 상고주, 정주'간 실경, 뒤'고방에도 얹었다.

위하는 신 - 불弗과 신장神將

굿하는 방법 - 주인은 청수를 자주 떠 올리고 향불도 피우면서 절을 하고 복술은 새 '방 가운데 북과 양푼(놋쇠로 만든 대야)을 치면서 굿을 하였는데 "가택"은 복술만하고 무당은 할 수 없었다. "가택"굿에는 대개 2~3명의 복술을 요하였다. 동리에서는 구경차로 남녀로소가 모여 왔는데 이 사람들에게 다 중참(밤 식사)을 먹였다.

제 2계단 - "배자"(배장)

시각 - "가택"보다 늦어서 시작

장소 - 정주'간

설비 - 바당에서 정주로 올라오는 지방 끝에 떡 찌는 시루를 놓고 그 우에 널문을 얹고 그 우에 상을 놓고 떡 그릇과 술을 부어 놓았다. 그 우에 있는 실경에는 호주 부부의 몫으로 특별히 떡 세 개씩을 8 모양으로 담은 것을 두 그릇을 얹고 특별히 준비한 약 1m 가량 되는 베를 떡 그릇에서부터 밑으로 드리우게 걸어 놓았다. 굿이 끝난 다음에도 이 떡만은 남을 먹이지 않았는바 남을 먹이면 세간(집 재산)이 없어진다고 하였다. 샤만 제사에 신이 들었던 음식을 남을 먹이지 않는 풍습은 만주족 사이에도 있다.[51] 떡 그릇은 뒤주 우, 허'간, 작도'간들에도 얹었다.

위하는 신 - 제석신帝釋神이라고도 하고 삼신三神이라고도 함

굿하는 방법 - 복술 또는 무당이 바당에 짚을 펴고 앉아서 하였다.

"배자"는 아침에 끝나는바 끝난 다음에 떡제끼(떡을 구경 온 사람들께 먹이는 것)를 하였다. 구경'군은 밤을 새우는 것이었다.

제 3 계단 - 필구명(마지막 굿)

시각 - 아침 식사 후 돼지를 잡아 삶은 다음에 시작

장소 - 앞 마당

설비 - 앞 마당에 짚을 펴고 떡 그릇을 놓고 돼지 고기는 다리, 갈비 등 그대로 놓고 그 앞에 따로 상 하나를 놓고 썬 고기와 국, 보리 쌀 삶은 것을 각각 세 그릇씩 놓았다.

---

51 赤城智城・秋葉隆, 『滿蒙의 民族과 宗敎』, 만주족의 제사조 참조.

위하는 신 – 토산령土山靈

굿하는 방법 – 복술이 3회 저도로 경문을 외우고 굿이 끝난 다음에 떡과 고기를 얼마쯤 내던지고 식칼을 뿌리면서 "인간은 말로써 하직하고 신령은 칼로써 하직이라"하고 웨치는 데 이때에 칼 끝이 밖으로 나가야 귀신이 잘 받았다는 것으로 치고 그렇지 않을 경우에는 고기와 떡을 더 던지면서 몇 번이고 다시 반복하였다.

"배자"에 잡는 돼지는 제영돌 또는 산령돌이라고 하면서 수컷이라야 하였으며 기르다가 도중에 다른 일에 절대로 쓰지 못하였다.

"배자 굿"은 회령 이북 지방의 벌 사람들 중에도 하는 일이 있었으나 드믄 일이었는데 이 부락들에서는 거의 집집마다 하지 않는 집이 없어서 소위 "재가승" 부락이라 하면 절'간과 "배자"를 련상시킬만큼 성하였던 것이 특징적이었다.

"배자"와 류사한 굿은 다른 지방에도 있었으나 그것을 "배자" 또는 "배장"이라고 부르지 않았다. "배자" 또는 "배장"은 "베-布"를 드리는 제사라는 의미인지 또는 만주족의 샤만 제사인 배등背燈과 관련이 있는 것인지 잘 알 수 없다. 이 부락들에서는 해방 직후까지도 "배자"를 하는 집들이 있었다.

10월 상산제(10월 좋은 일이라고도 함) – 함경북도 각 지방에 근년까지 보편적으로 있은 10월 상산제는 이 부락들에도 거의 집집마다 있었다. 이 상산제가 우리 민족의 조상으로 되는 고대 제 종족들 간에 있은 10월에 농사를 끝마치고 하늘에 제사 지내고 가무 음식하면서 놀던 풍습[52]의 잔재라는 것은 대개 의심할 바 없다. 일반적으로 상산제는 조찰떡을 하며 술까지 하는 집도 있었는데 위하는 신은 명료하지 않았으나 제일 두려워하며 갖은 주의를 다하는 것이었다. 대개 10월 1일부터 5일까지의 사이에 하였는데 상산제가 지나기 전에는 벌써 며칠 전부터 려행도 떠나지 않으며 짐승을 잡으나 짐승 고기를 먹지 않았다. 이러한 금기는 벌 부락들에서도 동일하였다.

이상과 같이 이 부락들은 과거에 그 어느 부락보다도 종교적, 미신적 행사가 많았다. 오늘 공화국 북반부에서의 종교의 사회적 근원의 영원한 근절과 농촌 경리의 기계화,

---

[52] 『三國志』「魏書 東夷傳 高句麗傳」. "以十月祭天 國中大會 名曰東盟"; 같은 책, 「濊傳」. "常用十月節祭天 晝夜飮酒歌舞 名之爲舞天"; 같은 책, 「韓傳」. "常以五月下種訖祀鬼神 群聚歌舞飮酒 晝夜無休 其舞數十人 俱起相隨 踏至低昂 手足相應 節奏有似鐸舞 十月農功畢 亦復如之"

수리화, 전기화를 위한 투쟁에 있어서의 당과 정부의 광범한 대책과 종교 미신을 반대하는 선전 교양 사업은 이 부락들에서의 종교적 미신을 뿌리채 뽑아 버렸으며 로인들까지도 존재하지도 않는 신으로부터 뿐만 아니라 자연으로부터도 수동적으로 혜택을 기다려서는 안 된다는 것을 리해하고 있다. 그러나 그 잔재 특히 샤마니즘적 잔재가 아직 일부에 잠재하고 있다. 이렇게 이 부락들에서도 불교적 잔재보다도 샤마니즘적 잔재가 더 집요하다는 것은 이 부락 사람들은 소위 "재가승"이라 하여 천시를 받은 데서 의식적으로 불교와 인연을 끊으려는 투쟁이 강할 뿐만 아니라 불교 행사는 절'간으로 가지 않고서는 할 수 없지만 샤마니즘적 행사는 그와는 달리 가정에서 간단히 할 수 있는 데도 기인하는 것 같다. 그러므로 우리의 종교 미신을 반대하는 투쟁은 형식적 선전에 그칠 것이 아니라 구체적 설정을 잘 료해한 토대 우에서 구체적으로 집행하며 무엇보다도 유물론적 세계관으로 사상 의식을 철저히 개변시키는데 중점을 두어야 할 것이다.

5) 오락

오락은 명절과 많이 관련된다. 이 부락들의 과거의 명절을 볼 때에 불교와 관련된 명절을 제외하고는 주위의 벌 부락들과 큰 차이가 없었다. 다만 화장을 하던 시기에는 벌 부락에서 산소로 가는 명절(한식, 단오, 추석)에 산소로 가는 일이 없었다. 특히 한식은 겨울 난 산소를 보살핀다는 것이 주되는 의의를 가지었는데 이 부락들은 산소가 없었으므로 한식은 벌 사람들이나 쉬는 명절로 여기었다. 한식을 명절로 여기게 된 것은 오래지 않은 일이었다.

오늘 이 부락들에서도 새로운 인민적 명절 1월 1일, 5·1절, 8·15, 2·8절, 3·8절 등 명절이 해마다 더 성대히 쉬어지는 반면에 낡은 과거의 명절들은 약간 그 잔재를 남기고 있을 따름이다. 이와 함께 새로운 대중적 오락, 예술이 또한 날로 도입되어 가고 있다.

이 부락들의 오락에서 특이한 것은 과거 봉건 시기에 있어서도 남녀가 친족과 타인을 구별함이 없이 명절이나 연일 때에 한 자리에 모여서 유쾌하게 오락하면서 논 사실이다. 즉 이 부락들에서는 봉건 시기에 있어서도 남녀간의 엄격한 차별과 내외법이 없었다는 긍정적인 전통이 있는 것이다. 이것을 단지 고루한 유교적 륜리 도덕이 침투되지 않았다는 사실로써만 해석할 수는 없다. 여기에는 반드시 특수한 전통이 있다고 보아야 할 것이다. 우리는 이와 류사한 풍습이 이 지방 선주민이었던 녀진인 사이에 있었음을 다음의 사실로써 짐작하게 된다. 신충일申忠一의『건주기정도기建州紀程圖記』에 의하면 그는 17세기 초에 누루하치의 신년 연회에 초청을 받아 참석하였었는데 이때에 연회 장소에는 누루하치의 일족과 그의 친척을 비롯하여 새로 래부한 여러 부의 사람들이 모였었는데 여기에 누루하치의 형제의 처와 부하 제장의 처들도 참석하였던 것이다. 이제 과거 이 부락들에 있은 오락들에 대하여 보기로 한다.

주지춤(주지 놀음) - 가장假裝을 하고 춤추고 노래하면서 노는 놀이였다. 가장 오래까지 남아 있는 것은 설, 보름 같은 겨울 철 명절에 밤에 정주'간과 바당에서 등'불이나 솔꽝불을 켜고 한 조의 남녀가 서로 바꾸어 가장하고 춤추는 놀이였다. 즉 녀자는 남자 의복을 입고 머리에는 휘항(휘양, 풍데기)이나 삿갓 같은 것을 쓰고 남자는 녀자의 의복을 입고 머리에는 달래(달비月子)로 머리 꼭지를 틀어 얹고 남자와 녀자가 쌍을 지어 춤을 추었다. 남자와 녀자가 정주'간 가운데서 돌아다니면서 춤을 추면 구경'군들은 바당과 정주 벽에 기대여 서서 구경하였는바 춤의 내용은 남녀 두 사람이 부부의 형식으로 관람자들을 웃기는 것을 목적으로 한 것이었다. 이렇게 두 사람이 춤을 출 때에 노래(타령) 부르는 사람들은 나무 함지를 엎어 놓고 식칼로 칼 장단을 쳤다. 이렇게 가장 놀이를 준비하는 것을 "주지를 꾸민다"고 하였다. 늙은이들 말에 의하면 주지 놀음에는 다음과 같이 가면을 만들어 쓰고 노는 일도 있었다. 즉 그 가면은 개 가죽으로 귀를 벌죽하게 만들고 낯은 붉은 종이로 하되 코는 가면 쓴 사람의 코가 그대로 나오게끔 떠내고 눈이 치째게[눈을 아래로부터 위로 향하여 째대 하고 수염은 피껏 껍질을 검게 물들여 만든 것이었다. 이와 같이 주지 놀음에는 가면을 쓰고 저고리는 개 가죽 옷을 입고 춤을 추는 것도 있었는바 이것이 주지 놀음의 원형이었을 것이다.

이상과 같은 주지춤, 주지 놀음은 별 부락들에서는 알지 못하며 이름도 모른다. 그러나 함경도에서 어린 아이들을 놀래우는 말에 "어베 갖주지!"라고 하는 말이 지금도 남아 있는 것으로 보면 이 부락들에 있은 주지춤, 주지 놀음은 과거에는 함경도 전반에 있은 것이었다. 그러면 이 "주지"는 무엇을 의미하는 것일가?『오체청문감五体淸文鑑』에 의하면 만주말로 놀음戱을 "주춘"이라고 한다. 그렇다면 이 부락들에 근년까지 남아 있었고 옛날에는 함경도 전반에 있었다고 보여지는 주지춤, 주지 놀음은 역시 만주말(녀진말)인 "주춘"에서 온 것이 아닐가 싶다.

박두데기 – 사람을 찾아 붙잡기를 하는 놀음이었다. 찾아 붙잡는 사람은 수건으로 눈을 싸매고 다른 한 사람은 손′벽을 치면서(원래는 박을 두드리면서) 그를 유인하는 것이었다. 이때에 눈 싸맨 사람은 그 모양을 우습게 하기 위하여 허리에 다라치(채롱)를 차기도 하고 목에 소주락(소 목에 거는 줄 방울)을 걸기도 하였다. 바당과 정주′간을 서로 올려 뛰고 내려 뛰면서 관람자들을 웃기었다. 녀자들끼리만도 놀고 남녀 합쳐서 놀기도 하였다.

수박手拍치기 – 명일 때에 녀자들이 모여서 두 사람씩 마주 앉아서 가슴도 치고 정강이도 치다가 손을 마주치는 놀음이었다. 서로 마주 칠 때에 한 손씩 엇바꾸어 치는데 잘 못 맞추는 것이 지는 것으로 또 솜씨가 부족한 것으로 되었다. 박두데기, 수박치기 놀음은 이 지역의 벌 부락에도 부분적으로 있었다.

벙어리 놀음 – 정월 한 보름(음력 정월 15일)을 앞두고 2~3일 전부터 남녀가 모여서 신랑 신부로 가장하거나 거지로 가장하고 동리 집집을 돌아다니면서 자기 장기長技를 보이면서 구걸하는 놀음이었다. 이렇게 하여 모은 돈이나 쌀은 한 보름 놀이의 비용으로 사용하였는바 이 벙어리 놀음은 걸립乞粒(굿중)의 모방이라고 할 것이다. 걸립이라는 것은 절′간을 중수하기 위하여 꽹가리를 치고 집집으로 돌아다니면서 시주를 청하는 중을 말하는 것이었다. 벌 부락에는 이러한 놀음이 없었는바 이 부락들은 과거에 절′간을 중심으로 하고 모든 생활을 하였던 것만큼 이러한 오락이 있은 것이라고 할 것이다.

길마 지기 – 일종의 자기 힘으로 자랑하는 놀음이었다. 한 사람이 업디고 두 사람이 업딘 사람의 좌우편에 갈아 앉아서 다리를 업딘 사람의 등에 올려놓고 서로 반대방의 발을 틀어 줌으로써 마치도 말 길마 모양으로 하면 업딘 사람이 짐을 진 채로 돌아다니면서 힘 자랑을 하는 놀음이였다.

수천 놀이(투전投錢놀이) – 수천 놀이의 도구는 백지를 몇 벌 겹붙어서 두껍게 한 것을 길이 15cm, 넓이 1.5cm 가량으로 오려 내여 글′자를 쓰고 기름에 절여서 만든다. 수천 글′자에는 인人, 어魚, 조鳥, 치雉, 성星, 마馬, 장將, 토兎의 8종이 있고 각 종에 10매씩(1로부터 9까지와 장將) 있어서 계 80매로 된다. 수천 글′자를 이렇게 쓰는 것은 이 부락뿐만 아니라 륙진 지방에 공통적인바 『경도잡기京都雜記』「투전 조」에서도 그렇게 쓴다고 하였다.[53] 그러나 같은 함경북도 지방에서도 경성 이남에서는 연蓮, 란蘭, 국菊, 도桃, 풍楓,

죽竹, 송松, 매梅의 8종으로 한다. 수천 놀이는 4명이 1조로 되어 승부를 캐면서 노는 비교적 복잡한 놀음이다. 과거에는 벌 부락들에서도 성히 놀았던 것인바 회령군 내의 이 부락들에서는 현재도 로인들 사이에서 논다.

윷 놀이 - 사용 도구와 방법에서 함경북도의 다른 지방과 다른 점이 없다. 음력 정월 한 보름에는 달윷은 오락이라기보다 그 해의 길흉을 점치는 미신이었으며 그 때에 사용하는 윷은 나무를 쪼개서 만든 큰 것이었다. 그러나 오락으로 노는 윷은 열콩에 금을 새겨 만든다. 윷 놀이에는 다음과 같은 것들이 있었다.

(1) 오락자가 두 편으로 갈라져서 앉은 순서로 윷을 던져서 얻은 총 점수로 승부를 결정하고 이긴 편에서 윷 한 개를 자기 편 어느 한 사람의 주먹에 감추게 하고 전원이 주먹을 내 놓으면서 상대방으로 하여금 맞히게 하되 맞히질 못할 경우에는 몇 번이고 반복하는 극히 단조한 놀음이었다. 주로 녀자들 사이에 놀았다.

(2) 말씨 윷 - 말판을 그려 놓고 날을 움직여 가면서 노는 어디에나 공통적으로 있는 윷 놀이로서 지금도 겨울 명절에 논다.

(3) 찰방 윷 - 네 사람이 한 조가 되어 말판 네 귀에서 말을 붙여서 중앙을 향하여 일정한 규정(례하면 도, 융, 모일 때만 한 금씩 전진)에 의하여 들어 갔다가 제일 먼저 나오는 자가 찰방察房, 다음으로 약정約正, 통인通人, 말馬의 순으로 되고 찰방은 말을 타고 권세를 피우는데 이때에 민란民亂을 일으킨다고 하면서 찰방을 괄시하는 놀음이었다. 이것은 인민들의 지배계급에 대한 증오의 감정을 잘 표현한 놀음이었다고 할 것이다. 이 윷놀이에 대하여는 늙은이들이나 알고 있다.

승무(바라 춤, 법고 춤) - 과거 불교 행사가 성하였을 때에는 한 부락에 몇 명씩 승무와 그에 반주하는 바라, 태징, 당라발, 법고 등을 사용할 줄 아는 사람이 있었다. 현재는 회령군 창태리에 승무를 약간 아는 로인이 2~3명 있을 뿐이다.

이 외에 널뛰기, 그네뛰기, 장기, 꼬니도 있었다.

요컨대 이 부락들은 옛날부터 벌써 남녀 로소가 한 자리에서 유쾌하게 오락하는 긍정적인 전통을 가지고 있어서 소박한 오락이나마 보편화되어 있었다는 것이 특징이다.

---

53 柳得恭, 『京都雜記』 風俗 睹戱. "投箋者紙牌類也 人魚鳥雉星馬獐兎 自一至九 人將曰皇 鳥將曰鳳 雉將曰鷹 星將曰極 馬將曰乘 獐將曰虎 兎將曰鷲 凡八十葉 號爲八目 人魚鳥雉用老 星馬將兎用少 箋字似篆似草 奇怪"

오늘 이러한 전통을 살리면서 오락, 예술 써-클 사업을 강화한다면 이 부락들은 다른 부락보다도 더 빠른 속도로 발전할 가능성이 풍부하다. 새로운 오락, 예술 도입에 있어서 이 부락들은 도시의 문화에 접할 기회가 극히 적고 따라서 일반적으로 보고 들은 바가 적은 형편에서 제대 군인 동무들과 인민 학교 교원들의 적극적인 활약이 어디에서보다도 더 요구된다.

5. "재가승" 부락의 기원에 관한 견해들과 이 지역 주민의 이동에 관한 력사적 고찰

1) "재가승" 부락의 기원에 관한 견해들

소위 "재가승" 부락의 기원에 대하여는 종래 지방적으로 전하여 오는 말이 있을 뿐만 아니라 학자들의 견해가 없지 않다. 그러나 이 견해들은 모두 본질적인 자료에 근거하여 과학적으로 론증된 것이 못된다.

이제 지방적으로 전하여 오는 말과 학자들의 견해의 대표적인 것을 들고 비판 분석하여 보기로 한다.

(1) 지방적으로 전하여 오는 전언

여기에는 두 가지 설이 있다. 그 하나는 다음과 같다. 1637년 1월에 무능력한 리조 정부가 청淸나라와 굴욕적인 화약(소위 "병자호란丙子胡亂" 때의 화약)을 맺을 때에 장차 청 나라의 요구에 응하여 즉시로 "대유여大乳女 삼천인三千人"과 "빈마牝馬 삼천필三千匹"를 공납하기로 약정하였는데 당시 정부는 그 해결책으로서 우리나라에 남아 있는 녀진 유족을 국경 연읍의 일정한 지역에 집결시켜 재가승으로 하여 일반 주민과 구별하고 그중에서 "대유여大乳女"를 선발하였다. 그리하여 재가승 부락의 녀자들은 유방乳房을 발달시킬 필요상 허리띠를 유방 아래에 띠게 하고 유방을 로출케 하였다는 것이다. 이것은 소위 "재가승" 부락 부녀자들 사이에 일반 속인 부락 부녀자와 달리 허리띠를 낮게 띠고 유방을 로출하는 풍습이 있은 것을 보고 억지로 갖다 붙인 억측에 불과하다. 1637년 화약에는 "대유여大乳女" 공납을 약정한 일이 전연 없고 다만 이 화약 이후 청 나라는 소위 "오랑캐인兀良哈人 쇄환刷還"이라 하여 조선에 잔류한 녀진인을 쇄환할 것을 강요한 사실이 있을 뿐이다. 그러므로 녀진인 잔류자를 청에 대한 "공녀貢女"의 원천으로 삼았다는 것은 력사적으로 사실과 부합되지 않는다. 그러나 이 전언에는 녀진인과 "제가승", "재가승"과 청과의 사이에 무엇인가 인과 관계가 있는 것 같다는 것과 소위 "재가승" 부락의 부녀자들의 유방 로출 풍습은 이 지방 일반 부녀자들의 풍습과 계통을 달리하는 독특한 것인 듯하다는 것을 짐작할 수 있게 하는 것이다.

지방적으로 전하여 오는 말의 다른 하나는 다음과 같다. 리조 세종 때에 김종서金宗瑞가 두만강 류역의 녀진인을 구축하고 륙진六鎭 지방을 개척할 때에 미처 옮겨 가지 못하고 남아서 귀화한 녀진인에 대하여 단발시겨 구별할 수 있게 하고 사찰寺刹에 소속시켜 재가승이라 칭하였는바 그들은 전시에는 군수품을 운반하고 평시에는 황지黃紙를 제조하여 관가와 토호에게 바치는 천역을 부담하였다는 것이다. 또 이와 류사한 것으로서 고려의 윤관尹瓘이 녀진을 구축할 때에 그 잔류자를 사원을 짓고 그들을 두어 불교를 믿게 하였는데 그 족속이 재가승으로 되었다는 전언이 있다. 그러나 륙진 개척시에 투화한 녀진인에 대하여는(다음 항에서 자세히 서술할 바와 같이) 이와는 정반대로 특별히 우대하였던 것이며 윤관의 녀진 구축은 두만강변까지 미치지 못하였을 뿐만 아니라 그 구축한 지역은 1년 4개월만에 도로 반환하였던 것이니 이 전언이 역시 력사적 사실과 부합되지 않음은 물론이다.

이상에서 본 바와 같이 소위 "재가승" 부락의 기원에 관한 예로부터 전하여 오는 말들은 그들이 재가승으로 되게 된 사정에 관한 설화의 구성 부분이 력사적 사실과 전연 부합되지 않은 부회附會에 불과한 것들이다. 그러나 소위 "재가승" 부락을 녀진인의 후예라고는 보는 점에서 일치하고 있는바 여기에는 일정한 진실이 반영되어 있다고 보아야 할 것이다.

(2) 학자들의 견해

① 형벌 노예刑罰奴隷

리능화李能和는 그의 저 『(조선)불교통사佛敎通史』의 「북도연읍재가승촌北道沿邑在家僧村

조」에서 소위 "재가승"의 유래에 관한 자기의 견해를 표명하였다. 그는 재가승의 유래에 관한 전기 두 가지 설 즉 병자호란에 "대유여삼천인大乳女三千人"을 약속하였는데 그 원천으로서 녀진족을 집결하여 재가승으로 하였다는 설과 고려의 윤관이 녀진을 구축할 때에 잔류자를 사원에 두었는데 그 족속이 재가승으로 되었다는 설은 모두 근거 없는 설이라고 부정한 다음에, 서긍徐兢의 『고려도경高麗圖經』에서 "집에 있는 중이在家和尙 가사袈裟도 입지 않고 계률戒律도 지키지 않으며 흰 모시紵로 만든 솔다란좁은 옷을 입고 검은 비단으로 허리를 동이고 맨발로 다니는바 간혹 신발을 신는 자도 있다. 집에 있으면서 부인을 가지고 자식을 양하며 나라 일로 물건을 운반하며 도로를 청소하며 개울을 파며 성실城室을 수축하는 일에 항상 종사한다. 변방에 일이 생기면 단결하여 나가는데 바쁘게 몰려 다니나 매우 용감하다. 그들이 군사일에 나감에 있어서는 사람마다 자비로 식량을 싸고 가므로 국가의 비용을 소비하지 않고 잘 싸운다. 들은즉 중간에 거란契丹이 고려 사람들에게 패한 것은 바로 이들의 힘에 의한 것이라 한다. 그 실상은 죄인으로서 부역하는 자들刑餘之役人인데 동방 사람들이夷人 그 수염과 머리를 깎았으므로 하여 중和尙이라고 이름할 따름인 것이다"[54]라고 한 것을 들고서 이것이야 말로 재가승 력사에 대한 유일하게 옳은 견해라고 하였다. 즉 그는 류진 지방의 소위 "재가승"도 형벌 노예라고 본 것이다.

그러나 고려의 "재가화상在家和尙"이 형벌 노예였다고 하여 언제나 어디서나 "재가승"은 다 형벌 노예였다고 단언할 수는 없는 것이다. 포로 또는 피정복자 내지 죄인을 단발시켜 도망치지 못하게 하고 노예로 하는 례는 고래로 어디에나 있은 일이다. 우리나라에서의 례만 하여도 고려 시대의 재가 화상 뿐만 아니라 진한辰韓 사람들이 한족 포로를 집단적으로 단발시킨 사실[55]이라든지 신라 시대의 피정복 부락이였었다고 인정되는 부곡部曲 중에는 15세기까지도 그 장長이 머리를 깎고 승수僧首라고 불리운 례가 있은 사실[56]들을 들 수 있다.

...

54 『宣和奉使高麗圖經』第十八 在家和尙: "在家和尙 不服袈裟 不持戒律 白紵窄衣 束腰皁帛 徒跣以行 間有穿衣者 自爲居室 娶婦鞠子 其於公上 負戴器用 掃除道路 開治溝洫 修築城室 悉以從事 邊陲有警 則團結而出 雖不閑於馳逐 然頗壯勇 其趣軍旅之事 則人自囊糧 故國用不費 而能戰也 聞中間契丹爲 麗人所敗 正賴此輩 其實刑餘之役人 夷人以其髡削鬢髮 而名和尙耳"
55 『魏書』「東夷傳 韓傳」. "廉斯 鑡爲辰韓右渠帥 聞樂浪土地美 人民饒樂 亡欲來降 出其邑落 見田中驅雀男子一人 其語非韓人 問之 男子曰 我等漢人 名戶來我等輩千五白人 伐木材 爲韓所擊得 皆斷髮爲奴 積三年矣"

륙진 지방 개척에 있어서 잔류 녀진인 또는 전가사변률全家徙邊律 즉 죄인의 전 가족을 변방에 이주시키는 법령에 의하여 이주시킨 죄인을 도망치지 못하게끔 단발시켜 일정한 지구에 집결시킨 것이 아니었는가고 상상할 수도 있다. 그러나 력사적 사실은 그와는 정반대로 잔류 녀진인에 대하여는 상상하기 어려울만큼 우대하였던 것이며 남방으로부터의 전가사변 죄인은 그와 같은 노예로서가 아니라 변방의 미약한 고을과 잔읍잔진殘邑殘鎭을 충실히 하기 위한 군호軍戶로서 충당하였던 것이며 이 지방의 주민들은 오히려 그가 전가사변 적거인謫居人의 후예임을 자랑삼아 여기는 형편인 것이다. 그러므로 소위 "재가승"을 형벌 노예로 볼 근거는 발견할 수 없는 것이다.

② 산山의 신성인神聖人

일본인 어용학자 아끼바秋葉隆는 그의 저 『조선민속지朝鮮民俗誌』에서 "그들이 북선北鮮의 가무무歌舞巫인 스승師傅의 모체母體였다는 것, 재가승이라는 명칭이 암시하는 바와 같이 일찍이 반승반속半僧半俗적 존재였다는 것 및 그들이 산 사람山人이라고 불리우는 것으로 보아서 그들도 또한 산山의 신성인神聖人이었다고 생각하여도 좋을 것이라고 생각한다"라고 하면서 소위 "재가승"을 남선 지방의 산간의 무당 집단 부락과 동일한 것으로 보려하였으며 그들의 이주자로 보려 하였다.

리조 시기 특히 그 초기와 중기에 함경도에 무당 행사가 비교적 성하였던 것만은 사실이다. 그러나 소위 "재가승" 부락은 일반 부락과는 완전히 교섭이 없었으며 일반 부락의 무당 행사에 소위 "재가승" 부락의 무당이나 복술이 초청되는 일은 거의 없었고 막부득이한 경우에나 례외적으로 초청되는 일이 있었을 따름이다 그러므로 소위 "재가승" 부락의 무당 복술은 자기들끼리의 무당 복술이었고 벌 사람들과는 관련이 없는 존재였다. 그러므로 그들을 무당 행사를 직접적으로 한 남선의 무당 집단 부락과 같은 것으로, 그들의 이주자의 집단으로 볼 수는 도저히 없는 것이다.

---

56 『세종실록』,「지리지」 경상도 진주목(晉州牧)조. "部曲二花開谷 薩川谷 右二部曲長 皆削頭 稱爲僧首 方言聲轉 今爲矢乃"

③ 녀진 유종

이상 두 견해를 제외하고 "재가승"에 관한 종래의 기사들은 거의 전부가 처음부터 "재가승"이 녀진인의 후예라는 것을 전제로 하고 서술된 것이다. "재가승"이 녀진인의 후예임을 력사적 사실에 의하여 론증하려고 시도한 것은 리재욱李在郁의 「재가승만고在家僧漫考」[57]라는 론설이다. 그는 이 론설에서 "재가승"의 유래에 관한 제 설이라 하여 노예설, 승여설, 번호藩胡설을 들고서 설명을 가한 다음에 우하영禹夏永의 『육진승도의六鎭僧徒議』에서 "청나라 사람彼人으로서 다년간 개시開市에 왕래한 자는 우리말을 잘하여 조금도 우리와 다름이 없는데 다만 그 복착이 다르므로 구별할 수 있을 뿐이다. 만일 그들이 승복白衲을 바꾸어 입고 국경을 넘어 와서 우리나라 승려 사이에 섞인다면 구별할 수가 없는 것이며, 만일 승려중에 옳지 못한 자가 있어 그들을 절에 끌어 들여 한 번 국경 지방을 통과하게 된다면 그 다음에는 전국을 돌아 다닌들 누가 그가 청인인 줄 알겠는가…"라고 한 것은 재가승의 유래의 륜각에 적지 않는 시사를 주는 것이라고 하면서 다음과 같이 결론하였다.

"요컨대 현금 북변에 군거群居하는 재가승은 그 종족 문제에 있어서는 적어도 녀진 유족이라고 보는 것이 타당하며 또 그들이 재가승이라는 지칭을 받으면서 일종 특수 부락을 형성하게 되기까지의 과정에 대하여서는 속단을 불허하나 녀진족중의 축리흥상逐利興商을 도모하는 자가 변경의 승려와 결탁하여 승려로 가장하여 입거하였다는 사실에서 그 유래를 찾을 수 없을가 한다"라고 하였다. 그러나 우하영의 견해는 장사'군 청인이 류진 지방의 사찰을 중간 다리로 하고 국내 깊이 잠입하지 않을가를 우려하여 경고한 것이다. 그러므로 론자가 재가승은 종족적으로는 적어도 녀진족이라고 한 견해는 좋다 치고 그와 같이 재가승 부락을 형성하게 된 과정, 유래를 녀진족 중의 장사'군이 변경의 승려와 결탁하여 승려로 가장하여 입거한 사실에서 찾으려 하는 데는 도저히 수긍할 수가 없다. 왜냐하면 그렇다면 장사를 목적하는 많은 녀진인이 산간에 입거 정주한 데서 소위 "재가승" 부락이 형성된 것으로 되겠는데 그것은 장사의 본래의 목적과 상반되므로 있을 수 없는 일이기 때문이다 그러나 리재욱의 견해는 다른 론자들이 단편적인 자료를 가지고 주관적으로 "형여지역인刑餘之役人"이니, "산의 신성인"이니 하

---

[57] 『동아일보』, 1935년 11월 30일부터 학예란에 연재.

고 속단한 것과는 다르게 그 력사적 근거를 찾으려고 노력한 점에서 다른 론자들보다 진지한 점이 있음을 평가하게 된다.

2) 두만강 류역의 "야인野人"의 구성 및 그들의 이동과 그 원인

주민의 이동과 이동의 원인을 밝히는 문제는 족기원族起源(этногез)문제의 해명에 있어서 가장 필요한 전제로 되는 것이다. 그러므로 본 항에서는 두만강 류역의 "야인"-"번호藩胡"-"녀진인"의 이동과 그 원인을 력사적으로 고찰함으로써 소위 "재가승" 부락의 기원에 관한 연구의 한 측면으로 삼으려 하는 것이다.

(1) "야인"의 분포와 그 구성

15세기 중엽에 리조 정부가 륙진 지방을 개척하기 전까지는 오늘날의 부령 구읍 부근(당시 령북진寧北鎭 소재지)과 부거富居(부가참富家站 - 당시 경원부慶源府 소재지)를 련결하는 선에서 멀지 않은 이북의 지역에는 남쪽에서 온 이주민이 전연 없었다. 따라서 두만강 이남인 륙진 지방은 순전한 소위 "야인"의 거주 지역으로 되였었다. 우리나라에서 "야인"이라고 칭한 이 인간 그루빠의 범주안에는 종족적으로 서로 다른 녀진, 오랑캐兀良哈, 우지캐兀狄哈가 포함되어 있었는바[58] 「용비어천가龍飛御天歌」 53장 주에 의하여 14세기 말의 경의 "야인" 추장들의 분포 상태를[59] 보면 녀진족은 북으로 목단강牧丹江과 송화강松花江의

⋮

[58] 「龍飛御天歌」 第四章. "我國之俗 統稱斡東等處兀良哈 兀狄哈及女眞諸種爲野人" 명(明)에서 "野人女眞"이라 한 것은 막연히 흑룡강 남북의 토착인을 지칭한 것이고 "建州女眞"(오도리부와 동가강 류역의 녀진)과 "毛憐"(오랑캐)은 포함하지 않았다.

[59] 「龍飛御天歌」 第五十三章 註에는 리성계가 왕위에 오르기 전(潛邸時)부터 벌써 래복하였다는 다음과 같은 "野人酋長"들을 렬거하고 있다.
女眞 - 斡朶里(三姓 부근) 豆漫(萬戶) 夾溫猛哥帖木兒, 火兒阿(三姓 부근) 豆漫 古論阿哈出, 打溫(三姓 부근) 豆漫 高卜兒閼, 哈蘭(咸興) 都達魯哈赤 奚灘訶郎哈, 參散(北靑) 猛安(千戶) 古論豆蘭帖木兒, 移蘭豆漫 猛安(千戶) 甫赤莫兀兒住, 海洋(吉州) 猛安 括兒牙火帖木兒, 阿都哥(三姓東 四日程) 猛安 奧屯完者, 實眼春(慶源北 二日程) 猛安 奚灘塔斯, 甲州(甲山) 猛安 雲剛括, 洪肯(洪原) 猛安 括兒牙兀難, 海通(實眼春西北 四日程) 猛安 朱胡貴洞, 禿魯元(端川) 猛安 夾溫不花, 斡合(永安) 猛安 奚灘薛列, 兀즐忽里(實眼春北 五日程) 猛安 夾溫赤兀里, 阿沙(利原) 猛安 朱胡引答忽, 秔出闊失(慶興北 一日程) 猛安 朱胡完者, 吾籠所(慶源) 猛安 暖禿古魯, 奚灘孛牙, 土門(慶源北 六十里) 猛安 古論孛里, 阿木刺 唐括(百戶) 奚灘古玉奴
兀良哈 - 土門 括兒牙八兒速 嫌進兀狄哈 - 吉州 括兒牙乞木那 答比那 可兒答哥 南突兀狄哈 - 速平江(綏芬河) 南突阿刺哈伯顏, 闊兒看兀狄哈 - 眼春(慶興北 一白二十里) 括兒牙禿成可

합류하는 삼성三姓 지방으로부터 남으로 함흥 평야에 이르는 광범한 지역에 분포하고 있었는데 그 추장들은 원元 나라 지배하에 있을 때에 투먼豆漫(萬戶), 맹안猛安(千戶), 탕고唐括(百戶)의 직을 받았음을 알 수 있다. 그리고 두만강 북쪽에는 녀진족 집단 사이에 끼여서 녀진족과는 다른 우지캐兀狄哈와 오랑캐兀良哈가 분포하고 있었는데 그 추장들께는 투먼, 맹안, 탕고 등 직명이 전혀 붙어 있지 않는 점으로 보아서 그들은 원나라 시기에는 아직 세력이 미약하였다는 것을 짐작할 수 있다. 또 우지캐, 오랑캐들의 성姓은 거의 전부가 녀진 추장들께도 있는 것으로 보아서 그들은 벌써 다분히 녀진화하였으며 녀진인 행세를 하고 있었다는 것을 짐작할 수 있다.

그런데 오랑캐는 모린毛憐이라고도 불리우는 일이 있는 바와 같이 그들의 원거지는 목릉하穆陵河 지방이였었는데 그들은 남하하여 14세기 말 에는 훈춘琿春 평야의 서부인 토문土門을 거점으로 하고 그 이서로 두만강 상류인 동량북東良北(무산 지방) 지방까지 뻗쳤다. 오도리부斡朶里部로 삼성三姓 지방에서 남하하여 한때 훈춘강 류역에 기류하다가 리조 태종 때에 오무허斡木河(회령 지방)에 이주한 것이었다.

그러면 오랑캐, 오도리의 남하의 시기와 원인은 무엇이었을가?

우에서 말한 「룡비어천가龍飛御天歌」의 기사에는 오랑캐 추장의 주소는 토문土門으로 되고 있으나 오도리 추장의 거주지는 아직 삼성 지방으로 되고 있다. 이것으로 보면 오랑캐가 오도리부보다 먼저 훈춘 평야에 온 것이 틀림없다. 리조 실록에 의하면 향화인向化人 은아리殷阿里는 말하기를 자기의 관하管下 300여 호가 원래 현성평縣城平(奚關城平野) 즉 훈춘 평야에 거주하였었는데 1372년(공민왕 21, 명태조 홍무洪武 5)에 함흥, 정평 등지에 이주하였노라고 하였고[60] 또 어두어阿都哥 천호의 한 사람으로서 아간(阿罕, 阿間 – 명천군)에 이주한 최야오내崔也吾乃(崔咬納)는 같은 1372년 현성 지방이 우지캐의 달마치達麻赤에 의하여 유린되었으므로 현성에 적을 두었던 그는 관하를 거느리고 아간 방면에 와서 살게 되었노라고 진술한 바 있다.[61] 이은아리 및 최야오내와 그들의 관하의 훈춘 평야로부터의 이동은 1372년에 훈춘 평야가 신흥하는 우지캐에 유린당한 것, 그 때문에 훈춘

---

60 『세종실록』 19년 8월 갑자조

61 『태종실록』 7년 4월 임자조. "…鏡城等處萬戶崔咬納狀供 原係玄城(縣城 – 필자) 付籍人民 洪武五年 兀狄哈達麻赤 到來玄城地面 劫掠殺害 當有管下楊哈剌等 被兀狄哈擄去 前崔咬納 將引原管人戶二十戶 前來本國吉州阿罕地面住坐" 崔咬納은 崔也吾乃라고도 하였음.

평야에 거주하던 녀진인들이 리산한 것을 의미하는 것이다.

　실로 오랑캐가 목릉하 지방을 떠나 토문 즉 훈춘 평야의 시부에 이동한 것은 이렇게 하여 비옥한 훈춘 평야가 공허하기 된 틈을 타서였다고 보여진다. 다음으로 오도리부가 훈춘강 류역에 이동한 시기와 원인을 본다면, 명나라는 1388년(홍무 21) 경에 후사가 노侯史家奴로 하여금 보기步騎 2,000명을 거느리고 오도리(三姓 부근)에 삼만위三萬衛를 설치하게 하였다가 이해 3월에 폐지하고 삼만위를 남만 개원開元에 옮긴 사실이 있는바,[62] 이 명 나라에서 오도리에 삼만위를 설치하려 한 동기는 틀림없이 거기 있는 오도리부(녀진족)의 협력을 얻으려 한 것으로 짐작되며 그 포기는 신흥하는 우지캐의 침습에 견디지 못하여서라도 보여진다. 그렇다면 오도리부가 삼성 부근에서 남하하여 훈춘강 류역에 기우하게 된 시기와 원인은 자명하여진다. 즉 오도리부는 명과 협력하여 삼만위를 세우고 우지캐에 대항하려 하다가 1388년 명이 퇴각하게 되니 더 오도리에 있을 수 없어 남하하여 훈춘강 류역에 기우하게 된 것임이 틀림없다. 삼성 지방에 있던 홀아부火兒部도 이동하여 연변, 길림 지방을 거쳐서 파저강婆猪江 류역에 정착하였는바 그 이동의 리유도 동일할 것이다.

　훈춘 평야에 들어 와서 서로 이웃하여 거주하게 된 오도리부와 오랑캐의 추장들은 고려 말에 리 성계의 초유에 응하여 함께 개경開京에 가서 만호萬戶, 천호千戶, 백호百戶 등의 적을 받았는바 그들은 개경에서 서로 사관舍館 다툼을 하다가 오도리부(녀진인)의 그러지 말자는 제의로 다투지 않게 되었다 한다.[63] 이것은 오도리부(녀진인)와 오랑캐는 분명히 서로 다른 종족이었다는 것을 보여 줌과 동시에 또 량자간에는 일찍부터 서로 친근한 관계가 있었다는 것을 보여 주는 것이다. 오도리부는 후에 오무허斡木河(회령)에 이주하였다.

　이상과 같이하여 리조초 륙진 지방 개척 직전의 두만강 류역의 주민의 정형을 보면 동량북東良北에는 오랑캐, 오무허에는 오도리부(녀진), 토문을 중심으로 한 두만강 회곡부

...

62 『皇明實錄』홍무(洪武) 21년 3월 신축조. "徙置三萬衛於開元 先是 詔指揮僉使劉顯等 至鐵嶺立衛 招撫鴨綠江以東夷民 會指揮僉使侯史家奴 領步騎二千 抵斡朶里立衛 以糧餉難繼 奏請退師 還至開原 野人劉憐等 集衆屯溪塔子口 激突官軍 顯等督軍 奮殺百餘人敗之 撫安其衆 遂置衛開原"(池內 宏 滿鮮史研究 中世 第一冊 638쪽 인용문에 의함)
63 『高麗史』世家 공양왕 4년 2월조.

에는 오랑캐가 거주하였고 두만강 하류 지방에는 녀진과 골칸(闊兒看, 骨幹) 우지캐가 거주하였다. 그리고 룡비어천가에 보이던 두만강 외의 녀진인 집단중의 많은 부분은 그후 뚜렷이 나타나지 않은바 이는 원 시대에 원의 세력에 의거하여 우세하던 녀진 집단은 원의 몰락과 함께 그 처지가 전도되어 일부는 두만강내 또는 남만에 이동하고 나머지는 신흥하는 우지캐, 오랑캐에 압도되어 쇠미하여졌다는 것을 의미한다.

두만강 류역을 차지하여 조선과 린접하게 된 오도리부, 오랑캐, 골간우지캐는 리조에 귀순하여 만호, 천호 등의 직첩(벼슬 임명장)을 받았다. 그러나 그들은 또 명 나라의 부름招諭에도 응하여 명 나라의 직첩도 받았다. 즉 그들은 조선과 명 나라 사이에 소위 거중량투居中兩投(기회주의적 태도를 취하는 것)하면서 리득을 보려 하였다.

그러면 녀진, 오랑캐, 우지캐의 종족적 소속 관계는 어떠하였는가? 녀진족이 옛날의 말갈靺鞨의 후예라는 것은 대개 정설이다. 원래 말갈족의 일부는 고구려의 북부지역에 거주하였으며 고구려가 멸망한 후에는 고구려 유민과 고구려 지배하에 있던 말갈족이 주류가 되어 발해국渤海國을 형성하고 고구려의 문화를 계승하였었는데 발해 멸망 후부터 그들은 녀진이라는 명칭을 띠게 되었던 것이다.

우지캐는 시대에 따라서 "올야兀惹"(遼), "올적개兀的改"(金), "오자야인吾者野人"(元), "올자야인兀者野人"(明), "올적합兀狄哈"(朝鮮), "우지개亐知介"(朝鮮), "올지개兀知介"(朝鮮) 등으로 동음이역同音異譯되였는데 "우쟈", "우지"는 만주어의 "웨지窩集(삼림森)의 대음對音이고 "캐"는 "사람"을 의미하는 것으로서 이 종족은 삼림 지대에 거주하였음으로써 이 명칭을 얻은 것임이 틀림없다. 일본인 와다和田清는 우지캐를 "골디годбы"족으로 보았다.[64] 그러나 오늘날 울창한 산림으로 덮인 "씨호떼" 산맥의 량측에 분포하고 있는 "우데게"족은 자신들을 убээ(убеэ, уббэ (또는 убехэ(убихэ, убегэ)라고 칭한다.[65] 이는 삼림을 의미하는 "우쟈" 또는 산림 사람을 의미하는 "우지캐"와 일치하는바 그것은 결코 우연한 일치로 볼 수 없다. 율리야 쉐쓰따꼬바에 의하면 실지로 우데게인들은 "산림 사람들"이라고 불리웠던 것이다.[66] 위치상 관계로 보아서도 그들의 일부가 "씨호떼" 산맥으로부터 서남하

---

64 『滿鮮歷史地理報告』 第十四, 181쪽 참조.
65 Народы сивири, p.831 참조.
66 잡지 『소련 녀성』 1958년 1월호, 25쪽 참조.

하여 "우지캐"로 되었다고 볼 수 있다.

이 점에 있어서는 송화강 하류로부터 흑룡강 하류에 걸쳐 분포하고 있는 "골디"에 대하여서도 동일하게 말할 수 있다. 그러나 "우지캐"의 과거의 기본적인 풍습을 볼 때에 그들의 풍습은 "골디"의 풍습이 아니고 틀림없이 "우데게"의 풍습이었다는 것을 알 수 있는 것이다. 세종실록에는 우지캐와 녀진에 대한 다음과 같은 기록이 있다. "우지캐는 부모가 죽으면 그 머리를 땋고 그 끝에 방울 두 개를 달아 맴으로써 효복孝服으로 삼는다. 시체를 큰 나무 우에 안치하고 그 아래에서 말을 잡아 그 고기를 먹고 가죽 말모래기, 말총, 다리를(나무에) 벌려 걸고 또 살았을 때에 사용하던 활과 화살을 걸어 놓는다. 고기 먹기를 꺼리끼지 않으나 다만 백날 지나기 전에 새와 짐승의 대가리와 눈을 먹지 않는다. 녀진은 화장하고 가죽으로 만든 갓을 쓰고 그 꼭대기에 흰 굵은 베白麤布를 꿰매는데 그것이 앞은 낮을 가리울만큼, 뒤는 어깨에 달할만큼 드리우게 한다. 동시에 직신의直身衣(長袍)를 입는다. 칠칠일七七日을 당하게 될 때에는 소 혹은 말을 잡아 고기를 삶아 제사를 지내고 다음에 먹는다."[67]라고 하였다.

수상장樹上葬의 풍습은 원동 지방의 여러 종족들 속에서 보게 된다. 그러나 "골디"는 유아의 경우에만 한하여 수상장을 하고 그 외의 경우에는 모두 토장을 하는데[68] "우데게"에 있어서는 성인들도 수상장을 하였다.[69] 15세기에 우지캐가 부모가 죽으면 수상장을 하였다는 것은 그것이 틀림없이 "우데게"의 풍습이었고 "골디"의 풍습이 아니었던 것이다. 화장의 풍습은 녀진 뿐만 아니라 "니브히Нивхи"(낄리야크)에도 있다. 그러나 녀진인의 화장 풍습은 고유한 것이 아니고 불교의 영향이라는 것은 칠칠일에 제사 지낸다는 한 개 사실로써도 넉넉히 짐작할 수 있다. 녀진인의 불교 신앙과 화장 풍습에 대하여서는 아래에서 다시 더 론하기로 한다.

오랑캐(兀良哈, 吾郞哈)는 조선에서 칭한 명칭이고 명에서는 모린毛憐, 청에서는, 와르카瓦爾喀라고 하였다. 오랑캐의 원거지가 목릉하 지방이었다는 것은 우에서 말한 바와 같다.

---

67 『세종실록』 21년 월 기미삭조. "…亏知介則父母死 編其髮 其末繫其鈴 以爲孝服 置其屍於大樹 就其下 宰馬而食其肉 張皮囊尾脚掛之 兼置生時所佩弓箭 不忌食肉 但百日之內 不食禽獸頭目 女眞則火葬 皮冠 頂上綴白麤布 前蔽面目 後垂於肩 仍穿直身衣 每遇七七日 殺牛或馬 煮肉而祭 徹而食之"
68 Народы сивири, p.805 참조.
69 위의 책, 837쪽 참조.

오랑캐의 종족적 소속 관계를 밝힐만한 확고한 자료를 발견할 수 없음은 유감이다. 다만 그들의 원거지가 바로 "우데게"의 거주지에 린접하였고 가장 일찍이 두만강 류역에 남하하여 왔으며 녀진(오도리)과의 사이에 친근한 관계가 있는 점으로 보아서 그들은 역시 "우데게"의 일부였는데 일찍부터 녀진과 접촉하여 우지캐보다 한층 더 녀진화한 종족이 아닌가 싶다. 그리고 오도리부와 우지캐와의 사이는 항상 서로 분화하였으나 오랑캐와 우지캐와의 사이는 그렇지는 않았는바 이는 오랑캐와 우지캐간에는 종족적으로 서로 가까운 관계를 가졌다는 것 즉 다같이 "우데게"에서 분과한 것이 아닌가 하는 추상을 가능케 한다. 시로꼬고로프는 "우데게"가 점령한 16세기에 있어서의 두만강 지방을 오랑캐라 한 것이라고는[70]오랑캐를 "우데게"로 단언하였다. 그러나 그것이 무엇을 근거로 하고서의 결론인가를 전연 밝히지 않았다.

(2) 리조의 륙진 개척과 번호藩胡, 번호의 풍습

1433년(세종 15) 10월에 오무허斡木河의 오도리부에 일대사변이 돌발하였는바 이는 리조의 륙진 개척의 계기로 되었다. 이보다 먼저 남만 개원開元의 천호이던 녀진인 양목탑우楊木塔兀는 그 관하를 거느리고 오무허 부근에 와서 살다가 혐진 우지캐嫌進兀狄哈에 투입한 일이 있었다. 그런데 양목탑우가 거느리고 온 관하 중에는 명인明人 포로가 포함되어 있었다. 여기서 명사明使 배준裵俊은 이를 도로 찾아 가려고 남만을 떠나 오무허 방면으로 향하였는데 도중 그 일행이 양목탑우와 혐진우지캐들의 습격을 받게 되었다. 이때에 오도리부의 범찰凡察(통멍거터물의 아비 다른 동생)과 아곡阿谷(통멍거터물의 맏아들, 일명 權豆) 및 통멍거터물은 배준裵俊을 도와 양목탑우를 격퇴하였다. 이리하여 양목탑우는 본래부터 오도리부와 사이 좋지 못한 제종諸種 우지캐들을 규합하여 가지고 오무허를 공격하여 통멍거리물 부자를 비롯하여 많은 인물을 살해, 랍치하였다. 이리하여 오무허의 오도리부는 불의에 두목을 잃고 곤경에 빠지게 되었으며 여기에 언제 어떤 강포한 종족이 들어 올지 헤아릴 수 없게 되었다. 여기서 리조 정부는 이를 계기로 하여 륙진 지방을 개척함으로써 천연적 험새인 두만강을 방어선으로 하게 되었다.

석막상평石幕上平(오늘날의 부령 구읍 부근)에 있던 녕북진寧北鎭을 버연수소伯顔愁所(오늘날의 종

---

70 시로꼬고로프 : 북방 퉁구스의 사회 구성 중의 물길과 우데게조 참조.

성군 행영行營)에, 부거富居(富家站)에 있던 경원부를 훳가會叱家(오늘날의 경원 구읍)에 옮기고 함길도 주민 2,200호(주로 북부의 주민)를 그곳에 대량 이주시키고 또 삼남三南지방에서 일정한 우대 조건하에 자원 이주자를 모집하여 이주하게 하였다. 다시 1440년(세종 22)에는 수주愁州(오늘날의 종성읍)에 종성鐘城, 두만강 희곡부의 정점인 다온평多溫平(오늘날의 온성 구읍)에 온성穩城을 설치하고 여기에 길주吉州 이남, 안변安邊 이북에서 1,600호를 이주시켰다. 이리하여 소위 "야인野人"의 거주지이던 륙진 지방에 남으로부터의 이주민이 다수 들어가 살게 되었다. 그런데 이 당시 실지로 강내인 륙진 지방에는 오무허의 오도리부 이외에는 "야인野人"이 그다지 많이 거주하지 않았고[71] 또 오도리부는 혐진우지캐에 의하여 대타격을 받은 직후로서 그전과 같은 세력을 이루지 못하였으므로 강내 원주 "야인野人"과 남쪽으로부터의 이주민 사이에는 별로 충돌이 없었다. 이리하여 륙진 지방 개척 당시에 문제로 된 것은 오무허의 오도리뿐이었다. 오도리부는 리조가 오무허에 회령진會寧鎭을 설치하려는 것을 보고 "우리를 그대로 거느리고 살려는 것인가? 우리를 내쫓으려는 것은 아닌가?"라고 례조禮曹에 질문하여 왔는데 이에 대하여 세종은 "백성이 되기를 원한다면 어찌 쫓을 수가 있으며 만일 떠나가고자 한다면 어찌 붙잡을 수가 있겠는가…녀진이 함길도에 와서 살고 있는 것이니 만일 오도리부가 같이 살고자 한다면 역시 이 례에 의할 것이오 특히 다르게 할 수가 없다"[72]라고 하였다.

이보다 먼저 리조는 함길도 해안 지방을 개척함에 있어서 경성 이남 함홍 지방에 이르는 사이에 거주한 녀진인에 대하여 처음에는 녀진 천호들의 관하민으로서 특별 취급을 하다가 결국 이들을 편호編戶(호적에 등록하고 조세 부역을 부담시키는 인민)로 하고 국가의 요역 조세를 부담시켰던 것이다. 그러므로 오도리부를 함길도 거주의 녀진인과 동일하게 취급하겠다는 것은 역시 장차 편호로 하겠다는 것을 의미한 것으로 보여진다. 그러나 륙진 지방에 잔류한 오도리부, 오랑캐 등에 대하여는 끝끝내 편호로 하지 못하고 특별 대우를 하였다. 거기에는 그렇게 하지 않을 수 없는 주객관적 조건이 있었다. 륙진 지방 잔류 오도리부, 오랑캐 등은 언제든지 쉽게 도망할 수 있는 후방을 가지고 있

...

71 『세종실록』 20년 11월 경인조. "女眞之雜居境內者甚衆 而兀良哈 兀狄哈 則居境內者亦少"

72 『세종실록』 16년 1월 병오조. "禮曹判書申商啓日 今來斡朶里告本曹日 今作鎭于斡木河 仍率我以居乎 無仍黜我乎 蓋其意慾率居也 上日 願爲之氓 則何逐之有 若欲出居 則何拘之有…女眞亦來居咸吉道 斡朶里若欲同居 則亦此禮也 何獨差殊"

어서 편호로 되기를 싫어한 것과 또 리조측으로 볼 때에 그들을 반독립 반예속 상태로 특정 구역에 두고 무마하면서 강의 먼 곳의 적정을 탐지 보고하게하는 역할 즉 소위 번리藩籬(울타리)의 역할을 시키는 것이 또한 필요하였던 것이다. 이리하여 이들은 강변의 일정한 지역, 장성長成 있는 곳에서는 장성 밖에 거주하면서 추장들의 통제를 받고 리조 정부에 대하여는 요역 조세를 부담하지 않을 뿐만 아니라 일정한 규례에 의하여 상경上京하여 직첩職帖과 상사賞賜를 받았으며 현지에서 또 감사監司와 병사兵使가 춘추로 시행하는 연향宴享을 받았다. 그런데 이와 같이 륙진 지방에 오도리부, 오랑캐족들의 부락이 고유한 형태대로 남아 있었다는 사실은 후에 그들이 남만으로 철거하였지만 이 지방에 그들의 문화와 풍습을 보유하는 독특한 부락이 잔존할 수 있는 조건으로 된다고 할 수 있는 것이다.

오도리부, 오랑캐중에서 완전히 투화하여 내지內地에 거주하려 하는 자에 대하여는 길주 이남에 두는 것을 원칙으로 하였는바 그것은 그들을 본토와 멀리 떨어지게 함으로써 배반하고 도망할 수 없게 하려는 데서 온 것이었다. 그러나 그들의 본토인 동량북에 가까운 부량의 청암靑岩(오늘날의 청진 북편)은 향화 야인들의 집단 거주지로 되었다. 이들은 소위 편민編民에 준하는 자들이었지마는 그 본토에 가까왔던 것만큼 오래도록 강변의 야인과 련계를 가졌으면 오래도록 고유한 풍습을 보유하고 있었다.[73] 이 사실은 오늘 청암 부근에 소위 "재가승" 부락이 많은 것과 관련이 있는 것 같다. 그리고 내지에 거주하기를 원하는 자들을 길주 이남에 두는 원칙은 특히 유력한 자에 대하여 취한 조치였을 것이고 모두 다 그러한 것이라고는 생각할 수 없는 것이다. 청암에서와 같이, 회령을 비롯한 강변 렬읍의 내지에도 일부 야인의 잔류자가 있었으리라고는 보아야 할 것이다. 산곡간에 산거하여 그 실수도 조사하기 곤난하던 야인(오도리)의 모조리 강변 특정 구역에 집결하였으리라고는 생각하기 어려운 것이다.

오무허의 오도리부의 추장 범찰凡察과 동창童倉(퉁명거터물의 차자)은 완전히 투화하여 편호로 되는 것도 싫고 특정 구역에서 더부살이하면서 통제 받는 일도 만족되지 않아서

---

[73] 『중종실록』 30년 10월 정유조. "…北靑無海台鏡城靑岩 向化野人自古居焉 龍城之水 岐而一派流于殊乙溫 一派流于靑岩 靑岩之野人 安業而居久矣 鏡城城高 城外長江 江外民田與野人之田相間而耕食 若末及收齊而疊入 則寄其穀于野人矣 野人今如我國之人 而又有能文筆者 與慶興慶源等處野人 相通而婚嫁矣 頃者 移來于文川地 其輩皆胡服騎馬 以馳獵爲事 或出來于黃海道等處 奪取民家 所曬之穀 橫行自恣 因及江原道 而至于下三道矣…"

1440년에 관하중 300여 호를 거느리고 동량북을 거쳐서 파저강 류역으로 도망하였다. 이리하여 새로 옮겨간 오도리(건주좌위)와 그곳에 이미 이전부터 있던 녀진(건주위)이 합세하여 녀진의 일대 집단을 형성하여 후일 청 나라가 일어 날 수 있는 기초를 이룬 것은 저명한 사실이었다.

오도리부의 많은 부분이 도망한 후 15년 만인 1455년(단종 3)에 함길도 도체찰사 리사철李思哲은 당시 두만강 류역에 거주한 50여에 달하는 "야인" 부락의 거의 전체 남자들에 대하여 일일이 강약强弱 등급을 평정하고 동시에 부락내의 호수, 장정수를 총괄하여 보고한 바가 있었다.[74] 이는 매우 귀중한 자료로 되는바 여기에는 당시 리조 정부에 귀순하여 일정한 무마와 기반을 받고 있는 강내와 강외 근경에 거주한 오도리부(녀진족), 오랑캐, 녀진, 골칸우지캐를 망라하였다. 이러한 소위 번리藩離의 역할을 수행한 "야인"에 대하여 리조 정부는 강내외의 구별이 없이 동일하게 대우하기로 하였으며 이와 같은 야인들을 나중에는 번호藩胡라고 총칭하였다. 그러나 실지에 있어서 강내에 거주한 자가 더 많은 무마와 기반을 받았으며 또 그들과 남쪽으로부터의 이주민과의 사이에는 더 친근성과 풍습상의 호상 영향이 있었을 것은 물론이다.

상기 리사철의 조사 자료에 의하면 당시 강내의 "야인" 부락은, 아직 리조의 령지로 되지 않아서 남쪽으로부터의 입거민이 전연 없는 오늘날의 무산 지방에 제일 많았고(주로 오랑캐족, 120여 호), 다음으로 회령 지방(주로 오도리족, 79호), 종성 지방(오랑캐족, 40여 호)에 많았고 온성(오랑캐와 녀진족, 10여 호), 경원(녀진족, 15호), 경흥(녀진족과 골칸우지캐, 10여 호) 지방에는 매우 적었다. 그런데 회령 부근의 오도리부는 그 후 많은 부분이 역시 파저강 방면으로 도망하였다. 그러므로 륙진 지방의 강변 특정 구역에 오래도록 잔류한 것은 주로 오랑캐족이었다고 할 수 있다.

리 사철의 조사보다 133년 후인 1588년의 저작 『제승방략制勝方略』에는 저작 당시에 두만강 류역에 거주한 280 여에 달하는 소위 "번호藩胡"부락의 호수, 추장명들을 렬거하고 있는바 이는 역시 이 방면에 관한 중요한 자료로 된다. 그러나 여기서는 강내 강외를 전연 구별하지 않았으므로 어느 것이 강내 부락이고, 어느 것이 강외 부락인지 구별하기 곤란하다. 다만 명료히 강내인 것만 가지고 보아도 강내 "번호"의 수가 1455년에

---

[74] 『단종실록』 3년 3월 기사조.

비하여 현저하게 증가되었으며 특히 온성 지방에 많이 집중된 것이(射場-134호, 浦項-130호, 美錢-125호) 주목된다. 그리고 『제승방략制勝方略』에서는 오도리부(녀진), 오랑캐, 녀진, 골칸우지캐로 구분하지 않고 "번호"로 총칭하였는바 그것은 이 당시에 이들 종족이 다 완전히 녀진인화하였으므로 일일이 구별할 수도 없으며 구별할 필요도 없었기 때문이라고 짐작된다.

이상과 같이 류진 지방에는 남쪽으로부터의 입거민과 이웃하여 고유한 문화와 풍습을 가진 "번호 부락-녀진 부락"이 고유한 형태 대로 남아 있었다(17세기 초에 남만으로 철거할 때까지).

이제 그들의 문화와 풍습에 관하여 고찰하여 보기로 한다. 그들은 농업을 주되는 생업으로 함과 동시에 수렵이 또한 생업에서 중요한 비중을 차지하였다. 따라서 모피류는 그들에게 있어서 중요한 교역 자료였으며 또 자신들의 중요한 의복 자료로도 되었다. 마포麻布는 옥저의 맥포貊布 이래로 련면하게 이 지방 주민들이 생산하는 유일한 직물이었다. 리조 정부에 말과 초피貂皮 등을 진상하고 그 대'가로 받는 면포와 상사로 받는 면포와 비단류는 그들의 중요한 의료로 되었다. 그들은 또 남만의 한족과의 사이에도 교역하여 비단류를 구득하였다고 짐작되는 것이다.

우에서도 간단히 말한 바 있거니와 1639년(인조 17)에 두만강 하구의 섬에 거주하던 남녀 7명으로 되는 "번호" 일행이 유원진柔遠鎭(온성 군내) 대안에서 유원진 거주의 불량도배에 의하여 피살된 사실이 있었는바 그때의 일행의 소지품에는 초피옷 한 벌貂皮衣一領, 초피와 황서피를 무어서[겹쳐서] 만든 옷 두 벌貂皮黃鼠皮合縫衣二領, 황서피 짧은 옷 한 벌黃鼠皮短衣一領, 록피 옷 한 벌鹿皮衣一領, 람색 아롱 옷 한 벌藍班衣一領, 초록 빛 로주 명주 옷 한 벌草綠潞州紬衣一領, 흑포 아이 옷 한 벌黑布兒衣一領, 청포 아이 옷 한 벌靑布兒衣一領, 청흑색 치마 한 벌靑黑色裙衣一襲, 홍흑색 치마 한 벌紅黑色裳一襲, 흑포 아이 치마 두 벌黑布兒裙二襲, 청포 비갑 두 부靑布臂甲二部, 홍록 교직 비단 두 끝紅交綠錦緞二端, 홍록 교직 비단과 화포를 무어서 만든 요대 한 벌紅交綠錦纏花布合縫衛壯子一圍, 흑포 젖 싸개 한 부黑布乳裏一部, 대홍 무늬 로주 명주 두 자大紅紋潞洲紬二尺, 초피 모자 한 개招皮帽子一頂, 적호피 모자 한 개赤狐皮帽子一頂, 우피 우라화 반 부牛皮兀剌靴半部 등의 복식품이 있었다.[75] 이로써 그들의

---

[75] 『滿淸入關前與高麗交涉史料』 중의 「崇德四年二月六日朝鮮國王與禮部咨文」 참조.

복식 자료는 각종 모피류, 포布, 비단류 등 비교적 다양하였으며 고급이었다는 것을 알 수 있다. 그리고 여기에 보이는 복식의 색깔 및 종류는 이 방면에 대한 구체적 자료가 없는 형편에서 매우 중요한 의의를 가지는 것이다.

가장 중요한 생활 필수품인 농구農具, 가마釜鼎, 소금食鹽 등 전적으로 리조 봉건 정부와의 현지 교역에 의하여 공급되었다. 그들의 주택은 사면의 벽과 지붕을 진흙으로 두텁게 발라서 매우 견고하게 한 것이 특징이었으며[76] 내부는 사면의 벽 밑에 다 길다란 항抗을 설치하고 전연 어간을 막지 않고 거기에 주인 노복 남녀가 한데 섞여 거처하였다.[77]

우에서 말한 1455년 리사철의 보고 내용에 의하면 당시의 녀진인의 사회에 있어서는 추장이 통솔하는 부락이 일상 생활에 가장 관계가 깊은 단위로 되었는바 그 부락의 크기는 적은 것은 수 호, 큰 것은 수십 호에 달하는 대소 부동한 것이었으며 때로는 동족 부락을 형성하는 일도 있었다.

녀진족 사이에는 화장의 풍습이 보편화되었는바 그것이 불교의 영향이었다는 것은 우에서 이미 지적하였다. 녀진족간의 화장의 풍습과 불교 신앙에 대하여 좀더 구체적으로 살펴보기로 하면 삼산參散(북청) 천호였던 고론두란허믈古論豆蘭帖木兒(李之蘭)은 리성계의 휘하로서 무공을 세운 후, 그 말년에는 열렬한 불교 신자로 되었었는바 그는 림종에 제하여 화장을 승인하여 줄 것을 청원하면서 "신의 본토本土 사람들은 타국에서 죽으면 시체를 불사르고 본토에 도로 가져다가 장사 지냅니다. 원컨대 전하殿下는 신으로 하여금 본토의 풍속을 따르게 하여 주소서"[78]라고 하였으며 세종 24년에 오도리부의 동가시파童哥時波는 그 사위 어거내於巨乃와 함께 상경하였다가 어거내가 죽으니 그 시체를 불살라 뼈를 주어 가지고 돌아 갔던[79] 것이다. 이와 같은 녀진족 사이에서의 화장의 풍습은 불교 사상에서 오는 것이었다. 동가시파의 일족이었던 동청례童淸禮의 가장서家藏書 중에는 녀진문으로 된 『선악응보책善惡應報冊』, 『남무보대책南無報大冊』, 『진언책眞言冊』, 『불경책佛經冊』 등과 같은 불교 관계 서적과 『음양점복책陰陽占卜冊』, 『음양택

---

76 申忠一, 『建州紀程圖記』. "胡於屋上及四面 幷以粘泥厚塗 故雖火災 只燒蓋草而已"
77 李民寏, 『建州聞見錄』 참조
78 『태종실록』 2년 4월 신유조. "臣之本土人 死於他國 則焚其屍 還葬其土 願殿下使臣從土風"
79 『세종실록』 24년 정월 무인조.

일책陰陽擇日冊』, 『개천문책開川文冊』과 같은 음양 술서들이 들어 있었다.[80] 이로써 녀진 족 사이에는 불교와 음양 점술이 일찍부터 침투되고 있었음을 알 수 있다. 녀진인 사이에는 화장 풍습 외에 또 토장을 하고 그 우를 돌로 쌓는 풍습이 있었다. 이상은 문헌상에 보이는 15~16세기의 녀진인의 문화와 풍습이 개략이다.

그들 중에서 내지에 깊이 들어 와 산 자들은 곧 조선인화하였고 강변 특정 구역에 거주한 소위 "번호"도 오래 동안 남쪽으로부터의 이주민과 접촉하는 사이에 조선화한 점이 또한 적지 않았음은 물론이다. "번호"중에는 서울에 가서 벼슬하고 서울에서 처를 취하고 산 자도 적지 않았으며 강변 특정 구역에 사는 자로서 언어와 의복이 대체로 조선화한 자도 있었던 것이다.[81] 동시에 류진을 비롯한 함경도 지방 주민이 녀진인의 문화와 풍습의 영향을 받은 점이 적지 않았던 것도 사실이다.

(3) 번호의 철거

『제승방략制勝方略』에 의하면 16세기 말에 강내와 강외의 번호의 총 수는 280여 부락, 8,000여 호에 달하였는바(그 대부분은 강외에 거주하였음) 이들은 경제적으로는 조선의 원조하에 급속한 발전을 볼 수 있었고 군사 정치적으로는 조선의 비호하에 다른 부족들의 공격 병탐을 면하고 독자적 지위를 지속할 수 있었었다. 그러나 임진 조국 전쟁 이후 류진의 병세가 미약하여짐에 따라 사태는 매우 달라지게 되었다. 즉 종전에도 자기들끼리의 공격이 전연 없는 것은 아니었으나 특히 강내 "번호"에 대하여는 그들이 조선 성지에 접근하여 거주하고 있었으므로 어떤 강력한 부족이 그들을 공격 병탐하려 하여도 조선과 충돌할가 두려워 주저하는 일이 있었었는데 임진란 후 류진 병세가 미약하게 되자 강력한 부족이 아무 기탄하는 바 없이 강외 "번호"에 대하여는 물론이요 강내 "번호"에 대하여도 침략하는 것이었다.

오늘날의 무산 지방에서 일어 난 로토老土(인명)는 무산 지방의 여러 부락을 종속시키고 회령 지방의 "번호"를 침범하였으며 길림 방면에 있는 구라온忽刺溫(부족명)은 종성,

---

80 『성종실록』 9년 11월 병인조
81 『중종실록』 15년 9월 갑자조. "咸鏡道觀察使李思鈞狀啓曰 慶源住野人朴山 近居江內 衣服語音 大類吾民 潛娶靑岩向化女 關人不知 同類索妻者爭附"

온성, 경원 방면의 강외 "번호"를 병탄하고 강내 "번호"까지 공격하였다. 리조 정부는 이를 제어할 힘을 가지지 못하고 소극적인 미봉책을 썼다. 결국 로토老土에 대하여는 그를 회유하기 위하여 무산보茂山堡(현 고무산)의 개시開市를 허락하였고 구라온忽刺溫에 대하여는 여러 가지 직첩百官職帖과 그에 상응하는 관복대가冠復之具로서 매년 100여 동同(일 동은 100필)의 면포를 주는 회유책을 썼던 것이다.[82]

1607년(선조 40)은 "번호" 부락에 있어서 결정적 전환기였다. 이 해 3월에 건주위 누루하치奴爾哈赤는 비유성薫悠城(縣城, 경원 대안) 추장이 구라온에 부속하던 관계를 리탈하고 건주에 래부하기를 원한 것을 계기로 그 동생 스루하치舒而哈赤 등에 3,000병을 주어 비유성에 보내었다. 그들은 그곳에 와서 500여 호를 수용하여 가지고 방약무인하게 장내 우리 령역을 통과하여 돌아 가다가 종성 오갈암烏碣岩에 이르렀을 때에 이를 요격하기 위하여 파견되어 온 구라온忽刺溫의 대군과 조우하여 대안 문암門岩에서 일대 결전이 벌어졌는바 구라온군이 대패하였다.

누루하치와 구라온과의 싸움으로 인하여 "번호"들은 안착할 수 없게 되어 곳곳에서 조선에 내부하기를 호소하였다. 리조 정부는 이를 경솔히 허가하지 않기로 하면서 이미 성내에 들어오는 것을 허락한 자에 대하여는 그대로 장성내에 두고 보호하기로 하였다.[83] 이로써 "번호"의 일부는 공인하에 장성내에 들어 왔다는 것을 알 수 있다. 구라온을 타승한 누루하치는 두만강 류역의 "번호"를 아무 거리낌 없이 철이하여 가기 시작하였다. 대개 1607년 10월 경에는 두만강 하류 지방의 부락까지 철이시켰다. 철이하는 "번호"들은 길을 가로 막고 울면서 떠나가기를 싫어하는 형편이었으나 리조 정부는 누루하치와의 후일의 말썽을 두려워서 절대로 경내에 들여 놓지 않기로 하였다.[84] 그러나 우에서 말한 바와 같이 그들의 일부는 승인하에 장성내에 들어 온 일이 있었던 것이며

...

82 『광해군일기』 경술 2월 咸鏡監司 張晩 馳啓文 小註, "忽胡每求受百官職 並給其冠服之具 蓋名爲屬我 而欲求衣材也 其後朝廷 卒給費歲至百餘同"

83 『선조실록』 40년 4월 갑진조, "備邊司回啓曰 … 近年以來 老忽兩賊 互相侵略 其中强者 叛附于賊中 餘存藩胡 不得安居 欲爲內附 處處號訴 其情則果爲可矜 但多聚雜種於城中 漸至滋蔓 必有後悔 往諜己事 明鑑昭昭 此豈可容易許之哉 其他各鎭藩胡 多般開論 勿爲輕許 而己許入城者 姑爲出置土城之內 以示撫恤之意何如 啓依允"

84 『선조실록』 40년 10월 병술조, "備邊司啓曰 … 各部藩落 一時盡撤 而甚至搜掠海島 掘取埋穀 威制迫脅之狀 不一而足 懷土眷顧 情所必至 而潛殺差胡 投江滅跡者 憤怨之心 亦可知矣 欄道號泣 願勿移居 其情誠可惻 而當初老胡誘以自己種類 有此撤移之擧 今若因其號訴 容接我境 則必有他日造釁之端 決難聽許 唯當略給鹽米 慰撫而送之 以示矜恤之意而已"

그보다도 승인 없이 도망쳐 들어 온 자가 많았을 것을 추측하기 어렵지 않다. 리수광李睟光은 이와 같은 철이를 기피하여 내부하는 "번호"가 수십백명이 무리를 지어 경기, 충청, 전라도의 곳곳에 와서 살고 있었음을 지적하였다.[85] 그러나 이와 같이 먼 지방에까지 진출한 것은 오직 용감한 자들만이었을 것이고 많은 부락은 류진 지방의 산간에 은익하였으리라는 것은 용이하게 짐작할 수 있는 일이다.

조선 경내에 은익한 번호에 대한 후금後金(청淸)의 쇄환刷還요구는 일찍부터 시작되었다. 1632년(인조 10)에 후금은 류진 "번호"의 은익자 50여 명의 명단을 제시하면서 자기들이 알고 있는 것이 이뿐일 따름 이오 알지 못하는 것이 더 있을 터이며 결국 감출 수 없을 것이니 다 찾아 보내라고 졸라댔다.[86] 그 후 1636년 12월(병자란)에 청병이 남한산성을 침공할 때에 서울 근경에 거주하던 와르카瓦爾喀 즉 오랑캐 100여 호가 청병에 투항한 사실이 있었다.[87] 또 이때에 청은 일부 군대를 파견하여 회령 방면에 진출하여 와르카瓦爾喀를 정벌하게끔 하였다.[88] 이는 당시 회령 근방에는 청에 귀부하지 않은 "번호"가 있었다는 것, 적어도 청에서 그렇게 인정하고 있었다는 것을 의미한다.

소위 병자란 후 청은 와르카인 즉 오랑캐인 쇄환을 강경히 요구하였는바 이에 대하여 리조 정부는 약간의 항화인을 찾아 보냄으로써 미봉하여 왔었는데 1644년(인조 22)에 와서 청은 금후 와르카인 쇄환을 영영 정지할 것을 약속하였다.[89] 이리하여 류진 지방에 은익한 "번호"는 별로 쇄환을 당하지 않고 남아 있게 되었다고 보여진다.

우에서 말한 바와 같이 녀진인 사이에는 일찍부터 소박한 불교가 보급되였었은 즉 향화 잔류자가 집단 거주한 청암을 비롯한 강변 연읍의 내지에는 녀진계의 소박한 불

...

85 李睟光, 『芝峯類說』 北虜. "向化胡人 入居內地者 自祖宗朝有之 蓋來者勿拒 頃年以來奴酋張甚 擄去藩胡 使之役屬 故藩胡多願內附 十百爲群 今畿甸之意也 兩湖之間 連村雜處 煙火幾於相望 恐有日後難處之患 謀國者 其亦念及於此否"

86 『인조실록』 10년 4월 임신조. "胡差狼革 率徒胡百七 十人馬百餘匹 稱以刷還六鎭藩胡之隱匿者及開市會寧事 持汗書出來 … 隱匿金人花名 已詳開後 祈照數查發 然得知者止此耳 其不知者諒必有之 終難秘之 于我兩國之好 欲無瑕疵宜存忠恕 盡行搜括可也 狼革之請刷人口五十餘 牛畜鷄物甚多"

87 『清太宗實錄』 숭덕(崇德) 원년 12월 을미조. "二十一日 我軍遇瓦爾哈之 在朝鮮國居住者名葉辰麻福塔 率百餘戶來歸"

88 위의 책, 숭덕 2년 5월 정유조. "先是 征朝鮮國時 自王京 遣章京尼堪 羼什布 季思哈 葉克書 率外藩各部落蒙古兵 出會寧 往征瓦爾哈 至是還奏 …"

89 『인조실록』 22년 4월 계미조. 『청세조실록』 순치(順治) 원년 4월 무진조 참조.

사가 있었을 것이며 새로 은익한 "번호"들은 산곡의 이러한 불사에 의거하여 승려를 가탁하는 것이 은익에 가장 효과적이었으리라는 것은 상상하기 어렵지 않은 일이다. 한편 리조 측으로 볼 때에 내지의 지리와 수비의 실정을 잘 알고 있는 "번호" 내지는 오란 향화인을 다수히 청에 찾아 보내는 것은 크게 고려할 바이나 강한強悍한 "번호"-녀진인을 집단 거주하게 하는 것은 또한 환영할 바가 아니었을 것이므로 일종의 승려로 하여 거세去勢하고 통제하는 것이 또한 편리하였을 것이다.

이리하여 은익한 "번호" 부락은 쇄환을 두려워서 되도록 깊이 숨어서 승려를 가탁하면서 세상에 알려지지 않으려고 노력하였을 것이며 지방 관원, 지방 주민들도 일부러 그들이 "번호"의 은익자임을 공공연히 드러내 놓아 말썽을 일으킬 필요가 없었을 것이고 쇄환이 정지된 후에도 언제 또 다시 문제가 재현될지도 예측키 어려웠으므로 이 비밀은 계속 지속된 것으로 짐작되는 것이다.

이것이 소위 "재가승" 부락의 유래에 관한 아무러한 공적 기록도 남기지 않은 리유라고 할 수 있으며 청의 요구에 따라서 "대유여삼천인大乳女三千人"을 "재가승" 부락에서 선출하기로 하였다는 예로부터 전하여 오는 말의 본질은 청의 쇄환 요구가 심하여지면 결국 소위 "재가승" 부락 주민은 청에 쇄환될 운명에 처하여 있다는 것을 암시하는 것이라고 할 수 있다.

이상에서 류진 지방의 "야인"-"번호"-"녀진인"의 종족적 구성, 풍습 및 그들의 이동과 이동의 원인을 고찰함으로써 이 지방에 그들의 후예를 주류로 하고 형성된 독특한 부락이 잔존할 수 있다는 것, 소위 "재가승" 부락이 그들의 후예를 주류로 하고 형성된 것일 수도 있다는 것을 론증하였다.

3) 류진 개척에 따라 남쪽으로 온 이주민과 그들의 구성

15세기 30년대의 류진 지방 개척에 수반하여 실시된 이 지방에의 남쪽으로부터의 이민과 그들의 구성에 관한 고찰은 소위 "재가승" 부락의 기원 문제 해명에 필요한 전제로 되지 않을 수 없다.

15세기 30년대의 류진 지방 개척 이전에는 오늘날의 부령 구읍과 부거를 련결하는 선에서 멀지 않은 이북의 지역 즉 소위 류진 지방에는 남쪽에서 온 이주민이 전연 없었다는 것을 우에서 이미 말하였다. 이보다 먼저 1393년(태조 2)에 공주孔州(오늘날의 경흥군〈고성〉)에 축성하고 1397년에 그것을 개축함과 동시에 경원부로 승격시켰다가 1409년(태종 9)에 이르러 공주에서 두만강에 연하여 북으로 백여리 되는 소다로蘇多老(오늘날의 농포역 부근)로 경원부를 전진시킨 일이 있었다. 그러나 결국 혐진우지캐, 오랑캐, 오도리부의 련합 병력의 공격을 받아 그 다음 해에는 이를 폐기하고 전체 군민을 경성군의 룡성龍成 땅에 철거시켰던 것이다. 그 후 1417년(태종 17)에 경원부를 다시 부거에 설치하였으나 그때의 경원부의 북한은 오늘날의 라진까지도 미치지 못하였으며 따라서 소위 류진 지방에는 남쪽으로부터의 이주민이 전연 없었던 것이다.

1433년(세종 15)에 오무허의 오도리부에 돌발한 사변을 계기로 리조 정부는 오늘날의 부령 구읍 부근에 있던 녕북진寧北鎭을 오늘날의 행영行營에, 부거에 있던 경원부를 오늘날의 경원 구읍에 전진시킴으로써 류진 지방의 개척을 본격적으로 시작함과 동시에 이 지방에 대한 이민 정책을 대규모적으로 실시하였다. 원래 류진 개척은 민호의 대대적 이주를 필수조건으로 하였는바 그것은 이 지방에는 본래부터 남쪽에서 온 이주민이 전연 없었으며 또 왕년에 경원부를 소다로까지 전진시켰다가 결국 토대의 미약으로 실패한 경험에 비추어 민호의 충실이 절대적으로 필요하였기 때문이었다. 민호를 옮김刷移에 있어서의 기본 방침은 새로 옮겨간 경원부와 녕북진에 각각 본도민 1,200호씩 이주시켜 경작과 수비를 겸하게 하면서 부담徭賦을 경감하여 그 생활을 보장하다가 그들이 충실阜盛하여짐에 따라서 북변 방어를 전´적으로 그들에게 담당시키고 남도로부터 들어와 방어入防하는 폐단을 없이 하려는 것이었다. 만일 본도민으로써 2,200호를 채울 수 없을 경우에는 충청, 강원, 경상, 전라도에서 자원 이주하여 오는 자에 대하여 량민일 경우에는 토관직土官職을 주고 향역리鄕驛吏일 경우에는 영영 그 역을 면제하고 천인일 경우에는 영영 해방하여 량민으로 만드는 우대로써 장려하여 보충하려 한 것이었다.[90]

이 기본 방침에 의하여 본도내에서 2,200호를 초정함에 있어서는 실제적 가능성과 신속성을 고려하여 근거리일수록 많은 수를, 원거리일수록 적은 수를 배정하였다. 즉

---

90 『세종실록』 15년 11월 경자조. "兵曹啓 今設慶源寧北鎭 姑築壁城 設置判官 刷移本道民一千一百戶于寧北鎭一千一百戶于慶源府 使之且耕且戌 輕徭薄賦 以厚其生 待其阜盛 漸除南道赴防之軍 以革積年之弊 如本道未滿二千二百戶 則忠淸慶尙全羅道等 自募入居者 良民則賞以土官職 鄕驛吏則永放其役 賤口則永放爲良 … 從之"

본래의 경원과 경성, 길주는 합하여 1,400호라는 총 이민 수의 과반수를 담당시키고 단천, 북청, 홍원은 합하여 600호 즉 총수의 4분지 1 이상을, 함흥 이남은 합하여 200호 즉 총수의 10분지 1도 못되는 적은 수를 담당시켰던 것이다.[91] 이 계획은 강력하게 집행되어 대체로 계획 대로 실시되었다. 이렇게 본 도로부터 이민하는 계획이 계획 대로 실시되었으므로 삼남 지방으로부터의 자원 이주자에 대하여는 별로 커다란 기대를 가지지 않은 모양으로 자원 이주자의 구체적 실례는 문헌에 별로 보이지 않는다. 약간의 삼남 지방으로부터의 자원 이주자도 있기는 하였겠지만 그 수는 극히 적었다고 보여진다.

다음으로 1440년(세종 22)에 종성군과 온성군을 강변에 새로 설치함과 동시에 이 지방에 길주 이남 안변 이북에서 1,600로를 옮기기로 하였는바 이 역시 계획 대로 실시되었다는 것은 1441년 5월에 의정부가 "함길도는 국가 근본의 지역인데 근간에 수어守禦 때문에 길주 이남 각 군의 정군正軍 1,600호를 강변에 선출하여 보내었으므로 밭과 집이 공허하고 민호가 줄어서 참으로 우려할 일"[92]이라고 품계한 것을 보아서 알 수 있다. 이와 같이하여 륙진 개척에 수반하는 이민은 전'적으로 함길도 원거민으로 충당한 것이었다. 1443년에 함길도 관찰사 정갑손鄭甲孫은 "갑인년(1434) 이후 오진五鎭에 입거한 자가 3,701호에 달한다"[93]고 말한 것으로 보아서도 1433년의 2,200호와 1441년의 1,600호 합계 3,800호의 륙진 지방에의 이민 계획은 계획 대로 함길도 원거민으로써 충당되었음을 알 수 있는 것이다.

이리하여 피폐하게 된 함길도의 경성 이남 지방에는 삼남 지방으로부터의 보충도 있었지만 그 피폐가 심하였으므로 금후 륙진 지방에의 민호 보충은 하삼도下三道(충청, 경상, 전라도)의 잘 사는 자富實者로써 충당하자는 의견이 자주 제기되었으나 그것은 결국 실현되지 못하였던 것이다.

다음으로 륙진 지방에는 전가사변률全家徙邊律 즉 죄인의 전 가족을 변방에 이주시키는 법령에 의하여 이주 당한 자가 있었다. 전가사변률은 1447년에(세종 29)에 제정되어

....
91 『세종실록』 16년 정월 갑신조 참조.
92 『세종실록』 23년 5월 계미조. "咸吉道國家根本之地 軍民生業不可疎庚 近因守禦 以吉州南各官正軍一千六百戶 抄入江邊 由是田宅空虛民戶減縮 誠可慮也"
93 『세종실록』 4월 임진조 참조.

1744년(영조 20)까지 근 300년 동안 존속한 것이었으니 이 전가사변률에 의하여 륙진 지방에 이주 당한 수도 적지 않다고 보아야 할 것이다. 함경북도 지방에는 큰 일이 났다는 것을 "전가사변이 났다"고 형용하는 말까지 있음을 보아서도 전가사변으로 이 지방에 이주 당한 자가 적지 않다는 것을 알 수 있다. 그 뚜렷한 례로서 1488년(성종 19) 1월에 광주목光州牧 관내의 호강豪强, 향리鄕吏, 서리胥吏, 일수日守들이 판관判官을 사살한 사건에 련좌되어 오진 미약한 고을五鎭殘邑에 전가 입송되었고 그 이듬해 4월에 죄인 40여 호가 미전진美錢鎭(온성군)에 입송된 사실을 들 수 있는바 이것으로 보아도 유죄인 전가사변은 변방의 미약한 고을과 진殘邑殘鎭의 군호를 충실히 하려는 것이 목적이었음을 알 수 있다. 그러므로 그들을 머리를 깎아 중으로 만들고 산간에 감금하면서 황지나 목공품을 공납시켰다고는 도저히 생각할 수 없는 것이다. 실제로 이 지방에서는 그 조상이 전가사변으로 입북한 것을 자랑삼아 말하고 있는 것이다. 또 이주민으로서 도망쳤을 때에는 "그 처자를 미약한 역殘驛의 노비로 만들고 도망자가 붙잡히면 호수戶首를 사형에 처하고 자수하여 나서면 원거지에 돌리고 처자를 놓아 준다"[94]하였으니 이주민 도망자를 붙잡아 "재가승"으로 만들었다고도 볼 수 없는 것이다.

요컨대 육진 지방의 주민은 절대 다수가 함경도의 경성 이남 안변 이북에서 중요한 군호로서 입송된 자들이었고 그 외에 삼남 지방으로부터의 자원 이주자가 얼마 있었고 또 전가사변률에 의하여 입송된 자가 있었다. 그런데 전기사변으로 압송된 자도 군호로써 충당된 것이고 이주자로서 도망쳤을 때에는 그 처자를 미약한 역의 노비로 만들고 붙잡히면 사형에 처하고 자수하면 원거지에 도로 돌려보냄으로써 어디까지나 군호의 충실을 기하였던 것이다. 자원 입거자에 대하여 본다면 그가 천인일 경우에는 영영 해방하여 량인으로 만든다고 선언한 것이니 천인 이주자를 단발시켜 표식하였으리라고는 생각할 수 없다. 또 "재가승" 부락은 남쪽 산간 지방의 무당 집단 부락과 같은 것으로, 그들의 집단적 이주자로 보려는 견해가 있으나 그 타당치 않음은 이미 말한 바와 같다. 만일 그렇다면 일반 부락에서 그들을 리용하였을 것인데 사실은 전연 그렇지 않았던 것이다.

이리하여 륙진 지방의 개척과 관련한 남쪽으로부터의 이주민을 주류로 하는 특수 부

---

94 『經國大典』 刑典 逃亡조 참조.

락이 형성될 조건은 없었던 것이다.

* * *

『여지승람輿地勝覽』에는 제주도에서 승려가 처자를 가지고 있음을 지적하였다. 물론 이것은 승려로서 지켜야 할 계률을 지키지 않은 특이한 레이기에 지적한 것이다. 그러나 함경도 북부의 "재가승"에 관하여서는 일언의 기사도 없다. 여기서 이 시기에 이 지방에는 아직 "재가승"이 없었는가 하는 의문이 생기게 된다. 이에 대한 해답은 있었다 하더라도 특기하지 않았을 수 있다고 말하게 된다. 왜냐 하면『여지승람輿地勝覽』편찬 당시에 함경도 지방에는 두만강변의 특정 구역에 집단 거주한 "번호"는 물론이요 각지에 향화인이 산거하였으며 북청 무해대無海台(현재의 무우대?)와 북령 청암靑岩에서와 같이 집단적으로 거주한 곳도 있었으나 그들의 고유한 풍습에 관하여는 일언 반구도 없다. 이는 그 당시에는 당연한 일로 간주되어 특기할 필요를 느끼지 않았기 때문이라고 보여지는 것이다. 즉 함경도에 있어서는 비록 특수한 풍습이라 할지라도 그것이 녀진 인간에 있은 것인 한에는 주목되지 않았던 것이다.

그러므로 『여지승람輿地勝覽』 편찬 당시인 15세기 말엽에 함경도 북부 지방에 처를 취하고 고기를 먹는 "재가승"이 있었다 할지라도 그것이 녀진 향화인간의 일이었다면 기록되지 않았을 수가 있는 것이다. 함경도 북부의 "재가승"에 관한 가장 오랜 기록으로서는 17세기 중엽에 온성에 류적流謫 중이었던 시남市南 유계兪棨의 다음과 같은 목격 기사가 있다.

"북토北土에는 중이 극히 적은데 전성甎城(온성의 별호)의 작은 사찰에 토착 중土僧 5~6명이 살고 있다. 내가 일찍이 겨를을 얻어 어린 사람冠童들을 데리고 막대 짚고 찾아 갔다. 뜰에 들어서니 가얌나무와 풀이 가득하였고 당에 올라가니 몬지[먼지의 방에가 꺼멓고 달팽이 벽에 붙고 쥐구멍이 불탑을 뚫었다. 흙으로 만든 겨우 한 자 가량되는 불상이 있는데 비를 맞고 이끼가 쪄서 낯과 등을 분별할 수 없다. 덕대에 법화경法華經 한 책이 있는데 절반이나 좀이 먹었다. 종을 부르니 다 절 뒤의 토실土室에서 나오는데 수염과 머리가 낯을 반이나 덮고 냄새가 나서 구역이 날 지경이다. 왜 절에 있지 않고 집을 짓고 사느냐고 들으니 다 처자를 가지고 있으며 우마를 치고 있노라고 공공연히 말하면서 조금도 부끄러워하는 빛이 없다. 데리고 있는 사미沙彌를 누구인가고 물으니 자기의 아들이거나 그렇지 않으면 우승友僧의 아들이라고 한다. 한 사미가 베낀 몇 장으로 되는 작은 책을 쥐고 읽는데 구절을 끊지 못한다. 이것을 읽어서 무엇하는가고 물으니 남의 재공을 받고 그저 묵묵할 수 없는 것이라고 한다. 시험적으로 법화경을 빼어 책 이름을 물으니 또한 대답하지 못한다. 같이 간 어린 사람들이 손을 치고 크게 웃으면서 다 침을 뱉는다. 중답지 못한 데 대하여 나도 또한 크게 놀랐다…."[95] 유계는 온성에 귀양살이 한 사람이었으니 온성 부근 이외에는 별로 다니지 못하였을 것이므로 북토에 중이 극히 적다는 말을 곧 그대로 믿을 수는 없다.

사실 온성 지방에는 지금도 소위 "재가승"의 분포가 적은 것이다. 그런데 그는 이렇듯 "재가승"의 형편에 대하여 구체적으로 묘사하면서도 그 유래에는 언급이 없다. 이 당시는 번호가 철거한 후 40여 년에 불과하므로 그들이 번호의 은익자였다면 반드시 한마디 언급이 있을 것 같은데 그렇지 않은 것으로 보면 적어도 유계가 본 것은 번호의 은익자는 아니었던 것 같다. 그러나 그렇다고 하여 소위 "재가승" 사찰이 녀진 계통이 꼭 아니라고 말할 수는 없다. 왜냐 하면 강변의 번호 이외에도 강내 내지에는 잔류 향화 녀진인이 있었다고 보여지며 실지에 "재가승" 사찰이 많은 있은 청암 부근에는 향화 녀진인이 집단적으로 거주하였던 것이다.

19세기 초엽의 저서인 『북로기략北路紀略』에서는 "재가승"에 대하여 "혹 말하기를 재가승은 오직 서북 변경에만 있는바 옛날 번호가 살던 근처이다. 이는 처음에 그 풍속에 물젖었는데 지금까지도 변하지 못한 것이 아닐가. 다만 머리를 깎고 우리 경내에 살므로 중이라고 할 따름이다."[96]라고 "재가승" 즉 승려로서 처를 취하고 고기를 먹는 풍습 자체를 번호의 유습으로 보았다. 이는 탁견이다. 17세기 초에 번호 철거 당시에 그들의 일족인 누루하치와 그 부하 제장들은 평상시에도 념주를 걸고 있었으니[97] 그들 사이에는 불교가 몹시 보급되었다고 보여지나 그 불교는 결코 엄격한 계률을 준수하는 것이

...

95　兪棨, 『市南集』 卷十四 雜著 北僧조(李朝各種文獻民俗關係資料撮要의 일본어 번역문에 의함).
96　『北路紀略』, "或曰在家僧唯西北邊境有之 舊之藩胡所住近處也 無乃濡染其俗於初 而未之變耶 但以薙髮而居我境 故爲之在家僧耳 司敎之地 宜有以變之也 明川以南 始有寺僧"
　　저자 불명한 『松泉筆談』(寫本)에도 이와 류사한 다음과 같은 기사가 있다. "륙진 지방은 가장 되호의 경역과 가깝다. 머리를 깎고 속인 풍습을 따르는바 절반 되인 것이다. 비록 우리 인민이라 할지라도 마침내 되의 풍습을 다 변하지 못한 것이다. 참으로 소위 인민과 되가 잡거하는 것이다"(李朝各種文獻民俗關係資料撮要의 일본어 번역문에 의함).
97　李民寏, 『建州聞見錄』 참조.

었다고는 보여지지 않는 것이다. 그 뿐만 아니라 소위 "재가승"사찰에 대하여서는 아무런 상급 사찰의 감독도 없이 동떨어져 있었는데 이것은 이 사찰들은 일반 사찰과는 계통이 다른 것이었음을 의미하는 것이라고 할 수 있다.

6. 맺는 말

소위 "재가승" 부락은 함경북도 북부의 산간에만 국한하여 존재한 특수 부락이다. 현재 본래 "재가승"이었던 호 수는 그 원주지에만하여 1,031호에 달한다. 부락은 적은 것은 10호 내외, 큰 것은 수십 호에 달하여 대소 부동하며 그 부락들은 홀로 밀리 떨어져 있는 것이 아니라 일정한 거리 안에 분포함으로써 한 개 집단 지역을 이루고 있으며 또 그러한 집단 지역은 원거리라 할지라도 상호간에 련계가 있어서 한 개 독특한 그루빠를 형성하고 있다.

리조 봉건 시대에 승려는 신분상으로는 천인으로 취급되었지만 실질적으로는 그들은 지배 계급에 봉사하며 인민을 기만함으로써 일하지 않고 놀고 먹는 착취자였다. 그러나 이 부락 주민들은 승려의 형식을 취하였으나 갖은 압박과 천시와 착취를 당하면서 가정을 가지고 남녀 로소가 근면하게 일하는 근로 인민이었다. 그들은 승려가 되고 싶어서 된 것이 아니라 신분상 불가피적으로 승려로 된 것이었으므로 리조 말에 봉건적 신분제가 폐지되자 곧 승려의 형식을 버렸다. 그러나 그 후에 있었서도 일반 별 사람들과의 사이에는 이러 저러하게 잘 어울리지 않았는바 해방후 조선 로동당의 령도하에 우리의 사회제도가 근본적으로 변혁됨으로써 이러한 경향은 일소되어 가고 있다.

종래 이 부락들의 문화와 풍습에는 특수한 것이 많다고 이야기되어 왔다. 그러나 실지 조사의 결과는 특수한 것이 그렇게 많은 것은 아니며 기본적으로 주위의 별 부락들과 공통하다. 그러나 별 부락들과는 다른 일련의 특수한 요소들이 보유되고 있는바 그것들을 그러한 특수성이 형성하게 된 원인에 의하여 다음과 같이 분류할 수 있다.

첫째로 불교와 관련되는 것 – 과거에 전'적으로 화장하였으며 토장을 하는 오늘에 와서도 백골을 파내어 화장하는 일이 있으며 제사를 사망한 전날 초저녁에 지내는 풍습, 오락에서의 일종 걸립乞粒이라고 할 "벙어리 놀음"과 같은 것들은 불교와 관련되는 것이다.

둘째로 사회 경제적 제약성으로부터 온 것 - 례를 들어 아무리 고대하고 부속 건물이 완비한 기와집이라 할지라도 주위의 벌 부락들에서와 같은 "솟을 대문"이 없고 평대문 뿐이며, 과거에 결혼식에 신부가 가마를 타지 않았고 또 "재가승" 자체끼리만 혼인한 사실과 같은 것들은 신분적 제약성으로 그렇게 하지 않을 수 없는 것이다. 그리고 동종同宗 관념보다도 전 부락적으로 단결하며 호상 협조하는 정신이 특히 강한 점과 같은 것은 많은 억압자들을 상대로 하고 자체를 보존하여 가는 데 있어서 그렇게 되지 않을 수가 없는 것이다. 과거 봉건 시대에 있어서도 녀자들이 생산 로동에 절대적으로 참가 하였으며 밑며누리혼, 데릴 사위혼, 맞혼(二婚, 누이 바꿈), 삼결레혼三婚의 례가 특히 많았 으며 근년까지도 있은 사실과 같은 것은 주로는 경제적 토대가 미약한 데에 기인한 것일 것이다.

셋째로 독특한 전통을 가지는 것 - 례를 들어 정주'간이 특히 크고 전 가족의 생활 중심으로 될 뿐만 아니라 손님도 출입하며, "등디"라는 독특한 화덕이 최근까지 일반적 으로 설치되었던 것, 독특한 수법으로 만든 "중의롱", 양념 넣은 된장을 속에 넣고 독특 하게 만든 장떡, 리조 말까지 처녀까지도 유방乳房을 로출한 풍습, 녀자가 짐을 이는 것보다 지는 일이 많았던 것, 봉건 시대에도 남녀가 한 자리에서 오락하였으며 "주지 춤"이라는 독특한 오락이 있은 것, 모권적 잔재가 많았던 것, 장자부터 분가시키는 례 가 많고 부모, 조상의 제사를 여러 아들게 분공하는 것, 혼인에 대반역을 하는 녀자를 "인숙"이라 하며 제사나 경사에 부락 사람들이 전 가족적으로 아침 저녁 식사까지 모여 가서 한 것, 승려이면서 가정을 가지고 고기를 공공연히 먹었으며 불교와 샤마니즘이 철저하게 병존한 것 등등은 이 지방 선주민이었던 녀진인에서 전승된 것일 것이다. 그 외에 이 부락들뿐만 아니라 함경도에 보편적으로 보유되고 있는 녀진적 풍습 요소가 집중적으로 보유되고 있다.

넷째로 례를 들어 주위 벌 부락들과는 달리 혼인 시에 신부가 웃저고리를 꿰메어 머리에 쓰고 소나 말을 타고 시집간 것 같은 것은 남쪽 지방의 미천한 가정 부인이 나들이 할 때에 "쓸치마"를 쓰고 소를 탄 사실과 상통하는 것이며 혼사말 가는 사람을 "중신애비"라고 하며 목욕하는 것을 "멱 감는다"고 하는 말 같은 것은 주위 벌 부락에 는 없는 것이고 직접 남쪽 지방의 말과 상통한다. 이와 같은 사실들은 이 부락들에 남 쪽으로부터의 류입자가 장구한 기간을 통하여 계속적으로 많았으며 그들은 부락에서 모든 것을 가장 잘 아는 사람으로서 지도적 역할을 하였다는 사실과 관련된다.

　이상과 같은 특수한 풍습들은 이미 과거 소멸된 것이 적지 않으며 오늘 벌 부락들과의 간격이 완전히 없어지고 농촌의 사회주의적 개조가 완성됨에 따라서 급속도로 소멸되어 가고 있다. 그리하여 소위 "재가승" 부락이라는 명칭은 한 개 력사적 술어로 되어 가고 있으며 또 그렇게 되어야 한다. 이와 관련하여 이 부락들의 남녀로소가 근로 정신이 강해서 남녀로소 차별 없이 즐겁게 잘 오락하며 부락적 단결력과 협조 정신이 특히 강한 전통은 종래와 같은 편협한 범위 안에서가 아니라 새로운 발전적, 사회주의적 형태로 계승 발전되어야 하며 외부와의 접촉을 꺼리며 락후한 종교 미신적 인습과 남녀 간 내외법이 적었던 반면에 풍기가 엄격하지 않았던 점과 같은 것은 급속히 완전히 일소시켜야 한다.

　이 부락들의 기원에 관하여는 종래에 녀진인의 후예라는, 전하여 오는 말이 있을 뿐이고 문헌적 기록이 거의 없으며 그 기원에 대하여 형벌 노예설, 산山의 신성인神聖人설, 녀진 후예설 등 학자들의 각이한 견해가 있는바 그것은 과학적으로 론증된 것이 못되고 단편적인 자료에 의하여 독단적으로 론단된 것이었다.

　인민의 기원을 해명함에는 주민의 이동과 이동의 원인을 밝히는 문제가 가장 필요한 전제로 된다. 그런데 이 지역의 선주민이었던 "야인"-"번호"-"녀진인"의 이동과 그 원인을 고찰하여 볼 때에 이 지역 즉 국경 연읍 내지內地에 선주 녀진인의 일부가 원래부터 잔류하였을 수 있으며 특히 17세기 초까지 두만강변, 장성이 있는 곳에서는 장성 밖의 특정 구역에 리조 봉건 정부에 반예속 반독립적 상태로 고유한 문화와 풍습을 가진채로 거주하던 "번호"가 누루하치에 의하여 남만으로 철거 당할 때에 그 일부가 이 지역에 침입하여 은익하였으리라는 것은 의심할 바 없다. 그리고 리조의 륙진 지방 개척에 따라 대대적으로 실시된 이 지역에의 이민은 주로 본도 원주민으로써 충당하였고 일부 삼남 지방으로부터의 이민도 있었으며 전가사변률全家徙邊律에 의하여 죄인으로서 이주 당한 자도 있어서 그 구성이 단순하지 않았다. 그러나 그 어느 것이고 할 것 없이 다 어디까지나 변방을 충실히 하기 위하여 군호軍戶로써 충당한 것이었고 죄인 또는 천인이라 하여 단발시켜 승려로 하고 표식한 사실은 전연 없었다.

　인민의 기원 문제 연구에는 민속학적 자료와 함께 고고학, 인류학, 력사학, 언어학, 및 기타 과학의 자료가 리용된다. 그러나 이 문제 자체는 우선적으로 민속학의 령역에 속하는 것인바 민속학은 모든 문화 형상은 시대의 흐름에 따라 시시로 변화함과 동시에 계승된다는 문화의 계승성의 원칙에 의거하여 현존하는 문화와 풍습 속에서 인민의 현실 생활을 통하여 계승된 과거의 잔재 즉 문헌적 기록에 남아 있지 않으나 현실 생활에 전승되어 있는 물질적, 이데올로기적 자료를 리용하여 과거를 복원하는 유력한 수단으로 삼음으로써 이 문제 해명에서 가장 중요한 위치를 차지한다. 그런데 이 부락들의 생활 풍습에는 이 지역 선주민이었던 녀진인의 풍습 요소가 농후하게 잔존한다. 또 승려의 형식을 차리면서 가정을 가지고 고기를 먹었으며 불교와 샤마니즘이 철저하게 병존한 사실은 이 부락들의 사찰은 원래 일반 사찰과 그 계통을 달리하는 것이었다고 볼 수 있게 한다. 또 이 부락들의 풍습과 언어중에는 주위의 부락들에는 없고 남쪽적인 요소도 있으며 그 조상이 다른 지방 특히 남쪽 지방에서 온 것임을 벌 부락 사람들까지도 잘 알고 있는 집들이 많다. 이상과 같은 사실들은 이 부락들의 기원에 관하여 다음과 같이 결론 지을 수 있게 한다.

소위 "재가승" 부락의 사찰은 원래 15세기 중엽에 륙진 지방을 개척할 때 잔류한 녀진인 계통의 사찰이었거나 그렇지 않으며 적어도 그 영향을 다분히 받은 사찰로서 처음에는 그 수도 적었는데 17세기 초의 "번호" 철거 시에 일부 잠입한 자들이 청 나라의 쇄환을 두려워서 그 정체를 감추기 위하여 승려로 된 데서 그 수가 확대되고 여기에 다른 지방으로부터 이러 저러한 리유로 고향을 떠난 자가 장구한 기간을 통하여 계속적으로 류입하여 "재가승"의 녀자와 결혼하고 "재가승"으로 됨으로써 소위 "재가승" 부락은 녀진계의 후예와 외부로부터의 류입자가 합류하여 형성한 것이라고 보게 되는 것이다.

이 지방 고로들은 "증불과오륙대憎不過五六代"라고 하면서 "재가승"은 성하던 집도 몇 대 못가서 쇠망하고 다른 집이 새로 일어 서서 성하여진다고 말한다. 이는 오랜 "재가승"은 쇠망하고 새로 외부로부터 들어 와서 "재가승"의 녀자와 결혼하고 "재가승"으로 된 자들의 자손이 성하여진다는 의미로서 이 부락들의 주민 요소가 력사적 발전 과정에서 변화가 심하였다는 것을 단적으로 말하여 주는 것이다. 이와 같이 하여 소위 "재가승" 부락은 함경도의 일반 부락들에 비하여 녀진계적 유습 잔재가 더 농후하게 잔존하는 데 불과하는 것이다. 녀진적 유습 잔재는 함경도 전체에 걸쳐서 엿 볼 수 있는 것이며 함경도 전반에 걸쳐서 많은 선주 녀진인이 향화하여 조선인 속에 합류하였다는 것은 문헌 기록에도 많이 나타나는 것이다. 이리하여 우리는 조선인, 조선 민족은 고대에 있어서의 여러 종족 뿐만 아니라 중세에 있어서의 적지 않은 녀진족도 포섭하여 형성된 것이라는 것을 말하게 된다.

02.
함경북도 북부 산간 부락('재가승'부락)의 기원에 관한 연구*

-
-
-

　함경북도의 북부 부령군, 회령군, 유선군, 종성군, 온성군, 경원군, 경흥군의 산간 일정한 지역에는 리조 시기에 소위 '재가승在家僧'이라고 부르던 일반 벌野 사람들과는 혼인은 물론이요 교제까지도 하지 못하던 특수부락이 있어서 일찍부터 학자들의 주목을 끌었다. 해방후 그들의 적지 않은 부분이 벌로 이주하였으나 압도적 다수는 원주지에서 집단 부락을 형성하고 있다. 현재 부령군내에 241호, 회령군내에 405호, 유선군내에 156호, 종성군내에 45호, 온성군내에 49호, 경원군내에 65호, 경흥군내에 70호, 계 1031호가 원주지에 거주하고 있다(1957년 현재).

　이 외에 회령읍과 온성읍에 비교적 많은 이주자가 있고 기타에도 몇 호씩의 이주자가 있다.

　그들은 리조 시기에 부락마다 간단한 절당을 짓고 전 부락민이 불교를 믿었다. 남자들을 전부가 머리를 깎고 승려의 형식을 갖추었으며 사람이 죽으면 다 불교식으로 화장火葬하고 제사도 불교식으로 지냈다. 그러나 특별히 승려로서의 수행修行을 쌓은 일도 없고 일반 사람들과 마찬가지로 가정을 가지고 농업에 종사하였으며 불공과 상제 때를 제외하고는 육식을 하였다. 이와 같이 승려의 형식을 갖추었으나 처를 취하고 고기를 먹는 것을 공공연히 하였으므로 '재가승'이라고 부른 것이었다. 사찰에는 보통으로 일정한 주지가 있은 것이 아니었고 평상시에는 그냥 비여 두다가 4월 8일과 같은 불교의

* 『민속학연구총서』 제2집, 『민속학논문집』, 1959.

명절에는 부락의 남녀 로소가 모여서 불교 의식儀式을 거행하였다.

 리조 시기에 관가에서는 그들에게 대체로 일반 주민과 동일하게 조세, 부역을 부담시키는 외에 귀리燕麥 짚으로 만든 황지黃紙와 짚신, 목공품 등 공납을 부과시켰으며 또 지방 토호들은 그와는 별개로 마음 대로 그들에게서 황지를 비롯한 산간 토산물을 탈취하였다. 그들은 자원적으로 승려가 된 것이 아니었고 승려의 후예이므로 신분상 불가피적으로 승려로 되어야 하였으며 천대와 멸시를 받아야 한 것이었다. 그들의 환속還俗은 용허되지 않았으며 일반 량민이라도 일단 소위 '재가승'의 녀자와 결혼한 자는 '재가승'으로 되어야 하였다. 일반 승려는 역役을 지지 않는 유한자, 피역자避役者였다면 소위 '재가승'은 천역賤役을 부담한 고역자苦役者였다. 다른 지방에는 공공연히 처를 취하고 고기를 먹는 승려도 없었으며 이와 같이 천역을 정상적으로 부담한 승려도 물론 그 류례가 없었다. 또 명산대찰이 있는 것도 아니고 주민이 적고 문화 경제 수준이 낮았던 이 극변[중심이 되는 곳에서 아주 멀리 떨어진 변경] 좁은 지역에 비록 완전한 승려는 아니었다 할지라도 수천에 달하는 승려가 존재하였다는 그 자체가 보통 례가 아닌 것이다. 여기에는 반드시 특별한 유례가 있음이 틀림이 없다.

 1883년(고종 20, 계미)에 서북 경략사西北經略使 어윤중魚允中이 북도의 적폐積弊를 개정한다 하여 인민으로부터의 징수 규정을 새로 정할 때에 소위 '재가승'은 황지 제조의 역을 면제받았다. 그러나 기타의 지방적으로 되는 천역賤役과 천대는 여전히 지속되었다. 1894년의 농민 전쟁을 계기로 그들은 적극적으로 지배층과 투쟁하여 천역에서 해방되고 차츰 머리를 기르고 성씨를 부르기 시작하였다. 그러나 그 후 조선을 강점한 일제는 그들의 처지에 대하여 하등의 관심도 가지지 않았으며 가질 수도 없었다. 그러므로 그들은 8·15 해방을 맞이할 때까지 정도의 차는 다소 있었다 할지라도 여전히 이러저러하게 천대와 멸시를 받으면서 무권리와 빈궁 속에서 고립적 생활을 그대로 지속하여 왔다.

 력사적인 8·15 해방 후 오래 동안 그들의 앞을 가로막던 낡은 인습은 완전히 청산되고 그들의 앞에는 광명의 서광이 비치게 되었다. 조선 로동당과 공화국 정부의 올바른 시책에 의하여 그들의 앞에는 완전한 자유와 평등한 권리가 부여되고 사회적으로 힘차게 진출할 길이 열리었다. 1946년 11월 3일에 진행된 력사적인 첫 민주 선거 때에 회령군 창태리에서 소위 '재가승' 출신의 군 대의원 립후보자가 발표되자 어떤 '재가승'

출신 로인은 그 사람이 군 대의원 립후보자로 추천될 것은 꿈에도 생각하지 못하였으므로 혹 이름이 같고 사람이 다른 것이 아닌가 하여 대회 석상에서 일어서서 그 사람이 어디 사람인가고 물어서 그가 자기 지방의 '재가승' 출신임이 틀림없음을 확인하자 "이제야 세상이 참말로 옳게 되었다"고 하면서 감격에 넘쳐 그 자리에서 춤을 추었다고 한다. 이것은 한 개 실례에 불과하거니와 오늘 당과 정부의 시책에 대한 그들의 감격은 비상하며 따라서 이 시책을 받들고 사회주의 건설에서 발휘하는 열의는 비상히 드높다. 농촌의 사회주의 건설에서 눈부신 혁신을 일으키고 있을 뿐만 아니라 조국 보위와 당과 국가 기관 및 사회 단체에 진출하여 고상한 애국적 열의와 헌신성을 발휘하는 청년들이 속출하고 있다.

그들에게는 남녀 로소가 로동을 즐기고 호상 협조의 정신과 단합력이 강하며 남녀 로소가 구별없이 집체적으로 오락하는 좋은 풍습들이 있는 반면에 오래 동안의 환경 조건의 영향으로 이러저러한 락후한 풍습들이 또한 적지 않게 잔존하고 있다. 이제 그들의 사회 경제 생활에 기초한 문화와 풍습을 조사 정리하며 그 긍정적인 면을 더욱 발양시키고 락후한 면을 비판 시정하며 그들 속에서 새로 발생 발전하고 있는 사회주의적 문화와 풍습을 조사 연구하며 종래 일부 계층에서 이 부락들에 대하여 취한 그릇된 태도를 완전히 일소시키는 문제는 커다란 실천적 의의를 가진다.

한편 언어와 지역, 경제 생활에 있어서, 또한 문화의 공통성에 나타나는 심리적 상태에 있어서 력사적으로 형성된 공통성을 가진 조선 민족, 조선 사람은 원래 여러 종족으로 형성되었다. 그러므로 그들 중에 잔존하고 있는 고유한 풍습을 조사 연구하여 그 유래와 계통을 밝히는 것은 그들의 기원 내지 조선 사람의 형성 문제 해명의 한 부분으로도 되는 것이다.

본고에서는 후자에 관한 연구로서 우선 소위 '재가승' 부락의 기원에 관한 견해들을 분석 비판하고 과거 이 지방 주민의 이동 정형과 그 원인을 천명하며 이 부락들에 잔존하고 있는 고유한 문화 풍습의 잔재와 그 유래를 밝힘으로써 이 부락들의 기원 문제 해명을 시도하여 보기로 한다.

1. 소위 '재가승' 부락의
기원에 관한 견해들

소위 '재가승' 부락의 기원에 대하여는 종래 지방적으로 전해 오는 말이 있을 뿐만 아니라 학자들의 견해가 있다. 그러나 그 견해들은 모두 본질적인 자료에 근거하여 과학적으로 론증된 것이 못 된다. 이제 지방적으로 전해 오는 말과 학자들의 견해의 대표적인 것을 분석 비판하여 보기로 한다.

1) 지방적으로 전해 오는 말

여기에는 두가지 설이 있다. 그 하나는 1637년 1월에 무능력한 리조 정부가 청淸나라와 굴욕적인 화약(소위 '병자호란丙子胡亂' 때의 화약)을 맺을 때에 장차 청나라의 요구에 따라 즉시로 '대유녀大乳女' 3천 명과 '암말牝馬' 3천 필을 공납하기로 약정하였는데 당시 정부는 그 해결책으로서 우리나라에 남아 있는 녀진 유족을 국경 연읍의 일정한 지역에 집결시켜 '재가승'으로 만들어 일반 주민들과 구별하고 그중에서 '대유녀大乳女'를 선발하였다. 그리하여 '재가승' 부락의 녀자들을 유방乳房을 발달시킬 필요상 허리띠를 유방 아래에 띠게 하고 유방을 로출케 하였다는 것이다. 이것은 소위 '재가승' 부락 부녀자들 사이에 일반 속인 부락 부녀자와 달리 허리띠를 낮게 띠고 유방을 로출하는 풍습이 있은 것을 보고 억지로 갖다 붙인 억측에 불과한 것이다. 1637년의 화약에는 '대유녀大乳女' 공납을 약정한 일이 전연 없고 다만 이 화약 이후 청나라는 소위 '오랑캐인兀良哈人' 쇄환刷還이라 하여 조선에 잔류한 녀진인을 돌려 보낼 것을 강요한 사실이 있을 뿐이다. 그러므로 녀진인 잔류자를 청나라에 대한 '공녀貢女'의 원천으로 삼았다는 것은 력사적 사실과 부합되지 않는다. 그러나 이 설은 녀진인과 소위 '재가승', 소위 '재가승'과 청나라와의 사이에 무엇인가 인과 관계가 있음을 암시함과 동시에 소위 '재가승' 부락의 부녀자들의 유방 로출 풍습은 이 지방 일반 부녀자들의 풍습과 전통을 달리하는 독특한 것임을 의미하는 것이라고 할 수 있다.

지방적으로 전해 오는 말의 다른 하나는 리조 세종 때에 김종서金宗瑞가 두만강 류역의 녀진인을 구축하고 륙진六鎭 지방을 개척할 때에 미처 옮겨 가지 못하고 남아서 귀화한 녀진인에 대하여 단발시켜 구별할 수 있게 하고 사찰寺刹에 소속시켜 '재가승'이라

하였는바 그들은 전시에는 군수품을 운반하고 평시에는 황지黃紙를 제조하여 관가와 토호에 바치는 천역을 부담하였다는 것이다.

또 이와 류사한 것으로서 고려의 윤관尹瓘이 녀진을 구축할 때에 그 잔류자를 사원을 짓고 불교를 믿게 하였는데 그 족속이 '재가승'으로 되였다고 전하여 오는 말이 있다. 그러나 륙진 개척시에 투화한 녀진인에 대하여는 아래에서 상세히 서술할 바와 같이 이와는 정반대로 특별히 우대하였던 것이며 윤관의 녀진 구축은 두만강변까지 미치지 못하였을 뿐만 아니라 그 점령하였던 지역은 1년 4개월만에 도로 반환하였던 것이니 이도 역시 력사적 사실과 부합되지 않음은 물론이다.

이상에서 본 바와 같이 소위 '재가승' 부락의 기원에 관하여 예로부터 전해 오는 말들은 그들이 '재가승'으로 되게 된 사정에 관한 설화의 구성 부분이 모두 력사적 사실과 전연 부합되지 않는 억측에 불과한 것들이다. 그러나 소위 '재가승' 부락을 녀진인의 후예라고 보는 점에서는 일치하고 있는바 여기에는 일정한 진실이 반영되어 있다고 보아야 할 것이다.

2) 학자들의 견해

(1) 형벌 노예刑罰奴隷

리능화李能和는 그의 저서 『(조선)불교통사佛敎通史』의 「북도연읍재가승촌北道沿邑在家僧村조」에서 소위 '재가승'의 유래에 관한 자기의 견해를 표명하면서 전기 두 가지 설은 모두 근거 없는 것이라고 부정한 다음에, 서긍徐兢의 『고려도경高麗圖經』에서 "집에 있는 중이在家和尙 가사袈裟도 입지 않고 계률戒律도 지키지 않으며 흰 모시紵로 만든 솔다란솔다 즉 좁다는 뜻, 좁은 옷을 입고 검은 비단으로 허리를 동이고 맨발로 다니는바 간혹 신발을 신은 자도 있다. 집에 있으면서 부인도 가지고 자식을 기르며 나라 일로 물건을 운반하며 도로를 청소하며 개울을 파며 성실城室을 수축하는 일에 일상 종사한다. 변방에 일이 생기면 단결하여 나가는데 바쁘게 몰려 다니나 매우 용감하다. 그들이 군사 일에 나감에 있어서는 사람마다 자비로 식량을 준비하여 국가의 비용을 소비하지 않고 잘 싸운다. 들은즉 중간에 거란契丹이 고려 사람들에게 패한 것은 바로 이들의 힘에 의한 것이라 한다. 그 실상은 죄인으로서 부역하는 자들인데(刑餘之役人) 동방 사람들이(夷人)

그 수염과 머리를 깎았음으로써 중(和尙)이라고 이름할 뿐이다"[1]라고 한 것을 들고서 이 것이야말로 재가승 력사에 대한 유일하게 옳은 견해라고 하였다. 즉 그는 륙진 지방의 소위 '재가승'도 형벌 노예라고 본 것이다. 그러나 고려의 '재가화상在家和尙'이 형벌 노예였다고 하여 언제나 어디에서나 '재가승'은 다 형벌 노예였다고 단언할 수는 없는 것이다.

포로 또는 피정복자 내지 죄인을 단발시켜 도망치지 못하게 하고 노예로 사용하는 례는 고래로 어디서나 있은 일이다. 우리나라에서의 례만 하여도 고려 시대의 재가화상 뿐만 아니라 진한辰韓 사람들이 한족 포로를 집단적으로 단발시킨 사실[2]이라던가 신라 시대의 피정복 부락이었다고 인정되는 부곡部曲 중에는 15세기까지도 그 장長이 머리를 깎고 승수僧首라고 불리운 례가 있은 사실[3]들을 들 수 있다. 륙진 지방 개척에 있어서 잔류 녀진인을, 또는 전가사변률全家徙邊律 즉 죄인의 전 가족을 변방에 이주시키는 법령에 의하여 이주시킨 죄인을 도망치지 못하게끔 단발시켜 일정한 지구에 집결시킨 것이 아니었을가고 상상할 수도 있다. 그러나 력사적 사실은 그와는 정반대로 잔류 녀진인에 대하여는 상상하기 어려울 정도로 우대하였던 것이며 남방으로부터의 전가 사변 죄인은 그와 같은 노예로서가 아니라 변방의 미약한 고을과 진鎭을 충실히 하기 위한 중요한 군호軍戶로서 충당하였던 것이며 이 지방의 주민들은 오히려 그가 전가사변으로 정배 온 사람의 후예임을 자랑삼아 여기는 형편인 것이다. 그러므로 소위 '재가승'을 형벌 노예로 볼 근거는 발견할 수 없다.

(2) 산山의 신성인神聖人

일본 어용 학자 아끼바秋葉隆는 그의 저 『조선민속지朝鮮民俗誌』에서 '재가승'에 관하여 "그들이 북선北鮮의 가무무歌舞巫인 스승의 모체母体였다는 것, '재가승'이라는 명칭이 암시하는 바와 같이 일찌기 반승반속伴僧半俗적 존재였다는 것 및 그들이 산 사람山人이라고 불리우는 것으로 보아서 그들도 또한 산山의 신성인神聖人이었다고 하여도 좋을 것이

---

1 徐兢, 『宣和奉使高麗圖經』 第十八 在家和尙.
2 『魏書』 「東夷傳」 韓傳 참조.
3 『世宗實錄』 「地理志」 慶尙道 晋州牧條. "部曲二 花開谷薩川谷 右二部曲長 皆削頭 稱爲僧首 方言聲轉 今爲矢乃."

라고 생각한다"라고 하면서 소위 '재가승'을 남선 지방의 산간의 무당 집단 부락과 동일한 것으로 보았다. 리조 시기 특히 그 초기와 중기에 함경도에 무당 행사가 비교적 성하였던 것만은 사실이다. 그러나 소위 '재가승' 부락은 일반 부락과는 완전히 교섭이 없었으며 일반 부락의 무당 행사에 소위 '재가승' 부락의 무당이나 복술이 초청되는 일은 거의 없었고 막부득이 한 경우에나 례외적으로 초청되는 일이 있었을 뿐이다. 그러므로 소위 '재가승' 부락의 무당 복술은 자기들끼리의 무당 복술이었고 별 사람들과는 관련이 없는 존재였다. 그러므로 그들을 무당 행사를 직업으로 한 남선 무당과 동일한 것으로 볼 수는 없는 것이다.

(3) 녀진 유종

이상 두 견해를 제외하고 '재가승'에 관한 종래의 기사들은 거의 전부가 처음부터 '재가승'이 녀진인의 후예라는 것을 전제로 하고 서술된 것이다.

'재가승'이 녀진인의 후예임을 문헌 사료에 의하여 밝히려고 시도한 것은 리재욱李在郁의 「재가승만고在家僧漫考」라는 론설이다.[4] 그는 이 론설에서 '재가승'의 유래에 관한 제 설이라 하여 노예설, 승려설, 번호설藩胡說을 들고서 설명을 가한 다음에 우하영禹夏永의 『륙진승도의六鎭僧徒議』에 "청나라 사람으로서彼人 다년 개시開市에 왕래한 자는 우리말을 잘하여 조금도 우리와 다름이 없는데 다만 그 복착이 다르므로 구별할 수 있을 뿐이다. 만일 그들이 승복白衲을 바꾸어 입고 국경을 넘어와서 우리나라 승려 사이에 섞인다면 구별할 수가 없을 것이며, 만일 승려 중에 옳지 못한 자가 있어 그들을 절에 끌어드려 한 번 국경 지방을 통과하게 된다면 그 다음에는 전국을 돌아다닌들 누가 그가 청나라 사람인 줄 알겠는가…"라고 한 것은 재가승의 유래의 륜곽에 적지 않은 시사를 주는 것이라고 하면서 다음과 같이 말하였다. "요컨대 현금 북변에 군거群居하는 재가승은 그 종족 문제에 있어서는 적어도 녀진 유족이라고 보는 것이 타당하며 또 그들이 재가승이라는 지칭을 받으면서 일종 특수 부락을 형성하게 되기까지의 과정에 대하여서는 속단을 불허하나 녀진족 중의 축리흥상逐利興商을 도모하는 자가 변경의 승려와 결탁하여 승려로 가장하여 입거하였다는 사실에서 그 유래를 찾을 수 없을가 한다."

---

4 『東亞日報』 1935년 11월 30일부터 學藝欄에 련재된 론문 참조.

우하영의 견해는 장사'군 청나라 사람이 륙진 지방의 사찰을 중간 다리로 하고 국내 깊이 잠입하지 않을가를 우려하여 경고한 것이다. 그러므로 론자가 '재가승'은 종족적으로 적어도 녀진 유종이라고 하는 견해는 좋다 하더라도 그들이 그와 같이 '재가승' 부락을 형성하게 된 과정, 유래를 녀진족 중의 장사'군들이 변경의 승려와 결탁하여 승려로 가장하고 들어 온 사실에서 찾으려 하는 데는 도저히 찬성할 수 없다.

왜냐 하면 만일 그렇다면 장사를 목적으로 하는 많은 녀진인이 산간에 들어 와서 정주한 데서 소위 '재가승' 부락이 형성된 것으로 되겠는데 그것은 장사의 본래 목적과 상반되므로 있을 수 없는 일이기 때문이다. 그러나 리재욱의 견해는 다른 론자들이 단편적인 자료를 가지고 주관적으로 '형여지역인刑餘之役人'이니, '산의 신성인'이니 하고 속단한 것과는 다르게 그 력사적 근거를 찾으려고 노력한 점에서 다른 론자들보다 진지한 점이 있다고 할 수 있다.

2. 륙진 지방의 원주민의 이동과 그 원인 및 륙진 개척과 관련한 입거민入居民의 구성

1) 륙진 지방의 원주민의 이동과 그 원인

주민의 이동과 이동의 원인을 밝히는 문제는 족 기원族起源(этногнез) 문제의 해명에 가장 필요한 전제로 된다. 그러므로 두만강 류역 즉 륙진 지방의 원주민이었던 소위 '야인野人'-'번호藩胡'-'녀진인女眞人'의 이동과 그 원인 및 15세기 중엽에 리조 정부의 이 지방 개척과 관련하여 실시된 남쪽으로부터의 입거민入居民(남쪽으로부터 강제적으로 이주 당한 자)에 관하여 고찰하는 일은 소위 '재가승' 부락의 기원 연구에 있어서 중요한 전제로 된다. 그러나 이에 대한 상세한 내용과 고증은 다른 기회에 밀고 여기서는 간단히 요점만 들어 보기로 한다.

15세기 중엽에 리조 정부가 륙진 지방 개척에 착수할 때까지 오늘날의 부령富寧 구읍과 부거富居를 련결하는 선에서 멀지 않은 이북의 지역에는 남쪽으로부터의 이주민이 전연 없었다. 따라서 두만강 류역은 강 이내도 순전히 소위 '야인'의 거주 지역이었다.

14세기 말~15세기 초에 함경도의 해안 지방을 개척할 때는 그 지방에 고려-리조의 국가적 세력이 미치기 전에 벌써 남쪽으로부터의 이주자가 있었던 것이나 15세기 중엽에 륙진 지방을 개척할 때는 그와는 사정이 매우 달랐던 것이다.

우리나라에서 '야인'이라고 칭한 범주 안에는 종족적으로 서로 다른 오랑캐兀良哈, 우지캐兀狄哈, 제종 녀진諸種女眞이 포함되어 있었다.[5] 이제 리조 정부가 륙진 지방을 개척할 직전의 그들의 분포 정형을 보면 다음과 같았다. 오늘날의 종성, 온성 부근의 강 내외에는 오랑캐가 거주하였고 그 이서인 오늘날의 회령 부근에는 녀진의 일족인 오도리부斡朶里部가 거주하였으며 그 이서인 오늘날의 무산茂山 지방에는 오랑캐가 거주하였다. 그리고 오늘날의 경원慶源 부근의 강내외에는 녀진인, 경흥慶興 지방의 강내외에는 골칸우지캐骨看兀狄哈가 거주하였다. 그중에서 오도리부를 제외하고는 강내보다 주로 강외에 거주하였다. 오랑캐는 원래 목릉하穆陵河 류역에 거주하다가 그로부터 남으로 이동하여 훈춘琿春 평야의 서부인 토문土門을 거점으로 하고 그 이서로 두만강 상류인 무산 지방에까지 미쳤고 그에 뒤이어 오도리부는 송화강과 목단강이 합하는 지역인 삼성三姓 부근으로부터 남쪽으로 이동하여 한때 훈춘 평야에 머물었다가 오늘날의 회령 지방으로 다시 이동한 것이었다.[6] 그러면 이들의 이동 원인은 무엇이었을가?

원래 만주의 동북부로부터 멀리 함흥 평야에 이르기까지의 사이에 거주하던 녀진족은 원元나라가 이 지역을 통치하던 시기에 그 추장들이 원나라의 투먼(豆漫-萬戶), 맹간(猛安-千戶) 등의 직을 받고 원나라의 세력에 의거하여 강성하였었으나 두만강 이북인 만주의 동북부와 연해주에서 녀진인과 린접하여 거주한 오랑캐, 우지캐는 녀진인보다 문화 정도가 낮고 그 세력이 미약하였었다. 그러던 것이 14세기 중엽에 원나라의 세력이 이 지방에서 소멸하게 된 후로는 그 세력 관계가 전도되면서 종족의 이동이 버러지게 된 것으로 보여진다. 즉 14세기 후반에 훈춘 평야에 거주하던 녀진인의 많은 부분은 함경도 지방에 이주하였는바[7] 이는 신흥하는 종족과의 충돌을 피하기 위하여서일 것이

---

5 『龍飛御天歌』第四章. "我國之俗 通稱斡東等處兀良哈兀狄哈及女眞諸種爲野人".
6 『新增東國輿地勝覽』慶源府 山川條. "訓春江 源出女眞之地 至東林城 入于豆滿江 斡朶里野人所居" 仝書 會寧都護府 建置沿革條. "本高句麗舊地 胡言斡木河一云吾音會 本朝太宗朝 斡朶里童孟哥帖木兒 乘虛入居"[오도리부의 원주지는 삼성(三姓) 부근이었음].
7 『世宗實錄』十九年 八月 甲子條. "中樞院副使殷阿里啓曰 … 臣管下三百餘戶 舊居縣城平 去去壬子年 徙于咸興

며 목릉하 류역에 있던 오랑캐가 훈춘 평야의 서부에 이동한 것은 이렇게 하여 훈춘 평야가 비게 된 틈을 타서였을 것이고, 삼성 부근에 있던 오도리부의 남쪽으로의 이동은 목단강 류역의 험진우지캐嫌進兀狄哈와의 충돌을 피하기 위하여서일 것이다.

두만강 류역을 차지하고 조선과 린접하게 된 오도리부, 오랑캐, 골칸우지캐는 일찍부터 리조에 귀순하여 만호, 천호 등의 직첩職貼(벼슬 임명장)을 받음과 동시에 또 명나라의 부름招諭에도 응하여 명나라의 직첩도 받았다. 즉 그들은 조선과 명나라의 량쪽에 다 복속하는 태도居中兩投를 취하면서 리득을 보려 하였던 것이다.

1443년(세종 15) 10월 오늘날의 회령 일대에 거주하던 오도리부에 일대 사변이 돌발하였는바 그것은 리조 정부의 륙진 지방 개척의 결정적 계기로 되었다. 오도리부는 두만강 류역에 거주한 소위 '야인' 중에서 가장 장대한 부족이었는바 목단강 류역에 거주하던 험진우지캐와 본래부터 사이가 좋지 못하였다. 그러던 중 이 때에 남만으로부터 두만강변으로 오는 명나라 사신史臣이 험진우지캐 등에 습격을 받았을 때에 오도리부는 명나라 사신을 응원한 일이 있었다. 여기서 험진우지캐는 대거하여 오도리부를 습격하여 추장 룽멍거터물을 비롯하여 많은 인물을 살해 랍치하였다. 이리하여 두만강 류역에서 가장 강성하던 오도리부는 불의에 그 두목을 잃고 곤경에 빠지게 됨으로써 북변정세는 돌변하게 되었다.

여기서 리조 정부는 이를 계기로 하여 두만강 류역을 개척하고 천연적 험새險塞인 두만강을 방어선으로 할 계획을 수립하고 이를 강력히 추진하였다. 즉 오늘날의 부령 구읍 부근에 있던 녕북진寧北鎭을 오늘날의 종성군 행영行營에, 부거에 있던 경원부를 오늘날의 경원 구읍에 옮기고 함길도 주민 2,200호를 그 곳에 이주시키고 다시 1440년에는 종성군과 온성군을 새로 설치하고 여기에 길주 이남 안변 이북에서 1,600호를 이주시켰다. 이리하여 소위 '야인'의 거주지이던 륙진 지방에 남쪽으로부터의 이주민이 대량적으로 들어가게 되었다. 이 당시 실지로 두만강내인 륙진 지방에는 회령 지방의 오도리부 외에는 '야인'이 그다지 많이 거주하지 않았고 또 오도리부는 험진우지캐에 의

...
定平等處 …"
『東國輿地勝覽』慶源都護府 山川條에 "縣城平在府東二十五里 此下係豆滿江外之地"라고 하였으니 殷阿里의 管下가 본래 거주하던 縣城平은 訓春平野임이 틀림없다. 去去壬子年은 1372년임.

하여 대타격을 받은 직후로서 그전과 같은 세력을 이루지 못하였으므로 륙진 지방에 잔류한 원주민과 남쪽으로부터의 이주민 사이에는 별로 충돌이 없었다.

이보다 먼저 리조 정부는 경성 이남 함흥 지방에 이르는 시기에 산거散居하는 녀진인에 대하여 처음에는 그 추장(천호)들의 관하민管下民으로서 특별 취급을 하다가 결국 이들을 편호編戶 즉 호적에 등록하고 조세 부역을 담당하는 인민으로 만들었던 것이다. 그러나 륙진 지방에 잔류한 오도리부, 오랑캐, 골칸우지캐들에 대하여는 끝끝내 편호로 하지 못하고 특별대우를 하였던 것인바 거기에는 그렇게 하지 않을 수 없는 주객관적 조건이 있었다. 즉 륙진 지방에 잔류한 원주민들은 언제든지 쉽사리 도망할 수 있는 후방을 가지고 있었기 때문에 편호로 되기를 싫어하였으며 또 한편 리조 정부 편으로 볼 때에 그들을 반독립 반예속 상태로 특정구역에 두고 보호하면서 강외의 적정을 제때에 탐지하여 알리게 하는 소위 번리藩籬의 역할을 시키는 것이 또한 필요하였던 것이다.[8] 이리하여 이들은 강변의 일정한 지역, 장성長城이 있는 곳에서는 장성 밖에 거주하면서 추장들의 통제를 받고 리조 정부에 대하여는 조세 부역을 부담하지 않을 뿐만 아니라 일정한 규례에 의하여 서울에 올라 가서 직첩과 상으로 주는 물품을 받았으며 현지에서 또 감사監司와 병사兵使가 춘추로 시행하는 연향宴享을 받았다. 이와 같이 륙진 지방에 잔류 원주민 부락이 오래도록 고유한 형태 대로 남아 있었다는 사실은 후에 그들이 남만으로 철거하기는 하였지만 이 지방에 그들의 문화와 풍습을 보유하는 독특한 부락이 잔존할 수 있는 조건으로 된다고 할 수 있다.

리조 정부는 오도리부, 오랑캐 중에서 완전히 투화하여 내지內地에 거주하기를 희망하는 자에 대하여는 길주 이남에 주는 것을 원칙으로 하였는바 그것은 그들을 본토와 멀리 떨어지게 함으로써 배반하고 도망할 수 없게 하려는 데서 온 것이었다. 그러나 이러한 원칙은 특히 유력한 자에 대하여 취한 조치였을 것이고 모두 다 그렇게 한 것이라고는 생각할 수 없다. 실제로 부령군 청암靑岩은 그들의 본토인 동량북東良北(무산 지방)에 가까웠으나 여기에는 향화야인向化野人들이 집단 거주하였던 것이다.[9] 청암에서와 같이 회령을 비롯한 강변 렬읍의 내지에도 일부의 잔류자가 있었으리라고 보아야 할 것

---

8 『世宗實錄』 二十四年 正月 戊子條 참조.
9 『中宗實錄』 三十年 十月 丁酉條 참조.

이다. 산곡간에 산재하여 그 실수조차 조사하기 곤란하던 '야인'이 모조리 강변 특정 구역에 집결되었으리라고는 생각하기 어려운 것이다.

오도리부의 추장 범찰凡察과 동창童倉은 완전히 투화하여 편호로 되는 것도 싫고 특정 구역에서 더부사리하면서 통제 받는 것도 싫어서 1440년에 관하중 300여 호를 데리고 남만의 동가강佟家江 류력에로 도망하였다. 이 사변이 있은 후 15년만인 1455년(단종 3)의 조사[10]에 의하면 당시 두만강 류역에 거주하면서 리조 정부에 귀순하여 일정한 보호와 기반을 받으면서 강내 및 강외의 멀지 않은 곳에 거주한 오도리부, 오랑캐, 녀진, 골칸우지캐를 포괄한 '야인'이 50여 부락에 달하였는바 이러한 소위 번리의 역할을 하는 '야인'을 나중에는 번호藩胡라고 불렀다. 이 중에서 명확히 강내에 거주한 것이 22 부락 250여 호였다.

이 조사보다 133년 후인 1588년에 저작된 『제승방략制勝方略』에 의하면 두만강내외에 거주한 번호 부락은 280여 부락, 8,000여 호에 달하였다. 여기에서는 강내 부락과 강외 부락을 전연 구별하지 않았으나 명확히 강내로 인정되는 것만 하여도 1455년의 것에 비하여 훨씬 증가되었다. 또 여기에서는 오도리부, 오랑캐, 골칸우지캐의 구분을 전연 표시하지 않았는바 이것은 당시 이 종족들이 완전히 녀진인화하여 구분하기도 곤란하였으며 구분할 필요도 없었기 때문일 것이다.

이상과 같이 륙진 지방에는 남쪽으로부터의 입거민과 린접하여 고유한 문화와 풍습을 가진 번호 부락이 남아 있었는바(17세기 초에 그들이 남만으로 철거할 때까지) 그들의 사회에 있어서는 추장이 통솔하는 부락이 일상 생활에서 가장 관계가 깊은 단위로 되었고 부락의 크기는 적은 것은 수 호, 큰 것은 수십 호에 달하는 대소 부동한 것이었다. 그리고 그들 사이에는 소박한 불교 신앙과 화장火葬하는 풍습이 보급되었다.[11]

17세기에 들어 와서 번호 부락에는 결정적인 전환이 생기었다. 남만 동가강 류역의 건주위建州衛 녀진의 유력한 추장 누루하치奴爾哈赤는 명나라의 압박과 또 자기들의 추장의 압박을 반대하는 인민들의 반항력을 교묘히 리용하여 명나라의 세력을 구축하고 주

---

10 『端宗實錄』 三年 三月 己巳條 咸鏡都体察使李思哲啓文 참조
11 『世宗實錄』 二十一年 月 己未朔條 "…女眞則火葬 皮冠頂上綴白氀布 前蔽面目後垂於肩 仍穿直身衣 每遇七七日 殺牛或馬 煮肉而祭 徹而食之"

위 제부족들을 통합하는 사업을 정력적으로 전개하였다. 이에 있어서 8,000여 호에 달하는 두만강 류역의 번호는 그 중요한 병탐 대상으로 되었다. 1607년 봄부터 누루하치는 두만강 내외의 번호 부락을 강압적으로 철거하여 가기 시작하여 대개 이 해 10월 경에는 두만강 하류 지방의 번호 부락까지 철거하여 갔다. 떠나가는 번호들은 길을 가로막고 울면서 떠나가기를 싫어하였으나 무능한 리조 정부는 누루하치와의 후일의 말썽을 고려하면서 절대로 경내에 들어 놓지 않기로 하였다.[12] 그러나 그들의 일부가 경내에 도망쳐 들어 왔을 것은 추측하기 어렵지 않다. 리수광李睟光은 이와 같은 철거를 기피하여 내부內附하는 번호가 수십, 수백 명이 무리를 지어 경기, 충청, 전라도의 곳곳에 와서 살고 있었음을 지적하였다.[13] 그러나 이와 같이 먼 지방에까지 진출한 것은 오직 용감한 자들만이었을 것이고 많은 부분은 가까운 류진 지방의 산간에 은익하였으리라는 것은 용이하게 짐작할 수 있는 일이다.

조선 경내에 은익한 번호에 대한 후금後金(청淸)의 쇄환刷還 요구는 일찍부터 시작되었다. 1632년(인조 10)에 후금은 류진 번호의 은익자 50여 명의 명단을 제시하면서 자기들이 알고 있는 것이 이 뿐일 따름이요 알지 못하는 것이 더 있을 터이며 결국 감출 수 없을 것이니 다 찾아 보내라고 졸라댔다.[14]

1637년(인조 15) 1월에 무능한 리조 정부와 청나라와의 사이에 굴욕적인 화약이 있은 후 청나라는 '오랑캐인 쇄환'이라 하여 조선에 잔류한 녀진인을 돌려 보낼 것을 강경히 요구하여 왔는바 이에 대하여 리조 정부는 약간의 향화인向化人(녀진 귀화인)을 찾아 보냄으로써 사태를 미봉하여 왔었는데 1644년(인조 22)에 와서 청나라는 금후 '오랑캐인 쇄환'을 영영 정지할 것을 약속하였다.[15] 이리하여 류진 지방에 은익한 번호는 별로 쇄환을 당하지 않고 남아 있게 되었다고 보여진다. 우에서 말한 바와 같이 녀진인 사이에는 일찍부터 소박한 불교가 보급되었는바 향화 잔류자가 집단 거주한 청암을 비롯하여 강변 렬읍의 내지에는 녀진계의 소박한 불사가 있었으리라고 집작되며 새로 은익한 번호들은 산곡의 이러한 불사에 의거하여 승려로 가탁하는 것이 은익에 가장 효과적이었으

...

12 『宣祖實錄』 四十年 十月 丙戌條 참조.
13 李睟光, 『芝峯類說』 北虜條 참조.
14 『仁祖實錄』 十年 四月 壬申條 참조.
15 『仁祖實錄』 二十二年 四月 辛未條 참조.

리라는 것은 상상하기 어렵지 않은 일이다. 한편 리조 정부 측으로 보면 내지의 지리와 수비의 실정을 잘 알고 있는 번호를 다수히 청나라에 찾아 보내는 것은 크게 고려할 바이나 사나운 번호를 집단 거주하게 하는 것은 또한 환영할 바가 아니었을 것이므로 그들을 일종의 승려로 하여 거세去勢하고 통제하는 것이 또한 편리하였을 것이다.

이리하여 은익한 번호 부락은 쇄환을 두려워하여 되도록 깊이 숨어서 승려를 가탁하면서 세상에 알려지지 않으려고 노력하였을 것이며 지방 관원, 지방 주민들도 일부러 그들이 번호의 은익자임을 공공연히 들어 내놓아 말썽을 일으킬 필요가 없었을 것이고 쇄환이 정지된 후에도 언제 또 다시 문제가 재연될지도 예측키 어려운 것이므로 이 비밀은 계속 지속된 것으로 짐작된다. 이것이 바로 리조 말엽에 이르기까지 륙진 지방의 소위 '재가승' 부락의 유래에 관한 아무런 공적 기록도 남기지 않은 리유일 것이며, 청나라의 요구에 따라서 '대유녀삼간인大乳女三千人'을 '재가승' 부락에서 선출하기로 하였다는 예로부터 전하여 오는 말의 본질은 청나라의 요구가 심하여 지면 결국 소위 '재가승' 부락 주민은 청나라에 쇄환될 운명에 처하여 있다는 것을 암시하는 것이라고 할 수 있다.

2) 륙진 개척과 관련한 입거민入居民의 구성

상술한 바와 같이 15세기 중엽의 륙진 지방 개척 이전에는 오늘날의 부령 구읍과 부거를 련결하는 선에서 멀지 않은 이북의 지역 즉 륙진 지방은 순전히 원주민인 '야인'의 거주 지역이었고 거기에는 남쪽으로부터의 이주민이 전연 없었다.

그러므로 1433년에 있은 오도리부의 돌발 사건을 계기로 하여 리조 정부는 두만강변 개척에 착수하면서 이 지방 군호軍戶의 충실을 기하기 위하여 이민 정책을 대규모적으로 실시하게 되었다. 즉 1433년에 부령 구읍 부근에 있던 녕북진은 오늘날의 종성군 행영行營에, 경원부를 오늘날의 경원 구읍에 옮김과 동시에 여기에 본도민 2,200호를 입거시키기로 하고 만일 본도민으로서 2,200호를 채울 수 없을 경우에는 충청, 강원, 경상, 전라도로부터의 자원 이주자에 대하여 량민일 경우에는 토관직土官職을 주고 향역리鄕驛吏일 경우에는 영원히 그 역을 면제시키고 천인일 경우에는 영원히 해방하여 량민으로 만드는 우대 방법으로써 이주를 장려하여 부족한 호수를 보충하기로 하였다.[16] 이 기본 방침에 의하여 2,200호를 경성 이남 안변 이북의 각군에 근거리는 많은 수를, 원거리일수록 적은 수를 배정하는 방향에서 선출하기로 하였는바[17] 이 계획은 강력하게 집행되어 대체로 계획대로 실시되었던 것이다. 이리하여 본도로부터의 이민 계획이 잘 실시되었으므로 삼남 지방으로부터의 자원 이주자에 대하여는 별로 커다란 기대를 가지지 않은 모양으로 이에 대한 구체적인 실례는 별로 문헌에 보이지 않는다. 약간의 자원 이주자도 있기는 하였겠지만 그 수는 극히 적었다고 보여진다.

다음으로 1440년(세종 22)에는 종성, 온성을 새로 설치함과 동시에 길주 이남 안변 이북에서 1,600호를 그 곳에 입거시켰다. 이와 같이 하여 륙진 개척과 관련한 이민은 전적으로 함길도의 원거민으로서 충당한 것이었다. 1443년에 함길도 관찰사 정갑손鄭甲孫은 "갑인년(1434) 이후 5진에 입거한 자가 3,701호에 달한다"[18]고 한 것을 보면 1433년의 2,200호, 1441년의 1,600호 합계 3,800호의 륙진 지방에의 이민 계획은 거의 완전히 계획대로 함길도 원거민으로서 충당되었음을 알 수 있는 것이다. 이리하여 피폐하게 된 함길도의 경성 이남 지방에는 삼남 지방으로부터의 보충 이민도 있었지만 그 피폐가 심하였으므로 금후 륙진 지방에의 민호 보충은 하삼도下三道(충청, 경상, 전라도)의 부유한 자로서 충당하자는 의견이 자주 제기되었으나 그것은 결국 실현되지 못하였던 것이다.

다음으로 륙진 지방에는 전가 사변률全家徙邊律 즉 유죄인의 전 가족을 변방에 이주시키는 법령에 의하여 이주 당한 자가 있었다. 이 지방에는 큰 일이 났다는 것을 "전가 사변이 났다"고 형용하는 말까지 있는 것으로 보아서 전가 사변으로 이 지방에 이주 당한 자가 적지 않았다는 것을 알 수 있다. 그런데 이 전가 사변으로 이주 당한 자도 이 지방의 미약한 고을과 진鎭의 군호로서 충당한 것이었고 그들을 특별한 지구에 몰아넣고 감금하거나 천인으로 만든 것은 아니었다. 그러므로 이 지방의 주민들은 그가 전가 사변으로 정배 온 자의 후예임을 오히려 자랑으로 생각하고 있는 것이다.

요컨대 륙진 개척과 관련한 입거민의 구성을 볼 때에 그 절대 다수는 함경도의 경성 이남 안변 이북에서 중요한 군호로서 입송된 자들이었고 그 외에 삼남 지방으로부터의

---

16 『世宗實錄』 十五年 十一月 庚子條 참조.
17 『世宗實錄』 十六年 正月 甲申條 참조.
18 『世宗實錄』 二十五年 四月 壬辰條 참조.

자원 이주자도 약간 있었다고 보여지는바 그들은 천인일 경우에도 량민으로 해방되게 되었고 전가 사변률에 의하여 유죄인으로서 입송된 자도 군호로서 충당된 것이었다. 그리고 일단 입거한 자로서 그 입거지에서 도망하였을 때에는 그 처자를 역노비驛奴婢로 만들고 붙잡히면 호수戶首를 사형에 처하고 자수하여 나서면 입거지에 도루 돌려 보냄으로써[19] 어디까지나 군호의 충실을 기하였던 것이다.

이와 같이 륙진 지방 개척과 관련한 입거민은 그 구성이 단순하지 않았으나 그 어느 것이나 중요한 군호로서 충당된 것이었으므로 입거민 중의 어느 부분을 주류로 하고 특수 부락이 형성될 조건은 없었던 것이다. 소위 '재가승' 부락을 남쪽 산간 지방의 무당 집단 부락과 동일한 것으로 보려는 견해가 타당치 않음은 이미 우에서 말한 바와 같다. 만일 그렇다면 일반 부락에서 무당행사에 그들을 많이 리용하였을 것인데 실지 사실은 그와는 정반대였던 것이다.

3. 소위 '재가승' 부락에 잔존하는 고유한 문화풍습과 그 기원

족 기원 문제는 고고학, 민속학, 력사학, 인류학 등 여러 전문 과학의 종합적 공작으로써만 완전한 해명을 기할 수 있는바 이러한 과학 중에서 민속학은 모든 문화 현상은 시대의 흐름에 따라서 계승된다는 문화의 계승성의 원칙에 의거하여 현존하는 문화와 풍습 속에서 인민의 현실 생활을 통하여 계승된 과거의 잔재, 즉 문헌적 기록에 남지 않았으나 현실 생활에 전승되어 있는 물질적, 이데올로기적 자료를 리용하여 과거를 복원하는 유력한 수단으로 삼음으로써 족 기원 문제 해결에 중요한 위치를 차지한다. 그러므로 소위 '재가승' 부락에 남아 있는 고유한 문화와 풍습을 조사 연구하여 그 기원을 밝히는 것은 이 부락의 기원을 해명하는데 가장 중요한 관건으로 되는 것이며 특히 이에 관한 문헌적 기록이 없는 조건하에서 더욱 그러하다.

소위 '재가승' 부락에는 약간의 일반 벌 사람들과 다른 독특한 문화와 풍습의 잔재가 보유되고 있다. 그러나 이것을 깊이 살펴 볼 때에 그 적지 않은 부분이 불교와 관련된

---

19 『經國大典』 刑典 逃亡條 참조.

것이거나, 다른 지방에도 과거에는 있은 것이거나 때로는 순전히 남쪽 지방의 것인 것도 있음을 알 수 있게 된다. 이는 소위 '재가승' 부락의 기원이 결코 단순하지 않다는 것을 말하여 주는 것이다. 이제 그 일반 벌 사람들과 다른 것 중의 대표적인 것들을 들고 그 기원을 더듬어 보기로 한다.

'재가승' 부락에서 현재도 사용하고 있는 춘경 파종 때에 사용하는 '도레기'와 '드베瓠種'는 비단 '재가승' 부락에서 뿐만 아니라 전 함경북도와 함경남도의 많은 부분에서도 사용한 것인데 그것은 명확히 녀진인으로부터 전수된 것이다.

'도레기'는 밭갈이에 신는 신발이다. 그것은 적당한 크기로 끊은 이기지 않은 한 쪼각의 소 가죽을 테두리를 노繩 또는 가죽 오라기로 얽어 졸라서 마치 구두 우에 꿰는 카바 모양으로 하고 거기에 노 또는 가죽 오라기로 끈을 꿰어 벗어지지 않도록 만든 극히 소박한 가죽 신발이다.

원래는 이와 같이 가죽 한 쪼각만으로 만들고 등 가죽을 따로 부치지 않은 것을 '오로시'라고 하고 등에 3각형의 가죽을 부친 것을 '도레기'라고 한 것인데(〈삽도 1, 2〉 참조) 지금은 보통 이를 구별하지 않고 모두 '도레기'라고 한다. 이 '도레기'는 녀진인의 '오납화烏拉靴' 그대로의 전승이라는 것을 다음과 같은 기록에 의하여 잘 알 수 있다. 『계림구문鷄林舊聞』에서는 녀진인의 '우라화'를 설명하면서 "네 모난 한자 가량되는 소 가죽을 꾸부려서 만드는데 덮개와 등을 붙이지 않는다. 겨울, 여름할 것 없이 신고 일을 하는데 이 풀(烏拉草 – 필자)을 그 안에 퍼므로 하여 가죽 신인데 우라烏拉라고 부르는 것이다."

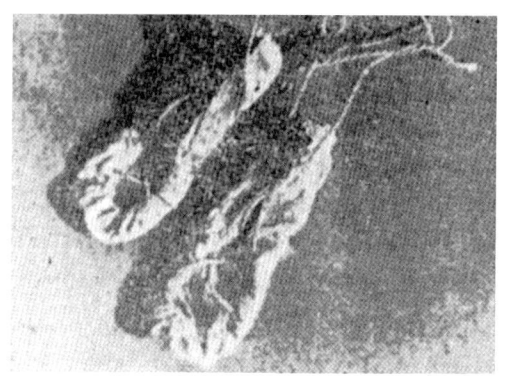

〈삽도 1〉 도레기 오로시

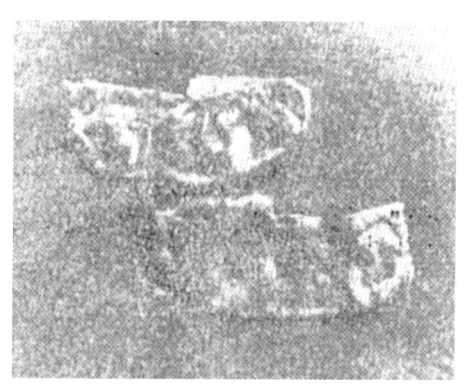

〈삽도 2〉 도레기

라고 하였다. 즉 녀진인의 우라화는 그 제조법이 '오로시'의 제조법과 꼭 같은 것이다. 그러므로 '오로시'라는 명칭 자체도 우라烏拉에서 온 것임이 틀림없다.

또 『오체청문감五体淸文鑑』에 의하면 만주 말로 '화요자靴靿子' 즉 우라화의 등을 '투레' 하고 한다. 그렇다면 함경도에서 '오로시'에 특히 등(靴靿子)을 붙인 것을 '도레기'라고 한 것도 그 어원이 '투레'에서 온 것임이 틀림없다.

녀진인은 우라화를 상하의 구별 없이 누구나 다 일상적으로 신었다. 누루하치와 같은 큰 추장도 신었고,[20] 회령, 경원의 개시開市에 왕래하는 청국 상인도 신었던 것이다.[21] 그러나 함경도 일반에서는 '도레기'를 밭갈이의 신발로 널리 사용하였으나 외출시에는 신지 않았다. 그런데 소위 '재가승' 부락에서는 가장 위신 있게 차림할 필요가 있는 외출에도 이것을 신었다는 사실을 다음과 같은 격언에서 찾아 볼 수 있다. 즉 소위 '재가승' 부락에서는 처녀가 있는 집으로 혼사'말 다니는 일은 인내성 있게, 줄기차게 하여야 한다는 것을 비유하여 "첫치 도레기 다 닳도록 다녀야 한다"고 한다. 첫치 도레기라는 것은 가죽 한 장 중에서 제일 좋은 부분(사등 가죽)으로 만든 도레기라는 말이다. 남자의 부모가 처녀 있는 집으로 혼사'말 다니는 일은 가장 위신을 요하는 외출인데 소위 '재가승' 부락에서는 이런 때에도 '도레기'를 신었다는 것은 녀진인이 상하의 구별 없이 일상적으로 우라화를 신은 것과 공통성을 가지는 것이라고 할 수 있다.

'드베瓠種'라는 것은 조粟 씨를 뿌리는 농구이다〈삽도 3〉참조). '드베'는 박瓠의 두 머리와 옆에 직경 약 4~5cm 가량의 구멍을 뚫고 두 머리의 구멍을 관통하는 길다란 나무'대를 꽂아 만드는데 이 나무'대의 한 쪽은 10cm 정도로 박 밖으로 나가게 하고 한 쪽은 1m 이상 밖으로 나가게 한다. 이 길게 나간 부분은 속이 비게 하였으므로 박안에 들어 있는 종자는 이를 통하여 내려 갈 수

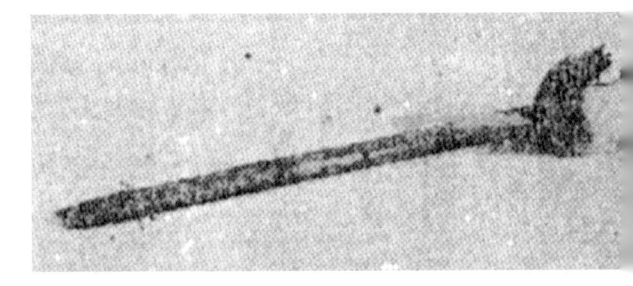

〈삽도 3〉 드베

---

20 申忠一, 『建州紀程圖記』.
21 『北路紀畧』, 『近代朝鮮史硏究』(日帝編纂), 453쪽 인용문에 의함.

있으나 그 끝이 막혔으므로 끝에 가서 머물게 된다. 끝의 등면背面에는 작은 구멍을 뚫거나 또는 등면을 티우고(치이다의 평안도 방언) 거기에 가는 쑥 가지 같은 것을 엮어 붙임으로써 나무'대를 두드리면 끝에 내려간 종자가 구멍 또는 쑥 가지 사이를 통하여 튀여 나오게끔 장치되었다. 연암燕岩 박지원朴趾源은 이상에서 말한 바와 꼭 같은 구조를 가진 호종瓠種이 북중국燕趙과 료동 지방에서 널리 사용되고 있음을 지적하고 우리나라에는 황해도에 호종이 혹 있으나 그것은 박 아가리에 노를 걸어 매고 흔들며 다니는 불완전한 것이라고 하였다.[22] 그는 함경도에서 광범히 드베 즉 호종이 사용되고 있음을 알지 못하였던 것이다.

그러면 어떠한 경로로 이러한 호종이 함경도의 북부에 전파되었을가? 두만강 내외에 거주한 녀진인들은 직접 료동 지방을 침습하여 높은 농업 기술을 가진 한인漢人을 랍치하거나 또는 랍치된 한인을 구입하여 노비로 만들고 농사를 짓게 하였는바 그것은 상당히 많은 수에 달하였던 것이다.[23] 이들은 료동에서 익숙한 호종을 전 녀진인 사이에 전파시켰으며 함경도의 인민들은 녀진인들로부터 이를 전수한 것이라고 보여진다.

'재가승' 부락의 주민들은 수렵을 특별히 즐기며 또한 수렵에 대한 특별한 소질이 있다. 이 부락들에서는 과거에 이름난 포수들의 이야기를 많이 들을 수 있으며 현재 살아 있는 로포수도 만날 수 있고, 현재 젊은 사람으로서 수렵에 매우 능한 자도 흔히 볼 수 있다. 산간에 살기 때문에 주위에 범, 곰, 산'돼지, 노루, 오소리 등 산수가 많으므로 그렇게 된 것이라고 할 수 있으나 같은 산간에 사는 일반 사람들보다도 특히 수렵을 즐기며 수렵에 소질이 있다는 것은 전통이 있는 것 같다. 녀진인이 수렵에 능하였다는 것은 저명한 사실이며 향화하여 내지 깊이 들어 와 사는 사람도 수렵을 즐겼으며 또한 능하였던 것이다.

소위 '재가승' 부락에서는 예로부터 여자들이 길삼일 뿐만 아니라 농업에 적극적으로 참가하는 좋은 풍습이 있었다. 그런데 녀자들도 작업에서나 출입할 때에 짐을 머리에 이는 것보다 지는 일이 많았으며 지금도 중년 이상의 녀자들은 이는 것보다 지는

• • •
22 朴趾源, 『燕岩集』 卷之十六 課農小抄, 農器條 참조.
23 『리조실록』에는 녀진인에게 노예로서 사역되던 한인(漢人)이 그 고통을 이기지 못하여 우리 경내로 도망하여 온 기록이 허다히 보인다. 회령에 거주하던 녀진 추장 범찰(凡察)도 한인 노비를 사역하고 있었다.

일이 많다. 이것은 녀자들도 녀승의 형식을 취한 일이 있어서 짐을 이기보다 진 데서 온 풍습이 아닐가 짐작할 수도 있다. 그러나 녀자가 짐을 이는 것은 조선의 특징적인 풍습인 것만큼 과거 이 부락들에서 녀자들이 짐을 이지 않고 진 풍습은 이와는 전통을 달리하는 것이 아닐가 싶다.

복식에서 남자들의 저고리는 일반 벌 사람들보다 크고, 길었으며 바지는 가랑이 솔며(좁으며) 오금 아래쪽을 특별히 솔게 하였다. 이것은 소위 호복胡服을 련상시키는 것이다. 그러나 한편 일반적으로 승려의 복식은 속인보다 저고리가 크고 바지가 손편(큰 편)이었다는 것을 또한 고려하게 된다. 녀자들의 복식은 일반적으로 진한 색갈을 즐겼으며 여름에도 진한 색갈을 즐겨 썼다. 17세기 초에 후라도 출신 번호 일행 7명이 온성 유원진柔遠鎭 건너편에서 불량 도배에 의하여 피살된 사실이 있었는데 그때에 그 일행이 소지한 복식이 모두 '청青', '홍紅', '흑黑', '록綠' 등 진한 색갈의 옷이였다[24]는 것을 련상케 한다. 또 녀자들의 단속곳은 반드시 오금을 매는 것이었다. 이것은 본래 녀자들도 남자처럼 바지를 입고 치마를 입지 않았었는데 후에 그 우에 치마를 입게 된데서 온 것일 것이다. 『대금국지大金國志』에 의하면 녀진인의 빈한한 자들은 가을과 겨울에는 각종 가죽으로 저고리와 바지를 만들고 버선도 가죽으로 만들었는데 녀자만은 희고 큰 저고리(白大襖子)를 입고 아래에는 남자들과 같게 한다고 하였으니[25] 녀진인의 빈한한 자들은 겨울에는 녀자들도 바지를 입었던 것이다. 그러나 여기에서도 또한 소위 '재가승' 부락의 녀자들은 옛날에 녀승의 형식을 차려서 남자들과 같게 바지를 입은 것이었을지도 모르겠다.

의복과 관련하여 한 가지 말할 것은 일반 부녀자들은 저고리를 짧게 한 시기에도 허리띠로 '유방乳房'을 둘러 싸서 감추었는데 소위 '재가승' 부락에서는 출가한 부인이나 처녀나 다 '유방乳房'을 내어 놓았었다는 사실이다. 이것을 '재가승' 부락에서 '대유녀大乳女'를 선발하여 청나라에 공납하기 위하여 '유방乳房'을 발달시킬 필요상 그리하였다고 전하여 오는 말이 전연 력사적 사실과 부합되지 않은 억측이라는 것을 이미 말하였다. 여기에는 반드시 고유한 기원이 있다고 보아야 할 것이다. '유방乳房'을 녀성의

....

24 『滿淸入關前與高麗交涉史料』, 59쪽 참조.
25 『大金國志』卷三十九; 烏山喜一, 『滿鮮文化史觀』 인용문에 의함.

미의 한 조건으로 삼은 것이 아닌가 싶다. 우에서 말한 후라도 출신 번호의 소지품 중에는 '흑포유과黑布乳裹' 일부一部가 들어 있었다. 이 '유과乳裹'를 조선 부녀자의 허리띠와 같은 것이 아니었을가고 생각할 수도 있다. 그러나 그런 것이 아니었다는 것은 여기서 말한 일부의 부部는 허리띠와 같이 하나로 된 것을 세는 단위가 아니라 한 쌍, 한 조를 단위였다는 데서 명료하다. 동일한 기록에서 '유과乳裹' 외에 '비갑臂甲', '오납화烏拉靴'도 '부'를 단위로 센 것을 보면 '부'는 쌍으로 된 물품을 세는 단위였음이 틀림없다. 그렇다면 '유과乳裹'는 쌍으로 된 것으로서 '유방乳房'를 로출시키고 그 우를 가리우는 장식이였거나 그렇지 않으면 '유방乳房'이 발달하였음을 표시하기 위하여 두터운 '유과乳裹'를 사용하고 그 우에 옷을 입은 것일 것이다. 『위서魏書』「물길전勿吉傳」에는 물길인은 "처음 혼인하는 날 저녁에 남자가 녀자의 집에 가서 녀자의 유방을 쥐는 것으로서 곧 혼사 약정으로 한다"고 하였다. 물길은 후에 말갈靺鞨이라 칭하였으며 말갈은 녀진의 전신으로 되는 것인즉 녀진 계통에서는 옛날부터 발달한 '유방乳房'을 녀성의 미의 표징으로 삼는 풍습이 있는 것 같다.

음식에서 특이한 것은 귀리 장떡이다. 그것은 귀리 가루로 만들고 그 속에 양념을 섞은 된장, 또는 돼지 고기를 섞은 된장을 넣은 일종의 만두인데 옥수수 잎이나 가락잎에 싸서 쪄서 먹는다. 소위 '재가승' 부락에서는 이것을 제일 좋은 음식으로 치며 특히 추석이 많이 만든다. 떡가루에 장을 섞어서 지짐으로 하는 일은 다른 지방에서도 볼 수 있으나 속에 된장을 넣은 만두는 일반 벌에서나 다른 절하에서 전연 볼 수 없는 독특한 것이다.

소위 '재가승' 부락에서는 식사 기구로서 목기를 특히 많이 사용하였다. 지금도 각종 함지와 모래기大木碗를 많이 조앙부뚜막의 평안도 방엔 덕대시렁, 선반 즉 식장에 얹은 것을 볼 수 있다. 산간이어서 목기가 많이 생산되므로 그러하다고 할 수도 있으나 그 종류와 량이 특히 많았던 것이 특징적이다. 물 뜨는 바가지까지도 나무로 교묘하게 만든다. 『만주원유고滿州源流考』

〈삽도 4〉 살궁 식장

에서 녀진인은 식기에 박瓠, 질그릇陶이 없고 나무로써 분盆을 만들어 쓴다[26]고 한 것을 련상시키는 것이다. 식장 대신에 좋은 널판을 정주'간 북쪽 벽에 부쳐 덕대로 하는 것은(보통 3층으로 함, ⟨삽도 4⟩ 참조) 함경도에 공통적이다. 그런데 『만주원유고滿州源流考』에 의하면 만주 사람들은 집집마다 본래 이렇게 하였다고 한다.[27] 이 지방의 일반 벌 사람들은 이것을 조앙 덕대라고 부르는데 소위 '재가승' 부락에서는 보통 '살궁'이라고 부른다. 『오체청문감五体清文鑑』에 의하면 만주말로 '앙가盎架' 즉 식장을 '사르후'라고 하는 것으로 보아서 '살궁'은 '사르후'에서 온 말이 아닐가도 싶다. 그러나 경상도 지방에서는 정주'간의 덕대를 살강이라고 하였으니 '살궁'은 '살강'의 사투리임이 틀림없다.

주택에서 정주'간이 특별히 넓은 것과 정주에 '등디'라고 부르는 화덕爐 시설이 있는 점을 주목하게 된다. 소위 '재가승' 부락에서 정주'간은 대부분의 가족들이 숙식하는 곳으로 될 뿐만 아니라 동리 사람들은 물론이오 외지에서 온 손님도 바당 문으로부터 들어 와서 정주'간으로 올라 오는 것이 원칙이었다. 새'방, 우'방은 손님 방이라기보다도 세외지인으로 된 로인방으로 사용되었다. 이러한 풍습은 삼수 갑산 지방에도 있는 바 그것은 원래 집 구조가 커다란 온돌 한 간으로 되고 간격이 없었던 데서, 그리고 새'방, 우'방은 늙은이 방으로써 후에 구획된 데서 유래한 것일 것이다.

리조실록에는 16세기 초엽까지도 평안, 함경 량도에서는 하나의 긴 온돌'방에서 아버지, 아들, 나그네가 한데 섞여 자는 것이 이적夷狄의 풍습과 다름이 없다는 것,[28] 함경도에 녀진 풍습이 남아 있다는 것을 지적하면서 내외 분별이 없으며 집에 큰 온돌'간을 만들고 지나 가는 나그네도 다 재우면서 분별함이 없다는 것[29]을 지적한 것이 있다. 이것으로 보면 큰 방 하나로 된 녀진족 집 구조와 남녀간 내외가 없는 풍습은 적어도 16세기까지는 함경도, 평안도에 보통으로 있은 것이다. 그러나 그 잔재가 녀진 향화인이 많았던 삼수 갑산에와 소위 '재가승' 부락에 특별히 오래도록 잔존한다는 것은 결코 우연한 일이 아니라고 짐작된다.

'등디'라는 것은 정주'간에서 부엌으로 내려 가는 곳에 진흙을 다져서 구형 또는 타

---

26 『滿洲原流考』 卷二十 北盟錄 인용문에 의함.
27 『滿洲原流考』 卷二十 참조.
28 『中宗實錄』 二十五年 三月 ?條 참조.
29 『成宗實錄』 二十二年 十二月 丁丑條 참조.

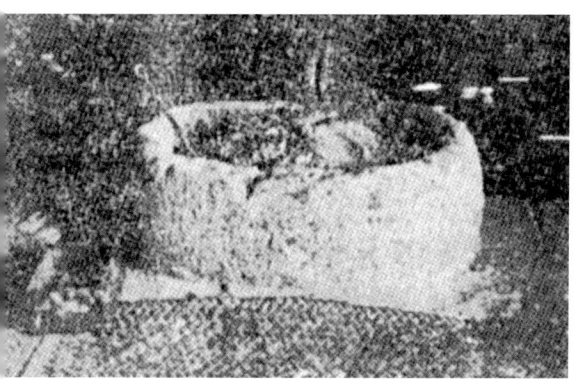

〈삽도 5〉 등디 화덕

원형으로 만든 화덕(爐)인데(〈삽도 5〉참조), 거기다가 불을 피워 등화 대신으로도 하고 (특히 겨울에) 또 무엇을 끓여 내거나 감자 같은 것을 구워 내는 데도 사용한다. 현재는 많이 없어지고 한 부락에 몇 집밖에 남아 있지 않다. 일반적으로 함경도에서는 정주´간에서 부엌으로 내려가는 부분을 '등디´간' 또는 '등디 목'이라고 부르는 바 이것은 옛날에는 함경도에 전반적으로 '등디'가 있었다는 것을 의미하는 것으로서 지금은 그 의미조차 알지 못하면서도 이름만은 그대로 남아있다. 그런데 만주족도 커다란 한 간 집 네 벽쪽에 항(炕)을 만들고 가운데 바닥에 화덕을 설치한다. '등디', 만주족의 화덕은 옛날 읍루, 말갈의 움집 시대의 화덕에 줄을 다는 것 같다.

　이상과 같이 커다란 장통 한 간 집의 흔적으로 되는 특별히 큰 정주´간과 '등디'는 녀진적 유풍이라고 보여지는데 그것들이 소위 '재가승' 부락에 집요하게 오래도록 잔존한다는 것은 적어도 이 부락 구성에 녀진적 요소가 많았다는 것을 말하여 주는 것이라고 할 수 있다.

　가족 제도에서 특히 고유한 점을 볼 수 있다. 자식을 분가시킴에 있어서 장자, 차자 순으로 장년이 도면 농토와 축우 등 재산을 나누어 분가시키고 부모는 막내 아들과 동거하다가 사망할 림시에 장자의 집으로 가기도 하고 그냥 마감까지 있기도 하는 일이 매우 많았다. 벌 사람들로부터 유교적 풍습을 모방하기 전에는 전´적으로 그러하였다고 보여진다. 이와 같이 장자를 특히 편중하는 일이 없으므로 사망 후의 제사도 분공적이다. 장자가 아버지 제사를 지내고 다른 아들이 어머니 제사를 지낸다. 장자가 부모보다 먼저 사망하였을 때에는 부모의 제사는 살아 있는 아들 집에서 지낸다. 대소상 제사에 손님께 술을 권할 때에도 맏아들 술, 둘째 아들 술 식으로 아들마다 권한다. 녀진인 사이에 이와 같은 분가 제도가 있었었다.

　1485년(성종 16)에 래조한 건주위의 추장 리달한(李達罕)(리만주(李滿住)의 손자)의 세째 아들 살두(沙乙豆)는 말하기를 "아버지 달한이 나를 보내면서 말하기를 전자에 포라대(包羅大)(달한의 맏아들…필자), 리달지개李達之介(달한의 둘째 아들…필자)가 대국大國(조선을 의미…필자)에서 말안장과 말을 받아 와서 감격하여 마지 않는 바이나 그러나 다 별거하고 있으므로 나에게는 도움됨이 없다. 너는 나와 한집에 동거하고 있는 것인즉 다행히 주상의 은덕으로 또 말안장과 말을 받아 온다면 나도 또한 쓸 수 있겠다고 하였다"고 하였으며[30] 1517년(중종 12)에 만포滿浦에 온 김주성가金主成可의 사위 동상시童尙時는 말하기를 "주성가는 두 아들을 데리고 동거하고 그의 장자, 차자와 나와는 각각 따로 살고 있노라"[31]라고 하였다. 이는 녀진인 사이에는 장자, 차자 순으로 분가시키는 풍습이 있었음을 보여 주는 것이다.

가족 제도와 관련하여 더 말할 것은 이 부락들에서는 과거에 모두 화장하여 조상의 산소가 전연 없었고 또 족보가 별로 없었던 관계인지 모르겠으나 먼 촌수까지 따져서 친척으로 치는 관념이 희박한 반면에 10촌 이상이 되면 촌수를 당겨 다가 6촌, 8촌으로 만드는 일이 많다. 이와 같이 촌수를 당겨 오는 례는 경상도의 일부에도 있다.

이 부락들에서는 자기네들을 우리 쓸이라 하고 벌 사람들을 나그네 쓸이라고 부른다. '쓸'이란 말은 벌 사람들은 사용하지 않는바 『오체청문감五体淸文鑑』에 의하면 만주말로 동성同姓을 '실베'라고 한다. '쓸'은 '실베'에서 온 것으로 짐작되며 우리 쓸, 나그네 쓸이라는 말에는 족속을 구별하는 의미가 다분히 포함되어 있다. 벌 사람들을 나그네라고 하는 말에는 자기들이야말로 원주민이오 벌 사람들은 이주하여 온 자라는 의미가 포함되어 있는 것 같다.

혼인과 관련된 풍습에서 신부의 일체 례절을 가르치며 안내하는 대반待伴 역할을 하는 여자를 '임숙'이라고 부르며 결혼식이 있은 다음 날에 신부가 시부모 기타 친척에 절을 하면 절 받는 사람들은 답례로 돈 또는 물건(실 같은 것)을 준다. 이는 『용재총화慵齋叢話』에서 야인의 풍속을 서술하면서 결혼 시에 "이웃 사람들이 다 모으면 신부를 성장하고 나가서 뵈게 하는데 이때에 또 년소한 녀자를 잘 차리고 신부의 례절을 가르치게 하는데 이를 인속引屬이라고 한다. 큰 바구니를 들고 객의 앞에 가서 절을 하면 객들은 다소를 물론하고 혹은 헌겁(布物)을 그 바구니에 던져 줌으로써 신부의 살림을 보조한

...

30 『成宗實錄』 十六年 十二月 壬午條 참조.
31 『中宗實錄』 十二年 十二月 乙丑條 참조.

다'라고 한 것과 흡사한 점이 많다. 신부의 대반을 '임숙'이라고 하는 말은 회령 지방의 일반 벌 사람들 가운데도 있다. '임숙'은 틀림없이 '인속'과 동일어인 것이다.

리조 시기에 소위 '재가승' 부락에서는 신부가 가마를 타지 못하고 소를 탔으며 머리에는 화려한 우'저고리를 앞을 바느질하여 썼던 것이다. 이와 같이 소를 타고 머리에 우'저고리를 쓴 풍습을 종래 일반 벌 사람들은 매우 기이한 것으로 여겼다. 그러나 미천한 가정에서 녀자가 출입할 때에 소를 타고 쓸 치마를 쓴 것은 남쪽 지방에서는 근세까지 있은 일이다. '재가승' 부락에서는 가마를 타지 못하게 하니 가마를 못 탄 것이고, 쓸 치마를 별개로 만들지 않고 우'저고리를 쓸 치마 대신으로 사용한 것이라고 보면 남쪽 지방에 근세까지 있은 풍습과 상롱하는 것이다.

혼인과 관련한 말로서 '임숙'과 같이 명확히 야인~녀진인에서 온 것이 있는가 하면 구혼 가는 것을 '중신'을 간다고 하며 구혼 온 사람을 '중신 아비' 왔다고 한다. 이런 말은 남쪽 지방에 있으나 이 지방의 벌 사람들은 전연 쓰지 않는다. 이와 같이 소위 '재가승'부락에는 린근 벌 부락에서 볼 수 없는 순전한 남선적인 언어, 풍습의 요소도 발견할 수 있다. 다른 례로서 목욕하는 것을 '먹감는다'라고 하는데 이 말은 함경북도의 다른 지방에는 없으나 이 부락들에서만은 사용하고 있다. 이것은 소위 '재가승' 부락에는 다른 지방 특히 먼 지방 사람들이 외몸으로 들어 와서 '재가승'의 녀자에 장가들어 '재가승'으로 된 사실이 적지 않았다는 것으로써 해명되는 것이다. 이 부락들에서는 전'적으로 부락내의 혼인이거나 또는 같은 '재가승' 부락간의 혼인이지만 먼 지방에서 이러저러한 사정으로 완전히 외몸으로 들어 와서 다시 돌아갈 념려가 없는 자에 한하여서는 녀자를 주었으며 그런 실례가 많았다.

이 부락들에서는 어린 자녀를 남기고 남편이 죽은 녀자가 시부모와 별거하여 홀로 자녀를 양육하기 곤난할 경우에 개가하여 다른 데로 가는 것이 아니라 자기 가정에 다른 남편을 맞아서 동거하는 일이 있었는데 이를 '대드리'라고 한다. '대드리'로 들어 온 자는 그 처의 이전의 시부모를 아버지, 어머니라고 부르면서 그 집으로 출입하고 시부모도 며느리의 후'남편 즉 '대드리'를 자식처럼 대우하는 풍습이 있었다. 현재 연해주 씨호떼 산맥 계속에 살고 있는 우데게인이 야인의 한 요소였던 우지캐와 동족이라는 것을 확증할 수 있는바 우데게인들은 미망인의 과거 죽은 남편의 씨족과 새로 맞은 남편의 씨족간에 동일한 씨족간에서처럼 결혼이 금지되는바 이러한 씨족간의 결합을 그들을 도하ДОХА라고 부른다.³² '대드리'와 '대드리'의 처의 본래의 시부모간의 관계는 이를 련상케 하는 것이다.

이 부락들에서는 과거에 있어서도 남녀간의 차별과 내외가 극히 적었다. 남녀 로소가 명절이나 연일 같은 때에는 한 자리에 모여서 유쾌하게 오락하면서 노는 풍습이 옛날부터 있었다. 이는 벌 사람들과 뚜렷이 다른, 고유한 풍습인바 이 역시 녀진인의 풍습과 공통성을 가진다고 할 수 있다. 신충일申忠一의 『건주기정도기建州紀程途記』에 의하면 그는 17세기 초에 누루하치의 신년 연회에 초청받아 참석하였었는데 이때에 연회 장소에는 누루하치의 일족과 친척을 비롯하여 새로 래부한 여러 부의 사람들도 모였었는데 여기에 누루하치의 형제의 처와 제 장의 처들도 참석하였던 것이다.

오락에 있어서 이 부락들에는 '주지춤', '주지 놀음'이라는 일종의 '가면희假面戲'가 있었다. 그런데 만주 말로 놀음 '희戲'를 '주춘'이라고 하는 것을 보면 '주지춤', '주지 놀음'이라고 하는 '주지'는 '주춘'에서 온 것 같다. 그런데 함경북도 지방에 어린 아이들을 놀래우는 말로서 '어베 갖주지'라는 말이 있는 것으로 보아서 '주지 춤'은 먼 과거에는 일반 벌에도 있은 것 같다.

소위 '재가승'은 5,6십년 전까지는 사망하면 꼭 불식으로 화장하였고 대소상제나 기제사를 자기 집에서 불경을 외우면서 지내였다. 유교식으로 축을 고하면서 제사를 지내는 것은 근세에 시작된 일인데 현재는 벌 사람들보다도 더 엄격하게 유교식으로 성대하게 지낸다. 그런데 제사 지내는 시간은 사망한 전날의 초저녁으로 한다. 이것을 이반 벌 사람들은 기이하게 여기면서 이 부락들에서의 고유한 풍습으로 인정하여 왔다. 그러나 불교에서는 사망자를 위한 재齋를 보통 사망한 전날 초저녁에 거행하는바 소위 '재가승'은 유교식으로 제사를 지내게 된 후에도 그 시각만은 과거대로 한 것이라고 보면 별로 기이한 점이 없다. 다만 제사에서 고유하다고 보여지는 것은 섣달 그믐날과 추석 전날의 초저녁에 명실 제사라 하여 정주'간 상고지(정주'간 서쪽 벽 중간에 있는 롱마루까지 달하는 높은 기둥) 밑에 여러 상의 제'상을 차려 놓고 주로 녀자와 년소한 자가 제사를 지내는 사실이다. 이와 같이 방에서 지내지 않고 정주'간의 서쪽 벽 밑 중앙에서 지내는 것은 과거에 집 구조가 장통 한 간으로 되었고 그 상석上席이 서쪽 중앙이었으므로

32　*Трудыы инсиута этнографии*, 1957 ⅩⅩⅦ pp.39~40 참조.

여기서 조상의 제사를 지내던 풍습이 련면하게 남아 내려 온 것일 것이며 성년 남자가 지내지 않고 부녀자와 년소자가 지내는 것은 이 제사야말로 오랜 옛날부터의 고유한 제사인데 성년 남자가 모두 승려로 된 후부터는 부녀자와 년소자에 맡기고 자기들은 관계하지 않은 데서 유래한 것이 아닌가 싶다. 또 현재 제사에 집사執事의 역을 주로 녀자가 하는데 이 역시 동일한 유래에 속한다고 짐작된다.

승려의 형식을 갖추고 있으면서 공공연히 고기를 먹으며 처를 가지고 가정 생활을 하였다는 그 자체가 다른 데서는 볼 수 없는 고유한 풍습인 것이다. 『여지승람輿地勝覽』에는 제주도에서 승려가 처자를 가지고 있음을 지적하였다. 물론 이것은 승려로서 지켜야 할 계률을 지키지 않는 특이한 레이기에 특히 지적한 것이다. 이보다 오랜 기록으로서는 『고려도경高麗圖經』에 재가화상在家和尙이 보이나 그것은 우에서 본 바와 같이 형벌 노예였고 승려가 아니었던 것이다. 그러면 왜 『여지승람』에서 함경도 북부의 '재가승'이 없었는가 하는 의문이 생기게 된다. 이에 대한 대답은 있었다 하더라도 특기하지 않았을 수 있다고 말하게 된다. 왜냐 하면 『여지승람』 편찬 당시에 함경도 지방에는 두만강변의 특정 구역에 집단 거주한 번호는 물론이고 각지에 향화인이 산거하였으며 북청 여해대汝海台(현재의 무우대?)와 부령 청암靑岩에서와 같이 집단적으로 거주한 곳도 있었으나 그들의 고유한 풍습에 관하여는 일언의 언급도 없다. 이것은 그 당시에는 당연한 일로 간주되어 특기할 필요를 느끼지 않았기 때문이라고 보여진다. 즉 함경도에 있어서는 비록 특수한 풍습이라 하더라도 그것이 녀진인간에 있은 것인 한에는 주목되지 않았던 것이다. 그러므로 『여지승람』 편찬 당시인 15세기 말엽에 함경도 북부 지방에 '재가승'이 있었다 할지라도 그것이 녀진 향화인간의 일이었다면 기록되지 않았을 수가 있는 것이다. 함경도 북부의 '재가승'에 관한 기록으로서는 17세기 중엽에 온성에 류적流謫중이었던 서남西南 유계兪棨의 다음과 같은 목격 기사가 있다. 이 외에는 극히 단편적인 것이 한둘 있을 뿐이다.

    북토北土에는 중이 극히 적은데 전성氈城(온성의 별호)에 작은 사찰이 있어 토착중土僧 5~6명이 살고 있다. 내가 일찌기 겨를을 얻어 어린 사람冠童들을 더리고 막대를 짚고 찾아갔다. 뜰에 들어서니 개암나무와 풀이 가득하였고 당에 올라 가니 먼지가 거멓고 달팽이가 벽에 붙고 쥐구멍이 불탑을 뚫었다. 흙으로 만든 겨우 한 자 가량 되는 불상이 있는데 비를 맞고 이끼가 끼어서 낯과 등을 분별할 수가 없다. 덕대에 법화경法華經 한 책이 있는데 절반이나 좀이 먹었다. 중을 부르니 다 절 뒤의 토실土室에서 나오는데 수염과 머리가 낯을 반이나 덮고 냄새가 나서 구역이 날 지경이다. 왜 절에 있지 않고 집을 짓고 사느냐고 물으니 다 처자를 가지고 있으며 우마를 기르고 있노라고 공공연히 말하면서 조금도 부끄러워하는 빛이 없다. 데리고 있는 사미沙彌를 누구인가고 물으니 자기의 아들이거나 그렇지 않으면 우승友僧의 아들이라고 한다. 한 사미가 베낀 몇 장으로 되는 작은 책을 쥐고 읽는데 구절을 끊지 못한다. 이것을 읽어서 무엇 하느냐고 물으니 남의 재공을 받고 그저 묵묵할 수 없는 것이라고 한다. 시험적으로 법화경을 빼서 책 이름을 물으니 또한 대답하지 못한다. 같이 간 어린 사람들이 손을 치며 크게 웃으면서 다 침을 뱉는다. 중 답지 못한데 대하여 나도 또한 크게 놀랐다…[33]

유계는 류적중이었으니 온성 부근 이외에는 별로 다니지 못하였을 것이므로 북토에 중이 극히 적다는 말을 곧 그대로 믿을 수는 없다. 사실 온성 지방에는 지금도 소위 '재가승'의 분포가 적은 것이다. 그런데 그는 이렇게 '재가승'의 형편에 대하여 구체적으로 묘사하면서도 그 유래에 대하여는 언급이 없다(시남집 원본을 보지 못하고 인용문에 의하므로 계속하여 더 무슨 말이 있는지는 알 수 없음). 이 당시는 번호가 철거한 후 40여 년에 불과하므로 그들이 번호의 은익자였다면 반드시 한 마디 언급이 있어야만 싶은데 그렇지 않은 것으로 보면(혹 상게 인용문에 계속되는 말이 있는지 모르지만) 적어도 유계가 본 것은 번호의 은익자는 아니었던 것 같다. 그러나 그렇다고 하여 소위 '재가승' 사찰이 녀진 계통이 꼭 아니라고 말할 수는 없다. 왜냐 하면 강변의 번호 외에도 강내 내지에는 잔류 향화 녀진인이 있었다고 보여지며 실지에 '재가승' 사찰이 많이 있는 청암 부근에는 향화 녀진인이 집단적으로 거주하였던 것이다.

19세기 초엽의 저서인 『북로기략北路紀略』에서는 '재가승'에 대하여 "혹 말하기를 재가승은 오직 서북 변경에만 잇는바 옛날 번호가 살던 근처이다. 이것은 처음에 그 풍속에 물젖었었는데 지금까지도 변하지 못한 것이 아닐가. 다만 머리를 깎고 우리 경내에 살므로 중이라고 할 뿐이다"[34]라고 '재가승'의 풍습 자체를 번호의 유습으로 보았다. 17세기 초에 번호 철거 당시에 그들의 일족인 누루하치와 그 부하 제 장들은 평상

---

33 俞棨, 『市南集』 卷十四 雜著, 李朝各種文獻民俗關係資料類纂 日本文 번역에 의함.
34 金基哲, 『關北大觀』, 72쪽 인용문에 의함.

시에도 념주를 걸고 있었으니[35] 그들 사이에는 불교가 몹시 보급되었다고 보여진다. 그러나 그 불교는 결코 엄격한 계률을 준수하는 것이었다고는 보여지지 않는다. 그 뿐만 아니라 소위 '재가승' 사찰에 대하여는 아무런 상급 사찰의 감독도 없이 동떨어져 있었는데 이것은 이 사찰들이 일반 사찰과는 계통이 다른 것이었음을 의미하는 것이라고 보여진다.

미술 공예에서 한 가지 특징 있는 것으로서 장농이나 궤짝을 짜는 데 있어서 못을 전연 사용하지 않고 접합하는 데를 톱날 같이 빽빽하게 파고 그것을 맞물려 조립한 것을 주목하게 된다. 이러한 수법으로 만든 장농을 이 지방에서 중의 농이라고 하는 것을 보면 이 수법은 틀림없이 소위 '재가승'부락에서 시작된 것이다. 이 부락 로인들의 말에 의하면 이와 같은 수법은 과거에 철물이 귀한 데서 시작된 것이라고 한다. 우리는 번호가 철물을 전'적으로 조선에서 구하였으며 그것을 몹시 귀중히 여겼다는 것과 조선의 번호와의 교역에서는 철물을 엄격히 제한하였다는 것을 잘 알고 있다. 그러므로 목공예에서의 이 독특한 수법은 역시 야인-번호에서 기원한 것이 아닐가 싶은 것이다.

이상에서 (1) 소위 '재가승'부락에 대하여는 종래 그들이 녀진인의 후예라고 전하여 오는 말이 있을 뿐이오 문헌적 기록이 거의 없으며 그 기원에 대하여 약간의 견해가 있기는 하나 그것은 과학적으로 론증된 것이 못 된다는 것, (2) 그들의 분포 지역인 함경북도 북부 지역의 원주민이었던 '야인'-'번호'-'녀진인'의 이동과 그 원인을 고찰하여 볼 때에 이 지역에는 부령의 청암을 비롯하여 강변 렬읍의 내지에도 원주민의 일부가 잔류하였을 것이며 특히 17초에 강변 특정 구역에 고유한 형태 대로 남아 있던 번호 부락이 누루하치에 의하여 강제적으로 철거될 때에 그 일부는 도망쳐 들어 와서 이 지역의 산간에 은익하였으리라는 것, (3) 이 지방의 개척과 관련한 남쪽으로부터의 입거민의 구성이 단순하지 않았으나 그들은 다 군호로서 충당된 것이었으므로 그들 중의 어떤 부분을 주류로 하고 특수 부락의 형성될 조건은 없었다는 것, (4) 소위 '재가승' 부락의 문화와 풍습 중에서 이 지방의 벌 사람들과 다른 대표적인 점들에 대하여

---

35 李民寏, 『柵中日記』 참조.

그 유래를 고찰하여 볼 때에 거기에는 다분히 녀진계로 보여지는 잔재들이 보유되고 있음과 동시에 불교와 관련되는 것, 과거에는 벌에도 있은 것 내지는 직접 남선적인 것들이 포함되고 있다는 것을 지적하였다.

 그리하여 이를 통일적으로 볼 때에 다음과 같은 결론을 지을 수 있다고 생각한다. 소위 '재가승' 부락의 사찰은 원래 15세기 중엽의 륙진 개척 시에 내지에 잔류한 녀진인 계통의 사찰이었거나 적어도 그 영향을 다분히 받은 소박한 것으로서 처음에는 그 수도 적었었는데 17세기 초의 '번호' 철거 시에 그들의 일부가 도망쳐 들어 온 자들이 청나라의 쇄환을 두려워서 그 정체를 감추는 방편으로 승려를 가탁하게 된 데서 그 수가 확대되고 여기에 다른 먼 지방에서 이러저러한 리유로 고향을 떠난 자가 장구한 기간을 통하여 계속적으로 이 부락들에 들어와서 '재가승'의 녀자와 결혼하고 '재가승'으로 됨으로써 소위 '재가승' 부락은 녀진인계의 후예와 외부로부터의 류입한 자가 합류하여 형성한 것이라고 보게 되는 것이다. 실지로 이 부락들에는 몇 대 전의 조상이 명료히 남쪽에서 들어 와 '재가승'의 녀자와 결혼하고 재가승으로 된 례가 적지 않으며 그들은 또한 부락에서 유력하였다.

 녀진적 요소는 비단 소위 '재가승' 부락에서 뿐만 아니라 함경도 전체에 걸쳐서 엿볼 수 있는 것이다. 우에서 본 바와 같이 소위 '재가승' 부락에 잔존하는 녀진족 문화와 풍습의 잔재의 적지 않은 부분이 과거에는 함경도 전반에 있던 것이거나 현재도 있는 것이라는 사실은 현실적으로 이를 입증하는 것이며 또 문헌적 기록도 함경도에 거주하던 많은 녀진인이 향화하여 조선인화하였음을 말하여 주는 것이다.

 이리하여 조선 사람, 조선 민족은 고대에 있어서의 여러 종족들 뿐만 아니라 중세에 있어서의 적지 않은 녀진족도 포용하여 형성된 것이었음을 말하게 된다.

제2부

01 백두산 등산 연로의 유적
02 구피의에 관한 고찰
03 북포에 관한 약간의 고찰
04 함경북도 회령군 산간 지방의 목공업
05 함경북도의 과거 농업 생산에 관한 고찰
06 과학으로서의 민속학의 대상과 방법
07 조중 친선 농업 협동 조합 농민들의 문화와 풍습
08 항도에 관하여
09 지봉 리수광이 조선 민속학 분야에 남긴 유산
10 성호 리익이 조선민속학 분야에 남긴 업적
11 18~19세기 경의 우리 나라 특별 음식
12 토론 : 조선 민속학의 목적과 대상 범위에 관하여

01.
백두산 등산 연로의 유적*

-
-
-

1. 신무성神武城의 소사당小祠堂

삼장三長, 농사동農事洞, 무봉茂峯, 허항령虛項嶺, 포태리胞胎里, 보천보普天堡를 련결하는 자동차 통로는 심산중의 도로라고는 할 수 없을만큼 넓고 로면도 좋은 길이다. 그것은 이 도로의 공사가 그리 오래지 않았을 뿐만 아니라, 이 지대의 대부분이 백두산에서 분출한 경석輕石층으로 되여서 큰 비가 오더라도 곧 땅 속으로 잦아 들어가므로 류수로 인한 도로의 파괴가 적기 때문인 것이다.

자동차로는 무봉과 허항간의 중간에서 중국 동북 지방 안도현安圖縣, 내두산奶頭山(阞頭山, 원문은 다른 한자) 방면으로 가는 길이 갈라지는데 이 길도 역시 비교적 완전하다. 이 내두산으로 가는 길과 두만강의 한 지류인 석을수石乙水가 교차하는 지점에서 약간 북쪽을 가리켜 신무성神武城 또는 신무재神武峙라고 한다. 신무성이라 하여 어떤 성지가 있거나 인가가 있는 것은 아니다. 이곳은 우리나라 쪽으로부터 백두산으로 등산하는 지점으로 되며, 또 여기에는 맑고 풍부한 샘물이 있어서 예로부터 백두산에서 등산하는 사람들과 내두산 방면을 왕래하는 행인들의 좋은 로숙처로서 이름 있는 곳으로 되어 있다.

이곳에서 내두산으로 가는 길을 따라 작은 고개 하나를 넘으면 바로 고개 밑에 도로에

...

* 조선민주주의 인민공화국 과학원 고고학 및 민속학연구소,『문화유산』1957년 4호.
본고는 1948년 7월에 청진 교원 대학 '백두산 탐사대'에 참가하여 조사한 자료를 정리한 것이다.

서 동편 즉 백두산과 반대편에 흑색 벽돌로 지은 자그마한 사당祠堂 하나가 있다. 그 구조는 방형方形의 담垣을 쌓고 그 동편 중앙을 마치도 대문 모양으로 담 높이보다 약간 높고 두껍게 하고 그 우를 감龕으로 만들었다. 감 안에는 현재 아무 것도 들어있지 않으나 본래는 어떠한 "신위神位"가 놓여 있었던 것 같다. 담장 안은 전부 세 평가량 되며, 담과 감은 모두 두 손'바닥에서 더 되지 않는 작은 암 기와와 한 손'바닥만한 수키와로 이었는데 "사당"의 규모는 매우 작으나 아담하게 보이며, 이것이 현재는 적지 않게 퇴락하고 있다.

원래는 이 "사당" 담장 밖에도 또 하나의 담이 있는 것 같으나 모두 허물어지고 지금은 그 자리만이 남아 있다. 이 건물의 벽돌과 기와에 이끼 한 점 끼지 않고 생생한 점은 건물의 축조가 몇 십년을 넘지 않은 것을 짐작하게 한다. 이 "사당" 옆 도로'가에는 벽돌과 기와를 구은 가마 자리가 있는데, 반월형으로 된 총 용적 2립방평이 되나마나 하는 자그마한 것이다.

여기서 약간 떨어진 곳 즉 신무성과 이 "사당"과 사이에 있는 작은 고개 마루턱 벼랑 우에(백두산 가는 길에서 동쪽 – 백두산 쪽) 인가의 뜰악(뜨래) 만하게 땅을 다루고 그 곁에 같은 모양의 벽돌과 기와를 쌓은 것이 있다. 이것은 틀림없이 이곳에도 자그마한 "사당"을 지으려다 중지한 것 같다.

이상과 같이 신무성의 "사당"은 그 규모가 매우 작으며 거기에 사용한 벽돌과 기와는 장난'감 같이 작은 것이다. 그리고 벼랑 우에 땅을 다루고 쌓은 벽돌과 기와도 같은 것이며, 그것들을 구어 낸 가마 자리도 매우 소규모의 것이다. 그럼에도 불구하고 이것을 이전의 어떤 『기행문』에는 "백두산 북록北麓에서 한 때 '왕국'을 꾸리고 있던 북관 출신 한변외韓邊外가 이곳에 산성을 쌓으려 한 터'자리"라고 한 것은 한 개 과장에 불과한 것이다. 이 신무성 "사당"에 대하여는 또 다음과 같은 설화들이 있다. 내두산 가는 길 동쪽에 있는 원지圓池라는 못 부근에 살던 중국인 부자의 집 딸이 큰 원한을 품고 이 못에 빠져 죽었는데 그 부자는 딸의 "원혼"을 위로하기 위하여 이 "사당"을 지은 것이라고 하며, 또는 한변외韓邊外의 아버지는 본래 수렵하는 자였는데 마적에게 맞아 주고 그 시체는 이 못에 버리운(버린) 것이었는데 그 아들이 나중에 아버지의 "원혼"을 위로하기 위하여 이곳에 "사당"을 지은 것이라고도 한다. 여하튼 이 "사당"이 백두산을 등지고 원지를 향하여 있는 것으로 보아 이것은 백두산을 위한 것이라기 보다도 원지圓池를 위한 것임은 틀림없다고 할 수 있다.

2. 무두봉無頭峯 서북편의
"중산개소비衆山皆小碑"

신무성과 백두산정 천지天池와의 중간에 무두봉無頭峯이라는 지점이 있다. 이곳은 신무성에서 하루 길이 되고 또 맑은 시내가 흐르므로 로숙에 적당하다.

그런데 무두봉에서 서북으로 약 2km쯤 되는 지점에 비碑 하나가 서 있다. 이 비의 정면 중앙에는 능숙한 필체로 "중산개소衆山皆小"라고 큰 글자가 새기고 그 바른 쪽에는 "선통원년칠월宣統元年七月"이라고 써 있다. 그리고 왼편에는 "방판장백부설치지현유건봉경늑幇辦長白府設治知縣劉建封敬勒"이라고 잔 글씨로 새겨 있다. 이로써 이 비는 "선통원년宣統元年(1909)" 7월에 당시 국자가局子街(延吉)에 있은 변무공사邊務公司의 방관幇辦(副席)이며, 장백부설치지현長白府設治知縣인 류건봉劉建封이 세운 것임을 알 수 있다. 이 비는 아래에서 말한 1712년(숙종 38, 청국 강희康熙 51)에 세운 백두산 "정계비"와 꼭 같은 체제로서 장방형으로 된 비의 웃모서리를 깎아서 모가 없이하였고 밑을 뽀족하게 한 것이다. "정계비"의 석재는 그 부근에 있는 담흑색 화산암석을 사용하였으며 부석趺石을 따로 만들지 않고 자연암반을 파고 세운 것이다. 그러나 '중산개소비'는 이곳 부근에는 있을 수 없는 백색 사암砂岩을 사용한 것이며, 그 지점이 경석층인 것만큼 간단하나마 부석趺石을 만들어 놓고 그 우에 뽀족하게 된 비의 밑을 꽂아 세운 것이다. 그 크기는 높이가 약 88cm, 폭이 40cm가량 되므로 한 사람의 힘으로 능히 움직일 수 있는 자그마한 것이다.

이 비의 소재는 종래 백두산에 대한 어느 조사 보고서에도 보이지 않으며, 5만분의 1 지도에는 기입되어 있지 않다. 그 리유는 비가 서 있는 곳이 등산로에서 떨어져 있고 또 백색으로 된 자그마한 것이 소림疏林 속의 백색 경석층 공간에 서 있으므로 그 근방까지 접근하더라도 주의하여 보지 않으면 용이하게 발견하기 어려웠기 때문일 것이다.

이 비석은 필자와 같이 탐사대에 동행한 무산 농사동에 사는 렵사獵師 최대봉崔大封 동무가 무두봉 로숙시에 수렵차로 부근을 돌아 다니다가 우연히 발견하게 되어 조사한 것이다.

3. 압록鴨綠, 토문土門 분수계상의 정계비定界碑의 유지遺址

무두봉에서 얼마간 올라가면 침엽수림이 완전히 끝나고 흰 경석층 우에 자그마한 고산성 풀이 약간 있는 지대에 이른다. 측화산側火山의 하나인 대연지봉大臙脂峯을 왼편에 끼고 지나가면 서쪽에는 압록강의 수원으로 되는 골짜기가 있고 동쪽에는 토문강土門江의 수원으로 되는 골짜기가 있어 8자형을 이루는 곳에 다다르게 된다. 백두산정에서 약 4km, 표고標高 2,200m나 되는 이 두 계곡 분수계상에 1712년(숙종 38, 청국 강희 51) 5월에 청차淸差 우라총관목극등烏剌摠管穆克登 일행과 우리의 군관 리의복李義復, 조태상趙台相 등 일행은 실지를 답사하고 정계비를 세웠던 것인데 비의 정면에는 다음과 같이 새겨 있었다.

이 비의 높이는 95cm, 폭이 61cm 가량이였으니 이미 말한 '중산개소비'보다 높이는 약 7cm가 작으며, 폭은 21cm 가량 더 되는 것이었다. 이 비는 근방에 있는 담흑색 화산암을 사용하여 장방형으로 하고 비 우 량 모서리를 깎아서 모를 없애고 부석趺石을 특별히 만들지 않고 자연 화산암반에, 비 밑이 들어 갈 수 있도록 네모난 구멍을 파서 세운 것이다. 현재 남아 있는 구멍이 비의 폭보다 훨씬 작은 것으로 보아 비 밑은 역시 '중산개소비'와 같이 뾰족하였던 것이다. 이 비는 건립한 후 1931년까지 220년이란 기간을 두고 엄연 그 자리에 서 있었다. 그리하여 1931년 7월 28일까지 백두산 등산대원들은 직접 이 비를 보았던 것이다. 그런데 이때 등산대에 참가하였던 일제의 혜산진 '수비 대

大清
烏刺摠管穆克登奉
旨查邊至此審視西爲鴨綠東
爲土門故於分水嶺上勒石爲記
康熙五十一年五月十五日
筆帖式蘇爾昌 通官二哥
朝鮮軍官 李義復 趙台相
差使官 許樑 朴道常
通官 金應瀗 金慶門

宣統元年七月
衆山皆小
幇辦長白府設治知縣劉建封敬勒

원' 약 50명과 무산 '삼장 수비 대원' 약 50명은 일반 등산자들을 천지로 올라가라고 한 다음 자기들만 비가 서 있는 곳에 남아 있었는데 그 이튿날 일반 등산자들이 천지로부터 나려 왔을 때에는 벌써 비석은 간 곳이 없고 이것이 섰던 자리 곁에 '백두산 등산로白頭山登山路'라는 표말만이 서 있었다는 것이다. 때는 바로 '9.18사변' 직전으로서 일제는 '만주滿洲' 강점의 만단의 계획과 준비를 갖추고 있었으므로 날강도 일제의 '군부'는 지령을 내려 이 유서 깊은 력사적 유적을 계획적으로 인멸한 것이었다. 일제는 우리 나라를 강점하기 직전에 벌써 저 림명臨溟(현재 김책군 내)에 있던 '임진조국전쟁(임진왜란)' 당시에 북관의 애국적 의병들이 왜적을 격멸 소탕한 전공을 기념한 '북관대첩비北關大捷碑'를 훔쳐간 일도 있었다.

백두산은 무쌍하게 웅대하나 급준하지는 않으므로 '정계비'가 서 있는 지점까지는 말도 올라 갈 수 있다. 그러나 여기서부터 신무성까지는 약 24km나 되며 신무성에서 혜산 또는 삼장까지는 80km 가량 된다. 당시 이 구간도 겨우 인마가 통하는 길밖에 없었다. 그러므로 이 비를 자취 없이 운반하여 가기에는 용이하지 않았을 것으로 보아 혹시 이 근방 어느 지점에 매몰하지나 않았는가도 생각된다. 지금 비가 섰던 자리에는 비를 꽂았던 자연 암반에 뚫어진 구형 구멍만이 남아 있다.

4. 토문강土門江 안의

석돈石墩(돌각담)

처음에 청차淸差 목극등穆克登은 압록, 토문 분수계상에 정계비를 세우면서 토문강이 송화강의 한 지류임을 알지 못하고 두만강의 상류인 것으로 오인하였다. 그러므로 그들은 정계비를 세운 후 무산에 나려 와서 우리측 접반사接伴使 박권朴權 등을 만나서 토문강은 수원이 단류처斷流處가 많아서 모호 불명하니 표식이 없이는 피차 경계를 밝히기 곤난하다. 그러므로 목책木柵으로써 한계를 정하는 것이 어떠한가고 제의하였다.

이에 대하여 박권 등은 그 곳에 나무가 있기도 하고 없기도 하니 차라리 형편에 따라 흙을 쌓거나 혹은 돌을 모아 놓거나 또는 목책을 설치하는 것이 좋을 것이라고 하여 합의를 보았으며 우리 측의 부담으로 이 해 8월부터 공사가 시작되었다. 그런데 이 표식 공사를 실시한 때에, 목극등이 경계로 지정한 토문강이 두만강의 상류가 아니라는 것이 알려졌다. 그러나 이 공사를 책임 맡은 차원差員들은 이와 같은 심산 절역(멀리 떨어져 있는 지역)에 사람들을 자조 동원하는 것은 큰 폐단으로 된다는 데서 우선 목극등이 지정한 토문강에 연하여 표시한 것이었다. 당시 이 공사의 차원이었던 허량許樑, 박도상朴道常 – 이 두 사람은 '정계비'를 세울 때에 우리 측의 차사관差使官이었음 – 등은 표식한 지점에 대하여 다음과 같이 말하였다 : "비가 서 있는 아래로부터 25리는 목책 혹은 돌을 모았고[累石], 그 아래 물이 나는 곳의 5리와 물이 마른 내[乾川] 20 여 리는 산이 높고 골짜기가 깊어서 내의 흔적이 분명하므로 표식을 하지 않았다. 그리고 그 아래 물이 솟아 나오는 곳까지 40 여리는 전부 책柵을 설치하였다. 그러나 이 중에서 5, 6리만은 나무도 돌도 없고 토품土品이 강하므로 다만 흙무덕[土墩]을 쌓았다(『李朝實錄』肅宗 38년 12월 임진조)."라고 하였다. 이것으로 보면 '정계비' 아래 골짜기 즉 토문강원土門江源을 따라 무릇 32~36km의 거리까지는 목책, 돌각담 또는 흙무덕을 설치한 것이었다.

현재 '정계비'가 섰던 분수계의 동쪽 골짜기의 우안에 따라 대개 사람의 머리 만한 돌들을 모아 커다란 각담 모양으로 만든 것이 일렬로 포치[내던지어 버려둠]되어 있다. 당시 탐사시에 전장석全長碩 동무는 력사과 학생 4명을 다리고 그 전부를 조사 측정하였는데 돌각담은 토문土門 같이 량 안이 절벽으로 된 곳까지 있고 그 아래는 어느 정도 더 가보아도 그런 것이 없었다. 그리고 돌각담의 총수는 106개이고 돌각담이 처음 있는 지점으로부터 끝나는 곳까지의 거리는 5,391m에 달하는 것이었다. 흙무덕은 전혀 없고 목책이 썩은 것도 보이지 않았다. 이것은 대체로 전기 허량許樑 등이 "비가 서 있는 아래로부터 25리는 목책 혹은 돌을 모았고, 그 아래 물이 나는 곳의 5리와 물이 말은 내 20여 리는 산이 높고 골짜기가 깊어서 내의 흔적이 분명하므로 표식하지 않았다"고 말한 것과 부합된다. 필경 나무가 서 있는 곳에서도 드문드문 목책도 세웠을 것이나, 그것은 이백 수십년이 지난 오늘까지 썩어 없어지지 않을 수가 없는 것이다. 그리고 25리와 5,391m는 거리상 차이가 있으나 대체로 산'길을 걷는 사람들은 리수를 실지의 직선 거리를 표준으로 하기 보다는 그곳까지 도달하는데 요하는 로력을 표준으로 하는 일이 많은 것이다.

5. 천지반天池畔의
조산造山

'정계비'가 있는 곳에서 4km쯤 더 올라 가면 백두산 정상頂上에 이른다. 눈 앞에는 장엄 무쌍한 화구호火口湖 천지天池가 휘황하게 보인다. 여기로부터 분화구의 내륜산벽內輪山壁에 따라 천지로 나려 가면 지반에 약간 평평한 곳이 있어 등산자들의 로숙처로 되고 있다. 이곳으로부터 천지의 물이 내륜산의 한쪽을 터지우고[터뜨리다의 방엔] 북쪽으로 흘러 나가는 곳 즉 달문闥門으로 가는 도중에 돌을 모아서 방형단方形壇을 쌓고 그 우에 장방형의 돌을 세운 것이 있다. 백두산정의 바위틈과 천지반의 돌 구멍들에는 양철통에 명함名函을 넣은 것이 곳곳에서 발견되며, 달문의 용암 우에는 '피켈picket'을 가지고 자기 이름'자를 새긴 것이 많이 보인다. 이와 같이 과거의 등산자들은 가진 수단을 다하여 자기가 등산한 기념으로 자기의 이름을 알리려고 한 것이었다. 그런데 이 석축단石築壇은 상당한 로력을 드려 비교적 정교하게 쌓았음에도 불구하고 거기에는 아무런 이름'자도 씌어 있지 않다. 이것은 틀림없이 한 개 신앙에서 이루어진 것이다. 이와 같이 높이 쌓은 석축단 우에 한 개의 돌을 세운 것을 남선 지방에서는 종종 볼 수 있는 것인바, 그것은 당산축堂山築과 당산석堂山石의 한 개 발전한 형태이며, 당산축, 당산석과 구별하여 조산造山이라고 칭하는 것이다. 어떤 사람이 미신迷信에서 자기의 소원 성취를 위하여 이곳에까지 와서 이 조산造山을 쌓고 치재致齋한 것이다.

이번 탐사에 동행한 김리석金李碩 동무는 달문 아래 폭포가 있는 곳에서도 이와 같은 것을 많이 보았다고 하였다.

6. 달문闥門의
종덕사宗德寺

천지의 맑은 물이 내륜산을 터지우고 북쪽으로 흘러 송화강松花江의 발원지로 되는 곳을 달문闥門이라고 말한다. 천지를 병풍처럼 둘러싼 붉은색 검은색, 검푸른 색, 다갈색으로 된, 하늘에 닿을듯이 높이 솟은 내륜산 석벽은 여기서 문처럼 열리고 해발 2,700m나 되는 이 높은 곳에서 송화강이 유유히 흘러 나간다.

이 달문의 동쪽 언덕은 자그마한 용암대지로 되었는데, 이 대지 우에 종덕사宗德寺라는 작은 건물이 있고 그보다 약간 떨어진 곳에 토굴막 자리가 몇 개 보인다. 종덕사의 본당本堂은 팔각형으로 되었는데 내부는 삼단三段으로 된 량하와 약 1평 반 가량 되는 실室로 구분되었다. 그리고 실의 중앙보다 약간 북쪽으로 치우친 곳에 9층탑 모양으로 된 불감佛龕을 놓고 그 안에 '옥황상제천불위玉皇上帝天佛位'라고 쓴 위패位牌가 들어 있다. 본 당 남쪽 문에는 '백두산종덕사白頭山宗德寺'라고 새긴 편액扁額과 '도공수조념주생임신병인육월육일都工手曹念珠生壬申丙寅陸月陸日'이라고 새긴 주련柱聯이 걸려 있다. 또한 동쪽 문에는 '호천김궐상제위昊天金闕上帝位'라고 새긴 편액과 '대원당시주금도암생갑진병인육월육일大元堂侍主金道巖生甲辰丙寅陸月陸日'이라고 새긴 주련이 있다. 북쪽 문에는 '백두산종덕사白頭山宗德寺'라고 새긴 편액뿐이고 주련은 없으며, 서쪽에는 편액도 주련도 없다. 그러나 본래는 어느 입문이나 모두 편액과 주련이 있은 것이 분명하다.

이상으로 보아 이 절은 '도교道敎'와 '불교'를 혼합한 '천불교天佛敎'의 절이고 주되는 시주侍主는 김도암이라는 자였고 이를 건축한 도목수는 조념주曹念珠란 자였으며, 병인丙寅년 6월 6일에 준공한 것임을 알 수 있다. 본 당 네 주위에는 자그마한 내정內庭이 있고 그 밖에는 회랑廻廊이 있었는데 현재는 북쪽과 동쪽의 것만 남아 있고 서쪽과 남쪽 것은 파괴되었다. 현존한 이 두 회랑에는 각각 "백두산대택수종덕사白頭山大澤水宗德寺"라는 편액과 시주侍主 및 건축원 이름들이 많이 적혀 있다. 이 종덕사 건물은 주로 얇은 널널판지과 못洋釘을 사용하여 지은 것인데 이곳은 풍우가 대단히 심한 곳임에도 불구하고 재료가 아직 생생한 점으로 보아서 건립한 병인년은 먼저의 병인년 즉 32년 전(1926)이 분명하다. 그럼에도 불구하고 이전의 기행문들에는 이것의 건립한 년대를 병오년이라고 하면서 '리조'말의 건조라고 한 것은 잘못 된 것이다. 이번 탐사대에 동행한 최대봉 동무는 '천불교天佛敎'에 대하여 다음과 같이 이야기하였다.

종덕사와 꼭 같은 '천불교'의 절은 중국 동북 지방 안도현 내두산奶頭山(妨頭山)과 무산 농사동에도 있다. 내두산에 사는 장두범張斗範이라는 자가 '천불교'를 신봉하여 불당을 짓고 그 불당 안에 '천자天子'자리를 만들어 놓았다. 그리고 이제 '천자'가 될 자가 온다고 선전하였던 것이다. 그런데 어느날 밤에 '천자'가 될 자가 와서 그 자리에 앉았다고 하기에 '교인'들이 가서 머리를 숙이고 있다가 쳐다보니 그것은 다름 아닌 장두범의 아들 국태國泰라는 자였다. 여기서 '교인'들은 장두범의 정체를 알고 그 부자父子를 내두산에서 축출하였다. 축출 당한 장두범 부자는 그 후 함북 경성 지방을 떠돌아 다니다가 무산 농사동에 가서 은신하고 있었는데 8.15 해방 직전에 그가 불원간 해방이 될 것이라고 예언한 것이 적중하였다 하여 해방 직후 농사동의 무지한 산 사람들은 농사동에도 '천불당'을 지었다는 것이다. 요컨대 이 종덕사는 내두산에 거주하는 조선 사람들 중에서 '미신교'에 속아서 이와 같이 인간의 종적이 드문 곳에 많은 로력과 자력을 허비하여 이룩한 것이다.

02.
구피의拘皮衣에 관한 고찰*

-
-
-

    우리나라 함경북도 북부 지방과 제주도에는 개가죽으로 일상의 의복을 만들어 입는 모습이 있었으며 함경북도의 북부 산간 지대의 소위 '재가승在家僧' 부락에서는[1] 오늘에도 그 잔적을 찾아 볼 수 있다.

    이와 같이 위치상으로나 기후상으로 보아 완전히 정반대되는 우리나라의 최북과 최남 지역에 구피의拘皮衣가 보급되었었다는 사실은 일견 매우 기이한 현상이다. 물론 이 두 지역은 다같이 목면木棉이 귀하여 그 대용품이 절실히 요구되었다는 공통한 경제적 조건이 존재하였고 특히 함경도는 기후가 추워서 가죽옷이 필요하였다는 기후적 조건이 있었다. 그러나 우리는 이 두 지역에는 구피의拘皮衣 착용의 오랜 전통을 가지고 그 풍습을 견인하게 보유하면서 일반 주민에 그 영향을 미친 요소가 있었다는 것을 또한 알아야 한다.

    기원전 7세기 경에 오늘날의 '남만주' 내지 북부 조선에 좋은 호표피虎豹皮가 산출되

---

* 조선민주주의 인민공화국 과학원 고고학 및 민속학연구소, 『문화유산』 1957년 5호.
1 함경북도의 북부인 부령, 회령, 유선, 종성, 온성, 경원, 경흥군의 일부 산간 지대에는 "재가승(在家僧)"이라 하여 산골짜기마다 불사를 세우고 전 주민이 불교를 믿었으며 다른 속인 부락과는 거의 련계가 없는 부락이 있었다. 물론 지금은 그렇지 않다. 이 부락들에서는 지금도 개가죽옷의 잔적을 볼 수 있다.

어 그것이 중국에 가서 고'가로 교역되었다는 사실²과 부여扶餘의 귀족들이 여우狐, 삵이狸, 검은 원숭이狖, 백초白貂, 흑초黑貂의 가죽으로 만든 갖옷[裘]을 착용하였다는 사실³은 이런 고귀한 모피가 이 지방 일반 주민의 복식 자료로서는 절대로 사용되지 않았다는 것을 의미한다. 왜냐하면 그렇게 고귀한 모피물은 당시 귀족들이 중국과의 교역에서 유일한 대상 물자로 되었으며 또 그들의 권위와 호화를 과시하는 복식이었고 일반 주민은 그보다 낮은 모피물 특히 구하기 쉬운 가축의 피물을 일상 복식 자료로 광범히 리용하였으리라는 것을 용이하게 짐작할 수 있기 때문이다. 부여의 관명官名에 마가馬加, 우가牛加, 저가豬加, 구가狗加가 있었다는 사실⁴은 이런 가축이 얼마나 주민의 중요한 생활 원천으로서 다량으로 사육되었는가를 짐작하게 하는 것이다. 벌써 수렵을 주되는 생업으로 하지 않은 부여족에 있어서 개의 다량 사육은 렵견, 번견으로서 보다도 의식衣食의 원천 특히 의복의 원천으로 삼은 것이 아닐까 짐작하게 되는 바이다.

　소위 '동이제족東夷諸族' 중에서 가축을 식용으로서 뿐만 아니라 의복의 원료로 리용하였다는 첫 기록은 『삼국지三國志』 『위서魏書』 「읍루전挹婁傳」에 "그 풍속이 돼지를 기르는 바 그 고기를 먹고 가죽을 입으며 겨울에는 돼지 기름을 몸에 세 푼의 두께로 발라서 찬바람을 막는다"⁵라고 한 것이다. 의복 원천을 예기하기 어려운 수렵 획득물에만 의존한다는 것은 매우 모험적이며 이미 목축 또는 경작을 주로 하는 종족에 있어서는 여기에서 원천을 구하는 것이 당연한 일이다. 특히 기후 관계로 겨우 마포麻布밖에 산출하지 못하는⁶ 함경도 북부에 련접한 중국 동북의 동북부와 연해주 지방의 주민들이 가축의 가죽을 가장 중요한 의복 원료로 삼았다는 것은 리해할 수 있는 일이다. 그러나 여기에 있어서도 돼지 가죽이 광범히 사용된 것은 전하고 있으나 개가죽이 리용된 것은 전하고 있지 않다.

...

2　『管子』 卷23 「輕重甲」 第80. "豹之皮 容金而金也 然後八千里之發朝鮮 可得而朝也."
3　『三國志』 『魏書』 「扶餘傳」. "在國衣尙白 白布大袂袍袴 履革鞜 出國則尙繒繡錦罽 大人加狐狸狖白黑貂之裘 以金銀飾帽."
4　『後漢書』 「夫餘國傳」. "以六畜名官 有馬加, 牛加, 狗加", 『三國志』 『魏書』 「夫餘傳」. "有馬加, 牛加, 猪加, 狗加, ‧犬使者 使者."
5　『三國志』 『魏書』 「挹婁傳」. "其俗好養豬 食其肉 衣其皮 冬以豬膏塗身 厚三分 以禦寒風 夏則裸袒 以尺布隱其前後 以蔽形體."
6　위의 책(『三國志』 『魏書』 「挹婁傳」), "有五穀牛馬桑麻"

남북조 시대의 북위北魏의 정사正史인 『위서魏書』「물길전勿吉傳」에 처음으로 "부인은 베로써 치마를 만들고 남자는 돼지가죽과 개가죽으로 갖옷을 만든다"[7]라고 하여 개가죽을 돼지가죽과 함께 남자 의복에 광범히 사용한 것을 전하고 있다. 물길勿吉은 즉 말갈靺鞨, 특히는 송화강 하류로부터 흑룡강 이북에 걸쳐서 거주한 흑수말갈黑水靺鞨을 지칭하는바 후일의 녀진인女眞人의 조상으로 되는 것이다. 그러므로 『수서隋書』「말갈전靺鞨傳」에도 "부인은 베를 입고 남자는 돼지가죽과 개가죽을 입는다"[8]라고 하고 기타의 풍습에 대하여서도 『위서』「물길전」의 기사와 같게 기재하고 있다.

물길의 서쪽으로 외몽고外蒙古의 동부에까지 분포한 실위室韋에도 구피를 입는 풍습이 있었다. 『구당서舊唐書』「실위전室韋傳」에 "가축으로써 개와 돼지를 길러서 그것을 먹기도 하고 그 가죽을 이겨서 남녀가 모두 의복으로 한다"[9]라고 하였다. 그런데 이 '실위'의 일부족인 '몽우(올)실위蒙兀室韋 - 『구당서舊唐書』' 또는 '몽와실위蒙瓦室韋 - 『신당서新唐書』'는 몽고의 본원이라고 하는바 그렇다면 몽고에도 일찍부터 구피를 입는 풍습이 있었다고 할 수 있다.

고구려의 의복 자료에 대하여는 『후한서後漢書』「삼국지三國志」이래로 꼭 같게 "그 공적 모임에 입는 의복은 모두 금수 금은으로써 각자가 장식한다"[10]라고 기록되어 있을 뿐인데 다만 『위서魏書』(남북조 시대의 북위의 정사) 「고구려전」에서 "산골짜기에 따라 거주하고 베, 비단 및 가죽을 입는바 땅이 척박하여 양잠과 농업이 자급자족이 되지 못하므로 음식을 절약한다"[11]라고 하여 가죽을 의복의 보충적 자료로 사용하였음을 전한다. 그런데 그 가죽이 어떠한 가죽이며 수렵에서 얻은 가죽인가 또는 가축인 개나 돼지 가죽인가 하는 것은 명료하지 않다. 그러나 고구려 인민은 수렵을 즐겨 하였고 또 고구려에 관한 기록에 가축에 관한 기록이 매우 적은 것으로 보아서 그것은 수렵에서 얻은 보충적 의복 자료였고 가축의 가죽을 광범히 리용한 것은 아니라고 짐작된다.

고구려에 예속되었던 오늘날의 함경도 지방의 옥저족沃沮族도 맥포貊布가 명산이었다

---

7 『魏書』「勿吉傳」, "婦人則布裙男子猪犬皮裘"
8 『隋書』「靺鞨傳」, "婦人衣布 男子衣猪狗皮"
9 『舊唐書』「室韋傳」, "畜宜犬豕 豢養而噉之 其皮用以為韋, 男子女人 通以為服"
10 『後漢書』「高句麗傳」 및 『三國志』『魏書』「高句麗傳」, "其公會衣服 皆錦繡金銀以自飾"
11 『魏書』「高句麗傳」, "隨山谷而居 衣布帛及狡 土田薄塉 蠶農不足以自供 故節飲食"

는 기록¹²은 있어도 가죽 옷을 입었다는 기록은 없다. 이것은 옥저족도 가죽 옷이 일상복이 아니였다는것을 말하는 것이다. 또한 삼한三韓 내지 백제, 신라에 관한 기록에 가죽 옷을 입었다는 것은 전혀 없다.

이상에 의하여 우리는 소위 '동이 제족' 중에서 가축의 가죽—개, 돼지 가죽을 의복 자료로 광범히 리용하는 풍습은 송화강과 흑룡강 합류처 일대(흑수말갈黑水靺鞨)를 중심으로 하고 동남쪽으로 '중국 동북' 지방과 연해주 지방(읍루挹婁), 서쪽으로 흑룡강의 중류 및 상류 지방(실위室韋), 서남쪽으로 '중국 동북'의 중앙부(부여夫餘?)와 그리고 또 흑룡강 하류 지방에 고대로부터 보급된 것이라고 추정할 수 있다. 아. 웨. 스몰랴ㄲ는 「울리치의 물질문화와 그들의 족族 기원에 관한 약간의 문제」라는 자기 론문에서 구피제 동기용 슈바shuba(방한용 모피 외투)는 '울리치' 외에 '오르촌', '니브히', '네기달', '만주인'이 사용하였다는 것을 지적하고¹³ 흑룡강 하류 지방의 복식에서의 어피, 구피, 해포피의 리용은 태고로부터의 지방적 전통이라고¹⁴ 강조하였다.

    *   *   *

함경도 북부 지방과 제주도에는 어떤 경로로 어느 때부터 구피의가 전파되였으며 이것이 얼마나한 정도로 어느 때까지 전성하였으며 또 쇠퇴하였는가에 대하여 고찰하기로 한다.

먼저 극히 간단한 사료밖에 없고 또한 광범히 채문할 방도가 없는 제주도의 구피의 착용 풍습에 대하여 보기로 한다. 제주도의 가죽 옷 착용 풍습에 대하여 『삼국지三國志』 『위서魏書』 「한전韓傳」 말미에 다음과 같은 기록이 있다: "또 주호州胡가 마한의 서남쪽 해중의 큰 섬 우에 있다. 그 사람들은 몸이 약간 작고 언어가 마한과 같지 않다. 모두 머리를 선비鮮卑처럼 깎았는데 다만 가죽(韋–털을 뽑고 이긴 가죽)을 입었고 즐겨 소와 돼지를 기른다. 그 옷은 우가 있고 아래가 없어서 거의 벗은 모양과 같다."¹⁵

. . .

12 『三國志』『魏書』「東沃沮傳」. "國小追於 大國之間 遂臣屬句麗 句麗復置其中 大人爲主者 使相主領 又使大加 統責其租賦 貊布魚鹽 海中食物 千里擔負致之."
13 советская этиография No. 1, 1957, p.99.
14 op. cit., p.104.
15 『三國志』『魏書』「韓傳」. "又有州胡 在馬韓之西海中大島上其人差短小 言語不與韓同 皆髡頭如鮮卑 但衣韋 好養 牛及猪 其衣有上無下 略如裸勢."

제주도의 주민 구성에 남방적 요소가 있다는 것은 제주도 개척 전설에서 넉넉히 짐작할 수 있으며 또 그 위치상 그러한 가능성이 농후하다. 그러나 『삼국지三國志』에 나타난 그들의 풍습은 결코 남방적이 아니고 북방적인 것이다. 가죽 옷과 웃옷만 있고 바지가 없다는 것은 틀림없이 북방적 풍습이다. 외투와 같은 장포長袍(북방에서 기원한 것임)를 입고 짧은 바지를 입고 기후 관계로 행건을 신지 않은 외형은 마치 하의下衣가 없는 것 같이 보였을 것이다. 남방적 의복은 그와는 반대로 간단한 하의만 있고 상의가 없는 것이다. "선비처럼 머리를 깎았다"라고 한 것은 더욱이 제주도 주민의 많은 요소가 북방계였다는 것을 말하여 주는 것이다. 즉 제주도의 고대 주민은 황해 바다를 리용하여 북으로부터 이주하여 온 자들과 중국 동해를 리용하여 남으로부터 이주하여 온 자들로서 구성되었는데 그 중에서도 북방으로부터의 요소가 더 우세하였다는 것을 말하여 주는 것이다.

『(신증)동국여지승람(新增)東國輿地勝覽』에 나타나는 『고려사高麗史』「고기古記」의 인용이라고 하는 제주도 개척에 관한 전설은 다음과 같다.

> 처음에는 사람이 없었는데 세 신인三神人이 땅에서 솟아 나왔다. 지금 진산鎭山 북쪽 기슭에 모흥毛興이라는 구멍이 있는데 이것이 그 곳이다. 맏 인물을 량을나良乙那, 둘째 인물을 고을나高乙那, 세째 인물을 부을나夫乙那라고 하였다. 세 사람은 미개척 벽지에서 유렵遊獵하면서 가죽 옷을 입고 고기를 먹으면서 지냈다. 하루는 자지[紫地, 자주색] 빛 진흙으로 봉한 목함木函이 동해 바다'가에 떠 온 것을 보고 이것을 열어보니 안에 석함石函이 있고 붉은 띠에 자지 빛에 옷을 입은 사자使者 한 사람이 따라 왔었다. 석함 속에는 푸른 옷을 입은 처녀 세 사람과 망아지, 송아지, 오곡五穀 종자들이 들어 있었다. 이에 사자는 말하기를 "나는 일본국 사자이다. 우리 왕이 이 세 딸을 낳고서 서해 바다의 중악中岳에 신자神子 세 사람이 탄강하여 장차 나라를 열고자 하는데 배필이 없다라고 하면서 이에 신臣으로 하여금 세 딸을 모시고 오게 한 것이니 마땅히 배필을 뭇고 대업大業을 성취할지어다"라고 하고 사자는 곧 구름을 타고 가 버렸다. 세 사람은 나이 차례로 나누어 장가를 들고 샘물이 좋고 땅이 비옥한 곳에 가서 화살을 쏘아 있을 곳을 정하였다. '량을나'가 있는 곳을 제 1도第一都, '고을나'가 있는 곳을 제 2도第二都, '부을나'가 있는 곳을 제 3도第三都라고 하고 처음으로 오곡을 심고 또 망아지와 송아지들을 길러서 날로 부유하게 되었다.[16]

이 전설을 분석하여 볼 때 제주도에 선착한 종족은 수렵을 생업으로 하고 가죽 옷을 입고 고기를 주식으로 하는 수렵 종족이었다. 후에 남쪽으로 농경과 가축 사육을 생업으로 하는 종족이 들어 와서 서로 융합한 것을 말하여 주는 것이라고 할 수 있다. 그리고 전설 내용으로 보아서 북방계로 보이는 선착민이 주도적이었다고 볼 수 있다.

　그런데 근세까지 제주도에 보급된 구피의 착용하는 풍습이 바로 그대로 고대의 가죽 옷을 착용한 풍습의 전승이라고 보기에는 어렵다. 주호州胡 즉 고대 제주도 사람들이 입었다는 '위韋'는 털을 뽑고 이긴 가죽을 의미하는 것인데 개가죽은 털을 뽑고 이기는 것이 아니라 털채로 이기는 것이다. 그러므로 고대 주호의 가죽 옷은 개가죽이 아니라 제주도의 명산물인 미록피麋鹿皮를 리용한 것이라고 짐작된다.

　그러면 제주도에서 구피의를 착용하는 풍습은 어디서부터 온 것인가, 그것은 몽고인 전래한 것이 아닐가 짐작되는 바이다. 주지하는 바와 같이 제주도는 고려 중엽 이래로 몽고의 목장이 설치되어 많은 몽고인 목자牧子가 래주하였고 그들은 고려 말에 몽고 세력이 다 몰려 나간 후에도 적지 않게 그대로 남아 있었던 것이다.[17] 몽고의 본원이라고 하는 몽우·실위(蒙兀室韋, 蒙瓦室韋)가 구피의를 사용하였다는 것은 우에서 말한 바와 같다. 그리고 제주도는 토지가 척박하여 인민 생활이 빈한한 데다가 목면이 귀하여 그 대용품이 절실히 요구되었다는 점과 여기에는 가죽 옷을 입는 오랜 전통이 있었다는 사실은 제주도는 우리나라에서 가장 더운 지방임에도 불구하고 구피의의 보급을 용의하게 한 것이라고 보게 된다.

　실학파의 한 사람이었던 성호星湖 리익李瀷은 제주도 물산을 말하면서 "면포가 귀하여 개를 길러 그 가죽을 입는다."[18]라고 하였는바 이것만으로서는 구피로 어떤 옷을 만들었으며 얼마나한 정도로 보급되었는가 하는 것을 잘 알 수 없다. 그런데 일본인 하라구

---

16 『新增東國輿地勝覽』 濟州牧 建置沿革. "高麗(史)古記云 厥初無人物 三神人 從地湧出 今鎮山北麓有穴 曰毛興 是其地也 長曰良乙那 次曰高乙那 三曰夫乙那 三人遊獵荒僻 皮衣肉食 一日 見紫泥封木函 浮至東海濱 就而開之 內有石函 有一紅帶紫衣使者隨來 開函有靑衣處女三人 及諸駒犢五穀種乃曰 我是日本國使也 吾王生此三女云 西海中岳 降神子三人 將欲開國 而無配匹 於是命臣 侍三女而來 宜作配 以成大業 使者忽乘雲而去 三人而歲次分娶之 就泉甘土肥處 射矢卜地 良乙那所居曰第一都 高乙那所居曰第二都 夫乙那所居曰第三都 始播五穀 且牧駒犢 日就富庶 …"

17 『新增東國輿地勝覽』 濟州牧 姓氏. "趙, 李, 石, 肖, 姜, 鄭, 張, 宋, 周, 秦－元."

18 『星湖僿說』 卷之下 地理門. "生財貫綿布 畜犬衣其皮."

치原口九萬는 제주도의 산간부에는 조선 북부 산지에서와 같이 지금도 수모獸帽, 수피獸皮를 착용하는 화전민이 있는데 그 모양이 몽고인에 흑사 酷似하다는 것을 지적하면서 외투와 비슷한 긴 털이 있는 가죽 옷을 입은 사진을 개제하였다.[19] 그러나 이것이 무슨 가죽이라는 것을 명시하지 않았으나 그 털 모양이 개가죽 같이 보인다. 그렇다면 제주도의 구피의는 함경도에서와 같은 바지, 저고리가 아니라 일종의 장포長袍같은 것이었다고 짐작된다.

함경도 북부에 구피의가 전파된 유래를 설명함에는 간단히 이 지방의 력사를 언급할 필요가 있다. 문헌상에 나타나는 이 지방의 첫 주민은 옥저족沃沮族이었다. 옥저족은 기원 1세기 중엽에 고구려에 통합되었다. 기원 7세기 중엽에 고구려가 멸망한 후 이 지방은 고구려에 예속되었던 속말말갈粟末靺鞨을 중심으로 하고 일어난 발해국渤海國의 령역 내에 들어갔다. 10세기 초엽에 발해국이 멸망한 후는 녀진인의 주류로 되는 흑수말갈黑水靺鞨이 남하하여 오늘날의 우리 함경도 지방에 널리 퍼졌다. 우에서 말한 바와 같이 말갈중에서도 구피의 착용의 중심으로 되는 흑수말갈 즉 녀진인의 함경도에의 입거는 이 지방에 구피의를 보급시킨 요인으로 되는 것이다.

고려는 초기 이래 대체로 녀진인과 오늘의 정평과 함흥의 중간에 설치한 장성을 경계로 하고 있었으나 벌써 14세기 초에는 오늘날의 함남 해안 지방과 함북 해안 지방에는 많은 고려 이주민이 입거하여 이 지방의 기본 주민으로 되었다. 14세기 중엽으로부터 15세기 초에 걸쳐서 고려-리조는 이를 토대로 하고 함경남북도 해안 지방을 개척하였으며 15(?)세기 중엽에는 두만강 류역까지 개척하였다. 한편 이 동안에 함경남북도 해안 지방에 거주하던 녀진인들은 대체로 그냥 남아서 완전히 조선인화하였고 두만강 류역의 녀진인들은 두만강 내외의 강변에 완전히는 투화하지 않은 채로 소위 '번호藩胡'로서 남아 있으면서 우리 국가 및 인민들과 밀접한 관계를 맺고 있었다.[20]

이상과 같은 사정은 함경도 주민의 생활 풍습에 많은 녀진적 요소를 남긴 것이니 근세까지 함경도 북부 지방에 널리 보급된 구피의는 그 뚜렷한 례의 하나인 것이다.

---

19 新光社 編, 『日本地理風俗大系』 17, 70面(『日本地理風俗大系』 조선편 하권, 민속원에서 2012년 재간행).
20 「14세기말~15세기 초에 있어서의 북관 개척과 개척민에 관한 연구」, 『력사론문집』 제1집 참조.

그리고 함경도 북부에서는 전반적으로 인민 생활이 곤궁하였던 데다가 목면을 생산하지 못하고 기후가 차다는 사실은 이 지방에 구피의가 오래 동안 일반적으로 보급되게 한 요인으로 되는 것이다.[21] 녀진인의 가죽 옷의 보급 형편에 대하여 『대금국지大金國志』에 다음과 같은 기록이 있다.

> 또 중국의 교화가 미치지 못하는 불모不毛의 지역이어서 가죽이 아니면 추위를 막아낼 수 없으므로 가난한 사람이나 잘 사는 사람이나 할 것 없이 모두 가죽을 입는다. 잘 사는 사람들은 봄과 여름에 모시, 무명, 명주로서 저고리와 치마를 만들고 또 때로는 섬세한 베[緬]도 사용한다. 가을과 겨울에는 초서貂鼠, 청서靑鼠, 여우狐, 담비貉의 가죽으로 갖옷[裘]을 만들고 혹은 어린 양의 가죽으로 갖옷을 만든다. 또 모시, 명주 비단 옷을 만든다. 가난한 사람들은 봄과 여름에 모두 베로서 치마를 만들고 가을과 겨울에는 소, 말, 돼지, 양, 고양이, 개, 물`고기, 뱀의 가죽 혹은 노루, 사슴의 가죽으로 저고리와 바지를 만들며 버선은 모두 가죽으로 만든다. 부녀자들은 흰색의 큰 상의[白大襖子 - 袍]를 입고 하의는 남자와 같이 한다.[22]

녀진인들은 추위가 심하므로 (1) 빈부를 막론하고 가을과 겨울에는 가죽 옷을 입는 것,
(2) 잘 사는 사람들은 가을과 겨울에 초피貂皮같은 진귀한 모피로 갖옷을 만든 것.
(3) 가난한 사람들은 돼지, 개의 가죽뿐만 아니라 온갖 가축의 가죽과 어로와 수렵에서 얻은 가죽들로 저고리와 바지나 버선을 만든 것.
(4) 부녀자들만은 흰색의(천으로 만든) 큰 웃옷을 입고 밑의 옷은 남자들과 같이 한 것 등을 알 수 있다.

우에서 본 바와 같이 녀진인의 조상인 물길 - 말갈 - 도 남자만 가죽 옷을 입었고 녀자는 베를 입었던 것이며 녀진인의 유풍을 받은 함경도에 있어서도 구피의는 남자에

...

21 「14세기말~15세기 초에 있어서의 북관개척과 개척민에 관한 연구」, 『력사론문집』 제1집 참조.
22 『大金國志』 권39 「男女冠服」, "又以化外不毛之地, 非皮不可禦寒, 所以無貧富皆用之 富人春夏多以紵絲綿紬為衫裳, 亦間細布 秋冬以貂鼠 青鼠狐貉皮, 或羔皮為裘或作紵絲紬絹 貧者春夏並用布為衫裳 秋冬亦衣牛馬豬羊貓犬魚蛇之皮 或獐鹿皮為衫袴 襪皆以皮 至婦人衣白大襖子 下如男."
鳥山喜一, 『滿鮮文化史觀』에 게재된 「金初에 있어서 女眞族의 生活形態」 중 인용문에서 인용. 방점의 부분은 "四袖"로 되어있는 것을 『欽定滿洲源流考』 國俗一의 인용문과 대조하고 시정한 것임.

한하는 것이었다.

함경도의 구피의 착용에 관한 가장 오랜 기록으로서는 1522년에 함경도 병마사 우맹선禹孟善이가 "본도는 목면이 없어서 군민이 모두 밭삼田麻을 직조하여 옷을 만들고 산삼山麻을 거두어서 솜으로 하고 혹은 개가죽으로 옷을 만든다"[23]라고 한 현지 보고를 들 수 있다. 다음으로 함경북도의 지리지地理志로서 유명한 17세기 말엽의 저작인 『북관지北關志』「경성鏡城 풍속조」에는 "목면을 생산치 못 하므로 서민이 모두 개 가죽을 입는다"[24]라고 하였으며 동서 「회령會寧 풍속조」에는 "이곳은 면포를 생산치 못 하고 다만 삼을 심는 것을 업으로 삼는다. 일년을 계속 길삼하여도 베 몇 필밖에 짜지 못하는데 그것조차 전부 세稅로서 바치게 되므로 남자는 겨울, 여름 할 것 없이 한 벌의 개가죽 옷이 있을 따름이고 부녀자들은 일년 사철을 물론하고 갈기 갈기 해진 베옷을 꿰메어 몸을 가리우고 버선도 신지 않고 바지도 입지 않는다. 그리하여 일기가 약간 차면 토실土室에 들어 박혀 부엌竈을 마주대고 앉아 몸을 더웁히고 눈雪을 녹여서 물기리 대신으로 한다."[25]라고 하였다.

이러한 경성조의 풍속은 오늘날의 부령 이남의 함경북도 풍속이며, 회령조의 풍속은 무산령 이북의 소위 류진六鎭 지방 풍속을 대표하는 것이다. 그런데 경성 조의 "서민이 모두 개가죽을 입는다"라고 하는 것과 회령 조에 남자는 "겨울이나 여름이나 할 것 없이 한 벌의 개가죽 옷이 있을 뿐이다"라고 한 것은 그 착용 정도가 류진 지방이 더 철저하였음을 말하는 것이다. 그리고 회령 조의 "부녀자는 일년 사철을 두고 갈기갈기 해진 베옷을 꿰메어 몸을 가리운다"라고 한 것은 추위가 심한 류진 지방에 있어서도 녀자는 개가죽 옷을 입지 않았다는 것을 의미하는 것으로서 그 전통은 유구한 것이다.

다음으로 『택리지擇里志』의 저자 리중환李重煥은 "함흥 이북은…솜이 없어서 토민이 개가죽 옷을 입고 겨울을 지내며 기한飢寒에 견디는 것이 전적으로 녀진과 같다"[26]고

---

23 『中宗實錄』, 十七年 壬午 正月 壬戌. "咸鏡南道節度使禹孟善啓曰 本道無木綿 軍民皆織田麻爲衣 收山麻爲絮 或用狗皮爲衣."
24 『北關志』, 鏡城 風俗 "木棉不産 庶民皆衣狗皮 生理艱苦 或自賣其身 或多生子則 不育而棄之."
25 『北關志』, 會寧 風俗. "此地不産綿布 唯藝麻爲業 終歲績之 未滿數機 旋復盡輸公稅 故男子無冬夏一狗皮衣 婦人通四時縫結敗布 以掩體 不襪不袴 天氣稍寒則縮入土室 對竈暖身 消雪代汲."
26 『擇里志』咸鏡道. "咸興以北…無綿絮 土人狗皮衣 禦冬 耐飢寒 一如女眞族."

하였다. 『북평사北評事』 조우희趙宇熙는 자기 수필에서 1870년 경에 목견한 함경북도의 구피의의 보급 정형을 다음과 같이 가장 구체적으로 서술하였다 : "마천령에 다다르니…여기는 북관의 첫 땅이다. 사람들이 모두 개가죽으로 만든 저고리와 바지를 입었는데 그 걸어 다니는 모양이 완전히 큰 개와 같다. 처음 보았을 때에는 우슴을 참을 수 없었으나 북으로 점점 들어감에 따라 어느 사람이고 입지 않은 자가 없으므로 그것이 심상하였다. 다만 녀자는 입지 않는다"[27]라고 하여 구피의의 보급 정형과 착용 모습을 완연히 눈 앞에 보이는듯이 표현한 것이다.

또 1792년에 함경도 병마사 리격李格은 폐군廢郡한 후주厚州지방에 회령, 무산, 길주, 명천, 삼수, 갑산, 북청 등지로부터 류입한 수 백 명(80여 호)에 달하는 인민이 여름에 개가죽옷과 노繩로 만든 삿갓을 전적으로 착용하고 있는 사실을 보고하였다.[28] 이것은 외부와 교섭이 없는 류리민, 화전민에 있어서 특히 구피의는 유일한 복식이었다는 것을 말하여 주는 것이다.

함경도에 있어서 구피의는 저고리와 바지가 주였고 이밖에 소매가 달리지 않은 등거리가 있었고 또 버선이 있었다. 구피의는 털 쪽을 겉으로 하는 것이지만 비나 눈이 올 때에는 뒤집어서 털이 있는 편을 안으로 하고 입기도 한다. 버선은 눈 속으로 다니는 때에만 신는 것이므로 언제나 털이 있는 쪽을 안으로 한다.

흑룡강 류역의 '울리치'를 비롯한 여러 종족들은 개가죽으로 '슈바'를 만들어, 주로 어로로 동에 사용한 것이며 제주도에 있어서도 우에서 말한 바와 같이 바지와 저고리가 아니고 외투 모양으로 된 덧옷이었다고 짐작되는 바이다. 그러나 함경도에서의 구피의는 그런 덧옷이 아니라 일상복이었던 것만큼 저고리와, 바지가 주였던 것이 특색이며 녀진인들이 또한 그러하였던 것이다. 또 장피(노루 가죽), 록피(사슴 가죽)로서 털을 뽑고 이겨서 저고리와 바지를 만들었다. 록피, 장피의 저고리는 '잠바'와 같은 모양으로

...

[27] 趙宇熙 『金鐵奇觀』. "至摩天嶺…此是北關初界也 居民皆衣狗襦狗袴 其往來行走之狀 完如巨大 初見不覺失笑 入北漸深 如無人不着 故見頗尋常 但女人不着焉"(朝鮮史編修會研究彙纂 第一輯『朝鮮近代史硏究』443~444쪽 인용문에 의함).

[28] 『正祖實錄』 十八年 甲寅 八月 壬子. "咸鏡道兵馬節度使李格 狀啓言 厚州廢址冒入人民爲八十餘戶之故 發遣軍官逐送冒入民人 圖讅形便以來矣 摘奸軍官手本內 厚州之蓮址坪 祥罷坪 都野坪等地 流入民戶爲八十八戶 人口爲一百九十名 以會寧茂山吉州明川三水甲山北靑等邑民 自昨年秋 次次流入 掘土爲幕 斫木結巢 翻土播種 廣墾原野 而一並驅出 則數百民人之狗衣繩笠者 遮道泣訴曰 渠等皆無土無家 轉而到此 今若棄此分散 將不知塡壑於何處云."

만들고 바지는 가랑이가 짧고 좁다. 그러나 록피나, 장피는 그 원천이 안정성을 가지지 못하는 것인만큼 부지런한 가정에서나 만들 수 있는 것이고 개가죽 옷처럼 보급되지는 못하였다.

현재도 록피의나 장피의의 잔적이 있음에도 불구하고 이에 관한 기록은 볼 수 없다. 구피, 장피, 록피를 이기는 방법으로는 개 골腦을 비롯한 짐승의 골을 가죽 리면에 발라 가지고 반복 비비는 것이었다. 필자는 소위 '재가승' 부락에서 백골로 된 개 대가리 몇 개가 치마 끝에 달려 있는 것을 보고 이것은 틀림없이 어떤 미신에서 온 것이겠다고 생각하면서 물어 본즉 그런 것이 아니라 가죽을 이기는 약재로서 보관한 것이라고 하였다.

이상과 같은 함경도에서의 구피의의 보급은 개의 사육을 왕성하게 하였으며 그 값이 높았고 또 개가죽은 교역용 물자로도 되었다. 16세기 말경에 류진 지방의 한량 잡인閑良雜人들은 "농사를 짓지 않고 개가죽을 가지고 해변에 가서 한 령領에 소금 8두와 바꾸어 가지고 번호藩胡들에게 가서 가을에 소금 한 말에 건곡 8두씩 받아서 생활을 유지하였다"[29]고 한다. 이것으로서 특히 류진 지방은 개가죽 산출이 많았다는 것과 동기 어로 작업에 특히 구피의가 요구되었다는 것, 그리고 그 값이 또한 굉장히 높았다는 것을 알 수 있다. 갓저고리나 갓바지에는 보통 구피가 5~6령씩 드는 것인즉 이것을 모두 갖추자면 소금 80여 두의 비용을 요하는 것인데 당시 이 지방에서 소금은 매우 귀한 물품으로서 고가였던 것이다. 그러나 한 필의 베가 조 4~5석과 교환된[30] 이 지방에 있어서 이것은 의복 자료로서 상대적으로 역시 싼 것이었다. 여하간 개가죽은 중요한 의복 원천으로 되었으므로 개는 이 지방 주민의 중요한 가축으로, 또 재산으로 되었다. 이것이 남쪽에서 온 '관리'들에게는 매우 기이하게 보이었다.[31]

이와 같이 함경도에서는 의복의 자료 원천으로 개를 많이 길렀을 뿐만 아니라 개가죽을 또한 타지방에서 교역하여 오기도 하였다. 회령 상인이 덕원 원산포元山浦에서 회령 리진梨津(현 부령군)에 개가죽을 화물로 적재하여 반입한 기록이 고문서에 보인다.[32]

---

29 『宣祖實錄』 三十四年 辛丑 五月 甲子. "…六鎭精兵之逃移者 不過乎吉州明川而止 本官若能推刷 則可使易入 如閑雜人 則不事農作 而只持狗皮 往海邊 一領貿鹽八斗 而入藩胡 秋來 以鹽一斗換皮穀八斗 以此連命."
30 『北關志』 鏡城 風俗. "大槪本道衣貴食賤 一匹布或換栗四五石."
31 大提學金壽恒詩. "戎粧妓隊能馳馬 被服人家盡養獒", 端川郡守洪錫龜詩. "淫祠古風多用特 訟庭奇貨半爭獒"

그런데 여기서 한 가지 주목할 것은 함경도 인민들 사이의 구피의의 전반적 보급은 개척 당초보다 일정한 시일이 경과한 후부터였다고 짐작되는 점이다. 『동국여지승람東國輿地勝覽』에는 도처에서 적지 않게 함경도의 이풍수속異風殊俗을 전하고 있음에도 불구하고 구피의에 대하여는 전혀 언급이 없고 그 후의 기록에서도 차츰 내려 오면서 구피의 착용 정도가 더 철저하였던 것을 짐작하게 된다. 이것은 아직 새로 입거한 당초에는 아직 구피의에 익숙치 못 하여 그들 사이에 덜 보급되다가 중기 이후 전성하였다는 것을 짐작하게 하는 것이다.

요컨대 목면을 생산치 못하고 기후가 찬 함경도 지방에서는 19세기 중엽까지 구피의가 일반 근로 인민들의 중요한 일상적 의복으로 되었다. '북평사' 조우회의 목격은 1870년 경의 일로서 그 때는 아직 구피의가 전성하였다. 그러나 그 보다 16년 후인 1886년 편지인 『속북관지續北關志 - 경성읍지鏡城邑誌』의 풍속 조에는 "개가죽 옷은 고용살이'군이 겨울과 봄에 예전과 같이 입는다"라고 하여 이제는 구피의는 주민의 일반적 복식으로는 되지 않았다. 이것은 1876년에 일본의 강제로 강화도 조약이 체결된 후 일본 상품이 노도와 같이 류입되면서 우리 나라의 자연 경제가 급속도로 파탄되어 가는 과정에서 나타난 현상이었다. 그런데 개가죽은 추위와 습기를 잘 막으며 또 다량으로 수집할 수 있는 것이다. 그러므로 오늘날에도 어로 작업과 림산 작업에 리용할 필요가 있지 않을가 생각되는 것이다.

이상에서 우리나라의 함경도 북부와 제주도에 구피의가 근세까지 보급된 정황과 그 유래에 대하여 불충분하나마 고찰하였다. 구피의의 본원은 중국 동북의 동북부였고 여기로부터 그 주위에 전파된 것으로 추정하였다. 함경도 북부 지방에는 녀진인에 의하여, 제주도에는 몽고인에 의하여 전파된 것이나 그것이 량자간에 련관이 있는 것은 아니었다. 그리고 이 지방들은 토지가 척박하여 인민 생활이 특히 빈한하였던 데다가 목면이 귀하였다는 사실은 구피의를 보급시킨 요인으로 된 것이었다.

---

32 『會寧永綵社布商朴利應原情』.

03.

북포北布에 관한 약간의 고찰*

-
-
-

리조 시기에 북관北關(오늘날의 함경북도) 지방에서 생산하는 마포麻布를 북포라 하였는바 북포는 이 지방에서 산출하는 북어北魚(마른 명태)와 함께 이 지방의 유일한 이출품이었으며 동시에 이 지방 주민의 유일한 의료衣料로 되었다. 특히 이 지방의 남부 지역인 명천明川, 경성鏡城과 북부지역인 회령會寧, 종성鐘城의 가는 베細布는 리조 시기에 견직물로서의 평안도 녕변寧邊, 성천成川의 합사주合絲紬, 전라도 라주羅州의 후주厚紬 및 유문주有紋紬와 저마포苧麻布로서의 충청도 한산韓山, 서산舒山, 림천林川 등지의 백저포白苧布, 유문저포有紋苧布, 황저포黃苧布 등과 함께 고급의 의료로서 전국적으로 저명하였던 것이며 가내 수공업으로서의 높은 기술 수준에 달하였던 것이다.

그러나 이와 같이 저명하였던 북포는 우리나라의 다른 여러 수공업 부문에서와 마찬가지로 그 생산 조직 자체의 모순 관계로 말미암아 공장 수공업제로 발전하지 못한채 우리나라가 일제의 식민지 상품 시장으로 전변되자 쇠멸의 일로를 밟아 가게 되었던 것이다. 그리하여 삼밭들은 차츰 감자밭, 수수밭 등으로 변하였고 과거 삼밭이 많으므로 삼밭골麻田洞이라 불리우던 곳도 거의 그 이름만 남기는 형편에 이르게 되었다.

조선 로동당 제 1차 대표자회에서 제시한 우리나라 인민 경제 발전 제 1차 5개년 계획에는 "량강도 함북도 및 자강도 등지에서는 이 지대에 가장 적합하고 유리한 아마 재배를 적극 장려하는 동시에 대마, 양마, 고삼피 등을 장려하여 1960년도부터 로뿌

* 『문화유산』 1958년 3호.

원료에 대한 수요를 충족시키도록 하여야 할 것"을 제시하였다. 즉 우리 당은 북관 지방에서 그 자취를 감추려 하던 대마의 재배를 금후 더욱 장려할 것을 제시하였다. 이리하여 우리 당의 정확한 경제 정책에 의하여 없어져 가던 북관의 대마는 북포의 원료로서가 아니라 로뿌용 섬유로서 새로운 중대한 사명을 띠고 등장하게 되었다.

옛날부터 북포는 이 지방에서 면화가 전혀 생산되지 않는 조건하에서 이 지방 주민들의 의료의 결핍에 대한 유일한 타개책과 가혹한 공세公稅와 타지방에의 이출 물자로서 수지 타산이 잘 맞아서라기보다도 불가피적으로 생산된 것이었으며 그것은 락후한 수공업적 방법에 의한 것이었다. 그러므로 사회 경제적 환경이 변혁됨에 따라 급속히 쇠멸되지 않을 수 없는 것이었다. 그러나 북포는 그 유래가 오랬으며 기술 수준이 상당히 높았고 또 그 량이 적지 않아서 북관의 주민에게 있어서는 물론이요 우리나라 인민 생활에 적지 않은 관계를 가졌던 것인만큼 그에 관한 고찰은 필요한 일이라고 생각된다. 이러한 의미에서 북포의 유래와 그 발전, 생산 공정, 고비 및 그와 관련된 민속들에 관하여 약간의 고찰을 하려 한다.

1. 북포北布의 유래와 그 발전

오늘날 함경북도 지방에서의 마포의 생산은 그 유래가 자못 유구하다. 이 지방 원시 시대의 유적들에서는 토제의 가락추紡絲錘가 흔히 발견되는바 기후 관계로 보아 그것은 틀림없이 삼실을 길삼하는데 사용하였을 것이며 실지로 라진 초도羅津草島 유적에서 출토한 청동 구슬 구멍에서는 섬유가 검출되었는데 그것은 분석의 결과 대마大麻 혹은 황마黃麻로 감정되었다.[1]

기록상 처음으로 나타나는 이 지방의 주민이었던 동옥저東沃沮 족은 기원 1세기 중엽부터 고구려에 예속되었는데 이 옥저족은 그 지배자인 고구려에 공납품으로서 맥포貊布와 어염魚鹽 그리고 해중 식물海中食物을 천리나 되는 먼 길을 메고 지고하여 가져 갔다 한다.[2]

---

1 과학원 고고학 및 민속학 연구소, 『라진 원시 유적 발굴 보고서』, 27쪽.

이 맥포가 역시 마포였을 것이다. 옥저의 북쪽이었던 오늘날의 연해주 지방인 읍루挹婁에서도 같은 시대에 마포를 생산하였다.[3] 이로써 이 지방들에서는 일찍부터 마포가 생산되었음을 가히 알 수 있다.

고구려가 멸망한 후 이 지방이 우리의 령역으로 완정된 것은 14세기 말~15세기 중엽에 걸쳐서였다. 리조의 세종 년간에 이르러 이 지방을 국토로 완정하자 여기에 목화木棉를 이식하려고 꾸준히 로력하였다. 『세종실록』에 의하면 1435년 9월에 하삼도下三道(오늘날의 충청도, 경상도, 전라도)에서 목화 종자를 거두어 함길도咸吉道(함경도의 당시의 명칭)의 인민들로 하여금 목화를 심게 하였으며 다음 해 8월에는 평안도와 함길도 '관찰사'에게 목화 종자를 보내어 우선 관가官家로 하여금 경작하게 하였고 1446년 8월에는 평안도와 함길도의 '관찰사'에게 그 도의 인민들의 목화 심기를 즐겨하지 않으니 우선 도내에 입거한 하삼도의 입거민에 문의하여 경작하도록 장려하고 점차로 널리 보급시키라고 지시하였다. 이와 같은 장려의 결과로 평안도에서만 목화 재배에 성공하였으나 함경도에서는 끝끝내 성공하지 못하였다. 함경도는 기후 관계로 당시 목화 재배가 불가능하였던 것이다. 또한 이와 병행하여 1439년 1월에 당시 새로 개척한 회령, 경원慶源, 종성鍾城, 경흥鏡興, 부거富居(후의 부녕富寧)의 5읍 인민에게 삼 심기와 누에 치기種麻養蠶를 장려할 것을 지시하였다. 이때는 아직 6진의 하나인 온성穩城군이 설치되기 전이었으니 이 5읍에 대한 장려는 곧 전체 6진 지역에 대한 장려로 되는 것이다. 그리고 이와 같이 북관 중에서도 특히 6진 지방에 대하여 삼심기와 누에 치기를 장려하였다는 사실은 이미 이주민이 있었던 북관의 남부 지역은 삼 심기와 누에 치기가 행하여 졌겠으나 지금까지 순전히 녀진인의 거주지로 되었던(부거를 제외하고) 6진 지방에서는 아직 야생삼을 리용하는 정도이고 본격적으로 삼 심기를 시작하지 않았기 때문이었으리라고 짐작된다. 뒤에서 말한 바와 같이 북관 지방 특히 6진 지방은 야생 삼이 리용되었던 것이다.

즉 15세기 중엽 우리나라 직조 원료로서의 섬유 작물 적의지를 『세종실록』 「지리지」, 「토의土宜조」에 의하여 일별하면 다음과 같다.

---

2 『三國志』「魏書 東夷傳」東沃沮條. "遂臣屬句麗 句麗復置其中 大人爲主者 使相主領 又使大加 統責其租賦 貊布 魚鹽海中食物 千里擔負致之"
3 『仝上書』挹婁條. "有五穀 牛馬麻布"

〈표 1〉 두레에서 나발의 신호 체제(부산 지역)

도별	고을(牧) 부, 군, 현 총수	뽕나무(桑) 적의지 고을 수	삼(麻) 적의지 고을 수	목화(木棉) 적의지 고을 수	모시(苧) 적의지 고을 수
경기	39	34	32	2	2
충청	55	22	4	3	10
경상	65	25	30	13	2
전라	56	41	49	27	14
황해	24	17	11	0	2
강원	24	24	24	0	2
평안	47	43	42	0	0
합계	20	7	14	0	0
계	330	213	207	45	32

　이상의 표에서 보면 전국 330 고을(牧, 府, 州, 郡, 縣) 중에서 213개 고을이 양잠의 적의지이며 207개 고을이 삼의 적의지, 45개 고을이 목화의 적의지, 32개 고을이 모시(苧)의 식의지로 된다. 즉 양잠은 함경도와 경상도, 충청도의 반수 이하 고을이 적의지로 되고 있는 외에 다음 도는 거의 적적으로 적의지로 된다. 삼의 재배는 충청도의 55개 고을 중에서 단 4개 고을만이 적의지로 되고 있는 것과 황해도와 경상도가 반수 이하의 고을이 적의지로 되고 있는 외에 다른 도는 거의 전적으로 적의지로 되고 있다. 그러므로 15세기 중엽에 있어서 양잠과 삼의 재배는 전국적 범위로 보급되었던 것이다. 목화는 전라도의 56개 고을 중의 27개 고을과 경상도의 65개 고을 중의 13개 고을이 적의지로 되는 외에 충청도의 3개 고을과 경기도의 2개 고을이 적의지로 되고 있을 뿐이다. 그리고 함경도, 평안도는 물론이고 강원도, 황해도까지도 아직 적의지가 없는 형편이었다. 즉 중부 조선까지도 당시는 아직 보급되지 못하였던 것이다. 모시는 전라도의 56개 고을 중 14개 고을과 충청도의 55개 고을 중 11개 고을이 적의지로 되고 있는 외에 경기, 경상, 강원 황해도에 각각 2개 고을이 적의지로 되고 있을 뿐이다. 물론 적의지의 다소가 곧 경지 면적의 다소 또는 생산액의 다소를 의미하는 것이라고는 할 수 없다. 그러나 자급자족의 자연 경제가 지배적이었던 이 시기에 적의지의 다소 즉 보급 정도의

다소는 역시 어느 정도로 생산액의 다소를 표시하는 것이라고 하지 않을 수 없다. 그렇다면 15세기 중엽까지는 우리나라 주민의 기본 의복 원료는 마포와 견직물이었다고 할 것이다.

우에서 말한 바와 같이 '세종' 년간 15세기 중엽에 북관의 북부 즉 6진 지방을 개척하자 함경도 지방에 목화 이식을 꾸준히 시도하여 보았으나 그것은 결국 성공하지 못하였다. 동시에 신개척지인 6진 지방에 종마와 양잠을 장려시켰다. 그러나 양잠은 19세기 말의 편찬인 『속북관지증보續北關志增補』(鏡城邑誌)기록에 의하면 "뽕나무는 곳곳에 있으나 지방 사람들이 누에 치기를 일 삼지 않는다."라고 한 바와 같이 리조 말에 이르기까지도 6진 지방은 물론이요 남부 지역에서까지도 보급되지 못하였다. 그러므로 이 지방에서 유일한 섬유 원료는 삼大麻이었다. 『세종실록』 「지리지」에 의하면 경원, 종성, 온성, 경흥, 부령만이 삼의 적의지로 되고 있으나 『동국여지승람東國輿地勝覽』에는 경성, 길주, 명천, 경원, 회령, 종성, 온성, 경흥, 부령 등 전체 북관 고을들의 토산土産의 첫째로 삼을 들고 있다. 즉 벌써 15세기 중엽에 삼은 북관의 가장 중요한 토산물로 되었던 것이다. 북관은 삼 재배에 적당한 점도 있었겠지만 북관 주민은 불가피적으로 절박한 의료의 타개책으로서 모든 성의를 다하여 삼을 재배하지 않을 수 없었던 것이다.

함경도에서는 또 야생 삼이 의복 원료로서 리용되었다. 이 야생 삼을 '야마野麻' 또는 '산마山麻'라 하고 이에 대하여 재배 삼을 '전마田麻'라고 하였다. 1485년에 경원의 건원보乾原堡의 권관權管(보의 책임자) 김세정金世禎은 군관軍官을 시켜 야마를 수확하게 하였는데 이때에 경원에 사는 야인野人(녀진인) 박산朴山 등은 칼을 빼어 이를 협박축출한 사실이 있다고 하는바[4] 이는 당시 이 지방 주민들에게 있어서 야마는 의료 섬유로서 중요하게 되었으므로 그것을 서로 자기가 쟁취하려는 데서 초래된 충돌일 것이다. 또 1486년에 함경도 '절도사' 우맹선禹孟善은 "본 도는 목면이 없어서 군민들이 모두 전마田麻를 짜서 의복을 만들고 산마를 거두어서 솜으로 하고 혹은 개가죽으로 옷을 만들므로 엄동 시절을 당하면 비록 장사용부壯士勇夫라 할지라도 기력이 얼줄어서(凍縮) 적을 보고도 용기를 내지 못하니 매우 념려되는 일이다"[5]라고 하였다.

---

4 『中宗實錄』 十六年 九月 甲子條 참조.
5 『仝上書』 十七年 正月 壬戌條, "咸鏡道節度使啓曰 本道無木棉 軍民皆織 田麻爲衣 收山麻爲絮 或用狗皮爲衣

이상으로 보아 적어도 15세기 말까지도 야마野麻는 중요하게 리용되고 있었다는 것을 짐작할 수 있다.

북포의 생산과 소비 정형에 대하여 17세기 말엽의 저작인 『북관지北關誌』「회령 풍속조」에는 다음과 같이 전하고 있다. "이 곳은 면포를 생산치 못하고 오직 삼을 심는 것을 업으로 삼는다. 일년 동안을 계속하여 길삼하여도 베 몇 틀밖에 생산하지 못하는데 그것마저 모두 공세公稅로 바치게 되므로 남자들은 겨울, 여름할 것 없이 한 벌의 개가죽 옷이 있을 따름이며 부인들은 일년 사철을 막론하고 해어진 베를 조각조각 기워서 몸을 가리우며, 버선도 신지 않고 바지도 입지 않는다. 그리하여 일기가 약간 추우면 토실土室에 들어 박혀 부엌을 마주 대고 앉아 몸을 더웁히고 눈을 녹여서 물을 대신한다"[6]라고 하였다.

즉 17세기 말엽에는 농민들은 일년 동안 길삼하여 생산하는 량은 베 몇 틀밖에 되지 못하였는데 그것마저 '공세'로 바치게 되니 자가용으로 쓸 것은 거의 없는 형편이었다. 당시의 베의 '공세'라는 것은 군보포軍保布(병역세로 바치는 베)와 대동법大同法이 실시된 이래로 종래 경사京司에 바치던 공물貢物의 대'가의 진상進上 물종을 구입한 대'가로서 마포를 납부한 것을[7] 의미하는 것이다.

18세기 말엽의 저작인 『북관기사北關紀事』에 의하면 "한 명의 녀자가 부지런히 길삼하여도 1년에 3~4필에 불과하다"고 하였다.[8]

그렇다면 저명하였던 북포는 18세기 말엽까지도 그 생산량은 그다지 많지 못하였던 것이며 그것은 '공세'를 바치고 나면 자가용도 잘 되지 못하는 형편이었다고 할 수 있다. 물론 '공세'로 들어 간 베의 일부는 관가의 '공용'에 사용되었지만 그 많은 부분은 봉건 국가 어용 상인의 손을 거쳐서 상품화하였을 것이다.

19세기 후반기에 와서 생산 수준을 본다면 고로들의 말에 의하면 모든 조건이 구비

　　故當嚴冬之時 雖壯士勇夫 氣力凍縮 見敵無勇 甚爲可慮."
6 『北關誌』 會寧 風俗條. "此地不産 綿布 唯藝麻爲業 終歲績之 未滿數機 旋復盡輸公稅 故男子無冬夏一狗皮衣 婦人通四時 縫結敗布以掩體 不襪不袴 天氣稍寒 則縮入土室 對竈暖身 消雪代汲."
7 『續大典』 戶稅 徭賦條. "咸鏡道 正田續田 賦麻布田米 以爲京司貢物價 及進上物種貿易之價 而貢物價上 納各該司者 並以麻布"
8 日帝朝鮮史編修會, 『近代朝鮮史硏究』, 462쪽 『北關紀事』 風土 民俗 田賦事宜條에서 인용한 것에 의함.

하면 성년 녀자 한 명이 1년에 5~6필 내지는 7~8필까지도 할 수 있었다한다. 북관 지방은 특별히 화폐 류통의 금지 지구로 되어 오다가 19세기 초엽(순조 6~7년경)부터 부령 이남 지방에 해금解禁되고 19세기 중엽(철종 말, 고종 초)에 와서 6진 지방까지 해금되고 19세기 중엽(철종 말, 고종 초)에 와서 6진 지방까지 해금되었는바 이를 계기로 하여 북포 생산에서도 적지 않은 발전이 있었다고 보여진다. 이리하여 북포가 전문적 포상의 손을 거쳐서 광범히 남도 지방에 이출된 것은 19세기에 들어 와서 일이며 특히는 베로 바치던 '공세'가 금납金納으로 된 이후의 일이라고 짐작 된다.[9]

2. 삼 심기로부터
삼의 수확까지

북포의 원료인 대마는 가장 비옥한 땅에만 재배할 수 있는 것이다. 일단 삼밭으로 선택하면 거기에 계속적으로 특별히 거름을 많이 주어 그 비옥도를 높여야 한다. 그리하여 삼 밭 직의지로서는 본래부터 비옥한 땅이 조건으로 될 뿐만 아니라 거름을 잘 보유할 수 있는 평탄지가 조건으로 되며 또 바람을 잘 막을 수 있는 지형이 요구된다. 그리하여 삼밭은 계곡지에서 많이 보게 된다.

이와 같이 삼밭은 특별한 조건으로 요하므로 아무데나 정할 수 없으며 여러 해 동안을 계속 특별히 시비하여야 하므로 일단 삼 밭으로 된 곳은 용이하게 변경되지를 않는다. 베나이織布는 북관의 농촌에서는 중요한 부업이었다기 보다도 농가의 주업의 일면으로 되었으므로 집집마다 베나이를 하지 않는 데는 없었다. 그러나 집집마다 삼 밭이 모두 있는 것은 아니었으며 빈한한 집에서는 삼 밭을 가지지 못하였다. 삼 밭이 없는 집에서는 삼 철이 되면 여유 있는 집 삼을 '쉬내-씨내'(삼채로 받아 가지고 복잡한 공정을 거쳐서 베를 짜서 반분한다.)로 맡거나 또는 삼을 사서 짰으며 삼 밭이 없다하여 베나이를 하지 않는 집이라고는 없었다. 혹독한 착취를 당하면서도 반드시 베나이를 하였던 것이며 그러지 않고서는 살아 갈 수 없었던 것이다.

삼은 다른 곡식보다 늦게 심는다. 삼 이랑은 10cm 가량으로 좁게 하고 밀식한다.

...

9 『소上書』, 448~449쪽 참조.

삼 밭의, 검은 삼이 나서 흙을 덮을락 말락할 무렵에 잡초를 뽑으면서 외귀 호미로 뚝뚝 찍어 가꾼다. 이와 같이 두 벌까지 매고는 삼 밭에 돼지豚나 개犬와 같은 짐승이 들어가지 못하도록 감시하며 가물과 폭풍우를 경계할 따름이며 삼을 수확할 때까지 다른 손질은 요구하지 않는다. 7월이 되어 삼 꽃이 되고 삼 껍질이(섬유질) 여물어지면 삼을 수확한다. 삼의 수확은 북관 농민에게 있어서 가장 중요하고 큰 일 중의 하나였다. 삼은 농민의 가장 중요한 농작물의 하나였을 뿐만 아니라 삼을 찌는 일 즉 '삼 굿'하는 일은 개별적으로 할 수 없고 전 부락이 공동적으로 하여야 하므로 삼의 수확은 전 부락적으로 동일한 시일내에 실시하였기 때문이었다. 삼의 수확과 관련하여 이 지방에는 하나의 금기禁忌가 있다. 그것은 삼을 수확하면 이어서 먼산에 얼굼初霜[얼구다. 즉 얼리다의 북한에]이 오므로 개별적으로나 부락적으로나 삼의 수확을 일찍하여서는 안된다는 것이다. 이것은 삼의 수확에는 전체 남녀의 로력을 총동원하여야 하는 까닭에 다른 알곡 가꾸기가 일단락을 짓기 전에 삼의 수확으로 많은 로력을 동원하는 것을 고려한데서 온 것일 것인바 그 금기의 구실을 '얼굼이 온다'는 데 결부시킨 것은 또한 이 지방 사람들이 얼굼이 일찍 오는 것을 얼마나 두려워하였는가를 보여 주는 것이다.

부락적으로 '삼 굿'(삼을 찌는 시설을 지칭하는 것인데 또 이 시설을 리용하여 삼을 찌는 일 자체도 지칭한다.) 할 기일이 결정되면 집집마다 모든 일을 제쳐 놓고 남녀 로소가 삼의 수확에 달려 붙는다. 삼을 뿌리채로 뽑아서 집에 운반하여 뿌리르 짜르면서 밋밋한 수삼雄麻과 일부의 특히 밋밋한 암삼雌麻을 '제추리'(가는 베 만드는 삼)용으로 골라 낸다. 삼 뿌리 짜르는 일을 밤 새워 가면서 한다. 큰 집들에서의 대소상 제사 때에나 볼 수 있던 초롱불이 이때에도 집집마다 걸린다.

뿌리를 다 짜르면 한 아름 이상의 크기로 삼단을 단단히 묶는다. 대개 한 단 껍질이 베 한필 나기로 된다. 삼단은 크고 미출하기에[훤칠하고 잘 생겼다는 뜻의 방언] 이 지방 사람들은 성세 있게 나는 연기를 형용할 때에도 삼단 같은 연기가 난다고들 한다. 삼단을 다 묶어 뜰 어귀에 세워 놓고는 전 가족이 모여서 그 분배 공작을 한다. 시할머니, 시어머니, 며느리, 딸들이 다 제몫씩 분배 받는다. 지어는 안해가 없을 때에는 남자까지도 분배를 받아서 '쉬내-씨내'로 주거나 다른 녀자 가족들의 협조 로력으로 베로 만들어서 자기 소용으로 한다. 가족들이 분배 받은 다음에는 각각 삼단에 각이한 표식을 달아서 구별 할 수 있게 하고 '삼 굿'에로 운반한다. 일단 '삼 굿'에서 삼을 쪄 낸 다음부터는 베로 만들 때까지의 모든 공정을 한 가족이라 할지라도 제몫씩 하는 것을 원칙으로 한다.

봉건적 가부장제하에서 모든 생산을 가족들이 공동으로 하고 수득물만은 가장이 장악하고 임의대로 처분하던 그 시기에 있어서도 길삼에 한하여서는 가족들이 개별적으로 작업하여 개별적으로 처분하는 것이 이 지방 농민들의 일반적인 관습이었다. 즉 먹을 것은 가족이 공동적이나, 입을 것은 개별적이라는 원칙이 섰던 것이다.

'삼 굿'은 부집과 뒤'굿의 두 개 부분으로 구성된다. 부집이란 것은 증기를 만들 돌을 달구는 시설인데 커다란 부엌의 우'부분을 길쭉한 돌들로써 궁륭 천정 모양으로 튼튼히 맞물려 놓고 그 우에 조약돌은 산'데미처럼 쌓아서 만든다. 뒤'굿이란 것은 삼단들을 넣을 일종의 움이다. 삼 굿하는 날에는 이른 새벽부터 계속 불을 때어 부집을 달군다(불을 많이 때는 것을 삼 굿 불 때듯이 형용한다). 쩌 낼 삼의 량에 알맞게 부집이 달면 잡초를 베어다가 부집 우에 펴고 그 우를 흙으로 두텁게 덮는다. 이와 전후하여 뒤'굿에는 삼 단들을 넣고 역시 잡초를 펴고 그 우를 흙으로 두텁게 덮는 것과 동시에 부집과 뒤'굿을 통하는 증기가 들어 갈 구멍들을 열어 놓는다. 이 공사가 끝나면 파문은 부집의 곳곳을 뚫고 거기에 물을 부어 종일토록 불을 때어 달군 돌에 부닥쳐 증기가 되어 뒤'굿으로 들어가서 삼을 익히게熟 한다. 이 삼 굿 물을 주는 작업은 커다란 물동이에 가득 담은 것을 련속적으로 민첩하게 운반 주입하여야 하는 것이므로 전 부락 중의 건장자가 선출되어 함성을 울리면서 전투적으로 실시한다. 삼 굿 물을 주는 것은 청장년의 영예로운 일이었으며 그것은 그야말로 자기들의 힘을 부락 사람들 앞에서 과시하는 기회로 되었다. 물을 부을 때에 단 돌에 물이 부닥치면서 일어나는 소리는 부락을 진동한다. 어린이들은 이 삼 굿 물 주는 것을 구경하는 것을 명절 날 기다리듯이 한다.

우에서 말한 바와 같이 길삼은 그 많은 공정을 철저히 개별적으로 진행한 것이지만 삼굿하는 공정만은 철저히 부락 공동으로 진행하는 부락의 중요한 행사로 되었다.

3. '삼 심기'로부터
베 짜기까지

삼을 쪄서 벗겨 낸 껍질을 숙삼熟麻이라 하고 가는 베의 원료로 하기 위하여 특히 껍질의 표피('뉘'라고 함)를 제거한 것을 '제추리'라고 한다. 숙삼이나 '제추리'는 적당한 크기로 춤[가늘고 기름한 물건을 한손으로 쥘 만한 분량, 또는 그 단위]을 지어 타리개[나뭇가지를 비틀어 만든 줄, 또는 씨아의 북한어]로 하여 두었다가 추수 일이 끝나면 기나긴 겨울 동안을 녀자들은 전적으로 '삼 삼이'에 종사한다. '삼 삼이'라는 것은 만들려 하는 베의 승수升數에 알맞게 삼을 째여서 오리로 하고 오리의 한 쪽 끝을 이齒와 손톱을 리용하여 두 갈귀로 하고 다른 오리의 한 쪽 끝은 뾰족하게 하여 그 갈귀 안에 넣어 무릎 우에 대고 비비여 결합시켜 련결하고 또 그 끝을 두 갈귀로 하고 다른 오리를 련결하는 것을 반복하는 일이다.

'삼 삼이'는 마포 생산에서 기본 공정인데 그것은 매우 원시적인 방법으로 수행된 것이었다. 목화로 실을 늘구는 일은 그래도 지극히 간단하나마 기계(물레)를 리용하는 것인데 마포 생산의 기본 공작인 '삼 삼이'는 지극히 원시적인 방법에 의한 것이었다. '삼 삼이'에 의하여 련결한 삼오리는 '삼 모지'라 하여 큰 사발만큼 한 구형球形의 모지로 모지여[모양이 둥글지 않고 모가 나 있다는 의미] 이듬해 봄까지 보관된다.

북포 생산은 북관 농가에 있어서 농업과 표리되는 주업의 일면으로 되었던 것만큼 녀자들에 대한 길삼 교양은 자못 심중하였다. 여자가 6~7세 되면 벌써 '삼 삼이' 련습을 시켰다. 길삼에 대한 교양은 녀성들의 교양의 척도로 되었다. 기나 긴 겨울 동안을 밤낮으로 단순한 '삼 삼이'를 계속하는 일은 용이한 것이 아니었다.

젊은 녀성들은 그 단조성을 피하기 위하여 적당한 집에 모여서 옛말과 민요로 홍미를 돋구면서 시간 가는 줄 모르게 능률적으로 또 경쟁적으로 하는 일들이 많았다. 정월 한 보름이 되면 집집마다 젊은 남자들은 5곡의 풍작을 상징하기 위하여 여름'대(늦'대, 솔'대)를 만들어 세웠는데 젊은 녀자들은 이에 발 맞추어 길삼의 풍성을 상징하기 위하여 수수대의 껍질과 속으로써 '실겻'모양을 만들어 부엌에 경쟁적으로 많이 걸어 놓는 것이었다. 한 보름날 아침에 다른 집 사람이 처음 들어오는 자가 키가 작은 자일 때는 그 해에 삼이 키가 크지 못한다 하여 그에게 바부제(떡을 찔 때에 쌀 밑에 놓는 골로 틀어 만든 것)을 머리에 씨우고 그 우에 물을 치는 풍습도 있었다. 삼에 대한 관심이 얼마나 컸으며 또 가물이 삼의 성장에 얼마나 장해로 되는 것이었는가를 보여 주는 것이다.

한식을 전후하여 '삼 삼이'는 끝난다. 집집마다 물레를 놓고 겨울 동안 삼은 '삼 모지'들을 꺼내어 물레에 자아 처음으로 실로 만든다. 삼 물레는 다섯 가락錘이 동시에 움직이게 되어 단번에 5조의 실로 자아 낼 수 있는 비교적 발달된 기계이다. 가락에 올린 실은 '돌겻'을 리용하여 실겻으로 만든다.

그러나 아직 베로 짜기까지의 사이에는 큰 공정이 남아 있다. 그것은 '실자리' 공정이다. '실 자리'라는 것은 삼때를 완전히 빼고 표백하여 베로 짤 수 있도록 하는 공정을 가리키는 것이다. 부엌 온돌에 재灰를 익여서 바르고 그 우에 실겻을 재어 볶아서 쌓고 그 우에 재와 낡은 누덕이들을 두텁게 덮어서 파묻고 불을 계속 때여 삶은 다음에 꺼내여 냇물에 씻어서 삼 때를 빼고 며칠 동안을 표백한다.

이와 같은 공정을 세 번 계속한다. 그 표백 방법이 또한 매우 원시적이었던 것이다. 실 자리를 할 때에는 쇠붙이鐵物를 올려 놓으면서 실이 무쇠 같이 질기고 배꽃 같이 희고 오이꽃 같이 누루러 달라고 기원한다. 표백한 실겻은 다시 '돌겻'에 걸어서 풀어 (이렇게 하는 것을 실을 내린다고 한다.) 베의 날經과 씨緯로 할 것을 마련한다. 날의 수는 베의 승수升數에 따라서 다르게 되는바 승수가 높을수록 날의 수는 많게 된다. 만들려 하는 베의 길이만 하게 승수에 해당하는 날의 수를 집합하는 공정을 '베를 난다'고 하고 집합한 날을 바다에 꿰고 바디가 잘 나들도록 콩 죽을 만들어 솔에 무쳐 날에 바르고 '도트마리'에 감는 공정을 '베를 맨다'고 한다.

이와 같은 공정이 끝나면 비로소 날을 감은 '도트마리'를 베틀에 올려놓고 베를 짠다. 베 짜는 량은 베의 승수에 따라 다르지만 능숙한 녀자들은 조건이 좋으면 하루에 반 필(한 필은 약 20메터)내지 근 한 필까지 짠다. 녀성들은 봄이면 물레 잣기와 실자리로, 여름에는 '베 날기', '베 매기'와 '베 짜기'로 분주히 보내었다.

베나이 하는 공구 중에서 바디와 솔은 이 지방에서는 생산하지 못하였다. '바디쟁이 패'라 하여 강원도 지방에서 이것을 전문적으로 하는 행상들이 오면 그들에게서 구입하였다. '바디쟁이 패'는 전 가족을 데리고 봄 철이 되면 북관北關의 곳곳을 남으로부터 북으로 찾아 다니면서 바디 팔이와 수리를 하는 것이다. 그들은 북으로 들어 갈 때에 바디와 솔을 외상을 주고는 두만강 지역의 6진 지방까지 갔다가 돌아 올 때에 돈을 받아 가는 것을 상례로 하였다.

4. 베의 종류와 그 용도

북포는 보통 승수에 따라서 '가는 베'와 '굵은 베'로 구별하고 자가용과 판매용에 따라서 '입을 베'와 '낼 베'로 구별하였다.

북포에는 '사승 베'로부터 '열새(10승升)베', '보름새(15승)베'까지도 있는바 보통 8승 이상을 '가는 베'라고 하였다. '가는 베'에는 또 삼을 찌지 않고 생 삼채로 표피를 제거한 채 '제 추리'로 하여 만든 것이 있는데 이것을 '생내生布'라고 하였다. '생내'는 특히 곱기도 하려니와 오래 입어도 땀에 붙지 않는 장점이 있다.

북관의 처녀들은 시집 갈 준비로서 결혼 당일 신랑이 방으로 들어오는 길에 펼 '디딜포 감', 시할아버지, 시아버지에게 드릴 '두루지 감', 시할머니, 시어머니께 드릴 치마, 적삼 감, 친척들에게 선물할 적삼 감, 수건 감 등 많은 '가는 베'를 만들어야 하였다. 이런 것들의 호 불호와 다소는 곧 신부와 신부의 가정 부인들의 교양 정도를 표시하는 것으로 되었다.

모든 공정을 정성껏 하여 만들어 낸 '가는 베'는 그야말로 일종의 예술품이었다. 특히 화대(이전의 명천군) 지방과 종성 지방의 '가는 베'는 유명하였는데 포상布商들이 이 지방으로 '가는 베'를 사러 가서 가정 방문을 하면 녀성들은 귀중히 장농에 간수하였던 이 베를 상에 바쳐 들여 보내었는데 포상들은 그 정성 어린 예술품에 참아 손을 대지 못하여 저'갈로 집어 보았다 한다.

보통 7승 이하의 '가는 베'는 농사용 의복 감으로 하고 8승 이상의 '가는 베'는 외출용 의복 감으로 하였다. 베는 물감을 드리지 않고 입는 것이 보통이지만 검은 물감 또는 푸른 물감을 들이는 일도 있다. 베에 검은 물감을 들이는 것은 주로 보자기를 만들 때이다. 처녀들은 베에 검은 물감을 들여 커다란 보자기를 만들어 결혼 당일에는 이불을 싸가고 삼일만에 친가로 첫걸음을 갈 때에는 타고 가는 수레를 가마 모양으로 꾸미고 그 우를 가리우는 데 사용한다. 이것을 '청천보'라고 한다. 베의 씨의 일부를 무명실 또는 명주실로 교직交織한 것을 '세끼'라고 하는데 이것은 푸른 물감을 들여 알락달락여러 가지 밝은 빛깔의 점이나 줄 따위 무늬가 고르지 아니하게 chacha한 모양하게 하여 처녀들의 치마로 하였다.

상사喪事에는 많은 베가 사용된다. 상수 옷은 명주를 주로 사용하지만 시위屍圍를 싸고 묶는데는 반드시 베를 사용하였으며 또 상인喪人과 복인들의 상복은 반드시 베를 사용하였다. 이것은 북관에서 뿐만 아니라 전국적으로 공통한 풍습인바 그것은 우리 민족이 베와 명주를 가장 일찍부터 사용하였다는 것을 중시하는 풍습이라고 할 것이다. 오늘날 일생 동안을 양복으로 생활한 자라도 죽었을 때에 상수 옷은 양복으로 하지 않는 것이 상례이며 일반적으로 상사에서 옛 풍습의 잔존을 많이 찾아 보게 된다.

　자가용 베 즉 입을 베보다 폭이 약간 넓게 보통 6승, 7승으로 짜서 남도南道의 농민들이 입는 옷감으로 포상에게 파는 베를 '낼베'라고 하였다. 이것은 '입을 베'보다 먼저 만든다. 왜냐하면 포상들이 여름이 되기 전에 구입하여 남쪽으로 반출하여야 하였기 때문이다. 포상들이 남쪽으로 가져 가는 것은 '낼베'뿐이 아니었다. 고급의 '가는 베'를 많이 가져 갔던 것이며 북포의 명성은 실로 '가는 베'에 있는 것이다. 그러나 '가는 베'에는 '입을 베'와 '낼베'의 구별이 없었다. 포상들은 자기 손으로 또는 중상군中商軍의 손을 거쳐서 베를 사서는 5필 한 0동同으로 묶었는바 동으로 묶는 데는 8승, 9승의 가는 베를 속에 넣고 6승, 7승의 보통 베를 바닥과 우에 넣는 것이었다. 그리고 특히 10승 이상의 '가는 베'는 특별히 상자에 넣어서 가지고 가는 것이었다. 포상은 자기가 친히 가지 않고 원산, 서울, 부산, 인천 등지의 객주客主에 베'동을 보내어 위탁 판매하는 일도 있었지만 대개는 자기가 친히 가서 객주 주인을 거간으로 하고 도매하는 것이었다. 도매 가격이 맞지 않을 때에는 경기도, 황해도 등지의 능촌에 베'동을 싣고 가서 일정한 주인을 정하고 몇 필씩 지고 가가 호호 또는 밭 머리마다 돌아 다니면서 몇 자씩 뜯어서 외상으로 산매하기도 하였다. 이렇게 베를 조금씩 외상으로 산매하는 것을 '산포'한다고 하며 그렇게 하는 사람을 '산포'군'이라고 하였다. '산포'군'은 여름에 베 몇 동씩을 가지고 가서 수천리 타향에 산산히 외상으로 주고는 문서책 하나만 가지고 일단 집에 돌아 왔다가 가을이 되면 다시 가서 그 대금을 받아 오는 것이었는데 예로부터의 관습으로 상당히 신용이 보장되었고 '봉 나는' 례(돈 받지 못하는 례)가 드물었다 한다. 이 북관 '산포'군'의 외상 노이는 남도 '바디쟁이 패'의 외상 노이와 좋은 대비로 되는 것이었다. '산포'군'들이 많이 간 곳은 주로 경기도, 황해도 등지였다. 이 지방들에서는 '가는 베'는 유한有閑 계급들의 하절용 의료로서 애용하였고 굵은 베는 농사 일'군들의 논'밭 김 맬 때에 입는 '잠방 등거리'(소매가 짜른 적삼)와 '개구리 쫓이'(가댈가랑이의 북한에이 짜른 주의)를 만드는 데 중간의 것은 농사 일'군들의 외출용 주의, 적삼을 만드는데 사용하였다.

북포의 집산지로서는 북으로는 회령과 남은 경성 지방의 시장이 저명하였으며 따라서 이 지방들에 포상'군이 많았다. 포상'군들이 돌아 올 때에는 백목白木(무명), 잡화 등을 반입하여[10] 도매로 팔거나 또는 농촌에서 베布와 교환함으로써 2중의 리득을 보았다. 또는 당시 이 지방 유한 계급으로서 '서울 행세'하는 자들에게 돈을 대여하고는 돌아 와서 그 가정에서 고리를 부쳐 회수하는 일도 있었다. 즉 포상'군은 이 지방과 서울과의 사이의 환전換錢의 역할도 수행하였던 것이다.

이상에서 북포의 유래와 그 발전 및 그의 생산 공정과 소비에 대하여 개략을 언급하였다. 리조 시기에 가내 수공업으로서 그 기술적 수준이 상당히 높았고 명성이 전국적으로 알려졌던 북포는 오늘날 그 력사적 사명을 마치고 거의 자취를 감추게 되었다. 원래 북포는 그 발족이 이 지방에 대마 이외의 섬유 원료가 전혀 생산되지 않는 조건하에서 주민들의 유일한 의료 타개책과 가혹한 '공세公稅'와 유일한 남도와의 교역 물자로서 막대한 공력을 넣으면서 수지가 잘 맞아서라기 보다도 불가피적으로 생산한데서 시작된 것이었다. 그러므로 그것은 사회 경제적 환경이 변혁됨에 따라 급속히 소멸되지 않은 수 없는 것이었다.

김일성 동지는 당 중앙 위원회 1956년 12월 전원 회의 결정 실행 총화를 위한 경공업성 열성자 회의에서 하신 연설에서 "우리 당은 제 1차 5개년 계획 기간에 공화국 북반부에서 사회주의의 경제적 기초를 더욱 튼튼히 하며 인민의 의식주 문제를 기본적으로 해결할 것을 목적으로 하고 있다. 의식주 문제 해결에서도 제일 중요한 것은 의복 문제이다"라고 하시면서 방직 공업의 안전한 발전을 위하여서는 섬유 원천을 자체 해결하여야할 것을 교시하시였다. 오늘 전체 농민들과 경공업 부문 일'군들은 이 교시를 높이 받들고 섬유 원료의 자체 해결을 위하여 면화, 아마, 잠견과 인조 섬유, 화학 섬유의 중진에로 궐기하고 있다.

...

10 포상(布商)이 돌아오는 거틀에 가져 오는 금품의 례로서 19세기 중엽에 회령 영수사(永綏社)의 포상 박리응(朴利應)은 원산포(元山浦)에서 白木二十五同, 雜卜二介, 衣掛三介, 綿子二隻, 狗皮六束을 사공(沙工 - 船夫)에 의뢰하여 리진(梨津 - 당시의 회령군, 현재의 라진군)에 실어 온 일이 있다(古文書에 의함). 구피狗皮는 당시 이 지방에서 의복 원료로 사용하였던 것이다.

실로 의복 문제의 원만한 해결은 우리 당의 가장 중요한 파업의 하나로 제기되고 있다. 그러므로 북포에 관하여서도 그 생산 조직과 생산 공정에 선진적 방법과 기술을 도입하여 현대 공업화 한다면 의복 문제 해결에서 적지 않은 도움을 가져 올수 있다는데 류의할 필요가 있다. 그와 동시에 북관의 녀성들은 과거에 일삼에 높은 기술 수준과 로동 경험을 가졌다는 그 령리성에 대하여 긍지감을 가질 것이며 특히 방직 공방 방면에 진출하는 녀성들은 반드시 그 고귀한 전통을 발전적이며 창조적인 형태로 계승 발전시켜야 하며 또 그렇게 할 것을 굳게 믿어 마지 않는 바이다.

04.
함경북도 회령군 산간 지방의 목공업*

-
-
-

  함경북도 회령군내 산간 지대인 창태리蒼台里를 중심으로 한 지방은 과거로부터 '구름 깔개' 제작과 각종 목기木器를 만드는 목공업이 부업으로서 혹은 전업으로서 매우 성하였다. 목공업 제작품의 내용은 '밥상', '함지박', '인함박', '모래'('모래기'라고도 함 - 木椀), '바가지' 등 소형 가구와 '고주판'(두부 만들 때에 사용하는 도구), '떡구시', '소구시', '달구지', '구새'(통나무로 만든 연통) 등이었다. 현재도 '구름 깔개'와 소형 가구 제작은 일부에서 계속되고 있으나 그것은 점점 소멸의 일로를 걷고 있다.

  오늘 전체 인민들은 우리 당 중앙 위원회 6월 전원 회의의 결정 정신을 받들고 식료품 가공 공업과 일용품 생산을 강화하는 사업에 궐기하고 있다. 이와 관련하여 회령군내 산간 지대의 목공업은 실용적이고 지방적 특색을 가지는 가정 일용품 제작인 것만치 그 생산을 계속할 필요가 있다고 본다. 이러한 의미에서 아래에 그 제장 방법과 제작 도구에 대하여 소개하기로 한다.

1. '구름 깔개'
제작

  '구름 깔개'는 온돌 방에 펴는 일종의 삿자리이다. 그 제

* 『문화유산』 1959년 1호.

작은 극히 간단한 공정으로서 수행되는바 이 지방에서는 어린 아이들까지도 제작하는 기술을 가지고 있다. 그 원료 제작은 다음과 같이 한다. 직경 7~8cm의 참나무(가둑나무 [참나무과에 속하는 떡갈나무, 산갈나무, 졸참나무 등을 말하는 북한에])를 길이 70cm 정도로 끊어서 간단한 나무를 우에 놓고 초생달 모양으로 구부러진 '구름' 칼의 량단을 량손에 쥐고 우선 껍질을 벗기고 다음으로 넓이 2cm 가량의 엷고 긴 오라기[실, 헝겊, 새끼 따위의 길고 가는 다란 조각]로 깎아 낸다. 이 엷고 긴 오라기를 '구름'이라고 하며 이렇게 하는 공정을 '구름'을 켠다고 한다. 산에서 참나무를 베어 오는 일과 '구름'을 켜는 일은 남자들이 하지만 '구름'을 가지고 '깔개'를 제작하는 일은 전 가족 성원이 누구나 다 한다. 이 지방에서는 이 '구름 깔개'를 '점자', '점제'라고도 부른다. 원료인 '구름'은 직경 7~8cm 정도의 크기 않은 나무에서 켜낸 것이 제일 좋고 그보다 큰 나무를 쪼개서 켜는 일도 있으나 그것은 질적으로 좋지 못한다. 이 부락들에서는 녀성 로력으로서도 한 사람이 하루에 사방 8척의 '구름 깔개'를 1~2매를 제작한다. 이 '구름 깔개'는 질기고 수요가 많은 것이나 원료로 되는 목재를 고려할 때에 다량으로 생산하기는 곤난한 것이다.

2. 목공업

우에서 말한 바와 같이 이 지방에서는 '밥상', '함지박', '인함박', '모래', '바가지' 등과 같은 물건 담는 소형 가구와 '고주판', '떡구시', '소구시', '달구지', '구새'와 같은 대형의 것도 나무로 만들어서 평지의 부락들에 공급하였다. 큰 목재를 요하는 '고주판', '떡구시', '소구시', '구새'와 같은 것은 지금은 만들지 않는다. 그러나 '함지박', '인함박', '모래', '바가지'와 같은 것은 지금도 만들며 이 부락에는 우수한 기술을 소유하고 있는 동무들이 있다. 그들은 농업 협동 조합원으로서 농업도 하고 목기도 제작하고 있다.

1) 목기 제작 공정과 그에 소유되는 도구들

원료로 되는 목재로서는 피나무가 제일 좋고 황철나무[山白楊], 버드나무도 사용한다. 그 제조방법과 소요 도구는 다음과 같다.

원료로 되는 목재를 '함지박'일 경우에는 직경에 비하여 2배 정도의 길이로, '모래', '바가지'와 같은 것일 경우에는 직경과 동일한 길이로 토막토막 짜른다. 그 다음에 도끼로 그 토막을 절반되게 쪼개고 목기 파기를 시작하는바 원료로 되는 목재는 반드시 젖은 것을 사용한다. 마른 것은 굳어서 파기가 곤난하기 때문이다.

우선 두 쪼각으로 갈라진 나무 토막에 만들려는 기구의 륜곽을 먹으로 그린 다음에 도끼로 먹 금의 안과 밖을 대체적으로 깎는다. 이때에 사용하는 도끼는 보통 사용하는 도끼보다 좀 작은 것일 뿐이고 특별한 형태를 가진 것은 아니다.

다음으로 '쫏개'로서 좀 더 구체적으로 목기의 내부를 깎아 파낸다. '쫏개'는 날[刃] 부분이 활[弓] 모양처럼 생긴 자귀로서 다음에 말할 '옥자귀'와 비슷하나 그보다 자루가 길고 자루와 날 부분의 몸체와의 각도가 '옥자귀'보다 더 버드러진[끝이 밖으로 벌어져 나오다의 뜻] 것이다〈삽도 1〉.

다음으로 '옥자귀'를 사용하여 목기의 안을 기본적으로 완성의 정도로 깎아 파낸다. 그러기 위하여 '옥자귀'는 자루가 짜르고[짧다의 북한어] 날 부분도 활 모양이라기보다도 반원형半圓形으로 생기고 날 부분의 몸체까지도 구부러졌으며 자루와 날 부분의 몸체와의 각도는 몹시 옥아졌다〈삽도 2〉.

다음으로 '겉자귀'를 사용하여 목기의 외부를 완성의 정도로 깎는바 '겉자귀'는 우리가 보통 말하는 자귀와 형태와 크기가 별로 큰 차이가 없다〈삽도 3〉.

다음으로 '등미리'를 사용하여 목기의 외면을 최종적으로 곱게 다듬는다. '등미리'는

〈삽도 1〉 쫏개

〈삽도 2〉 옥자귀

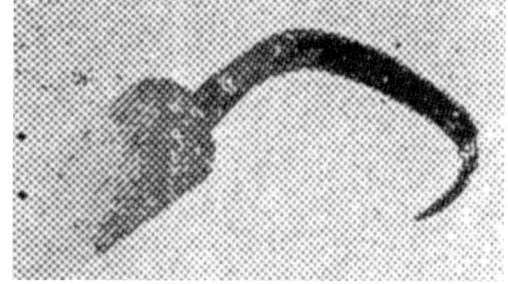

〈삽도 3〉 겉자귀   〈삽도 4〉 등미리
                 〈삽도 5〉 오비칼
〈삽도 6〉 옥미리

목기의 등背 즉 외면을 민다(깎아 낸다)는 의미에서 온 명칭이다. 이것은 '대패'와 동일한 임무를 수행하며 그와 동일한 원리로 만들어진 것이나 '대패'와는 형태가 다르며 대패로써는 밀어 깎아 낼 수 없는 구면球面을 능히 밀어 깎아 낼 수 있겠금 만들어진 것이다. 그 형태를 대패와 비교할 때에 '대패'는 몸체가 나무를 밀어 깎는 방향으로 길게 생김으로써 깎는 면의 수평을 보장할 수 있겠금 되었는데 '등미리'는 몸체가 앞뒤로 짧고 옆으로 넓어져 있으므로 구면을 밀어 깎는 기능을 수행할 수 있게 되었다. 그와 반면에 '등미리'로써는 깎는 면을 수평으로 할 수는 없는 것이다〈삽도 4〉.

다음으로 '오비칼'로 목기의 내면을 곱게 다듬는다. '오비칼'은 목기의 내면을 '옥자귀'로 파낸 다음에 그 밋밋하지 못한 부분을 완전히 밋밋하게 하는 데 사용하는 가장 정교한 도구이다. 그러므로 목기 만드는 사람들은 이 도구를 제일 중하게 여기는바 그 날 부분은 갈구리 형으로 된 량면이 다 날로 되어 있다. '인함박' 만들 때에는 '오비칼'로(〈삽도 5〉) 다듬은 다음에 먹 금을 긋고 '옥미리'로써(〈삽도 6〉) 내면에 일정한 간격을 두고 원형으로 홈을 파서 '인함박'으로서의 기능을 수행하겠금 만든다.

이 지방에는 목기를 제작하는 기술자가 있을 뿐만 아니라 이상과 같은 도구들을 제작할 줄 아는 기술자까지도 있다. 목기 제작에는 이상과 같이 하여 아주 빤빤하게 깎아 만드는 방법 외에 다음과 같은 방법도 있다.

그 하나는 일부러 '쫓개' 또는 '옥자귀'로 깎은 자리가 무늬처럼 남아 있게 하는 방법이고 다른 하나는 '갈이칼'이라 하여 '끌' 같이 생긴 것을 피대 줄에 달아서 회전함으로써 목기의 안팎을 깎아 내는 방법이다.

전자의 방법으로 만드는 것을 '깎이'라 하고 이 수법으로 만들어진 '모래'를 '깎이모래'라 하며 후자의 방법으로 만드는 것을 '갈이'라 하고 이 수법으로 만들어진 '모래'를 '갈이모래'라 한다.

2) 목기 말리우는 방법과 윤채내는 방법

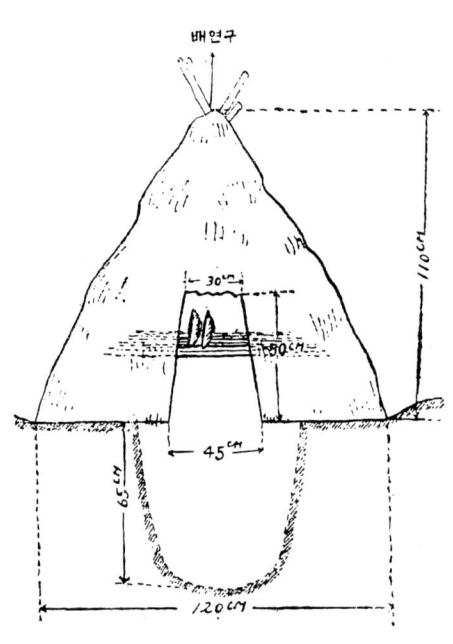

〈삽도 7〉 목기 말리우는 화덕

제작한 목기가 일정한 수에 달하면 '화덕'에 넣어 말리운다. '화덕'의 구조는 우선 땅을 김치움처럼 파고 그 웃 지면에 나무'대기로 원추형으로 빽빽하게 기둥을 세우고 그 표면을 잔디로 덮어서 원추형의 막 같이 만들고 그 꼭대기에 연기가 통할 구멍을 낸다. 원추형 막 안에는 나무'대기로 덕[시렁, 선반]을 매고 그 우에 말리우려 하는 목기들을 세로 세워 얹고 움 안에는 목기를 만들 때에 생긴 젖은 나무 지저귀[지저깨비(나무를 깎거나 다듬을 때 생기는 잔 조각의 북한어]를 쌓고 불을 달아 놓은 다음에 공기가 통할 자그마한 구멍을 남기고 아궁을 막아 버린다. 이 방법은 매우 간단한 것이나 불이 천천히 붙으면서 적당한 온도를 오래 지속하게 함으로써 목기가 불에 탈 염려도 없고 터서 갈라지는 일도 없이 잘 마름과 동시에 희던 목기가 적갈색으로 변하게 된다〈삽도 7〉.

이렇게 하여 말리운 다음에 속새木賊로 목기의 안과 밖을 닦아서 더욱 빤빤하게 한다. 이로써 목기 제작 공정은 끝나고 제조품은 그대로 수요자들에게 공급된다. 그러나 이것으로서 완성된 것은 아니다. 목기는 항상 물그릇으로 사용하는 '인함박', '바가지' 외에는 그대로 사용하는 것이 아니라 안팎 전면에 황토(붉은 색갈인데 황토라고 함)를 물에 풀어서 칠하고 기름을 발라 곱게 윤채 낸 다음에 사용하는 것이다. 그런데 이 공정만은 종래부터 제작자가 하지 않고 사용자가 하는 것이 관습이었으며 지금도 그렇게 한다, 이것은 꼭 고쳐야 할 일이다. 과거 함경도 지방에서 목기가 중요한 가구로서 다량 사용되었을 때에는 윤채 내지 않은 것을 그대로 단번에 여러 개를 구입하여 각자가 황토를 별도로 준비하여 윤채 낸 것이었지만 오늘과 같이 목기를 드물게 사용하는 이때에 수요자 자체가 윤채 내기를 할 수는 없는 것이며 그 방법도 알지 못하는 것이다. 그러므로 수요자는 윤채 내지 않고 그대로 사용하는 것이 보통이다. 그리하여 모처럼 좋은 모양도 그 미관을 크게 저락시키는 형편이다.

*　　　　　*　　　　　*

이 지방들에서는 일가집으로 잔치 같은 일에 래왕하는 부녀자들이 곱게 윤채 낸 길죽한 함지박이나 동그런 모래에 음식을 담아 보에 싸 이고 다니는 것을 목격할 수 있다. 즉 이 지방들에서는 지금도 목기가 유용하게 사용되고 있는 것이다.

함경도 지방의 목기 제조의 유래에 대하여 문헌상으로는 찾을 수는 없다. 그러나 목기의 명칭과 종류로 보아서 이 지방의 목기 제조는 이 지방 선주민 시기부터 있은 것이며 그 영향을 적지 않게 받은 것 같다. 즉 음식 담는 둥근 목기를 '모래'라고 부르는 것은 이 지방 선주민이었던 녀진인이 '완椀'을 '모라'라고 한 데서 온 것일 것이며 나무로 박瓠과 꼭 같은 모양으로 물 뜨는 '박아지'를 만드는 것은 만주원류고滿洲原流考에서 녀진인은 '식기에 박, 질그릇이 없고 다 나무로 분盆을 만들어 쓴다'고 한 것을 련상시키는 것이다.

요컨대 이 지방의 목기는 그 유래가 오랜 것이며 실용적 가치가 있고 지방적 특색이 있는 것으로서 그 생산을 계속 발전시킬 필요가 있다고 본다.

05.
함경북도의 과거 농업 생산에 관한 고찰*

-
-
-

　지난 3월에 있은 조선 로동당 함북도 위원회 확대 전원 회의에서 하신 연설에서 김일성 동지는 함북도에서는 "알곡 문제를 해결하는 데 중점을 둘 것이 아니라 목축 어업에 중점을 두어야 한다. … 대체로 산지에서는 반농 반목축업을 하며 해안 지대에서는 반농반어업도 하며 일부 지역에서는 농사만 할 수도 있다. 대부분은 반농 반어 반목축업을 위주로 하여야 할 것이다."라고 교시하시면서 당의 농촌 정책 관철에서 함북도 농촌 경리 분야 앞에 제기된 중요 과업들을 구체적으로 제시하시었다. 특히 치산 치수, 농작물의 적지 배치와 사료 기지 조성에 대하여 많이 강조 하시었다. 이와 관련하여 함북도에서의 과거 농업 생산에 관한 고찰은 당이 함북도 농촌 경리 분야 앞에 제시한 현명하고 정확한 정책을 심오히 연구함에 있어서 참고 자료로 되리라고 생각한다.
　먼저 함북도의 지대적 및 기후적 조건을 보기로 한다.
　함북도는 우리나라의 최북의 기대로서 그 중앙부에는 웅대 험준한 함경산맥이 가로 놓여 있고 그 동남쪽 사면은 해안 지대, 서북쪽 사면은 두만강 류역으로 되고 있다.
　함북도 전 면적의 대부분을 차지하고 있는 함경산맥은 중앙부를 해안선에 평행으로는 북동의 방향으로 달리면서 관모련봉冠帽蓮峯에서 2천 4백 메터에 달하는 고도를 보이고 그로부터 북동으로 향함에 따라서 그 고도를 감하여 청진~회령간의 무산령을 지나면서부터 중위산악지대中位山岳地帶를 형성하고 있다.

----
* 『문화유산』 1959년 4호.

해안 지방은 김책군의 림명천, 길주군의 남대천, 영안군의 명간천, 어랑군의 어랑천, 경성군의 줄온천, 청진시의 수성천 등의 하류에 협소한 평야를 형성하고 있으나 하천의 수원이 짧아서 관개의 리가 극히 적을 뿐만 아니라 급류성인 관계로 수해가 심하다. 이리하여 과거 함북도에서 자주 당한 흉작의 중요한 원인의 하나가 실은 이 수해였던 것이다.[1] 당이 함북도 당 단체들 앞에 치산 치수를 중요한 과업으로 제시하는 리유는 바로 여기에 있다.

두만강은 전국에서 세째가는 긴 강이지만 그 류역은 상류 지방은 광대한 무산고원이 차지하고 중류 이하에서 회령, 온성, 경원 부근과 오룡천 류역에서 소평야를 볼 수 있을 뿐이다.

요컨대 함북도 지방은 척량산맥인 함경산맥이 전 지역의 대부분을 차지하고 해안 지방의 남부와 두만강 류역의 중류 이하에서 소평지를 보게 될 뿐으로 농업 지역이 매우 적다.

기후 조건을 본다면 이 지방은 전국에서 가장 한랭한 지방의 하나로서 년 평균 기온이 해안 지방은 8도 내외이고 두만강 류역은 6도 내외이다. 특히 봄으로부터 초여름에 걸쳐서 기온이 낮고 일조가 적은 것과 한난류의 교착으로 인하여 일어나는 농무濃霧는 자주 랭해를 초래하여 농작물에 심대한 타격을 준다. 또 농작물 생육에 큰 관계를 가지는 강상降霜 기간도 다른 지방에 비하여 길다.

강우량에 있어서도 이 지방은 전국 중에서 가장 적은 지대로 되어 해안 지방은 년 평균 700미리 정도이고 두만강 류역은 500~600미리 정도이다. 그리하여 이 지방은 랭해 뿐만 아니라 한해가 또한 심하다.

이상과 같은 특수한 지대적 및 기후적 조건을 극복하기 위하여 과거 함북도 지방의 농민들은 어떠한 대책을 취하여 왔었던가? 우선 그들은 광대한 면적을 경작함으로써 농작물의 낮은 수확성을 대충하고 생활을 타개하려 하였다. 15세기 중엽의 저작인 『세종실록』「지리지」에 의하면 당시 함북도 지방의 총경지 면적은 42,239결로 되는바 당시의 이 지방의 장정 총수를 당시의 군정軍丁수 4,520명의 4배(군정 1명에 봉족奉足 3명으로 보아서) 18,000여 명, 여기에 루정漏丁을 넣어서 약 2만 명이었다고 본다면 장정 1명당

---

1 『영조실록』 28년 4월 기축조. "地勢山高谷深 故少有雨潦 則不能卽泄 溯計十四年七設賑矣"

경지 면적은 약 2결로 된다. 그런데 함북도 지방에는 좋은 밭이라는 것을 형용하여 '좋은 5등전'이라고 하는 말이 있는 것만큼 극상해야(수나 양 정도가 가장 크다, 즉 가장 좋아야의 의미) 5등전이고 약 80%가 6등전이었다. 6등전 1결의 면적은 약 4정보, 5등전 1결의 면적은 약 2.5정보였은즉 장정 1명당 2결의 평균 면적은 약 7정보로 된다. 이것은 19세기 초의 저작인 『북관기사北關紀事』에서 하농부 4, 5명의 집에서 1~2결을 경작한다고 한 것과 일치하며 일제 조선 강점 전의 함북도 지방의 매호 평균 경지 면적이 7.36 정보였다는 것[2]과도 일치한다. 즉 함북도 지방은 15세기 중엽부터 20세기 초에 이르기까지도 4, 5명 가족을 가진 농호의 경지 면적은 약 7 정보, 2만 여 평에 달하였던 것이다.

함북도 지방에서의 이와 같은 광대한 면적을 경작하는 상황에 대하여 『북관기사』에서는 "대개 땅이 넓고 인구가 적은데다가 소가 많고 또 봄이 늦고 가을이 빠르며 기후가 몹시 차서 초목이 잘 나지 않으므로 모두 광작廣作을 위주로 한다. 경작할 말한 땅은 다 갈아서 산 등에 이르기까지 거의 빈 땅이라고는 없다"라고 하였으며 전술한 바와 같이 하농부 4, 5명의 집에서는 1, 2결, 상농부에 있어서는 5, 6결을 경작한다고 하였다.[3]

함북도 지방은 전형적인 봉건적 자연 경제의 울타리를 벗어나지 못하여 자체로 곡식을 생산하는 것만이 농가의 유일한 경리 방법이었고 자연 경제적 조건을 옳게 리용할 다른 방도는 전연 없었던 것이다. 특히 수륙 교통이 불편하여 다른 지방과의 교역의 길이 없었다는 사정은 더욱 그렇게 하지 않을 수 없게 하였던 것이다.

함북도 농민들의 광작하는 경향은 일제의 식민지 통치 시기에도 존속하였다. 1940년의 함북도 총경지 면적(미등록 토지와 화전을 포함)은 24만 여 정보였고 총농가호수는 7만 7천 여 호였으니[4] 매호 평균 경지 면적은 3정보 이상이었다.

함북도와 같은 자연 경제적 조건하에서는 아무리 곡식 생산에만 매달려도 그것만으로서 농민들의 생활 문제를 해결할 수는 없었다. 바로 과거의 기록은 함북도 농민들의 항구적인 식량 부족 특히 한번 자연 재해에 봉착하면 비록 부민富民이라 할지라도 기아에 빠지게 되었었다는 것을 전하여 주는 것이다.

...

2 日帝朝鮮史編修會研究彙報, 『朝鮮近代史研究』, 452쪽 『韓國土地農産調査報告』에서의 인용 자료에 의함
3 위의 책, 438쪽 인용문에 의함. "蓋因地廣人稀 且多牛畜 又春晚秋早 地氣寒冱 草木難生 故一切以廣作爲主 可耕之土無不起懇 至於山背 幾無空土"
4 일제총독부, 『통계년보』 참조. 이하에서 인용하는 일제시기의 통계는 모두 일제총독부, 『통계년보』에 의함.

함북도 농민들의 생활 문제 해결을 위하여서는 그 생산 조직에서 결정적인 변혁이 요구되었다. 그러나 봉건적 자연 경제의 울타리 안에서나 자본주의적 생산의 무정부성에서나 그리고 또 개인 소경리하에서는 그것을 도저히 기대할 수는 없는 것이다. 그것은 오직 사회주의 제도하에서의 계획 경제와 공동 경리로서만 가능한 것이다.

김일성 동지는 함북도 당 위원회 확대 전원 회의에서 한 연설에서 함북도에서는 전반적으로 농촌 경리에서 목축을 위주로 하여야 하며 이를 위하여 많은 방목지를 조성하고 사료 작물을 많이 심어야 할 것을 강조하시면서 나쁜 밭에는 사료로서 뚝감자를 심는 것이 유리하며 경사가 심한 땅들과 폐경한 땅들은 방목지로 만들어야 한다고 교시하시었다. 우에서 말한 바와 같이 함북도는 광대한 면적을 경작하는 것이 일반적 농업 생산 풍습이었던 것만큼 농호에 비하여 경지 면적이 많으며 수확이 잘 나지 않는 나쁜 밭과 심한 경사지가 많은바 그것을 사료전 또는 방목지로 조성하기는 매우 용이한 일이며 또 유리한 것이다. 여기에 오늘 우리 당이 가장 중요하게 제시한 밭과 논에 2모작을 광범히 실시함으로써 사료를 확보하는 방법을 배합한다면 함북도는 사료 기지가 충분히 있다고 말할 수 있는 것이다.

그 뿐만 아니라 함북도는 과거부터 목축이 비교적 성하였으며 또 방목하는 풍습이 보급되었다. 다만 과거에 장구한 봉건적 지배와 일제 식민지 통치하에서 농촌은 가장 가혹한 략탈의 대상으로 되어 많은 농민들은 가축을 기를 만한 밑천을 가지지 못하였으며 가중되는 략탈과 착취로 말미암아 가축을 기를 수 있는 사람들도 그에 대한 관심과 의욕이 매우 낮았으므로 더 발전할 수 없었던 것이다.

우에서 말한 바와 같이 함북도에서 광작을 할 수 있는 조건의 하나는 우축이 많았던 관계였다. 1940년의 통계에 의하면 전국 매호 평균 가축 가금 수가 소는 0.5두, 돼지는 0.4두, 닭은 2마리였다면 함북도는 소는 1.1두, 돼지도 1.1두, 닭은 2.9 마리였다. 즉 함북도에서 소와 돼지의 매호 평균 두수는 전국 평균 두수의 2배 이상이었다. 또 18세기 중엽의 저작인 홍량호洪良浩의 『공주풍토기孔州風土記』에는 "우마는 곡물을 먹이지 않고 두루들의 함경도 방엔에 방목하는데 관가에서나 사가에서 그것을 도살하는 일이 없으므로 가축이 잘 번식한다. 무릇 밭이나 집을 팔고 사는데 우마를 돈 대신으로 쓴다."[5]

---

5 홍량호, 『北塞起畧 孔州風土記』. "牛馬不飼粟 放牧于野 公私無屠 故畜蕃息 凡田宅交易用牛馬"

라고 하였다. '공주'는 오늘날의 경흥군, 웅기군을 지칭하는 것이나 『공주풍토기』에 서술된 풍습들은 대체로 함북도에 공통한 것들이다. 이 지방에서의 소와 말이 많고 철저히 방목하는 풍습이 남쪽에서 경흥 부사로 온 홍량호에게 특히 주목되었던 것이다.

그리고 다른 지방에도 류사한 례가 있은 것이지만 함북도에서는 봄에 곡식이 나기 전과 가을에 추수가 끝난 다음에는 우마를 완전히 방목하며 여름에는 아이들이 떼를 지어 소를 끌고 산에 가서 놓고 먹이면서 감시하다가 정오와 저녁이 되면 끌고 돌아오는 일이 오라지[오라다, 즉 오래 되다의 옛말] 않은 과거까지 있은 일이며 함북도 전반에 있은 풍습이다. 봄과 가을에 돼지를 방목하는 것도 일반적으로 있은 일이며 특히 두만강 류역 지방에서 현저하였다. 이것은 함북도 지방은 목축에 요구되는 기지 토대가 충분히 있을 뿐만 아니라 농민들의 목축 특히 방목에 관한 경험 토대도 비교적 가지고 있다는 것을 말하여 주는 것이다.

광대한 면적을 경작하였던 것만큼 함북도의 농민들은 선진적 농기계가 도입되기 전에 있어서도 특수한 농기구를 사용하였으며 축력을 대대적으로 리용하였다. '연장'의 일종인 크고 견고한 '가대기'와 일종의 '파종기'라고 할 수 있는 '드베'(박을 리용하여 만든 조씨 뿌리는 도구), 크고 자루가 긴 '호미', 밭갈이에 신는 특별한 신발인 '도레기'(소 가죽으로 만든 독특한 신발) 등은 함북도를 중심으로 하고 함남의 많은 부분과 중국 동북 연변 지방에 분포하고 있는 것으로서 이 지방 농민들은 이러한 도구와 축력을 대대적으로 리용함으로써 광대한 면적을 처리하는데 능숙하였다.

이러한 관습은 그대로 답습할 것이 아니라 농촌에서의 기술 혁명을 당면한 과업으로 제기하는 오늘의 새로운 조건에 맞게 발전시킨다면 광대한 면적을 옳게 리용하여 밭곡식을 목축업 발전에 복종시키는데 기여할 수 있을 것이다.

이와 반면에 함북도 농민들은 적은 면적을 알뜰하게 가꾸는데, 특히 논 경작에 능숙하지 못하였던 것도 사실이다. 이와 같은 경향은 특히 북부로 들어 갈수록 더 현저한다고 할 수 있다. 이 지방에는 '북천北遷하여서는 잘 되어도 남천하여서는 잘 되지 않는다'는 말이 있었다. 여기에는 과거 오래 동안 리조 봉건 정부가 함경도 주민을 그 지역에 긴박시키고 남으로의 이주를 엄혹하게 단속한 관계로 남천하다가는 큰 일 난다는 의미도 있겠지만 무엇보다도 남쪽 지방 농민들보다 농사에 알뜰하지 못하여 그들과는 경쟁할 수 없었다는 것을 의미하는 것이라고 할 수 있다. 김일성 동지는 함북도 당 위원회 확대 전원 회의에서 하신 연설에서 함북도에서는 '물론 논에는 벼 농사도 할 수 있으며', '일부 지역에서는 농사만 할 수도 있으며', '공장 지대인 것만큼 로동자들에게 채소와 기름 같은 것을 충분히 공급할 수 있도록 농사를 짓는 것이 중요하다'고 교시하시었다. 함북도 농촌 경리에서는 목축을 위주로 함과 동시에 일부에서는 집약적 농업이 요구된다. 함북도 농민들의 벼 농사를 비롯하여 집약적 농업에 능하지 못한 점은 반드시 개변되어야 하며 그러기 위하여는 특별한 지도와 농민 자신의 자각성이 요구된다.

*　　　　*　　　　*

다음으로 함북도 농민들은 과거에 그 지대적 및 기후적 조건에 적응하기 위하여 작물 배치를 어떻게 하였던가?

『세종실록』「지리지」「토의土宜」조에는 다음과 같이 씌여 있다.

  길주목吉州牧 - 5곡
  경성군 - 피, 콩, 조, 메밀
  부령도호부 - 조, 피, 소두小豆, 황두黃豆, 메밀, 귀밀, 대마.
  회령도호부 - 5곡, 보리牟麥
  종성도호부 - 기장, 피, 조, 벼, 대마
  온성도호부 - 기장, 피, 조, 소두, 대마
  경원도호부 - 5곡, 대마
  경흥도호부 - 기장, 피, 대마

당시의 길주목의 경역은 오늘날의 마천령 이북 어랑천 이남의 전 지역이었고 경성군의 경역은 어랑천 이북 수성천 이남 전 지역이었다. 그러므로 여기서 말하는 길주목과 경성군은 오늘날의 청진 이남의 전 지역을 지칭한다.

그리고 상계 표에서 보는 바와 같이 길주목은 5곡, 회령도호보는 5곡과 보리, 경원도호부는 5곡과 대마가 적합하다고 하였는바 5곡에 포함시키는 곡식은 일정하지 않다. 그러나 일반적으로 5곡이라는 말은 모든 곡식이라는 개념으로 씌여지는 것인데 5곡과 보리 또는 5곡과 대마라고 한 것을 보면 여기서 말하는 5곡에는 보리와 대마는 넣지 않음이 틀림없다(보리와 대마를 5곡에 넣는 일도 있음).

이상과 같은 점들을 고려하면서 상계 표를 볼 때에 함북도 지방은 15세기 중엽에 전반적으로 피, 조, 콩을 주작으로 하였고 두만강 류역에서는 특히 기장을 많이 심었으며 공예 작물로서 대마를 심었다. 그리고 보리는 아직 극히 적었다. 15세기 중엽에 함경도에 보리가 아직 보급되지 않았다는 것은 1435년에 함길도 감사가 "량맥兩麥(보리와 밀-필자주)은 인민에게 절실히 요구되는 것인데 함길도 인민은 긴절히 여기지 않으므로 흉년을 당할 때마다 기황을 구제할 방도가 없다"고 하면서 경상 강원도에서 보리를 무역하여 보내줄 것을 요청한 사실이[6] 있는 것으로서도 알 수 있다.

　벼 재배에 대하여 본다면 당시의 함북도 지방 총경지 면적 42,230결 중에서 논 면적은 단 486결 즉 1% 남짓할 뿐이며 그 중에서 길주목과 경성군이 90%를 차지하고 북부에서는 종성도호부에 45결이 있고 기타는 약간 명색으로 있을 정도였다. 1441년에 함길도 절제사가 경원에 수전을 만들 만한 땅이 4, 5백 결이 있으니 국경 오진五鎭의 정군正軍 중에서 말이 없어서 군인으로 되지 못하는 자 150명을 선발하여 벼를 경작시킬 것을 봉건 정부에 건의한 일이 있었으나 결국 승인되지 않았었다.[7]

　함경도에서 벼 경작을 잘 하지 않는데 대하여 1444년에 함길도 관찰사 정갑손鄭甲孫은 "본 도는 토성이 비옥하고 수전을 만들 만한 곳이 매우 많으나 풍속이 농사에 게으르고 또 수전은 몸을 젖히고 발을 적시게 하는 것을 꺼려서 전적으로 한전만 일삼는다"[8]고 하였으나 그런 경향도 다소 있을 수도 있었겠지만 17세기 중엽의 저작인 『북관지北關志』 경성 풍속조에서 "도내에 벼 밭이 지극히 희소한바 관개할 말한 곳도 논을 풀지 않는 것은 대개 추위가 일찍 와서 수확의 리가 밭 곡식만 못하기 때문이다"[9]라고 한 바와 같이 그것은 기후 관계로 당시의 농업 기술로서는 벼가 잘 되지 않았기 때문이었음은 물론이다.

　대마는 상계 표에서 보면 부령 이북에만 적합한 것으로 되나 『동국여지승람』에는

. . .

6　『세종실록』 17년 7월 계사조. "咸吉道監司啓 兩麥甚切於民 咸吉之民 不以爲急 每當凶歉 救荒無由 請令慶尙江原兩道用國庫米貿易分給"
7　『세종실록』 23년 5월 정유조 참조.
8　『세종실록』 20년 10월 병인조. "… 甲孫回啓 本道土性沃饒 可作水田之處甚多 然風俗惰於農事 且憚水田沾體塗足之勞 專事旱田一遇雨水 至於失稔饑饉"
9　『북관지』 경성 풍속조. "道內稻田絶稀 雖灌漑之處 亦不作畓 蓋以早寒 收獲之利 不如田穀故也"

함북도 지방 각 고을들의 토산土産의 첫째 또는 둘째로 대마를 들고 있다. 즉 벌써 15세기 중엽에 대마는 함북도 지방의 가장 중요한 토산물로 되었던 것이다. 그 뿐만 아니라 당시 함경도에는 야생 대마('野麻' 또는 '山麻'라 하였음)가 있었는바 주민들은 이를 거두어 솜 대신으로 리용하였었다.[10]

목화 재배에 대하여는 15세기 중엽에 리조 봉건 정부가 목화 종자를 남쪽 지방에서 거두어 보내면서 그 이식을 많이 장려한 바도 있었으나[11] 결국 성공하지 못하였다. 이 지방은 지대적 및 기후적 조건이 목화 재배에 완전히 부적당한 것이었다.

이상과 같은 작물 배치는 그 후 서서이나마 변화하였다. 같은 내한성 작물이라 할지라도 그 수확성에 따라서 점차 재배 순위가 달라지는 것은 당연한 일이다. 『북관기사』에 의하면 그 곡식은 조와 콩, 보리, 피, 기장, 구밀로 되어 보리가 조, 콩과 함께 중요한 지위를 차지하고 피, 기장이 부차적으로 되었다. 벼에 대하여 본다면 특히 경성군에서 획기적인 장성이 있었다. 『속관북지증보續關北誌增補』에 의하면 18세기 중엽경에 최봉지崔鳳至는 명간 논돌(논도랑의 평안도 방언)(香道乙 – 용수로, 영안군 룡동~와암간), 산동 논돌(영안군 명남~립석간), 주촌 논돌(어랑군 소요~문암간), 줄온 중평 논돌(경성군 장덕~전산간), 룡성 수북 논돌(라남시 매바우~수북간)을 새로 열었고 19세기 중엽에 최종악崔宗岳은 어랑 수북논돌, 량견 논돌(어랑군)을 열었으며 이에 뒤'이어 어랑의 기양, 중평, 하남에 논돌이 열리었다.[12] 이리하여 일제 조선 강점 직후인 1912년의 통계를 보면 함북도 수전 총 면적이 4,720정보였는데 그 중에서 경성군이 1,600여 정보를 차지하였다. 벼의 경작 방법은 전적으로 산파였다. 벼가 가장 잘 된다고 하는 어랑에서 처음 이앙법을 시작한 것이 1922년경이었다.

종래에 없던 새로운 작물들이 또한 전파되었다. 리규경李圭景의 『오주연문장전산고五洲衍文長箋散稿』에 의하면[13] 1824~1825년경에 감자가 우리나라에서 처음으로 함북도에 전

---

10 『중종실록』 16년 9월 갑자조, 동 17년 정월 임술조 참조.
11 『세종실록』 18년 정월 임신조, 동 28년 8월 임인조 참조.
12 『속관북지증보』 논돌조, 유공읍민 최봉지조 참조. 최봉지는 도암陶庵 리 선생께 수학하였다 하였으니 그가 논돌을 연 것은 18세기 중엽일 것이며 『속관북지증보』의 편찬이 1887년(정해)이었는데 최종악이 량견 논돌을 연 것이 임자 계축년간이라 하였으니 그것은 1852년~1853년 경이었던 것이다.
13 리규경, 『오주연문장전산고』, "… 北藷則越豆滿入于北塞似左我純廟甲申乙酉之間 … 自純廟甲申乙酉之間 距今當丁丁巳 則又過二十年矣 … 北藷之來未滿一紀 播種諸處 俱得其利楊州原州鐵原等邑 凶歲種此免飢 北關鏡城府

래하였다. 그것은 명천 사는 김 모가 북경에서 처음으로 가져 온 것이라고도 하며 우리 경내에 들어 와서 채삼하던 청 나라 사람이 그 류숙하던 곳에 한 개를 남기고 간 데로부터 전파된 것이라고도 한다. 여하튼 감자가 우리나라에서 가장 먼저 함북도 지방에서 재배된 것만은 대개 틀림없다. 감자는 수확성이 높고 안전한 작물이므로 벌써 1857년 경에는 강원도, 경기도 방면에까지 전파 되었으며 특히 함북도 경성의 수성에서 20리 되는 산골 5, 6십 호되는 부락은 전적으로 이를 경작하여 일 년간의 량식으로 하였다는 것을 또한 『오주연문장전산고』에 의하여 알 수 있다. 감자의 수익성과 안전성에 대하여 지금부터 약 80년 전에 『속관북지증보』의 편자는 "대저 산과 벌을 물론하고 감자와 귀밀을 천곡賤穀으로 여기지 말고 늦은 곡식을 위주로 하는 일이 없다면 거의 자주 흉년이 드는 일이 없을 것이다"[14]라고 단언하였다.

옥수수가 함북도에서 언제부터 재배되기 시작하였는지는 잘 알 수 없다. 그러나 『속관북지증보』 「토산 곡류조」에서 "당에는 두 가지 종류가 있는데 옥당玉唐 또는 강남당江南唐이라고 칭한다"고 한 것을 보면 적어도 19세기 후반에는 함북도에 보급되었다. 그런데 강남당이라고도 칭한다고 한 것으로 보아서 옥수수는 원래 남중국에서 전래한 것 같으며 오늘 옥수수를 '강냉이'라고도 부르는 것은 이 강남당에서 온 것일 것이다.

이와 같이 감자, 옥수수와 같은 새로운 내한성 작물도 들어 왔으나 봉건제 사회에서나 자본주의 사회에서는 그것이 작물 재배 체계에 커다란 변화를 일으킬 수는 없었다. 그리하여 19세기 초나 일제 강점 당시나 일제 패망 직전이나 그간에 그렇다 할 변화가 없이 조, 콩, 보리가 주작이고 벼가 1912년의 4천 7백 정보로부터 1940년에 1만 9천 정보로 장성되었으나 역시 전 경지 면적의 10%도 못 되며 내한성이 강하고 이 지대에 잘 되는 감자, 옥수수는 부차적 작물로밖에 되지 못하였다. 리조 봉건 시기에 전국적으로 이름 있던 북포北布의 원료인 대마는 일제의 식민지 수공업 파괴 정책으로 인하여 점점 감소되어 그 재배 면적이 1912년에는 1천 3백 여 정보이던 것이 1940년에는 5백

* * *

輪城驛距二十里 山谷村落近五六十戶 專種爲業 爲一年之糧云 北藷一名土甘藷 純廟甲申乙酉之間 始自關北出來 或言 明川府金某業唐擧者 遊京傳北藷始 或曰 此物自北界彼地而傳播 厥初彼人以採參犯越我境 結棚山谷 種此爲食 及其入居 其跧伏處 畦間遺一物 棄如蕪菁 根似薯芋 不知爲何物 移栽我土極繁殖 詢干開市彼商 則以爲北方甘藷 食以爲糧云"(손진태, 『朝鮮民族文化의 硏究』의 인용문에 의함)
14 『속관북지증보』 「긱리사(各里社)조」. "…大抵毋論山野 以甘藷耳麥勿爲賤穀 而不爲專主晚穀 則庶無流年失歉矣".

40정보로 저락되었다.

　이상에서 본 바와 같이 함북도 농민들은 과거 그 특수한 지대적 및 기후적 조건을 극복하기 위하여 일련의 내한성 작물을 경작하여 왔으며 벼 경작에도 일정하게 노력을 하여 왔다. 수확성이 높고 내한성이 강한 감자는 어데보다도 먼저부터 경작하기 시작 하였으며 밭 곡식의 왕인 옥수수도 일찍부터 경작하였다. 그러나 리조 봉건 시기와 일 체 통치 시기에는 같은 내한성 작물에서도 수확성이 높고 안전한 작물을 적지 적작하 는 사업을 조직하지 않았으며 또 할 수도 없었다. 그것은 오직 정권이 인민의 수중에 장악된 우리 사회 제도하에서 또한 우리 당의 현명한 령도하에서 만이 가능하였다.

　우리 당은 함북도에서의 농작물 배치에 대하여 제때에 적절한 대책을 제시하였었다. 적지 적작의 원칙에 의하여 수확성이 높고 내한성이 강한 감자의 면적을 결정적으로 확장하는 동시에 옥수수 면적도 계속 확장하며 랭한한 기후 조건하에서도 능히 다수확 을 거둘 수 있는 아마, 연초 등 공예 작물 면적을 확장할 것을 제시하였었다. 또 벼를 자연적 피해로부터 보호하고 다수확을 보장하기 위하여 건모 육성에 선차적 중요성을 부여하며 지난 시기의 경험과 선진 기술에 기초하여 지대별로 되는 작물들의 파종 적 지를 규정하고 이를 정확히 실천하도록 조직할 것을 제시하였었다. 이것은 가장 과학 적이며 또 과거 이 지방 농민들의 작물 재배 경험을 새로운 환경 조건에 적응하게 창조 적으로 적용한 것이었다.

　그러나 과거에 함북도에서 책임적 지위에서 사업한 반당 종파 분자들의 여독을 청산 하지 못한 지방주의, 가족주의, 관료주의자들은 이 정확하고 현명한 당의 방침과는 어 긋나게 '그래도 함북도에서는 알곡을 위주로 해야 한다'는 구호를 내걸고 용수 조건도 고려하지 않고 논 면적을 기계적으로 확장하며 '랭상모 100% 운동'을 관료주의적으로 내려 먹이는 등 당 정책을 외곡하며 도내에는 감자 적지가 3만 1천 정보나 있었음에도 불구하고 그들은 감자 파종 면적을 거의나 장성시키지 않았을 뿐만 아니라 콩, 사탕무, 아마, 호쁘 등 기타 내한성 작물의 파종 면적도 확장하지 않았다.

　이리하여 김일성 동지는 함북도 당 위원회 확대 전원 회의에서 다시금 작물 배치에 서 내한성 작물을 적지 적작할 것을 구체적으로 교시하시었다. 즉 벼도 내한성 있는 종자를 심어야 하며 밭 곡식에서도 감자가 잘 되는 지대에서는 감자를 위주로 하고 옥수수가 잘 된다면 옥수수를 위주로 하며 콩, 들깨, 아마, 대마, 사탕무, 호쁘와 같은 내한성 공예 작물을 많이 심어야 한다고 교시하시었다.

　오늘 함북도 내 당, 정권 기관 일'군들과 전체 인민들은 지방주의, 가족주의, 관료주의자들이 부식한 여독을 하루 속히 청산하고 당이 제시한 현명하고 정확한 농업 정책을 관철하는 투쟁에 총궐기하고 있다. 우리는 함북도 농촌 경리 앞에 제시된 방대한 과업들이 반드시 실천되며 초과 실천되리라는 것을 믿어 맞이 않는 바이다.

06.
과학으로서의 민속학의 대상과 방법* _에쓰. 아. 또까레브

-
-
-

    여러 나라들의 과학적 문헌에는 민속학이란 무엇이며 그 대상과 과업은 무엇인가에 대한 분쟁이 적지 않다.

    많은 외국학자들은 민속학의 대상을 지나치게 협애하게 리해하고 있다. 혹은 민속학의 대상을 '원시적' 인민들에 관한 과학으로서, 혹은 문화의 기본 형식의 연구로서, 혹은 현대 인민들 속에서의 원시적 현상, 잔재의 탐구로서, 혹은 구라파 인민의 농민 문화 연구 등등으로 리해하고 있다.

    민속학 과업의 이러한 축소, 민속학의 과업을 다만 '원시적' 인민과 사회 생활의 '원시적' 형식 연구에 국한하는 것은 락후하고 압박 받는 식민지 인민과 '렬등한' 인민에 대한 제국주의 대강국적 견해와 부분적으로 인종론적 견해를 반영하고 있는 바 그런 인민들은 특별한 과학에 의하여 연구되여야 할 것처럼 간주한다.

    력사 과학은 마치도 구라파와 아메리카의 '고등한', '문명한' 인민에 대한 임무만을 가지고 있으며 '렬등한' 인민에 대한 연구를 위하여서는 제2류의 과학 – 민속학과 같은 특별한 과학이 있어야 한다고 간주한다. 이러한 의미에서 자본주의 국가들에서의 농민과 일반 피압박 계급은 '원시적' 인민에 비슷해진다.

    민속학의 범위와 대상에 관한 론쟁은 쏘베트 학자들 사이에도 있었는바 이런 론쟁들은 유익하기보다 더 해로웠다. 왜냐하면 그 론쟁들은 민속학자들의 주의를 유익한 연

* 『문화유산』, 1960.

구 사업으로부터 추상적 고찰과 정의에 대한 희롱에 돌리게 하였기 때문이다.

현재 쏘베트 학자들 속에서는 민속학의 과업에 대한 광범한 리해가 공고해졌다.

민속학(этнография)은 그 술어의 정확한 뜻에 의하면(희랍어 에트노쓰 - 인민, 그라피아 - 기재, 기록) 인민에 대하여 기재 또는 연구하는 과학이다. 민속학의 령역에는 례외 없이 모든 인민 즉 락후한 인민 뿐만 아니라 가장 선진적인 인민들도 속한다. 민속학자는 인민 생활의 조기早期의 또는 잔재의 형식들 뿐만 아니라 발전한 현대의 형식들도 연구한다. 즉 그들의 과거 뿐만 아니라 현재로 연구한다. 다른 한편 민속학자는 다만 현재 존재하는 인민 뿐만 아니라 소멸한 인민을 포함한 과거의 인민에 대해서도 관심을 가진다(특별한 분과 과학으로서의 력사 민속학).

주지하는 바와 같이 고고학도 소멸한 인민과 그들의 문화를 연구하는바 이에 있어서 고고학은 주로 유물 발굴의 방법과 물질적 기념물의 연구를 적용한다.

이 면에 있어서 고고학과 민속학 사이에는 원칙적으로 아무러한 경계도 없다. 그러나 고고학자들은 바로 인민 자체가 아니라 발굴 또는 기타의 방법으로 얻은 그들의 문화 유물에 대하여 연구하며 민속학자들은 인민과 그들의 문화를 직접 연구한다는 것이 실제적으로 확정되였다.

부르죠아 과학에서는 두 개의 과학 - 순전히 기재하는 과학으로서의 '민속학(этнография)'과 인민 생활의 법칙성을 일반화하며 연구하는 과학으로서의 리론 민속학(этнология)으로의 구분을 시도試圖하였으며 또 하고 있다.

쏘베트 학자들은 이런 구분을 결정적으로 거부한다.

맑스 - 레닌주의적 관점에 의하면 법칙성에 관한 과학과 떨어진 순전한 기재적 과학은 있을 수 없다. 기재는 분석, 해석, 일반화와 분리되지 않는다. 왜냐면 우리에게 있어서 '민속학(этнография)'과 '리론 민속학(этнология)'은 동일한 과학에 대한 두 가지 상이한 명칭이기 때문이다. 그러나 쏘베트 문헌에서는 첫째 명칭을 통례로 사용한다. 그것은 '리론 민속학'이란 술어가 인공적이며 불명확하고 애매하기 때문이다.

이전에 로씨야 문헌에도 'этнография'라는 단어의 정확한 로씨야 번역인 'Народноведение(인민학 - 역자)'라는 술어가 사용되었다. 현재는 이 술어를 거의 사용하지 않는다.

또한 쏘베트 민속학에서는 독일 학자들 사이에 존재하는 것처럼 민속학(volkskunde - 자기 민속에 대한 연구)과 민속학(völkerknude - 다른 나라 민족에 대한 연구)을 구분하지 않는다. 쏘베트 민속학자들의 관점에 의하면 임의의 인민(자기의 인민이거나 또는 다른 나라의 인민이거나 모두 동일하다)에 관한 연구는 동일한 방법과 원칙에 기초하고 있으며 과업도 동일하다. 쏘베트 학자들은 이 문제에 있어서도 인민들의 완전한 평등권의 원칙을 적용한다.

그러나 물론 인민 생활에서의 모든 것이 직접 민속학의 연구 범위에 들어가지는 않는다.

인민 생활(높은 문화를 소유한 현대 인민의 생활)의 개별적인 측면은 특히 다른 과학에 의하여 연구된다. 현대적 기술은 특별히 전문화된 과학의 령역이다. 인민의 정신 문화의 여러 측면 즉 예술, 문학, 기타도 전문적인 분과의 대상이다. 민속학자는 이런 과학의 활동 범위에 간섭하지 않는다. 그러나 그런 과학들의 립장과 결론을 존중하며 일정한 정도로 그 과학들을 알아야 할 의무가 있다.

민속학은 다른 사회과학들과 함께 그 술어의 넓은 의미에서 력사 과학의 한 부분이다.

엥겔스는 일반적으로 단 하나의 과학 즉 력사 과학이 존재하는 바 그것은 두 개의 큰 분과 - 자연 력사와 인간 력사로 구분된다고 말씀하였다. 민속학은 순전히 력사 과학의 일부분이다. 민속학은 가장 생생한 현대 생활을 연구한다 할지라도 엄밀하게 력사적으로 연구한다. 쏘베트 학자들에 의하면 민속학의 기분 원칙은 모든 맑스주의자들의 세계관의 기본 원칙, 력사적 유물론의 기본 원칙인 력사주의 원칙이다.

력사학의 한 부문을 이루는 민속학은 일련의 다른 분과들, 단지 사회과학적 분과 뿐만 아니라 자연 과학적 분과들 즉 지리학, 인류학, 고고학, 언어학, 예술학(음악사, 조형예술사, 기타), 종교사, 정치 경제학, 기술사 등등과 접촉하며 때로는 밀접히 련관된다. 또한 민속학자들은 일련의 문제에서 이러한 분과의 성과에 정통하여야 한다.

쏘베트 민속학(일반적으로 쏘베트 과학)의 특징의 하나는 다른 나라들에 지금까지도 있는 과학들 간의 호상 분리를 근절한 것이다.

상술한 바와 같이 민속학의 범위가 넓은 것만큼 그의 내용도 다양하다. 공간적으로 민속학은 지구상의 모든 국가, 인민을 포괄한다. 시간적으로 민속학은 인류 력사의 모든 시기(этап), 가장 원시적인 형식(форм, 원시 사회의 력사는 현저하게 민속학적 자료에 의하여 연구된다)으로부터 현대의 생활 현상(민족 정책에 관한 문제, 쏘련과 인민 민주주의 국가 인민들의 풍습의 사회주의적 개조)에 이르기까지를 포괄한다. 총체적으로 민속학의 과업은 인민 생활의 모든 다양한 측면들의 연구를 포괄한다.

지식의 이 거대한 령역을 전부 포괄하는 것만큼 한 사람으로서는 거의 불가능하며 따라서 일련의 보다 협소한 전문들로 구분되는 것은 당연하다.

민속학에서 국가에 의한 전문화(오스트랄리야, 아프리카, 구라파, 중앙 아세아, 씨비리 기타 인민들에 대한 연구) 또는 특별한 경우에 언어 그루빠에 의한 전문화(슬라브족, 게르만족, 퉁그스－만주족, 기타 인민에 대한 연구)는 가장 보편적이다. 문제들의 그루빠에 의한 전문화도 있는 바 경제와 기술의 력사, 인민 건축, 복식, 인민 음악, 조형 예술, 가족 또는 생활의 조기 형식 등등에 대한 전문가들이 있다.

쏘베트 민속학의 기초에 놓여 있는 기본 방법은 다른 모든 과학의 기초로 되어 있는 맑스－레닌주의적 방법이다.

과학으로서의 민속학의 독특한 과업에 가까이 접근하기 위하여 진행 초에 이 과학의 많은 문제 중에서 몇 개의 가장 중요한 문제들을 분리하는 것이 합리적이다.

최근 시기에 쏘베트 민속학자들의 주의는 다음의 중심적인 문제에 집중되고 있는 바 그것은 단지 순전한 과학적 또는 리론적 관심 뿐만 아니라 크나 작으나 실천적 관심도 일으키고 있다.

1. 매개 나라 주민의 인종적(этнический) 및 민족적 구성에 대한 연구 문제.

많은 경우에 이 문제는 매우 복잡하다. 부르죠아 국가들에서는 이 문제가 종종 국경 지역의 분쟁과 관련하여 큰 예민성을 가지는바 이 때에 민속학의 과업은 그 민족의 민족적 구성을 정하는 데 있으며 그 리면에는 제국주의적 리해 관계와 관련된 싸움이 숨어 있다.

2. 족의 기원(этногенез)과 민족간의 력사적 관계에 관한 문제. 인민의 기원 문제의 연구는 우리 나라에서 최근 년간에 특히 광범하게 진행되였다.

이 문제들의 연구에는 민속학적 자료와 함께 고고학, 인류학, 언어학, 력사학 및 기타 과학의 자료가 리용되지만 그러나 그런 문제는 우선 민속학의 령역에 속한다. 빠로 인민의 기원을 밝힌다는 것은 무엇보다도 어떻게, 어느 때, 어떤 원천에서 그의 문화－풍습의 모든 특성을 가진 당해 인민의 인종적 면모가 쌓여졌는가, 어떻게 점차적으로 이 인종적 면모가 력사적 발전행정에 변화되였는가, 어떻게 그가 조금씩 자기의 현재 면모를 가지게 되었는가를 리해하는 것을 의미한다.

3. 현 시대의 인종적 및 민족적 발전에 관한 문제. 민족적 공고화(консолидация, 보다 작은 인종적 그루빠의 호상 접근, 융합, 동화의 방법으로 보다 큰 민족에의 형성)는 경제 발전 및 문화의 일반적 장성과 관련하여 현재 쏘련의 많은 공화국들에서 나타난다. 민족적 공고화는 사회주의 시대에 있어서의 민족 문화 개화의 조건의 하나임과 동시에 그것은 이 개화의 부차적 결과의 하나이다. 이 과정을 연구하는 것은 민속학자의 중요한 과업이다. 완전히 다른 조건에서 식민지 국가 또는 과거의 식민지 국가에서 민족적 공고화가 진행되는 바 거기에서는 제국주의를 반대하는 투쟁 행정에서 인민들이 단합되며 접근한다.

4. 매개 인민의 민족적 풍습의 특징에 대한 연구. 과거로부터 보존하여 온 이 특징들은 종종 현대 생활에서 큰(긍정적 또는 부정적) 역학을 논다.

여기서 또한 인민들 속에서의 자본주의 잔재들과 자본주의적 관계의 잔재 연구는 특히 중요하다. 인종적 특성들, 인민들의 전통들(물질 문화의 령역에서와 같이 생활 풍습에서도)에 대한 연구는 적지 않게 중요한바 그것들은 이러저러하게 현대 생활에 유익한 것으로 될 수 있다.

5. 바로 그 잔재적 형식에 대한 연구, 과거의 쏘련 인민들에서와 외국 특히 락후한 식민지 인민들에서의 인류발전의 조기 단계의 잔재(경제, 사회 생활, 문화의 령역에서)의 연구는 다른 관계에서도 즉 일반 력사 문제의 연구, 원시 사회 제도의 력사, 경제, 가족, 문화 기타 력사의 연구에 있어서도 거대한 과학적 의의를 가진다.

민속학의 이 측면은 특히 거대하고 광범한 인식적인 의의를 가진다. 우리가 원시 사회 제도에 관하여 알고 있는 것 즉 씨족, 종족, 모권제, 집단혼 및 기타 사회 생활의 조기 형식들에 대한 리해 자체는 우리가 문화 발전의 조기 형식에 대하여 알고 있는 것과 마찬가지로 거의 전부가 민속학적 자료에서 얻어진다.

6. 인민 생활 풍습의 오랜 형식 뿐만 아니라 오늘 수행되고 있는 인민 생활 풍습의 개조도 민속학자들의 중요한 관심사로 되고 있다. 다만 오랜 풍습에만 중요한 관심을 가졌던 이전의 민속학과는 달리 쏘베트 학자들은 인민 생활 풍습의 개조의 과정과 이전에 어느 때 어디에도 존재하지 않았던 새로운 사회주의적 생활 풍습의 형식을 중요하게 연구한다. 이 령역에서 최근 년간에 중요한 활동이 시작되였으나 아직 달성된 성과는 크지 못하다.

7. 인민 예술 즉 조형 예술, 음악, 무용, 연극, 구전 문학 연구는 매개 인민이 세계

문화에 기여한 가치 있는 것을 밝힘에 있어서 매우 중요하다. 매개 인민의 문화에서 가장 작고 가장 뒤떨어진 것까지도 가치가 있으며 종종 그것은 근로 대중의 예술과 관련된다. 이 령역의 많은 부문은 충분히 연구되지 못하였는바 여기에 현대 민속학의 중요한 과업의 하나가 있다. 이에 있어서 인민 예술을 연구하면서 학자들은 종종 그리고 실제적으로 그 부흥과 앞으로의 발전을 방조한다는 것을 강조할 필요가 있다.

-『쏘련 인민의 민속학』중에서.
황철산 역.

07.
조중 친선 농업 협동 조합 농민들의 문화와 풍습*

-
-
-

    해방후 우리나라 북반부에서는 김일성 동지를 수반으로 하는 조선 로동당의 령도하에 토지 개혁을 비롯한 제반 민주 개혁을 실시하였으며 도시와 농촌에서 인민 경제의 사회주의적 개조를 완수하고 나라를 선진적인 공업-농업 국가로 발전시켰다. 특히 수백만 농민들의 생활에 근본적인 전환을 가져 온 농촌 경리의 사회주의적 개조를 불과 4~5년의 짧은 기간에 완수하고 농촌에서 기술 혁명과 문화 혁명을 촉진시킴으로써 농촌의 문화와 풍습에서 거대한 변화를 가져왔다. 농민들 속에서 낡은 생활 양식과 풍습은 급격히 소멸되고 그 대신 새로운 문화와 풍습이 급속도로 개화 발전하고 있으며 그들의 사상 의식에서도 일대 전변이 일어나고 있다.

    이러한 인민 생활 풍습의 개조 과정과 이전에 어느 때에도 존재하지 않은 새로운 문화와 풍습은 오늘 민속학의 중요한 연구 대상중의 하나로 되며 그것은 또한 우리 당이 제기한 농촌에서의 기술 혁명, 문화 혁명을 촉진시키는데 있어서 실천적 의의를 가진다.

    이러한 의미에서 우리는 농촌의 새로운 문화와 풍습의 연구를 목적으로 1959년 3월부터 동년 12월까지의 사이에 평안남도 순안군 조중 친선 농업 협동 조합에 대한 조사 사업을 집체적으로 진행하였다.

    조중 친선 농업 협동 조합(이전의 상양 농업 협동 조합)은 평양에서 북으로 25km되는 경의

---

* 『문화유산』 1960년 4호.

선 순안역과 석암역 사이에 위치하므로서 서해안 평야 지대의 중앙에 해당된다. 조합의 총 경지 면적 1,262정보 중에서 논이 582정보, 밭이 587정보를 차지하여 논과 밭이 절반 절반씩 되므로서 벼를 비롯하여 옥수수, 밀, 면화 등 우리나라의 대표적 농작물을 다 상당한 규모로 경작한다. 또한 과수도 있고 양잠도 하며 특히 축산에 있어서는 그 규모와 축종에서 평야 지대의 조합으로서는 대표적이라고 할 수 있다. 주민 구성에 있어서는 해방전에 그 87.8%가 소작농 또는 고용농, 6.6%가 자작농, 5.6% 지주 또는 부농이었으며 현재 총 조합 농호 750호 중에서 약 55%는 본래부터의 주민이고 약 45%는 평남도를 위주로 한 지방에서 주로 8.15 해방후 이주하여 온 사람들이다. 현재 이 조합에는 9개의 자연 부락이 포함되어 있는바 원래 자연 부락 단위로 매개 부락마다 조합이 조직되었었다. 매개 부락마다 조직된 조합들은 벌써 1956년 말부터 선진적 조합인 상양 농업 협동 조합을 중심으로 통합되기 시작하여 1958년 가을에 통합을 완수하고 그 조직 경제적 토대를 더욱더 강화하였다. 조합의 생산 시설과 문화 후생 시설도 상당하며 공동 재산은 72만 여 원에 달한다. 조합이 달성한 성과에 의하여 공화국 내각으로부터 '1957년 모범 농업 협동 조합'의 칭호를 받았으며 1959년 9월에는 '조중 친선 농업 협동 조합'으로 개칭하는 영예를 얻었다.

이상으로 보아 이 조합은 우리나라 평야 지대의 조합들에서 볼 수 있는 점들을 비교적 많이 가지고 있다고 할 수 있으며 이 조합을 구체적으로 조사 연구함으로써 우리나라의 평야 지대의 조합 일반을 짐작할 수 있으리라고 생각된다.

아래에서 이 조합에서 새로운 문화와 풍습이 어떻게 발생 발전하고 있으며 그것은 어떠한 특성을 가지고 있는가를 간단히 보기로 한다.

1. 생산 활동

농촌 경리의 사회주의적 개조는 농민들의 생산 활동과 관련한 일련의 풍습에서 거대한 변화를 일으켰다.

우에서도 말한 바와 같이 이 조합은 논과 밭이 면적상 서로 비슷하다. 그러나 벼는 알곡 총생산고의 75%를 차지함으로써 가장 중요한 알곡 작물로 되고 있는바 벼 경작 풍습에서 일어난 가장 큰 변화는 기경을 비롯한 일련의 작업의 기계화와 랭상모(冷床-

냉상 모판에서 기른 모의 도입이다.

과거 오랜 세기를 통하여 이 지방에서는 논 기경을 보연장(쟁기의 함남 방언)으로 하였으며 김은 '벼루개'라는 낫과 비슷하게 생긴 호미로 땅을 베어 뒤집어 엎으면서 맸고 탈곡은 '태치기'라 하여 벼'단을 넓다란 돌판 우에 둘러 메치면서 했다. 1920년대 말부터 이앙법의 도입과 함께 호리로 기경하고 인력 제초기로 김 매고 인력 탈곡기로 탈곡하게 됨으로써 약간의 변화를 보았으나 그러나 락후한 수공업적 기술인 점에서 동일하였다. 근본적인 변화는 8·15 해방 후부터 발생하기 시작하여 농촌 경리의 사회주의적 개조를 계기로 하여 결정적으로 발전하였다.

공화국 정부는 벌써 1950년에 농기계 임경소(오늘의 농기계 작업소)를 설치하여 농민들로 하여금 논밭갈이에 뜨락또르(트랙터의 러시아어)를 리용하게 하였으며 전후 시기에 그를 더욱 확장하였다. 특히 1959년 12월 당 중앙 위원회 전원 회의에서는 우선 황해남도와 평안남도는 1~2년 내로 전체 경지의 기계화를 완수할 것으로 결정하였다. 이에 따라 오늘 이 조합에서는 심히 저습 또는 협착하거나 경사가 심하여 뜨락또르를 사용하기 곤난한 논과 밭을 제외하고는 전면적으로 뜨락또르로 기경한다. 그리하여 과거 장구한 세기를 통하여 전'적으로 역우를 중심으로 하고 조직 수행하던 기경 풍습은 오늘 이 조합 마을에서는 옛'이야기로 되고 있다. 그 뿐만 아니라 오늘 이 조합 마을에서는 써레질, 이랑짓기, 비료와 추수 운반의 많은 부분도 기계화하고 있으며 제초에 축력 제초기를 광범히 도입하여 탈곡은 100%로 동력 기계화하고 있다.

뜨락또르는 종래의 락후한 기경 도구인 호리 보연장에 비할 바 없는 빠른 속도로 깊게 갊으로써 농업 생산력을 비약적으로 제고한다. 그러나 지난날 작은 논밭떼기에 논'둑 밭'둑의 경계선을 생명과 같이 사수하던 개인농 경리는 뜨락또르의 광범한 도입에 장애로 되었다. 농촌 경리가 협동화하여 마을의 전야가 단일한 경리 체계에 포괄되고 대규모의 토지 정리 사업이 진행된 조건 하에서만 광범한 도입이 비로소 가능하였다. 이 조합에서의 뜨락또르 도입의 장성 통계는 또한 이를 여실히 말하여 주고 있다.

조중 친선 농업 협동 조합의 뜨락또르 도입 장성 정형

년도	논	밭
1950	10%	—
1954	30%	—
1958	70%	50%
1959	80%	60%
1960	85%	70%

우리나라에는 과거부터 벼 파종에 물갈이水耕(물삶이라고도 함) 즉 수직파법水直播法과 건갈이乾耕(건삶이라고도 함) 즉 건직파법乾直播法과 삽종揷種(모종이라고도 함) 즉 이앙법의 세 가지 방법이 있었다.[1]

그 중에서 이앙법은 14세기 전후한 시기에 남쪽 지방에서부터 시작하여 점차 전국적으로 보급된 것인바 랭한한 평안도 지방의 광범한 지역에 이앙법이 보급된 것은 20세기에 들어 와서의 일이다. 이 조합 지역에는 1920년대 말부터 시작되었다. 그전에는 주로 물갈이 즉 수직파법을 적용하고 부분적으로 건갈이 즉 건직파법도 적용되었다.

물갈이 즉 수직파법은 이앙법을 도입하기 전에는 어느 지방에든지 일반적으로 있은 것이지만 건갈이 즉 마른 논에 벼씨를 뿌리는 건직파법은 원래 봄에 가물이 들어서 물갈이가 불가능할 때에 부분적으로 한 것으로서 남쪽 지방에서는 없어진지 오랬었다. 그러나 청천강 하류 열두 삼천리'벌을 중심으로 한 평안남북도 해안 지방 일대는 이 독특한 벼 경작'풍습이 평남 관개 시설이 건설되기 전 최근까지 전면적으로 적용되었다. 이 조합은 바로 벼 경작에서의 건갈이 풍습과 물갈이 풍습의 접이 지대로서 주로 물갈이 하였으나 부분적으로 건갈이도 한 것이었다. 건갈이 한 벼는 물이 없어 초 벌 또는 두 벌 김까지 매고 나서 '초복' 또는 '중복' 전후하여 물이 나면 대는 것이었다. 이렇게 건갈이 한 논에는 벼가 마른 땅에서 비록 크지는 못한다 하더라도 튼튼하게 자란 다음에 물을 대는 것이므로 물을 댄 후의 성장이 특히 왕성하다. 건갈이의 이와 같은 원리를 모 키우는 법에 적용한 것이 건모법이고 건모법을 한층 더 발전시킨 것이 오늘날의 랭상모 법이라고 할 수 있다. 그러나 건갈이에는 두가지 큰 난점이 있었다. 그 하나는 물이 제때에 나야 하지 그렇지 않으면 농사가 전폐되는 점이고 둘째로는 적기에 제초하지 않으면 잡초가 무성하여 역시 폐농하게 되는 점이었다. 제초를 돌격적으로 할 필요가 있었다. 이러한 필요성에서 건갈이 지대에는 '황두'라는 독특한 공동로력 조직이 30~40년전까지도 성행하였는바 이 조합 지역은 건갈이를 부분적으로 실시한 것이었지만 역시 '황두'를 조직하는 풍습이 있었다.

우에서 말한 바와 같이 이 조합 지역에서는 1920년대 말부터 이앙법을 도입하였는바 이앙을 우한 벼'모는 다른 지방에서나 같이 전'적으로 물에서 키우는 수모였다. 우리나

---

1 『농가집성』「농사직설조」, "耕種法 有水耕 鄕名水沙彌 有乾耕 鄕名乾沙彌 又有揷種 鄕名苗種"

라에서는 벼′모를 뭍陸에서 키우는 건모법도 벌써 수백 년전부터 알았으나² 그것은 전연 실시되지 않았었다. 그러나 해방후 당과 정부의 정확한 농업 정책에 고무된 우리나라 농민들은 벼 재배에서 륙상모(건모) 랭상모, 저상모(처음에는 거적을 덮어서 보온하고 후반기에 가서 랭상모판의 문짝을 덮어서 보온하는 2 계단씩 랭상모) 등 새로운 벼′모 키우는 방법을 창안 도입 함으로써 벼 재배 기술에서 획기적인 발전을 가져 왔다. 이 조합에서는 1956년에는 30%, 1957년에는 40%, 1958년에는 50%를 랭상모로 실시하고 1959년부터는 100%로 랭상모와 저상모를 실시함으로써 수모는 그 종적을 감추게 되었다. 이것은 벼 재배 풍습에서의 커다란 변화이다.

그러나 주지하는 바와 같이 랭상모의 광범한 도입을 위하여서는 많은 자재와 기술적 로력이 필요하다. 이러한 물질적 및 기술적 조건은 우리 당의 적절한 지도와 정부의 막대한 방조하에서 해결되었으며 협동 경리의 규모에서만 가능하였던 것이다.

1959년 이 조합 밭 알곡 파종 면적의 작물별 구성은 다음과 같았다.

옥수수 45%, 밀 21%, 콩 21%, 기타 13%이다.

보는 바와 같이 밭 알곡에서 옥수수가 단연 제 1위를 차지한다. 그러나 밭곡식 재배에서의 이와 같은 구성은 우리 당의 정확한 농업 정책과 선진 영농 방법의 도입으로 협동화 이후 이루어진 것으로서 거기에는 커다란 변화 발전이 있었으며 또 계속 변화하고 있다.

협동화 이전까지는 밭 알곡은 서속류黍粟類(조, 수수), 맥류麥類(밀, 보리), 두류豆類(콩, 팥)의 세 그루빠를 2년 3작하므로 세 그루빠의 파종 면적이 항상 서로 비슷하였다. 구체적으로 전체 밭의 약 절반에는 조 또는 수수, 다른 절반에는 밀 또는 보리를 파종하고서 거기에 콩 또는 팥을 간후작하고 그 다음 해에는 그와 반대로 하였다. 이와 같은 곡종 구성과 경종 체계 륜작 체계는 우리나라 북반부의 광범한 지역에 공통적이었으며 그 유래가 오랬던 것인바 이 경우에 언제나 대체로 전체 밭의 절반 면적은 조(또는 수수)밭으로 되고 절반 면적은 여름까지는 밀(또는 보리)밭으로 되다가 그것을 수확한 다음에는 콩(또는 팥)밭으로 변한 것이었다.

...

2   박지원, 『과농소초』, "乾秧法 直說補日 春旱 秧基無水 熟耕乾田 治令無塊 作小畦 將稻種和灰糞 如乾播法 而一斗地可種七斗 得雨移秧 勝於水秧"

그러나 조는 김매기가 힘들며 그 수확도 높지 못하고 단작밖에 할 수 없는 곡식이다. 그와는 반대로 옥수수는 김매기가 헐하고(힘이 들지 않고 수월하다는 뜻) 그 수확성이 벼 다음에 가며 콩을 간후작할 수 있으므로 밭에서 단위당 수확고를 제고시키는데 있어서 가장 중요한 작물로 된다. 이 조합에서는 옥수수의 파종 면적을 확장할 데 대한 당의 방침을 지지 호응하여 그 파종 면적을 결정적으로 확장하였다.

그리하여 오늘 옥수수는 장구한 재배 력사를 가진 조와 완전히 교체되었다. 옥수수에 의한 조의 구축은 밭 알곡 재배에서 일어 난 커다란 변화이며 이로써 또한 밭 알곡 재배에서의 1년 2작 체계가 확립되었다.

밭 관개 체계의 확립은 밭 작물 재배와 관련한 또 하나의 커다란 변화이다. 주지하는 바와 같이 과거 우리 나라에는 밭에 관수하는 관습이 없었다. 그러나 오늘 이 조합에서는 당의 수리화 정책을 받들고 8개소의 동력 양수장, 1개소의 저수지를 건설하고 면화를 비롯한 일련의 밭작물에 관수함으로써 그 수확고를 현저히 제고하고 있다.

면화 재배에서의 영양 단지 가식법이 도입은 또한 밭 작물 재배 관습에서의 거대한 변화이다. 과거에는 면화를 이식하지 못하는 것으로만 알았으며 결주되었을 때에도 보식할 줄을 몰랐다.

그러나 오늘 이 조합에는 80여 정보의 면화 밭에 면화 영양 단지 가식법을 전면적으로 도입함으로써 그 수확고를 정당 1톤 미만으로부터 2~3톤으로 제고하고 있다.

이상과 같은 농업 기계화, 랭상모와 면화 영양 단지 가십법의 도입, 밭 관개 체계의 확립 등 농민들이 일찍기 꿈에도 생각지 못한 일련의 변혁들은 그 자체가 우리나라 경작 풍습에서의 근본적인 개변임과 동시에 그것은 또한 농민들의 의식 개변을 촉진하는 요인의 하나로 된다. 우선 매년 정확하게 높은 생산이 보장됨으로써 농민들은 늙은 이들에 이르기까지도 수동적으로 자연의 '혜택'에 의존하려던 낡은 사상 잔재를 청산하고 당이 가리키는 길 대로 수령이 교시하는 길 대로 하면 안 되는 일이 없다는 굳은 신념으로 일관되고 있다.

이 조합에서는 일찍부터 당의 축산업 발전을 위한 정확한 정책을 받들고 지대적 조건과 현실적 가능성 타산하면서 축산업에 적지 않은 력량을 돌려 왔다. 그리하여 오늘 이 조합은 평야 지대의 조합으로서 사회주의적 축산업의 토대를 구축하였다. 사회주의적 축산업의 장성은 축산과 관련하여 일련의 풍습에서 근본적인 변화를 일으키고 있다.

우선 첫째로 사양 규모와 사양하는 축종에서 커다란 변화를 일으켰다. 과거에는 역우와 돼지와 닭이 유일한 가축 가금으로서 일부 개별적 농가에서 사양되었다면 오늘에 와서는 역우, 돼지, 닭은 물론이고 과거에는 보지도 못한 젖소, 산양, 면양, 오리, 토끼, 벌 등 다종다양한 가축 가금 기타가 완비된 공동 가축사 가금사에서 대규모적으로 공동 사양되고 있다. 물론 돼지, 닭, 토끼와 같은 소 가축과 가금은 개별적으로 많이 사양되고 있다. 1959년 말 현재 이 조합 가축 가금의 공동 사양 정형은 다음과 같다.

〈표 1〉 두레에서 나발의 신호 체제(부산 지역)

조선소			그중 젓소	돼지		면양		산양		말		닭		오리		토끼		벌
총수	그중 역우			총수	그중 큰 암돼지	총수	그중 큰 암면양	총수	그중 큰 암양	총수	그중 큰 암말	총수	그중 큰 암탉	총수	그중 큰 암오리	총수	그중 큰 암토끼	총수(통)
	총수	그중 암소																
321	135	127	21	486	173	68	60	68	24	5	—	369	87	22	6	1115	493	95

다음으로 축산업에서의 새로운 면모는 사료 생산 축산 시설에서 뚜렷이 나타나고 있다. 이 조합에서는 축산업에서의 기본 고리로 되는 사료 기지 조성을 위하여 밀 후작, 방목지 조성, 칡밭 조성을 일찍부터 실시하여 왔다. 방목지로서 이미 소 방목지 58정보, 양 방목지 30정보, 돼지 방목지 10정보를 조성하였고 칡밭 조성도 3정보에 달한다. 사료로서 가장 중요한 자리를 차지하는 썰로스(러시아어, 건조된 가축용 사료) 생산은 기본적으로 기계화하고 있으며 콩크리트제 탑식 썰로스 탕크를 비롯하여 60여 개에 달하는 아담한 원형식 썰로스 탕크가 곳곳의 나직한 언덕마다 포치되어 보는 사람으로 하여금 새로운 축산업의 면모를 직감하게 한다. 이리하여 과거 협애한 개안 경리하에 돼지 사료는 물론이고 소의 사료도 여름을 제외하고는 약간한 농업 부산물에만 의존하였다면 오늘에 와서는 여름에는 방목도 하고 겨울에는 계획적으로 조성한 사료 원천을 리용하여 생산한, 이전에는 상상도 못하던 썰로스를 주사료로 하고 있다.

축산 시설로서의 축사, 가금사, 토끼사, 사료 창고, 사료 조리실 등 건물은 연 면적 3,900여 ㎡에 달하는바 그 중에서 약 40%는 콩크리제 또는 석비레 불로크제의 영구적 건물이다. 축사 시설에서 현대식으로 그 구조 형식에서 근본적인 변화를 일으킨 것이 돼지우리 가금우리이다. 소우리는 대채로 과거 개인 경리에서의 반 개방 허'간식 외양' 간의 규모를 더 크게 한 것으로서 그 구조 형식에는 큰 변화가 없다.

마감으로 축산업에서의 새로운 면모의 하는 축산업에 종사하는 농민들의 구성과 그들의 축산업에 대한 관념의 변화에서 찾아 볼 수 있다. 현재 이 조합의 축산반원 중에서 반수 이상은 남녀 민청원으로 되고 있는바 그중에는 고중 졸업생도 수 명 있다. 그들은 가축, 가금의 사양 관리에서 일대 혁신을 일으키고 있으며 특히 기술 습득에서 비상한 열의를 발휘하고 있다. 이리하여 과거에는 가축, 가금 사양은 주로 부녀자나 늙은이가하는 일로 되었다면 오늘에 와서는 남녀 민청원이 중심으로 되고 있으며 그들은 오늘 중요한 혁명 과업의 하나를 수행한다는 긍지감을 가지고 앞장에 나서서 열의를 다하고 있다.

2. 의식주衣食住

농촌 경리의 사회주의적 개조로 모든 경리가 조합 단위로 운영되고 농민들의 물질 문화 생활 수준이 급격히 향상됨에 따라 농민들의 의식주 생활과 관련한 풍습에서도 커다란 변화가 일어 나고 있다.

조합 마을에는 과거에는 볼 수 없던 새로운 경리 시설들 - 자연 부락별로 부락마다 만들어진 넓다란 공동 탈곡장, 주택 지구와 떨어져 대규모적으로 건설된 공동 가축 가금사, 마을의 곳곳의 언덕에 포치된 아담한 씰로스 탕크를 비롯하여 공동 창고, 공동 면화 건조장 등 수다한 공동 경리 시설들과 새로운 문화 후생 시설들이 건설되어 있으며 부락마다 전기가 휘황하게 들어 가고 있다.

모든 경리가 조합 단위로 운영되고 공동 경리 시설이 완비된 조건에서 농민들의 주택의 용도는 과거와 달라지게 되었다. 이제 와서는 농민들의 주택도 생산 단위, 경리 단위로서의 의의를 상실하고 주로 가족끼리의 화락한 문화 휴식처로서의 의의를 가지게 되었다. 그리하여 기존 주택에 대한 구조 개조와 함께 문화 휴식 생활에 적합한 새로운 구조의 농촌 문화 주택들이 건설되고 있다.

이 조합 마을의 기존 주택은 모두 외통집(방들이 모두 외겹으로 된 것) 류형에 속하는바 그것은 우리나라에서 동해안 지방을 제외하고는 공통적이다. 같은 외통집이라 하여도 과거 농민들의 생활 형편을 반영하여 간단한 것과 복잡한 것의 현저한 차이가 있는바 대체로 다음의 네 가지로 구분할 수 있다.

첫째로 몸채만 있는 외채집, 둘째로 몸채와 앞채가 있는 쌍채집, 세째로 ㄱ자 형으로 된 꺾음집, 넷째로 ㅁ자 형으로 된 따리집.

이 중에서 가장 간단한 외채집은 부엌과 아래'방 및 웃방으로 되고 있는바 웃방과 아래'방은 보통 하나의 장롱'간으로 한다. 외채집에는 뜰악의 한 구석에 간단한 허'간을 부설한다. 외채집은 마을의 총 주택 수의 약 30%를 차지하는바 과거에 극빈한 농민이 살았다.

쌍채집은 몸채는 외채집에서와 같고 앞채는 대문'간, 외양'간, 허'간 등 경리 시설로 된다. 쌍채집은 총 주택 수의 60~70%를 차지하는바 과거에 빈농이 살았다.

꺾음집과 따리집은 그 수가 극히 적으며 대개 기와집인바 과거중농 이상 부농, 지주에 속하는 계층이 살았다. 그 중에서 꺾음집 몸채는 역시 외채집에서와 같고 꺾어진 부분은 사랑'방으로 되며 경리 시설은 보통 따로 부설한다. 만일 경리 시설로 앞채를 부설할 때에는 ㄷ형으로 된다.

따리집은 보통 두 개의 ㄱ자형 꺾음집을 배합하여 ㄹ형을 이루는바 그 하나는 보통 꺾음집에서와 같고 다른 하나는 대문'간, 허'간, 외양'간 등 경리 시설로 된다.

이러한 기존 주택들은 오늘 새로운 생활에 맞게 개조되고 있다. 기존 주택에 공통한 것은 개인 경리에 적합하게 크나 작으나 경리 시설이 필수적으로 있는 점인데 오늘 그러한 시설은 필요하지 않게 되었다. 외양'간은 견고한 것은 온돌'방으로 개조되고 허'간식의 간단한 것은 제거되고 있다. 과거 일부 부유한 층을 제외하고는 온돌'방에 장판하거나 방안을 도배하며 외벽을 회칠하는 일이 없었다. 그러나 오늘에 와서는 온 마을이 100%로 장판 도배 회벽을 실시하였다. 외채집에는 미닫이 덧문이 없었다면 오늘에 와서는 외채집에도 미닫이 덧문을 단 집이 적지 않다. 과거에는 방안 장치로서 벽에 가족 사진을 액틀에 넣어서 걸었으며 방안에 그렇다 할 장치가 없이 산만하였다면 오늘에 와서는 벽의 가장 좋은 위치에 우선 경애하는 수령 김일성 원수의 사진을 걸고 있으며 많은 가정들에서 유선방송, 의복장, 책상 혹은 재봉침 같은 것을 비치하고 있다. 이렇게 기존 주택들은 내용적으로 새 생활에 적합하게 개조 정비되고 있다.

이 조합에서는 오늘 당과 정부의 물질적 및 기술적 방조하에 생산 시설, 문화 시설과 함께 많은 농촌 문화 주택을 건설하고 있다. 문화 주택은 표준 설계 제 2호와 제 5호에 의한 것과 궁륭식 다층 주택으로 되고 있는바 다음과 같은 점에서 기존 주택과 구별된다. 첫째로 문화 주택에는 간단한 창고가 있을 뿐이고 기타의 경리 시설이 없으며 둘째로 웃방과 아래'방을 구획하고 장통'간으로 하지 않았으며 세째로 채광을 위한 문과 창의 수가 많으며 창호지 대신에 유리를 사용하였고 네째로 기존 주택의 지붕은 대부분 2면-배집 지붕이고 벼'짚 이영이라면 문화 주택의 지붕은 4면-우산각 지붕이고 기와 이영이다. 동시에 우리는 문화 주택은 부엌 및 온돌'방 배치 등 면에서 과거의 전통을 계승하고 있으며 그 외형과 내부 장식에서 도시의 주택과 근본적 차이를 찾기 어렵다는 것을 지적하게 된다.

농민들의 현물 및 현금 수입이 제고되고 우리나라에서 중공업과 함께 경공업이 급속도로 발전됨에 따라 농민들의 의복과 식생활에서도 적지 않은 변화를 가져 왔다. 의복에서 눈에 띠우는 점은 양복과 겨울 작업복으로서의 솜 동복의 보급이다. 종래 이 지방에서는 가내 수공업으로 무명나이를 많이 하였으며 주로 무명으로써 조선옷을 만들어 입었다. 그러나 오늘에 와서는 이 조합 마을에서도 중년 이하의 남자들은 모두 양복을 입으며 늙은이들을 제외하고는 남자로서 조선옷을 입는 것은 거의 보기 어렵게 되었다. 조국 해방 전쟁 시기부터 농촌에 보급된 솜 동복은 우리나라의 기후 조건에 적응하고 작업에 편리하므리로 남녀의 겨울용 작업복으로서 아직 널리 착용되고 있다. 그러나 우리나라에는 솜 원료가 적다는 것과 앞으로 비날론 공업이 크게 발전할 것을 고려할 때에 이런 작업복이 그대로 존속할 것인가는 의문이다. 녀성들의 고유한 민족옷은 로소를 불문하고 여전히 애용되고 있을 뿐만 아니라 그 색갈과 모양에서 더욱 아름답게 발전하여 가고 있다. 다만 녀자들도 속옷만은 공장 제품인 메리야스 내이를 입고 있으며 늙은이들을 제외하고는 고유한 속옷을 입는 일이 없다.

음식에서의 주되는 변화는 주식물의 질적 변화와 부식물에서의 새로운 공장 가공 식료품의 등장이다. 이 조합 마을은 1920년대 말에 견룡 저수지가 건설된 때로부터 벌써 벼가 주작 알곡으로 되었었다. 그러나 일제와 그와 야합한 지주들의 혹독한 착취로 주민의 80~90%를 차지한 소작 농민들은 명절에나 이밥을 먹었고 잡곡밥과 타개죽(수수, 옥수수 따위를 껍질째 타서 쑨 죽)을 일상 식으로 하였다. 농민들은 당시를 회상하면서 "산'더미 같이 벼를 지어도 좋은 경우에야 북데기(벼나 밀 따위의 낟알을 털 때 나오는 짚 부스러기, 깍지,

이삭 부스러기 같은 찌꺼기) 벼알이나 얻어 먹었소"라고 말한다.

그러나 오늘 벼 생산고가 비약적으로 장성하고 조 재배가 완전히 없어졌으며 모든 생산물이 사회주의적 분배 원칙에 의하여 분배되는 조건에서 모든 농가는 한결 같이 이밥을 일상 주식으로 하고 있다. 동시에 밀과 옥수수의 재배가 확장됨에 따라 밀´가루 또는 옥수수 가루로 빵을 만들어 주식물로 하는 풍습이 또한 발생하고 있다. 특히 사회주의적 축산업의 발전에 따라 소젖 산양젖을 먹는 새로운 풍습이 발생하고 있는바 이것은 앞으로 농민들의 식생활에서 커다란 전환을 일으킬 새로운 싹으로 된다.

식료 가공업이 발전되고 조합 상점망이 정비된 조건에서 농민들은 맛 좋고 값싼 가공 부식물을 손 쉽게 살 수 있게 되었다. 그리하여 오늘 농촌에서도 각종 자반류, 젓갈류가 일상 식사에 의례히 등장하군 한다. 된장, 간장도 주로 상점에서 사서 먹는다. 집집마다 큰 독 작은 독을 많이 갖추어 놓고 메주를 쑤어 장, 간장을 담그는 풍습은 오늘에 와서는 옛이야기로 되어 가고 있다. 특히 탕과류의 소비가 비상히 증대될 것이 주목된다. 이 조합 상점에서 1959년도에 탕과류의 판매고는 1만 1천 여 원에 달한다.

특별 음식으로는 찰떡, 절편, 기주떡, 설기떡(멥쌀가루와 찹쌀가루를 섞은 것을 펴고 여러 가지 고물을 뿌리거나 섞어서 김을 올려 찐 떡), 만두´국, 록두지짐, 국수, 산적 등이 있는바 지난날 이러한 특별 음식은 주로 음력설, 단오, 추석 등 낡은 명절과 특히 관혼상제 때에 많이 만든 것이었는바 오늘에 와서는 주로 새로운 인민적 명절 1월 1일, 8·15절, 5·1절과 기타 기념일 같은 때에 만들며 관혼상제 때에는 과거와 같은 허례의식을 버리고 간소하게 한다.

의복과 식생활에서 일어 난 이러한 변화는 녀성들이 재봉일과 부엌일에서 부담을 현저히 경감시켰으며 그들이 생산 로동과 사회 사업, 문화 수준 제고를 위한 사업에 활발히 참가할 수 있는 조건을 지어 주었다. 동시에 그것은 또한 도시와 농촌간의 차이가 점차 소멸되어 가는 한 측면을 보여 주는 것이다.

3. 가정 생활

농촌 경리의 사회주의적 개조에 따라 농민들의 가족 상

호간의 관계에서 근본적인 변화가 일어 나고 있다. 생산 관계의 사'적 소유에 기초한 봉건적-자본주의적 가족 관계 즉 예속적인 부부 관계, 부자 관계가 소멸되고 그 대신 생산 수단에 대한 사회주의적 소유에 기초한 새로운 사회주의적 가족 관계가 형성되기 시작하였다. 사회주의적 가족 관계의 특징은 모두 가족 성원들 간의 원칙적인 평등권, 호상 존경, 호상 방조에 있다. 가정에서 아들딸과 며느리는 옛날과 같이 아버지의 재산에 의존하여 자기의 생애를 얽매여 지내는 것이 아니라 자기의 로동일 수에 따라 소득의 분배를 받는다. 각자의 로력의 소득은 또한 가족 전체 성원들의 생활을 위하여 공동으로 사용된다. 이와 같은 아름다운 가족 관계는 우리의 가족 력사에서 일찌기 있어 본 일이 없다.

가족 관계에 일어난 이러한 변화와 관련하여 일련의 새로운 풍습들이 발생하고 있다.

이 조합 마을에서도 물론 지난날 세대주로서는 가족 중에서 가장 년령이 높은 할아버지나 아버지가 되었고 그가 없는 경우에는 아들이 되었으며 남자가 없는 경우에는 어머니가 될 수 있었다.

현재도 젊은 부부가 늙은 아버지를 모시고 사는 경우에는 보통 그렇게 한다. 그러나 그것은 늙은이를 존경하는 의미에서 하는 한 개 형식에 불과하고 실제상 세대주의 역할은 결혼한 아들이 한다. 그 뿐만 아니라 이러한 형식마저 벗어 버리고 실지 조합 일을 하고 있는 젊은이가 세대주로 되고 있는 례가 적지 않다. 이 조합 내에서 아직 아버지가 살아 계시면서도(그 중에는 로동력을 상실하지 않고 조합 일을 하고 있는 이도 있음) 결혼한 아들 또는 며느리나 딸이 세대주로 되고 있는 례가 35세대, 그 중 아들이 세대주인 집이 28세대, 며느리 또는 딸이 세대주인 집이 7세대 있다. 이 경우에 있어서도 늙은이는 실질적으로 계속 존경을 받고 있음은 물론이다. 이렇게 누가 세대주로 되는가 하는 면에서 변화가 일어 났을 뿐만 아니라 가장 본질적인 변화는 세대주의 태도, 권한, 기능에서 일어 났다. 과거의 세대주는 거의 독재적인 권한을 가지고 가정의 총 재산과 경리를 관할하였으며 가족 성원들은거의 무조건적으로 그에 복종하였다면 오늘에 와서는 세대주는 가족 집단을 대표하며 가족에 대한 부양의 의무를 가질 따름이고 과거와 같은 권한을 가지지 않는다.

종래 맏아들과 차자 아들과 딸 사이에는 엄연한 차별이 있었다. 그리하여 부모는 맏아들과 동거하고(맏아들이 외지에 가 있지 않는 한) 맏아들부터 분가시키는 례가 거의 없었다.

그러나 근년에 와서는 맏아들부터 순차로 분가시키고 맏아들과가 아니라 막내아들 또는 다른 어느 아들과 같이 로년을 보내는 례를 흔히 보게 된다. 또한 종래 아들이 없으면 딸이 있다 하더라도 남계男系로 가장 가까운 조카를 양자로 한 것이고 딸 사위와 동거하는 례가 드물었다. 그러나 오늘에 와서는 아들이 없으면 딸 사위가 동거하는 것이 보통 현상으로 되고 있다. 이 조합 마을에는 이런 례가 6건이 있다. 또 아들도 딸도 없을 경우에 조카를 양자하는 것이 아니라 아무런 혈연 관계도 없는 고아를 양자로 하는 례를 농촌에서도 볼 수 있다.

이와 동시에 과거 우리나라 농촌에 농후하게 잔존한 동성동종同姓同宗끼리 단합하고 타성을 배제하는 낡은 관념이 근본적으로 변하여지고 있다. 이 조합 마을에서 상양 부락, 택암 부락은 전형적인 동성 부락이었고 기타의 부락들에도 수'적으로 우세한 성씨가 있어서 그러한 편향이 있었다. 그러나 오늘에 와서는 그러한 편향이 급속도로 청산되고 그 대신 협동 경리의 대가정에 망라된 전 부락, 전 조합 성원 간의 동지적 련관성이 비상히 강화되었다.

'예속'과 무지의 쇠사슬에서 해방된 녀성들은 오늘 과거 가정에서의 소비경제의 담장지의 처지로부터 조합에서의 생산 경제의 중요 담당자로 전변되었다. 그들은 생산 로동에서 하지 못하는 일이라고는 거의 없으며 남자들과 어깨를 겨누고 로력적 위훈을 발휘하고 있다. 지난날 남자가 아니고서는 하지 못하는 일로 간주되었던 작업 중에서 많은 것을 녀성들이 능히 수행하고 있다. 우차몰이는 물론이고 후치질, 호리로써의 기경까지도 녀성들의 하는 것을 보게 된다. 그들은 관리 사업, 정치 사업에서도 큰 역할을 담당하고 있다. 오늘 이 조합에서는 조합 관리 위원회 위원으로 9명, 작업 반장으로 5명, 기타 리 대의원으로, 당 위원으로, 민청 위원으로 적지 않은 녀성들이 자기 임무를 떳떳이 수행하고 있다.

결혼과 관련한 풍습에서도 많은 변화가 일어 났다. 해방전까지만 하여도 이 지방에서는 부유한 사람들을 제외하고는 일반적으로 아들을 장가 보내려면 '선폐'라 하여 신부의 집에 약정한 액수의 돈을 보내야 하였다. 또 '례장'이라 하여 이들이 어렸을 때부터 한 가지씩 모아두었던 이부자리'감(천, 솜), 옷감(무명, 명주, 기타)을 보내었다. 례물의 의미로 정도에 따라 적당한 량의 '례장'을 보내는 풍습은 어디에나 어떤 계층에나 있는 일이지만 이 지방에서는 례물의 의미를 벗어나서 신부의 시집 오는 준비품으로서 이부자리'감까지 보내는 것이 특징적이다. 매매혼의 잔재라고 보여지는 '선폐'의 유습은 20세기 초부터 점차 감소되기 시작하였다. 그러나 그것이 완전히 소멸된 것은 해방후부터이다. '례장'을 톡톡히 보내는 풍습만은 오늘도 남아 있다. 그리하여 부모들은 딸을 시가 보낼 준비보다 아들을 장가 보낼 준비를 더 걱정한다. 이것은 동해안 지방과 서로 대조되는 현상이다. 그러나 오늘 이와는 정반대로 제대 군인 또는 무의무탁한 사람의 결혼 준비 일체를 신부측에서 담당하는 례들을 또한 흔히 볼 수 있는바 이것은 녀성들의 처지 특히 그들의 경제적 처지가 근본적으로 변한 데서 이루어지는 것이다.

　모든 농민들의 소소유자적 처지로부터 영광스러운 사회주의적 근로자로 전변된 오늘 남녀 청년들의 결혼 대상 선정 표준이 근본적으로 달라지고 있다는 것은 지극히 당연한 일이다. 과거에 좋은 신랑 신부란 가문이 좋고 잘 사는 것이 선차적 조건이었다면 오늘에 와서는 민청 생활, 당 생활에 얼마나 충실하고 조합 일을 얼마나 잘 하여 대중의 신망이 얼마나 높은가가 선차적 조건으로 되고 있다. 또 과거에는 적당한 대상이라 할지라도 소위 '궁합'이 맞지 않을 때에는 결혼을 주저하였으며 특히 동성 동본일 경우에는 결혼이 엄격히 금지 되었다. 그러나 오늘 이 마을에서도 '궁합'이요, 뭐요 하는 미신적 제약은 완전히 청산되었으며 아직 많지는 않으나 동성 동본간의 결혼의 례도 볼 수 있게 되었다.

　지난날 이 지방에는 결혼과 관련하여 선보기로부터 시작하여 청혼, 허혼 편지의 교환, 납채(례장을 보내는 것), 새서방 잔치, 새아씨 잔치, 돌아 보기(신부가 시집 간 후 친가의 할머니 또는 어머니가 그가 어떻게 살고 있는가를 살펴 보기 위하여 음식을 만들어 가지고 가는 것), 첫나들이(신부가 시집 온 달로 그렇지 못하면 석달만에 친가로 음식을 만들어 가지고 가는 것)에 이르는 복잡한 의식이 있었으며 그에 따르는 물질적 및 시간적 랑비가 막심하였다. 오늘 그 많은 부분이 현실적 의의를 상실하게 됨에 따라 소멸되었으며 남아 있는 부분에 있어서도 내용적으로 많이 달라져 가고 있다.

　그러나 농촌의 결혼 의식에는 아직 일정한 새로운 규준이 형성되고 있지 않는바 이 점은 상제 풍습에 있어서도 동일하다.

4. 사상 의식의 개변과 문화적 요구의 장성

농촌 경리의 사회주의적 개조는 농민들의 사상 의식과 문화적 요구에서 또한 거대한 전변을 가져 왔다.

사회주의적 근로자로 전변된 농민들은 실지 생활과 공산주의 교양 학습을 통하여 새 제도의 우월성, 그의 필승 불패성을 절실히 느끼고 있으며 그를 옹호하는 정신으로 충만되고 있다. 그들은 착취가 없이 평화롭게 잘 살고 일할 수 있는 자기의 향토를 사랑하는 데로부터 출발하여 모든 근로자들이 다 잘 살며 앞으로 더 잘 살게 될 자기의 사회주의적 조국을 사랑하는 열의로 충만되고 있다. 그들은 한 걸음 더 나아가서 사회주의 진영의 형제 나라들과 또한 우리와 같이 자유와 행복을 위하여 투쟁하는 세계 모든 근로자들을 사랑하는 정신으로 교양되고 있다. 이에 있어서 조선 로동당의 빛나는 혁명 전통을 연구하고 계승하는 사업은 우리가 앞으로 승리할 수 있다는 신심을 굳게 하여 주며 우리의 혁명적 투지를 굳게 하여 주는 가장 중요한 담보로 되는바 오늘 이 조합에는 관리 위원회가 있는 상양 부락을 비롯하여 6개 부락에 '조선 로동당 력사 연구실'을 설치하고 그를 중심으로 우리 당의 혁명 전통을 연구하는 사업을 광범히 전개하고 있다. 또 이 조합에는 사회주의 진영 형제 나라들의 당 및 정권 기관 대표들을 비롯하여 청년 대표, 사회 단체 대표, 문화인 대표 등이 많이 찾아 와서 조합의 성과를 자기의 일과 같이 기뻐하여 주었는바 그것은 조합원들을 프로레타리아 국제주의 사상으로 무장시키는데 있어서 크게 기여되었다.

사회주의적 근로자로 전변된 농민들은 과거 개인농 당시의 로동과 생산에서의 무규률성, 산만성을 청산하고 규칙적이며 집단적인 공동 로동에 인입되었다. 그들은 매일 출근 시간을 알리는 종소리와 함께 작업반별 또는 분조별로 작업장에 나가서 작업에 착수하고 휴식과 퇴근도 통일적인 지시에 의하여 실시된다. 그리하여 농민들 속에서 규칙적인 생활이 생활화되었으며 규률과 자각성은 생활상 원칙으로 공고 발전되고 있다. 그들은 로동을 천시하던 낡은 관념을 청산하고 로동에 참가하는 것을 영예롭고 즐거운 일로 생각하게 됨으로써 로동에 대한 관념이 근본적으로 달라졌다. 조합내에는 로력적 위훈으로 하여 영예의 국가 훈장을 받은 조합원이 10여 명에 달한다. 또한 조합 내에는 공동 경리에 대한 열성, 공동 재산에 대한 애호, 집단 속에서의 동지적 협조에서 모범적으로 하여 모범 조합원으로 표창 받은 조합원이 1959년만 하여도 70여 명에 달하였다. 이들은 전체 조합원으로부터 존경을 받고 있으며 전체 조합원들은 로력 영웅인 관리 위원장을 가지고 있는 것을 큰 영예로 생각하고 있다.

이와 반면에 낡은 사회의 사상 잔재인 개인주의, 리기주의로부터 로동에 불성실하고 남의 등에 살려 하는 경향, 공동 재산에 무관심하거나 그를 침해하려는 경향의 발로와는 날카로운 투쟁을 전개하고 있다. 이렇게 하여 오늘 이 조합 농민들은 낡은 사상 잔재를 청산하고 사회주의 - 공산주의적 도덕 품성의 구현자로 전변되어 가고 있다.

해방후 농민들이 쟁취한 가장 위대하고 고귀한 전취물은 자기들의 모든 생활의 정치적 수령으로서의 조선 로동당을 가지게 된 것이다. 농민들은 당이 자기들에게 땅을 주었으며 농촌 경리의 사회주의적 개조를 조직 지도하여 주었으며 당이 농촌에 행복한 생활을 가져다 주었다는 것을 절실히 느끼고 있다. 농민들은 당의 정확한 령도를 떠나서는 자기들의 어떠한 행복도 있을 수 없으며 한 걸음도 더 나아갈 수 없다는 것을 절실히 느끼고 있다. 그리하여 오늘 농민들의 의식 속에서 가장 휘황한 빛을 발휘하고 있는 것은 당 생활에 대한 열성과 당에 대한 충실성이다.

농민들의 일반 지식, 기술 지식의 수준은 비상히 제고되었다.

일제 통치의 악독한 영향으로 지난날 조합 마을도 전체 성인 인구의 50% 이상의 문맹이었다. 특히 녀성들은 한 부락에 몇 명이 학교 교육을 받은 사람이 있었을 뿐이고 거의 전부가 문맹이었다. 그러나 해방후 우리 당의 옳바른 인민적 교육 정책에 의하여 성인 교육이 활발히 전개되고 초등 의무 교육제에 뒤'이어 중등 의무 교육제가 실시되었으므로 조합원들의 일반 지식 수준은 급속히 제고되었다. 벌써 1958년 말에는 문맹을 기본적으로 퇴치하였는바 해방후 처음으로 문맹을 퇴치하고 일반 지식과 기술 지식 수준을 제고한 농민들은 오늘 조합에서 중요 간부로서 활동하고 있다. 례를 들어 1959년 말 현재로 조합 관리 위원회 위원 25명 중 8명, 작업 반장 30명 중 10명이 소학교 이상 졸업생이고는 그 외의 절대 다수는 해방후 처음으로 문맹을 퇴치한 사람들이다. 그러나 그들은 세밀한 사업 계획과 각종 사무적 통계와 보고 작성을 훌륭히 수행하고 있다. 이것은 해방후 처음으로 문맹을 퇴치한 농민들이 자기의 학습과 사업을 통하여 더 높은 교육을 받은 사람들보다 못지않게 더 훌륭하게 사업하고 있다는 것을 의미하는 것이며 그것은 오직 사회주의 제도하에서만 볼 수 있는 현상인 것이다.

조합 총인구 3,125명 중에서 1959년 말 현재 학생을 포함하여 국해 정도 1,137명, 인민 학교 정도 1,049명, 초중 정도 353명, 고전부 정도 64명, 대학 정도 약간 명으로 되고 있는바 여기서 아직 학령 아동에 달하지 않은 아동을 공제한다면 결국 국해 정도 약 35%를 제외한 약 65%가 이미 인민 학교 정도 이상의 수준에 달한 것이다. 김일성 동지는 "앞으로 수년 내에 전체 농업 협동 조합원들로 하여금 인민학교 또는 초중 졸업 정도 이상의 지식을 가지게 하며 그들이 모두다 일정한 기술을 소유하도록 하여야 하겠습니다"(김일성,「우리나라에서 사회주의적 농업 협동화의 승리와 농촌 경리의 금후 발전에 대하여」,『근로자』1959년 1호, 28쪽)라고 교시하시었다. 김일성 동지의 교시에 고무된 조합원들은 오늘 근로자 학교, 근로자 중학교에 비상한 열의로 참가하고 있다.

모든 농촌에서 그러하였던 바와 같이 이 조합 마을은 지난날 농업 기술 일'군들이라고는 없었으며 혹 영농에서 약간의 기술을 가진 사람이 있었다 하더라도 그것은 순전히 경험에 의한 것이고 과학적 지식으로 안받침된 것이 못되었다. 그러나 오늘(1959년 말 현재) 이 조합에는 국가 기술 자격을 가진 기술자만 하여도 기사 1명, 기수 3명, 수의 1명, 자동차 운전수 4명, 뜨락또르 운전수 9명(그들은 농기계 작업소 일'군으로 채용되어 조합에서 나간다)이 있다. 그 뿐만 아니라 조합에서는 많은 청년들을 각 부문 기술 강습에 보내어(1958년과 1959년에만도 29명) 청년 기술 간부를 계통적으로 양성하고 있다.

기술 수준 제고와 기술 지식 보급에서 기술 크루쇼크(러시아어 kruzhok, 즉 小組)와 기술 전습회는 큰 역할을 수행한다. 이 조합에서는 청년들이 농산 크루쇼크와 축산 크루쇼크를 조직하고 생산 로동과 집단적 학습을 통하여 농업과 축산업에서 기수의 수준에 올라 가기위한 투쟁을 강력히 전개하고 있다. 조합의 농산 기사와 원예 기수의 지도하에 운영되는 농산 크루쇼크에는 초중, 인민 학교, 성인 학교를 졸업한 남녀 민청원인 조합원 26명이 망라되어 있는바 매 주 4회씩 정상적으로 집합하여 농산 및 농기계 관계 학과를 집체적으로 학습한다. 그들은 모두 자체로 기술 서적을 학습할 수 있는 토대를 닦았으며 그 중 6명은 벌써 기수 자격 시험의 많은 과목에 합격하였다. 조합 수의의 지도하에 운영되는 출산 크루쇼크에는 1959년 6월 전원 회의의 결정 정신을 받들고 용약 축산 부문에 진출한 4명의 고중 졸업생을 비롯하여 남녀 청년 25명이 망라되고 있는바 그들은 축산 및 수의 관계 학과를 월 6회씩 집체적으로 학습하고 있으며 그 중 수 명은 벌써 기수 시험의 거의 전 과목에 합격하였다. 크루쇼크에서 학습하고 연구한 내용은 이따금 발표회를 통하여 발표되는바 그런 것 중에는 중앙정 꼰페렌챠에서 발표되는 것도 있다. 1958년에 박윤곤은 「면화 다수확에서 락뢰 락삭을 방지하기 위한 투쟁」이라는 제목으로 건국 다수확 열성자 대회와 전국 청년 꼰페렌챠에서 발표하였다. 기술 전습회는 작업반의 특성에 따라 작업반별로 조직한다. 여기에는 작업반장 또는 조합 관리 위원회 간부가 강사로서 출연한다. 조합원들은 선진 기술과 과학 지식 습득에 막대한 관심을 가지고 있으므로 이러한 기술 전습에 열성적으로 참가한다. 그리하여 오늘 많은 조합원들이 랭상모, 면화 영양 단지 가식법, 씰로스 생산 등 선진 영농 방법에 대하여 기술적으로 뿐만 아니라 그 과학적 원리를 상당한 수준으로 리행하고 있다.

이렇게 오늘 이 조합에서는 계통적인 간부 양성, 크루쇼크 활동, 강습, 기술 전습을 통하여 기술 진영이 급격히 장성되어 가고 있으며 농민들 사이에 기술 지식이 광범히 보급되어 가고 있다.

농민들의 문화적 요구의 장성은 그들의 압도적 다수가 신문과 책을 읽는 일을 생활화하고 있는 데서 특히 뚜렷이 나타나고 있다. 해방전 이 조합 마을에서는 지주들과 구장이나 신문을 구독하였을 뿐이고 일반 농민들은 신문을 구독할 만한 경제력도 가지지 못하였으려니와 신문을 읽을 만큼 글을 아는 사람이 적었던 것이다. 그러나 농민들의 생활이 향상되고 일반 지식 수준이 제고된 오늘에 와서는 그들의 신문 잡지에 대한 요구가 비상히 제고되었으며 그들의 생활과 뗄 수 없는 것으로 되었다. 1959년 말 현재 이 조합에서는 『로동 신문』, 『평남 일보』, 『농민 신문』을 위시하여 11종 50여 부의 신문과 『근로자』, 『정치 지식』, 『공산주의 교양』, 『조선 녀성』을 비롯하여 7종 700여 부의 잡지(그 중 『정치 지식』과 『공산주의 교양』이 500여 부)가 배정되어 전체 세대주 수의 67%가 신문을 구독하며 95%가 잡지를 구독하는 것으로 된다. 그러나 이것으로서도 모든 요구자를 다 만족시키지 못하고 있다.

조합 도서실은 조합원들의 문학적 요구를 충족시킴에 있어서 중요한 역할을 수행한다. 조합 도서실에는 1959년 말 현재로 정치 서적 775부, 문학 서적 600부, 기술 서적 431부, 기타 서적 660부와 각종 신문 잡지들이 배치되고 있는바 조합원 및 그 가족들은 조합 도서실에서 자유로히 열람할 수 있으며 또 대출하여 가정에 가서 읽을 수도 있다. 또 민청 단체 작업반에서 집단적으로 대출하여 가기도 한다. 1959년 도서 대출 비율을 보면 문학 서적 63%, 기술 서적 17%, 정치 서적 15%, 기타 5%로 된다. 여기서 우리는 조합 청년들의 정서 교양에 대한 요구가 비상히 높다는 것, 그리고 기술 지식 수준 제고를 위한 열의가 또한 상당하다는 것을 알 수 있다.

　문화 위생 사업의 혁신은 문화 혁명에서 중요한 자리를 차지한다. 그러므로 우리 당과 공화국 정부는 인민 보건 및 위생 문화 사업의 개선 강화를 위하여 부단한 배려를 들려 왔다.

　당과 정부의 배려로 이 조합 마을에는 벌써 1957년에 15대의 침대를 수용하는 입원실을 가진 진료소가 설치되었으며 무료 치료가 전면적으로 실시되고 있다. 진료소에서는 예방 사업을 치료 사업에 선행시킬 데 대한 당의 보건 정책을 받들고 매일 오후는 매개 부락과 작업 현장을 순회하면서 예방 사업, 위생 선전 사업 및 치료 사업을 실시하고 있다. 예방 사업이 강화되고 위생 지식이 보급됨에 따라 환자의 발생 수가 현저히 감소되었으며 특히 지난날 이 지방에 상당히 많던 홍역, 백일해, 티프테리야와 같은 전염병 환자의 발생수가 현저히 감소되었다. 무료치료로 누구든지 제때에 진료소에서 치료를 받게 되므로 과학적 치료가 보장되고 지난날 흔히 볼 수 있던 미신적 민간 료법이 완전히 근절 되었다.

　조합원들의 개체 위생 사업의 조건을 보장하여 생활 환경을 위생적으로 개조하기 위한 사업이 또한 강력히 진행되고 있다. 조합에서는 완비된 목욕탕, 소독소, 리발소를 설치하고 정상적으로 운영한다. 특히 리발소는 2개소에 설치하고 또 순회 리발사까지 두어 조합원들과 그 가족들의 요구를 원만히 충족시키고 있다. 우에서도 말한 바와 같이 이 조합에서는 주택의 장판, 도배, 회백칠을 100%로 실시하였다. 조합내 8개 부락에 있는 80여 개의 우물에는 판자와 기와로 웃집을 짓고 오물의 침투를 방지하기 위하여 100%로 주위 바닥을 세멘트로 포장하였으며 열성 당원을 관리자로 정하고 위생적으로 관리하고 있다.

　이렇게 하여 오늘 이 조합 마을은 과거 낡은 사회 제도하에서 되는 대로 살던 때의 낡은 면모를 완전히 일소하고 모든 생활 환경이 문화 위생적으로 꾸려졌으며 농민들 속에서 문화 위생적인 새 생활 관습이 긍고화되고 있다.

　조합원들의 문화적 요구의 장성은 영화 관람의 보급과 예술 써클의 발전에서 또한 잘 나타나고 있다.

합방전 이 조합 마을에는 영화를 한 번도 본 일이 없는 농민이 부지기수였다. 그러나 오늘에 와서는 전체 조합원들이 매주 1~2회씩 정상적으로 영화를 감상하게 되었으며 영화 관람이 그들에게 있어서 뗄 수 없는 생활상 요구로 되었다. 영화 상연과 써클 공연을 조합 구락부에서 한다. 이 조합에서는 조합원들의 기술과 로력에 의하여 현대적 건물로 600㎡, 700명을 수용할 수 있는 구락부를 건축하였는바 거기에는 무대 장치와 영사 시설이 구비되어 있으며 자체의 영사기도 가지고 있다. 영화 관람에는 역시 남녀 청년들이 열성적으로 참가한다. 영화가 있는 날 저녁에는 깨끗한 옷으로 단장한 남녀 청년들이 앞을 다투어 구락부에로 모여든다. 젊은 부부가 동반하여 가는 것을 흔히 보게 된다. 중년 이상의 영화 관람자도 차츰 늘어 가고 있다. 젊은이들이 늙은이를 모시고 구락부에 가서 곁에 앉히고 영화 내용을 설명하여 주는 것을 종종 목격하게 된다. 이렇게 하여 오늘 이 조합 농민들은 도시 주민들보다 못지 않게 자주 영화를 관람하고 있다.

청년들 사이에 문학 예술 써클 활동이 또한 활발히 전개되고 있다.

이 종합 문학 써클원 중에는 벌써 적지 않은 작품을 낸 사람도 있다. 례를 들어 운전수 문승호는 1953년~1956년간에 재담, 가사, 촌극, 바라이데[버라이어티 쇼의 북한어] 등 약 50편을 창작하였는바 그것은 조합 연예 써클원들에 의하여 30여 회에 걸쳐서 상연되었다. 뜨락또르 운전수 박정식은 정상적으로 시를 쓰고 있는바 그의 작품은 50여 편에 달한다. 신문『민주 청년』1959년 12월 13일 호에는 이 조합 문학 써클원들의 작품 - 시, 촌극, 재담이 발표되었는바 뜨락또르 운전수 박정식의 시에는 다음과 같은 청년 건설자의 불타는 정열이 담긴 구절이 있다.

    내 자주 들어 왔노라
    조밥도 그립다 해서 '조밭'골
    조상들이 불렀다는 한 많은 이야기를
    이 고장 사람들이 한숨 서린
    '조밭'골 옛 이야기를

    오늘은 '조밭'골에 방목지를 넓힌다.

새 돈사의 터를 닦는다.
옛 '조밭'골'이
오늘은 '고기'골로 륭성하누나
　　　　　………
아 당의 은덕은 태산 같은데
또 다시 행복에로 불러 주는 당의 목소리
나는 지금 당의 호소 높이 받들고
불도젤(불도저의 러시아어)을 몰아 달린다
궁륭식 새 돈사의 터를 닦으며
방목지를 넓히여 간다

　이리하여 문학 써클은 청년들의 정서 교양에 기여하며 그들의 예술적 창작을 촉진시키고 있는바 이와 같은 사실들은 오늘 우리나라에서 생산과 예술이 결합되어 있으며 공장에서 농촌에서 작가 후비(앞날을 대비하여 준비하는 일, 또는 그런 사람)가 양성되어 가고 있다는 것을 말하여 주는 것이다.
　이 조합 마을에는 과거부터 농민들 사이에 생산 로동 과정에서 노래를 부르며 음악을 즐기는 기풍이 상당히 성하였다. 밭김 맬 때에 부르는 타령과 논김 맬 때에 부르는 메나리 그리고 녀성들이 물레 돌리면서 부르는 물레타령 등은 농민들 사이에 광범히 보급된 대중적 노래였다. 이러한 노래에는 반드시 고정된 가사가 있는 것이 아니라 부르는 사람이 적당히 지어서 부르는 것이 많았는바 거기에는 농민들의 소박하고 락천적인 기풍이 남김없이 발휘되었었다. 이와 같이 지난날 농민들 사이에 특히 녀성들 사이에까지 노래를 부르며 음악을 즐기는 기풍이 성하였다는 사실은 오늘 청년들 뿐만 아니라 중년 이상의 세대들에도 노래와 춤을 보급시킬 수 있다는 것을 의미한다. 실지 그들의 노래와 춤에 대한 관심과 요구는 날로 높아 가고 있다. 기념일, 명절과 같은 때에 구락부에서 써클 공연이 있게 되면 남녀로소 빈틈없이 모여 와서 항상 초만원의 상황을 이룬다. 일반적으로 중년 이상 늙은이들은 영화보다 써클에 퍽 더 흥미를 가지고 있다.
　해방후 특히 농촌 경리의 협동화후 청년들 사이에 연예 써클 활동히 활발히 전개되었다. 이 조합 써클에는 남녀 무용복 60여 착과 만도링, 손풍금, 양금, 가야금, 드론봉, 바요링, 장고, 대고 등 40여 개의 악기가 정비되어 있으며 1953~1959년간에 조합내에서와 외부에서 60여 회에 걸쳐서 공연이 있었다. 거기에는 가요곡의 합창, 중창, 제창, 고전 가곡과, 민요의 대창, 기악 합주, 독주, 무용에서의 군무, 쌍무, 독무와 바라이테, 촌극, 재담, 만담 등 다양한 쟌르가 포함되었으며 그것은 우리나라 사회 제도의 우월성에 대한 감격과 례찬, 로동에 대한 애호와 정열, 향토에 대한 사랑과 례찬, 적에 대한 증오와 승리에 대한 신념을 내용으로 하고 예술적으로 현상화한 것이었다.

노래와 춤은 써클원들 사이에만 국한된 것이 아니다. 노래와 군중 무용은 농촌의 청년 남녀들 사이에도 도시의 청년 남녀들에 대하여 손색이 없이 광범히 보급되고 있다. 이 조합 청년들을 작업하고 휴식 시간이 되면 노래와 춤으로 흥겹게 지낸다. 특히 1월 1일, 5·1절, 8·15 기타의 명절과 기념일, 야유회 같은 때에는 대군중 무용이 버러지는바 이런 때에는 중년 이상 늙은이들로 많이 참가한다.

*   *   *

이상에서 우리는 조중 친선 농어 협동 조합 마을에서 우리 당의 정확한 농업 정책과 현명한 령도하에 수천년래의 착취와 빈궁의 근원을 종국적으로 청산하고 기술 혁명과 문화 혁명을 승리적으로 수행함에 따라 새로운 사회주의적 문화와 풍습이 찬란히 발생 발전하고 있는 모습을 보았다. 그러나 우리나라 농촌에서의 새로운 문화와 풍습은 지금 바야흐로 발생 발전하는 중에 있는 것 만큼 거기에는 합법칙적인 것과 일시적 현상에 불과한 것을 판별하기 어려운 것들이 없지 않다. 특히 이러한 조사 연구가 첫 시도이고 리론적으로 미숙한 우리에게 있어서 더욱 그러하다. 그러므로 이상에서 관찰 서술한 것에는 합법칙적인 것, 본질적인 것을 놓치고 일시적인 것, 부차적인 것에 치우친 것이 적지 않다고 생각한다. 그렇기는 하나 이것으로써 오늘 우리나라의 농촌에서 특히 평야 지대의 농촌에서 발생 발전하고 있는 새로운 문화와 풍습의 경향성은 짐작할 수 있으리라고 생각한다.

08.
향도(香徒, 鄕徒)에 관하여*

지난날 함경도 지방과 그에 린접한 강원도의 일부 지방에서는 대체로 다른 지방에서의 상여계喪輿契에 해당하는 조직을 향도(香徒, 鄕徒)라고 하였으며 평안도의 열두 삼천리' 벌을 중심으로 한 논'벼를 건직파하는 소위 건갈이 지대에서는 농번기에 조직하는 김매기를 공동으로 하는 조직체를 '황두'라고 하였다.

'황두'는 향도의 전음임이 틀림 없는바 상여계에 해당하는 것을 향도라고 하는것과 농번기에 조직하는 공동 로동의 조직체를 '황두'라고 하는 것과의 사이에는 일견 너무나 내용상 공통성이 없는 것 같이 보인다. 그러나 알고 보면 반드시 그런 것도 아니다. 우리나라에는 예로부터 향도라는 고유한 민간의 사회적 조직이 있었으며 그것은 여러 가지 내용, 기능을 가지고 있었는데 상여계에 해당하는 것을 향도라고 하는 것이나 농번기의 공동 로동 조직체를 '황두'라고 하는 것은 그것들이 다 원래의 향도의 기능 중의 한 측면을 보존하고 있는 데서이며 또 그 지방들에 그러한 유풍이 오래도록 남게 된 데는 일정한 사회 력사적 리유가 있다고 보인다. 그리하여 향도의 정체를 밝히는 것은 우리나라 과거 민간의 사회 생활을 리해하는데 있어서 일정한 의의를 가지는 것이라고 생각된다. 이런 의미에서 아래에서 향도의 유래와 그 본질, 기능 그리고 그것의 쇠퇴, 쇠멸 과정과 그 잔재에 대하여 고찰하기로 한다.

---
* 『문화유산』 1961년 2호.

1. 향도의 유래

향도의 유래와 관련하여 지봉 리수광芝峰李睟光은 그의 저 『지봉류설芝峰類說』에서 다음과 같이 말하였다. "우리나라 풍속에 서울과 지방의 마을과 고을의 방리坊里마다 다 계를 결성하고 서로 적발하고 살피는데 그것을 향도라고 한다. 생각컨대 『여지승람』에 '김유신이 나이 열 다섯에 화랑이 되었는데 당시 사람들이 복종하면서 룡화향도龍華香徒라고 불렀다'라고 하였은즉 지금의 향도의 명칭은 대개 이에 근거한 것이라고 할 것이다."[1] 리 수광이 이렇게 후세의 민간의 사회적 조직으로서의 향도를 화랑 집단과 결부시켜 본 것은 탁월한 견해라고 할 수 있다. 왜냐 하면 후세의 민간의 사회적 조직으로서의 향도는 그 명칭에서 화랑 집단을 향도라고도 한 것과 같을 뿐만 아니라 나아가서 그 내용에서도 부분적으로 공통성을 가지고 있는 것으로서 그 기원을 같이 하는 것이라고 볼 수 있기 때문이다.

그러면 화랑 집단이란 어떠한 것이며 어떠한 내용, 기능을 가진 것이었는가? 『삼국사기』, 『삼국유사』에 보이는 화랑과 관련한 단편적인 사료들을 분석 종합하여 본다면 화랑 집단은 화랑花郞이라고 부르는 특별한 귀족 소년을 받들고 앞으로 군국 대사에 앞장 설 인재를 육성하는 것을 목적으로 한 단체로서 다음과 같은 기능을 가지고 있었다.

(1) 그것은 '도의道義'를 련마하여 의협 정신을 배양하고 어려운 일로 서로 도와주는 교육적, 협조적 단체로서의 기능을 수행하였다.

(2) 그것은 노래와 춤, 산수 탐승 등을 조직함으로써 성원들의 심신의 단련을 도모하는 일종의 사교 단체적 기능을 수행하였다.

(3) 그것은 일조 유사시에 용약 전선에 출전하는 청년 전사단적 기능을 수행하였다.

(4) 그것은 종교적 '수행修行'도 한 것으로서 종교적인 내용도 포함하고 있었다.

이상과 같은 기능을 수행한 화랑 집단에 관하여 원시 시대의 한韓족에도 남자 집회의 습속이 있었다는 것을 론술하면서 화랑 집단은 바로 한족의 그러한 원시 남자 집회에서 유래한 것이라고 하는 견해가 있는바[2] 이 견해가 정당한가 정당치 않은가는 더 연구

---

[1] 리수광, 『지봉유설』「풍속조」. "我國之俗 凡中外鄕邑坊里 皆作契以相糾檢 謂之香徒 按輿地勝覽 金庾信年十五 爲花郞 時人服從 號龍華香徒 今香徒之稱 蓋本於次."

를 요하는 문제라고 생각된다. 그러나 여하튼 화랑 집단은 삼국이 정립하던 시기에 신라에서 지배 계급들이 국가 기구를 정비 강화하는 한편 군국 대사에 앞장 설 인재를 양성할 절실한 요구로부터 고래로 전하여 오던 민간적 사회적 조직을 개혁하여 그에 리용한 데서 그것이 특수하게 발전하였으며 귀족화한 것이라는 것은 틀림 없다.

후세의 민간의 사회적 조직으로서의 향도는 우에서 말한 바와 같이 그 명칭에서 뿐만 아니라 그 기능에서도 부분적으로 화랑 집단과 공통성을 보게 된다. 즉 그것은 옳지 못한 점을 서로 적발 시정하여 주며, 어려운 일을 당하였을 때에 서로 도와주며, 집단적으로 모여서 음식과 음악으로 즐기며, 국가의 부역을 담당하는 등 그것이 수행한 기능과 화랑 집단이 수행한 기능과의 사이에는 부분적으로 공통성이 있었다. 이러한 공통성은 우연적인 것이 아니라 량자가 그 기원을 같이 한다는 것을 의미한다고 할 것이다. 그러나 량자는 그 추구하는 목적, 그 계급적 성격에서 서로 정반대인 것이었다. 화랑 집단은 지배 계급들이 자기들의 특권을 유지 강화하기 위하여서의 후비 육성을 목적으로 한 귀족적이며 준국가적인 제도였다면 후세의 민간의 사회적 조직으로서의 향도는 피지배 계급이 자체 유지를 위하여 힘을 단합하는 것을 목적으로 하는 인민적이며 순 민간적인 조직이었다. 이렇게 하여 우리는 이 량자에서 동일한 기원으로부터 오는 내용, 기능상의 부분적인 공통성과 함께 계급의 따르는 성격 상 차이를 보게 된다.

향도라는 용어의 의미에 대하여 불교에서의 용어에 향왕香王(菩薩), 향국香國(佛國), 향전香殿(佛殿)이라는 것이 있는 것과 마찬가지로 향도香徒는 불도佛徒의 미칭美稱으로 쓴 것이며 화랑 집단의 내용에 불교도적 요소가 첨가됨에 따라 향도라고도 부르게 되였다는 해석이 있는바[3] 용어의 해석으로는 옳다고 보인다. 그러나 우에서도 본 바와 같이 화랑 집단의 내용에서 불교도적 요소는 부차적인 것이고 중요한 내용은 다른 데 있었다. 그런데 순 민간의 사회적 조직인 향도도 그러한 화랑 집단과 기원을 같이 하며 내용 상 부분적으로 공통성을 가진 데로부터 역시 미칭으로 향도라 부르게 된 것이라고 짐작된다.

---

2 미시나(三品彰英), 『朝鮮古代研究』「第一部 新羅花郎研究」 참조.
3 위의 책, 246面 참조.

화랑 집단의 유풍에 대하여 말할 때에 이러저러한 례들을 들 수 있다. 우선 화랑 집단에서 중심 인물이었던 화랑의 유풍으로서는 팔관회八關會의 국선國仙, 고려 시기 민간 교육에서의 선랑仙郎, 후세의 무부巫夫, 창우倡優, 유녀遊女의 호칭으로서의 화랑 등을 들 수 있으며 화랑 집단의 불교도적 측면의 유풍으로서는 불사의 신도들의 결사로서의 향도를 들 수 있다.

단편적으로 보이는 향도에 관한 자료에 의한다면 통일 신라, 고려 시기까지는 향도라면 불사의 신도들의 결사를 가리킨 것으로 되며 그런 것은 리조 초기까지 존속하였으며[4] 그것은 평민들 사이에서보다도 오히려 량반들 사이에 있은 것이었다고 할 수 있다. 한편 민간의 사회적 조직으로서의 향도는 기록상으로는 고려 말부터 보이기 시작하며 『리조실록』을 비롯한 각종 문헌에 단편적으로 보인다. 이렇게 민간의 사회적 조직으로서의 향도는 문헌상으로는 퍽 후기부터 나타난다. 그러나 우에서 말한 바와 같이 그것은 화랑집단과 마찬가지로 오랜 과거로부터 있은 민간적 조직의 유습이라고 보게 되는 것 만큼 그 이전에도 있었을 것이며 그 잔재는 근년까지도 함경도 지방에 남아 있은 것이었다. 그런데 이렇게 불사의 신도들의 결사로서의 향도는 리조 초까지 있었고 민간의 사회적 조직으로서의 향도는 고려 말부터 성행한 것 같이 보이는 데서 전자가 바로 우리나라에서 불교가 성행하던 시기에 그 신도들의 결사였던 것과 마찬가지로 후자는 바로 유교가 성행하던 시기에 유교의 향약鄕約을 모방한 것이거나(리조 중기의 지배계급들은 향도를 향약으로 대체시키려고 하면서 향도는 대개 향약을 모방한 것이라고 하였다) 유교 세력과 불교 세력이 서로 교체하는 과정에서 전자가 유교식으로 후자로 전화한 것이라고 생각하기도 쉽다. 그러나 그렇게 리해될 수는 없다. 원래 불사의 신도들의 결사로서의 향도는 오히려 량반들 사이에 있었다고 할 수 있으며 향약은 후에 량반들이 주동이 되어 결성

...

4 불사의 신도들의 결사로서의 향도에 관한 사료로서는 다음과 같은 것들이 있다. 『삼국유사』 권제3 염촉멸신(厭髑滅身)조. "興輪寺永秀禪師 結溱斯塚禮佛之香徒 每月五日 爲魂之妙願 營壇作梵"
철원 도피안사 비로자나불 조상기(造像記). "香徒佛銘文"(신라 경문왕대)
『醴泉開心寺石塔記』에 보이는 "彌助香徒" "椎香徒"(고려 현종대)
『고려사』 형법 금령조. "城中婚女無尊卑老少 結爲香徒設齋點燈 群往山寺"
위의 책 같은 조. "近來僧俗雜類 聚集成群 號萬佛香徒"
위의 책, 세가 충혜왕 후3년조. "幸神孝寺 燈燭輩結香徒 設祝壽齋於是寺 王押座齋筵"
『세종실록』 38년 8월 을묘조. "上曰 念佛香徒 其來久矣 都承旨李思哲等 啓曰 耆老宰樞 詣寺念佛 臣等所嘗見也 念佛香徒 今處處有之"

한 것이었다. 그와는 반대로 민간의 사회적 조직으로서의 향도는 상천민들만으로써 조직한 것이었으며 그들 사이에서는 커다란 생활력을 가지고 있은 것이었으나 량반들로부터 천시 당하였다. 만일 그것이 원래 유교의 향약을 모방한 것이었거나 불사의 신도들의 향도로부터 유교식으로 전화한 것이었다고 할진대 오히려 량반들 사이에 있었을 것이며 량반들로부터 천시 당하였을 리가 없는 것이다.

『고려사』 렬전 혹리 심우경전에는 신우辛偶 때에 계림鷄林 판관으로 있은 심우경이, 당시의 계림 부윤府尹이 중앙에서 온 고관을 위하여 배설한 연희를 향도연香徒宴같다고 조소한 량반 두 사람에게 혹형을 가하여 죽음에 이르게까지 하였다는 사실을 서술하고서 "우리나라 풍속에 계를 결성하고 향불을 피우는데 그것을 향도라고 한다. 서로 륜번으로 연희를 배설하고 남녀 젊은이와 어른이 차례로 앉아 함께 마시는데 이것을 향도연이라고 한다."[5]라는 기사가 있다. 이것은 민간의 사회적 조직으로서의 향도에 관한 문헌상에서 볼 수 있는 첫 기록이다. 그런데 남녀가 한 곳에서 술을 마신다는 것이나 량반들이 이런 연회 즉 향도연을 몹시 천시하였다는 것으로 보아서 그것은 유교의 향약이나 향음주례鄕飮酒禮와는 전연 관련 없는 것이라는 것을 잘 알 수 있다. 또한 이것이 순전한 불사의 신도들의 결사인 향도의 연회인 것도 아니라는 것을 말할 수 있는바 이 당시에 벌써 량반들이 그렇게 철저하게 불교를 배척 천시하였다고는 볼 수 없는 것이다. 리조 초엽까지도 소위 재상들이 절에 가서 념불하는 일이 종종 있었으며 '념불향도念佛香徒'가 곳곳에 있었던 것이다.[6]

요컨대 민간의 사회적 조직으로서의 향도는 불교나 유교와는 관련 없이 발생한 우리나라에 고유한 풍습이었다. 따라서 그것이 고려 말기에 관한 기사에서 처음 보인다 하여 그 당시에 처음 발생한 것이라고 볼 수는 없다. 일반 인민들 사이에는 오랜 과거부터 있은 것이었는데 그것이 량반들과는 인연이 없었던 관계로 량반들의 관심 밖에 있었으므로 기록상에는 일찍부터 나타날 수 없었을 따름인 것이다.

---

5 『고려사』 렬전 혹리 심우경조. "國俗結契燒香 名曰香徒 相與輪設宴會 男女少長 序坐共飮 謂之香徒宴."
6 주 3의 『세종실록』 36년 8월조에서의 인용문 참조.

2. 민간의 사회적 조직으로서의 향도의 내용, 기능

우에서 본 바와 같이 향도에는 불사의 신도들의 결사로서의 향도와 민간의 사회적 조직으로서의 향도가 있었는바 전자는 리조 초까지 존속하고 후자는 광범한 인민 대중 속에 깊이 뿌리를 박고 오래도록 존속하였다. 특히 함경도 지방에는 적지 않게 그 원래의 내용 기능을 보존한 것이 오래도록 남아 있었다. 그러면 이 민간의 사회적 조직으로서의 향도의 본질, 기능은 어떠한 것이었는가?

『고려사』,『리조실록』, 기타 문헌에 보이는 민간의 사회적 조직으로서의 향도에 관한 단편적인 기록에는 그 기능이 각양하게 표현되어 있다. 그러나 그렇다고 하여 그것이 이름만 같고 본질이 서로 다른 것이었던 것은 아니다. 그렇게 각양하게 표현된 리유는 동일한 것에 대하여 보는 사람의 관점에 따라, 또 그가 특히 강조하려는 목적에 따라 일면만 내세우고 다른 측면은 간과한 데 있다. 그러므로 그 내용 기능은 밝히는 데는 각종 문헌에 보이는 기사의 목적, 그 기사의 전후 관계를 고려하면서 종합하는 방법을 적용하여야 한다. 이런 방법을 적용하면서 고찰할 때에 민간의 사회적 조직으로서의 향도의 본질, 기능은 대체로 다음과 같은 것이었다고 할 수 있다.

(1) 그것은 서로 가까이 이웃하며 사는 상민, 천민들로써 조직한 일종의 계契로서 성원들이 륜번으로 연회를 배설하고 호상 친목 단결을 도모하는 사교 단체적 기능을 수행한 것이었다.

그것이 이러한 기능을 수행하였다는 것은 상기한 『고려사』「렬전」 혹리「심우경」 조의 "우리나라 풍속에 계를 결성하고 향불을 피우는데 그것을 향도라고 한다. 서로 륜번으로 연회를 배설하고 남녀 젊은이와 어른이 차례로 앉아 함께 마시는데 이것을 향도연이라고 한다."라고 한 기사에서 잘 알 수 있다.

보는 바와 같이 이 기사는 두 개의 단으로 구성되어 있는데 첫째 단에서는 향도라는 명칭이 생기게 된 리유를 말하고 둘째 단에서는 향도연에 대한 구체적 내용을 설명하고 있다. 첫째 단에 대하여 본다면 계를 결성할 때에 성원들이 서로 맹세하는 의식으로서 향을 피우기 때문에(률곡 리이의 『해주향약』 립법 범례에 의하면 향약을 결성할 때에 선성선사先聖先師의 지방을 설하고 분향 재배한 후 서약문을 읽었다) 그것은 향도라고 한다는 것인데 이것이 한 개 부회附會에 불과하다는 것은 우에서 이미 밝혀졌다고 생각한다.

다음으로 둘째 단에 대하여 본다면 이것은 향도의 중요한 기능 중의 하나인 향도 연회에 관한 가장 구체적인 자료이다. 우리는 이것으로써 향도연의 모습을 생생하게 복원하여 볼 수 있다. 이 연회는 대개 성원으로부터 회비를 징수하거나 매개 성원이 개별적으로 음식물을 가지고 와서 공동으로 하는 연회가 아니라 매개 성원이 륜번으로 차리는 공동 연회였다. 용재慵齋 성현成俔(1439~1504)의 말에 의한다면 이 연회는 매우 잦게 달마다 베풀었으며 그 성원은 적은 것은 7~9명, 많은 것은 100여 명에 달한 것이었다. 또한 "남녀 젊은이와 어른이 차례로 앉아 함께 마신다"고 한 것으로 보아서 원래 이 향도연에는 남녀로소의 구별이 없이 매개 성원의 가족들이 다 참가하여 남자들은 남자들끼리, 녀자들은 녀자들끼리 년장 차례로 질서 정연하게 앉아 화기 애애하게 한 것이었다고 보인다. 이것은 『삼국지』「위지 동이전」고구려조, 마한조에 보이는 노래와 춤을 좋아 하며 남녀가 모여서 노래하며 오락한다. 모여서 노래하고 춤추며 술 마신다고 한 그러한 오랜 과거의 풍습에 줄을 다는 것이라고 할 수 있으며 우리나라 인민들의 락천적이고 인민적인 특성을 반영한 것이라고 할 것이다. 그러나 거기에는 물자와 시간을 랑비하는 부정적인 측면도 있었다고 보인다.

리조 봉건 국가는 인민들이 모여서 연회하는 것을 금하였으니[7] 이러한 향도 연회가 그대로 오래 허용되었을 수 없다. 16세기 70년대에 지배 계급들이 민간의 향도에 대하여 시비한 일이 있었으나 향도연에 대하여는 아무런 언급도 없었다. 이것으로 보면 이 때의 향도에는 벌써 그러한 연회가 없는 것 같다.

그러나 그렇다고 하여 향도연을 목적으로 하는 그러한 향도는 봉건 국가의 금단으로 없어지고 이때의 향도는 그와는 다른 별개의 것이었던 것은 아니다. 우에서 본 바와 같이 『고려사』심우경 전에 보이는 향도에 관한 기사에는 향도의 기능으로서 향도연 밖에 들고 있지 않다. 그러나 그렇다고 하여 그 향도는 향도연을 유일한 기능으로 한 것이었으며 향도연을 하지 않은 후세의 향도와는 다른 별개의 것이었던 것은 아니다. 왜냐하면 우에서도 말한 바와 같이 이 기사는 혹리 심우경이 자기의 상관이 베푼 연회를 향도연과 같다고 조소한 량반 두 사람에 혹형을 가하였다는 사실을 서술하면서 독자들로 하여금 그 갈래를 리해시키려는 목적에서 부차적으로 언급한 것에 불과하기 때

---

7 『속대전』형전 금제조에는 회음자(會飮者)를 금단한다는 조항이 있다.

문이다(만일 이런 일이 없었더라면 『고려사』에는 민간의 사회적 조직오서의 향도에 관한 기사는 전연 없게 되었을 것인바 이것으로서도 그것이 비록 기록상에는 그 이전에는 보이지 않는다 하더라도 그 이전에도 있었으리라고 말할 수 있다). 그러므로 물론 이 당시의 향도는 향도연 뿐만 아니라 다른 기능도 가지고 있었을 것이며 후세의 향도와 동일한 것이었을 것인바 다음과 같은 『용재총화』의 기사는 이를 명백하게 하여 준다.

"오늘날의 풍속은 날로 점점 더 박하여지는데 오직 향도만은 아름답다. 대저 이웃하여 사는 친한 사람들이 다 서로 모여 회합을 가지는데 적은 것은 7, 8 ,9명, 많은 것은 백 여 명에 달한다. 매달 서로 바꾸어 가면서 술을 마시는데 상을 당하는 사람이 있을 경우에는 같은 향도 사람들이 혹은 상복 혹은 관각棺槨 혹은 홰'불 혹은 음식을 갖추어 가고 혹은 상여줄을 메고 혹은 묘를 만들며 사람마다 석달복을 입는데 이것은 참으로 후한 풍습인 것이다."⁸ 이것으로써 향도 연회를 한 향도가 바로 호상 부조 특히 상사, 장사 일을 호상 협조하는 기능을 가진 것이었다는 것을 알 수 있으며 기타의 기능도 가졌으리라는 것을 짐작할 수 있다. 그리고 이 기사에서 우선 륜번으로 하는 연회를 먼저 중요하게 든 것으로 보아서 원래 그것이 향도의 가장 중요한 기능이었다는 것을 또한 짐작할 수 있다.

그런데 그는 향도를 '香徒'로 표기하지 않고 '鄕徒'로 표기하였는바 이것은 유학자인 그가 향도는 실지로 마을 사람들이 모여 만든 조직이라는 데서 자기류로 적당히 합리화하여 표기한 것이며 바로 계를 결성하고 향불을 피우므로 '香徒'라고 한다는 해석이 또한 이와 마찬가지로 유학자들이 자기 류로 적당히 합리화한 부회라는 것을 알 수 있다. 이리하여 향도는 문헌에 따라 '香徒' 또는 '鄕徒'로 표기되고 있으며 때로는 같은 문헌에서 '香徒'와 '鄕徒'를 혼용한 것을 볼 수 있다.

향도연과 관련하여 더 언급하여야 할 것은 15세기 중엽에 "서울과 지방의 량반 부녀들이 혹은 향도 혹은 신사神祀라고 칭하면서 각각 술과 고기를 가지고 공공연히 모여서 마음대로 오락하는데 풍속과 교화를 더럽힌다."⁹라고 한 사실인바 여기서 말하는 향도

...

8   성현, 『慵齋叢話』 권8. "今之風俗 日漸澆薄 惟香徒爲美 大抵隣里賤人 皆相衆作會 小者或七八九 多者或百餘 每月相遞飮酒 人有遭喪者 則同徒人 或備喪服 或備棺槨 或備炬火 或備飮食 給之 或執紼 或造墓 人皆服緦麻 此眞其厚風也."

9   『세종실록』 31년 3월 계묘조. "今京外兩班婦女 或稱神祀 或稱香徒 各費酒肉 公然聚會 恣意娛樂 有累風敎"

는 우리가 지금 문제로 삼는 향도와는 다른 불사의 신도들의 결사로서의 향도가 변질한 것인 것 같다. 『속대전』 금제조에 의하면 각종 음사淫祠 즉 그 래력이 바르지 않은 귀신을 위하는 당집에 출입하는 사람들을 신사자神祀者라고 한 것인즉 신사와 병칭한 향도는 불당에 집단적으로 출입하는 것을 가리킨 것임에 틀림없다. 그것은 바로 고려 시기에 "성중 부녀들이 존비로소尊卑老少할 것 없이 향도를 결성하고 재齋를 올리고 등을 켜기 위하여 산사山寺로 간다."[10]라고 한 그러한 부녀자들로 조직한 불사의 신도들의 결사인 향도가 변질할 것이라고 할 것이다. 술과 고기를 가지고 모여서 오락한 것이니 벌써 불교의 행사로서의 의의는 상실한 것이며 후세의 부녀자들의 화전놀이와 비슷하게 된 것이었다고 보인다.

(2) 그것은 생사와 같은 어려운 일이 성원 중에서 발생하였을 때에 집단적으로 도와 주는 협조 단체로서의 기능을 수행하였다.

상기한 『용재총화』의 기사에서 보는 바와 같이 성원 중에서 상사 당한 사람이 있을 경우에는 같은 향도 사람들이 상복, 관곽, 홰'불, 음식을 갖추어 가며 상여 메는 일, 무덤 만드는 일을 맡아 하는 등 상사와 관련한 물질적, 로력적 어려운 일들을 집단적 힘으로 해결하였다. 그러나 이것이 향도의 집단적 호상 협조의 기능의 전부인 것은 아니었다. 향도의 협조 단체적 기능에는 더 광범한 내용이 포함되어 있었다.

『선조실록』에서 볼 수 있는 "오늘의 마을들에서는 본래부터 향도의 약속이 있는데 잘못을 서로 고쳐 주며 례절로써 서로 사귀며, 어려운 일(患難)을 서로 도와 주는 일들을 한다."[11]라고 한 기사는 향도가 상사를 당하였을 때 뿐만 아니라 일반적으로 어려운 일을 당하였을 때에는 서로 도와 주는 기능을 수행하고 있었다는 것을 말하여 주는 것이다. 특히 열두 삼천리벌을 중심으로 한 논'벼를 건직파하는 지대에서 그 경종 체계의 특성으로부터 김매기를 돌격적으로 할 필요상 호상 협조하는 공동 로동을 조직하고 그것을 '황두'라고 한 사실은 향도가 수행한 협조 단체적 기능이 상사 때의 협조에 국한한 것이 아니었다는 것을 뚜렷이 실증하여 주고 있다.

...
10 주 4의 『고려사』 형벌 금령조에서의 인용문 참조.
11 『선조실록』 6년 8월 갑자조. "今之閭巷之間 素有鄕徒之約束 而過失相規 禮俗相交 患難相恤等事 亦本於先儒鄕約之餘意也."

'황두'는 향도를 '상두'라고 하는 것과 마찬가지로 향도의 전음임이 틀림없다. 근년까지 향도가 있은 함경도 지방에서는 향도를 동원하는 것을 '향도를 일군다'고 하였는데 '황두'를 조직하는 것을 역시 〈황두〉를 일군다'고 하였다. 그리고 '황두'는 빈농민들 사이에만 조직되었다는 사실이 또한 향도가 원래 상천민 간의 조직이었다는 사실과 상통한다. 아래에서 구체적으로 볼 바와 같이 17세기 70년대 이래로 지배 계급들이 자기들의 리익에 부합되는 향약鄕約을 강행하게 되므로부터 향도는 우선 량반들이 많이 산 남도에서 없어지고 다음으로 평안도 지방에서 없어지고 함경도 지방에는 오래도록 남게 되었는데 평안도의 건갈이 지대에서만은 그 경종 체계의 특성으로부터 오는 호상 협조적 공동 로동 조직의 필요상 향도가 수행하던 기능 중의 이 측면이 그대로 보존되어 '황두'로 된 것이라고 보인다.

이상과 같이 향도의 협조 단체적 기능은 상사 일에 국한한 것이 아니었으며 그 범위가 광범하였다. 그러나 어려운 일 중에서도 가장 어려운 경우가 사람이 죽었을 때인 것만큼 향도의 협조 단체적 기능이 우선 이 경우에 발휘되었다는 것은 사실이다. 그리하여 벌써 15세기 초에 "지금 마을마다 사람마다 다 향도를 결성하고 매장한다."[12]라고 한 바와 같이 향도를 순전히 사람이 죽었을 때의 매장을 위한 조직인 것 같이 여기는 일이 있었으며 후세로 내려올수록 더욱 그렇게 여겼으며 또 실지 사실이 그렇게 되어졌다.

다음으로 향도와 상사와의 관계에서 또 한 가지 언급하여야 할 것이 있다. 『리조실록』에 의하면 "지방 인민들이 부모의 장일에 이웃의 향도를 모아 놓고 술을 마시며 음악한다."[13]느니 "지방 풍속에 부모의 장일에 음악을 베풀고 술을 마시는데 그렇게 하지 않으면 온 마을에서 박장으로 여긴다."[14]느니 하면서 이런 것은 오랜 관습에 물젖어서 례속을 더럽히는 것이므로 엄격히 금할 것이라고 봉건 정부 내에서 14세기 말부터 15세기 말에 걸쳐 계속적으로 론의되었다. 그리하여 『대전속륵』에는 "부모의 장일에 이웃의 향도를 모아 놓고 군음群飮하는 것",[15] "내다 묻는 날 밤에 술과 안주를 잘 갖추

....

12 『세종실록』 5년 12월 정묘조. "今里里 人人 皆結香命徒而埋藏之"
13 『태종실록』 7년 12월 신미조, 『세종실록』 2년 11월 신미조, 동서 11년 4월 기묘조 참조.
14 『성종실록』 9년 12월 무술조. "外方民俗 葬親之日 至有張樂飮酒者 否則一鄕以爲薄葬 亂常敗俗 莫此爲甚"
15 『대전속륵』 형전 금제조 참조.

고 손님을 모아 놓고 음악하면서 주검을 즐겁게娛尸 하는 것"¹⁶을 금지한다는 조항이 들어 있다. 물론 이러한 풍습은 유교의 도덕으로 볼 때에는 가장 옳지 못 한 풍습 즉 '란상패속亂常敗俗'으로 된다. 그러나 이 당시의 사람들은 사망한 부모의 령혼을 위로하느 즉 오시娛尸하는 방법으로서 이렇게 하지 않으면 부모의 장의를 박하게 하는 것으로 여겼으며 그렇게 하는 것이 일반적 관례로 되고 있었다는 것을 고려하다면 이 풍습의 본질을 리해할 수 있는 것이다. 혹 이 풍습은 샤마니즘에서의 죽은 사람의 령혼을 위로한다는 '굿' 또는 불교에서 죽은 사람을 위한다 하여 '재齋'를 올리는 의식과 관련이 있는 것이라고 즉 그것들이 변화한 것이라고 생각할 수도 있다. 그러나 그렇게 볼수 없는 것이니 이러한 풍습은 벌써 5~6세기경에 고구려에도 있었다.『북사北史』「고구려전」에 의하면 "초종에는 울지만 장사할 때에는 복과 춤으로 음악하면서 주검을 보낸다初終哭泣 葬則鼓舞作樂 以送之]"라고 하였는바 이 시기에 벌써 샤마니즘에서의 '굿'이나 불교에서의 '재'가 변화하였으리라고는 볼 수 없는 것이다.

그리고 가상 그것이 샤마니즘에서의 '굿'이나 불교에서의 '재'에서 변질한 것이라고 하더라도 그것으로써 민간의 사회적 조직으로서의 향도가 역시 신도들의 결사에 변화한 것이라는 증거로 될 수는 없다. 왜냐 하면 우에서 본 바와 같이 향도의 기본 기능은 여기에 있은 것이 아니며 또 그러한 조직에는 종교적 요소가 섞여 들어 갈 수 있기 때문이다. 여하튼 이러한 풍습은 고대로부터 전하여 온 고유한 풍습이며 16세기 까지도 우리 나리에 광범히 있었는바 평안도의 일부 지방 그리고 경상도의 남해안 지방에는 근년까지도 그 잔재가 있었다 한다.

(3) 그것은 성원들의 옳지 못 한 행위를 적발 시정하는 기능도 수행하였다.

상기한 리수광의『지봉류설』에 보이는 "우리나라 풍속에 서울 지방 할 것 없이 방리마다 계를 결성하고 서로 적발하고 살피는데 이것을 향도라고 한다."라는 기사는 바로 향도의 이 기능을 특히 강조한 것이며 그것이 우에서 본 향도와 다른 별개의 것이었던 것은 물론 아니다. 그런데 원래 향도는 상민, 천민들 사이에 있은 조직이고 량반들이 참여한 것이 아니었던 것만큼 향도의 이 기능은 유교에서의 향약의 소위 과실상규過失相規(잘못을 서로 고쳐 주는 것)와는 달리 그 내용이 번쇄하지 않았으며 특히 향약에서와 같이

---

16 『대전속록』 례전 잡령조 참조.

'잘못'에 대하여 제재를 가하는 방법에 있어서 사람에 따르는 차별이 없었다.

(4) 그것은 또한 관역官役 부과의 대상 단위로서의 역할도 수행하였다.

원래 향도는 이웃 사람들끼리 계를 결성하고 호상 친목, 호상 징계를 목적으로 하순 민간 조직이고 말단 행정 단위이거나 자치 기관인 것은 아니었다. 그러나 그것이 원래 상민, 천민들로 구성되었으며 매개 마을마다 조직되었던 것만큼 지배 계급들은 이 조직을 관역 부과의 대상 단위로도 리용하였다. 15세기 봉건 국가는 중국 사신을 영접할 때에 개최하는 연예結綵儺禮에 소요되는 물자를 각 리의 향도에도 부과시키고 혹독한 방법으로 징수하였다.[17] 향도는 이렇게 봉건 국가의 물자 징수의 대상 단위로 되었을 뿐만 아니라 또한 요역 부과의 대상 단위로도 되었다. 함경도 지방에서 볼 수 있는 향도 절목에는 조세곡 운반에 관한 규정이 들어 있는 데도 있으며 관가에서 향도의 좌상, 도감에게 물자 징수, 요역 부담을 명령한 고문서도 볼 수 있다. 이리하여 이 지방에서는 향도는 사실상 말단 행정 단위적 기능도 수행하였으며 향도라는 말은 또한 인민을 의미하는 말로 되었는바 18세기에 홍량호洪良浩는 북관 지방의 특수한 풍속을 소개하면서 "백성을 향도라고 한다"는 것을 그 중의 하나로 들었다.[18]

이상에서 본 바와 같이 민간의 사회적 조건으로서의 향도는 불사의 신도들의 결사로서의 향도와 달랐으며 유교에서의 향약과도 다른 우리나라에 고유한 풍속이었으며 성원들 간에 아무런 차별도 없는 인민적인 조직이었다. 그리하여 그것은 인민들의 감정에 맞았으며 그들의 리익에 부합되는 것이었으며 그들 속에서 생활력을 가지고 적어도 16세기 중엽까지는 전국적 범위로 보급되고 있었다. 향도가 향약과 관련이 없다는 것은 고려사의 편찬자도 인정하였으며 리수광도 인정하였다. 그들은 향도에 대하여 말하면서 '국속國俗' 또는 '아국지속我國之俗'이라고 전제하였다. 그럼에도 불구하고 16세기 70년대에 지배 계급들은 향도가 향약을 모방한 것인 것처럼 묘사하면서 이것을 토대로 하여 그들의 계급적 리익에 부합되는 향약을 강행하려고 기도하였으며 향도는 이를 계기로 하여 해소 또는 변질하게 되었다.

...

17 『세종실록』 8년 4월 을해조. "朝廷使臣 迎接之時 結綵儺禮之儀 一委於成衆愛馬布 井工商各司奴婢 各里香徒 其衣帶屛簇殿段金銀珠玉雜飾 分定督責囚繁鞭撻 靡所不爲"

18 홍량호, 『북새기략(北塞記略)』 「공주풍토기조」. "面爲之社 民謂之鄕徒 鄕族謂之品官 自爾徒者謂之入居 巫覡謂之師 里中公事謂之風俗 私奴謂之土奴"

3. 향약법의 실시와 향도의 해소, 향도의 잔재

향도와 그 명칭에서 그리고 또 어느 것이나 다 일종의 사회적 조직이었다는 의미에서 류사성이 있는 것으로서 향안鄕案과 향약鄕約이 있었다. 그러나 그것들은 그 계급적 본질이 향도와는 전혀 다른 것이었다. 그것들이 향도와 다른 점을 밝히기 위하여 향안, 향약에 대하여 간단히 보면 다음과 같다.

향안은 각 고을을 단위로 하는 지방 토호들의 조직이었다. 주, 부, 군, 현마다 토호들은 자기들의 대렬을 등록하고 그것을 향대부안鄕大夫案, 향선생안鄕先生案 또는 략하여 향안鄕案이라고 하였다(청금안靑襟案이라고도 하였음). 향안 조직의 본부를 향청鄕廳이라 하고 거기에는 그들이 선출한 대표 - 좌수座首, 별감別監 등을 두었는바 향청은 그 고을 수령守令의 보좌적 역할을 수행하는 일종의 자문 기관으로서 리조 초엽부터 있었다.

좌수 별감을 비롯하여 향안에 등록된 토호들은 향청을 통하여 수령과 결탁하고 그의 앞잡이로서 인민을 억압 착취하는 선두에 나섰다. 특히 소위 사대부士大夫 량반이 없는 평안도, 함경도 지방에 있어서 그들은 그 지방의 유일한 특권 계급으로서 향청을 본거지로 하고 상천민에 대한 략탈적 만행을 마음대로 감행하였다. 물론 향안 조직에도 일정한 규약이 있어서 선목善目이니 악목惡目이니 하는 지켜야 할 일, 하여서는 안 될 일도 규정하고 있었다. 그러나 그것은 결국 자기들의 대렬을 공고히 하며 상천민을 집단적으로 억압 착취할 데 관한 규정이었다.

요컨대 향안은 토호들의 지방적 조직이었으며 그 본부인 향청은 반半 관가官家적인 성격을 띤 기관이었다. 그것은 직접 인민들과 대립되는 조직이었으며 기관이었고 순 민간의 사회적 조직이었던 향도와는 원래 아무런 공통성도 없는 것이었다. 인민들이 얼마나 그것을 증오하였는가를 가히 짐작할만 한 것이니 례를 들어 함흥의 만력신묘향목萬曆辛卯鄕目 서문에 의하건대 향안에 등록되지 않은 사람 20여 명이 무리를 지어 백주에 향청을 습격하고 향좌목鄕座目을 빼앗아 불살라 버린 사실이 있었다.

향약도 물론 특권 계급의 계급적 리익을 공고화하며 확장하기 위한 조직이었다. 그러나 향약은 사족도 상천민도 포괄한 것이 향안과 다른 점이었다. 이리하여 지배 계급들은 향약을 계급적 제약이 없는 '초계급적'인 것 같이 표방하였으나 그 본질은 봉건적 신분 제도를 엄격히 유지하고 봉건적 질서를 공고히 하려는 것이었다. 향약의 내용으로 되는 소위 덕업상권德業相勸(봉건적 도덕으로써 서로 권하는 것), 과실상규過失相規(옳지 못 한 것을 서로 시정하여 주는 것), 례속상교禮俗相交(봉건적 례의로써 서로 사귀는 것), 환난상휼患難相恤(어려운 일을 서로 도와 주는 것)의 본질은 결국 량반들의 권위를 공고히 하며 상천민들의 순종을 강요하기를 꾀한 것으로서 상천민들에게 있어서는 의무만 무겁고 권리는 없는 것이었다. 향약의 집회에서는 신분에 따라 엄격히 그 좌렬을 달리하였으며 '잘못'에 대한 책벌 적용에 있어서도 신분에 따라 엄연한 차별을 두었다.

이러한 향약은 중국 송나라 때에 주자학파의 선배인 려조겸呂祖謙이 안출한 려씨향약呂氏鄕約에 근거한 것으로서 우리나라에는 15세기 말 16세기 초에 신흥하는 사림 량반들에 의하여 수입되었다. 향약은 지방 중소 토지 소유자인 사림 량반들이 농민들을 희생으로 하면서 자기들의 세력 범위를 지방에서 학대 공고화하는 데 적합한 조직이었다. 그리하여 사림 량반들이 세력을 얻게 됨에 따라 향약은 1517년에 우선 경상도에서 감사 김안국金安國에 의하여 시행되고 1519년에 이르러는 왕명으로 중앙과 지방에 실시할 것을 지시하게 되었다. 그러나 인민들은 처음부터 이를 반대하여 나섰다. 결국 향약은 인민들이 반대와 그리고 조광조趙光祖 일파 사림 량반들의 실각과 함께 반대파의 공격을 받아 자취를 감추게 되었는바 적어도 1540년대에는 서울이고 지방이고 할 것 없이 시행되는 곳이라고는 없게 되었다.[19]

그 후 향약을 다시 실시하자는 론의가 적지 않게 제기되었으나 좀처럼 실시되지 못하였는바 그것은 인민들의 반대를 고려하여서였다. 그러나 1570년대 초에 이르러 조광조의 학통을 계승한 신진 중앙 관료들에 의하여 제창된 향약 시행론은 매우 강력하였으며 집요하였다.

이때의 그들의 주장은 우리나라에 본래부터 있은 향도의 호상 침묵, 호상 협조, 호상 징계하는 내용이 향약의 례속상계, 환난상휼, 과실상규 등을 모방한 것이라고 묘사하면서 이것을 토대로 하여 향약을 실시한다면 인민을 놀래우는 일이 없이 용이하게 실현할 수 있다는 것이 특징적이었다. 즉 그들은 "오늘의 마을들에는 본래부터 향도의 약속이 있어서 과실상규, 례속상교, 환난상휼 등 일을 하고 있는데 이것은 또한 선유先儒의

---

19 『중종실록』 38년 10월 무술조. "傳于政院曰 近觀諫院上疏 鄕射鄕飮鄕約等事 皆在法條 而近者皆 不擧行云 今吏申明當否 令三公議啓"

향약의 추지에 근거한 것"[20]이라느니 "지금 렬읍에 혹 대략 이 약속(향약-필자)을 모방하여 각각 향도라는 것이 있는 것이니 만일 이 책(주자증손향약朱子增損鄕約-필자)을 널리 중앙과 지방에 반포하고 이에 의하여 실시하되 그 의식들을 모조리 준행하지는 않는다면 반드시 세상을 놀래우거나 환을 도발할 념려가 없다"[21]느니 하면서 향약을 실시할 것을 강경히 주장하였다. 우리는 이것으로써 향약 시행론자들의 착안점을 알게 됨과 동시에 또한 당시 향약의 보급 정형과 그것의 내용을 알 수 있다.

우에서 본 바와 같이 향도는 우리나라에 고유한 것이었고 향약은 15세기 말에 수입된 것으로서 량자는 그 유래가 다를 뿐만 아니라 그 계급적 성격이 다른 것이다. 그러나 그 내용에서 일련의 류사한 점도 있었던 것만큼 그리고 또 지배 계급들이 향도를 리용하여 향약을 강행하려고 착안하려던 것만큼 향약이 보급되는 한 향도는 해소되지 않을 수 없는 것이다.

그런데 이때로부터 률곡栗谷 리이李珥의 해주 향약 창설을 비롯하여 각지에 향약법이 시행되기 시작한 것이었는바 우선 '량반'이 많은 남도 지방에 가장 보급되었을 것이고 다음으로 서북 지방에서는 평안도 지방이 함경도 지방보다 더 보급되었으리라는 것은 가히 짐작할 만한 일이다.[22] 따라서 향도의 해소 과정에 있어서도 우선 남도 지방에서 급속히 진행되고 다음으로 평안도 지방에서 진행되고 함경도 지방에서는 미미하였을 것인바 오늘 남도 지방에서는 향도 조직을 알지 못 하며 평안도 지방에서도 역시 알지 못하나 일부 지방에서는 원래의 향도의 일부 기능을 보존한 공동 로동을 '황두'라고 하였으며 함경도 지방과 그와 린접한 일부 강원도 지방에서는 오래도록 존속하였을 뿐만 아니라 적지 않게 원래의 향도의 내용을 보존하고 있었다는 사실은 현실적으로 이를 증명하여 준다.

그런데 향약은 그것이 일반 인민들의 리익에 배치되며 그들의 생활 감정에 맞지 않

----
20 주 11 『선조실록』 6년 8월 갑자조에서의 인용문 참조.
21 위의 책, 같은 조. "今列邑 或有略倣此約 各有鄕徒者 若因是 而廣布此書于中外 依而行之 不須盡遵其儀 必無駭世挑患之慮"
22 『경원부준행사목(慶源府遵行事目)』에 의하면 북관 지방에는 1642년에 향약이 창설되었으나 그후 향약 임원은 전'적으로 요역을 독촉하는 일만 하게 되었고 그 이름도 도윤(都尹-風憲), 부윤(副尹-約正)으로 되고 말았다 한다.

는 것이었던 것만큼 지배 계급들이 아무리 강행하려고 하여도 그들이 뜻하는 대로는 되지 않았으며 될 수도 없었다. 향약법 실시의 중심지였다고 할 수 있는 해주 지방을 놓고 보더라도 해주 읍지에 의한다면 률곡 리이가 서거한 후 중단되었고 1695년에 다시 실시되다가 또 중단되고 1736년에 또다시 실시되었다. 또한 1900년에 쓰인 전라도 룡담군龍潭郡 주천朱川의 향약문 발문에 의한다면 주천 향약은 발문 쓴 사람의 증조 때에 창시한 것이었으며 그가 어렸을 때까지 향약이 규정대로 실천되고 있는 것을 보았노라고 하였다. 그렇다면 대개 이 지방에서 향약이 처음 실시된 것은 18세기 말 경부터이며 대개 19세기 중엽까지 존속한 것으로 된다. 즉 향약은 남도 지방에서도 다 일찍부터 실시되었거나 중단되지 않은 것이 아니었다. 따라서 1570년대 이래로 향약이 보급되기 시작하였다 하더라도 일정한 기간 향도는 함경도 지방에 뿐만 아니라 서울을 비롯하여 다른 지방에도 있었다고 보인다. 그러나 그것은 이미 변질하였다.

 1684년에 좌의정 민정중閔鼎重은 다음과 같이 서울의 향도계의 폐해를 말하면서 그것을 금지할 것을 왕에게 제의하였다. "서울의 무뢰배들이 무리를 지어 횡행하는 것을 포도청에서 붙잡아 그 정체를 따져 본즉 실은 향도계에서 온 것입니다. 이른바 향도라는 것은 서울 시민들이 계를 결성하고 무리를 모아 장사하는 일에 쓰는데 사대부와 궁가에서도 또한 많이 입참합니다. 무리를 모을 때에 그 사람이 좋고 나쁜 것을 가리지 않고 다 받아들이기 때문에 그들은 평상시에는 서로 의지하며 폐단을 일으키고 상여를 멜 때에는 싸우는 등 하지 못 하는 일이라고는 없습니다. 또 도가라는 것이 그 구조가 심비深秘하여 망명자를 모아 들이는 둥이[둥이리의 함경남도 방언]로 됩니다. 마땅히 향도계를 모두 없애 버리고 그 도가를 허무러 버림으로써 폐단의 근원을 없애 버리고 따로 향약법에 의하여 서울 사람들이 장사를 할 때에는 그 동리에서 각자 서로 협조하도록 하여야 하겠습니다."[23]

 문제로 된 이 당시의 서울 향도계는 인용문에서 보는 바와 같이 계원들이 장사 역사에 동원되어 협조하는 것이 아니라 향도계에서 전문 역군을 둔 것으로서 적지 않게

...

23 『숙종실록』 10년 2월 신유조. "都下無賴輩結黨橫行者 己自捕廳 治而推其所從來 則實由於香徒契 所謂香徒者 都下民人 結契聚徒 以爲送終之用 士大夫諸宮家 亦多入參 而聚徒之際 不問其人善惡 皆爲收入 常時依倚作弊 擔喪之時 作亂鬪歐 無所不爲 又稱都家者 結構深秘 以爲招亡命之淵藪 宜先立禁 盡罷香徒契 毁其都家 以絶弊源 別依鄕約之法 都人送喪時 則使其洞里各自相救"

장의사화한즉 후세의 도회지에서의 '상두방'과 비슷하게 된 것이다. 그러나 향도란 서울 시민民들이 계를 결성한 것이라는 것이라든지(도가라는 것은 향도의 집회 장소인 공공 건물을 가리킨다. 함경도에서는 이것을 도가라고 하고 또 상여 넣는 창고를 '도가집'이라 한다) 향도계를 폐지하고 향약으로 대체하자는 것 등으로 보아서 이때의 서울에서의 향도계는 아직 원래의 향도의 성격을 약간 가지고 있는 것이라 할 수 있다. 그런데 이때의 지배 계급들이 향도계를 금지하고 향약법으로 대체하자는 리유는 이 향도계는 무뢰배들을 모아 역군으로 하는 것이므로 정치적으로 위험한 존재라는데 있다. 이런 점에서는 이때의 이러한 서울의 향도계 뿐만 아니라 사실 원래의 향도는 상천민들 간에서의 조직이었던 것만큼 지배 계급으로서 볼 때에는 일반적으로 향도라는 것은 위험한 존재였기도 하였으리라는 것을 또한 짐작할 수 있다. 결국 서울에서의 이 향도계는 위험한 존재라는 데서 1689년에 금지 당하게 되었다.[24]

이렇게 하여 이미 변질한 서울에서의 향도계는 17세기 말에 금지 당하고 또 다시 변질하여 이제는 시민들의 계가 아니고 장의사로 화하고 말았다. 그것을 '상두방'이라고 하였는데 '상두방'은 서울 뿐만 아니라 기타의 대도시에 있은 것이다. 그런데 적어도 19세기 중엽까지는 이 '상두방'을 역시 향도계라고 하였다는 것을 리구경의 다음과 같은 말에서 알 수 있다. 『오주연문장전산고』 향도변증설조에서 그는 "또 향도계香徒契라는 호칭이 있는데 이것은 상도계喪徒契를 가지고 그런다. 상사와 장사에 쓰는 제반 용구와 상여 메는 역군을 세 주는 전'방을 향도계라고 칭한다."라고 하였다. 리구경의 이 말에는 향도香徒라는 호칭은 신라 때부터 시작된 것으로서 미칭으로 쓰는 것인데 상사와 장사에 쓰는 도구와 상여 메는 역군을 세 주는 전'방을 향도계라고 하는 것은 부당하며 '상도계'라고 하는 것이 옳다는 의견이 포함되어 있다.

그는 원래의 향도에서 내용이 변화를 거듭하여 순전한 장의사로 되고 만 것을 몰랐거나 알면서도 말하지 않은 것이다. 하여간에 '상두방'이라는 호칭은 장의사의 내용을 가진 것을 향도계라고 하는 것이 부당하며 또한 전'방을 계라고 하는 것도 부당하는 데서 '상도방喪徒房'이라 부르게 되고 그것이 '상두방'으로 전음된 것이라고 보인다.

...

[24] 『숙종보궐정오실록』 16년 11월 정유조. "禁香徒契 留待軍睦來善 以金銀胄 金益勳李師命家奴輩 多人契中 憂其締結作亂 白上禁之"

농촌에서도 향약이 보급되던 때를 계기로 하여 향도는 해소되었거나 변질하였다. 향약이 잘 실시된 곳에서는 향도는 해소되고 그 기능은 향약에 흡수되었을 것이다. 례를 들어 향약에서도 향도에서와 같이 약원 중에서 상을 당한 사람이 있을 경우에는 규정에 의하여 일정한 부물賻物을 전하며 장사 역사를 협조한 것이었다. 그러나 향약은 어디에서나 정상적으로 실시된 것이 아니며 또 상기 주천 향약의 례로 보아서 19세기 중엽까지는 부분적으로 있은 것 같다. 향약이 중단되거나 폐지된 후에도 상사일은 개인 단독으로서는 할 수 없는 것인만큼 이에 관한 어떠한 조직이나 있어야 할 것은 물론이다. 바로 상여계가 그러한 조직이었다.

상여계는 이웃하여 사는 사람들끼리 계를 결성하고 상여를 비롯한 상사와 장의에 필요한 용구를 공동으로 준비 보관하고 계원들에게 빌려 주는 조직이다. 이 경우에 장사 역사는 상천민들에 있어서도 서로 가까운 사람들끼리 협조하여 하는데 이에 동원하고 안 하는 것은 자유의사에 의한 것이고 의무적인 것이 아니었다. '량반'들도 상여계에 들었는데 그들에 있어서는 장사 역사를 자기의 하인과 친척의 하인들을 시켜서 하고 자기들 자신은 어떠한 경우에나 하지 않았으며 지어 상여계에 들어 가지고도 상여계의 상여를 쓰지 않고 새로 꾸며서 쓰고는 불살라 버리는 일도 있었다. 향도의 주요한 내용의 하나가 상사, 장사를 집단의 힘으로 하는 것이었는데 상여계도 장사 역사까지 집단의 힘으로 한 것은 아니었으나 역시 장사에 관한 조직이었다는 점에서 향도와 부분적으로 서로 통한다. 그러나 상여계는 향도와 본질적인 공통성이 없었으며 그 이름도 향도라고는 하지 않았다.

일련의 사회적 특수성으로 인하여 향약이 거의 실시되지 않은 함경도 지방에 있어서는 향도가 비록 변질은 하였다 할지라도 적지 않게 원래의 내용, 기능을 보존하면서 오래도록 존속하였다. 이 지방들에서 실시된 향도 절목의 한 례(함경북도 영안군 백록리)를 들어 보면 다음과 같다.

1. 향도 회의 때에 리유 없이 참가하지 않는 자와 참가하여 명령을 지키지 않으면서 어른에게 순종하지 않는 자에게는 체벌體罰을 가한다.
2. 공회의 결정으로 각가지 물종을 노나서 배정한 후 계원 중에서 자의로 시비 론단하는 버릇을 고치지 않는 자에 대하여는 체벌을 가한다.

3. 장사 역사 때에 계원 중에서 사고 있다고 하면서 늦게 오거나 또는 오지 않는 자에 대하여는 벌로서 정속正粟 두 말씩 징수한다.
4. 조세곡을 운반할 때(漕運運下時)에는(매 호) 조 한 섬 한 말씩 운반하고 그리고 남은 것이 있더라도 대호大戶, 소호小戶, 여호餘戶 할 것 없이 다 가서 운반한다.
5. 회격을 쌓을 때에는 음식물이 없을 수 없는바 회를 운반하는 날에는 떡 너말, 탁주 한 동이盆씩 하여 모아 음식하고 회를 쌓는 당일에는 떡 열말, 탁주 네 동이씩 하는 것을 정식으로 한다.
6. 개장改葬은 3년 후에 하고 이때의 음식물은 떡 닷말, 탁수 세 동이씩 하는 것을 정식으로 한다.
7. 염병으로 사망한 경우의 장사는 5리의 거리까지 하고 그것을 넘는 거리에는 행상하지 못 한다.
8. 출가한 딸 및 분가한 동생이 파가하고 합가한 사람이 죽었을 경우에는 원 계원과 같이 취급하는 것을 정식으로 한다.

보는 바와 같이 우선 공회에 참가하지 않거나 어른의 말을 듣지 않거나 공회에서 결정한 것을 함부로 시비하거나 하는 자에 대하여는 엄격하게 처벌하였다. 다음으로 장사 역사에는 누구나 다 동원할 의무가 있었으며 상가에서는 일정한 규정에 의하여 계원을 대접하여야 하였다. 다음으로 향도는 관가에 바칠 물종을 배정하며 관가의 부역을 분담 집행하는 말단 행정 단위적 기능을 수행하였다. 이렇게 후세까지 함경도에 존속한 향도는 원래의 향도에 비하여 많이 변질하였다. 그러나 거기에는 또한 원래의 내용, 기능도 적지 않게 보존되어 있다. 그 후(상기 『경원부준행사목』에 의한다면 19세기 말부터) 이 향도는 그 말단 행정 단위적 기능이 없어지고 순전한 상사, 장사에 관한 조직으로 되었다. 그러나 역시 다른 지방에서의 상여계와는 달리 장사 용구를 공동으로 사용하는 것만을 내용으로 하는 조직이 아니고 신분에 관계없이 누구나 다 역사에 참가하여야 할 의무를 가진 조직이었다.

이렇게 함경도 지방에는 그 지방의 사회적 특수성으로 하여 향도가 비록 변질은 하였으나 부분적으로는 원래의 내용을 보존하면서 근년까지 존속하였다.

30~40년 전까지 있은 평안도 건갈이 지대의 공동 로동 조직으로서의 '황두'가 역시 향도의 내용의 한 측면을 보존한 것이며 '황두'라는 명칭 자체가 향도의 전음이라는 것은 우에서 말한 바와 같다.

* * *

향도 제도는 신라의 화랑 제도와 그 기원을 같이 하는 것으로서 그 명칭에서 화랑 집단을 향도라고도 한 것과 같았을 뿐만 아니라 량자는 내용상으로 볼 때에도 부분적으로 공통성을 볼 수 있었다. 그러나 그 계급적 성격은 정 반대인 것이었다.

향도의 내용, 기능에는 부정적인 측면도 없지 않으나 우리나라에 고유한 풍습, 인민적인 풍습이 다분히 표현되어 있었는데 16세기 70년대 이래로 지배 계급들이 자기들의 계급적 리익을 공고히 하며 확장하기 위하여 향약을 강행하게 된 것을 계기로 하여 쇠퇴하게 되었다. 함경도 지방에서만은 그 지방의 사회적 특수성으로 하여 오래도록 적지 않게 원래의 내용, 기능을 보존하면서 존속하였는바 그것이 순전한 상사, 장사에 관한 조직으로 된 후에도 다른 지방에서의 상여계와는 다른 점이 있었으며 그 명칭도 상여계라고 하지 않고 향도라고 하였다.

이러한 향도 또는 상여계는 농업 협동화 이전까지도 농촌의 마을마다 있었다. 그러나 오늘 우리나라의 농촌은 농업 협동화의 승리로 모든 생산 수단이 조합 공동 소유로 되고 모든 로동이 조합 공동으로 조직되며 마을의 모든 생활이 협동 경리의 대가정 속에서 이루어지게 되었다. 낡은 제도에 기초하였던 낡은 생활 풍습이 급속도로 새로운 것으로 교체되게 되었다. 낡은 사회적 조직인 향도, 상여계는 오늘 어느 농촌의 마을에서나 다 없어지고 관혼상례와 관련한 행사는 조합적으로 또는 작업반적으로 가장 합리적인 방법으로 조직 수행된다.

09.
지봉 리수광이 조선 민속학 분야에 남긴 유산*

-
-
-

경애하는 수령 김일성 원수는 일찌기 조선 로동당 중앙 위원회 5차 전원 회의에서 우리 선조들이 남겨 놓은 고귀한 문화 유산을 맑스-레닌주의적 견지로 분석하고 섭취하는 사업의 중대성에 대하여 다음과 같이 교시하시었다.

… 우리에게는 아직까지도 우리 선조들이 써 놓은 력사나 지리나 기타 군사, 정치, 경제, 문화 분야의 고귀한 유산들을 맑스-레닌주의적 견지로 분석하고 그를 섭취하여 발전시키려 하는 것이 아니라 그 고귀한 유산들을 집어 치우는 아주 용서 못할 엄중한 결함을 가지고 있습니다.
……
우리는 자기의 고귀한 과학, 문화의 유산을 옳게 섭취하며 그를 발전시키는 기초 우에서만 이 타국의 선진 과학, 문화들을 급히 또는 옳게 섭취할 수 있다는 것을 반드시 알아야 하겠습니다.

『김일성 선집』 제4권, 1953년 판, 400~401쪽

조선 민속학은 우리나라 과학계에서 청소한(靑少하다: 역사가 짧고 경험이 적다) 분야의 하나로 되고 있는 것만큼 자기 분야에서의 맑스-레닌주의적 리론과 방법론을 배우고 그에 립각하여 선조들이 자기 분야에 남긴 고귀한 유산을 발굴하여 분석 연구하고 섭취 발

---

* 『문화유산』, 1961년 4호.

전시키는 과업이 다른 어느 분야에서보다도 더 절실하게 제기된다.

민속학 분야에서 우리 조상들이 남긴 유산은 어느 학문 분야에서보다도 못지 않게 풍부하다. 물론 명확히 민속학이라고 판에 박은 저작은 없다. 그러나 세시기歲時記류와 같이 거의 완전히 전문적인 민속학 저서라고 할 수 있는 저작들도 있을 뿐만 아니라 일련의 다른 목적에서 저술된 저서들에서 민속학적 유산을 풍부히 찾아 낼 수 있는바 우리는 그러한 저서들을 다음과 같이 분류할 수 있다.

(1) 국가적 편찬에 의한 정사正史류, 법전류, 지지류
(2) 개별적 학자들의 저서, 특히 패설稗說 문학 작품들과 실학파 학자들의 저서들

그 중에서 실학파 학자들의 저서들은 그 학풍의 특성으로부터 출발하여 구체적 현실을 예리하게 분석 비판하였고, 그 관점이 인민적이고 애국적이었으며, 문화 현상의 계승성 및 변화 발전성을 옳게 인식하였다는 데서 특히 민속학적 유산으로서의 의의가 더욱 크다.

그런데 잘 알려져 있는 바와 같이 지봉 리수광은 그러한 실학의 선구자로서 후세 실학사상 발전에 큰 영향을 준 학자였다. 그러므로 우리가 우리 조상들이 조선 민속학 분야에 남긴 유산을 연구함에 있어서 우선 그로부터 시작하는 것은 응당한 순서로 되는 것이며 또한 그렇게 함으로써 우리가 다른 실학파 학자들에 대한 그런 연구를 하는 데 도움을 얻게 되는 것이다.

1. 지봉芝峯 리수광李睟光의 생애와
   그의 저서 『지봉류설』

지봉 리수광은 1563년(리조 명종 18)에 리씨 왕실의 일족이었던 서울 량반의 가정에서 출생하였다. 자字를 윤경潤卿이라 하였고 지봉은 그의 호였다. 그의 부친 희검希儉은 벼슬이 호조, 형조, 병조판서를 력임하였다. 그러나 그는 매우 검박하여 평상시에는 객을 접대할 때라도 항상 베옷을 입었으며 조정에 나갈 때에 입는 례복이라 할지라도 일찌기 비단 등속으로 만든 일이 없었다. 그는 만년에 서울 동대

문 밖에서 살면서 의복은 몸을 가리울 정도로, 음식은 배를 채울 정도로 검박하게 하였으니 사망한 후 한 섬의 쌀도 저축한 것이 없어서 친척에게서 꾸어 상사 일을 치렀다 한다. 이렇게 지봉의 가정은 대표적인 서울 량반이었으며 높은 벼슬을 지낸 집이었으나 권세를 부리지 않았으며 항상 검박한 생활을 하였다.

이러한 가정 환경에서 생장한 그도 역시 성격이 고결하고 생활이 검소한 것으로 알려졌다. 그는 세 번이나 사신으로서 중국 연경에 다녀 온 일이 있었는데 일반적으로 사신으로서 연경에 왕래하는 것을 한 개 좋은 치부의 기회로 삼던 당시에 그의 돌아 올 때의 복태에는 아무 것도 들어 있은 것이 없이 씻은 듯 하였다 하며 그가 관리 등용을 전'적으로 맡아 보는 리조의 판서吏曹判書로 있었을 때에는 청탁으로 찾아 다니기를 상수로 하던 무리들이 두려워서 꼼짝 못하게 되었다 한다.

그는 1585년(선조 18) 나이 23세 때에 문과에 급제하고 벼슬하기 시작하여 1628년(인조 6)에 66세로 사망하는 해까지 선조, 광해군, 인조 세 왕대에 걸쳐 내외관을 력임하여 리조판서에까지 이르렀다. 그는 이 기간에 임진 조국 전쟁과 정묘란1627년 후금後金(후의 청나라)의 침입을 몸소 겪었으며 세 번이나 사신으로 중국 연경에 다녀 왔고 또 세 곳에 지방관으로서 나간 일이 있었다. 그러므로 그에게는 자기의 견문을 넓히며 내외의 인정 풍속을 관찰할 수 있는 조건이 누구보다도 잘 갖추어져 있었다.

임진 조국 전쟁이 발발되자 그는 리조 좌랑佐郎으로부터 방어종사관防禦從事官으로 되어 방어사 조경趙儆과 함께 령남에 출진하였다가 거기로부터 호남의 남단까지 나가서 호남군과 합세하고 북상하여 수원 부근의 룡인에서 싸웠다. 다음으로 그는 국왕의 뒤를 따라 의주로 갔는바 그 간에 구사일생으로 위지危地를 벗어 난 것이 한두 번이 아니었다. 의주에 도착한 후 그는 곧 어사로 임명되어 함경북도에 가서 인심을 수습하는데 공로가 컸다. 이렇게 그는 조국의 어려운 시기에 위지에 들어 가서 몸소 간난 고초를 겪음으로써 누가 진실로 애국자이며 누구의 힘에 의하여 나라가 수호되는가를 잘 알 수 있었다.

'정묘란'에는 국왕과 함께 강화도에 피난하였고 란후 1628년에 리조판서로 임명되었으나 병 때문에 중추부中樞府 한직으로 옮기고 그 해 12월에 66세로 사망하였다.

그는 1605년에는 함경도 안변부사, 1608년에는 충청도 홍주목사, 1616년에는 전라도 순천부사로서 지방에 나갔었다. 이렇게 하여 그는 중앙과 지방의 실정에 정통할 수 있었으며 임진 조국 전쟁 이후 변천된 사회 력사적 조건 하에 인민이 무엇을 요구하고 무엇을 지향하며 그들의 생활에서 어떠한 변화가 일어 나고 있는가를 누구보다도 잘 살필 수 있었다.

그는 또한 임직 조국 전쟁 전전년인 1590년과 '정유재란丁酉再亂' 당시인 1597년과 1611년의 세 차례에 걸쳐 사신으로서 중국 연경에 다녀왔다. 특히 1597년에는 연경에서 안남국安南國(지금의 월남) 사신과 같은 숙소에서 50여 일 동안 동숙하면서 그 생활 풍습을 잘 관찰하였으며 시로써 창화唱和하며 필담으로 문답하였고 1611년에는 140일 동안이나 연경에 머물렀는바 그 간에 류구琉球 사신과 역시 시로서 창화하고 필담으로 문답하였으며 섬라暹羅(지금의 타이)국 사신과도 만났다. 또 그 동안에 중국에 전래한 대포, 자명종, 안경, 서양포西洋布, 세계 지도, 천주교 등 서양의 문물들과 불랑기국佛狼機國, 남번국南蕃國, 영길리국永吉利國, 구라파국歐羅巴國 등 서양의 나라들에 대하여도 단편적이고 부정확한 지식이기는 하였으나 누구보다도 먼저 들을 수 있었으며 따라서 그의 식견과 시야는 그 당시 누구보다도 넓었다.

주지하는 바와 같이 17세기에 우리나라에는 전란의 피해와 착취의 강화로 인한 인민 생활의 불안정과 중국과의 왕래, 표착인 등을 통하여 들어 온 구라파의 자연 과학과 기술의 영향 등 일련의 사회 력사적 조건에 의하여 실사구시實事求是(실천을 통하여 진리를 인식)의 구호 하에 실질적 현실 생활과 결부된 학문을 연구하는 선진적인 실학사상이 발생하였다. 그것도 바로 조국의 부강 발전을 지향하는 진보적 량반들과 자기들의 생활 개선을 요구하여 나선 농민들과 도시 평민들의 리익과 지향의 반영이었으며 조선의 유물론 전통의 계승 발전이었는바 이상에서 본 바와 같은 생애와 활동의 경력을 가진 지봉 리수광은 바로 이 실학 운동의 직접적인 사상적 선구자로서의 영예를 지녔다.

그의 실학 학풍은 그의 저『지봉류설』에서 나타나고 있다. 저자 자신이 쓴 머리'말에 의하면『지봉류설』은 1614년에 최종적으로 탈고된 것이니 그것은 그의 나이 52세 되던 때(중국에 마감 번으로 다녀 와서부터 2년 후) 즉 그의 사상과 학문이 충분이 원숙된 시기의 저작이었다. 그는 이 저서에서 유교의 경전에만 집착하지 않고 불교, 도교의 서적들 그리고『천주실의天主實義』,『구라파국여지도歐羅巴國輿地圖』와 같은 천주교와 서양의 과학 서적까지도 거리낌 없이 참고하여 천문, 지리, 제도, 학문, 도덕, 풍속, 예술, 종교, 속신, 의복, 음식 등등 각 부문에 걸쳐서 본 것, 들은 것과 그에 대한 자기의 견해를 기술하였고 특히 우리나라의 사실들에 대하여 치밀한 고증과 진보적인 평가를 내렸으며 또 처음으로 구라파의 나라들과 그 각종 문물 풍속을 소개하였다. 이 저서는 일정한 학적 체계를 이루지는 못 하였으나 거기에서 우리는 중국이 바로 세계의 중심이며 유교는 만능이라고 하는 종래의 유교 사대부들의 신념에 대한 비판적 경향을 보게 되며 구체적 현실 속에서 진리를 찾으려는 실학 학풍의 맹아를 보게 된다. 이 저서는 이런 의미에서 종래 높이 평가되었다. 그러나 우리는 그러한 의미에서 뿐만 아니라 이 저서는 또한 우리 조상이 남긴 훌륭한 민속학적 저서의 하나라는 것을 강조하지 않을 수 없다.

민속학적 의의를 가지는 개별적 학자들의 저서는 그 이전에도 있었다. 13세기의 최자崔滋의 『보한집補閑集』, 14세기 리제현李齊賢의 『력옹패설櫟翁稗說』, 15세기 말의 서거정徐居正의 『필원잡기筆苑雜記』, 성현成俔의 『용재총화慵齋叢話』 등은 그 뚜렷한 례인바 『지봉류설』은 그러한 저서의 계승이다. 이와 관련하여 그는 『지봉류설』 머리'말에서 다음과 같이 썼다. "우리나라는 례의로써 중국에 알려졌으며 훌륭한 학자가 뒤를 이어 나왔으나 그 업적이 전하여지는 것이 적은 것은 유감한 일이다. (중국에는) 력대로 여러 소설[1] 저술들이 있어서 견문을 넓히고 과거 사실을 고증하는 데 도움으로 되건만 (우리나라에는) 고려 때의 『보한집』, 『력옹패설』, 리조에 들어 와서의 『필원잡기』, 『용재총화』 등과 같은 수십 명의 것이 남아 있을 뿐이고 세상에 전할 만한 가치가 있는 것들이 그 간에 다 없어졌다. 나와 같이 본 것과 아는 것이 적은 사람이 어찌 감히 저술가로 자처하오리마는 약간 적어 둠으로써 잊어 먹지 말려는 것이 나의 본의이다."

그러나 리수광의 『지봉류설』은 그 이전의 것들과 다음과 같은 점에서 다르다. 첫째로 그 이전의 것들은 그 시야가 동방의 좁은 세계에 국한된 것이었다면 이것은 남방과 서방의 구라파에까지 미쳤으며 그 이전의 것들은 거의 전'적으로 량반 내부 생활을 내용으로 한 것이었다면 이것은 인민의 생활을 다분히 취급하였으며 그에 대한 견해, 평가가 진보적이며 인민적이다. 『지봉류설』을 그 이전의 것에서 대표적이라고 할 수 있는 『용재총화』와 비교하여 볼 때의 물론 량자는 그 취급 제목과 서술 체제에서 많이 다른 점이 있지만 포함된 민속학적 내용이 『용재총화』는 향락적이고 량반적인 냄새가

---

[1] 한문 문학에서 사실, 일화, 민속, 민담, 한시, 한문 등에 관한 것을 내용으로 하는 작품을 패설(稗說) 또는 소설(小說)이라고 하였다.

많다면 『지봉류설』은 어디인가 근로적이고 인민적인 점을 느끼게 되는 것이다. 둘째로 그 이전의 것은 이른바 패설 문학으로서 그야말로 일화적인 것이 주였다면 이것은 백과사전적인 저작으로서 민속학적 내용이 집중적으로 포함되어 있다. 그 후 리익李翼의 『성호사설星湖僿說』, 저자 불명의 『견첩록見睫錄』, 리덕무李德懋의 『청장관전서靑莊館全書』, 리규경李圭景의 『오주연문장전산고五洲衍文長箋散稿』 등과 같은, 민속학적 저서의 의의를 다분히 가지는 백과사전적인 저서들과 류득공柳得恭의 『경도잡기京都雜記』, 김매순金邁淳의 『렬양세시기洌陽歲時記』, 홍석모洪錫謨의 『동국세시기東國歲時記』 등과 같은 순 민속학적 저서라고 할 수 있는 저서들이 실학과 계통의 학자들에 의하여 뒤를 이어 세상에 나왔는바 실로 리수광의 『지봉류설』은 이러한 저작에서의 효시嚆矢로 된다.

지봉 리수광의 저서로서는 총 20권으로 되는 『지봉류설』 외에 또 총 31권으로 되는 『지봉집』이 있다. 이외에 또 총 25권으로 되는 『찬록군서纂錄群書』라는 것이 있는 모양이나 필자는 보지 못하였으며 그 내용을 알 수 없다.

2. 그가 남긴
민속학적 자료

우에서 말한 바와 같이 리수광의 저서 『지봉류설』에는 민속학적 내용이 풍부히 포함되어 있는바 그것은 다음과 같은 의미에서 특히 조선 민속학의 고귀한 유산으로 된다.

(ㄱ) 수록된 민속학적 자료에는 근로 인민의 생활 풍습과 관련한 것이 많다
(ㄴ) 서방과 남방의 나라들에 대한 민속을 소개하였으며 새로 들어오는 구라파 문물에 대한 접수 태도가 맹목적이 아니고 비판적이다.
(ㄷ) 수록한 민속학적 자료에 대하여 객관주의적이 아니고 치밀한 고증과 함께 당시로서는 진보적인 평가를 내렸다.
(ㄹ) 수록한 민속학적 자료는 그것의 유래와 현재의 상태를 밝히는 방향에서 서술되었으므로 그 시대가 명료하다.

이리하여 우리는 이 저서 하나만 가지고도 어느 정도로 16세기 말~17세기 초의 우리 나라의 민속을 복원하여 볼 수 있게 된다. 이제 그의 저서 『지봉류설』에 보이는 민속학적 자료 중에서 대표적인 것들을 몇 개의 항목으로 나누어 고찰하기로 한다.

1) 생산 기술과 관련한 것

지봉 리수광은 실학파의 선구자로서 조국을 부강하게 하기 위한 방도에 대하여 비록 철저하지는 못 하였으나 관심을 가지었다. 그는 조선에 "송나라 시대까지도 중국 상선이 끊임없이 왕래하였는데 명나라에 이르러 왜적의 환난으로 말미암아 황해에 대한 금령이 심히 엄하여져서 서로 200여 년 동안 교통되지 않았다."(『지봉류설』 권2 지리부 도로)고 서술하여 해외 통상의 필요를 암시하였다는 것은 잘 알려져 있는 사실이다. 그런데 그는 다른 데서 또 페르샤 배에서는 곤이鵾를 양하여 수천 리를 향해하고서는 한 마리씩 놓아 집에 가게 함으로써 안전을 알리는 통신 수단으로 하였다는 것을 소개하고 계속하여 "우리나라에서 평상시에 인가에서 비둘기를 많이 양하는데 전하여 오는 말에 고려 때에 사신들이 해로로 중국(송나라) 서울에 왕래하였으므로 이것을 양하여 통신 수단에 쓴 것이라고 하는 바 그 말이 그럴듯 하다."(동 권20 금충부)라고 썼다. 즉 인가에서 비둘기를 많이 양하는 풍습에 관하여도 그 유래를 생각하고 조상들의 우수한 항해 기술의 전통을 감명 깊게 회상하였으며 사람들을 고무하였다.

농업 생산 기술의 침체성을 개탄하는 그의 서술은 실학 선구자로서의 그의 풍모를 보여 줌과 동시에 그것으로써 또한 훌륭한 민속 자료로 된다.

그는 수차水車를 사용하는 습속이 보급되지 못 하는 것을 개탄하면서, 중국에서는 수차 사용법을 일찍부터 창안 도입하여 매우 편리하다는 것을 지적하고 우리나라에서 얼마 전에 양만세楊萬世가 외국에 가서 수차 제작법을 알아 와서 매우 편리하게 되었는데 사람들이 적극성이 없어서 사용하기를 좋아하지 않는 것은 가석한 일(동 권19 복용부 기용) 이라고 써서 17세기 초까지도 우리나라에는 수차로 물을 대는 습속이 보급되지 않았다는 것을 알게 한다.

그는 또 "임진왜란 후 농우가 거의 다 없어져서 부녀자들이 인력으로 밭갈이하므로 공력이 곱이나 들어서 고통스럽다."(동 권16 어언부 잡설)고 임진 조국 전쟁 후의 생산력의 혹심한 파괴상을 구체적으로 서술하였다. 축력이 부족할 때에 인력으로 갈이하는 풍속이 우리나라에 있었다는 것은 15세기 중엽의 저작인 강희맹姜希孟의 『금양잡록襟陽雜錄』에도 보이는 것인데 이것으로써 임진 조국 전쟁 후에도 한 때 그런 일이 있었다는 것을 알게 된다.

산간 지방에서 화전 경작을 하는 풍습은 어디서나 볼 수 있는 보편적인 현상이었다. 이와 관련하여 그는 중국의 원상沅湘 지방에서는 산이 많으므로 나무를 베고 불을 놓은 다음에 조를 심는다는 것을 지적하고 "현재 우리나라의 산간의 군에서도 그렇게 하면서 그것을 화전이라고 한다."(동 권2 지리부전)고 서술하였는바 이것이 그가 문화의 비교 연구 방법을 훌륭히 도입한 례의 하나로 된다.

그는 우리나라의 수공업의 우수한 전통에 대하여 긍지를 가지고 썼다. 계림지鷄林志에서 고려 사람들이 염색을 잘하며 특히 붉은 색과 자지색을 잘한다고 하였는데 지금도 자지색은 어디보다도 우수하다고(동 권19 복용부) 하였다는 것, 우리나라의 경면지鏡面紙, 황모필黃毛筆, 화문석花紋席은 중국에서는 생산하지 못 하는 우수한 수공업품으로서 중국 사람들이 매우 진귀하게 여긴다는 것(동 권16 어언부, 19 복용부), 특히 우리나라의 붓과 먹은 안남, 류구의 사신들도 천하의 절품이라고 찬양하였다는 것, 우리나라의 라전 세공 제작품은 매우 우수하여 중국으로도 간다는 것(동 권19 복용부) 등을 자랑으로 서술하여 당시 우리나라 수공업의 높은 발전 면모의 일단을 구체적으로 보여 주었으며 그런 수공업품들의 해외에서의 명성을 알 수 있게 하였다.

2) 복식, 음식과 관련한 것

의복, 음식, 주택은 인민의 생활 수단의 세 기본 요소로 된다. 의복, 음식, 주택은 민족에 따라 각기 고유한 전통을 가지고 있음과 동시에 시대에 따라 변화 발전하는바 그 중에서 의복의 변화가 특히 더 빠르다.

지봉 리수광은 의복의 변화 발전에 대하여 특히 관심을 가졌으며 그에 대하여 많이 서술하였다.

그는 우선 조선 사람에게는 유구한 과거로부터 백색을 좋아하는 풍습이 있었다는 것을 지적하면서 "례기에 '은 나라 사람들은 흰 색을 좋아하였다殷人尙白'고 하였다…그런

즉 우리나라 사람들이 흰 옷 입기를 좋아하는 것은 아마도 기자殷太師의 우풍일 것이다."(동 권2 제국부)라고 썼다. 흰 옷 입는 풍습의 유래를 기자의 유풍이라고 본 것은 별문제로 하고 여하간 그가 우리나라 사람들이 흰 옷 입는 전통이 유구하다고 본 것은 옳은 견해다. 『수서隋書』에도 신라에서는 "의복 색갈로서 흰 것을 좋아 한다"고 한 것이 있거니와 우리나라에서는 고래로 관복을 제외하고 민가에서는 흰 옷을 상승하였었다. 민간에서 흰 옷 입는 것을 금한 것은 고려 때(13세기 말경 – 충렬왕 때)부터의 일이었는데 그것은 음양오행 사상으로 보아서 동방의 위치한 우리나라에서는 푸른 옷을 입을 것이지 흰색은 마땅치 않다는 데서였다.

그러나 리조에 들어 와서는 관복과 일반 복색을 다 붉은 것으로 하였는데 그는 다음과 같이 그 당시 일반 복색에서 큰 변화가 일어 난 것을 지적하고 그 원인에 언급하였다.

> 우리나라 사람들이 즐겨 흰 옷을 입는다고 하지만 나라에 금제가 있었으며 먼저 왕 때에도 흰 옷을 금하였던 것이다. 원래 관직이 없는 사람이라도 외출할 때에는 역시 붉은 직령直領을 입은 것이며 나도 어릴 때에 친히 본 일이었는데 가정 을축(1565년) 이후 자주 국상이 나서 이어 흰 옷을 입게 되면서부터 드디어 습속을 이루게 되어 지금은 붉은 직령이 완전히 없어지고 온 나라가 흰 옷을 입는다.
>
> 동 권8 군도부 법금

이것으로써 우리는 16세기까지는 관복 뿐만 아니라 일반 의복도 적어도 외출할 때 입는 웃옷은 붉은 것으로 하였다는 것과 련속적으로 국상이 있은 것이 흰 옷으로 돌아가는 계기로 되었다는 것을 알 수 있다. 봉건 국가에서는 그 후 흰 옷을 금하고 푸른 옷을 입게 한 것이었으나 잘 실행되지 않았다.

그는 또 그 당시(17세기 초) 의복에서의 신분에 의한 제한이 많이 변화한 데 대하여 다음과 같이 썼다.

> 내가 어릴 때에 본 일인데 돌아 간 부친은 매우 검박하여 평상시는 객을 접대할 때라도 항상 베옷을 입었으며 조복이라고 할지라도 비단 등속으로 만드는 일이 없었다. 장성하여 숭문원에 벼슬하게 되면서 본 바에 의하더라도 많은 제조提調들 중에서 황정욱黃廷彧과 윤탁연尹卓然이 비단으로 만든 답

호(褡胡-전복과 비슷한 것)를 입었고 그 외는 없었는데 지금은 겨우 당상관으로 되면 의복을 모두 채색 비단으로 하고 혹 흰 무늬 비단으로 아래웃 옷을 만들며 시정의 친한 사람에 이르기까지도 복식이 화려하기 그지 없다.
동 권15 섭행부

일찌기 실록을 보건대 태조 때에 상강군 김인찬金仁賛이 채색 비단을 입었다가 구금되어 심문 당한 것이었는데 근래에는 나라 금령이 해이하여 사서민으로서 사라紗羅를 입으며 창녀 천인으로서 채색 비단을 입고 마음대로 하면서 법을 두려워하지를 않으니 또한 세상이 변하였다는 것을 알 수 있다.
동 권19 복용부

이렇게 임진 조국 전쟁 이후 량반 관료들 뿐만 아니라 일반 사서민, 시정의 창녀 '천민' 신분의 사람들도 비단 등속을 입으며 사치하게 되어 세상이 변하였다는 것은 무엇을 의미하는가? 그것은 임진 조국 전쟁 이후 지배 계급들의 착취 략탈이 더욱 강화되고 상품 류통이 차츰 증가하여 감에 따라 농민들의 생활이 더욱 악화되어 가는 반면에 지배 계급들의 부는 증대되고 중인 서얼 시정 고리대금업자들의 경제력이 강화되어 갔었는데 그런 사정이 곧 복식에 반영되었다는 것을 의미한다.

이 시기에 유생 즉 지방 량반 계층들의 복식에서 또한 중요한 변화가 일어 났는바 이에 대하여 그는 다음과 같이 썼다.

원래 유생은 말 타는 것이 금지되었으므로 신을 신고 도보한 것이고 말 타고 다니는 일이 드물었는데 지금은 목화靴를 신고 말을 타는 것이 완전히 조관들이 하는 것과 같고 도보하는 유생이 절대로 없다. 또 유생은 평시에 어른이라 할지라도 행전行纏을 신고 직령 옷을 입었었는데 지금은 젊은이도 다 도포道袍를 입고 행전을 버리고 분투分骰옥수수 껍질로 만든 겨울용 어린이 신발를 신으며 비록 젊은 사람으로서 어른께 뵐 때에도 또한 그렇게 하는 것이 보통으로 되고 있으니 가히 시대 풍속이 변하였다는 것을 알 수 있다.
동 권3 군도부

이것은 역시 사화 당시에 타격 받았던 사림 즉 지방 량반들의 세력이 이 시기에 다시 일어섰다는 사실과 관련된다고 할 것이다.

그는 또 의복의 변화와 관련하여 우리나라에 한 때 준군駿裙 또는 마미군馬尾裙이라는 특수한 바지가 류행된 사실에 대하여 다음과 같이 썼다.

> 패사에 의하면 마미군은 조선에서 시작하여 연경에 전파되어 귀인 천인할 것 없이 날로 입는 사람이 많아졌으며 성화 년간(15세기 후반)에는 조관들도 다 입었었는데 이 의복은 요사스러운 것이므로 홍치 초(15세기 말)에 처음으로 금하였다 한다. 이것은 바로 우리나라에서 준군駿裙이라고 한 것으로서 예전에 몹시 좋아한 것이었으나 지금은 완전히 없어졌다. 또한 한 때의 류행에서 나온 것이었다.
>
> 동 권19 복용부

이것으로써 우리는 15세기에 한동안 우리나라에는 말총으로 짜서 만든 일종의 바지가 크게 류행되었으며 중국에까지 전파된 일이 있었다는 것을 알 수 있다.

그는 또 우리나라 사람들이 누비옷衲衣을 즐겨 입는데 대개 그것은 중의 옷에서 시작된 것이라고 하면서 『계림지』에 고려에서 누비옷 입은 중을 선사禪師라고 하는데 그 누비가 매우 잘 된 것이라고 한 것을 증거로 하였다(동상).

다음으로 그는 머리의 장식에 대하여 상당히 관심을 가졌으며 그 유래에 대하여 일가의 견해를 가지고 있었다.

우선 우리나라 부녀자들의 머리 장식과 관련하여 『수서隋書』에서 신라는 "부인들이 머리카락을 땋아 머리에 둘리고서辮髪繞頭 채색 비단과 구슬로써 장식한다"라고 한 것을 바로 후세의 얹은 머리와 같은 것으로 보면서 그런 습속이 형성된 것이 오래다고 하였고(동 권15 신형부) 부인들이 귀걸이를 걸고 가락지를 끼는 것은 우리나라 부인들에게만 있는 풍습이 아니나 다만 부인들의 얹는 머리髻鬟와 사내아이들의 땋는 머리辮髪는 되胡의 풍습 즉 중국과 다른 고유한 풍습이라고 보았는바(동 권2 제국부) 그것은 옳은 견해라고 할 것이다. 또 그가 우리나라 부인들의 큰 머리假首를 중국의 가계假髻에서(동 권15 신형부), 너울羅兀을 중국의 석모席帽에서(동 권19 복용부) 온 것으로 보았는바 그 견해의 옳고 그른 것은 간단히 판별할 수 없는 일이지만 그것으로써 그 당시 그런 것이 있었다는 것을 알게 되는 것만 하여도 의의가 크다.

여기서 한 가지 더 이야기 할 것은 당시 우리나라에는 녀자 뿐만 아니라 남자들도 귀걸이를 거는 풍습이 있었다는 사실인바 그것은 1572년에 봉건 정부가 대소남아大小男兒가 반드시 귀를 뚫고 귀걸이를 거는 것을 되의 풍습이라고 하여 엄금하였다는 사실[2]

로 보아서 알 수 있다. 그리고 여자들이 귀걸이를 거는 풍습에 대하여 본다면 개성에서부터 황해도, 평안도에 이르는 지방에는 19세기까지도 있었다는 것을 리규경의 『오주연장전산고』에 의하여 알게 된다.[3]

남자들의 머리 장식에 대하여도 서술한 바 있다. 그는 조선에 관한 중국 문헌에 보이는 '절풍건折風巾'('一統志'에 보임), '절풍모折風帽'('李白樂府 高句麗詞'에 보임)를 바로 갓 등속笠子類과 같은 것이라고 보았다(동 권19 복용부). 그가 그렇게 보게 된 것은 『대명일통지』에 조선 사람은 절풍건을 쓴다고 하였고 그 얼마 전 우리나라 해남海南군의 어부가 명나라 절강 지방에 표착한 일이 있었는데 그들을 돌려보내면서 명나라 례부禮部에서 보내 온 글에 머리에 절풍건을 썼다고 한 문구가 있는 데서였다. 명나라에서 '절풍건'이라고 한 것이 갓(특히 삿갓)과 같은 것이었다는 것은 틀림없는 것 같다. 그러나 그것이 반드시 고구려의 '절풍모'와 같은 것이라고 말할 수는 없다. 『북사北史』에 고구려 사람들은 "모두 머리에 절풍을 쓰는데 그 모양이 변弁(복두)과 같으며 사인士人은 두 개의 새깃鳥羽을 더 꽂는다"고 하였는데 고구려 고분인 쌍영총 벽화에 그려 있는 인물이 쓴 '변'과 같은 것에 새깃을 꽂은 것이 바로 고구려의 '절풍'이라고 짐작되는데 그것은 후세의 갓 등속과는 너무도 거리가 먼 것 같다.

그는 또 망건網巾(상투 있는 사람이 머리가 흩어지지 않게끔 이마 우에 둘려 쓰는 말총으로 만든 것)의 유래와 전파 정형에 대하여 다음과 같이 썼다.

> 망건은 옛날에는 없던 것이며 명 초에 도사道士들이 만들어 쓴 것인데 명 태조가 명령하여 천하 사람이 귀천을 막론하고 다 쓰도록 한 데서 드디어 제도로 된 것이다. 내가 연경에 갔을 때에 여러 나라 사신을 본 즉 오직 류구 사람만 썼었는데 그 사신이 우리나라 역관께 묻기를 귀국에서는 평상시에도 망건을 쓰는가고 하기에 우리나라에서는 귀천을 물론하고 항상 쓴다고 대답한즉 사신이 말하기를 저들의 나라에서는 평상시는 망건을 쓰지 않는다고 하였다. 이것으로 보면 중국 외에는 오직 우리나라 사람만 망건을 쓰는 것이고 다른 나라는 그렇지 않은 것이다.　　동 권19 복용부

・・・
2 『선조실록』 5년 9월조 참조.
3 일제 편찬, 『리조각종문헌민속관계자료활요』, 1034~1035쪽 참조.

이렇게 그는 우리나라의 문화 풍습에 대하여 항상 그 유래와 변천을 밝힘과 동시에 다른 나라와 비교 연구하는 방법을 적용한 것이었다. 지봉 이후 성호 리익, 아정 리덕무, 오주 리규경 등 실학파 학자들이 우리나라의 남녀 의복, 머리 장식에 관하여 그 유래, 변천 내지 그것을 어떻게 고칠 것인가에 대하여 깊이 연구하고 자기 견해를 발표한 일이 있는데 자기 나라의 문화 풍습의 전통과 그것을 어떻게 건전하게 계승 발전시킬 것인가에 대하여 연구하는 그러한 학풍의 단서는 실로 지봉 리수광이 열어 놓은 것이었다.

음식과 관련한 서술에서는 약밥, 밀과蜜果와 같은 우리 나라에 고유한 특수 음식과 그 당시 서양 및 남양에서 들어온 새로운 기호품, 식료품에 대하여 서술한 것이 주목된다.

그는 약밥에 대해서 "지금 우리나라 풍속에 2월 15일에 잡과밥雜果飯을 만들어 먹으면서 약밥이라고 하는데 중국 사람들이 그것을 매우 진지하게 여긴다. 생각건대 신라 때에 정월 15일에 까마귀가 글 쓴 것을 물어 온 신기한 일이 있은 데서 매양 이 날에 찰밥을 지어 까마귀를 제사하였는데 대개 이것으로부터 풍습을 이루게 된 것이다."(동 권1 시령부)라고 하였고 밀과蜜果에 대하여 "밀과를 약과藥果라고 하는 것은(그 재료로 되고 있는) 보리는 사시의 정기四時之精를 구비한 곳이고(보리는 가을에 심고 이듬해 여름에 수확하여 일년 사시를 통하여 자라는 곡물이라는 데서 그렇게 말함) 꿀은 온갖 약 중에서 으뜸가는 것이고 기름은 벌레를 잘 죽이는 것이기 때문이다. 중국에서는 연향 때에도 쓰지 않는데 우리나라 사람들은 대단치 않은 제사나 연회 때에도 다 사용한다."(동 권20 식물부)라고 하였다. 또 대구어에 대하여 "대구어는 우리나라의 동해에서 나는데 그 이름이 중국 옛 문헌에 보이지 않으며 중국 사람들이 진미로 삼는바 중국 다니는 사람들이 무역품으로 한다."(동 권20 금충부)라고 썼다. 우리는 이러한 기사들에 의하여 저러한 음식물들이 우리나라에 일찍부터 노급되었으며 해외까지도 잘 알려지고 있었다는 것을 알 수 있다.

우리나라에서 기후가 추운 북부 지방에서는 사시를 통하여 소주를 많이 사용하지만 남쪽지방에서는 더위를 막는 의미로 여름철에만 사용하는데 그러한 풍습이 형성된 것이 16세기경부터라는 것과 소주는 원래 몽고 사람들과의 접촉 과정에서 들어 온 것이라는 것을 그의 다음과 같은 서술을 통하여 알 수 있다.

소주는 원나라 때부터 있는 것인데 다만 약으로나 쓸 것이고 되는 대로 먹지 못할 것이므로 작은 잔을 소주잔이라고 하였다. 그런데 근세近世에 와서 사대부들이 호화한 생활을 하고 술을 망탕 마시게 되어 여름철에 소주를 사용하는데 큰 잔으로 잔득 취할 때까지 마구 먹으므로 폭사하는 일도 많게 된다.

동 권19 식물부

임진 조국 전쟁을 전후한 시기부터 서양 및 남양의 새로운 문물이 우리나라에 들어와 인민의 생활 풍습에 새로운 요소를 첨가하게 되었는바 그러한 새로운 문물 중에는 담바고淡婆姑(南靈草), 남만초南蠻草, 남만시南蠻柿 등과 같은 기호품, 식료품이 포함되어 있다. 당시 포도아, 서반아 등 서양 사람들이 남해로부터 배로 왔으므로 그들은 잘못 남만인이라고 하였고 그들이 가져온 물종이라 하여 남만초, 남만시라고 부르게 되었으며 남방에서 전래한 것이라는 의미에서 남령초라는 물명이 붙게 되었던 것이다. 그런데 『지봉류설』에는 그러한 새로운 물종들에 대하여 다음과 같은 서술이 있으므로 하여 우리는 그러한 것이 우리나라에 전래, 리용, 전파된 과정을 잘 알 수 있게 된다.

담바고는 풀 이름인데 남령초라고도 한다. 근년에 처음 일본으로부터 온 것인데 잎을 따 말리워 불에 태운다. 병 있는 사람이 참대竹筒를 리용하여 그 내굴물건이 탈 때 일어나는 부윻고 매운 기운을 빨고는 이어 뿜으면 내굴이 코'구멍으로 나간다. 담습痰濕을 가장 잘 없애고 치미는 기운을 내려 밀려 또 술이 잘 깨게 한다. 그러므로 지금 사람들이 많이 심는데 법대로 사용한다면 매우 효과가 있다. 그러나 독이 있는 것이므로 경솔히 쓰지는 못 할 것이다. 혹 전하기를 남만국에 담바고라는 녀자가 있어 담병을 앓았는데 여러 해 동안 이 풀을 복용하고 치료되었으므로 그렇게 이름한 것이라고 한다.

동 권19 식물부

이것을 보면 17세기 초에는 우리나라에 담배 피우는 풍습이 상당한 정도로 전파되었으나 아직 기호품으로서가 아니라 거담제, 하기제下氣劑로서 쓰였던 것이다. 담바고淡婆姑라는 명칭의 어원에 대한 기괴한 해석은 외국어를 한'자로 음사하여 놓고 그것을 한'자의 의미에 따라 해석하는 오유의 한 례인 것이다.

남만초는 큰 독이 있는데 처음에 일본으로부터 왔다. 그러므로 항간에서 왜계자라고도 한다. 지금 왕왕 심는데 술'집에서 그 몹시 매운 점을 리용하여 혹 소주에 타서 파는데 마시고서 죽는 사람이 많다.
동 권20부 초목부

남만초 즉 당추는 원래 열대 지방의 식물로서 남방의 원산지에서도 조미료로서 쓰이지마는 오늘 조선 사람은 그 가장 애호자로서 알려져 있다. 그러나 보는 바와 같이 17세기 초까지만 하여도 왕왕 심는 일이 있는 정도에 불과하였던 것이다.

> 남만시는 풀에 열리는 감이다. 봄에 나서 가을에 여무는바 그 맛이 감과 같다. 원래 남만에서 나는 것인데 근년에 한 사신이 중국에서 그 종자를 얻어 왔다. 또한 진귀한 과실이다.

동 권19 식물부

우리는 『지봉류설』에 보이는 이상과 같은 귀중한 기사에 의하여 담배, 당추, 도마도와 같은 열대 원산의 물종들이 적어도 1614년(『지봉류설』이 탈고된 해) 이전에 우리나라에 들어 와 일정한 정도로 인민의 생활 풍습에 영향을 주고 있었다는 것을 구체적으로 알게 됨과 동시에 그것은 호박, 감자, 옥수수 등과 같은 외래 품종은 아직 들어오지 않았다는 것을 간접적으로 증명하는 것으로도 된다.

3) 가정적 및 사회적 생활과 관련한 것

리수광의 저 『지봉류설』은 저자 자신이 권두의 범례에서 말한 바와 같이 그가 고서에서 본 것이라던가 직접 보았거나 들었거나 한 것을 기억나는 대로 그때그때에 수록한 것을 그 량이 많아지게 됨에 따라 분류한 것이고 처음부터 일정한 체계 하에 계통적으로 서술한 것이 못 되며 또 각 부문에 따르는 서술 내용의 량과 질이 불균형적이다. 이런 데서 『지봉류설』에서의 특히 가정적 및 사회적 생활과 관련한 민속학적 자료를 그가 생각하기에 찬양할 만 한 것과 그와 반대되는 것, 그리고 기사일문奇事逸聞적인 것을 단편적으로 서술한 것에 불과하다. 그렇기는 하나 그것으로써 그 시대 그 부문의 민속을 리해하는 데 또한 일정한 의의를 가진다.

그는 우리나라에서의 동성불혼 및 신분에 따르는 혼인 제한 풍습에 대하여 일정하게 자기 견해를 표명하였다.

"동성과 혼인하지 않는 것은 례법이다. … 고려 때에는 국왕도 동성과 혼인한 것이니 일반 사서민에 있어서는 더 말할 것도 없다. 리조에 들어 와서 사대부들이 례법을 준수하게 되었으며 특히 혼례에 대하여 엄격히 하고 있다. 그러나 성'자만 같고 본관이 다른 것은 동성이 아니라고 하면서 꺼리끼지 않고 혼인한다."(동 권17 인사부)라고 말하여 우리나라에서의 동성불혼 풍습이 철저하지 못한 점을 지적하고 계속하여 "선조왕 대에 내가 홍문관에 있을 때 왕의 명령으로 (중국의) 력대 임금의 사위에 임금과 동성인 례가 있는가를 조사한 일이 있는데 오직 당 나라 소종昭宗 때에 리무정李茂貞의 아들이 공주에게 장가들었으나 무정의 본래 성은 송가였고 리는 나라에서 준 성이었으며 이외에는 동성이 없었다"고 말하여 성만 같으면 본이 다르더라도 혼인하지 않는 것이 옳다는 의견을 표명하였다. 말하자면 그는 동성불혼의 철저성을 주장하는 한 사람이었다. 그러나 그는 신분에 따르는 결혼의 제한에 대하여는 반대였던 것이니 사위 선택의 표준은 모름지기 본인의 재능에 둘 것이고 신분의 고하에 둘 것이 아니라는 자기 사상을 다음과 같은 윤효손尹孝孫에 대한 일화를 례로 들어 표명하였다.

> 윤호손은 성종 때 사람으로서 어릴 때에 벌써 글을 잘 지었다. 그 아버지는 의경부 록사錄事(서리)였는데 재상을 뵈려고 이른 아침부터 문전에 가서 명함을 들여 보냈으나 문지기는 사람이 쉰다고 하면서 들여 놓지 않았다. 날이 늦도록 기다리다가 주린 배를 끌어 안고 집에 돌아 와서 하는 말이 나는 재능이 없어서 이렇게 욕을 당하나 너는 공부 잘 하여 네 아버지와 같이는 되지 말라고 하였다. (이 말을 들은) 효손이는 그 명함 말미에 … 즉 재상의 태만을 풍사하는 시를 썼다. 이튿날 아침에 그 아버지는 잘 살펴 보지 않고 또 가서 명함을 들여 보냈더니 재상이 그 시를 보고 곧 들어오라고 하고 이 시를 네가 썼는가고 물었다. 그 아버지는 깜짝 놀라 어찌할 바를 모르면서 그 필적을 살펴 본즉 그것은 효손의 글씨였다. 하는 수 없이 사실 대로 말하였던바 효손이를 불러 오게 하여 그 재능이 비범함을 보고 몹시 칭찬하였다. 때에 재상에게 소녀가 있어 사위를 고르는 중이였던데 그는 내실에 들어 가서 부인과 오늘 훌륭한 사위감을 얻었다고 말하였다. 부인은 반대하면서 내 딸을 어떻게 록사의 아이와 결혼시키겠는가고 하였으나 재상은 듣지 않고 마침내 그 딸을 결혼시켰던바 효손이는 후에 과거에 급제하고 벼슬이 판서에까지 이르렀다. 　　　　동 권17 인사부

그는 또한 혼인과 관련한 특수한 풍습들을 소개하였다. 제주도의 혼인 풍습에 관하

여 다음과 같이 썼다.

탐라耽羅(제주도)는 먼 바다 가운데 있는데 주민들이 바다를 집으로 삼고 고기잡이와 해채 뜯기로써 생활하여 가기 때문에 해마다 바다에 빠져 죽는 사람이 많아서 남자가 적고 녀자가 많은 관계로 일부다처적인 풍습이 일반적 현상이라고(동 권2 제국부) 썼다.

이것은 매우 과장된 소문을 그 대로 쓴 것이라고 할 것이다. 그러나 이것으로써 그 사회 경제 조건의 특수성으로 하여 제주도에는 특수한 혼인 관계, 부부 관계가 있었다는 것을 짐작할 수 있는바 그러한 유풍은 근세까지도 다소 남아 있은 것 같다.

그는 중국의 중들이 계률을 잘 지키지 않고 처자를 가진다는 것을 말하고서 우리나라의 평안도 중들도 처자를 가지고 있는 것이 중국의 중과 같다고 하였다(동 권18 외도부). 이와 관련하여 여기서 더 말하려 하는 것은 그가 우리나라에서 처자를 가지는 례로서 평안도 중을 들면서도 함경북도의 유명한 '재가승'에 대하여는 전연 언급이 없다는 사실에 대해서다. 그가 비록 전시이기는 하였으나 함경북도에 어사로서 간 일까지 있었다는 것을 우에서 말하였다. 그럼에도 불구하고 그가 '재가승'에 대하여 알지 못 하였다는 것은 이 시기 아직 '재가승 부락'은 형성되어 있지 않았다는 것을 의미하는 것이며 그것은 '재가승 부락'의 형성을 17세기 초에 '누루하치'에 의한 두만강변의 '번호'의 철거와 관련된다고 보는 즉 '재가승 부락'을 주로 철거 당할 때의 번호의 은익자에 의하여 형성된 것이라 보는 우리의 견해가 정당하다는 것을 의미한다고 할 수 있다.

그는 또 환자宦者로서 처를 취하는 일은 옛날에도 있은 일이기는 하나 현재 환자들이 처를 취하지 않는 자라고는 없으며 지어 첩까지 두는 자가 있는 것은 기이한 일이라고 썼다(동 권15 인물부).

그의 상제와 관련한 풍습의 서술은 그 변천을 밝히는데 중요한 자료로 된다.

> 우리나라의 옛날 풍속은 사대부가 부모의 상을 당하면 산소 곁에 막을 짓고 3년 동안을 수묘한 다음에 집에 혼백을 돌려 온 것이며 비로 쇠약하고 병든 사람이라도 또한 그렇게 한 것인데 수십년 이래로 량반들이 몹시 성리학性理學을 숭상하고 상례는 전'적으로 례문에 따른다고 하면서 장사하고는 곧 혼백을 돌려 오고 수묘하는 일이 없다. …　　　　　　　　　　동 권17 인사부

> 우리나라 사람들이 기제사 날이 되면 중의 절에 가서 재齋를 설하므로 향간에서 기제사 날은 승재

僧齋라고 한다. 나라에서도 먼저 왕 또는 먼저 왕후의 기제사 날이 되면 풍속에 따라 그렇게 하였던바 중종 병자년(1516)부터 처음으로 기제사 날의 재를 폐지하였다. … 지금 사대부의 집들에서는 전′적으로 례문에 따르는데 국가의 기제사에 아직도 고기, 생선 반찬을 쓰지 않는 것은 또한 종전대로 하여 그러는 것이 아닌가 싶다.
　　　　　　　　　　　　　　　　　　　　　　　　　　　　　　　　　동 권17 인사부

　이것으로써 우리는 16세기 중엽까지 량반들은 부모의 상을 당하면 모두 3년 동안을 수묘하였던 것이며 또 적어도 16세기 초까지는 량반들은 전반적으로 불교식으로 제사 지냈다는 것을 알게 된다.
　상제와 관련한 것으로서 그는 또 "가례에 관재로서 유삼油衫이 상동이라고 하였는데 대체 유삼이라는 것이 어떤 것인지 알 수 없다. 혹 말하기를 향간에서 이깔나무益佳서잎깔나무의 북한 문화에라고 부르는 것이 그것이라고 한다. 그 나무는 지금 삼수갑산에서 나는데 로송나무檜와 비슷하고 기름이 많다."(동 권20 초복부)라고 썼다. 즉 이 시기부터 량반들 사이에 처음으로 이깔나무(락엽송)가 관재로서 좋다는 말이 있게 된 것을 말하였다. 그런데 이로부터 얼마 안 가서 벌써 리식李植은 이깔나무가 사실 가례에서 말하는 유삼이 아닌 것인데 근래에 권세가들이 관재로 쓰게 되면서 그 산지가 멀고 험함에도 불구하고 모두 그것을 요구하게 되어 그 폐해가 크다는 것을 지적하였다.[4]
　16세기는 우리나라에서 성리학이 가장 발전하기 시작하고 주자가례가 가장 려행되기 시작한 시기였던 것만큼 이 시기에 우리나라의 관혼상제 례식에서 큰 변화가 일어났는바 이상에서 본 것은 비록 단편적이기는 하나 그러한 변화의 일단을 구체적으로 보여 주는 것이다.
　우리 인민의 열렬한 애국심과 고상한 도덕적 품성은 임진 조국 전쟁의 간고한 시기를 통하여 충분히 발휘되었으며 더욱 공고화되었는바 그는 그것을 옳게 관찰하였으며 정당하게 평가하였다.
　임진 조국 전쟁이 끝난 후 전쟁 승리에 대한 평가가 구구하던 당시에 그는 "왜적을 섬멸하고 국가를 회복한 것은 곧 의병의 힘이었다."(동 권3 군도부)고 단정하였고 "임진년부터 7년 동안을 왜적이 국내에 머물러 있었고 거기에 명나라 군대가 출정하고 있었

---

[4] 리식, 『택당집』 권16 참조.

다. 이 간고한 시기에 군량을 마련하고 이고 지고 하여 공급하는 것은 힘에 겨운 일이었다. 그러나 인민들은 조금치도 불만의 기색을 보이지 않았다."(동 권2 제국부)라고 서술함으로써 전쟁 승리의 원동력이 인민의 애국심과 단결력에 있었음을 강조하였다.

그는 특히 우리나라 부녀자들이 어려운 전환 시기에도 철저히 정절을 고수한 것을 높아 찬양하였다. 그는 "임진 전변에 부인들이 정절을 지켜야 한다는 것을 알고 즐겨 살해 당하면서도 흉악한 적에게 굴종하지 않은 이가 그 수를 헬 수 없을 만큼 많다. 무지하고 천한 여자에 이르기까지 적을 꾸짖으면서 죽은 이가 또한 많다."(동 권3 군도부)라고 서술하여 우리나라 부녀자들의 고결한 도덕적 품성과 적에 대한 열렬한 적개심을 높이 찬양하였다.

그러나 그는 임직 조국 전쟁의 간고한 시기에 있은 럴녀의 레로서 다음과 같은 것을 특별히 들었다는 것은 그도 역시 량반이었다는 계급적 제한성에서 온 것이라고 할 것이다.

"임진왜란 때에 피난하는 량반 부녀들이 증파 나루澄波度에 이르러서 배를 타려고 혼잡을 일으켰다. 한 부인이 녀종을 데리고 왔는데 배에 오르지 못하므로 배'사공이 손을 잡아 올리려고 하였던바 부인이 크게 곡하면서 내 손이 천한 너의 손에 더럽히었으니 내가 어떻게 살겠는가 하면서 물에 빠져 죽으니 그 녀종이 울면서 우리 주인이 이미 죽었으니 내 어찌 참아 홀로 살겠는가 하면서 또한 물에 빠져 죽었다"(동 권15 인물부)고 하고서 "아아 장렬하다. 이 란리 중에 이런 레가 어찌 이것 뿐이겠으리오마는 세상에 알려진 것이 드물고 혹 알려졌어도 누구인 줄을 알지 못 하는 것은 가석한 일"이라고 하였으며 또 다른 한 례로서 "임진 전변에 한 처녀가 피난 중에 부모 형제를 잃고 나무 수풀에 숨었다. 늙은 중이 지나 가다가 녀자가 주린지 이미 여러 날이 되어 거의 죽어 가는 것을 보고 절에 가서 쉬자고 하니 녀자는 듣지 않았다. 중에 절에 돌아 가서 밥을 지어 갔다 주니 녀자는 또한 먹으려 하지 않았다. 중이 밥을 그 곁에 놓고 갔다가 수일 후에 가서 보니 녀자는 이미 죽었고 밥은 한 숟가락도 다치지 않았었다"(동상)라고 하고 이런 일은 "보통의 녀자로서는 할 수 있는 이이 아닌데 그 누구인지 전하여지지 않는 것은 유감된 일"이라고 하였다. 이것으로써 우리는 당시 봉건 량반들의 도덕 규준이라는 것이 얼마나 형식적이며 얼마나 고집 불통한 것이었는가를 잘 알 수 있다.

그는 가정적 및 사회적 생활과 관련한 고유한 관습에 대하여도 적지 않게 썼다.

17세기 초까지도 우리나라의 '미천'한 인민들 사이에는 이름을 지음에 있어서 조상의 이름'자를 피한 것이 아니라 도리여 한'자를 같게 하는 고유한 풍습이 남아 있었다는 사실에 대하여 다음과 같이 썼다.

> 옛날에 초나라 사람에 '웅역熊繹', '웅거熊渠' 등으로 10여 세世를 다 '웅熊'자로써 이름 지은 일이 있는바 이것은 남쪽 되蠻의 풍습인 것이다. 고려의 태조가 3세世를 같은 이름으로 하였다(태조는 '王建', 그의 부는 '龍建', 조는 '作帝建'이었음) … 지금 풍속에 '미천'한 인민들이(小民) 많이 이 풍습을 따르고 있는바 마땅히 금하고 개혁하여야 할 것이다.   동 권17 잡사부

다음으로 그는 우리나라 민간의 사회 조직인 향도香徒에 대하여 다음과 같이 썼다.

> 우리나라 풍습에 서울 및 지방 향읍의 방리方里마다 다 계를 결성하고 서로 적발하고 살피는데 그것을 향도라고 한다. 생각건대 『여지승람』에 "김유신이 나이 열 다섯에 화랑이 되었는데 당시 사람들이 복종하였으며 그 집단을 룡화향도龍華香徒라고 불렀다"라고 하였은즉 지금의 향도의 명칭은 대개 이에 근거한 것이다.   동 권2 제국부

이것은 향도의 중요 기능과 그 유래가 오램을 옳게 인식하였다는 데서와 또 17세기 초의 향도의 보급 상태를 잘 알 수 있게 하는 점에서 간단한 서술이기는 하나 그 의의가 크다.

우리나라에는 또 순 민간 조직이였던 향도와는 그 계급적 성격을 달리 하는 지방 토호들의 지방적 조직인 향안鄕案이라는 것이 있었다. 향안 조직은 '사대부'가 별로 없는 평안도나 함경도에서는 유일하게 중요한 존재였으나 남도 지방에서는 그런 것이 아니었다. 그러나 원래는 남도 지방에서도 그러하였다는 것을 보여 주는 안동 지방의 풍습에 대하여 그는 다음과 같이 썼다.

> 안동 풍습에 좌수座首의 소임을 가장 중히 여기며 덕행과 명망이 있어서 온 고을이 추천하는 사람이 아니면 절대로 시키지 않는다. 전하여 오는 말에 이전에 정승이 늙어 향리에 돌아간 후 좌수가 되었다 한다. 근세에 학봉 김성일鶴峰 金誠一이 사인舍人 벼슬을 하다가 집에 돌아 갔는데 고을 여론이

그를 좌수로 하자고 하였다. 　　　　　　　　　　　　　　　동 권2 제국부

좌수는 향안의 우두머리를 지칭하는 것인바 중앙에서 상당한 벼슬을 지낸 사람을 좌수로 추천하자고 한 것은 이 지방에서도 향안이 역시 큰 존재로 되고 있었다는 것을 의미한다.

요컨대 그의 향도와 좌수에 관한 서술은 매우 간단한 것이기는 하나 봉건 시기의 사회 조직을 리해하는 데서 중요한 의의를 가지는 것이다.

4) 속절 행사 및 오락 경기에 관한 것

그는 『지봉류설』 권1 시령부時令部, 절서節序라는 항목에서 민간의 명절 즉 속절 행사에 대하여 적지 않게 썼다. 주지하는 바와 같이 18세기 말 19세기 초에 경도잡기, 렬양세시기, 동국세시기와 같은 속절 행사에 관한 전문적인 저작이 실학파 학자들에 의하여 련'이어 나왔는바 『지봉류설』에서의 속절 행사에 관한 기사는 저러한 저작의 선구로 되는 것이다. 그는 우선 상원上元 즉 한보름날의 행사로서 "약밥을 만들어 먹는다"는 것, "민간에서 한 보름날 달이 뜨는 것을 보고 그 해의 흉풍을 점친다"는 것, 또 "이 날 밤에는 다리를 밟는 놀이(踏橋之戲)를 하는데 그것은 고려 때부터 있은 것으로서 매우 성하여 남녀 혼잡하고 온밤 계속 되는 것이므로 법관이 단속하기까지 한다"는 것을 지적하고 "임진란 후 다리 밟는 풍습이 없어졌다"고 썼다. 그러나 19세기 초의 저작들인 세시기들에서도 한보름날 밤의 다리 밟는 놀이가 성대하였음을 지적하고 있는 것인즉 이 행사는 임진 조국 전쟁 이후 없어진 것이 아니라 한 때 중단되었던 것이다.

그는 정월 중의 일정한 날자에 행한 속신적인 행사에 대하여는 우리나라의 과거의 풍습에 "설날 및 정월 첫 자일上子日, 첫오일上午日, 2월 초하루'날을 근신 금기하는 날로 하였다"는 것, 또 신라에서 "정월의 첫진辰, 첫오午, 첫해亥, 첫 자子 일에 제사를 차려 놓고 금기하면서 놀았다"는 것을 지적하였을 뿐 현재 풍습에 어떻게 하고 있다는 데 대하여는 언급하지 않았다.

그는 또 2월 1일을 중화절中和節이라고 하는데 그것은 중국 당 나라의 풍습에서 온 것이라는 것, 6월 15일을 류두절流頭節이라고 하는데 그 유래는 신라 때부터이며 이 날

에 수단떡水團餠을 만들어 먹는다는 것, 동지'날에 팥죽을 만들어 역귀를 구축한다는 것 등의 속절 행사에 대하여 썼는바 그것은 19세기 초의 저작인 세시기들에서 보는 것과 기본적으로 다름이 없다.

두 저작 간에는 시간적으로 약 200년의 차가 있었는데 그 간에 속절 행사에서 그와 같이 변화가 없었다는 것은 무엇을 의미하는가? 그것은 그 간에 사회의 경제적 구조에서 하등의 변화도 있지 않은 이상 즉 토대에서 변화가 일어나지 않은 이상 상부 구조인 이데올로기 면에서 변화가 일어 날 수 없었다는 것을 의미한다.

오락과 경기는 주로는 속절과 관련하여 행하여진다. 그는 『지봉류설』의 예부禮部라는 항목 중에서 우리나라의 윷놀이, 탈놀이, 악기, 악부樂府, 연띄우기, 제기차기打毬, 돌싸움石戰 등 오락 및 경기에 대하여 그 유래 내지 그 연기 방법에 대하여 썼는바 그것은 매우 간단한 서술이기는 하나 역시 이 방면 연구에서 없어서는 안 될 중요한 자료로 된다.

5) 속신과 관련한 것

우에서 본 바와 같이 그는 『지봉류설』 머리'말에서 자기의 저술을 고려 이래의 패설 작품의 계승이라는 것을 말하고 계속하여 "사실이 신괴한 것에 속하는 것은 일체 기록하지 않는다"라고 말함으로써 자기는 종래의 패설 작가들과는 달리 유물론적인 립장에서 있다는 것을 표명하였다. 그의 이와 같은 립장은 『지봉류설』에서의 속신과 관련한 서술에서 적지 않게 구체화되었다.

그는 무당에 관하여 "지금 향간에서 무당이 숭봉하는 귀신巫鬼을 재물을 탐하는 귀신이라고 하는데 그것은 남의 재물을 보면 욕심이 나서 그 사람에게 해를 주기 때문이다. 또 마음을 알아맞히는 귀신知心鬼이라고 하는데 그것은 문점하는 사람의 마음을 잘 짐작함으로써 말하는 것이 혹 맞는 일이 있기 때문이다"(동 권18 예부 무격)라고 하여 무당의 허위기만성을 지적하고서 "사리를 식별하는 사람들은 무당이란 요망스러운 것이라는 것을 알고 미혹하지 말아야 한다"고 강조하였다.

그는 또 점술, 풍수설에 관하여 중국 송나라 때에 채원정蔡元定이라는 사람은 점술에 능통하고 풍수설을 좋아 하여 늘상 마을 사람들과 함께 묘 자리를 보고 개장을 한 것이 있는데 그가 정배 가게 되었을 때에 사람들이 점 잘 치고 풍수 잘 본다는 그가 자기 화를 예견하지 못 한 것을 조소하였다는 것을 들어 말하고서 "근자에 사대부들이 다투어 풍수설을 믿으면서 리유 없이 오랜 산소를 개장하여 복리를 구하려다가 도리어 재화를 당하는 일이 있는바 마땅히 좀 경계하여야 할 일"(동 권18 예부 방술)이라고 하였으며 또 리의신李懿信이라는 자가 한양은 지기가 쇠잔하고 교하交河는 왕성하므로 국도를 교하로 옮기는 것이 좋겠다고 상소한 데 대하여 국왕이 회의를 열고 문의하려 하였을 때에 그는 그것을 극력 반대하면서 풍수설이 황당무계함을 력설하였다.

그러나 그는 그와 같이 신괴神怪한 것은 일체 쓰지 않는다고 선언하였으며 또 무당, 점술, 풍수설들이 허무맹랑한 것이라고 강조하였음에도 불구하고 사실에 있어서는 점술, 전조前兆, 신선설, 풍수설 기타 속신적인 것에 대하여 적지 않게 썼는바 그것은 또한 이 부문에 관한 민속자료로서 일정한 의의를 가진다. 그러나 그는 그러한 속신에 대하여 그것이 어떠한 원인으로 생하였으며 어떠한 리유로 존재하게 된다는 것을 밝히려고 하지 못 하였을 뿐만 아니라 자기 자신이 그것을 반신반의하는 불철저한 태도를 보였다. 례를 들어 남사고南師古라는 사람은 점술을 잘 하여 임진년에 왜적이 대거하여 오리라고 예언하였는데 그가 죽은 후 그 말이 맞았다고 한다느니(동 권18 예부 방술), 치우기蚩尤旗라는 별이 미기성尾箕星 방향에 나타나더니 왜의 추장 평수길平秀吉이 침범하여 왔다느니(동 권1 재이부), 평양 성 중에는 원래 우물이 없었는데 권징權徵이 감사로 있을 때에 우물을 팠던바 풍수쟁이 평양성은 가로 놓인 배 형상이므로 우물을 파면 화단이 있으리라고 하더니 그 이듬해에 왜구가 왔다(동 권2 지리부 정)는 등 미신적인 것을 쓰고서 그에 대한 태도가 애매하였다. 또 그는 리유 없이 턱이 가라우면 진귀한 것을 먹게 된다느니(동 권16 어언부 속언), 눈이 끔쩍이면 술이 생긴다느니(동상), 고양이 세수하되 귀 넘에 까지 하면 손님이 온다(동 권20 금충부 수)는 등에 대하여 그 유래가 오래며 원래 중국에서부터 시작된 것이라고 썼다.

요컨대 이만한 것은 당시로서는 미신으로 여겨지지 않았으며 그도 그렇게 생각한 것으로 보이는바 그것은 그의 유물론적 립장의 불철저상에서 온 것이다. 그러나 그가 선어한 바와 같이 그의 저 『지봉류설』에는 종래의 패설 작품에서 보는 바와 같이 그러한 신괴한 것은 쓰여 있지 않다.

6) 외국 민속에 관한 것

리수광이 활동하던 시기 즉 16세기 말 17세기 초는 서구라파의 자본주의 국가들의 동방 침략의 마수가 적극화되어 그들의 상선대가 이리떼처럼 동방의 바다를 배회하고 있은 시기였는바 진보적 귀족 인테리였던 그는 누구보다 먼저 그러한 서구라파 나라들과 그 문물에 대한 새로운 지식을 소유하였다.

그는 우리나라에서 처음으로 일부 서구라파 나라들과 그 문물 풍습을 소개하였으니 안남, 섬라, 류구 등 일부 남방 나라들에 대하여도 가장 정확한 지식을 소유하고 있었다. 이보다 먼저 1529년(중종 15)에 입명 사절의 통사로서 중국에 다녀 온 리석李碩은 불랑기국佛郎機國이 처음으로 명나라에 래조한 사실과 불랑기국 사람은 의복, 음식 제도가 매우 괴상하며 중국 사람들도 예로부터 본 일이 없다는 것을[5] 전한 일이 있다. 그러나 그것이 이른바 서양의 나라라는 것은 인식한 것 같지 않다.

그는 『지봉류설』에서 불랑기국, 남번국南蕃國, 영결리국永結利國, 구라파국歐羅巴國에 대하여 썼는바 희귀한 자료이므로 전문을 소개하기로 한다.

> 불랑기국은 섬라의 서남 해중에 있는바 서양에서의 큰 나라다. 그 화력 무기를 불랑기라고 하는데 지금 군대에서 쓴다. 또 서양포西洋布는 극히 가늘고 가벼워서 매미 나래와 같다.
>
> 동 권2 국제부 외국

불랑기국이라는 것은 중국에서 포도아, 서반아를 가리키는 것이고 불란서를 의미한 것이 아니다. 일부 출판물들에서 이것을 불란서로 보았는데 그것은 잘못이다. 불랑기국 사람들에 의하여 전래한 것이라 하여 대포를 불랑기라고 불렀는바 20세기 초까지만 하여도 일반적으로 그렇게 부른 것이다.

> 남번국 사람이 만력 계묘 년간(1603)에 일본 배를 따라 우리나라에 표착하였는데 그 사람을 보면 눈썹과 속눈썹이 한데 붙었고 수염은 양 수염과 같았다. 그들이 데리고 있는 사람은 낮이 새까맣고

---

5 『중종실록』 15년 12월 무술조 참조.

모양이 가장 밉고 괴상하였는바 대개 해귀海鬼 등속이다. 언어가 통하지 않으므로 일본 통역을 통하여 물은즉 〈나라가 해중에 있는데 중국에서 8만 리 떨어져 있다. 일본인들이 거기에 보배가 많으므로 왕래하면서 통상하는데 본토에서 떠나 8년만이라야 바로 여기에 다닫는다고 하였다. 대개 따로 떨어져 있는 나라絶國인 것이다.

동상

이 남번국 사람은 그 모양으로 보아서 틀림없이 서양 사람인 것이며 그들은 또한 흑인 노예를 사용하고 있었던 것이다. 그러면 이 남번국은 어느 나라에 해당하는가? 당시 우리 나라나 일본에서 남해로부터 항해하여 오는 포도아인, 서반아인을 남만인이라고 한 것인즉 1603년에 왔다는 이 남번국 사람은 포도아인이나 서반아인이었을 것이다. 즉 남번국은 중국에서 말하는 불랑기국과 동일한 나라였는데 그 갈래를 잘 알지 못한 데서 딴 나라로 생각한 것이라고 할 것이다.

영결리국은 극서의 외양에 있다. 낮은 몹시 길고 밤은 겨우 두어 시간만 되면 곧 밝는다. 그 풍습이 오직 밀가루만 먹고 갖옷을 입으며 배를 집으로 삼는다. 네 겹으로 배를 만들고 철편으로써 안팎을 둘러 싼다. 배 우에서는 수십 개의 장대를 세우고 배 꼬리 쪽에 바람 내는 기계를 설치하며 닻줄은 쇠사슬을 수백 개를 합하여 만든다. 그러므로 풍파를 만나도 파선되지 않는다. 전쟁에는 대포를 쓰는데 교묘하게 출몰하면서 략탈을 일삼으므로 해중 여러 나라들이 감히 대항하지 못 한다. 근년에 일본에서부터 우리나라의 홍양興陽(전라도) 지방에 표착한 일이 있었는데 그 배가 매우 커서 층루 대옥과도 같았다. 우리군대가 달려 들어 싸웠으나 없애 버리지 못 하고 놓쳤다. 후에 일본 사신에게서 듣고 그것이 영결리 사람이라는 것을 알았다.

동상

영결리국 즉 영국에 대한 그의 지식은 그 중 정확하였다. 즉 그 지리적 위치, 음식, 의복 제도, 철갑 륜선, 해적 행위 등 모든 서술이 상당히 정확하다. 다만 그의 고문헌에 의한 고증에서는 커다란 착오를 일으켰던 것이니 그는 계속하여 말하기를 "생각컨대 원사元史에서 '길리길사(기르기스)는 국에서 2만 5천 리 떨어져 있으며 낮이 길고 밤이 짧은바 즉 그것은 당나라 때의 골리간국骨利幹國이다'라고 하였는데 영결리라는 '결리'는 '길리', '골리'와 음이 서로 가까우므로 같은 것이 아닌가 싶다"라고 하였다.

구라파국은 대서국大西國이라고도 한다. 리마두利瑪竇(마테오 릿치)라는 자가 있어서 8년 동안 항해하여 8만 리의 풍파를 넘어 동월東粤에 와서 10년 동안 있었는바 저서에 천주실의 두 권이 있다. 그 저서는 우선 첫째로 천주가 천지를 창조하고 만물을 주재한다는 것을 말하고 다음으로 사람의 령혼은 불멸하다는 것을 론하고 다음으로 사람이 죽은 후 여섯 가지 세계를 륜회한다는 설(불교에서 하는 말-필자)이 잘못이라는 것과 선한 일을 하면 천당으로 가고 악한 일을 하면 지옥으로 간다는 것을 변론하고 마감으로 인성은 본래 선하며 천주를 존경하고 받든다는 것을 론하였다. 그 풍속에 임금을 교화황敎化皇이라고 하는데 결혼하지 않아서 뒤를 이을 자식이 없으므로 어진 사람을 택하여 세운다. 또 우의를 존중히 하고 사재를 축적하지 않는다.　　　　　　　　　　　　　　　동상

리마두는 이태리 사람이었으니 구라파국이니 대서국이니 한 것은 이태리를 의미한 것이다. 여기서 그는 천주교의 교리와 로마 '법왕'에 대하여 썼다. 이것은 우리나라에서 천주교에 관한 처음으로 되는 소개다. 그러나 보는 바와 같이 어디까지나 소개에 그친 것이었다. 그리고 '법왕'에 대한 소개에는 그릇된 소문을 오신한 것이 적지 않다.

이상으로써 우리는 당시의 지식층들이 종래에 알고 있던 세계 외에 서양이라는 세계가 있으며 유교, 불교, 도교 외에 천주교에 대하여 알게 되었으며 그들의 시야가 확대되었다는 것을 알게 된다.

그는 또한 서구라파의 자연 과학에 대하여도 소개한 바 있다.

1603년에 북경에 갔던 사신 리광정李光庭이 가져 온 구라파 여지도(세계 지도)를 보고 그 정교한 점을 높이 평가함과 동시에 중국 사람들은 구라파 사람들이 만든 지도에서 새로운 지식을 섭취하고 있다는 것을 지적하였고(위의 책) 안경과 자명종을 소개함에 있어서 "들건대 근년에 중국 장군 심유경沈惟敬과 일본 중 현소玄蘇는 다 로인인데 안경을 쓰고 잘게 쓴 글을 잘 읽는다는데 우리나라에서는 아직 보지 못 한 것이다"(동 권19 복용부). "자명종은 시간이 되면 소리를 내고 시각을 조금도 어기지 않는다. … 들은즉 자명종은 일본에도 있는데 시종時鐘이라고 한다"(동상)라고 서술함으로써 다른 나라의 경험을 참작하면서 서양의 자연 과학을 도입하여야 할 것이라는 자기의 견해를 표명하였다.

여기서 우리는 그가 서양의 문물 풍습을 소개함에 있어서 어디까지나 종교적인 것과 과학적인 것을 엄격히 구분하고 혼돈치 않았으며 새로운 외국의 문물에 대하여 맹목적이 아니고 남의 나라의 경험을 참작하면서 비판적으로 도입하려는 태도를 취하였다는

점을 높이 평가하게 되는 것이다.

그는 또 남방 아세아와 중앙 아세와의 많은 나라들을 소개하였는데 그것은 대개 중국 서적에서 전재한 것으로서 그 중에는 부정확한 것과 어느 곳을 가리키는 것인지 정체를 알 수 없는 것도 적지 않다. 그러나 안남, 섬라, 류구에 관한 것은 그가그 나라 사신들을 연경에서 만나 필담도 하고 또 그들의 생활 풍습을 직접 관찰도 한 것에 기초하여 서술한 것인 만큼 매우 정확하며 생동하다. 특히 안남국에 관한 그의 지식은 안남국에 세 번이나 다녀 온 일이 있는 조완벽趙完璧에게서 들은 바에 의하여 더욱 보충되었다.[6]

그는 안남국에 대한 서술은 대략 다음과 같다.

안남국은 기후가 따뜻하여 논'벼를 아무 때나 심는다. 3월에 논갈이하는 데도 있고 성숙 중에 있는 데도 있으며 수확하는 데도 있다. 목화나무는 키가 높고 꽃이 작약만큼 크며 사람들이 나무에 올라 가서 목화를 딴다. 과실로서는 귤과 례지 열매荔子가 있을 뿐이며 곶감을 보고도 알지 못한다. 사람들이 항상 빈랑檳榔[종려나무과의 상록 교목]을 먹으며 갈하면[목이 타고 마른 듯하대 사탕수수蔗草를 씹는다(동 권17 잡사부 이문). 물'소水牛를 양하여 갈이에도 쓰고 잡아 먹기도 하는데 그 뿔이 매우 크다. 왜가 가져다 파는 흑각黑角이라는 것이 바로 그것이다(동 권20 금충부 수). 사람들이 모두 흩은 머리被髮로 하고 검은 헝겊 전쪽으로 머리를 싸는데 그 절반을 뒤에 어깨를 지나게까지 드리운다. 높은 사람들은 이'발을 검게 물들이고 소매 넓은 긴 옷을 입는데 아래 사람들은 짧은 옷을 입고 발을 벗는다. 반드시 침대 우에서 자고 온돌을 만들지 않는다. 말소리는 입을 담을고 내는 소리噷口聲이며 중국 글도 알지만 고유한 문'자도 있다(『지봉집』 권8).

섬라국에 대하여는 대략 다음과 같이 썼다.

섬라국은 원래 섬暹과 라곡羅斛 두 나라이던 것이 원나라 때에 합하여 한 나라로 되었다. 나라에 네 개의 성이 있는데 왕의 성은 조照, 관료의 성은 악握, 중호中戶의 성은 나奈, 하호의 성은 애隘다. 사람들이 모두 머리를 깎는데 낯이 새까마한 사람이 많다. 옷

...

6 조완벽은 진주 사람이였는데 임진 조국 전쟁 시기에 일본에 포로로 붙잡혀 가서 10여 년 있는 동안에 왜의 상인을 따라 세 번이나 안남국에 다녀 온 일이 있었다. 그는 안남국에 갔을 때에 그 나라 사신이 중국 연경에서 조선 사신 리수광과 만나서 서로 친선을 다한 일이 있은 사실도 들었다.

을 좌임左袵으로 하고 발을 벗으며 음식을 맨 속으로 먹고 늘상 빈랑과 석회(조개껍질의 가루-빈랑의 신 맛을 제거하기 위하여 섞어 먹음)를 복용한다(『지봉집』 권9, 『지봉류설』 권2, 지리부 외국).

그는 또 섬라의 동남 해중에 만리장사萬里長沙, 만리장당萬里長塘이 길게 륙지를 둘러 안고 있어서 지형이 매우 기이하다는 것을 지적하였다(『지봉집』 권9). 이것은 틀림없이 호주濠洲 동해안의 대산호초大珊湖礁를 의미하는 것으로서 그는 오늘날의 호주도 막연하게나마 알고 있었다고 할 수 있다. 기타 남방 아세아의 나라들과 중앙 아세아의 나라들에 대한 것은 략한다.

이상에서 지봉 리수광의 외국에 관한 주요한 부분을 보았는바 그것으로써 우리는 16세기 말 17세기 초에 우리나라의 지식층들이 서방과 남방의 문물 풍습에 대하여 얼마나한 지식을 소유하고 있었는가를 알 수 있음과 동시에 또한 그들이 서방과 남방의 나라들에 관한 새로운 지식에 대하여 상당한 관심을 가지고 있었다는 것을 짐작하게 된다.

3. 그의
민속학적 소양

우에서 지봉 리수광의 저서 『지봉류설』은 비록 일정한 학적 체계를 이루지는 못하였으나 우리는 거기에서 중국이 바로 세계의 중심이며 유교는 만능이라고 하는 종래의 유교 사대부들의 신념에 대한 비판적 경향을 보게 되며 구체적 현실 속에서 진리를 찾으려는 실학사상의 맹아를 보게 되는 데서 큰 의의가 있을 뿐만 아니라 이 저서에 수록되어 있는 민속학적 자료는 그것으로써 또한 그가 조선 민속학 분야에 남긴 훌륭한 유산으로 된다는 것을 지적하였고, 구체적으로 그 내용을 소개하였다.

그러면 그가 그러한 업적을 남기게 된 리유는 어디에 있는가?

종래의 성리학자性理學者들의 관념론적 공리공담을 배제하고 현실 속에서 진리를 찾으려한 실학파 학자들은 또한 일반적으로 백과사전적인 교양을 갖춘 학자들이기도 하였다. 그런데로부터 그들의 지식은 우선적으로 직접적 방법에 의하여 인민들의 생산 양식과 풍습, 그것의 력사 문화적 호상 관계를 연구하는 학문인 민속학과 밀접한 관련을 가지게 되었다. 그러므로 바로 그러한 사상, 그러한 교양에서 선구자였던 그의 저서가 민속학적으로 큰 의의를 가진다는 것은 지극히 당연한 일이다. 요컨대 그가 조선 민속학 분야에서 커다란 업적을 남기게 된 리유는 다음과 같이 그의 사상 관점이 진보적이었고 그의 학문 연구 사업에서의 시야가 넓었으며 방법이 과학성을 띠었기 때문인 것이다.

첫째로 그는 그의 후계자들과 같이 그렇게 민주주의적이며 인민적인 사회정치적 견해를 확립하고는 있지 못 하였다. 그러나 우리는 그에게서 그러한 사상의 맹아를 찾아볼 수 있는바 그의 저서에는 인민적인 측면이 적지 않게 표현되어 있다.

상술한 바와 같이 임진 조국 전쟁 승리의 기본적 력량을 평가함에 있어서 이러저러한 편향이 있을 때에 그는 "왜적을 섬멸하고 국가를 회복한 것은 곧 의병이 힘"이었다고 단언하여 인민의 힘을 높이 평가하였으며 또 그러하였음에도 불구하고 봉건 국가는 전쟁이 끝난 다음에 그들에 대하여 응당한 표상을 실시할 대신에 더욱 가혹한 부담만 전가시키는 것을 비난하면서 그렇게 하는 것은 "다만 인민을 속이고 신용을 잃을 뿐만 아니라 다른 날 일단 유사시에 반드시 힘을 얻지 못 할 것이니 정치를 하는 사람들은 마땅히 잘 조처하여야 한다"(동 권3, 군도부 상공)고 경고하여 인민의 립장에 서 있었다. 상술한 의정부 록사(서리)였던 윤효손의 아버지의 신분적 차별에 대한 불만, 윤효손의 솔직하고 대담한 불만의 표시, 그에 대한 재상의 너그러운 태도를 긍정적인 실례로서 특서한 것 같은 것은 또한 그의 인민적인 사상 표현의 하나라고 할 것이다.

『지봉류설』 이전의 개별적 학자들의 저작에서 가장 민속학적 내용이 풍부한 것으로서 누구든지 서슴치 않고 『용재총화』를 들 것이다. 그러나 『용재총화』는 그 많은 부분이 량반 계층의 향락적이고 타락적인 생활 풍습을 폭로의 방향에서가 아니라 당연한 것으로 표현하고 있다. 지봉 리수광도 그의 계급적 및 시대적 제한성으로 하여 근로 대중의 생활 내면에 파고 들어 가지는 못 하였다. 그러나 『지봉류설』에는 근로 대중과 관련한 생활 풍습이 다방면적으로 취급되어 있어 민속학적 의의가 한층 더 크다.

둘째로 그는 모든 문화 현상은 고정 불변한 것이 아니라 사회 력사적 조건이 변화됨에 따라 부단히 변화 발전함과 동시에 또한 문화의 계승성이 있다는 것을 인식하고 우리나라의 문화 현상들에 대하여 그 유래, 그 발생 발전의 과정을 해명하기에 노력하였다.

그는 우리나라에서의 의복의 색갈, 의복 자료, 의복 제도의 변천에 대하여 심대한 관심을 가지고 많은 서술을 함과 동시에 그러한 변천에 대하여 언제나 "가히 세상이 변한 것을 알 수 있다" 또는 "시대 풍속이 변한 것을 알 수 있다"라고 평가하였는바 여기서 그 낡은 표현 형식을 벗겨 버리고 현대적인 표현으로 바꾼다면 그것은 바로 모든 문화 현상은 발생, 발전, 소멸의 원칙에 의하여 반드시 변화하고야 만다는 것을 표명한 것으로 된다.

문화의 계승성과 관련하여 그는 언제나 과거의 것을 론할 때는 그것이 현재는 어떻게 되어 있는가에 언급하였으며 현재의 민속을 말할 때는 반드시 그 유래, 그 계통을 밝히려고 하였다. 우리나라 녀성들의 '얹는 머리'의 유래를 신라 부인들의 "머리칼을 땋아 머리에 들루고 각가지 채색 헝겊과 구슬로써 장식한다"라고 한 것에서 찾았으며 부인들의 '얹는 머리'와 '사내아이'들의 '땋는 머리'를 중국과 계통을 달리하는 고유한 것으로 본 것이라던가 약밥, 류두절, 향도 등의 유래를 신라의 고사에서 찾은 것 같은 것은 뚜렷한 례다 그러나 모든 것을 그 유래와 계통을 찾으려 하는 데서 무리하게 끄집어 붙인 점도 없지 않다.

그는 또 문화 현상의 새로운 싹에 대하여 민감하였고 그것의 본질을 파악하기에 노력하였으며 재빨리 세상에 소개하였다. 서구라파 자본주의 국가들의 동방 침략에 따라 들어온 담바고, 남만초, 남만시, 서양포(西洋布)와 같은 새로운 물종, 불랑기(대포), 세계지도, 자명종(시계), 안경과 같은 선진적인 자연 과학과 서구라파 나라들의 풍습에 대하여 누구보다도 먼저 알았으며 누구보다도 먼저 비판적인 립장을 가지면서 그것을 소개하였다.

세째로 그는 사물 현상에 대한 관찰력이 예리하였으며 자기 체험을 훌륭히 일반화하는 능력을 가지였었다.

그는 첫 번째로 중국에 사신으로 갔을 때에 거기서 안남국 사신을 만난 일이 있었으나 그것은 공적 회합에서였고 사사로히 방문하는 것이 금지되어 직접 문답하는 기회를 얻지 못 하였던 것이며 그것을 매우 유감하게 생각하고 있었다. 그러다가 둘째 번에 갔을 때에는 마침 같은 숙사에 있게 되었는바 그 간에 그는 그 일행의 일체 행동, 복식, 침식, 언어 기타 모든 면에 걸쳐 예리하게 관찰하고 생동하게 썼다. 례를 들어 그들의 발음을 "입을 다물고 내는 소리(ㅁ口聲)"라고 지적하였는바 작년에 월남 학자와 상봉의 기회를 얻은 일이 있는 필자는 그의 관찰과 표현이 예리하였던 데 대하여 탄복하지 않을 수 없는 것이다.

또 그는 례를 들어 복식의 색갈, 제도의 변화에 대하여 그 경향성을 일반화하였는바 그것은 모두 그가 어릴 때부터 체험한 바를 근거로 하고 한 것이었다. 그런 데로부터 그가 남긴 민속학적 자료는 생동한 것이 많다.

네째로 그는 문화 현상을 연구함에 있어서 예리하고 면밀한 고증과 호상 비교의 방법을 광범히 작용하였다.

그는 우경牛耕의 시초와 관련하여 중국의 소설에서 "한漢나라 때에 조과趙過라는 사람이 처음으로 우경을 하였다"고 하였으나 자기는 그렇게 생각지 않는다는 것을 말하면서 춘추시대 사람 염경冉耕의 자字는 백우伯牛였다. 이름과 자는 반드시 련관시켜 짓는 것인데 이름이 '경耕'자이고 자가 '백우伯牛'였다는 것은 이때 즉 춘추 시대에 이미 우경이 있었다는 것을 의미한다(동 16 어언부 잡설)고 하였으며 중국의 옛날 글(經傳)에 짐을 등에 지는 것을 '부負'라고 하고 머리에 이는 것을 '대戴'라고 한다고 하였는데 지금 중국 사람들이 남자, 녀자 할 것 없이 모두 짐을 어깨에 메고 지나, 이는 일이라고는 없는 것은 풍속이 변한 것을 의미한다(동 권18 예부 화)고 하였는바 이런 것은 간단하면서도 예리한 고증이라고 할 것이다.

그는 또한 문화 현상을 호상 비교하는 방법을 광범히 도입하였다. 페르샤 사람들이 배에서 곤이鵾를 양하여 통신용으로 쓴 풍습과 우리나라에서 고려 때에 비둘기를 역시 항해에 통신용으로 썼다는 사실을 비교한 것이라던가 중국의 가계假髻와 우리나라의 가수假首(큰 머리), 중국의 석모席帽와 우리나라의 너울羅兀을 비교하고 련관이 있다고 본 것은 같은 것이 그 례다.

다섯째로 그는 문화 현상, 생활 풍습을 그저 객관주의적으로 소개하기만 한 것이 아니라 그 당시로서는 진보적인 평가를 내렸다. 또 상술한 바와 같이 외국의 선진적인 문물을 소개함에 있어서도 맹목적이 아니고 비판적인 견지를 잃지 않았으며 우리나라의 훌륭한 풍습, 우수한 기술, 우수한 공예품들을 긍지감을 가지고 자랑하였다.

이렇게 그는 그 사상 관점이 진보적이었고 학문 연구에서 그 시야가 넓었으며 그 방법이 과학성을 띠었던 것이다. 그러므로 그의 저서에 수록된 민속학적 자료는 조선 민속학 분야에서 고귀한 유산으로 되며 그가 조선 민속학 수립의 토대 축성에서 논 역할은 거대하였던 것이다.

10.
성호星湖 리익李瀷이 조선민속학 분야에 남긴 업적*

-
-
-

경애하는 수령 김일성 동지께서는 "우리는 자기의 고귀한 과학, 문화의 유산을 옳게 섭취하며 그를 발전시키는 기초 위에서만이 타국의 선진 과학, 문화들을 급히 또는 옳게 섭취할 수 있다는 것을 반드시 알아야 하겠습니다"(『김일성 선집』, 1953년판 4권, 401쪽)라고 하시였다. 우리는 이 교시를 받들고 우리 나라의 실학자들이 조선 민속학 분야에 남긴 유산의 연구를 기도하여 이미 우리 나라 실학의 선구자 지봉芝峯 리수광李睟光과 실학파의 대가 중의 한 사람인 연암燕巖 박지원朴趾源이 조선 민속학 분야에 남긴 유산에 대하여 『문화유산』 지상에 발표한 바 있다.[1]

본고는 이 사업의 계속으로서 우리 나라의 실학을 발전시킨 성호 리익이 조선 민속학 분야에 남긴 업적에 대하여 고찰하기로 한다.

1. 성호 리익의 학풍과
그의 저 성호사설류선星湖僿說類選

잘 알려져 있는 바와 같이 16세기 후반~17세기 초의 학

---

* 『문화유산』 1962년 2호.
[1] 『문화유산』 1961년 4호; 황철산, 「지봉 리수광이 조선 민속학 분야에 남긴 유산」; 같은 책 5호, 전장석, 「연암 박지원이 남긴 고귀한 민속 유산」.

자인 지봉 리수광은 우리 나라 실학의 선구자였고 17세기의 학자인 반계磻溪 류형원柳馨遠은 우리 나라 실학의 창시자였다면 17세기 말~18세기 중엽의 학자인 성호 리익은 실로 류형원의 실학 사상을 계승 발전시킨 저명한 실학자였다. 그리고 반계, 성호의 실학 사상은 성호보다 좀 후배이며 같은 실학의 조류에 속하면서도 그 학통을 달리한 북학론자北學論者들인 담헌湛軒 홍대용洪大容, 연암 박지원, 초정楚亭 박제가朴齊家에게 일정한 영향을 주었으며 18세기 말~19세기 초의 학자 다산茶山 정약용丁若鏞에 이르러 집대성되고 가장 높은 단계에 도달하였다.

성호 리익(1681~1763)은 1681년(숙종 7, 신유) 10월에 남인 량반 가정에서 출생하였다. 자字를 자신子新이라 하였으며 성호는 그의 호였다. 그의 가계로 말하면 부친 하진夏鎭은 사헌부司憲府 대사헌大司憲, 조부 지안志安은 사헌부 지평持平, 증조 상의尙毅는 의정부議政府 좌찬성左贊成을 지낸 세족 량반이었다. 그러나 그가 출생하던 때는 벌써 그의 가정이 령락되어 가던 시기였으니 그는 바로 부친이 평안도 운산雲山군에 귀양 가 있을 때에 막내 아들로서 출생하였으며 그 이듬 해에는 부친이 사망하였다.

일찍이 부친을 여의고 모친 슬하에서 생장한 그는 어렸을 때에 신체가 허약하여 항상 의약을 떨구지 못 하는 형편이었다. 그러나 그는 원래 영특한 재질을 갖추고 있던 것이였으니 얼마 장성한 다음부터 중형 섬계剡溪 리잠李潛에게서 글을 배웠는데 글 읽기를 좋아하고 기억력이 좋고 작문 잘 하고 시 잘 지음으로 하여 모든 사람들을 놀래게 하였다. 그는 또 어려서부터 성질이 검박하고 화려한 것을 좋아하지 않았다. 그 모친이 화려한 옷을 지어 입히면 거절하지 못 하여 입기는 하였으나 매우 부끄러워 하였다고한다.

1705년 25세 되던 해에 그는 과거에 응시하였으나 수속 상의 착오로 인하여 회시會試에 응시하지 못 하였는 바 그 이듬 해에 중형이 당파 싸움과 관련하여 반대 당파에 의하여 살해 당한 사건이 있은 뒤로부터는 완전히 과거와 벼슬의 길을 단념하고 학문에 전념하기로 하고 경기도 광주廣州의 첨성촌瞻星村에서 농민들과 접촉하면서 거기서 일생을 보내였다. 그런 데서부터 그는 첨성촌의 '성星'자를 택하여 성호星湖라고 자호한 것이였다.

1727년(영조 3) 그가 37세 되던 해에 조정에서는 그의 명성을 듣고 그에게 선공감繕工監 가감역假監役이라는 벼슬을 주었다. 이에 대하여 그는 벼슬하려는 의사가 있어서가 아니라 사은謝恩하려는 목적으로 서울에 가서 선공감을 찾았던 바 감리가 사은하는 례는 없다고 하면서 선공감 제조提調에게 명함을 제출하라고 하였다. 여기서 그는 벼슬한 의사는 조금도 없는 것이니 명함을 제출할 필요가 없다고 단연 거절하고 그날로 서울을 떠나서 첨성촌에 돌아 왔다. 또 1763년(영조 39) 그가 83세로 별세하던 해에 조정에서는 그에게 년로자를 우대하는 례에 의하여 첨지중추부사僉知中樞府事라는 벼슬을 주었는데 그것만은 받았다. 그러나 그것은 한 개 우대의 의미에서의 명예직에 불과한 것이였으니 그의 일생은 완전히 한 개 포의한사布衣寒士로 끝마친 것이였다고 할 것이다.

이렇게 그는 명문 세가의 가정에서 출생하였으나 그러나 어려서부터 량반으로서의 호화로운 생활을 한 적이 없었으며 첨성촌의 한 개 포의한사로 80여 년간의 일생을 인민적이고 가장 검박한 생활을 하면서 근검 절약하고 허례허식을 배격하는 모범을 보여 주었다. 그러나 그렇다고 하여 그가 농민들 사이에 완전히 뛰여 들어 가서 그들과 함께 몸소 농사 짓고 고락을 같이 하면서 농민 생활을 한 것은 아니였다. 그는 일생을 학문연구와 후진 교육에 바쳤다.

잘 알려져 있는 바와 같이 그의 학문은 유교 경전에 국한되지 않고 천문, 지리, 정치, 경제, 군사, 력사, 제도, 풍속, 문학 등 광범한 령역에 걸쳤으며 당시 중국을 통하여 들어오는 서구라파의 자연 과학과 천주교리에 대하여서도 연구하고 옳은 비판을 내리였다. 특히 그는 종래에 유학자들이 등한히 하고 있는 우리 나라의 력사, 지리, 제도, 문화, 풍습에 대한 연구에 깊은 관심을 돌리였으며 우리 나라 실학의 창시자였던 류형원의 실학 사상을 계승하여 당시의 사회 경제적 제도의 불합리성을 비판하고 자기의 개혁적 사상을 많이 발표하였다.

그런데 우리가 여기서 고찰하려는 것은 그의 세계관이나 그의 사회 정치적 개혁 사상이 아니고 그가 조선 민속학에 남긴 유산, 업적인 것 만큼 그의 세계관, 개혁 사상 자체에 대하여 많이 론할 필요는 없다. 그러나 그의 민속학적 관찰, 민속학적 견해도 결국 그의 세계관, 그의 개혁 사상에서 흘러 나온 것인 만큼 그것을 간단히 개관할 필요가 있다.

그는 실천을 통하여 진리를 인식하자는 실사구시實事求是의 태도에서 출발하여 중국을 통하여 들어오는 서방의 선진적 과학을 깊이 연구하고 종래의 천원지방天圓地方설을 반대하고 대지가 구형이라고 인정하였으며 지구의 상하 표면에 사람이 산다는 설을 시인하고 지구 주위에 붙어 사는 리유를 인력의 원인으로써 설명하는 등 선진적인 자연과학적 견해를 가지고 있었다. 이것은 그의 새로운 진보적인 세계관을 형성하는 데서와 넓은 시야를 준비하는 데서 기초로 되었다.

그는 세계의 시원을 우주 간에 충만되여 있는 기氣라고 보았다. 즉 기가 응결하여 이루어진 알맹이(精英)가 구체적인 물건이라고 보았으며 인간도 역시 기혈氣血로써 이루어진 것이며 인간의 정신은 초물질적인 것에 기원하는 것이 아니라 기혈의 알맹이가 정신이라고 보면서 기혈이 아니면 정신이 의거하여 발생할 수 없다고 하였다. 그리고 사람이 나고 죽는 것을 기의 취산으로 보면서 기불멸氣不滅의 사상을 전개하였는바 이런 견해들은 그가 유물론적인 립장에 서 있었음을 의미하는 것이다. 그 뿐만 아니라 그는 자연의 미묘한 변화를 대립적 원리인 음양 2기의 호상 작용의 결과로 보았는바 이것은 자연의 부단한 변화에 대한 유물론적 해석이다.

그의 사회 정치적 개혁 사상은 우리 나라에서의 유물론적 전통을 계승 발전시킨 이러한 그의 세계관에 기초한 것이였으며 이 시기 조국의 부강 발전을 지향하는 진보적 량반들과 자기들의 생활 개선을 요구하여 나선 농민들과 도시 평민들의 리익과 지향을 반영한 것이였다.

그는 재물은 하늘에서 저절로 내려 오는 것이 아니라 인민에 의하여 창조되며 인민의 지지를 받아야 나라가 흥성한다는 것, 법이 오래되면 폐해가 생기고 폐해가 생기면 반드시 개혁하여야 한다는 것을 깊이 인식하였으며 당시 부패한 사회 정치 현상을 예리하게 비판 분석하였다. 그리고 이에 기초하여 많은 진보적인 사회 정치적 개혁안들을 제창하였는바 그러한 개혁 안에는 또한 직접 또는 간접적으로 민속과 관련되는 부분들이 적지 않게 들어 있었다.

그는 또한 직접 일련의 민속과 례의 도덕을 깊이 관찰 분석하고 리론적으로 개괄하기에 노력하였으며 그 유래와 변천을 밝힘과 동시에 현실에 맞게 개혁할 것을 제의하였는바 거기에는 그의 진보적인 세계관과 개혁 사상이 여실히 반영되었다.

이렇게 하여 그가 조선민속학 분야에 남긴 업적은 또한 거대하였는바 그 구체적 내용은 다음 절들에서 보기로 하고 여기에서는 마감으로 그의 저서 특히 그의 세계관, 개혁 사상, 민속학적 자료가 집중적으로 담겨 있는 『성호사설류선』에 대하여 간단히 보기로 한다.

성호 리익의 저서는 실로 방대하였다. 다산 정약용의 말에 의하건대 거의 백권에 달한 것이였다. 그러나 그의 저서에는 량반들의 비위에 맞지 않는 것이 많았던 관계로 오래동안 세상에 공표되지 못하였다. 20세기에 들어와서 주로 그의 저작 중의 유교 경전 해설과 례론에 관한 부분을 뽑아서 편집한 『성호선생문집』 50권과 그 부록 2권이 간행되였고 또 그가 수십 년간에 걸쳐서 수록한 『성호사설류선』 10권과 그 부록 『곽우록藿憂錄』이 간행되였는바 이상이 오늘 남아 있는 그의 저서의 전부다.

　그 중에서 『성호사설류선』은 저자 자신이 서문에서 말한 바와 같이 원래 계획적, 의식적으로 저술한 것이 아니고 독서하는 틈에 세속世俗과 접촉하면서 책에서 본 것, 전하여 들은 것, 담소 문답 중에 얻은 것을 그때 그때에 수록한 것이 쌓여서 많게 됨에 따라 분류 정리한 것이였는바 『성호사설』이라고 하는 책 이름은 세사한 잡록에 불과하다는 스스로 겸손하는 의미에서 저자 자신이 붙인 것이였다. 『성호사설』은 원래 천지편天地篇, 인사편人事篇, 경사편經史篇, 만물편萬物篇, 시문편詩文篇의 5대 편으로 구성되였었다. 그런데 그의 제자 안정복安鼎福이 스승의 뜻을 받들어 다시 정리 개편할 때에 원문의 절반을 생략하고 또 독자들의 열독에 편리하도록 하기 위하여 천지편 하에 3개의 문門, 인사편 하에 9개 130여에 달하는 소항목을 각 문에 분류 배렬하였다. 이런데서 『성호사설류선』이라고 부르게 된 것이다. 잘 알려져 있는 바와 같이 우리 나라에서의 이러한 백과사전적인 서술 체계는 16세기 말~17세기 초의 지봉 리수광의 『지봉류설』을 효시로 하는 바 『성호사설류선』은 그 체계를 계승한 것이였다.

　저자 자신은 이 책에 대하여 그 서문에서 '그것이 무용한 용언冗言에 불과할 것은 정한 일이다. … 그러나 분양糞壤이나 초개草芥와 같이 지극히 천한 물건이라도 혹 밭에 실어 가서 아름다운 곡식을 자래우게 할 수 있고 부엌간에 가져다가 맛 있는 반찬으로 만들 수 있다. 이 책도 잘 보는 사람이 본다면 또한 어찌 백에서 하나도 취할 것이 없다고 할 수 있으랴'고 매우 겸손하게 말하였다. 그러나 사실 이 저서에는 철학 사상, 개혁 사상을 비롯하여 광범한 령역에 걸친 그의 학문의 전모가 담겨 있다. 특히 그가 남긴 민속학적 자료와 견해는 거의 전부가 이 책에 실려 있다. 그러므로 아래에서 주로 이 저서에 의하여 그가 조선 민속학 분야에 남긴 업적을 고찰하기로 한다.

2. 그가 남긴 민속학적 자료

우에서 본 바와 같이 리익의 『성호사설류선』은 리수광의 『지봉류설』이 그러한 바와 같이 그 내용이 일정한 체계 즉 일정한 순서에 의하여 부문 별로 서술되였다. 그러므로 그 체계, 그 순서에 따라 민속학적인 내용을 뽑아서 분석 정리할 수도 있는 것이다. 그러나 그 체계, 그 순서는 오늘 우리가 조선 민속학에서 세우려는 체계, 순서와는 적지 않게 거리가 있다. 그러므로 우리는 『성호사설류선』 중의 민속학적 내용을 이 저서의 체계, 순서와는 관계 없이 (1) 생산에 관련한 것 (2) 의衣, 식食, 주住와 관련한 것 (3) 가족 생활 및 사회 생활과 관련한 것 (4) 음악 오락 및 속신과 관련한 것으로 구분하여 고찰하기로 한다.

1) 생산과 관련한 것

리익은 그가 살던 18세기의 우리 나라 사회 경제 제도의 불합리성을 깊이 관찰 분석하고 그 원인을 정확히 규명하였으며 진보적인 개혁 의견을 제시하였는바 그러는 과정에서 또한 경작, 풍습, 생산 기술 등 생산과 관련한 적지 않은 기록을 남겼다.

그는 우선 그 당시 우리 나라에서 일반 인민이 물질적 부의 생산에 근면한 반면에 봉건 량반들이 로동을 천시하고 생산에서 유리되여 있는 현상을 신랄하게 지적하였다. '풍속이 세벌을 숭상하므로 한 집이 량반으로 되면 그의 9족이 다 농사 일을 폐기한다. 노비의 자손을 대대로 노비로서 소유하는 법이 있으므로 문반 량반도 아니고 무반으로서 그리 높지 않은 사람들까지도 관역을 지지 않고 노비를 부려서 평안히 앉아 잘 살게 되므로 조금이라고 몸소 농사 짓는 것을 수치로 여기면서 그러는 사람들과는 서로 혼인도 하지 않는다'(권1 하 천지편 하)고 지적하면서 나라가 가난하여지는 근본 원인이 이러한 폐습에 있는 것이니 정치를 하는 사람들은 그 사정을 잘 알아야 한다고 경고하였다.

인민 생활에 깊은 관심을 가진 그는 경작 풍습, 생산 기술과 관련한 적지 않은 기록을 남겼다.

그는 경작 풍습과 관련하여 전라도는 '벼 밭이 많고 관개에 힘쓰며 때가 오면 이앙하므로 농사 일이 헐하다. 사람들이 다 이 밥을 먹고 콩 보리를 천히 여긴다'(동상)고 하였는바 이렇게 그가 전라도에서의 관개와 이앙의 보급을 특별히 지적하고 높이 평가하였다는 것은 우리 나라에서 이앙법은 벌써 15세기에는 중부 지방까지 적용된 것이였으나 그러나 그것이 전면적으로 보급된 것은 이 시기까지도 남부 지방에 한한 것이였다는 것, 그리고 일반 주민이 이 밥 먹는 것도 이 시기까지는 역시 남부 지방에 한한 것이였다는 것을 말하여 주는 것이다.

다음으로 그는 면화의 선진적 재배 방법 및 처리 기술에 대하여 세밀한 기록을 남겼다. 우리 나라에서 면화의 재배는 삼남 지방과 해서海西(황해도) 지방이 가장 성하고 오직 북도北道(함경도)에만 없는데 재배 기술에 따라 그 생산에서 배나 차이가 있음을 체험하였다고 하면서 면화 재배에서의 밭갈이, 이랑짓기, 씨뿌리기, 김매기, 시비의 량과 방법, 기타 류의할 점들에 대하여 세밀하게 서술하였는데(권10 중 만물편) 그것은 우리 나라에서 근년까지 일반적으로 하던 방법과 대체로 같다. 또 다른 데서 면화의 처리에 사용하는 도구와 처리 방법에 대하여도 자세히 기록하였는데(권5 하 인사편 기용문) 그 역시 최근까지 부분적으로는 지금도 농촌에서 하고 있는 방법과 대체로 같다. 이것은 우리 나라에서의 그러한 생산 풍습의 형성이 미리 오랬다는 것을 의미한다.

또한 그는 부녀자들이 길삼에 근면한 모습을 간단하면서도 생동하게 썼다. "령남嶺南(경상도)은 서울과 멀리 떨어져서 풍속이 확연히 다르다. 양잠하고 삼베 짜고 또 무명 나이 하느라고 부녀자들이 밤에 적게 잔다."(권9 하 경사편 하) "공주 지방은…양잠과 모시 제 짜기와 무명 나이로 사철 일이 있어 부녀자들이 밤에 적게 잔다."(권1 하 천지편 상)고 하였고 또 한산韓山의 모시 베, 황해도의 무명, 평안도의 명주를 높이 평가하였다.

또 김제金堤를 비롯한 전라도 지방의 죽세공품 - 부채(竹扇), 갓(笠), 빗(梳篦)을 높이 평가하면서 특히 전국 집집에서 사용하는 빗은 모두 이 지방산이라고 하였는바(동상) 실로 이 지방의 죽세공품은 일찍부터 그 이름이 높았으며 전국 인민에게 애용된 것이었다.

그는 종이 만드는 수공업이 승려와 깊은 관계가 있다는 것을 옳게 보았다.

전라도 지방에는 세력 있는 토호들이 많은데 그들은 모두 제 마음 대로 유생이라고 칭하면서 군역에서 빠지고 전 주민의 삼분의 일에 해당하는 빈궁한 사람들에게 혹독하게 군역을 들 씌우는 관계로 빈궁한 사람들은 아들이 셋이면 그 중 하나는 꼭 중으로 만들어 군역을 피하게 한다는 것, 중들은 농사일을 모르고 민가에서 얻어 먹으며 하는 일이라고는 신屨 트는 일과 닥나무로 종이 만드는 일 뿐이라는 것을 지적하고 닥나무는 전주 만마동萬馬洞의 것이 가장 우수하다고 하였다(동상). 그가 말한 바와 같이 우리 나라의 종이 만드는 수공업은 중과 밀접한 관계가 있었다. 함경도 지방에서 유일하게 생산된 황지黃紙(귀밀 짚으로 만든 종이)도 그 지역의 '재가승' 부락에서 전적으로 생산 공납한 것이였다.

그는 기타 전국 각지의 특산물과 물화의 류통에 대하여 많이 서술하였는데 이것은 무엇을 의미하는가. 그가 아무리 인민 생활에 깊은 관심을 가졌다 하더라도 광주의 한 농촌에서 일생을 보낸 그가 이렇듯 전국의 특산물과 물화의 류통에 대하여 정통하였다는 것은 당시 벌써 상품-화폐 관계가 상당히 발전하여 그러한 물산이 어느 정도 전국적 범위로 류통하였었다는 것을 의미한다고 할 것이다.

수공업과 관련하여 한 가지 더 말할 것은 그가 함경도 지방에 먼 과거의 소위 '호시석노楛矢石砮'의 유습이 있는듯이 쓴 것이다. "북도에 서수라西水羅라는 나무가 있어 가늘게 쪼개서 물에 담그었다가 보(樑)에 걸고 돌을 달아 매여 곧게 펴지게 한 다음 날이 휜 둥근 칼로써 깎으면 화살'대로 된다. 끝이 날카로운 돌이 있어 칼 대용으로 한다. 생각건대 호시석노라는 것이 이와 같은 것이였을 것이다. 아마도 둔렬하여 참대 화살, 쇠 화살촉만 못할 것인바 잘 리해할 수 없다."(권5 하 기용문)고 하였다. 참대가 생산되지 않는 이 지방에서 그 대용품이 사용되였을 것은 의심할 바 없다. 그러나 그가 말한 끝이 날카로운 돌이란 흑요석 파편을 의미하는 것일 것인바 그 당시 즉 18세기에 그것을 칼 대용으로 사용하는 일이 있었다고는 도저히 볼 수 없다. 이것은 그가 북도에 죽전 대용품이 있는 것과 파편이 칼날 같이 날카로운 돌 즉 흑요석이 있다는 것을 듣고 고문헌에 보이는 '호시석노'를 련상한 것에 불과할 것이라고 할 것이다.

다음으로 그는 상업과 관련한 일련의 민속학적 기록도 남겼다. 그는 시대적 제약성으로하여 중농주의를 제창하였고 화폐 류통의 폐해와 장시의 제한을 론하였다. 그러나 그렇다고 하여 그가 상품 류통을 무시한 것은 아니였다. "시전市廛이라는 것은 원래 없어서는 안되는 것이다. 지금의 군 현에서는 장시가 점점 불어 가며 장날이 반드시 한 달에 여섯 번씩 설정된다. 무릇 2~3십 리의 사이에 다섯 개소의 장시는 있는 것이므로 하루도 빈 날이라고는 없다. 백성들이 돈을 가지고 가서 헛되게 없애는 경향이 있으므로 그 폐해가 이미 심하고 또 농가에 방해되며 도적이 붙게 된다. … 무릇 군 현들에서 장날을 반드시 같은 날로 하게 하고 선후의 구별이 없게 한다면 한 달에 여섯 날 외에는 백성들이 농사에 전력할 수 있게 될 것이며 얼마 간 랑비를 덜게 될 것이고 또 물화가 류통되지 못 할 우려도 면하게 될 것이다."(권4 하 인사편 6). 여기서 우리는 18세기에 벌써 우리 나라는 바로 근년까지 그러하였던 바와 같이 2~3십 리의 거리 내에 5~6개소의 장시가 있었으며 농민들이 장날마다 모여 가서 시간과 금전을 랑비하는 현상이 있었다는 것을 알게 된다.

그는 또 개성 사람, 제주도 사람들이 상업을 숭상하는 풍속에 대하여 비록 간단한 말로서기는 하나 진상을 생동하게 썼다. 개성 사람들은 "리왕조로 된 이후 완강하게 복종하지 않았으며 나라에서도 또한 내버려두고 등용하지 않았다. 그리하여 사대부의 후예들이 문학과 유학을 폐기하고 상업에로 도피하게 되었으므로 사람들이 기교가 많고 상업에 능하기를 전국에서 제일이다." 제주도 사람들은 "풍속이 행상을 숭상하므로 (말이 많은) 제주도에 가까울수록 말 값이 도루 올라 간다."(권1 하 천지편 하)라고 하였다. 또 경상도에서의 일본과의 사무역에서 "인삼, 명주실, 솜과 같은 유용한 물건을 가지고 은 그릇, 칼, 거울과 같이 기교한 것을 교역하는데 국산 은을 모두 중국에 가지고 가서 쉽사리 없어지는 물건을 무역하여 오고서도 부족하여 일본에서까지 가져 온다."(동상)는 것을 지적하였는바 이것은 당시 사람들이 외국 산 사치품을 즐겨 사 들이는 폐풍으로 하여 국내의 수공업이 발전하지 못하는 것을 개탄한 것이다.

이상에서 본 바와 같이 그가 남긴 생산과 관련한 민속학적 자료는 그가 민속학적 서술을 위하여 관찰하고 서술한 것은 아니였다. 그것은 "재물은 하늘에서 내려오는 것이 아니라 반드시 인민의 힘에 의하여 생산된다."(동상)는 옳은 관점에서부터 정치를 하는 사람들은 인민들이 능력을 발휘할 수 있게끔 모든 조건을 지어 주어야 한다는 것을 구체적 자료에 의하여 실증적 으로 강조하는 과정에서 언급된 것들이다. 그렇기는 하나 그것은 또한 그 부문에 관한 당해 시기의 민속 연구에 중요한 자료로 되지 않을 수 없다.

2) 의衣, 식食, 주住와 관련한 것

그는 의식주 특히 옷과 음식에 대하여 많은 관심을 가졌으며 실학의 한 구성 내용으로 되는 고증학적 학풍을 발휘하여 우리 나라의 외관과 음식에 관하여 많은 고증을 하였다.

　이미 본 바와 같이 의복의 자료로서 가장 중요한 면화의 선진적인 재배법과 처리 방법에 대하여 상세한 기록을 남겼으며 경상도의 양잠, 삼베와 무명, 충청도의 양잠, 모시베와 무명, 황해도의 무명, 평안도의 명주 생산을 높이 평가하였다. 그리고 면화가 귀한 제주도와 함경도에서 개를 양하여 그 가죽을 의복 자료로 하는 것을 지적하면서 함경도에서 생산되는 어린 개 가죽으로 만든 갖옷(裘)은 서울 귀족들 사이에서도 중하게 여긴다고 하였다(권1 하 천지편 하). 그런데 이렇게 제주도와 함경도에 개 갖옷을 입는 풍습이 있었다는 것은 그 지방에 면화가 귀하였다는 자연 지리적 조건 뿐만 아니라 또한 일정한 전통과도 관계가 있었을 것 같다. 벌써 삼국지 위서 동이전에서 제주도(州胡) 사람들은 "다 머리를 깎은 것이 선비족과 같으며 가죽(革－털을 민 가죽) 옷을 입는다."고 하였다. 우리 나라 서남 절해에 위치한 이 섬에 남방과 북방으로부터의 표류민이 섞여 살았으리라는 것은 의심할 바 없는 것이며 함경도 지방에서 북방 선주 종족이 적지 않게 동화되였다는 것은 잘 알려져 있는 사실이다. 그러고 보면 이 지방들에서의 갖옷 입는 풍습에는 그 영향도 있는 것 같다.

　그는 우리 나라 의복 색깔에 대하여 큰 관심을 가진 데서 염색 방법에 대하여 또한 귀중한 자료를 남겼다.

　　실을 물들이는 물'감에 대하여 본다면 원래 붉은 흙으로 만든 것을 토홍土紅, 소목蘇木으로 만든 것을 목홍木紅, 홍람紅藍으로 만든 것을 진홍眞紅이라고 하는데 목홍은 면포에 적당하지 못 하며 색깔이 선명치 못하다. 지금 높이 치는 것은 홍람이다. 토홍이라는 것은 붉은 흙물에서 찌끼를 갈라 내고 아교와 섞어서 물들이는 것인데 우리 나라에서 상색으로 쳤다…세상이 점점 사치하여지면서 귀천을 물론하고 모두다 홍람을 사용하게 되고 토홍은 없어졌다…지금 제도에 국왕이 붉은 곤룡포를 입고 우로 공경으로부터 아래로 궁중서리에 이르기까지 붉은 것을 입지 않는 일이 없는데 그것이 다 홍람으로 물드린 것이다. 이렇게 되므로 다만 귀천의 구별이 없을 뿐만 아니라 그 비용이 허다하여 가난한 집에서는 지변하기 어렵다. 옷 한 벌 물들이는 데 소용되는 홍람을 심는 밭으로 말하면 네 식구의 집이 한 달 식량을 소모하는 것이라고 할 수 있다. 전국적으로 볼 때에 그 소모가 대단하다.

　　　　　　　　　　　　　　　　　　　　　　　　　　　권5 상 인사편 8

이렇게 그는 우리 나라에서의 홍색 물'감의 변천, 홍색 복식의 보급과 거기에 따르는 폐해를 말하고서 고려의 풍습은 문무관이 모두 검은 옷 푸른 갓을 사용한 것이였으니 지금부터 조정 관료들은 검은 색, 유생과 서리들은 푸른 색을 입게 할 것인바 그렇게 한다면 옛 식에도 맞고 지금에도 좋고 재물을 절약하는 데 도움이 될 것이라고 하였다. 이와 같은 그의 의견은 그 후 1세기 이상 지나서 1884년에 이르러 관복을 흑색 단령으로 제정하게 됨으로써 실현을 보게 된 것이였다.

동시에 그는 우리 나라에서의 흰 옷은 그 유래 전통이 오랜 것이니 입는 것이 옳다고 주장하였다. 즉 고려 충렬왕 원년에 동방인 우리 나라는 목木에 해당하는 것이므로 푸른 색을 숭상하여야 하겠는데 흰 색을 입는 것은 목이 금金에 제어당하는 형상이니 백색을 금하여야 하겠다고 한 제의가 채택되었고 공민왕 6년에 우리 나라 지형은 수근목간水根木幹의 형국이므로 문무 백관의 의관을 검은 옷 푸른 갓으로 하여야 하겠다고 한 제의가 채택된 것이였으나 그런 것은 백의를 금할 리유로 될 수 없다고 반박한 다음, 우리 나라에서의 백의는 기자의 유풍이며 그 유래가 오랜 것이니 고쳐야 할 것이니 아닐 뿐만 아니라 금하여서는 안 될 것이라고 주장하였다(권9 하 경사편 8). 이렇게 그는 고려의 백의의 금지 리유가 허황하다는 것을 옳게 비판하였으나 그러나 지봉 리수광과 마찬가지로 백의의 유래를 기자의 유풍이라고 보면서 그것은 입는 것이 옳다고 고집한 것은 그도 역시 유학자의 한 사람이였다는 제한성에서 온 편향이였다.

그는 또 우리 나라 여자 옷의 변천과 관련하여 일정한 견해를 표명하였으며 기타 일련의 남자 옷에 대하여도 론평하였다.

"지금의 부녀자들은 소매 좁은 짧은 저고리를 입는데 언제부터 있은 일인지 알 수 없으며 귀천 간에 구별 없이 통용되는 것이 특히 괴이한 일인데 사람들이 습관되여 당연하게 여긴다. 또 여름에 입는 홑저고리는 아래를 좁히고 우로 감아 올렸으므로 치마와 닿는 데를 가리우지 못 하는 것이 더욱 괴상하다."(권5 상 인사편 8)라고 하고 찌른 저고리로 변하게 된 계기에 대하여 "원 나라 세조가 중국 복제를 고쳐서 남자는 고습袴褶과 좁은 소매 옷을 입게 하고 여자도 좁은 소매의 찌른 옷에 아래에는 치마를 입게 하였다."고 하면서 충렬왕 이후 원나라와의 관계가 밀접하게 됨에 따라 그 영향이 미친 것이 아닐가고 추측하였다. 여기서 우리는 18세기 경의 우리 나라 녀자 저고리가 극단으로 짧었던 사실을 구체적으로 잘 알게 됨과 동시에 삼국 시대의 긴 저고리로부터 찌른 저고리로 변하게 된 계기에 대한 처음으로 되는 견해를 보게 된다. 물론 그의 추측이 정당한가 정당치 않은가는 연구를 요하는 문제다. 그러나 그가 벌써 그 시기에 우리 나라 복식 변천사에서 반드시 해명되어야 할 중요한 문제를 제기하고 해명하려고 시도한 점만은 높이 평가할 일이다.

그는 그 당시 사대부들이 평상복의 겉옷으로서 도포道袍를 입는다는 것을 지적하고 도포하는 것은 곧 도복道服이라고 할 것이다. 그러나 엄밀히 말하면 도포와 도복 간에는 세부의 차이가 있다는 것과 도포에는 또한 기록에 보이는 구裘와도 서로 상통하는 점이 있다는 것을 밝혔다(권5 상 인사편 8). 즉 도복이나 도포는 다 량 겨드랑을 갈라지지 않게 꿰메였고 옷 뒤(後裾)를 곧게 드리우게 하면서 서로 염싸이지 않게 한 것이 마치 창의氅衣와도 같게된 것인데 다만 도포는 뒤에 따로 덧폭을 달아서 두 옷 뒤(兩裾)가 접하는 데를 가리우도록 한 것이 도복과 다르다는 것과 이 점에 있어서 도포는 구裘의 옷 뒤를 서로 염싸이게 한 것과 서로 통한다고 하였다.

또 리 왕조 초기에 진사進士들이 란삼襴衫이라는 겉 옷을 입은 사실을 말하고 그 당시까지 안동 권씨의 집에 전하여 있는 실물에 의하여 구체적으로 그 형태를 말하였고 또 정당한 평가를 내렸다(동상). 그의 말에 의하면 란삼이라는 것은 비단으로 만든 단령團領(깃을 둥글게 한 공복)인데 거기에 맞추어 쓰는 모자는 푸른 빛 둥그런 통으로 되어 매우 모양없는 것이였고 특히 그 띠가 괴상한 것이였다. 검은 실로 만든 그 띠는 미리 허리통이 들어갈 만큼 중간을 고정하여 맺고 띠의 좌우 두 끝이 드리우게 한 것인데 이것을 띨 때에는 머리로부터 깨여 내려 허리에 이르게 하고 좌우 두 끝으로 량 팔을 위요圍繞한 다음 등에 가서 매여 드리우게 한 것이였다. 그는 량 팔을 동여 매고 앞과 뒤가 이렇게 서로 반대로 된 이 제도는 단연코 옛 제도가 아닐 것이며 사용하지 못할 것이라고 하면서 오대사五代史에 의하면 거란의 아보기阿保機의 금포錦袍 띠가 뒤에 드리웠다고 한 것으로 보아서 이러한 풍습은 북방 되의 풍습에나 있는 것이라고 하였다. 여기서 우리는 리조 초에는 중국 송 나라에서 그렇게 한 것[2]과 같이 진사, 국학생들이 란삼이라는 겉옷을 입었다는 것과 그 란삼의 형태가 어떠한 것이였는가를 구체적으로 알게 된다.

...

2 『송사』「여복지」참조.

다음으로 그는 우리 나라의 관모의 유래에서 대하여도 썼다. 그런데 그 당시에는 고구려 고분 벽화의 자료를 볼 수 없었고 또 기자 동래설을 비판하는 데까지 이르지 못하였던 그는 이 문제에서도 결국 백의론에서와 꼭 같은 편견을 거듭하였다. 즉 그는 우리 나라 옛 풍습에 있은 절풍립折風笠(그는 이렇게 고구려의 '절풍折風'을 처음부터 '립笠' 즉 갓으로 단정하였다)은 바로 리백李白의 악부樂府 고려사高麗史에서 '금화절풍모金花折風帽'라고 한 그것이며 그 '금화金花'는 양태(簷)의 네 면을 가리키는 것이겠으므로 절풍이라는 것은 지금의 방립方笠일 것이며 절풍은 후에 폐양립蔽陽笠으로 변하고 폐양립은 다시 흑칠립黑漆笠으로 변한 것이라고 하였다. 그리고 더 나아가서 절풍이 곧 은 나라의 장보관章甫冠이라는 것을 증명하려고 하였다. 그러나 고구려의 절풍은 그 모양이 "변弁(복두)과 같으며 사인士人은 두 개의 새 깃(鳥羽)을 더 꽂는다."[3]고 하였는데 고구려 고분벽화에 보이는 그것에 해당하는 것이 결코 갓 등속과 같은 것이 아니라는 것은 일견에 명료한 것이다. 그리고 절풍을 은 나라의 장보관과 결부시킨 것은 완전히 부회에 불과하다.

음식과 관련한 그의 서술에서는 우리 나라의 특별 음식 중에서 중국 문헌에 보이는 특별 음식과 비슷한 것에 대하여 호상 비교의 방법으로 고찰하였고 또 우리 나라 음식 중에서 중국 사람이 특히 지적한 일이 있은 것에 대하여 썼다. 따라서 전반에 걸치지 못 하였다. 그렇기는 하나 개별적 저술에서 그 만큼 음식에 관한 자료가 많은 것은 그 례가 드문 일이다. 음식과 관련하여 그가 쓴 내용의 요점을 들면 다음과 같다.

속석束晳(晉 때 사람)이 말하기를 만두는 봄에 좋고 박장薄壯은 여름에 좋고 기수起溲는 가을에 좋고 탕병湯餠은 겨울에 좋고 로환牢丸(자름하게 만든 만두, 탕에 넣어 먹는 것)은 사시에 다 좋다고 하였다. 박장이라는 것이 무엇을 가리키는지 알 수 없으나 여름에 좋다고 하였은즉 필시 찬 음식이며 입에 시원한 것일 것인바 지금 우리 나라의 수단 등속과 같은 것일 것이다. 기수는 '起溲'라고 이름한 것으로 보아 술을 넣어 기주한(불어나게 하는 것) 것일 것인바 아마도 지금 우리 나라의 상화떡霜花餠(만두의 옛말)에 해당하는 것이고 탕병은 황산곡黃山谷(이름은 庭堅, 宋 때 사람)의 시에 그 모양이 란선亂線 같다고 하였으니 지금 우리 나라의 수인떡水引餠(수접이?)과 같은 것일 것이다.   권5 하 인사편 8

---

3 『북사』「고구려전」.

중국의 한구寒具라는 것은 한식에 쓰는 것이므로 한구라고 한 것이고 이것을 환병環餅이라고도 하는 것은 비비여 눌궈서 뱀이 서린 것처럼 가락지로 하고 눌러서 납작하게 하였기 때문인데 기름에 지진 것이다. 지금 우리 나라에 차수떡差手餠(산자의 옛말)이라고 하는 것이 있는데 타래로 하였으나 가락지로 하고 납작하게 한 것이 아니며 또 산증편散蒸餠이라는 것이 있는데 가락지로 하였으나 타래로 하지 않았는바 이런 것은 다 시대에 따라 변화한 것이다.   동상

산자饊子라는 것은 닦은 벼다. 찰벼 및 모벼를 닦은즉 그 쌀이 튀여 꽃 같이 되므로 산자라 하는 것이다. 지금 우리 나라 풍속에 혹 기름에 찹쌀을 지진 것을 일반적으로 산자라고 하는데 이것은 이름만 같고 형태가 변한 것이다(不觚之觚也). 그리고 따로 떡을 엷게 네모나게 베고 기름에 지져 엿을 바르고 그것을 붙인 것을 역시 산자라고 하는데 원래 산자라는 이름은 쌀을 두고 하는 말이지 떡을 두고 하는 말이 아니다. 혹 붉게 물들인 산자를 비녀 다리 모양으로 한 떡에 엿을 바르고 붙인 것을 료화떡蓼花餅이라고 하는데 그 모양이 여뀌꽃蓼花 같기 때문에 이름한 것이다.   동상

그가 산자라는 것은 튀운 쌀, 지진 쌀을 가리키는 이름으로 떡을 가리키는 이름이 아니라고 한 것은 물론 옳다. 그러나 실지로는 산자를 붙인 떡을 산자라고 하였을 뿐만 아니라 그런 떡과 류사하게 만든 다른 떡도 산자라고 한 것 같다. 전날에 산자를 차수라고 하였는데 이것은 차수떡도 산자라고 하였다는 것을 의미하는 것이다.

동래東萊 제식祭式에 정월 초하루에 견耳이라는 음식을 제사에 드린다는 구절이 있다. 그것은 지금 우리 나라 풍속에 정월 초하루에 강정剛釘을 사용하는 것과 같다.

강정은 독한 술을 찹쌀 가루에 섞어 손으로 쳐서 떡으로 하고 가늘게 베여 말린 다음 기름에 지져 크고 둥글게 불어 올라 오게 한 것이다.   동상

중국에서 거여粔籹라고 하는 것은 밀'가루를 꿀에 반죽하여 떡을 만들고 기름에 지져 말린 것이니 그것은 지금 우리 나라의 박계朴桂와 같은 것임이 틀림 없고 밀이蜜餌라고 하는 것은 그렇게 하고 엿 또는 꿀을 발라 좀 젖게 한 것이니 지금 우리 나라의 약과藥果와 같은 것임이 틀림 없다. 이 등속을 우리 나라에서 통털어 조과造果라고 한다. 무릇 진짜가 아니고 가짜인 것을 속담에 모두 조造라고 하는 것으로 보아서 아마도 그 처음에 밀'가루를 꿀에 반죽하여 과실 모양으로 만들었으므로 그런

이름이 있게 된 것인데 후세 사람들이 그 생김새가 둥글어 높이 쌓기 곤난하므로 네모 나게 끊어 만들게 되었으나 그 이름만은 그 대로 남은 것이라고 할 것이다. 지금 제사 때에 그것을 과실 사이에 놓는 것으로 보아 더욱 그렇다는 것을 알게 된다.

옛날에 고려 충렬왕이 태자로서 원 나라에 가서 연회를 차리는데 본국의 유밀과油蜜果를 썼다고 하였으니 풍속의 유래가 오래다는 것을 알게 된다.

지금 국가의 제사에 관한 례전에 약과, 중박계, 소박계가 들어 있고 대박계가 보이지 않는데 아마도 대약과가 대박계에 해당할 것이다.

동상

이렇게 그는 중국에서 거여, 밀이라고 하는 것이 우리 나라에서 박계, 약과라고 하는 것과 같으며 기록에 박계에 중박계, 소박계가 있고 대박계가 보이지 않으나 대약과가 대박계에 해당할 것이라고 보았다. 우리는 여기서 박계, 약과, 조과, 유밀과라고 하는 것의 내용과 이런 종류의 음식의 유래가 오래다는 것을 잘 알게 된다. 지금도 유밀과의 일정에 '중백기'라는 것이 있는데 이것이 바로 중박계일 것은 물론이다.

그런데 보는 바와 같이 이런 유밀과류를 우리 나라에서 통털어 조과라고 부르는 데 대한 그의 해석은 실로 그 방법에서 민속학적이며 과학적이다.

중국에서 각서角黍라고 하는 것은 단오에 오이 잎에 찰밥을 싼 것을 말한다. 우리 나라 풍습에는 단오에 밀'가루로 떡을 납적한 잎 모양으로 하고 고기 또는 채소로 소를 넣고 잎으로 싸서 두 뿔이 나게 한다. 이것이야말로 정말 각서라고 할 것이다. 옛날에는 밥을 서직黍稷이라고 한 것인즉 각서라는 것은 밥을 싸되 뿔이 나게 한 것이다. 지금 우리 나라 풍습에 또 조악造岳(造角)이라는 것이 있어 쌀'가루로 떡을 만들고 콩'가루로 소를 넣고 두 뿔이 나게 하고 기름에 지져 만드는데 이것은 또한 각서의 변종이다.

동상

분단粉團은 일명 수단水團, 일명 백단白團이라고 하는데 단오에 먹는 음식이다. 또 건단乾團이라는 것이 있는데 물에 넣지 않은 것으로서 지금 우리 나라에서 절편切餠이라고 하는 것이 그것이다.

동상

지금 우리 나라에서 '주악'이라고 하는 떡이 바로 그가 말한 조악이고 '경단'이라고 하는 것이 그가 말한 건단이며 그 당시 절편이라고 부른 것이라는 것은 의심할 바 없다.

중국에서 조고棗餻라고 하는 것은 밀'가루로 증편蒸餅 모양으로 하고 통대추를 붙인 것이다. 지금 우리 나라 풍습에 증편(기주떡)이라고 하는 것 중에서 콩'가루를 소로 하고 겉에 대추 살(棗肉)을 붙인 것을 고명沽名이라고 한다.

생각컨대 그 처음에 대추 살로 떡 우에 글'자를 새긴 데서 명銘이라고 한 것이였는데 지금은 글'자로 한 것이 아니로되 이름만 남은 것이라고 할 것이다.   동상

주례周禮에 구이糗餌, 분사粉餈라는 것이 있는데 구이는 먼저 쌀을 가루로 내고 반죽하여 떡으로 하고 콩'가루를 바른 것이고 분사는 먼저 쌀을 찌고 쳐서 떡으로 하고 콩'가루를 바른 것이다. 지금 우리 풍속에 인절미떡(印切餅)이라는 것이 그것과 같다.

후세에 풍속이 점점 사치하여져서 이것을 제사에 쓰지 않는다.

지금 높이 치는 것은 찐떡(餻)이다. 혹 입쌀 가루를 습기 있게 하고 시루에 넣어 충분히 익혀서 저절로 떡이 되게 한 것을 설기(雪餻), 껍질 벗긴 팥을 사이에 편 것을 팥설기(豆餻)라 하고 또 이미 떡으로 하고 팥가루를 소로 하고 솔잎을 사이에 펴서 찐 것을 송편(松餅)이라 하고 혹 솔 잎을 쓰지 않고 엷은 떡에 무늬 있게 한 것을 산편(散餅)이라 하고 안에 소를 넣어 찌고 겉에 팥가루를 붙인 것을 단자團子라고 하는데 다 한 때의 풍속이다.   동상

여기서 그가 말한 떡의 종류는 모두 오늘도 그 대로 남아 있다.

동월董越의 조선부朝鮮賦에 송기떡 산삼떡山糝糕을 들고 그 주에서 산삼은 약에 드는 산삼이 아니며 그 생김새가 무 같다. 료동 사람들은 그것을 산무라고 하면서 뫼쌀에 섞어 치고 지져서 떡으로 하고 그것을 산증山蒸이라고 한다고 하였다. 지금 우리 나라에 이렇게 만드는 법이 있는데 동월이 산삼떡이라고 한 것이 필시 이것일 것이다.   동상

원 나라 때 사람인 양윤부楊允孚는 고려의 생채가 맛이 좋음을 시로써 읊고 그 주에서 고려 사람들은 생채로써 밥을 싸 먹는다고 하였다. 우리 나라 풍속에 지금에 이르기까지 소채 등속으로서 잎이

큰 것은 모두다 그렇게 하는데 부루를 상으로 친다. 집집마다 이것을 심는 것은 이 때문이다.

동상

이상에서 본 바와 같이 그의 음식에 관한 서술은 일부 특별 음식에 한한 것이였다. 그러나 근 30종에 달하는 특별 음식에 관하여 만드는 방법을 비롯하여 귀중한 자료를 남겼다. 우리는 이로써 17~18세기의 우리 나라 특별 음식의 일반―斑을 구체적으로 파악할 수 있음과 동시에 또한 그것이 오늘과 큰 차이가 없었다는 것을 알게 된다.

그는 또 우리 나라 착취 계급들의 호화로운 식사 생활에 대하여 생동하게 서술하면서 그들의 몰염치성을 분개하였다. "지금 사람들이 아침에 일어 나서 흰 죽을 먹는 것을 조반이라 하고 정오에 먹는 것을 점심이라고 한다. 부귀한 집에서는 날마다 일곱 번씩 먹는데 술과 고기를 즐비하게 차려 놓으면서 진귀한 것을 갖추기를 서로 경쟁적으로 한다. 그들이 하루 소비하는 것이 백 사람이 먹을 만한 것으로 되니…백성이 어찌 곤궁하지 않을 수 있겠는가?"(동상)

주택에 관한 그의 서술은 많지 않았다. 그러나 그것은 우리 나라 주택과 관련한 풍습에서 중요한 측면을 밝혀주는 귀중한 자료로 된다.

혹자는 말하기를 우리 나라 사대부의 주택은 모두 방을 감히 남면하지 못 하였다. 서울 안에 세족들의 집이 즐비하였으나 그렇게 되어 있지 않은 것이라고는 없었다. 중종 이후부터 규률이 점점 해이하여져서 옛날 제도가 존재하지 않는다고 한다. 나는 생각하기를 이것은 리 규률이 점점 해이하여져서 옛날 제도가 존재하지 않는다고 한다. 나는 생각하기를 이것은 리조 초의 제도인데 례법에 응당히 그렇게 하여야 하는 것은 아니다. 그러나 이미 풍속을 이룬 것이 일조에 변갱되였다는 것은 훈신들이 마음 대로 위반한 것이라는 것을 의미한다. 이뿐이 아니다. 그 간수도 다 정수가 있어 그보다 넘어 가면 적발하고 철회시킨 것이다. 리조 중세까지도 이 법이 행하여졌었는데 지금의 재상과 부귀한 자들의 주택은 다만 한 채로서가 아니라 두 채, 세 채로 구성되며 그 간수는 일일이 헬 수 없을 만큼 많다.

동상

주지하는 바와 같이 신분에 의한 주택의 법적 제약은 시대에 따라 정도의 차는 있었으나 벌써 신라 이래로 있은 일인바 이 서술에 의하여 리조 시기 서울 량반들의 주택

모습의 변화를 잘 알게 된다.

> 제주의 풍습이 집을 다 오량五樑으로 하며 판자를 깔아 마루방으로 하고 온돌이 없으며 다만 초석을 깔고 온기를 취한다. 그러나 사람들이 병에 걸리지 않으며 백 세 이상 사는 사람이 많다 … 일찍이 늙은이들에게서 들은즉 백 년 전까지만 하여도 재상 귀족들의 넓은 집도 온돌은 한두 간에 불과하였으며 늙고 병든 사람이나 류하는 방으로 되었다. 그 외는 다 판자를 깔고 마루방에서 류하였다. 가운데를 병풍과 장막으로 막고 돗자리를 겹 깔고 각각 자녀들의 방으로 하였다.   동상

우리 나라에는 온돌이 벌써 고구려 때부터 있은 것이며 그것이 온돌의 시원으로 추정된다는 것은 잘 알려져 있은 사실이다. 그런데 이 서술은 우리 나라에서 온돌의 기원이 그렇게 오래기는 하였으나 그것이 남쪽 지방에까지 광범하게 보급한 것은 그다지 오랜 일이 아니였다는 것을 구체적으로 보여 주는 자료로 된다.

3) 가족 생활 및 사회 생활과 관련한 것

그는 가정적 및 사회적 생활과 관련한 일련의 풍습을 서술하면서 적절하게 평가하였을 뿐만 아니라 많은 경우 그 개혁안까지 제기하였다. 우선 관혼상제와 관련한 것부터 보기로 한다.

> 우리 나라 풍습에 어미편 족속과 세대로 친목을 도모하고 어미편의 형제 숙질을 동종同宗 같이 여기면서 서로 혼인하지 않는다. 혹자는 이것을 되의 풍습이 아닌가고 의심하는데 그것은 교화에 유해로운 견해다. 아비복을 3년 입고 어미 복도 또한 3년 입는 것은 그 은혜가 지극히 중하기 때문이다. 아비의 은혜를 고려하여 백세百世에 이르도록 서로 혼인하지 않는데 어미의 은혜를 고려하여 복 입는 친속 간에 그렇게 하는 것은 리치에 맞는 것이다.
>
>   권2 인사편 2

이렇게 그는 우리 나라에서 외친과 서로 혼인하지 않는 풍습을 미풍으로 보았는데 그 유래에 대하여는 역시 그의 고질적인 편향을 발로하였다. 그는 그 유래를 온 나라

제도에서 온 것이며 기자의 유풍이라고 보면서 "중간에 비록 고려의 어지러운 풍속이 다 고쳐지지 못 하였으나 리조에 와서 인민의 심정에 있던 옛 풍습이 마치도 연 뿌리가 흙 속에 있다가 때를 만나 움이 트고 꽃이 피듯이 발현하게 된 것은 훌륭하고 아름다운 일이다. 지금 사람들이 이것을 인멸하려고 하는 것은 근본을 망각하여도 심하게 망각하는 것"(동상)이라고 하였다(그는 또 고려 충렬왕이 원 나라 공주께 장가 들면서 백마 81필을 납폐한 사실을 말하면서 그것 역시 백색을 숭상한 온 나라의 유제하고 하였다(권9 하 경사편 8)].

그러나 그는 다른 곳에서 "우리 나라에서는 백년 전까지만 하여도 풍속이 처가살이혼(妻贅一率婿, 데릴사위)을 숭상하였으므로 외친을 본친 같이 여긴다. 그리하여 비록 5세 이후에 이르러도 서로 혼인하지 않으며 드디어 풍습을 이루었는바 이것은 천하에 행하게 하여도 폐해가 없는 것이다."(권9 하 경사편 8)라고 함으로써 정당하게 그것이 우리 나라에 오래도록 존속한 처가살이혼의 영향이라는 것을 리해하고 있었다.

그와 동시에 그는 동성불혼 풍습에 관하여도 썼다. 신라, 고려의 왕가에서는 근친혼을 하였으나 그러나 고려 문종 35년에 리부吏部가 진사 로준魯準은 그 아비가 대공친大功親(9개월 간의 복을 입어야 할 친척)과 결혼하여 낳은 자식이니 그를 종신 금고의 벌에 처하자고 제의한 사실로 보아서 민간 사서민의 풍습은 원래부터 동성 간에 혼인하지 않은 것이라고(권9 하 경사편 8) 주장하였다.

이성, 본종과 관련한 문제로서 그가 신라 왕호에 대하여 시도한 민속학적인 해석은 주목된다. "신라 시대에 많이 이성을 추존하면서 다 갈문왕葛文王이라 칭하고 본종 정통은 마립간麻立干이라고 하였는데 '갈葛'과 '마麻'는 띠(経帶)를 두고 하는 말이다. 생각건대 주례에 '왕이 제후를 위하여 석달 복을 입는데, 변弁에 띠를 덧쓰되 그 띠를 동성일 경우에는 삼으로 하고 이성일 경우에는 칡으로 한다'고 하였다. 그러고 보면 그의 복에 칡 띠를 쓰는 왕이라고 함으로써 본종과 구별한 것이다"(권9 하 경사편 8). 오늘 갈문왕에 대한 의미 해석에는 이저러하게 견해가 많다. 그런데 이 해석은 그러한 견해 중에서 최초로 되는 것이라고 생각한다.

다음으로 그는 우리 나라에서 국혼國婚 즉 왕실 혼인에 대상으로 될 만한 사람들을 궁궐 뜰악에 모아 놓고 국왕이 친히 선택 결정하는 풍습의 유래에 대하여 쓰고 그 제도에 대하여 비판하였다.

우리 나라의 국혼은 처음에는 모여 놓고 국왕이 친히 검열하는 규정이 없었다. 세상에 전하여 오는 말에 태종이 리속李續의 아들로 사위를 삼으려 하여 소경 중매군 지화池和를 보내였던바 속이 바야흐로 손님과 바둑을 뜨다가 하는 말이 짚신쟁이는 마땅히 짚으로 된 신날을 사용하여야 한다고만 하였다. 그것은 서로 잘 어울려야 좋다는 의미다. 여기서 왕이 대노하여 속의 재산을 몰수하고 그 아들을 장가가지 못하게 함과 동시에 국혼에 사대부의 자녀들을 궁궐 뜰악에 모아 놓고 왕이 친히 선택 결정하는 것을 법식으로 한 것이라 한다.

권9 하 경사편 8

라고 하고서 대저 왕녀가 하가下嫁하여 시집살이를 함에 있어서 보통 사람들처럼 억눌러 공손하게 하여도 교만할가 두려운 일이거든 화물며 권력으로 모아 놓고 사위를 선택하고야 얼마나 교만할 것인가고 그 부당성을 대담하게 비판하였다.

다음으로 그의 저서들에는 상제에 관한 것이 특히 많다. 그런데 그는 기불멸설氣不滅說을 주장함으로써 유물론적 립장에 섰으나 그러나 그의 사상에는 또한 일종의 령혼불멸의 사상도 들어 있어서 조상의 기氣와 자손의 기는 같기 때문에 서로 감응하는 것이 필연적 현상(권2 하 인사편 2)이라고 봄으로써 제사의 합리성을 시인하고 있는 것만큼 제사의 허황성을 론하거나 그 폐지를 주장할 수는 없었다. 그러나 그의 상제에 관한 견해는 소위 례론가들의 공리공담과는 달리 당시로서는 매우 진보적이었던 것이니 상제를 분에 맞게 간소화하고 허례허식을 폐지할 것을 력설하였으며 그러는 과정에서 또한 당시의 상제와 관련한 많은 민속학적 자료를 소개한 것이였다.

우선 그는 주자가례에 의한다 하여 신분에 맞지 않게 함부로 가묘家廟를 설치하며 생활 형편에 맞지 않게 제물을 갖추는 당시의 폐습에 대하여 적절하게 비판하고 대책을 제시하였다.

가묘와 관련하여 - 주자가례에 의한다 하여 벼슬하지 않은 보통 사람들까지 다 4세四世의 가묘를 만드므로 집집마다 목주木主가 있게 되는데 4세까지 가묘를 만드는 것은 제후의 례인즉 이것은 옳지 않다는 것, 또 주자가례에 의한다 하여 종손宗孫에 대하여 4세조 이상 되는 목주를 아직 그것이 4세조 이상으로 되지 않는 지손支孫들에게 체천 즉 순차로 옮기고 있는데, 이것은 적파와 지파를 같게 하는 것으로 되어 적자만 가묘를 세우고 지자는 세우지 않음으로써 종가宗家를 높이는 본래의 추지와 어긋난다는 것을 지적하고 원래 주자가례의 제천법은 종법宗法이 폐지되였던 시기에 교화를 성히 하자는 의미에서 설정한 것일뿐, 그것이 고금을 통하여 실시될 법은 아니라고 단언하였다. 즉 그는 유학자들이 금과옥조로 삼는 주자가례에 대하여 랭철한 비판을 가하였다. 그리고 우리 나라 실지 형편에 대하여 다음과 같이 생동하게 썼다.

우리 나라 사람들은 "사치와 허식에 힘 쓰며 가묘 제사에 대하여 남만 못 한 것을 수치로 여기면서 벼슬하지 않은 보통 사람들도 항상 재상과 비길 만 하게 한다. 아무 것도 없는 빈한한 집에서도 한사코 그렇게 하려 하여 혹 살았을 때에는 변변히 공대도 못 하면서 죽은 다음에는 반드시 분에 넘치게 한다 … 지금 보건대 궁벽한 마을의 달팽이만한 집에 토상土床 밖에 없는 형편에 4세 목주를 어디다 두며 여러 지손들이 류리 산거하고 있는데 어떻게 체천한다는 말인가. 종종 딱한 경우가 생기는데 그런 례가 일일이 헬 수 없을 만큼 많다."(권2 하 인사편 2)

제물과 관련하여 - "지금 세상에서 관록 없는 집에서까지도 반드시 많은 품종을 갖추며 힘을 헤아리지 않고 풍부하고 사치하게만 하면서 힘에 겨운 것을 헤아리지 않는다. 산에 사는 사람도 꼭 물고기를 갖추어야 례인 줄 알고 물가에 사는 사람도 사슴 고기, 돼지 고기를 갖추어야 례라고 짐작한다. … 진실로 정성만 들인다면 그야말로 변변치 않은 채소나 맨 물이라 할지라도 다 제물로 드릴 수 있는 것이다. 하필 풍부하고 사치하게 하고야 제사로 될 것이 있겠는가"(동상)라고 썼다.

또 복숭아를 제물로 드릴 수 있는가고 물은 데 대하여 다음과 같이 주체성이 있는 대답을 주었다. 공자가어孔子家語에서 복숭아는 과실 중에서 하품이니 제사에 쓰지 못한다고 하였다. 그러나 그것은 로魯 나라에서 복숭아를 제물로 하지 않는 풍습이 있은 데서 공자가 그때 풍속에 따라서 그렇게 말하였을 따름일 것이다. 당 나라 사람들은 '리鯉'라는 나라 성과 음이 같다하여 잉어를 '적훈赤鯶'이라고 불렀으며 공공연하게 잉어를 먹는 사람에 대하여 장杖 60도의 처벌을 주었다. 그런 데서 후세 사람들의 습속에 잉어를 제물로 드리지 않는다. 이 따위들을 어떻게 다 일일이 준수하겠는가. 지금 우리 나라에서 심는 복숭아는 과실 중에서도 아름다운 것이니 제물로 하여도 좋을 것은 의심할 바 없다고 하였다(동상).

이렇게 그는 상제를 간소하게 하고 허례 허식을 하지 말자고 주장함과 동시에 "지금의 풍속이 가례를 가지고 사족과 서민이 공통으로 행하는 례식으로 삼고 있는데 제

지내는 세대수, 제물 등에서 관록 없는 사람으로서는 감당할 수 없다. 그러므로 례를 아는 사람이 별도로 서인가례庶人家禮를 만들어 벼슬하지 않은 사람들에게 통용시키는 것이 좋다고 생각한다"(동상)고 함으로써 2중 례법을 설정할 것을 제의하였다. 그가 사회 경제적 관점에서 인민적이고 현실적이였음에도 불구하고 이러한 2중 례법의 설정을 제의하게 된 것은 시대적 제약성으로 하여 그의 개혁 사상이 봉건적 신분 제도를 타파하려는 데까지는 도달하지 못한 데서였다.

상제와 관련한 것으로서 그는 또 우리 나라에 고유한 4절일(정초, 한식, 단오, 추석)에 상묘上墓(묘소에 가서 제사 지내는 것)하는 풍습의 유래에 대하여 치밀하게 고증하였다.

"우리 나라 풍습에 4절일에 상묘하는데 회재晦齋(李彦迪), 퇴계退溪(李滉) 등 제 선생도 역시 풍습에 따라 그렇게 하였다. 한식에 상묘하는 것은 천하에 공통한 풍습이나 그 나머지는 중국 옛 문헌에서는 볼 수 없는 것이다. 고려의 제도에 대부, 사족, 서민의 집에서 4중월四仲月(사시의 가운데 달)에 지내는 정식 제사 외에 정초, 단오, 중추에도 시절에 맞는 음식을 드리기로 되었으며 또 속절에 상묘하는 것도 옛 풍속 대로 하는 것을 허락하였다. 한식은 원래 상묘하는 날이거니와 정초 등 3절에도 가묘와 산소에 다 제사 지내게 한 것인데 고려가 그렇게 한 데는 또한 근본이 있는 것이다"(동상)라고 하고 그 근본에 대하여 다음과 같이 썼다. 우리 나라 력사(『삼국유사』)에 가락駕洛에서는 "시조묘始祖廟를 수로왕 릉 곁에 설치하고 제사를 반드시 맹춘 3일, 7일, 중하 5일, 중추 5일, 15일에 실시하였다"고 하였으니 우리 나라에 고유한 단오와 중추 15일에 상묘하는 풍습은 가락에서부터 시작한 것이라고 하였다.

이렇게 한식 뿐만 아니라 단오 추석에도 상묘하는 풍습은 지방에 따라 다소의 차이는 있으나 오늘에도 볼 수 있는 바 보는 바와 같이 그 유래에 대한 그의 고증은 치밀하다. 그런데 가락에서 그렇게 하였다는 것은 우연히 그와 관련한 기록이 남았기에 알게 되는 것이며 가락 뿐만 아니라 기타 신라를 비롯한 삼국에서도 이로써 미루어 보아 그렇게 한 것이라고 보이는 것이다.

이 외에도 상제와 관련한 일련의 풍습에 언급하였는데 그것은 역시 그 부문에 관한 의의 있는 민속 자료로 된다.

옛날에서 회격灰隔이 없었다. 그런 조건에서 관재라는 것은 결국 썩어 없어지는 것이므로 될수록

관과 곽槨을 두텁게 하려고 한 것은 당연한 일이다. 그러나 후에 생긴 회격은 천백년을 가도 항상 그 대로 있으며 광壙 내의 잡물은 다 방해로 된다. 그러므로 주자가례에는 곽을 쓰지 않게 되었으며 채롱 등속도 쓰지 않게 되었는바 그것은 광이 넓으면 회격이 견고하지 못 한 것을 고려하여서다. 지금 사람들은 이미 회격을 하고도 또 반드시 목곽을 쓰면서 더욱 후하게 하려 하는데 이것은 광실이 비고 커지는 것을 고려하지 않는 것이다.   동상

이것으로 보면 그 당시는 일반적으로 회격을 하고도 그 안에 또 곽을 만들고 관을 안치한 것이였다.

민간의 례법에 장례하고 반혼할 때에 반드시 안장 갖춘 말(鞍馬)을 앞에 세우는데 그것을 자마坐馬라고 한다. 중국에서도 또한 그렇게 하는데 탄마誕馬, 또는 산마散馬, 또는 단마袒馬, 또는 인마引馬라고 한다.   동상

지금 사람들이 시체 곁에서 반드시 벼를 태우는데 시체 냄새를 제거하는 데 매우 좋다…마른 고기를 섞어서 태우면 더욱 좋다.   동상

옛날에는 부모 상에 아들이 반함飯含(시체 입에 쌀을 넣는 것)하는 것이 례였다. 대부 이상일 경우에는 손님이 하기로 되였으나 그렇게 하지 않은지 이미 오랬다. 그런데 리 재상 완浣의 상사 때에 한 재상이 생뚱 같이 친히 반함하려고 하였을 때 주인이 처음 보는 일이였으므로 몹시 놀랐다. 이 일은 또한 웃을만 한 일이다. 가령 그렇게 하여야 할 것이라고 하더라도 례라는 것은 시속을 따르는 것이 옳은 일이지 어찌 우뚝히 혼자서 행할 수 있겠는가.   동상

이렇게 그는 당시 량반 관료들이 주자가례에만 매달려 주체 없는 짓을 하고 있는 것을 조소한 것이였다.

옛날에는 상차喪車를 반드시 사람이 끌었다. 지금은 메는 제도로 되였는데 많은 사람이 제각기 걸으므로 걸음이 맞지 못 하여 관이 항상 흔들린다. 소에 메우기만 안온하지 못하다. 옛날에 위혜왕魏惠王의 장례에 눈이 깊어 소 눈에까지 이르렀으므로 거행하기 곤난하였다고 하였으니 소에 메우는

법이 또한 오랬던 것이다.   동상

　이것은 그가 장의를 간소하고도 실질적인 방법으로 하기 위하여 상차에 소를 매우는 방법을 제안하려 하면서 소위 례론가들의 시비가 있을 것을 예견하고 그 합리성과 전례를 들어 미리 방비한 것이다.

　다음으로 가정적 생활과 관련하여 그가 우리 나라의 노비법의 부당성을 통렬하게 비판한 것이 특히 주목된다.

　그는 천자종모법賤子從母法 즉 어미가 종인 경우에는 그 자식이 다 노비로 되는 법에 의하려 한 번 노비로 되면 백세百世에 이르도록 무서운 고통을 받게 되는 우리 나라의 노비법은 천하 고금에 있을 수 없는 악법이라 단정하였다(권3 상 인사편 3). 이것은 그가 자기의 노를 위하여 제를 지내고 제문을 지어 위로하면서 쓴 글이다. 이 외에도 그는 노비의 처지와 그 개선을 위한 글을 많이 썼다.

　이렇게 그는 우리 나라에서의 노비 제도의 죄악성을 폭로 규탄함과 동시에 만일 노비법을 혁파할 수 없다면 노비를 우마와 같이 매매하는 것만이라도 허락하지 말자는 의견을 지지 찬동하였는바 그의 노비에 관한 서술들은 그의 인도주의적인 사상 관점뿐만 아니라 또한 당사의 노비 대 노주 간의 관계를 구체적으로 리해하는 데 도움을 준다.

　다음으로 사회적 생활과 관련한 그의 서술은 첫째로 문벌을 숭상하는 폐습, 둘째로 서울에 가까운 지방과 령남 지방의 사족들 간의 도덕 풍모 상 차이, 셋째로 일반 인민들 사이의 미풍 량속에 관한 것으로 나누어 볼 수 있다.

　우선 문벌을 숭상하는 폐습에 대하여 다음과 같이 썼다.

　　문벌을 숭상하는 폐단이 오늘에서 더 심한 것은 없다. 사람을 등용함에 있어서는 할아버지가 벼슬한 일이 있는 것이 아버지가 벼슬한 일이 있는 것만 못 하다느니, 대부의 아들이 대신(卿)의 아들만 못 하다느니 한다. 사람을 물리침에 있어서 가까운 조상에 벼슬한 사람이 없다느니, 족당 중에 향님鄕任(향청 직원)이 있다느니, 모와 조모의 선세가 번듯한 문벌이 아니라느니, 먼 조상에 페기당한 사람이 있다느니 혹 친히 농사지었거나 몹시 가난하여 비럭질한 일이 있다느니, 서북 사람이라느니 개성 사람이라느니 하면서 나무라고 행실과 재능과 지식은 문제로도 삼지 않는다. 그리하여 농민으로서

출세하는 사람이라고는 없으며 재능이 없기에 쫓겨 나는 사람도 없다. 끌어 들이는 것은 혼인 친척 관계에 의하지 않는 것이라고는 없다. 　　　　　　　　　　　　　　　　 - 권3 하 인사편 4

　　지금 제도에 서경署經(임명 대상자의 성명, 문벌, 리력 등을 갖추 써서 대간臺諫에게 그 가부를 구하는 것)하는 규정이 있어서 무릇 중앙 벼슬이나 지방 수령으로 될 때에는 반드시 자기의 4조四祖, 어머니의 4조, 처의 4조를 갖추 써서 내는데 대간이 그것을 열람하고 선정한 다음에야 부임한다. 4조라는 것은 중조 이하와 외조를 가리킨다. 다만 문벌에 의하여 취할 뿐이고 재덕은 관계되지 않는바 이 법은 빨리 제거되여야 한다. 혹 12인(자기의 4조, 어머니의 4조, 처의 4조를 합한 것 - 필자) 중에 조금 흠점이 있다한들 어찌 그 때문에 재능을 바릴 수 있겠는가. 　　　　　　　　　　　　　　　　　　　　동상

　우리는 리조 시기의 문벌 숭상의 폐습에 관한 서술을 다른 문헌에서도 볼 수 있다. 그러나 이렇게 생동한 서술은 그 례가 드문 것이다.
　다음으로 그는, 그러나 문벌을 숭상하는 풍습이 리조 초에는 그렇게 심하지 않았다고 하면서 그 실증으로서 상진尙震은 아무런 선음先蔭도 없이 령상으로 된 것, 구종직丘從直은 미천하였으나 벼슬이 관서에까지 이른 것, 반석평潘碩枰은 원래 어떤 재상의 집 종이였는데 재상이 그의 재능을 사랑하여 글을 읽히고 아들 없는 부자 집에 부탁하여 아들로 삼게 하고 그 사실을 감추게 하였었는데 그는 판서로 되였으며 후에 그가 사실을 실토하였으나 나라에서는 그 대로 벼슬시켰다는 것을 들었다(권9 상 경사편 7).
　서울에 가까운 지방과 령남 지방의 사족 간의 도덕 풍모 상의 차이에 대한 그의 비교는 당시의 소위 사족들의 생활 내면을 구체적으로 엿볼 수 있게 한다.
　우선 경제 생활 측면을 비교하면서 "서울은 부귀한 사람들이 모여 든 곳인 만큼 서울 근방의 풍속은 빈천한 사람들도 그것을 보고 본받는다. 그러므로 사족이 잘 농사 짓지 않고 부녀자들이 길삼하는 것을 수치로 여기며 화려하고 차리고 상사와 혼례에 많이 랑비한다.…령남은 서울에서 멀므로 풍속이 뚜렷이 다르다. 양잠하고 베나이 하고 무명나이까지 하므로 부녀자들이 밤에 적게 잔다. 사시에 필요한 의복과 상사와 혼인에 소요되는 것을 모두 집에서 갖춘다. 또 호상 잘 도와 주는 바 가난하여 갖출 수 없는 사람에 대하여는 친척과 친우들이 도와 주어 파산을 면하게 한다. 령남 선비들이 삼신을 신을 것을 보고 물으면 집에 있을 때는 짚신을 신고 삼신도 신지 못 한다고

한다. 이렇게 검박하다. 만일 경기 선비들이 이 본을 한다면 남들이 서로 혼인하기를 부끄러워 할 것이다."(권9 하 경사편 8)라고 하였다. 이 얼마나 구체적이며 생활 내면을 파고 들어 간 관찰인가.

례의 도덕을 비교하면서 "듣건데 령남 풍속은 … 일반적으로 사람들이 본래 서로 알지 못 하더라도 서로 절을 한다는데 서울에서는 친지를 만나서도 다만 절을 그만 둔다고만 말하며 친분이 없는 사람에 대하여는 거만하게 앉아서 돌아보지도 않는다. 절하나 읍하는 례절이 없다."(권2 하 인사편 2) "경기 풍습에서는 … 어른과 어린이 간, 친우 상호 간의 례절이 완전히 없어졌다.…그것은 어린 것이 급제하면 모든 사람들이 우러러 보고 어른도 그에 대하여 자기를 낮추기 때문이며 사람들이 리해 관계로서만 잠시 동안씩 사귀면서 아침에는 좋은체 하다가도 저녁에는 저바리기 때문이다. 령남만은 군자의 여풍을 지킨다. … 좌석에서 만나면 서로 낯을 알지 못하는 사람이라도 법 대로 절하거나 읍하며 손으로서 다른 마을을 지나다가도 어른이 있는데 뵈지 않는다면 조소를 받는다. 이것은 신라의 유풍이다."(권9 하 경사편 8)

또 세벌을 숭상하는 것과 관련한 비교로서 "령남에는 사환仕宦 외에 따로 세족世族이라는 것이 있어서 학문이 넓고 행실에 흠결이 없다면 비록 십세十世를 벼슬 한 일이 없다 하더라도 고을 명망이 높으며 그것이 오래도록 전해진다. 이것은 또 신라의 3골三骨의 여풍이다. 이것을 서울에 가까운 지방에서의 벼슬 자리 얻기에만 몰두하는 풍습과 비교하면 과연 그 차이가 얼마나 한가."(동상)

이로써 우리는 같은 사족들 간에 있어서도 지방에 따라 하나는 비교적 검박하고 직실하였으며 다른 하나는 부화하고 교활하였다는 것을 알게 되는 바 거기에는 그가 말한 바와 같이 환경과 전통 상의 차이가 적지 않게 영향을 준 것이였다고 보인다.

또한 일생을 벼슬 자리에 나가지 않고 농촌에 있으면서 인민들과 직접 접촉할 기회를 가진 그는 광범한 인민들 사이에 있는 미풍 량속을 옳게 찾아낼 수 있었다.

> 내가 보니 마을 일반 사람들이 나이 차등이 있으면서 언사를 거만하게 하면 반드시 내가 너의 장형의 친우인데 그럴 수가 있는가 라고 한다. 후에 곰곰이 생각하여 보면 속담 말에는 반드시 옛 유풍이 있는 것이다. … 아버지를 존경하는 정신에 근거하여 아버지의 친우를 믿고 형을 존경하는 정신에 근거하여 형의 친우를 믿는 것은 당연한 일이다. 이것은 필시 전세의 사대부의 미풍이 일반

사람들 사이에 남아 있는 것이다. 사대부들은 교제와 사기에 익숙어서 그들에게서는 다 없어지고 도리여 일반 사람들만 못 하게 된 것이다. … 또 보건대 농부나 장사하는 사람들은 남의 앞을 지날 때는 비록 서로 알지 못 하더라도 반드시 몸을 굽히며 어른에 대하여는 더 존경한다. 거리 바닥 사람들이 서로 만나면 바빠서 인사말을 하지 못 할 경우라도 허리를 굽히고 지나며 중들이 다른 방으로 넘어 갈 때에는 열 번 넘더라도 반드시 열 번 례한다. 그런데 지금의 사대부들은 사람의 앞을 지나거나 사람을 만나도 절하거나 읍하는 일이 없다.　　　　　　　　　　　　　권3 상 인사편 3

　이렇게 그는 인민들 사이에 있는 소박하면서도 진정으로 되는 례의 도덕을 옳게 보았으며 찬양하였다. 뿐만 아니라 그는 일반 인민들 사이의 미풍 량속을 적극 찾아 소개하기에 노력하였다. 즉 『여지승람』에 보이는 강릉 비장의 청춘경로회靑春敬老會는 좋은 시절마다 나이 70 이상 되는 늙은이들을 경치 좋은 곳에 모이게 하고 위로하되 이 때에는 천한 노복이라고 하더라도 참가하게 하는 것인데 그 풍습은 그 당시까지도 존속하고 있다는 것을 소개한 다음 번잡하고 형식적인 향약 절목을 실시하여 할 것이 아니라 이러한 미풍 량속을 조장 발전시키는 것이 현실적이며 효과적이라는 것을 강조하였다(권9 하 경사편 8). 또 『여지승람』에 보이는 김해 부근의 도요저都要渚, 마후촌馬休村의 미풍을 깊은 감명을 가지고 소개하였다. 즉 김해 동쪽에 있는 도요저라고 하는 촌락은 주민이 200여 호 되며 고기 잡이와 고기 팔기를 업으로 하였는데 그 풍속이 순박하여 한 집에 손님이 오면 여러 집들이 술과 안주를 가지고 가는 것을 례로 하였으며 모든 관혼상제에 다 그렇게 하였고 한 집이 옳지 않은 행실이 있으면 여러 집이 회의하고 내쫓았다는 것과 그 부근에 있는 마후촌도 그 풍습이 또한 같았으며 또 학문에 힘 쓰고 학당을 짓고 모아서 글을 읽었다는 것을 감명 깊게 소개하였다. 그리고 령남 지방의 풍습이 순후한 것은 그러한 미풍이 아직도 남아 있는 데서라고 보았다(동상). 이러한 서술들은 그가 일반 인민들의 미풍 량속을 발굴하고 그것을 일반화하려는 비상한 열의를 가지고 있었음을 말하여 주는 것이다.

4) 음악 오락 및 속신과 관련한 것

　음악과 오락에 관한 서술도 상당한 량에 달한다.

그는 『성호사설류선』 인사편 례악조에서 무애無㝵, 동동動動, 무고舞鼓, 포구악抛球樂, 오양선五羊仙, 수연장壽延長, 련화대蓮花臺, 헌선도獻仙桃 등 무려 20여 종에 달하는 우리 나라 고금의 향악에 대하여 간명하게 해설 론평하였다. 그리고 기타 일련의 고유한 놀이에 대하여도 썼는바 특히 그의 광대 놀이와 산대 놀이에 대한 서술은 생동하다.

그는 당시 과거에 급제한 사람들이 반드시 광대(倡優)들을 초청하여 열락한다는 것을 말하면서 "광대 놀이에는 반드시 유희儒戱라는 종목이 있는데 그것은 해여진 옷, 헌 갓으로 몸차림한 선비가 허튼 말과 헛웃음(胡言强笑)을 하면서 온갖 추태를 부리는 놀음이다. 오늘 사대부라고 하는 무리들이 그 누가 선비로서 자처하지 않으리오마는 용하게도 하천한 사람들로 하여금 이렇게까지 자기들을 모욕하게 한다."고 하고서 이것은 광대를 옳지 않다고 할 것이 아니라 사대부라는 사람들이 아무런 부끄러움도 느끼지 못하는 것이 괴이할 뿐이라고 하였다(권5 하 기용문). 실로 이러한 놀음은 천대 받는 '하천'들이 조롱하는 방법으로 량반들에 적대하는 것이였는데 그는 그 본질을 옳게 파악하였으며 그것을 지지하기까지는 못 하였으나 옳지 않다고 하지 않았으며 반대로 량반들의 타락하고 무지한 것을 조소하였다.

또 산대 놀이(綵棚)는 고려의 유속인데 잡놀음이라고 규정하고 그 당시 중국 사신이 올 때마다 나라에서 특별히 준비 기관까지 설치하여 좌우 덕을 매고 새롭고 신기한 놀음을 경연케 하면서 매 번 그 종목을 더 증가하여 그 비용을 허다하게 하는 것을 비난하였으며 나라 사람들이 몰려 가서 구경하며 재상들도 빠지지 않고 한 몫 드는 것을 통탄할 일이라고 하였다(권5 하 기용문).

또 우리 나라 광대 놀이에서의 줄타기 놀음(路索戱)은 그 기술이 최고 수준에 달하여 중국 사신이 보고 천하에 더 없는 것이라고 한다고 하였다(권5 하 잡희). 그리고 윷놀이에 대하여는 고려의 유속인데 잡기에 속한다고 하면서 자기는 절대로 자손들에게 놀게 하지 않는다고 하였다(동상).

요컨대 그의 음악, 오락과 관련한 서술은 주로 그 부정적 측면을 론평한 것이였다. 그러나 그렇다고 하여 그것이 그 부문의 자료로서의 가치가 없는 것은 아니다.

마감으로 속신적인 것과 관련한 것을 보기로 한다.

이미 본 바와 같이 그는 기불멸氣不滅의 사상을 가짐으로써 유물론적 립장에 섰다. 그러나 그의 신에 대한 견해는 불철저하였으며 신비적 성격을 띠였다. 귀신이라는 것은 기가 모인 것으로 처음에는 형상이 없으며 반드시 사람의 기氣가 많이 미친 비 자루, 키(箕), 곤이(杵) 등과 같은 오래 된 물건에 의거하고야 기괴한 짓을 한다고 하였다. 그리고 우리 나라에서 귀물이 기괴한 짓을 하는 것을 도깨비(獨脚)라고 하며 도깨비는 모두 성이 김가라고 하는데 생각건대 도깨비라는 것은 기가 모인 것에 불과한 것으로 기구로 된 나무에 의거하고 있는데 나무는 쇠를 무서워하므로 엽승厭勝(자기를 타승하는 대상을 제압하는 것)하기 위하여 그러는 것일 것(권1 하 천지편 하)이라고 하였다. 또 괴풍뢰우怪風雷雨로 인한 재이災異와 기타 재이를 괴물을 장난으로 보려고 하였다. 그는 또 지리 풍수설에도 다소 귀를 기울였던 것이였으니 한양漢陽은 술가術家들이 말하는 오덕五德이 구비한 곳으로 소위 만세로 제왕이 도읍할 곳이라느니 경상도의 모든 물은 일일이 다 락동강에 합하여 바다로 들어 가서 풍기가 한데 모이고 흩어져 있지 않으므로 옛 풍습이 그대로 남아 있고 명현이 배출한다느니 전라도의 물은 무등산 이동의 물은 동으로 바다에 들어 가고 이서의 물은 다 남으로 바다에 들어 가고 전주 이서의 물은 다 서으로 바다에 들어 가며 덕유산 이북의 물은 다 북류하여 금강에 합함으로써 홀은 머리와 같이 다 사방에 갈라지고 국면局面을 이루지 못하므로 재덕 있는 사람이 드물게 나고 사람들의 기풍이 교활하다(동상)고 하였다. 이리 하여 그는 속신을 배격하는 면에서 그보다 후배인 홍 대용, 박 지원, 박 제가 등 북학론자들에 비하여 멀라 및지 못 하였다.

  그러나 그는 그의 유물론적 립장에서 출발하여 세계를 주재하는 신에 대하여 반대한 것이였으니 천주교를 비판하면서 "그 학은 오로지 천주를 숭배하였으니 천주란 것은 유교의 상제에 해당한 것이며 그 경건하게 섬기고 두려워하고 신앙하기는 불교도가 석가모니에게 하듯한다. … 그가 불교를 배척한 것이 철저하나 자기의 천주교도 결국 불교와 같이 환망幻妄한 례로 귀착된다는 것을 깨닫지 못 한다"(跋天實義-『조선 철학사』상, 207쪽 인용문에 의함)고 하였다. 여기서 우리는 그의 무신론적 립장, 그의 종교에 대한 날카로운 비판 정신을 찾아 볼 수 있다.

3. 성호 리익의 민속학적 견해와
조선 민속학사 상 그의 위치

  성호 리익은 원래 량반 출신의 유학자임과 동시에 저명

한 실학자였다. 그리하여 이미 본 바와 같이 그의 학문은 결코 유교 경전에 국한된 것이 아니고 천문, 지리, 정치, 경제, 력사, 제도, 풍속, 문학 등 광범한 분야에 걸쳤으며 그러한 분야에 대한 그의 조예는 소위 박학다문의 정도로서가 아니라 은연히 그 분야의 일가를 이루는 심도 있는 것이었다. 그러므로 성호 이후 그의 학통을 이은 또는 그의 학풍의 영향을 받은 후배들 중에서 저명한 정치경제학자, 력사학자, 지리학자, 수학자, 민속학자가 배출하였다는 것은 결코 우연한 일이 아니었다.

실로 그는 민속학 분야에서도 깊은 조예를 가졌으며 새로운 방향을 개척함으로써 거대한 공로를 세웠다. 이미 본 바와 같이 그는 우리 나라 민속의 각 부문에 걸쳐 깊은 관심을 가지고 많은 고귀한 기록을 남겼는 바 그것은 물론 매우 중요한 의의를 가진다. 그러나 그가 조선 민속학사에 남긴 공로는 여기에 그치는 것이 아니다. 그보다도 그의 민속학적 관찰, 서술이 인민적이였고 일정하게 목적 지향성과 실천성을 가졌으며 또 그의 민속학적 소양의 범범하지 않았던 데 더 큰 의의가 있는 것이다. 그러므로 아래에서 그러한 측면에 대하여 더 고찰하기로 한다.

우선 그는 종래의 학자들과는 달리 생활 풍습을 관찰 서술함에 있어서 인민적인 것을 찾아 내거나 량반 사대부들의 부패한 내부 생활을 폭로 비판하는 것을 위주로 함으로써 우리 나라의 민속학적 서술에서 새로운 방향을 개척하였다.

필자는 이미 『지봉 리수광이 조선 민속학 분야에 남긴 유산』이라는 졸고에서 13세기의 최자崔滋의 『보한집補閑集』, 14세기의 리제현李齊賢의 『력옹패설櫟翁稗說』, 15세기 말의 서거정徐居正의 『필원잡기筆苑雜記』, 성현成俔의 『용재총화慵齋叢話』 등 일련의 패설문학 작품들은 민속학적 내용을 다분히 포함하고 있으나 그것은 량반들의 생활 내면을 량반의 립장에서 서술한 것이라는 것, 그리고 16세기 후반~17세기 초의 리수광의 『지봉류설』은 그 자신이 말한 바와 같이 역시 패설 작품의 계승이기는 하나 그와는 서술 체계를 달리할 뿐만 아니라 그 내용에서 인민적인 것을 적지 않게 취급하였다는 것을 말한 바 있다. 그런데 성호 리익의 『성호사설류선』은 『지봉류설』의 체계와 그 인민적인 측면을 계승함과 동시에 그것을 획기적으로 발전시킨 것으로서 특징적이다. 즉 그는 경작 풍습, 생산 기술을 서술함에 있어서도 "재물은 하늘에서 저절로 내려 오는 것이 아니라 반드시 인민의 힘에 의하여 생산된다"는 옳은 관점에서 출발하여 인민의 힘, 인민의 지혜를 높이 평가하는 방향에서 썼으며 인민 대중 사이에 있는 소박하고 순진한 례의 도덕과 미풍 량속을 적극 찾아내고 높이 찬양하였다. 동시에 그는 향반들의 기생적이고 허례 허식으로 일관된 부패한 생활 내면을 증오의 감을 가지고 폭로 비판하는 방향에서 서술하였다. 민속학적 서술에서 이러한 방향은 실로 그에게서부터 시작되였고 그보다 좀 후배인 연암 박지원을 비롯한 북학론 학자들에 의하여 더욱 발전하였는바 그것은 이 시기에 우리 나라에서 진보적인 량반들이 조국의 부강 발전을 념원하는 지향과 농민들과 도시 평민들이 자기들의 생활 처지 개선을 요구하는 투쟁이 한 층 더 제고되였다는 사정과 관련된다.

다음으로 그는 모든 생활 풍습과 문화 현상은 계승성이 있음과 동시에 고정 불변한 것이 아니라 변화 발전한다는 것을 깊이 인식하였다. "법이 로애되면 폐해가 생기고 폐해가 생기면 고쳐애 하는 것은 당연한 리치"라고 한 그의 말은 바로 이러한 사상의 표현인 것이다.

그런 데로부터 그는 생활 풍습과 문화 현상의 현 상태에 대하여 객관적이 아니고 정당한 평가를 가하면서 옳은 전통은 계승하고 불합리한 것은 개혁할 것을 강조하였다. 말하자면 그의 민속학적 서술은 인민의 생활 개선에 복무하자는 목적 지향성과 실천성을 가진 것이였으며 인민과 나라를 사랑하는 열정으로 충만된 것이였다. 이미 본 바와 같이 그는 우리 나라에서의 죄악적인 노비법을 천하에 없는 악법이라고 규탄하고 개혁 의견을 제시하였으며 량반 사대부들이 금과옥조로 준수하는 주자가례에 대하여서도 그것이 고금을 통하여 실시되여야 할 것은 아니라고 비판하였으며 유교 경전에 보이는 복숭아를 제사에 드리지 못 한다는 금기에 대하여서도 그것은 로 나라의 풍습에 불과한 것으로서 그런 것을 어찌 일일이 준수하겠는가고 거부하였다. 이러한 례는 허다한 바 민속학적 서술에서의 이러한 태도도 역시 그에게서부터 시작된 것이였다.

그는 또 실학의 구성 요소인 고증학적 학풍을 발휘하여 4절일에 상묘하는 풍습, 외척과 오래도록 서로 혼인하지 않는 풍습을 비롯하여 일련의 우리 나라에 고유한 문화와 풍습의 유래에 대하여 세밀하게 고증함으로써 그 유구성을 밝히기에 노력하였다. 그러나 이에 있어서 그는 저명한 유학자임과 동시에 또한 량반 출신의 독실한 유학자이기도 하였다는 제한성으로 하여 그의 백의론에서 보는 바와 같이 그 유구성을 기자의 유풍과 결부시키는 그릇된 편향도 발로시켰다.

다음으로 그는 생활 풍습과 문화 현상에 대한 해석에서 사물 현상의 본질을 정확히 밝히며 그것을 훌륭히 일반화하는 재능을 발휘함으로써 그의 민속학적 소양이 범범하지 않음을 보여 주었다.

례를 들어 이미 본 바와 같이 우리 나라에서 유밀과류를 조과라고 통칭하는 데 대한 해석이라던가 또 정곽井槨, 김해 허후許后, 탐라耽羅(제주도) 3녀의 전설에 관한 해석 같은 것은 그의 민속학적 소양이 높았음을 보여 주는 것이다. 그는 옛 문헌에 곽을 정곽이라고 한 데에 대하여 그것은 현 시기와 같이 넓은 널을 사용하여 련합하지 않는 방법으로 곽을 만든 것이 아니라 좁은 널을 가지고 '정井'자형으로 쌓아 련합하는 방법으로 만든 것임이 틀림없다고 하였는바 한식漢式 고분에서 보는 바와 같은 그런 례를 보지 못 한 그로서 이렇게 해석하였다는 것은 탁견이였다고 하지 않을 수 없다. 또 김해 허후, 탐라 3녀의 전설에 대하여 그것은 다 폭풍으로 인하여 우연히 표착한 것을 신비화한 데 불과하다고 하면서 다음과 같은 례를 들어 그 본질을 훌륭히 설명하였다. 세종 때에 7세 되는 녀아가 제주도에 래박來泊하였는데 그 배에는 거문고 하나, 나무통 하나, 자치통감 한 책이 있었다. 왕명으로 궁중에서 양하고 성년되여 왕손의 첩으로 되였는데 지금의 파곡坡谷, 단애丹涯 제공이 그 후예다. 또 먼저 왕 때에 서해에 고기배가 래박하였는데 그 배에는 네 살 되는 아이가 있었다. 대장 류혁연柳赫然이 양육하고 나라에 제의하여 성 어魚가를 받았는데 그 자손에 무과에 급제하여 변방 진보의 장으로 된 사람이 많다. 만일 이런 종류의 사실이 옛날 3국 시기에 있었다면 수식을 가하여 신비화되였을 것이라고 하였는바 이런 해석은 역시 그 당시로서는 쉽지 않은 일이라고 할 것이다. 그러나 이미 본 바와 같이 그의 속신에 대한 견해는 과학성을 띠지 못 하였는바 그것은 그가 유물론적인 립장에 서기는 하였으나 그러나 그의 신에 대한 견해는 아직 철저하지 못 하였던 데서였다.

총체적으로 볼 때에 우리는 그가 조선 민속학사 상에서 차지하는 위치와 관련하여 다음과 같이 말할 수 있다고 생각한다.

그가 남긴 민속학적 자료는 량적으로나 순 자료로서의 가치로 보아서는 그 이전의 『용재총화』나 『지봉류설』에 비하여 더 우월하다고 말할 수 없다. 그리고 그에게는 시대적 및 계급적 제한성으로 인한 일련의 그릇된 편향도 있었다. 그러나 우에서 말한 바와 같이 그의 민속학적 서술은 그 이전의 누구의 것과도 달리 확연히 인민적인 성격을 띠였으며 인민의 생활 개선에 복무하자는 일정한 목적 지향성과 실천성을 가짐으로써 우리 나라 민속학 분야에서 그 전에는 볼 수 없던 새로운 방향을 개척하였다. 이런 의미에서 우리는 그가 조선 민속학사 상에서 논 역할이 거대하였다고 서슴없이 말할 수 있다. 그가 개척한 이러한 방향은 그와는 학통을 달리하였으나 같은 실학 조류에 속한 연암 박지원을 비롯한 북학론자들에 의하여 더욱 발전하였다. 그리고 그 영향 하에 그 후 리규경李圭景의 『오주연문장전산고五洲衍文長箋散稿』, 류득공柳得恭의 『경도잡기京都雜記』, 김매순金邁淳의 『렬양세시기洌陽歲時記』, 홍석모洪錫模의 『동국세시기東國歲時記』와 같은 광범한 인민들의 생활 풍습과 문화를 내용으로 하는 많은 민속학적 저작들이 출현하게 되었다.

11.
18~19세기 경의 우리 나라 특별 음식*

-
-
-

　인민의 생활 수단의 기본 요소로 되는 의복 음식 주택 중에서 음식은 이여의 것과 성격을 완전히 달리한다. 주택이나 의복은 오래도록 유물로서 보존될 수 있지만 음식만은 그렇게 될 수 없으며 순간적인 물건이다. 그러므로 주택이나 의복은 유물과 문헌을 가지고 과거의 것을 연구할 수 있지만 음식만은 오직 문헌과 인민들 속에 보존되여 있는 산 기록에만 의존하는 수 밖에 없는바 유감스럽게도 음식에 관한 문헌은 어느 것보다도 적은 것이 일반적인 사실이다.

　그런데 18~19세기 경에 봉건 왕궁 중에 있는 각종 잔치 의식儀式이 있을 때마다 기록한 『진찬의궤進饌儀軌』류와 1795년(정조 19) 정조의 수원 행차의 의식 절차를 기록한 『정리의궤整理儀軌』에는 당시의 특별 음식 고급 음식을 품종 별로 매개 품종에 소요되는 재료들과 그 배합 분량까지 명시한 자료가 풍부히 기재되여 있다. 이것은 이 부문 연구에서 귀중한 자료로 된다고 하지 않을 수 없다.

　또한 인민의 생활 수단의 기본 요소로 되는 것 중에서 음식은 그 어느 것보다도 변화 발전이 서서한 것이라고 할 수 있다. 그러므로 18~19세기 경의 음식 내용을 밝힌다면 그 이전의 면모를 짐작할 수 있을 것이다. 또 한 편 오늘의 음식은 바로 18~19세기 경의 음식의 계승으로 그 많은 것이 그 대로 전승되여 있다고 할 수 있다. 그런데서 이 시기의 음식을 연구하는 것은 이 부문의 민족 유산을 계승 발전시킴에 있어서 매우

* 『문화유산』 1962년 5호.

의의 있는 일이라고 할 수 있다.

　이러한 의미에서 현재 서책이 가까이 있어 리용할 수 있는 『정리의궤』(1495)와 『순조기축진찬의궤』(1829) 내에 보이는 자료를 중심으로 하고 리익李瀷의 『성호사설류선』에 보이는 자료를 참고로 하면서 18~19세기 경의 우리 나라 특별 음식의 내용을 간단히 소개하기로 한다.

　특별 음식이란 무엇을 의미하는가?
　이것은 이미부터 사용하여 오던 학술적 용어도 아니며 항간에서 널리 쓰고 있는 말도 아니다. 그러나 일상적으로 만드는 음식 즉 일상 음식에 대하여 그와 구별되는, 잔치나 명절이나 기타 특별한 때에 만드는 고급한 음식 및 그렇게 고급한 것은 아니라 하더라도 보통 때는 만들지 않는 음식을 구분할 필요를 느끼는 경우가 생긴다. 그런데 그것에 적합한 용어가 떠오르지 않으므로 우선 그것을 특별 음식이라고 가칭하여 보는 것이다. 물론 특별 음식이니 일반 음식이니 하는 것은 막연한 구분이기도 하다. 경제 형편에 따라서는 소위 특별 음식이라고 하는 것 중에서 일상 음식으로 되는 것도 있을 것이다. 또 곳에 따라서는 일반적으로는 보통 때에는 만들지 않는 음식이 일상 음식으로 될 수도 있을 것이다. 례를 들어 국수는 일상 음식이라고 할 수 없으나 메밀과 감자 또는 옥수수를 많이 생산하는 지방에서는 일상 음식으로 될 수도 있다.

　이런 의미에서 다종 다양한 음식을 체계적으로 처리함에 있어서 주식물, 부식물, 기호품 등으로 구분하고 거기에 고급한 것에서부터 보통의 것에 이르기까지를 포함시키는 것이 합리적일 것이다. 그러나 고급한 주식물을 만들 때에는 동시에 고급한 부식물을 만들고 보통의 주식물을 먹을 때에는 부식물도 보통의 것을 먹는 것이 일반적 사실이다. 그러므로 음식의 특성을 통일적으로 파악하는 데는 크게 특별 음식과 일상 음식으로 구분하는 것이 유리하다고 생각되는 것이다.

　특별 음식에서 주식물로 되는 것은 떡이다.
　우에서 든 문헌들에 의하면 이 시기에 떡에는 그 만드는 방법에 따라 '설기', '인절미떡', '흰 떡', '절편', '조악', '꽃전', '산삼전', '송편', '산병', '증편', '단자', '수단' 등등이 있었고 또 떡에 준할 것으로서 '떡국', '병시餠匙', '약밥', '국수' 등이 있었는데 그 중의 많은 것은 그것에 사용되는 주 재료와 부 재료의 차이에 따라 각기 딴 품종으로 구분되였다.

'설기'는 쌀가루를 반죽하지 않고 쪄서 만드는 떡으로서 일명 '시루떡'이라고도 한다. 『성호사설류선』에서는 '설고雪糕', 『정리의궤』에서는 '설기雪只', 『순조기축진찬의궤』에서는 '증병甑餠 - 시루떡'으로 기재되여 있는바 이 시기에 가장 높이 치고 가장 많이 가장 다양하게 만든 것이 바로 설기였다. 『정리의궤』, 『진찬의궤』에서는 차리는 상에 놓는 떡 중에서 각색 '설기'를 제일 먼저 들었다.

'설기'는 주재료로 쓰는 쌀의 종류에 따라 '메설기'와 '차설기'로 구분되고 다시 그 웃면에 붙이는 재료에 따라 '메설기'에는 '백설기(아무 것도 붙이지 않는 것)', '석이石耳설기', '깨설기', '신감초辛甘草설기', '록두설기', '청콩설기', '흰콩설기', '꿀설기' 등 구분이 있었고 '차설기'에는 '깨차설기', '잡과차설기', '꿀차설기', '신감초차설기', '석이차설기', '록두차설기', '볶은콩炒豆차설기' 등 구분이 있었다. 또 '합병盒餠', '삭병槊餠'이라는 것이 있었는데 그것에 사용된 재료를 보아서 '차설기'의 일종인 것 같다.

이렇게 '설기'는 그 종류가 많으며 아래에서 구체적으로 언급하겠거니와 각가지 부재료를 넣어서 만든 것으로 가장 고급한 떡으로 친 것이였다. 우에서 든 문헌들에서 '메설기', '차설기'에 해당하는 것을 그저 '흰쌀떡(白米餠)', '찹쌀떡(粘米餠)'이라고 기록한데도 있는 것으로 보아서도 당시 '설기'는 모든 떡 중에서 대표적인 것이였으며 그저 떡이라고 말할 때에는 '설기'를 의미한 것이 있다는 것을 알 수 있다.

서울을 비롯하여 남쪽 지방에서는 오늘도 그렇다. 그러나 서북 지방이나 동북 지방에서는 '인절미떡'을 높이치며 '설기'는 떡 중에서 부차적인 것으로 여기는바 썩 이전에는 어디서나 그러하였던 것 같다. 『성호사설류선』에서 "후세의 풍속이 점점 사치하여져서 이것(인절미떡 - 필자)을 제사에 쓰지 않는데 또한 소략한 일이라고 할 것이다. 지금 높이 치는 것은 고糕다"라고 하고 이어 '설기', '팥설기' 등을 만드는 법을 말하였는데 이것은 자간의 소식을 잘 말하여 주는 것이다.

'인절미떡(引切味餠)'은 찹쌀을 쪄서 친 떡이고 '흰떡(白餠)', '절편(切餠)'은 멥쌀 가루를 물에 버물어서 쪄서 친 떡인데 '흰떡'은 친 다음에 둥글, 기름하게 벤 것이고 '절편'은 원형 혹은 방형으로 만들고 꽃판에 박아낸 것이다. '인절미떡'에는 묻히는 고물의 재료에 따라 구별이 있었고 '절편'에도 '깨절편', '오색절편' 등 구분이 있었다.

그런데 우에서 든 문헌에 의하건대 '절편'은 잔치에 차리는 상에 오른 례가 있어도

'인절미떡'은 그런 례가 없고 저녁 밤참 상에 오른 례가 있을 뿐이다. 그리고 역군役軍들에게는 '흰떡', '인절미떡'을 나누어 주었다.

이것으로 보아서도 당시(지금도 그렇지만) 남쪽 지방에서는 '인절미떡', '흰떡'을 높이 치지 않았다는 것을 알 수 있다.

조악助岳(주악) '꽃전(花煎)', '산삼山糝(산승)', '국화잎전', '당귀잎전' 등은 다 찹쌀 또는 멥쌀 가루를 반죽하여 지져 만든 떡인데 '조악'에는 '칠색조악', '대추조악', '감태甘苔조악', '황黃조악', '산삼'에는 '감태산삼', '연軟산삼' 등 구별이 있었다.

'송편(松餠)'과 '산병散餠'은 다 멥쌀 가루를 반죽하여 소를 넣고 비져 만든 떡인데『성호사설류선』에서 '송편'은 솔잎을 사이 사이에 펴고 찐 것이고 '산병'은 그렇게 하지 않은 것이며 그보다는 얇고 무늬 있게 한 것이라 하였다.

이 외에 '증편(甑餠)', '단자團子', '수단水團', '잡과떡(雜果餠)' 등등이 있었는데 '단자'에는 '석이단자', '쑥단자', '신검초단자', '수단'에는 '오색수단', '보리수단' 등 구분이 있었다.

그런데『성호사설류선』에서 "세시기歲時記에 건단乾團이라는 것이 있는데 그것은 수단을 물에 담구지 않은 것으로 지금의 절편(切餠)이 그것이다"라고 한 것은 오해다. 건단은 지금 '경단'이라고 하는 것일 것인바 '경단'이나 '수단'은 '절편'과는 완전히 다른 것이다. 그리고 보면 성호는 '경단'은 물론이고 '수단'도 실지로는 본 일이 없은 것 같다. 따라서 당시 궁중 음식에서는 '수단'을 흔히 만든 것이였지만 민간에서는 희귀하게 만든 것이 아닌가 싶다.

또 떡에 준할 것으로 '약밥', '만두', '떡국(餠羹)', '병시餠匙', '국수'가 있었고 '만두'에는 '채만두', '고기만두', '김채만두' 등 구분이 있은 것 같다. 그런데 '병시'라는 것이 무엇인가? '떡국'과 다른 것인가? 모르기는 하나 우선 주재료가 '떡국'은 멥쌀과 찹쌀인데 '병시'는 밀가루(眞末)이며 배합하는 부재료가 '떡국'보다 퍽 더 다종하며 특히 '병시餠匙'라고 한 것으로 보아서 '죽'처럼 만든 것으로 숟가락으로 퍼 먹는 음식인 것 같다.

이상에서 이 시기 특별 음식 중의 주식물 - 떡에 관하여 보았는데 그 다종 다양함에 놀라지 않을 수 없다. 그 뿐만 아니라 매개 종류에 사용한 재료가 또한 매우 다양하였는데 우에서 든 문헌들에는 그것이 일일이 배합 분량에 이르기까지 기재되어 있다. 몇 가지만을 례로 들어 본다면 '석이설기'에는 쌀, 석이, 잣, 대추, 꿀, 참기름, '오색 절편'

에는 쌀, 연지, 치자, 감태, 송고松古, '칠색 조악'에는 쌀, 잣, 깨, 대추, 꿀, 계피가루, 치자, 감태, 참기름, '오색 꽃전'에는 찹쌀, 대추, 꿀, 치자, 감태, 지초芝草, 참기름, 간장, 생강, 후추, 잣이 들었다.

다음으로 당과류(이른바 과자류와 사탕류) 중에서 과자 등속으로서는 '대약과大藥果', '소약과', '홍세한과紅細漢菓', '백세한과', '홍은정과紅銀丁果', '백은정과', '만두과饅頭菓', '다식과茶食菓', '깨다식', '밤다식', '산약山藥다식', '잡당다식', '신검초다식', '홍갈분紅葛粉다식', '홍매화강정紅梅花强精', '백매화강정', '황매화강정', '홍연사과紅軟絲果', '백연사과', '황연사과', '홍감사과紅甘絲果', '백감사과', '홍료화紅蓼花', '백료화', '황료화', '홍차수紅叉手', '백차수' 등이 있었고 사탕 등속으로서는 '인삼당', '오화당五花糖', '옥춘당玉春糖', '팔보당八寶糖' 등이 있었다. 또 당과류에 준한 것으로 과실, 생강, 련근 등을 꿀 혹은 사탕 물에 조린 '정과正果', '수정과', '조란棗卵', '률란栗卵', '강란薑卵' 등이 있었다. 우에서 든 문헌들에는 역시 매개 당과류의 소요 재료들을 구체적으로 기재하고 있다.

이러한 당과류는 수정과를 제외하고는 모두 그릇에 곱게 고여 놓는 것이다(각색 떡도 다 그렇게 하였다). 그런데 당과류를 이렇게 고여 놓는 것과 관련하여 한 가지 언급할 것이 있다. '료화' 등과 같이 밀가루에 기름과 꿀을 섞어서 만든 과자류를 총칭하여 '유밀과油蜜果'라고도 하고 '조과造果'라고도 하는데 이 '조과'라는 말에 대하여 『성호사설류선』에서 다음과 같이 해석하고 있는 것이 그럴듯 하다. "… 이런 등속을 우리 나라 사람들이 조과造果라고 통칭한다. 무릇 진짜가 아니고 가짜로 만든 것을 속담말로 모두 조造라고 하는데 생각건대 처음에 꿀과 밀가루로써 과실 형태로 만든 데서 이런 이름이 있게 된 것이 후세 사람들이 그 모양이 둥그러서 높이 쌓을 수 없는 데서 네모 꼴로 끊어 만들게 되었으나 그 이름만은 본래대로 남은 것이다."

이 '유밀과'로 총칭되는 과자류는 우리 나라에서 일찍부터 높이 발전하여 일찍이 그 이름이 원 나라에도 널리 알려졌던 것이다.

특별 음식의 부식물에는 그것을 조리하는 방법에 따라 탕, 정육, 편육, 전유화, 지짐, 조림, 적, 찜, 채, 회, 등 다양한 종류가 있었고 또 매개 종류는 그것에 사용하는 재료에 따라 여러 가지로 구분되었다.

'탕湯'에는 '잡탕雜湯', '별잡탕', '칠계탕七鷄湯', '생치탕', '양포탕胖胞湯 – 소 내장을 주재료로 한 것', '천엽탕千葉湯 – 소 위장에 붙은 여러 겹으로 포개진 것을 재료로 한 것',

'족탕足湯', '추복탕搥鰒湯', '제육탕猪肉湯', '제포탕猪胞湯', '홍합탕紅蛤湯', '금중탕錦中湯', '열구자탕悅口子湯 - 고기를 비롯하여 여러 가지 재료를 신선로에 끓인 것' 등이 있었고 '지짐(煎)'에는 '닭지짐', '합蛤지짐', '생선지짐', '양胖소위장 - 지짐', '간肝지짐', '조림(炒)'에는 '전복조림', '해삼조림', '홍합조림', '숙복熟腹조림', '적炙'에는 '화양花陽적', '연치軟雉적', '연제軟猪적', '약산藥散적', '찜(蒸)'에는 '개狗찜', '붕어찜', '연계軟鷄찜', '갈비찜', '해삼찜', '수어찜', '회膾'에는 '인복引鰒회', '생복회', '물고기회', '양천엽胖千葉회' 등이 있었고 기타 각색 '절육截肉', '편육片肉', 각색 '어채魚菜', 각색 '전유화煎油花' 등등이 있었다.

이렇게 특별 음식의 부식물에는 그 조리 방법과 주재료에 따라 다양한 종류가 있었는데 매개 종류에 드는 부재료가 또한 그 종류에 맞게 각양하였으며 다종하였다. 물론 우에서 든 문헌들에서는 그것을 일일이 기재하고 있다. 몇 가지를 례로 든다면 '양포탕'에는 양, 즉 소 위장 외에 소 염통고기, 돼지 염통고기, 닭고기, 잣, 후추가루, 록말, 깨를 넣었고 '열구자탕'에는 생치, 닭고기, 수어, 소고기, 곤자소니, 사등뼈, 돼지고기, 소혀, 소위장, 돼지 내장, 계란, 전복, 무, 청과靑果, 추복, 해삼, 표고蔈古, 참기름, 록말, 파, 미나리, 고사리, 박고지, 도라지, 밤, 대추, 잣, 간장 등 20여 종을 넣었다. '생선지짐'에는 생선 외에 록말, 계란, 목말, 참기름, 소금이 들었고 '갈비찜'에는 갈비 외에 닭고기, 소고기, 파, 참기름, 후추가루, 밀가루, 석이, 표고, 계란, 장이 들었으며 '생복회'에는 생복 외에 고추를 많이 넣었다.

이상에서 『정리의궤』, 『진찬의궤』에 보이는 자료를 근거로 18~19세기 경의 우리 나라 특별 음식을 개괄하였는바 여기서 우리는 그 많은 것이 오늘도 계승되고 있음을 알게 됨과 동시에 특별 음식에서의 그런 구성이 또한 퍽 이전에 형성된 것이라는 것을 짐작하게 된다.

그러면 이상에 본 바와 같은 시기 우리 나라 특별 음식의 내용을 통하여 볼 때에 거기에는 어떠한 특징이 있는가.

첫째로 음식을 조리하는 방법이 다양하였으며 거기에 재료에 따르는 차이를 포함시킬 때에 음식의 종류가 놀랍게 다중 다양하였다는 것이다. 우에서 본 바와 같은 일정한 개별 명칭을 가진 것만 하여도 떡으로서 40여 종 당과류로서 30여 종, 고기, 물고기 반찬으로서 40여 종을 헬 수 있다. 여기에 일정한 지방에만 특유한 것까지 포함시킨다면 실로 놀라운 수에 달하는 것이다.

둘째로 매개 종류의 음식은 그 구성 재료가 단순하지 않으며 주재료 외에 그것에 맞는 부재료와 조미료를 다양하게 배합하였다는 것이다. 즉 단종으로 만드는 것은 거의 없으며 수종으로부터 많은 것을 20여 종의 부재료를 배합하였다. 조미료로서는 후추가루, 계피가루, 생강, 계자를 많이 썼으나 '개찜', '생복회' 같은 데는 그것에 맞게 반드시 고춧가루를 썼다.

셋째로 린근 나라들의 특별 음식과 비교하여 볼 때에 질적으로 그렇게 농후하지도 않고 그렇게 담박하지도 않다는 것이다. 이것은 우리 조상들이 우리의 체질과 우리 나라 기후에 알맞게 특성 있는 고유한 음식을 창안 발전시켰다는 것을 의미한다.

넷째로 매 사람 앞에 단번에 다종 다양한 음식을 풍부하게 차리는 것이 또한 특징적이였다. 정리의궤에 보이는 1795년 왕실 생진 잔치의 례를 본다면 주인공 상에는 82종, 남녀 손님 상에는 15종, 13종, 10종의 세 급으로 차렸다. 이것은 물론 착취 계급들에게서 볼 수 있는 특별한 례다. 그러나 그 정도의 차이는 많을지언정 이러한 일반적 특징은 일반 민가의 경우에도 마찬가지였다. 우리는 비록 산간 벽촌의 촌집이라 할지라도 손님 상에 5첩, 6첩의 반찬을 차리지 못 하면 서운하게 생각하는 것을 잘 아는 바다.

우리 나라 특별 음식의 이상과 같은 특징은 우리 조상들의 비상한 지혜와 오랜 세월을 통하여 축적한 체험을 통하여 이루어진 것으로 그것은 고도로 발전한 음식이며 영양이 높은 우리의 구미에 맞는 음식이라는 것을 의미한다. 오늘 그 우수한 전통을 새로운 환경 조건에 맞게 계승 발전시키는 것은 당이 지시한 식료 가공품의 질 제고와 품종 확대의 방침을 관철함에 있어서 중요한 의의를 가진다.

12.
토론: 조선 민속학의 목적과 대상 범위에 관하여*

·

·

·

1. 머리말

조선 민속 연구의 중요성과 관련하여 김일성 동지는 "조선 혁명을 하기 위해서는 조선 력사를 알아야 하며, 조선의 지리를 알아야 하며, 조선 인민의 풍속을 알아야 합니다. 그래야 우리 인민을 그들의 구미에 맞도록 교양할 수 있으며 그들로 하여금 자기의 향토와 조국을 열렬히 사랑하도록 할 수 있습니다."(『김일성 선집』 4권, 1960년 판, 326쪽)라고 교시하시였다.

우리 민속학도들은 이 교시 관철을 위하여 노력하고 있으나 민속학이라는 과학의 청소성과 조선 민속학의 대상과 범위, 연구 방법 등에 대한 우리의 연구 부족으로 김일성 동지의 교시 민속학을 연구하는 동지들과 그렇지 않다 하더라도 민속학과 밀접한 관계를 가지고 있는 린접 과학의 여러 동지들로부터 고귀한 조언을 받으려는 의미에서와 또 린접 과학에서도 이 과학에 대한 리해를 깊이하는 것이 필요하리라고 생각한다.

2. 조선 민속학의 목적

나라에 따라 사회 정치 제도가 다르고 민족 구성이 다르

* * *
* 『문화유산』 1962년 5호.

며 문화의 특성, 문화 발전의 수준이 다른 데서 매개 나라들의 민속학은 그 추구하는 목적이 다르다. 자본주의국가들과 사회주의 국가들 간에는 물론이고 같은 사회주의 국가들 간에도 모든 것이 다 같다고 할 수는 없다.

자본주의 국가들의 많은 민속학자들은 식민지의 인민 또는 자국의 피압박 계급을 효과적으로 통치하는 데 이바지 하려는 목적에서 민속학을 그들이 말하는 '렬등한' 인민에 대한 연구 또는 농민에 대한 연구로 규정한다.

사회주의 국가 중에서 쏘련은 각이한 문화 발전 수준에 놓여 있는 수다한 민족 또는 종족을 포괄하고 있는 것만큼 그 나라의 민속학계에서는 민족 문제를 레닌적 원칙에 의하여 해결하는 데 이바지 하려는 목적에서 소수 민족에 대한 연구에 주의를 집중하여 왔으며 또 현재도 그렇게 하고 있다고 할 수 있다. 소수 민족에 대한 연구에 주의를 집중하고 있다는 점에서 중국도 류사하다고 할 수 있다.

최근 쏘련 민속학계에서 주의를 집중하고 있는 중심적인 문제는 다음과 같은 바 (Этног Рафия Народов СССр pp. 9~10 참조) 그것은 자간의 소식을 잘 말하여 주는 것이다.

(1) 매개 나라 주민의 종족적 및 민족적 구성에 관한 연구

(2) 중국의 기원과 민족 간의 력사적 관계에 관한 연구

(3) 현 시대의 종족적 및 민족적 발전에 관한 연구

(4) 매개 인민의 민족적 풍습의 특성에 관한 연구

(5) 잔재의 연구를 통한 일반 력사, 원시 사회사 기타 력사의 연구

(6) 인민의 생활 풍습의 개조의 과정과 새로운 사회주의적 생활 풍습에 관한 연구

(7) 인민 예술에 관한 연구

이상 쏘련 민속학계에서 주의를 집중하고 있는 중심적 문제 중의 많은 것들이 우리에게는 해당되지 않는다.

그러면 조선 민속학은 무엇을 목적으로 하는가?

우리 인민은 단일 민족으로서 일찍부터 비상히 발달한 자랑스럽고 특성 있는 문화와 미풍량속을 창조하여 왔으며 오늘 사회주의 제도 하에서 민족 문화가 전면적으로 개화 발전하고 있다. 이러한 환경에서 우리의 민속학은 우리 인민의 생활 풍습의 각 부문에

서 건전하고 인민적인 전통과 고상한 도덕적 풍모를 과학적으로 천명하는 것을 목적으로 하면서 현 시기 우리 나라 혁명 과업 수행에 이바지 하는데 있다.

실로 조선 민속학은 우리 인민이 가지고 있는 미풍 량속을 적극 찾아 내여 계승 발전 시킴과 동시에 부정적인 것에 대하여서는 그것이 존재한 리유와 그것을 소멸시킬 방도를 밝힘으로써 사회주의적인 새로운 생활 양식과 풍습을 창조하는 데 이바지하며 전체 인민들을 그들의 구미에 맞도록 교양하며 그들로 하여금 향토와 조국을 열렬히 사랑하도록 교양하는 데 이바지 하여야 한다. 이것은 우리 민속학도들에게 부과된 고상한 의무며 높은 영예로 된다.

이와 동시에 우리 민족이 단일 민족으로서 형성 발전한 과정을 밝히는 데도 이바지 하여야 할 것이다.

3. 조선 민속학의
연구 대상과 방법

조선 민속학은 조선 력사 과학의 한 분과로서 우선적으로 직접적 관찰의 방법에 의하여 조선 인민의 생활 양식의 특성과 그것의 산생 및 발전의 합법칙성을 력사적으로 밝히는 과학이다.

조선 민속학의 대상에 대한 이러한 규정에는 누구나 딴 의견이 없을 것으로 생각한다. 그러나 직접적 관찰의 방법 즉 현지 조사의 방법을 우선적인 방법, 기본적인 방법으로 본다는 데는 의견이 있을 수 있다고 생각한다.

민속학의 일반적 원칙을 교조주의적으로 적용하는 것이 아니겠는가 하는 의견도 있을 수 있다고 생각한다. 그러나 이 원칙은 조선 민속학에도 그 대로 적용될 것이라고 생각한다. 왜냐하면 인민의 생활 풍습은 오랜 전통을 가지면서도 문헌에는 기록되여 있지 않고 인민 생활 속에 산 기록으로 남아 있는 것이 많으며 그것은 문헌을 보충하여 주며 력사적 사실을 해명할 수 있게 하여 주기 때문이다. 그러므로 순전한 력사 민속을 연구함에 있어서도 직접적 관찰은 주요하다. 이제 와서는 그 존재의 의의를 상실하고서 인민들의 생활 속에 잔재로서 남아 있는 산 기록은 문헌을 보충하거나 또는 오직 그런 산 기록이 있음으로 하여 문헌에는 전연 없더라도 과거에는 이러 저러하였다는 것을 알 수 있는 것이 많다. 주지하는 바와 같이 현실과 맞지 않는 친족 칭호의 연구로써 과거의 친족 제도를 밝힌 모르간의 연구를 기초로 하여 엥겔스가 '가족 사유 재산 및 국가의 기원'을 밝힌 것은 그 뚜렷한 례로 된다.

그리하여 민속학을 하는 사람은 례컨대 함경도에서의 '향도 - 일종의 상여계', 청천강 하류 건갈이 지대에서의 '향두 - 일종의 공동 로동 조직'에 관한 현지 자료를 수집하였을 때 그것이 문헌에 보이는 과거 민간의 협조 단체였던 '향도(香徒, 鄕徒)'와 어떤 관계를 가지고 있는가를 생각하게 되며 『농사직설農事直說』에서 '그루갈이根耕'에 관한 기사를 보았을 때 그러한 경작 풍습이 언제까지 어느 지방에 남아 있었는가를 알려고 한다.

이렇게 하여 민속학에서는 직접적 관찰에 의한 자료를 문헌 사료 및 유물과 함께 광범히 리용한다. 말하자면 력사학은 문헌 사료를 기본 자료로 하고 고고학은 유물을 기본 자료로 한다면 민속학은 인민 생활 속에 보존되어 있는 산 기록을 문헌, 유물과 함께 기본 자료로 하면서 그것에 의의를 부여 하는 것이 방법적으로 력사 과학의 다른 분야와 다른 중요한 특성이라고 할 수 있다.

다음으로 민속학에서는 사실의 기재를 또한 중요하게 본다. 민속학은 처음에 사람들이 인민의 생활 풍습에 대한 지식의 요구로부터 그것을 기재하는 데서 시작되였다. 우리가 말하는 민속학을 서양말로 에트노그라피야라고 하는데 그것은 고대 희랍어 에트노스 - 인민, 그리프 - 기재에서 온 것으로 인민에 대한 기재하는 의미이다. 우리 나라에서도 인민의 생활 풍습에 대한 기재가 오랜 과거부터 있었다.

그런데 오늘도 민속학은 다른 어느 력사 과학 분야에서보다도 사실의 기재가 중요한 의의를 가지는 바 그것은 인민 생활 양식의 민족적 특성을 밝히기 위해서는 구체적 내용이 요구되며 우수한 전통의 계승 발전을 위해서도, 생활 풍습에 대한 지식의 요구를 충족시키기 위해서도 구체적 내용이 요구되기 때문이다. 그러나 그 기재는 분석 해석 일반화와 분리될 수 없음은 물론이다. 그런데 오늘 민속학의 서술에는 중요치 않은 사실의 기재가 많다는 것이 일반적 여론이라고 할 수 있다. 이것은 우리의 서술이 본질적인 것을 택하여 기술적으로 잘 서술하지 못하는 데서와 그것을 분석 해석 일반화하는 면이 부족한 데서 초래되는 것이라고 생각한다. 그러나 민속학은 현실적 실천적 의의를 많이 가지는 것만큼 구체적 내용 서술이 다른 어느 분야에서 보다도 많게 된다는 것은 사실이다. 또 조선 민속을 연구함에 있어서 린근 나라들의 민속과 비교하는 방법이 또한 자기의 특성을 천명하는 데 도움으로 된다.

4. 조선 민속학의 범위와
다른 과학과의 관계

우리 조상들은 일찍부터 민속학적 기술을 하여 왔다. 그것은 다 민속이라고 명료히 찍어 말하는 것은 아니라 하더라도 내용 상으로 보아 민속학적 기술인 것이 풍부하다. 통일 신라 시기의 혜초慧超의 『왕오천축국기往五天竺國記』, 고려 시기의 일연一然의 『삼국유사三國遺事』, 최자崔滋의 『보한집補閑集』, 리제현李齊賢의 『력옹패설櫟翁稗說』, 리조 시기 서거정徐居正의 『필원잡기筆苑雜記』, 성현成俔의 『용재총화慵齋叢話』, 리수광李睟光의 『지봉류설芝峯類說』, 리익李瀷의 『성호사설星湖僿說』, 저자 불명의 『견첩록見睫錄』, 리덕무李德懋의 『청장관전서靑莊館全書』, 리규경李圭景의 『오주연문장전산고五洲衍文長箋散稿』, 홍석모洪錫模의 『동국세시기東國歲時記』를 비롯한 세시기류 등등은 민속학적 기술이 풍부히 들어 있으며 거의 전적으로 민속학적 기술인 것도 있다. 또 봉건 국가의 명찬인 실록을 비롯하여 정사류 지리지류에도 민속학적 기술이 많다. 이것은 매우 자랑스러운 일이다. 그런데 그 중에는 특히 풍속이라고 항목을 달고 기술한 것도 있다. 『동국여지승람東國輿地勝覽』의 풍속 조는 그 대표적인 것이라고 할 수 있는바 그것으로서 우리 조상들이 무엇을 풍속 즉 민속의 내용으로 삼았는가를 짐작할 수 있다.

거기에는 각도 주요 고을의 풍습이 간단하게나마 기재되어 있는바 그 내용을 볼 때에 우리가 오늘 조선 민속학의 범위에 넣으려고 하는 것이 많으나 적으나 간에 거의 다 포괄되어 있다고 할 수 있다.

그러면 우리는 조선 민속학의 범위를 어떻게 잡고 있는가?

중국의 기원을 비롯하여 생산, 의식주, 가정 생활 및 사회 생활, 오락, 민간 예술, 민간 신앙과 관련한 풍습을 포함시키고 그 특성의 형성을 력사적으로 밝혀야 한다. 그 리유는 민속학은 인민의 생활 양식의 특성과 그 변화 발전의 합법칙성을 연구하는 것인만큼 시간적으로는 력사 발전의 모든 시기를 포함하여야 하며 동시에 내용적으로는 인민 생활의 다양한 모든 측면을 포함하여야 하기 때문이다.

그런데 우리 나라에서 종래 민속학을 하는 사람들은 거의 전적으로 오락, 민간 예술,

민간 신앙, 가족 생활과 관련한 것을 다루어 왔고 물질적 생산 물질 문화는 별로 취급하지 못 하였다. 여기서 의, 식, 주와 같은 물질 문화는 또 몰라도 물질적 생산과 관련한 것이 민속학 범위에 들 것인가 하는 것이 문제로 된다. 그러나 우에서 말한 바와 같은 리유 즉 민속학은 내용적으로 인민 생활의 다양한 모든 측면을 포괄하여야 할 것인데 물질적 생산은 인민 생활에서 그 중요한 위치를 차지하는 것인만큼 그것이 포함되여야 한다고 생각한다. 그러나 그렇다고 하여 인민 생활에서의 모든 것이 직접 민속학의 범위에 들어 가는 것은 아니며 현대적 기술, 민간적이 아닌 예술, 민간적이 아닌 문학 등은 다른 과학 령역에 속한다. 그 뿐만 아니라 기타의 부문도 물론 다른 과학의 연구 대상으로 될 수 있으며 되고 있다. 그러나 매개 개별 과학의 특성에 따라 연구하는 측면이 다를 것이다.

생산과 관련한 것을 례로 들어 본다면 농학 분야에서는 현대적 농업 기술 뿐만 아니라 재래의 기술도 연구할 것이며 목축업, 수렵, 어로업, 수공업 등에서도 그러할 것이다 (종족의 기원, 의, 식, 주, 오락, 민간 예술, 민간 신앙에서도 사정은 마찬가지다). 그러나 거기에서는 주로 기술 자체가 중점이 될 것이고 민속학에서는 그런 기술, 그런 특성의 발생, 발전의 합법칙성, 교류 관계, 전통 관계 등을 고찰하면서 인민 생활의 양식, 나아가서는 종족의 기원까지도 연구하는 데 중점을 둘 것이다. 민간 예술 중에서 탈 놀이, 농악을 례로 들어 본다면 예술학적 연구에서는 미학적 기준에 근거한 예술적 가치의 평가 및 미학적 의식 발전, 내용과 형식의 분석적 연구, 사실주의 발전의 규명 등에 중점을 둘 것이고 민속학에서는 그것들의 발생 발전 및 그것들과 인민들의 생활 풍습과의 관련을 력사적으로 해명하는 데 중점을 두게 될 것이다.

물론 민속학에서 연구하는 것과 다른 분야에서 연구하는 것 간에 서로 겹치는 것이 있지마는 서로 다른 측면이 확실히 있다고 생각한다. 문제는 우리가 그것을 민속학적 립장에서 처리하지 못 하는 데 있으며 또 그렇게 하기 어려운 부분이 있는 데 있다. 특히 물질적 생산 물질 문화에 관한 것이 그러하다. 다민족 국가의 소수 민족에 관한 연구에서는 이런 것이 문제로 되지 않은 것 같다. 왜냐하면 개별적 소수 민족의 생활은 그 모든 것이 다 민속학적인 것으로 보이기 때문이다. 그러나 단일 민족이며 높은 문화 수준을 가진 우리에게 있어서는 생활의 모든 측면에서 다 민속학적으로 처리하기는 어려운 점이 있다.

이상에서 말한 조선 민속학의 범위와 다른 과학과의 관계에 관하여 특히 여러 관계 부문에서 많은 의견, 많은 조언이 있기를 바라는 바이다.

　마지막으로 조선 민속학을 어떤 체계로 엮을 것인가에 언급하기로 한다. '조선 민속학'을 엮는 데는 시대 별로 끊어서 엮는 방법, 례컨대 삼국 이전 시기, 삼국 시기, 고려 시기, 리조 시기 식으로 엮는 방법도 있을 것이며 부분별로 례컨대 생산, 의, 식, 주, 가정 생활 및 사회 생활, 오락, 민간 예술, 민간 신앙 등으로 나누어 엮으면서 그것의 특성 그 특성의 력사적 변화 발전을 밝히는 방법이 있을 것이다.

　그러나 '민속학'이라고 할 때 그것은 인민 생활 양식의 특성을 력사적 관점에서 즉 변화 발전 소멸의 합법칙성을 밝히는 방향에서 통일적으로 파악하는 학문이고 시대 시대의 특성을 밝히는 학문인 것은 아니라고 생각된다. 그렇게 하는 것은 '민속사'인 것이다. 즉 '민속학'이라고 하는 것과 '민속사'라고 하는 것과의 사이에는 구별이 있으며 각기 서술 체계를 달리 할 것이라고 생각한다. 또 민속을 시대 별로 서술하지 못 할 것은 물론 아니다. 그러나 민속은 사회 정치적 사연이나 다른 문화 현상에 비하여 그 변화가 서서하며 뚜렷하지 못 하다. 례를 들어 고구려 고분 벽화에 보이는 씨름이나 리조 시기의 씨름 간에는 큰 차이가 없으며 통일 신라 시기에 형성된 년중 행사는 리조 시기에 이르기까지 큰 변화가 없이 존속되었다. 그런데서 어느 한 시대의 민속을 쓰는 데는 아무런 무리가 없으나 그에 계속되는 시대의 민속을 계속하여 쓰려고 할 때에는 무리가 생긴다. 즉 거의 대부분이 반복되고 만다. 새로운 것을 쓸 것이 별로 없게 되는 경우가 많다.

　그리하여 '민속학'의 성격으로 보아서나 서술의 합리성으로 보아서 '조선 민속학'을 엮는 체계로서는 후자의 방법이 좋으리라고 생각 하는바 이에 대하여서도 많은 고견을 바란다.

제3부

01 14세기말~15세기 중엽의 북관개척과 개척민에 관한 연구
02 고조선의 종족에 대하여
03 예맥족에 대하여 1
04 예맥족에 대하여 2
05 과거 우리 나라 경작 관습의 몇 가지에 대하여
06 우리 나라 과거 주택의 류형과 그 형성 발전
07 자료 : 단오의 유래와 행사
08 그네뛰기
09 활쏘기

01.
14세기말~15세기 중엽의 북관개척과 개척민에 관한 연구*

-
-
-

북관 개척은 14세기 말부터 본격적으로 시작된 해안 지방 개척과 15세기 중엽의 5진 지방(두만강 중류 하류 지방) 개척 및 17세기 후반의 무산지방(두만강 상류 지방) 개척의 3기로 구분할 수 있다. 본고에서는 해안지방 개척과 5진 지방 개척에 국한하기로 한다.

1. 고려 말의
남관南關 수복收復

14세기 말부터 본격적으로 시작된 북관北關(함경북도 지방) 개척을 고찰함에는 그에 선행한 고려 말의 남관南關(함경남도 지방) 수복을 일별一瞥할 필요가 있다. 왜냐하면 북관 개척은 고려 말의 남관 수복의 연장이며 남관 수복의 성과를 토대로 하고서만 그것이 실현될 수 있었기 때문이다.

고려 말의 남관 수복은 공민왕恭愍王 5년(1356)의 쌍성총관부雙城摠管府 공파로부터 시작되었다.

고려는 성립 초에 서북경 지방 진출에 몰두하고 동북경 진출에 대하여는 비교적 관심이 덜하였으며, 11세기 중엽 덕종德宗, 정종靖宗 대代에 유명한 압록강구로부터 정주定州(현 정평) 북의 도련포都連浦에 이르는 장성이 구축된 이후 그 동북경은 대체로 이 장성

* 『력사 론문집』 제1집, 1957. 7. 20.

을 북한으로 하게 되었다.

그 후 13세기 중엽에 몽고의 침략 세력에 의하여 이 장성 이남 지역에 화주和州를 중심으로 쌍성총관부가 설치된 이래로 약 1세기 동안 고려의 동북부는 상실되었다가 1356년(공민왕 5)의 쌍성총관부의 수복을 계기로 고려의 남관 전 지역의 수복이 본격적으로 추진되었던 것이다.

그런데 이 1세기 동안 존속된 쌍성총관부의 경역에 관한 『고려사』의 기록은 애매모호하여 전후 모순이 많다. 이에 대하여는 이미 일본인 쯔다津田左右吉의 견해가 있으나 만족되지 않으므로 약간 관견管見을 피력하기로 한다.

우선 고려의 동북경 상실과 수복에 관한 『고려사』의 단편적인 기사들을 개괄하여 보기로 하면 『고려사』의 찬수자들은 처음에 화주 이북의 상실과 동시에 쌍성총관부가 설치된 것으로 보고, 다음에 등주登州까지 상실되었다가 충렬왕 때에 일부 회복된 것으로 보면서, 그 회복된 범위를 명확히 하지 못하고 따라서 쌍성총관부 수복시의 고려의 동북경을 명확히 하지 못하였다. 뿐만 아니라 수복 당시 엄연히 고려의 강릉도江陵道 존무사存撫司가 있은 등주마저 이때에 비로소 수복한 것으로 하면서 그 리유를 밝히지 못하고 전후의 모순을 초래하였다. 그들은 당시 남아 있던 사료를 분석 비판함이 없이, 단편적으로, 일관된 견해를 가지지 못하고 인용함으로써 사실을 애매하게 하였으며 전후 모순이 있게 한 것이었다.

13세기의 고려의 동북부 상실에 대하여 『고려사』 세가世家 고종 45년 12월 조에는 "豪古散吉大王普只官人等 領兵來屯古和州之地 龍津縣人暉定州人卓青 以和州迆北 附蒙古 蒙古設雙城摠管府于和州 以暉爲摠管 靑爲千戶"라고 하고, 동서 조휘趙暉전에는 좀 더 자세하게 "高宗四十五年 蒙古兵大至 高和定長宜文等十五州人 入保猪島 東北面兵馬使慎執平 以猪島城大人少 守之甚難 遂以十五州人 徒竹島 島狹猛 無井泉 人皆不欲 執平强驅納之 人多逃散 入者十二三 糧儲乏少 執平分遣別抄 請粟於朝 催運他道 守備稍懈 暉與定州人卓青 及登文州人 合謀 引蒙古兵 乘虛殺執平及登州副使朴仁起和州 副使金宣甫京別抄等 遂攻高城 焚燒廬舍 殺掠人民 以和州迆北 附于蒙古 乃置雙城摠管府于和州 以暉爲摠管 靑爲千戶"라고 하였다. 즉 조휘, 탁청 도당의 '부몽고附蒙古'는 동북면 병마사의 본영인 화주和州(현 영흥)를 비롯한 동북면 제 성이 사실상 포기되고 소위 관민이 처음에는 저도猪島(화주 관내)에, 다음에는 죽도竹島(宜州 관내, 의주 = 현 덕원)에 입피하였을 때에 조휘, 탁청이 등주登州

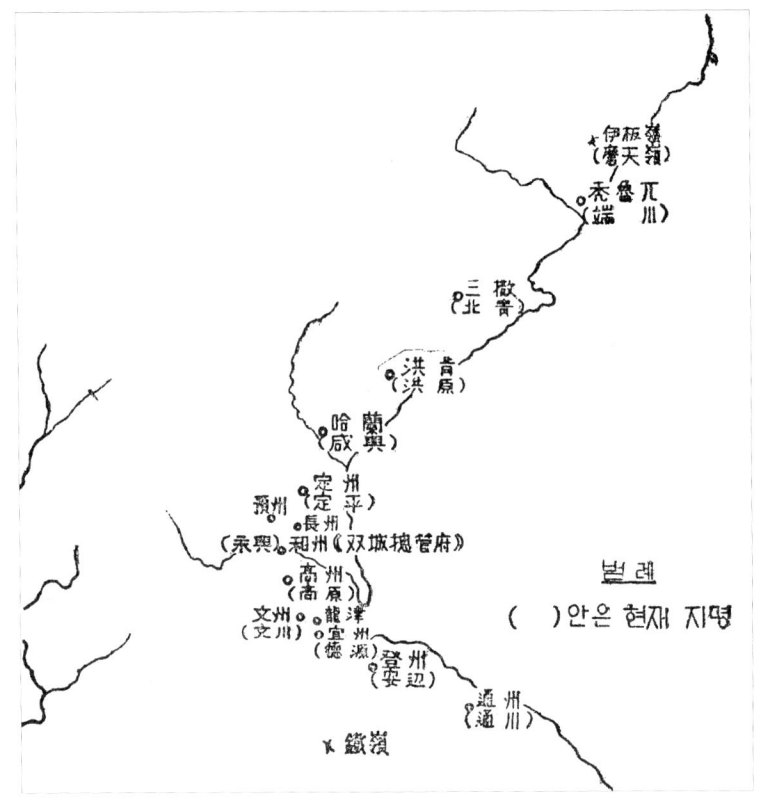

14세기 중엽의 남관

(현 안변), 문주文州(현 문천)의 반역 도당들과 공모하고 고화주古和州에 래둔한 - 세가의 기록에 의하면 - 몽고병을 유인하여 죽도에 입피한 동북면 병마사 신집평愼執平 이하를 죽이고 나가서 고성高城까지 공격한 후 화주 이북을 가지고 몽고에 반부하니 몽고는 화주에 쌍성총관부를 설치하였다는 것이다.

그런데 몽고 침입 이전에 화주의 주치州治가 이동한 일이 전연 없은 즉 세가世家 기사의 '령병래둔고화주지지領兵來屯古和州之地'의 '고화주古和州'는 다름 없는 '화주和州'인데 몽고의 침입을 피하여 이미 화주의 주치가 다른 곳으로 이동하였기 때문에 화주를 특히 '고화주古和州'라 칭한 것이다. 『세종실록』 지리지 영흥대도호부永興大都護府 조에는 "…顯宗戊午 降爲和州防禦使 爲本營 高宗時 合于登州 稱防禦使 後屬子大元 爲雙城摠管府"라고 하여, 화주는 쌍성총관부 설치 전에 등주에 합하였으며 등주에 합한 화주가 원元에 귀속되니 여기서 원이 쌍성총관부를 설치하였음을 명시하여 주고 있다. 이리하여 죽도 입피는 동북면 병마사의 본영인 화주가 등주에 합한 후, 합병한 화주, 등주의 관원들이 입피한 것으로 보게 된다. 또 그렇기 때문에 휘暉, 청靑 등에 의하여 살해된 것이 동북면 병마사 신집평, 등주 부사 박인기 및 화주 부사 김선보 등 화주, 등주의 관원들이였던 것이다. 상기한 일련의 사실들로써 '以和州迆北 附于蒙古'의 화주는 등주에 합친 화주로 보게 된다. 사실 본래의 화주는 몽고병에 의하여 이미 점유되고 있었으니 휘, 청 도당이 특히 이것을 가지고 반부叛附할 도리가 없다. 또 그들이 등주, 문주의 반역 도당들과 공모한 사실이라든가 고성까지 진공한 다음에 '화주이북和州迆北'을 가지고 반부한 것으로 보아서 '화주이북和州迆北'이라고 한 화주는 등주에 합친 화주를 지칭함이 틀림없는 것이다. 다른 한편, 아직 몽고병이 점유하지 않은, 본래의 화주와 등주에 합친 화주 간의 200마리의 땅이 휘, 청 도당에 의하여 손쉽게 몽고에 종속되었기 때문에 몽고가 휘를 쌍성 촌관으로, 청을 쌍성 천호로 표상한 것이라고 보아야 할 것이다.

요컨대 몽고가 쌍성총관부를 설치한 것은 조휘, 탁청 도당이 등주에 합친 화주 이북의 땅을 가지고 즉 등주 이북의 땅을 가지고 반부한 이후의 일로서 쌍성총관부의 경역은 설치 초부터 등주 이북의 전 지역이었던 것이다. 즉 몽고는 처음 화주를 강점하고 다음 반역 도당을 리용하여 등주에 합친 화주까지 점령하게 되니 여기서 이 지역을 통할할 쌍성총관부를 설치한 것이다. 『고려사』의 찬수자들은 당시 전하여 오는 '領兵來屯古和州之地', '以和州迆北 附子蒙古' 등의 사료를 리용하면서 이 갈래를 리해하지 못하였으므로 휘, 청 도당이 가지고 반부한 화주를 등주에 합친 화주로 보지 못하였다. 그러므로 『고려사』 지리지 화주조에는 "… 顯宗九年 降爲和州防禦使 爲本營 高宗時沒于蒙古 爲雙城摠管府 州因合于登州 猶稱防禦使 後倂于通州 忠烈王時復舊 恭愍王五年 出師收復 爲和州牧"이라 하여 전출 『세종실록』 지리지의 기사와 다르게 화주의 이동을 쌍성총관부 설치 후로 단정하였다.

고려 실지의 일부 회복을 전하여 주는 기록으로서는 상기 『고려사』 지리지 화주 조의 "州因合于登州 猶稱防禦使 後倂于通州 忠烈王時復舊"와 동 지리지 등주조登州條의 "高宗時 定平以南諸城 被蒙兵侵擾 移寓江陵道襄州 再移杆城 幾四十年 忠烈王二十四年 各還本城"이라는 극히 간단한 기사가 있을 뿐이다. 화주조의 '충열왕시부구忠烈王時復舊'는 등주에 병합되었던 화주가 본래의 화주에 복구될 수는 없었고 (본래의 화주에는 원의 쌍성총관부가 있은 것만큼) 또 사실에 있어서 복구도 되지 않았으니 이 복구는 화주가 또 다시 등주에 합하였다는 의미로 보아야 할 것이다. 다음 등주조의 "高宗時 定平以南諸城 被蒙兵侵擾 移寓江陵道襄州 再移杆城"은 이미 일본인 쯔다津田左右吉가 지적한 바와 같이 정평 이남의 여러 성들이 몽고의 침요를 받아 강릉도 양주에 이우하였다가 간성에 다시 옮겼다는 의미로도 통하며 또 이것이 등주에 관한 기사라는 것을 고려에 넣으면 정평 이남의 여러 성들이 몽고의 침요를 받게 되니 등주는 강릉도 양주에 이우하였다가 간성에 다시 옮겼다는 의미로도 통한다. 그리고 다음에 계속되는 "忠烈王二十四年 各還本城"이라는 문구로 보아서는 전자의 의미로 보는 것이 옳은 것 같게 된다.

그러나 한편 『고려사』 조돈전과 동서 지리지 동계東界 총론에는 공민왕 5년에 쌍성을 공파하고 "按地圖收復和·登·定·長·預·高·文·宜州及宣德·元興·寧仁·耀德·靜邊等鎭"하였다고 하여 철령 이북 전 지역이 이때에 처음으로 수복된 것으로 되어 있다. 또, 뒤에서 다시 고증하려니와 사실에 있어서 그때까지 의주宜州 이북은 의연히 쌍성총관부의 령유였다고 추정된다. 그러므로 등주조의 "高宗時 定平以南諸城 被蒙兵侵擾 移寓江陵道襄州 再移杆城…"은 정평 이남 제 성이 몽고병의 침요를 받았을 때에 등주가 강릉도 양주~간성으로 이우하였다는 의미로 보는 것이 옳을 것이며, 문제의 '각환본성各還本城'은 등주에 합하였다가 분리되어 통주에 합하였던 화주도, 양주~간성에 갔던 등주도 다 각각 본성本城 즉 등주성에 돌아온 사실을 전후의 설명이 없이 통합統合한 것이 아닐까 한다. 물론 이것은 억측에 불과하다고도 할 수 있으나 지리지의 기록에는 다른 데에도 이와 같은 서술상의 비약이 종종 있는 것으로 보아 그렇게 짐작할 수 있는 것이다.

충렬왕 24년에 등주가 회복된 것은 『고려사』 세가 충숙왕 원년조에 "王以江陵道存撫司溟州 去塞甚遠 移登州 以鎭北方"이라고 한 기사로써도 확실하다. 그 외의 주 군에 대해서는 문주文州조에 "文州古稱妹城 成宗八年爲文州防禦使 後合于宜州 忠穆王元年 復析置"라 하여 문주도 공민왕 5년의 쌍성 공파 이전에 벌써 고려의 소유로 된 것 같게도 해석된다. 그러나 이것은 쌍성총관부가 충목왕 원년에 문주를 의주로부터 석치析置한 것이라고도 보지 못할 것은 아니다. 특히 다음과 같은 사실들은 공민왕 5년의 쌍성 공파 이전에는 등주까지만 고려의 사실상의 소유로 되었고 의주 이북은 의연히 쌍성총관부의 령유였음을 증시한다. 그것은 첫째로 1356년(공민왕 5)에 류인우柳仁雨 등이 쌍성을 공격하기 위하여 병을 거느리고 철령을 넘어 쌍성에서 200여 리 되는 등주에 이르러 두류하면서 전진하지 않고 있을 때에, 당시의 쌍성 총관 조소생趙小生은 그의 종부從父로서 일찍이 고려조에 벼슬하여 공을 세우고 그 당시 그 고향인 룡진龍津(의주와 문주 중간)에 와 있던 조돈趙暾을 쌍성에 불렀는바, 돈이 쌍성에 다다르니 소생(조소생)은 돈을 위혁하면서 말하기를 "今事急矣 叔父 南向高麗 則雙城之地十二城 誰肯從我"라고 하면서 돈을 구금하였다는 사실이다.[1] 만일 이때에 룡진이 고려의 소유이고 거기에 돈이 와 있은 것이라면 '남향고려南向高麗'라는 말이 있을 수 없는 것이다. 또 우에서 본 바와 같이 쌍성을 공파하고 고려가 수복한 것은 등주까지 넣어서 8주 5진 13성으로 되는데도 불구하고 조소생이 '쌍성십이성雙城十二城'이라고 말한 것은 등주는 벌써부터 사실상 고려의 소유로 된 것이니 그를 제외한 의주 이북 12성이 쌍성총관부의 령유였음을 의미하는 것이라고 생각한다. 둘째로 쌍성에서 탈출한 조돈은 룡진에 와서 집 사람들과 "從夫人 浮海 會我于登州"하라 하고 자기는 아들들을 데리고 밤을 새여 등주의 류인우의 군영에 갔다는 사실이다.[2] 만일에 룡진이 고려의 령유였다면, 더구나 그 이북인 문주 내지 고주까지 — 일본인 쯔다의 견해와 같이[3] — 고려의 령유였다면 룡진에서 5, 6십 리밖에 되지 않는 등주에는 고려의 대군이 집결되고 있는데 조돈이 이와 같이 당황할 리가 없다. 룡진이 쌍성 경역내에 있었기 때문에 그러한 것이라고 보아야 할 것이다. 조돈이 고려조에 벼슬한 것이나 그가 룡진에 돌아와 있는 것으로써 룡진이 그 당시 반드시 고려의 소유였으리라고 할 수는 없다. 공민왕 때에 쌍성등처천호雙城等處千戶였던 리성계의 부, 리자춘李子春(桓祖)도 고려에 래조하여 공민왕으로부터 쌍성에 거류하는 고려 인민을 진

...

1 『高麗史』 趙暾傳 참조.
2 『高麗史』 趙暾傳 참조.
3 津田左右吉의 견해를 요약하면 다음과 같다. 조휘 도당은 몽고병을 유인하여 철령 이북을 다 점령하여 가지고 몽고에 반부하였는데 충렬왕 24 이후 고주 이남을 포기하였다. 그리하여 충렬왕 24년 이후 고려의 회복 못한 것은 화주 이북에 불과하였는데 후인이 이 사실을 가지고 조휘, 탁청이 처음부터 "以和州迤北 附于蒙古"한 것으로 기록한 것이라고 하고 또 류인우가 쌍성을 공파한 후 "按地圖收復和·登·定·長·文·宜州及宣德·元興·寧仁·耀德·靜邊等鎭"하였다는 것은 이때에 처음으로 이들 주 진을 수복한 것을 의미하는 것이 아니라 화주 이북을 수복함과 동시에 이들 주 진의 관구(管區)를 획정한 것을 의미한다고 하였다(『朝鮮歷史地理』 第二卷, 199~205쪽 참조). 그런데 "按地圖收復…"을 주 진에 대한 관구의 획정의 의미로 보는 것은 도저히 납득될 수 없는 것이니 충렬왕 24년에 회복된 주 진의 관구를 그로부터 50여 년 후인 공민왕 5년에 와서야 획정하였다고는 도저히 생각할 수 없다.

무할 책임을 위임 받고 돌아 간 일이 있었던 것이다.[4]

다음 쌍성 공과를 계기로 하여 고려가 수복한 지역을 고찰하기로 한다.

조돈전에 의하면 등주에서 두류 불진하던 류인우는 조돈의 아들 조인벽趙仁璧으로 쌍성 인민을 초유케 하고 또 리자춘의 내응을 얻어 쌍성총관부를 공파하니 총관 조소생과 천호 탁도경卓都卿은 처자를 버리고 립석 지방立石之地(현 함경북도 영안군 립석리)으로 도망하였는바 여기서 류인우는 "按地圖收復和·登·定·長·預·高·文·宜州及宣德·元興·寧仁·耀德·靜邊等鎭"하였던 것이다. 이미 말한 바와 같이 적어도 등주만은 충렬왕 때에 사실상 고려의 소유로 되었음에도 불구하고 등주마저 이때에 처음 수복한 것으로 함으로써 『고려사』의 기사는 전후 모순을 가져 왔다. 여기에는 반드시 리유가 있을 것인바 그것은 『고려사』 찬수자들이 리용한 당시 남아있던 사료가 그러하였기 때문이리라고 보아야 할 것이다. 그러면 왜 당시 남아 있던 기록이 그렇게 되었을까?

사실상 충렬왕 24년에 등주가 회복되고 화주도 등주에 복구되었으나 그것은 원의 정식 승인에 의한 것이 아니고 그의 묵인하에 소유하고 있었을 뿐이었으므로, 등주도 쌍성 세력이 완전히 몰락한 공민왕 5년에 수복한 것으로 한 것이 아닐까 짐작된다. 『고려사』 세가 충렬왕 16년 조에는 "帝詔罷東寧府 復歸我西北諸城"이라 하여 원이 고려의 자비령 이북의 서북 제 주를 돌려 준 데 대하여 원이 정식으로 승인한 데 관한 명확한 기사가 있다. 그러나 쌍성총관부의 일부 지역을 고려에 복귀시키는 것을 원이 정식으로 승인하는 기사는 없고 다만 『고려사』 지리지에 '부구復舊'니, '각환본성各還本城'이니 하는 명확치 못한 기사가 있을 뿐이다.

조돈전에는 쌍성 지역의 수복을 말한 다음에 그에 계속하여 "盖咸州以北 哈蘭·洪獻·三撒之地 本爲我疆 自暉等叛于元 凡九十九年 今皆復之 臣桂領兵過伊板嶺 與女眞戰大捷 斬其魁帖木兒 傳首于京"이라 하였다. 즉 류인우의 군대는 정평 이남의 구강舊疆을 수복한 다음 나아가서 12세기 초의 윤관尹瓘의 구九성의 지인 하란哈蘭(현 함흥), 홍헌洪獻(현 홍원), 삼산參散(현 북청) 지방을 회복하였으며, 그 부하 정신계丁臣桂는 병을 거느리고 이판령伊板嶺(현 마천령)을 넘어서 녀진을 공격하였다. 함주 이북의 하란, 홍헌, 삼산 지방은

---

[4] 『高麗史』 趙暾傳, "初我桓祖, 以雙城等處千戶來朝, 王迎謂曰 撫綏頑民, 不亦勞乎 時有人密告 奇轍潛通雙城叛民 爲黨 援謀逆 王論桓祖曰 卿宜歸綏吾民 脫有變 當如吾命"

본래 우리의 땅이던 것이 조휘 도당의 반역으로 상실되었는데 99년만에 이제 다 수복하였다고 한 이 말은 고려가 그 령유의 정당성을 강조하기 위하여 다소 왜곡한 것이며 합주 이북의 상실은 조휘 도당의 반역 이전에 있은 일인 것이다. 하여간 고려는 쌍성 공파를 계기로 하여 정평 이남의 구강은 물론이오 윤관의 9성의 지였던 함흥, 홍원, 북청 지방까지 회복하고 여기에 주, 진州鎭을 설치하였다. 『고려사』 지리지 함주 대도독부조에는 "…恭愍王五年 收復舊疆 爲知咸州事…"라 하고 동 북청주 조에는 "…恭愍王五年 收復舊疆 置安北千戶防禦所…"라 하였으니 공민왕 5년에 함흥 북청에 주, 진이 설치된 것만은 틀림없다. 그런데 공민왕 5년의 수복은 북청 지방까지였고 그 이북에는 아직 밎지 못하였다는 것을 다음의 사실로써 알 수 있다. 『고려사』세가 공양왕 3년조의 리성계의 상전上箋에 "臣於丙申年(공민왕 5년 - 필자)六月 陪先父臣某 受命玄陵 平雙城 復舊疆 憑藉餘力 拓土至靑州 以爲藩鎭 使無東顧之憂"라고 한 것이 그것이다. 그러면 단천 지방은 언제 수복되였는가? 『고려사』지리지 복주福州조에는 "睿宗三年 置州爲防禦使 四年撤城 以其地還女眞 後沒于元 稱禿魯兀 及恭愍王時 收復舊疆 辛禑八年 改端州安撫使"라 하였는바 이로써는 단천 지방이 수복된 과정과 년대를 명확히 할 수 없다. 그러나 『고려사』 세가에는 이를 해명할 수 있는 다음과 같은 기사가 있다.

"恭愍王 十九年 十一月 乙巳 女眞達麻大 遣使獻地 以達麻大 爲大將軍鎭邊都護府使 賜衣"

"同 十二月 丙辰朔 以禮部尙書張子溫 爲鎭邊都護府安撫使 … 戊寅 以達麻大 爲元帥府元帥 賜銀印一顆"

"同 二十一年 十二月 海洋萬戶弓大及鎭邊元帥達麻大 遣使賀正"

"同 二十一年 五月 鎭邊元帥達麻大及女眞萬戶弓大 遣使賀誕辰"

즉 쌍성 공파 후 14년만인 1370년(공민왕 19) 11월에 녀진 두목 달마대達麻大가 그 령지를 고려에 바치니 고려는 그를 대장군 진변도호부사로 하여 그대로 그 지방의 지방관으로 하였다가 다음 달에는 중앙의 고관 예부상서 장 자온張子溫을 진변도호부 안무사로 하여 그와 대체시키고 달마대를 원수부 원수로 우대하였다. 그런데 진변도호부는 그 명칭으로 보아서 당시의 고려의 변경 지방이며, 헌지獻地한 달마대가 항상 해연海洋 만호 궁대弓大와 함께 견사遣使한 것으로 보아서 진변도호부는 해연과 련접한 지방 즉 툴우禿魯兀(현 단천)임이 틀림없다. 이상과 같이 오늘날의 단천 지방은 쌍성 공파 후 14년만인

1370년(공민왕 19)에 그 지방의 녀진 두목 달마대의 래항으로 평화리에 수복되었으며 또 그만큼 고려는 달마대의 조처에 대하여 신중하게 하였던 것이다. 전게 지리지 복주조의 "辛禑八年 改端州按撫使"는 공민왕 19년에 수복하고 진변도호부로 하였던 것을 우왕 8년에 와서 단주안무사로 개칭한 사실을 생략하여 서술한 것이라고 본다. 이것도 역시 지리지 서술에 있어서의 비약인 것이다.

이상과 같이 고려 말의 남관 해안 지방 수복은 1356년(공민왕 5)의 쌍성 공파로부터 시작하여 1370년(공민왕 19)의 단천 지방 수복으로써 완료되었고, 부전령산맥 북쪽, 오늘날의 량강도 지방의 개척은 이보다 20여 년 후인 1391년(공양왕 3)에 갑산에 만호부를 설치함으로부터 시작되었다.

여기서 특히 지적할 것은 고려 말의 남관 해안 지방 수복 당시의 이 지대의 중요 주민은 이미부터 여기에 이주 정착하고 있던 우리의 이주민이었다고 추정되는 점이다. 남관 수복이 별로 충돌 없이 또 뚜렷한 이민 사업이 없이 수행된 것도 이에 기인되었다고 짐작된다. 이에 대해서는 뒤에서 다시 언급하기로 한다.

2. 14세기 말 15세기 초의 북관 및 그 주변의 주민

1) 녀진족의 분포와 그들의 동향

「룡비어천가龍飛御天歌」 53장 주註에 렬거된, 리성계의 잠저潛邸시부터 그에 복사服事하였다는 남 북관 및 두만강 위에 거주한 녀진 부족들의 추장들과, 태종 4년에 명明이 초유하려 한 소위 11처 녀진, 그리고 기타 『태조실록』, 『태종실록』 등에 나타나는 주요한 녀진 추장들을 태조하면서 대략 그 거처를 기준으로 하고 남으로부터 배열하여 보면 다음과 같다([ ]안의 것은 다른 기록에 나타나는 동일한 부족이다).

    △ 奚關萬戶 - 寧馬哈(十一處女眞)

        奚關城(훤 잣)東距訓春江七里 西距豆滿江五里(『龍飛御天歌』)

奚關城은 縣城으로 推定되는데 (『輿地勝覽』) 恭愍王 二十一年에 縣城의 殷阿里는 管下 三百餘戶를 거느리고 咸興, 定平 等處에 來投하였음

△ 哈蘭都達魯花赤－奚灘訶郎哈(히탄하랑캐). (『龍飛御天歌』)

 [哈蘭千戶－朱蹋失馬. (十一處女眞)]

△ 洪肯猛安－括兒牙兀難(골야오난). (『龍飛御天歌』)

 [洪肯千戶－王兀難. (十一處女眞)]

△ 參散猛安－古論豆蘭帖木兒(고론두란터믈). (『龍飛御天歌』)

 [參散千戶－李赤里不花(和英). (十一處女眞)]

△ 阿沙猛安－朱胡引答忽(주후인다호). (『龍飛御天歌』)

 [阿沙千戶－朱引忽. (十一處女眞)]

△ 失里千戶－金火失帖木兒. (十一處女眞)

△ 禿魯兀猛安－夾溫不花(갸온부허). (『龍飛御天歌』)

 [禿魯兀千戶－佟參哈, 佟阿蘆. (十一處女眞)]

△ 甲州猛安－雲剛括(운강고). (『龍飛御天歌』)

△ 海洋猛安－括兒牙火失帖木兒(골야 터믈). (『龍飛御天歌』)

 海洋地名 在今吉州 自海洋北行五十里 至泰神(타신) 自泰神東行六十里 至的渴發(더버) 海洋, 泰神, 的渴發三處 各有猛安. (『龍飛御天歌』)

△ 大伸千戶－高難都夫. (十一處女眞)

△ 阿都哥猛安－奧屯完煮(앟툰원저). (『龍飛御天歌』)

 阿都哥地名 自移蘭豆漫 東行四百而至. (『龍飛御天歌』)

 [阿都哥千戶－崔咬納, 崔完者. (十一處女眞)]

 崔咬納(也吾乃)는 恭愍王 二十一年에 阿罕(阿間)에 來接하였음)

△ 斡合猛安－奚灘薛列(히탄서러). (『龍飛御天歌』)

 斡合地名 在今鏡城府南百二十里 其地有圓石屹立 高可二百餘丈 西有猛安川 … 其俗謂石爲斡合 故因名其地焉. (『龍飛御天歌』)

 [斡合千戶－劉薛列. (十一處女眞)]

△ 吾籠所猛安－暖禿古魯(넌투구루), 奚灘孛牙(히란보야). (『龍飛御天歌』)

 吾籠所水名 自鐘城綠楊峴 北流遏東林城 入豆滿江. (『龍飛御天歌』)

△ 斡朶里豆漫 - 夾溫猛哥帖木兒(가온멍거터믈). (『龍飛御天歌』)

[吾都里上萬戶 - 童猛哥帖木兒. (『太祖實錄』)

斡朶里는 太祖 年間에 斡木河에 入居하였음

△ 火兒阿豆漫 - 古論阿哈出(고론어허츄). (『龍飛御天歌』)

△ 打溫豆漫 - 高卜兒闊(갑불어). (『龍飛御天歌』)

斡朶里, 火兒阿, 打溫三城 其俗謂之移蘭豆漫 猶言三萬戶 蓋以萬戶三人 分領其地故名之 自慶源 西北 行一月而至 … 斡朶里地名 在海西江之東 火兒阿江之西 火兒阿亦地名 在二江合流之東 … 打溫亦地 名 在二江合流之下. (『龍飛御天歌』)

△ 移蘭豆漫猛安 - 甫亦莫兀兒住(퐈모월주). (『龍飛御天歌』)

[吾都里萬戶 - 馬月者. (『太祖實錄』)

△ 土門猛安 - 古論孛里(고론보리). (『龍飛御天歌』)

土門地名 在豆漫江之北 南距慶源六十里 西距常家下(샹가하)一日程地. (『龍飛御天歌』)

[吾郎哈千戶 - 甫里. (『太祖實錄』)]

△ 土門 - 括兒牙八兒遜(골야발소). (『龍飛御天歌』)

[吾郎哈萬戶 - 留波所(把兒遜). (『太祖實錄』)]

△ 愁州兀郎哈萬戶 - 留八八禾. (『定宗實錄』)

△ 同良等處上萬戶 - 宮夫大. (『太祖實錄』)

闊兒看兀狄哈眼春(얀츈) - 括兒牙禿成介(골야투칭개). (『龍飛御天歌』)

闊兒看兀狄哈部族名 水居 以捕魚爲食者也 眼春地名 在東南海岸 南距慶興一百二十里 西距奚關城一 百五十里也. (『龍飛御天歌』)

[闊兒看兀狄哈萬戶 - 金豆稱介. (『太宗實錄』)]

△ 紉出闊失猛安 - 朱胡完者(주후원저). (『龍飛御天歌』)

紉出闊失(니취시)地名 自慶興府北行一日 渡豆漫江至 … 其地有大澤 産眞珠 其俗謂眞珠 爲紉出闊 失 故因名其地. (『龍飛御天歌』)

△ 海童猛安 - 朱胡貴洞(주후귀퉁). (『龍飛御天歌』)

海通地名 自實眼春 西北行三日而至. (『龍飛御天歌』)

[海通千戶 - 董貴洞. (十一處女眞)]

△ 實眼春猛安 - 奚灘塔斯(히란타亽). (『龍飛御天歌』)

實眼春(샨춘)地名 自慶源府 北行二日而至也. (『龍飛御天歌』)

△ 兀兒忽里猛安－夾溫赤兀里(갸온치우리). (『龍飛御天歌』)

兀兒忽里(울후리)地名 自實眼春 北行五日而至 東距眼春三日程 北距速平江二日程也. (『龍飛御天歌』)

△ 阿木羅唐括－奚灘古玉奴(히란구유노). (『龍飛御天歌』)

阿木羅(아모라)地名 自慶源府北行一日 經阿羅遜站 又行五日而至 東距實隣古城三日程 北距速平江下流一日程也. 唐括(탕고) 猶言百戶也. (『龍飛御天歌』)

△ 嫌眞兀狄哈 古州－括兒牙乞木那(골야키무나), 答比那(다비나), 可兒答哥(킬더거). (『龍飛御天歌』)

古州(구주)地名 在速平江之傍 自會寧府 北行二日 至阿赤郎貴 又行一日 至常家下 又行四日 至古州 西距先春嶺四日程也 乞木那爲一人 答比那爲一人 可兒答哥爲一人 三人親兄弟也. (『龍飛御天歌』)

[具州兀狄哈－金文乃. (『太宗實錄』)]

[探州兀狄哈－葛多介, 多比乃. (『太宗實錄』)]

△ 南突兀狄哈 速平江－南突阿剌哈伯顏(남돌아라카바얀). (『龍飛御天歌』)

이상으로써 14세기 말 15세기 초의 남 북관 지방 및 두만강 외의 녀진족의 분포 상황을 대략 짐작할 수 있다. 이제 그 매개 부족에 대하여 약간의 고찰을 가하기로 한다.

훤잣奚關은 「룡비어천가」에 의하면 두만강과 훈춘강 사이에 위치하였다. 『여지승람』 경원도호부 고적조에서 현성縣城을 이 훤잣성奚關城으로 추정한 것은 옳은 견해이다. 그런데 1372년(공민왕 21)에 현성평縣城平에 거주하던 은아리殷阿里가 그 관하 300여 호를 거느리고 함흥 정평 등지에 래투한 사실이 있다.5 또 태종 4년에 명明이 초유하려 한 소위 11처 녀진은 대체로 남으로부터 북으로의 순으로 렬거하면서 특히 훤잣만호 녕마캐寧馬哈를 첫째로 들었다. 이것으로 보면 함흥, 정평 등지에 래투한 은아리殷阿里는 훤잣奚關만호 녕마캐와 동일한 인물이거나 또는 그 자손인 듯하다. 여하튼 훤잣에 거주하던 녀진

---

5 『世宗實錄』 十九年 八月 甲子條, "傳旨咸吉道監司 都節制使曰 李芝蘭·殷阿里·金高時帖木兒等 自投化以來 管下居民 各仰其主 不供國家賦役 其後國家分割 以爲編戶 徭役租稅 無異本國之民 …
○ 傳旨咸吉道都節制使曰 中樞院副使殷阿里啓曰 … 一臣管下三百餘戶 舊居縣城平 去去壬子年 徙于咸興定平等 處 …"

집단이 공민왕 21년에 대거 이동하여 함흥 정평 지방에 래접한 것만은 사실이다.

하란哈蘭은 함흥, 삼산參散은 북청, 홍긍洪肯은 홍원, 아사阿砂와 시리失利(時利)는 리원, 툴우禿魯兀는 단천, 갸주甲州는 갑산인데 이 지방에 있은 녀진 천호들은 고려의 남관 수복에 있어서 별로 저항함이 없었으며 고려도 또한 그들에 대하여 관대한 태도를 취하였다. 이미 우에서 말한 바와 같이 공민왕 5년에 벌써 함흥 북청에는 고려의 주, 진들이 설치되었는데 『고려사』 세가에 의하면 그보다 15년 후인 공민왕 20년에 와서야 삼산 맹간猛安 고론두란터물古論豆蘭帖木兒(李豆蘭)은 일백 호를 거느리고 래투하였다. 주지하는 바와 같이 리두란은 녀진 천호들 중에서도 가장 유력한 자로서 래투한 후 리성계의 휘하에서 큰 공을 세운 자이다. 그가 공민왕 20년에야 처음으로 래투하였다는 것은 처음에 고려가 이 지방에 주, 진을 설치하면서도 그 지방의 유력한 녀진 추장들에 대하여는, 특별한 반항이 없는 한, 구태여 건드리지 않고 그들의 독립적 존재를 인정하면서 자연 래투를 기다린 것으로 보게 된다. 이미 말한 바와 같은 단천 지방의 유력한 녀진 추장으로 추정되는 달마대達麻大에 대한 신중한 조치도 이와 같은 정책에서 출발한 것이다. 그리고 래투한 녀진 천호들에 대하여는 그 관하민을 그냥 사유하는 것을 인정하였다. 이에 대하여서는 뒤에서 상술하기로 한다.

마천령 북의 오늘날의 김책, 화대, 길주 지방을 해연海洋이라고 칭하였는데 여기에 해연海洋(현 김책군 농성農城), 탸신泰神(또는 대신大伸)(현 화대군 동해東海), 더버的遏發(현 화대군 상하가上下加) 등의 세 개의 녀진 집단이 있었다. 해연 지방의 녀진인 중에는 벌써 공민왕 7년경부터 래투하는 자가 있기 시작하였으며 우왕 8년(1382)에는 해연 만호 김동부화金同不花의 래투가 있었다.[6] 이와 같은 정세는 고려로 하여금 그보다 8년 후인 1390년(공양왕 2)에는 길주에 〈영주 길주 등처 관군민 만호부營州吉州等處管軍民萬戶府〉를 설치할 수 있게 하였다.

오늘날의 명천군 아간阿罕(阿間) 지방에는 어두워阿都哥 천호 최야오내崔也吾乃(또는 최교납崔

---

6 『高麗史』 恭愍王 七年條: "趙小生・卓都卿逃據海陽 海陽人完者不花 率兵千八百人來投"
　同 十四年條: "女眞所音山 所應哥阿豆羅等請降 處之朔方"
　同 十九年條: "女眞萬戶 弓大 獻方物 以部落一百戶 請隸正陵"
　同 禑王 八年條: "海洋萬戶金同不花 遣其子夫耶介 爲質"
　同條: "金同不花 以所管人民 來投 處之禿魯兀之地"

咬納)가 그 관하를 거느리고 래접하였다.

「룡비어천가」 53장 주의 "阿都哥 自移蘭豆漫 東行四日而至"라는 기사에 의하면 그는 원래 송화강 하류 지방이거나 그렇지 않으면 목릉하木陵河지방에 거주하고 있었다는 것을 알 수 있다. 그런데 고려 말에 원이 막북漠北으로 몰려가고 또 명의 세력이 아직 만주에 충분히 밎지 못하였을 즈음에 송화강 하류 지방 또는 목릉하 지방의 유력한 녀진족들이 서남방으로 이동하기 시작하였던바, 삼성三姓(依蘭) 부근의 오도리 투먼 갸온 멍거터물은 오무허斡木河(會寧)로 이동하였고 홀아 투먼 고론어허츄古論阿哈出의 아들 석가노釋家奴(李顯忠)는 뒤에 길림 방면으로 이동하였다. 그리고 두만강 회곡부廻曲部의 우랑캐족도 원래는 목릉하 류역으로부터 남하한 것이라고 한다. 어두어 천호인 최야오내도 이러한 기세에 움직이어 이동한 듯하다. 그는 한동안 현성玄城(縣城)에 기우하다가 홍무洪武 5년(공민왕 21)에 관하 민호를 거느리고 아한阿罕에 래접하였던 것이다.[7]

이와 같은 녀진인들의 이동의 주되는 원인은 그들이 반농 반수렵적 경제 상태에 있은 조건하에서 고려 또는 명과 접근함으로써 조공무역 또는 략탈의 방법으로써 고려 또는 명으로부터 생활필수품을 용이하게 획득하려 한 데 있었을 것이다. 최야오내는 리조 초의 북관 개척에 있어서 시종 일관하게 협력하여 검교한성윤檢校漢城尹의 관직을 받았다. 『세종실록』 지리지 길주 성씨조의 '최이대구래崔李大九來'의 '최崔'는 최야오내의 일족을 지칭함일 것이다.

오늘날의 영안군인 명간천明澗川(猛安府) 류역에는 위허斡合 맹간 히탄서러奚灘薛列가 있었다. 위허는 '돌'이라는 녀진 말인바 이곳에 선돌 바위立石가 있기에 이 지방을 위허라고 한 것이다. 15세기 중엽 '5진' 설치 당시에 세종은 새삼스럽게 위허 천호 류서러劉薛列의 자손의 유무와 위허가 지금의 어디인가를 심방하여 우대하고저 한 것을 보면[8] 그도 리조 초의 북관 개척에 협력한 일이 있은 듯하다. 그런데 오늘날의 어랑군, 경성군, 청진시로부터 부거, 라진, 웅기에 이르는 4, 5백리의 해안 지방에는 「룡비어천가」 53장 주에도, 태종 대의 소위 11처 녀진에도, 기타의 어디에서도 전연 녀진 맹간(천호)의 이름이 나타나지 않는다. 이것은 결코 이 광범한 지역에 녀진인이 전연 거주치 않은 것을

...

7 『太宗實錄』 七年 四月 壬子條.
8 『世宗實錄』 二十年 一月 庚子條.

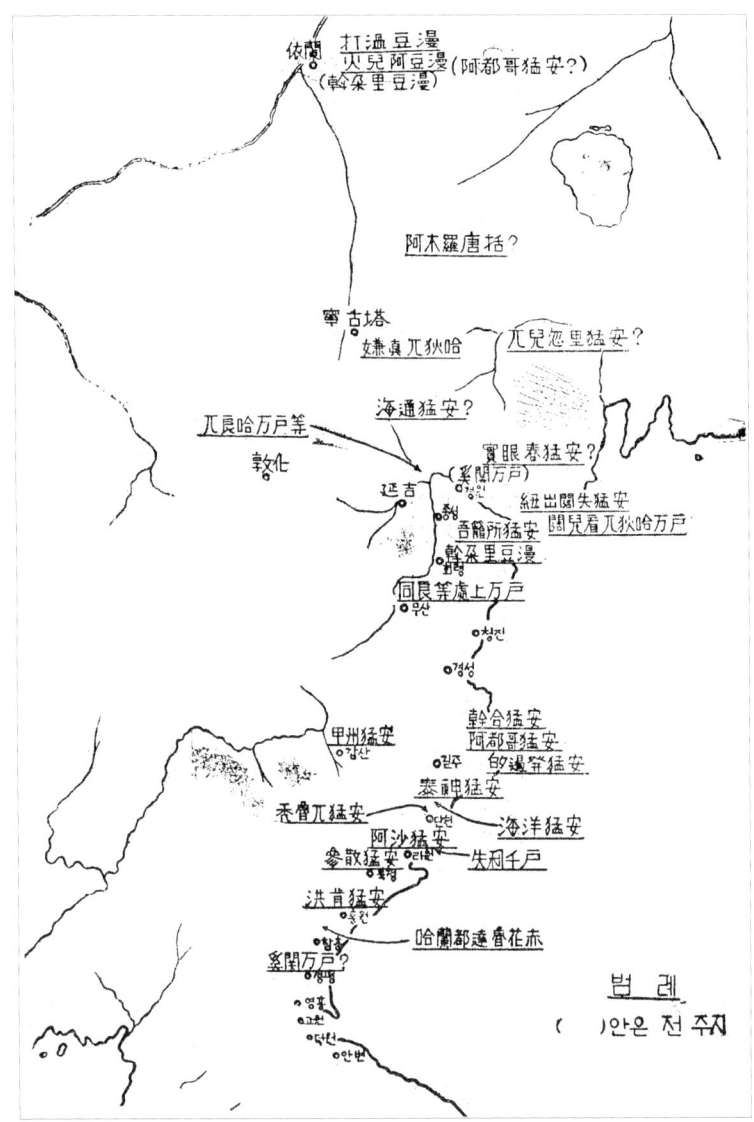

14세기 말 15세기 초 북관 및 그 주변의 녀진족의 분포도

의미하는 것이 아니라 유력한 집단이 없이 산거 상태로 있었음을 의미하는 것이다. 오늘날 이 지역들에 녀진 말로 된 소지명小地名이 수다히 남아 있는 사실은 이 지역에 녀진인과 우리 이민이 잡거하고 있었다는 것을 말하여 준다.

오늘날의 경원군 오룡천五龍川 류역에는 오룡소吾籠所 맹간 넌루구루暖秃古魯 및 히란보야奚灘孛牙가 있었다. 오룡천 하류에서 정교한 녀진 문자비가 발견된 것으로 보아 그들은 상당한 문화 수준에 달하였던 듯하나 리조 초의 경원부의 설치와 그 이동이 복잡하였던 시기에도 그들이 전연 나타나지 않는 것을 보면 벌써 이때에는 집결된 세력을 이루지 못하고 쇠미하여졌던 것 같다.

두만강의 회곡부廻曲部 즉 강내의 경원, 온성, 종성 지방과 강외의 훈춘 평야에는 우랑캐 부족이 거주하였다. 그 추장들은 공양왕 4년(리성계 즉위년)에 리성계의 초유에 응하여 만호, 천호, 백호 등의 직을 받은 것을 비롯하여 리조의 후대를 받았으나, 태종 5년에는 명의 초유에 응하여 모린위毛隣衛를 세우고 명의 직첩을 받았다. 이렇게 그들은 조선과 명, 또는 조선과 심처 녀진 간에 소위 거중량투居中兩投하였던 것이다.

두만강 중류인 오늘날의 회령 지방은 오무허斡木河라고 칭하였는데 여기에 오도리부가 거주하였다. 오도리 만호 갸온(퉁) 멍거터물은 「룡비어천가」 53장 주에 수위로 나타나는 유력한 자로서 삼성三姓(依蘭) 부근으로부터 이동하여 한동안 훈춘강 류역에 기우하다가⁹ 공양왕 말년에 우랑캐와 함께 리성계의 초유에 응하고 오무허에 입거하였다. 퉁멍거터물은 리조의 각별한 후대에도 불구하고 태종 5년에 명의 초유에 응하여 건주좌위建州左衛를 세우고 건주위 도지휘사의 직첩을 받았으며 역시 거중량투적 태도를 취하였다.

두만강 상류인 오늘날의 무산 지방을 동량북東良北이라고 칭하였는데 여기에는 우랑캐가 거주하였다. 태조 원년에 궁부대宮夫大란 자가 동량등처상만호同良等處上萬戶의 직을 받은 일이 있으나 동량북의 우랑캐는 그 세력이 리조 초에는 아직 강성하지 못하였다. 원래 우랑캐는 두만강 회곡부를 중심으로 하고 그 이서의 오무허 동량북에까지 분포되었던데 오도리부의 오무허 입거로 말미암아 동량북 우랑캐가 따로 분리된 것으로 짐작된다.

오늘날의 동북 연변 지방인 두만강 지류 발가토하布爾哈通河와 해란하海灘河의 류역은 광활하고 비옥한 지방이나 그 위치가 삼처의 험진 우치캐嫌進兀狄哈 등이 두만강 류역에 입구入寇하는 길목에 당하여 안주의 지가 되지 못하였으므로 태조 태종 때까지는 아직

---

9 『輿地勝覽』慶源府 山川條 : "訓春江 源出女眞之地 至東林城 入于豆滿江 斡朶里野人所居"

인연人煙이 희소하였다.

두만강 하류 보쉐트만 일대에는 어렵을 주로 하는 콜간 우치캐闊看一骨幹(兀狄哈)가 거주하였으며 그 추장 골야투칭개括兒牙禿稱介는 리조의 초유에 잘 응하였다.

경흥 대안 1일정一日程의 호소湖沼 지대에 니귓시紉出闊失맹간이 있었고. 과야하嘎呀河 상류로 추정되는 곳에 해툰海通맹간이 있었으며, 수분하綏紛河 상류 내지 우스리강烏蘇里江 상류 지역이라고 추정되는 지역에 샨춘實眼春맹간, 울후리兀兒忽里맹간, 아모라阿木羅 탕고唐括(百戶) 등이 있었다. 그들도 역시 리성계에 래복한 것으로 되고 있는데 그 후에는 전연 나타나지 않는다. 그러나 그 위치상으로 보아서 후의 제성우치캐諸姓兀狄哈(深處兀狄哈)의 일부가 그들이 아닐까 한다. 해툰海通만은 소위 11처 녀진에 들어 있는 것으로 보아서 후에 무만강내의 내지에 이동한 듯도 싶으나 확언할 수 없다.

속평강速平江(牧丹江) 류역의 구주具州(寧古塔 부근?), 탐주探州(현 돈화敦化 부근?)의 험진우치캐의 추장들도 리성계에 래복한 것으로 되고 있으나 그들은 소위 심처 야인의 대표적 부족으로서 처음부터 리조에 대하여 적대적 태도를 취하였던 것이다. 속평강 류역에는 또 남돌南突 우치캐가 있었다.

이상에서 14세기 말 15세기 초의 북관 및 그 주변의 녀진족의 분포와 그들의 동향을 개관하였는바 남 북관 지역의 뚜렷한 녀진인 집단은 열 대여섯 개소에 불과하였다.

남 북관 지방의 녀진인의 호수는 명확히 알 방도가 없으나 『리조실록』에서 산견하는 바에 의하면, 가장 유력하였던 삼산 천호 리두란의 관하에는 원거지에서 이동한 것만 하여도 500여 호 있었으며 함흥, 정평에 래접한 은아리殷阿里의 관하에는 300여 호, 아간에 래접한 최야오내의 관하에는 150여 호, 오무허의 오도리부에는 500여 호가 있었다. 두만강 회곡부의 우랑캐는 강성하였으나 그들은 주로 강외에 거주한 것이고 강내에는 많지 않았다. 그 외의 남 북관 해안 지방의 여러 녀진 집단에 관하여는 알 수 없다. 그러나 녀진 천호들의 관하민에 대하여 "다점자이백수多占者以百數"[10]라고 한 것으로 보아 매개 집단이 100호 이내가 보통이였다는 것만은 짐작할 수 있다. 그렇다면 남 북관 지방의 녀진인들은 합하여 3, 4천호에 불과하였을 것이며 그것도 은아리殷阿里, 최야오내崔也吾乃, 퉁멍거터물 등 유력한 집단들이 공민왕 20년 이후에 래접한 것까지 넣

---

10 『太宗實錄』 十三年 八月 壬子條.

어서 그러한 것이다. 이와 같이 광대한 남 북관 지방에 있어서 원주 녀진인이 희박하였던 사정은 이 지방에 많은 공한지의 존재를 초래하였으며, 또 그것이 우리 인민을 일찍부터 이 지방에 이주케 한 원인의 하나로 되었던 것이다.

2) 우리의 이주민.

14세기 말 15세기 초의 북관 지방의 우리 측 이주민에 관하여 그 상황을 전하는 구체적인 사료는 없다. 그러나 『고려사』 조돈전朝暾傳에 있는 "趙暾初名祐 雙城摠管暉之孫也 世居龍津 未弱冠 事忠肅王 時吏民逋入女眞洪肯·三撒·禿魯兀·海陽等地 王遣暾至海陽 刷六十餘戶還 授監門衛郞將 後復至海陽 刷百餘戶來 王嘉之 賜廐馬綾段"이라는 기사로 보아 공민왕 5년의 쌍성 공파보다 2, 3십년 전인 충숙왕 때에 벌써 고려의 리속, 인민들이 가혹한 봉건적 억압과 착취에 못이겨 수다히 홍긍洪肯, 삼산三撒, 해연海陽(海洋) 지방에 도입逃入하였으며 조돈이 왕명을 받고 마천령 북의 해연에 와서 두 차에 걸쳐서 합 160여 호를 쇄환하여 갔다는 것을 알 수 있다. 조돈 일개인의 수완에 의하여 쇄환된 것만 하여도 160여 호에 달하였으니 14세기 20년대에 벌써 해연 지방에는 우리 이주민이 수 백호에 달하고 있었다고 볼 수 있다. 그렇다면 그보다 거리상 조건과 생활상 조건이 많이 더 유리한 남관 해안 지방인 하란, 홍궁, 삼산, 톨우 등 5, 6백리에 긍하는 지역에는 막대한 고려 인민이 이주하고 있었다고 보게 된다. 그리고 조돈의 쇄환에 있어서, 최북崔北인 해연에 국한한 것은 남관 해안 지방의 고려 인민이 이미 안착하고 있어서 그 쇄환이 곤난하였기 때문이라고 할 수 있으며, 또 공민왕 5년의 쌍성 공파를 계기로 하여 고려의 남관 수복이 용이하게 수행된 것은 벌써 이 지방의 중요 주민이 고려 인민이었기 때문이라고 할 수 있다. 그런데 이 고려의 인민이 남 북관 해안 지방에 도입함에 있어서 주로 해로를 리용하였을 것은 의심할 바 없다. 봉건 국가의 류이민에 대한 금방禁防이 엄하고 중간에 쌍성 세력이 가로 막혀 있은 조건하에서 그것이 륙로로써는 곤난하였을 것이며 또 강원도, 경상도의 해안으로부터 수로를 리용함으로써만 용이하게 목적을 달할 수 있었을 것이기 때문이다.

우에서 말한 바와 같이 북관의 해연 지방에는 우리의 이주민이 14세기 20년대에 벌써 수 백호에 달하였다고 추정된다. 그런데 고려 말의 극단한 대토지 겸영으로 인민

생활이 극도로 파괴된 조건하에서, 또 고려 말에 남관 해안 지방이 고려의 지배하에 들어간 조건하에서 많은 고려의 류이민이 아직 고려의 지배가 밎지 않고 있던 북관 지방에 도입하였을 것은 용이하게 짐작할 수 있는 일이다. 따라서 14세기 말 15세기 초 리조의 북관 해안 지방 개척 당시의 이 지방의 중요 주민도 역시 우리의 이주민이었다고 보아서 과언이 아닐 것이다.

고려 인민이 일찍부터 북관의 해안 지방을 따라서 멀리 두만강 하류 지방에까지 간 사실을 우리는 리성계의 조상에 관한 전설에서 찾아 볼 수 있다. 리 성계의 고조高祖인 안사安社(穆祖)는 경흥부의 동쪽 30리에 있는 오동斡東 오천호소 다르하치達魯哈赤로 되었으며, 그 아들 행리行里(翼祖)는 그 뒤를 계승하였던데, 부근 제 천호의 시기를 받아 그곳을 떠나 덕원德源으로 돌아갔다 하며, 행리의 아들 춘椿(度祖)은 경흥 적지赤池에서 주객主客 룡이 서로 싸우고 있는 것을 보고 객룡을 쏘아 죽여 경복을 받게 되었다 하는 전설[11]들, 안사가 오동으로 가는 도중 수로로 시리時利에 도착하였을 때에 그 곳의 천호의 저지를 받다가 서로 량해되었다는 전설[12]들은 물론 그대로 사실로 인정할 수는 없으나 그 전설들 속에 고려 인민이 일찍부터 두만강 하류 지방에까지 밎였다는 사실과 거기에서 녀진인과의 사이에 약간의 마찰이 있었다는 사실을 반영하고 있다는 것은 틀림없다. 이미 지적한 바와 같이 위허斡哈 이북 두만강 하류에 이르는 수 백리의 지역에 아무 유리한 녀진인 집단도 없었다는 사실은 고려 인민이 멀리 두만강 하류에까지 이주하는 것을 한층 더 용이하게 하였을 것이다.

요컨대 14세기 말 15세기 초의 리조의 북관 해안 지방 개척 당시의 북관 해안 지방의 중요 주민은 우리의 이주민이었으며 그것은 리조 말에 있어서 두만강 외의 중국 간도 지방과 로령 연해주 지방의 중요 주민이 우리의 인민이었던 것과 비슷한 현상이었다고 짐작된다. 그러하였기 때문에 리조의 북관 해안 지방 개척에 있어서는 뚜렷한 이민 사업이 없었던 것이다.

...

11 『龍飛御天歌』第三章 註 및 『輿地勝覽』 古蹟條 참조.
12 『太祖實錄』開卷: "由水路至時利卽城利 其千戶以兵止之 穆祖語以歸順之意 千戶宴慰甚厚 穆祖亦以牛馬報之"

3. 북관 해안 지방의
개척(제1기 개척)

우에서 말한 바와 같이 북관의 남부 지역인 해연海洋(海陽) 지방 녀진 두목들은 벌써 공민왕 때부터 래부하기 시작하였으며 또 여기에 우리의 이주민이 수다하게 입거하여 그 지방의 중요 주민으로 되고 있었으므로 1390년(공양왕 2)에는 서지위西之衛(현 림명臨溟)에 영주길주등처관군민만호부英州吉州等處管軍民萬戶府를 설치하였다. 당시 고려의 모든 군사 정치적 실권을 자기 수중에 완전히 장악하고 있던 리성계는 더 나아가서 두만강변까지의 개척을 진척시키기 위하여 이듬 해 1391년에는 그 준비 공작으로서 두만강 회곡부廻曲部의 녀진 제 부락을 초유하였다. 『고려사』 세가 공양왕 조에는 다음과 같은 기사가 있다.

三年 七月 "我太祖 獻議 遣人賣牓文 招諭東女眞地面諸部落 於是 女眞歸順者 三百餘人"

同年 九月 "遣前(知)祥原郡事 李龍華 宣慰斡朶里兀良哈 斡朶里卽東女眞也…"

四年 二月 "兀良哈及斡朶里等 來朝…"

동년 삼월 "我太祖 享斡朶里 兀良哈於第"

"斡朶里兀良諸酋長 皆授萬戶·千戶·百戶等職 有次 且賜米穀衣服馬匹 諸酋感泣 皆成徙 爲藩屛"

이상의 사료에 의하여 두만강 회곡부의 우랑캐와 오도리(아직 훈춘강 류역에 기우하고 있었을 것임)의 추장들은 초유에 응하여 래조하였으며 향연享宴, 직첩職帖, 상사賞賜 등 각별한 후대를 받았다는 것을 알 수 있다.

오도리 우랑캐의 초유에 성공한 리성계는 1392년에 다시 리필李必을 녀진 지면地面에 보내어 아직 초유에 응치 않은 강의 원근 제 부락을 초유케 하였다. 『고려사』 세가 공양왕 4년 조에는 전게 기사에 계속하여 "又牓諭諸部落曰 洪武二十四年(恭讓王 3年 – 필자)七月 差李必等 賫牓文前去女眞地面豆滿等處招諭 當年 斡都里·兀良哈萬戶·千戶·頭目 卽使歸附 已行賞賜名分 各復業 所有速頻·失的覓·蒙骨·改陽·實憐·八隣·安頓·押蘭·喜剌兀·兀里因·古里罕·兀的改地面 原係本國公險鎭境內 旣曾經招諭 至今 未見歸附 於理不順 爲此 再差李必等 賫牓文前去招諭 牓文到日 各各來歸 賞賜名分及凡所欲 一

如先附斡都里・兀良哈例"라고 하였다. 즉 두만강 방면의 오도리 우량캐의 추장들은 곧 초유에 응하여 와서 상사와 직첩들을 받고 돌아갔다. 그런데 속빈速頻 등 여러 지면은 본래 우리나라 공험진公險鎭(윤관의 9성 중 하나) 경내에 있고 이미 초유가 있었음에도 불구하고 아직 오지 않는 것은 옳지 못한 일이므로 다시 초유하는 것이니 방문榜文이 도착되는 즉시로 각각 래귀하라고 하면서 래귀한다면 상사와 직접 수여 등을 먼저 온 오도리 우량캐와 꼭 같이 할 것을 약속한 것이다. 그런데 이번에 리필이 초유한 '속빈速頻' 이하 여러 개소 중에서 '속빈速頻'은 '속평速平', '실적멱失的覓'은 '시지미時知未', '사차마沙次磨'(鹿屯島), '개양改陽'은 '거양巨陽'(慶源北 二百五十里程), '실린實隣'은 「룡비어천가」 53장 주에서 "아목라동거실린고성삼일정阿木羅東距實隣古城三日程"이라고 한 그 '실린實隣'이고, '압란押蘭'은 '아목라阿木羅', '희자올喜刺兀'은 '희자온喜刺溫'(骨幹兀狄哈萬戶豆稱介 태종 때에 喜刺溫衛指揮로 됨), '올리인兀里因'은 '올아홀리兀兒忽里', '고리한古里罕'은 '골알骨幹', '올적개兀的改'는 '올적합兀狄哈'일 것이다. 그렇다면 이번 리필이 초유한 녀진 제 부족은 바로 「룡비어천가」 53장 주에 있는, 리성계의 잠저 때부터 래복하였다는 두만강 외의 녀진(이미 래조한 오도리 우량캐를 제외한)들인 것이다. 그 초유의 결과에 대한 『고려사』의 기사는 전연 없으나 초유한 지면이 바로 「룡비어천가」 53장 주의, 리성계 잠저 때부터 래복하였다는 녀진 추장들의 거처로 되어 있는 점으로 보아서, 그들이 가상 상경 래조까지는 안하였다 하더라도 적어도 호의는 표한 듯하다.

이와 같이 하여 두만강 외의 녀진 초유에 성공한 리성계는 이듬해 1393년(태조 2) 8월에 동북면 도안무사 리지란李之蘭(일명 이두란李豆蘭)을 공주孔州에 보내어 축성케 함으로써 북관 해안 지방의 멀리 두만강변까지 개척하는 사업을 추진시켰다. 공주는 오늘날의 경흥군 고성동古城洞인바 두만강구로부터 6, 7십리 상류의 바로 강변에 있었다.

리성계는 다시 이 신개척지의 체제 정비를 위하여 1397년(태조 6) 12월에 정도전鄭道傳을 동북면 도선무찰리사都宣撫察理使로 하고 리지란을 도병마사로 하여 동행케 하면서 그들의 임무를 다음과 같이 지시하였다. "凡所以奉安園陵者 悉從盛典 擧行無遺 繕完城壁 以安居民 量置站戶 以便往來 區畫州郡之境 以杜紛爭 整齊軍民之號 (以定等級 自端州盡孔) 州之境 皆隸察理使治內 其戶口額數 軍官材品 具悉以聞",[13] 즉 정도전 등의 사명은 공주에

---

13 『太祖實錄』 六年 十二月 庚子條.

있는 목조 부처의 릉묘 봉안, 공주의 성벽 완축, 각 참의 참호 정비, 각 주 군의 경계 획정, 주, 부, 군, 현의 명호분정名號分定, 그리고 단주로부터 공주에 이르는 지역을 동북면 도순문찰리사의 관내에 예속시키는 일들이었다. 동북면에 도착한 정도전 등은 익년 (태조 7년 무인戊寅) 2월에 개편 정비 사업을 완료하였는바[14] 그 내용을 보면 일부 남관에 대한 개편도 있었으나 주로 단주 이북에 대한 개편 정비였다. 그 중 가장 중요한 점은 공주성을 석축으로 하고 경원부로 승격시킨 것, 경성군을 새로 설치한 것 그리고 단주 이북 공주 이남을 동북면 도순문찰리사의 관할 하에 넣은 것들이었다. 아마도 그 전까지는 단주 이북의 길주, 경성, 공주 등 신개척지에서는 일시적 조치로서의 변장邊將파견이나 있었고, 그들의 소관 구역도, 그들의 소속 계통도 정하여지지 않았던 모양이다. 하여간 정도전의 활동으로 말미암아 북관의 해안 지방은 두만강변에 이르기까지 리조의 령지로서의 모든 체제가 완비되었던 것이다.

    그 후 1409년(태종 9)에 이르러 공주에 있는 경원부를 공주로부터 백 여리 북쪽인 소다로蘇多老에 옮기였다. 소다로는 『여지승람』에 의하여 동림산성東林山城의 북쪽 5리에 있은 것이니 오늘날의 경원읍 즉 농포역農圃驛 부근에 해당한다. 그곳은 두만강 류역 중에서 가장 광활하고 비옥한 지역일 뿐 아니라 북으로 우랑캐의 근거지 토문土門, 서西로 오도리의 근거지 오무허斡木河, 동으로 훈춘 평야와 직통하는 요해지이다. 이미 1405년 (태종 5)에 오무허의 오도리 추장 퉁멍거터물 등과 토문의 우랑캐 추장 팔손把兒遜 등이 리조의 극진한 회유에도 불구하고 결국 명明의 초유에 응하여 오도리는 건주좌위建州左衛를, 우랑캐는 모린위毛隣衛를 세우고 명의 직첩을 받은 바 있으므로 이것으로 미루어 보아 금차의 경원부의 소다로蘇多老에로의 이전은 요해지 소다로를 확보함으로써 오도리 우랑캐를 제압하려는 의도에서 출발한 것임이 틀림없다. 그러나 그것은 리조가 아직까지 녀진족의 침입을 받아 보지 못한 데서 충분한 준비와 대책이 없이 경솔하게 전진시킨 일이였다. 이때의 경원부는 민호 400호에 불과한,[15] 토대가 극히 미약한 것이었다. 그리하여 결국 우치캐, 오도리, 우랑캐의 련합 병력의 공격을 받아 경원부를 멀

---

14 『太祖實錄』 七年 二月 庚辰條 참조.
15 『世宗實錄』 十八年 十一月 壬辰條 : "咸吉道都節制使金宗瑞 承傳旨條上邊事 … 太祖之時 慶源之民 不過四百戶 十年之後 乃有韓興寶之事" 태종 7년의 경원부 설치로부터 태종 10년 한흥보가 전사한 때까지의 12년이다.

리 룡성龍城(당시 경성군 관내, 오늘날의 수성평야)에 퇴축退縮시키지 않을 수 없었다. 그 경과는 다음과 같다.

소다로에 옮긴 경원부는 다음의 기록에서 보는 바와 같이 벌써 익년 1410년(태종 10) 2월에 우치캐, 우랑캐, 오도리 등 련합 부대의 습격으로 결정적 타격을 받았다.

兀狄哈金文乃・葛多介等 結吾都里・兀良哈 甲兵三百餘騎 寇慶源府 兵馬使韓興寶與戰敗死 … 賊兵已至城外 興寶裝皇帥率戍兵百人 出戰 興寶所騎馬 中矢而斃 興寶中三矢 僅得入城 三日而死 官軍死者十五人 馬死者五匹 賊遂圍木柵 不克, 焚柵外廬舍 蓄積殆盡[16]

즉 우치캐의 키무나金木乃, 킬더거葛多介가 주모자로 되어 오도리 우랑캐와 결탁하여 가지고 300 여기의 군세로 경원부에 침입하였는데 병마사 한흥보韓興寶는 전사하고 적곡積穀이 붕탕되었다. 이에 대하여 리조 정부는 3월에 길주도찰리사吉州道察理使 조연趙涓으로 하여금 1,150명을 거느리고 출발케 하였다. 길주를 떠나 오무허를 거처서 두만강북의 토문土門에 간 그들은 거중량투居中兩投하는 모린위 지휘 팔손把兒遜, 아고차阿古車, 착화着和 및 천호 할주下乙主 등과 그 관하 군인 160명을 포참하였다. 그리고 키무나金木乃 등은 이미 멀리 도망하여 추격하기 곤난하므로 그를 더 추격하지 않고 일단 소다로에 퇴둔하였다. 이에 관한 조연의 보고[17]는 우치캐, 우랑캐, 오도리의 결합 관계와 우랑캐의 추장 팔손, 오도리의 두목 퉁멍거터물 등의 소위 거중량투의 정체를 잘 밝혀 준다. 조연의 보고에 의하면 경원부蘇多老 입구入寇는 우치캐의 키무나 킬더거가 주모자이고 여기에 오도리(건주좌위)의 퉁멍거터물의 관하와 우랑캐(모린위)의 볼오甫乙吾, 아고차阿古車, 착화着和 등의 관하가 결합하여 일으킨 것이다. 그리고 퉁멍거터물 및 볼오, 아고차, 팔손, 착화 등은 직접 참가하지는 않았다. 그러나 그들은 어디까지나 소위 거중 량투하는 자로서 경원 입구 사변이 있은 직후 많은 병력을 끌고 소다로에 와서 성원하는 척 하면서 도리어 략탈을 감행하였다. 또 퉁멍거터물은 조연이 처음 출병할 때 힘을 같이 하여 적을 포참할 것을 약속하였음에도 불구하고 조연이 오무허에 도착하였을 때에는 도리

...

16 『太宗實錄』 十年 二月 庚子條.
17 『太宗實錄』 十年 三月 乙亥條.

어 동량북 야인까지 인입하여 가지고 퇴둔退屯하였던 것이며 아고차, 팔손, 착화 등은 토문에 집결하여 퉁멍거터물과 상응하여 대항하려 하다가 조연의 군대에 의하여 소탕되었던 것이다.

조연의 토문 우랑캐에 대한 대응징이 있은 후에도 소다로의 주민은 안업安業할 수 없었다. 그리하여 신임 병마사 곽승우郭承祐는 소다로 목책을 버리고 그 민호를 거느리고 공주孔州의 북쪽 아오지阿吾地 목책에 옮기었다. 4월에는 아오지의 경원부가 또 대규모의 습격을 받았는바 그 피해는 소다로에서의 피해보다도 더 심한 것이었다. 즉 73인의 전사자와 52인의 부상자를 내고 120필의 전마와 24부의 갑옷을 빼앗기고 병마사 곽승우가 살에 맞는 그런 패배를 당하였는바 이 래습은 우치캐와 오도리의 련합 부대가 일으킨 것이었으며 거기에 퉁멍거터물이 직접 참가하였던 것이다.[18]

이와 같이 경원부는 아오지에 옮긴 후에도 계속 대규모의 침습을 받았으므로 도저히 유지할 수 없게 되었다. 동북면 도순문사都巡問使 림정林整과 길주도 찰리사察理使 연사종延嗣宗은 경원부를 경성의 룡성에 이배시킬 것을 다음과 같이 심각히 계청하였다.

韓興寶餓死 慶源之民 畏懼不能安業 郭承祐率其民 去蘇多老城 退保阿吾知木柵自固 及承祐敗北 民益畏懼 未敢出原野畜牧耕稼 咸願避敵于龍城之地 林整延嗣宗以啓.[19]

命移慶源府于鏡城 延嗣宗上書曰 今月 二十四日 慶源千戶安乙貴 呈稱 遣通事崔龍守 覘賊形勢 吾都里則領兵於仇老家近地屯駐 造防牌 且潛使軍馬聚於深處 或百餘人 或五十餘人 甫也之子土穩則率五十餘人 橫行於雄丘站要路檜峴等處 哨馬烟氣相望 慶源四面爲賊所圍 城中儲糧 皆已虛竭 軍民乏食 不得樵牧 牛馬飢困 願於鏡城移排 以活人命上覽之 謂知申事安騰左代言金汝知曰 慶源移置 予計已定 胡爲多談 至今猶豫乎 亟命遷之.[20]

이것으로써 경원부의 정세가 몹시 급박하였다는 것과 이에 대하여 리조 정부는 경원

- - -

18 『太宗實錄』 十年 四月 己酉條 참조.
19 동상서, 十年 四月 己未條.
20 동상서, 十年 四月 甲子條.

부를 경성에 옮길 것을 지시한 것을 알 수 있다. 그런데 경원부의 수장守將들은 이 지시를 기다리지 못하고 인민과 사졸을 거느리고 아오지 목책을 떠나서 경성에 래도한 것을 다음의 기사로써 알 수 있다.

東北面都巡問使啓曰 慶源兵馬使郭承祐 先騎船入于紅島 四月二十三日 都千戶安乙貴 使老弱先行 率留防軍殿後 承祐遇於雍丘浦 欲騎馬偕來 瘡甚不能 乃還騎船 乙貴率人民士卒 來于鏡城 臣旣部分人民 處之龍城 給閑曠地 賑貸種子口食 以勸農業 請將乙貴及左右翼千戶 囚鏡城獄 鞫問擅自棄城之罪.[21]

즉 도순문사 림정은 경성에 래도한 경원부의 인민을 우선 룡성에 배처하여 농사하게 하고 경원부의 도천호 안을귀 등에 대하여는 그가 자기 마음대로 함부로 성을 포기한 죄를 추궁할 것을 제의한 것이었다.

공주로부터 소다로에로 전진하였던 경원부는 이상과 같이 녀진의 계속적 침습에 봉착하여 소다로로부터 아오지로, 아오지로부터 룡성에로 퇴각하지 않을 수 없었다. 그러나 이 1410년의 경원부의 퇴각은 결코 리조의 두만강변 진출책의 포기를 의미하는 것이 아니었다. 그것은 리조 성립 후 20년도 되지 못하여 국력 축적이 아직 충분치 못하였던 조건하에서, 한동안 녀진 련합 부대의 예봉을 피하였을 뿐이다. 그로부터 7년 후인 1417년(태종 17)에는 다시 경원부를 부가참富家站에 설치하게 되었던 것이다.『태종실록』에는 다음과 같은 기사가 있다.

遣大護軍池含于咸吉道 傳旨都安撫使李之實曰 龍城城子造築, 已赴役則今秋畢築 若不赴役 則都安撫使與鏡城節制使黃象 率前去地理李良一 於富家狄 時原間 擇城子可築處 以龍城城子造築軍 量宜加數抄出 設木柵城 置慶源府 蓋內官張信 欲於古慶源設衛 故先設木柵 置府 使張信聞之也.[22]

즉 도안무사 리지실李之實에게 룡성 성자의 축조 역사가 이미 착수되었으면 금년 가을 중으로 끝내고, 착수되지 않았으면 도안무사와 경성절제사 황상黃象은 지리 보는 리

...
21 동상서, 十年 五月 丁卯條.
22 동상서, 十七年 八月 乙巳條

량일李良一를 데리고 가서 부가적富家狄(일명 부가참婦家站)과 시원時原사이에 성자를 쌓을 만한 곳을 택할 것이며 룡성 성자 조축군을 더 증가하여 가지고 거기에 목책성을 쌓고 경원부를 설치하라는 것을 지시하였는바 그것은 명나라 내관 장신張信이 고경원에 와서 녀진의 위를 설치하려 하므로 선손을 써서 경원부를 고경원과 경성과의 중간 지역에 다시 설치함으로써 장신으로 하여금 고경원에 녀진의 위를 설치하지 못하겠끔 하려는 것이었다. 다음 달에는 설치되는 경원부를 충실하게 하기 위한 구체적 방안들이 다시 결정되었다. 우선 민호의 충실을 위하여, "頃將人民約一千戶 入居其地 以原居流移人民刷入 又於安邊以北自願人民 爲先調出 先運三四百戶入居 …"[23]라는 기사가 전해 주는 바와 같이 장차 1,000호를 경원부에 입거시키겠는데 경원부의 원거류이민原居流移民을 쇄출刷出 입거시키고 또 안변 이북에서 자원하는 인민을 우선 조출調出하는 방법으로써 3, 4백호를 선차로 입거시킬 것을 결정하였다. 그러나 이 1,000호 입거 계획은 잘 실천되지 못하였다. 경원 병마절제사 조비형曹備衡의 계啓에 의하면[24] 경원부가 재치再置되어 1년이 지난 1418년(태종 18) 8월에 와서도 선차 입거 계획의 4백호 중 180호가 겨우 래도하였을 뿐이었다. 그 원인은 류리 사산한 경원 원거민 쇄환을 각 관이 태공하였기 때문이었다. 그리하여 경원 입거민은 그 후 16년을 경과한 1434년(세종 16)에 경원부가 두만강변에 다시 이동할 때에도 350호밖에 되지 못하였다.

요컨대 금번의 경원부 재치에 있어서도 그 준비와 토대가 충분하지 못하였다. 그리하여 부가참에 경원부가 재치된 후에도 우치캐의 침습을 부단히 받았다. 그런데 여기에 또 한 가지 큰 사태가 발생하였다. 그것은 오무허斡木河에 있던 오도리의 추장 퉁명거터물이 1411년(태종 11)에 대부분의 관하민을 거느리고 개원로開元路(남만주의 봉주鳳州)에 옮겨갔던 데 13년만인 1423년(세종 5)에 그가 관하민 523호를 거느리고 다시 오무허로 돌아왔으며, 그와 동시에 개원에 거주하던 녀진 천호 양목탑우楊木搭元도 고경원에 거주하려고 따라 온 사실이었다. 이와 같은 강성한 녀진이 두만강 류역에 래접한 사실은 경원 방비에 커다란 위혁으로 되었던 것이다. 여기서 중앙의 대신들과 본도의 감사 도절제사 등은 경원부를 룡성에 다시 퇴축退縮시키자는 의견을 계속적으로 강력하게 주장

---

23 九月 丁卯條.
24 동상서, 十一年 八月 己亥條 참조.

하였다. 그러나 세종은 '조종지봉강祖宗之封疆'을 버릴 수 없으며 '조종지법祖宗之法'을 경솔히 고칠 수 없음을 강조하면서 강경히 반대하였다. 그 뿐만 아니라 한 걸음 더 나아가서 1432년(세종 14)에는 동량북東良北(현 무산 지방)과 오무허에 통하는 요해지인, 부령천 계곡의 석막상평石幕上平에 새로 녕북진寧北鎭을 설치하여 차츰 강성하여 가는 동량북 우랑캐와 오무허의 퉁멍거터물에 대비待備하는 사업을 강화하였다. 이리하여 부령천 계곡의 녕북진과 해안쪽 부가참의 경원부는 최전선의 두 개 진으로서 가장 중대한 사명을 담당하고 있었다.

　북관의 해안 지방 개척은 1391년의 영주, 길주 등처 관군민 만호부의 설치로부터 본격적으로 시작되어 1433년의 녕북진 설치로써 일단락을 지었다고 할 수 있다. 그런데 그 당시 이 지역 개척에 종사한 인민은 벌써 14세기 20년대부터 이 지방에 래주하기 시작한 것임은 이미 우에서 말한 바와 같다. 세종 15년경의 북관 해안 지방의 민호는 경원이 350호, 경성이 850호, 그리고 길주는 경성보다 더 많은 수로서 모두 합하여 2천여 호에 달하였다는 바 그 대부분은 뒤에서 말하려고 하는 바와 같이 '5진' 설치 초두에 우선 두만강변으로 초송된 사람들이었다.

4. 5진 설치와

실변이민實邊移民(제2기 개척)

　　　　　　　　　　　1433년(세종 15) 10월에 오무허斡木河의 오도리부斡朶里部에서 일대 사변이 돌발되었는바 그 내용은 다음과 같았다. 우에서 말한 바와 같이 남만 개원開元에 거주하던 천호 양목탑우楊木塔兀는 퉁멍거터물東猛哥帖木兒을 따라서 오무허 부근에 래우來寓하고 있었는데 그 관하管下에 명인明人 포로를 포함하고 있었다. 여기서 명사明使 배준裵俊은 이를 데려가려고 개원을 떠나 오무허로 향하였는데 도중 그 일행이 양목탑우楊木塔兀와 고주야인古州野人(寧古塔 부근의 嫌進兀狄哈) 등의 습격을 받게 되었다. 이때에 오무허의 오도리부의 범찰凡察(東猛哥帖木兒)과 아곡阿谷(東猛哥帖木兒의 맏아들, 일명 권두權豆) 및 퉁멍거터물은 배준裵俊을 도아 양목탑우 등을 격퇴하였다. 이리하여 퉁멍거터물의 일족에 대하여 원분을 품게 된 양목탑우는 제종야인諸種野人을 규합하여 가지고 오무허를 공격하여 퉁멍거터물 부자를 살해하였다. 이와 같이 하여 두만강 류역에서 뿐 아니라 전 녀진 제 족중에서 강성하던 오무허의 오도리부는 불의에 두목을 잃고 곤경에 빠지게 되었다. 이 사변에서 요행히 면한 범찰凡察 등은 우리나라 사람을 보고 오늘날의 라진羅津 부근인 시반時反 등처에 옮기기를 간청하여 왔다.

녀진족은 대체로 흑수말갈黑水靺鞨의 후신으로서 원래 송화강 하류로부터 흑룡강에 이르는 지역에 거주하였었는데 발해국이 멸망한 후 남하하여 오늘날의 함경도 평안도 지방에까지 밎은 것이라고 보게 된다. 그리고 평안도 함경도 방면이 고구려 옛 땅이었다는 것은 더 말할 필요도 없다. 7세기 중엽에 신라가 3국을 통일하고 단일한 조선 준민족의 형성 발전을 촉진시켰으나 그 통일 범위는 대동강과 덕원 부근을 련결하는 선을 넘지 못하였으며, 신라의 뒤를 이은 고려의 북방 진출도 대체로 압록강구와 정평 북쪽의 도련포都連浦를 련결하는 장성을 한계로 하였다. 그러나 조선 인민들의 심중에는 평안도 함경도 방면이 우리의 옛 땅이라는 심리 감정이 예로부터 련면하게 흐르고 있었다. 조선 인민들이 이 지방들에 국가 세력이 침투되기 이전부터 서슴없이 이 지방들에 이주하고 있는 리면에는 틀림없이 이러한 심리 감정이 또한 작용하고 있었던 것이다. 리조 초의 력대 왕들은 조선 인민들의 이러한 심정과 지향에 의거하면서 서북쪽의 압록강 중류 지역과 동북쪽의 두만강 류역의 개척을 진전시킬 계획을 견지하고 있었던 것이다. 그러던 차에 상기와 같은 북변 정세의 급격한 변동은 이러한 계획을 수행함에 있어서 절호의 기회로 되었던 것이다. 세종은 황희黃喜, 맹사성孟思誠 등 중신을 불러 놓고 다음과 같은 자기의 결의를 피력하였다.

> … 斡木河本是我國境內 儻或凡察等移居他處 又有强敵來居斡木河 非但失我國之境 又生一强敵也 予欲乘其虛 移寧北鎭於斡木河 移慶源府於蘇多老 以復舊疆 以繼祖宗之志 何如 … 予以爲童猛哥帖木兒父子 一時而亡 若天亡之也 今其時如此 其可失之乎 況豆滿江逈抱我疆 而天作之險乎 甚合古人大江爲池之意 予意已定.[25]

즉 오무허는 우리나라 국경 안의 땅인 것이니 이 기회에 녕북진을 오무허에, 경원부

---
25 『世宗實錄』 十五年 十一月 戊戌條.

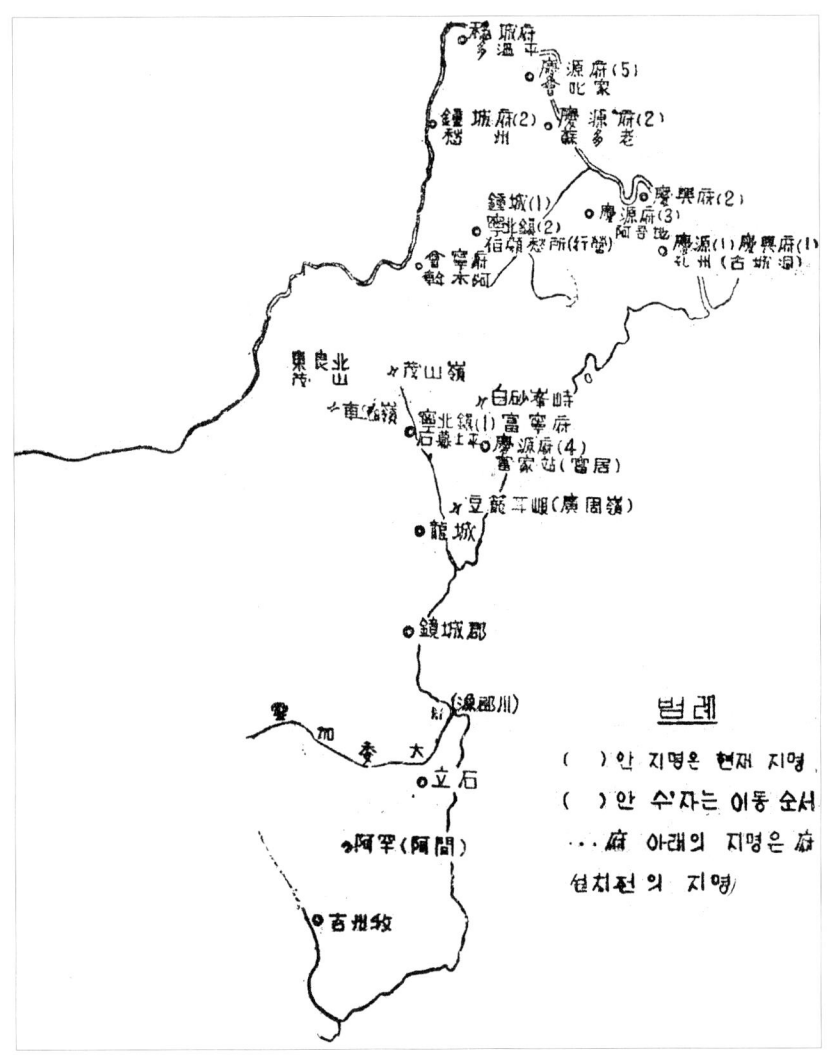

15세기 중엽의 북관

를 소다로蘇多老에 옮김으로써 우리의 옛 땅을 회복하며 력대 왕의 의도를 계승하려 하니 어떠한가? 생각건대 퉁멍거터물 부자父子가 한꺼번에 패망한 것은 천행의 일이니 이 기회를 놓쳐서는 안 될 것이다. 더군다나 두만강은 우리나라 강토를 둘러 싼 '천작지험天作之險'이니 이를 방어선으로 하는 것은 가장 적절한 조치이다. 나의 의사는 이미 결정되었다 라고 단호한 그의 결의를 표시하였던 것이다. 이에 대한 중신들의 찬동을 얻은 세종은 새로 이배移排할 경원 녕북진에 각각 본도민 1,200호씩 이민함으로써 북변 경비를 근본적으로 해결하자는 병조의 립안을 채택함으로써, 두만강 류역 개척에 관한 근본 방침을 결정하였다. 그런데 그 구체적 실행은 이 사업을 위하여 새로 임명된 함길도 관찰사 김종서金宗瑞(뒤에 도절제사로 됨), 도체찰사 하경복河敬復, 부사副使 심도원沈道源 등의 실지實地 심사를 거쳐서 적지 않게 변경되어 수행되었다. 이제 우선 량진 이배와 그 후의 변천에 대하여 간단히 보기로 한다.

(ㄱ) 오도리부의 사변이 있은 직후인 1434년(세종 16) 2월에, 오무허는 '양지편소壤地偏小'한테 좋은 땅이 다 녀진인의 밭으로 되어 입거 인민이 경작할 밭이 적기 때문에 군읍을 둘 수 없다는 리유로, 최초에 오무허에 옮기기로 하였던 녕북진을 30리 동쪽인 버연수소伯顏愁所(현 행영行營)에 옮겼다. 그러나 다른 면으로 볼 때 오무허는 서西로 동량야인東良野人(현 무산 지방의 녀진)과 린접하고 북으로 적로요충賊路要衝에 당하는 요지이므로 같은 해 여름에는 거기에 따로 희령진會寧鎭을 설치하였다가 겨울에는 그것을 도호부로 승격시켰다. 그리고 1435년에는 녕북진을 종성군鐘城郡으로 하고 진절제사를 겸하게 하였다. 그런데 이와 같이 희령, 종성 두 읍을 근거리에 설치하고 두만강 회곡부廻曲部를 완전히 비개 한 것은 매우 불합리한 조치였으며, 조만간에 변경되지 않을 수 없는, 영구성 없는 조치였다.

(ㄴ) 1434년 2월 녕북진 이배와 동시에, 최초 소다로에 이배하기로 하였던 경원부를 소다로에서 약 30리 북쪽인 횟가會叱家(행정 구역 변경 전의 경원)에 이배하였으며, 경원부와 공주 지방과의 거리가 멀게 된 관계로 공주에 만호萬戶를 두었다가 익년에 이것을 공성현孔城縣으로 하고 다시 뒤에 경흥慶興도호부로 승격시켰다.

(ㄷ) 두만강 회곡부를 오래도록 방치한다는 것은 극히 불합리한 일이였다. 때문에 벌써 1440년(세종 22)에는 버연수소의 종성군을 수주愁州(현 종성)에 이배하였으며(버연수소의 고성은 도절제사의 행영으로 하였음), 그와 동시에 회곡부의 정점頂点인 다온평多溫平에 새로 온성군穩城郡을 설치하였는바 익년에는 그것들을 다 도호부로 승격시켰다.

이와 같이 하여 회령으로부터 종성, 은성, 경원, 경흥의 순으로 5진(모두 도호부이면서 진을 겸하였음)이 나란히 설치되어 북방 방어의 태세가 정비되었다. 그 후 1449년(세종 31)에, 본래 녕북진이 있었던 석막상평石幕上平이 동량북야인東良北野人에 대한 요지였으므로 여기에 부령富寧도호부(진을 겸함)를 설치하였는바 '5진'에 이를 더 넣어서 '6진'이라 통칭하였다. 이리하여 15세기 중엽에 이르러 오늘날의 무산 지방을 제외한 북관 전 지역이 우리의 국토로 완정되고 이로부터 활발한 개척이 진행되게 되었다.

'5진'이 완설된 익년인 1441년(세종 23)부터는 두만강변에 행성行城(長城)을 축조하기 시작하였다. 1441년 9월의 "온성부행장성穩城府行長城"을 최초로 하고 1443년(세종 30)의 "회령등처행성필역會寧等處行城畢役"에 이르기까지 수차에 걸친 공사에 의하여 세종 때에 은성 선바위立巖로부터 회령전평會寧前平까지의 200여 리에 달하는 부분이 축조되었고, 그 후에 은성 선바위로부터 훈융訓戎까지와 회령전평으로부터 독산연대禿山煙台까지의 부분이 증축되었다.

이 '5진' 설치와 '행성' 축조의 유리성에 대하여 그 사업의 집행 책임자였던 김종서金宗瑞는 다음과 같이 지적하였다.

> 臣今在北方 無處不見 無言不聞 富居石幕皆非限域之處 龍城亦非關塞之地 議者曰 龍城如秦之函谷 阻險無比 若守於此 則胡人不敢向我 而售姦我民可以安枕而肆志矣 是大不然 無水可阻 何以設險 無山可據 何以爲固眞所謂四散四戰之地也 若以四邑要衝 宜作大鎭 以爲主將之所 以爲四邑之援則然矣 倘如議者之言 以龍城爲界 猶未免侵凌之患 則後之議者 必以摩天嶺爲界 而又未免 則乃以鐵嶺爲界而後 已 前朝之事可鑑矣.[26]

즉 그는 말하기를 경원부가 있던 부거富居와 녕북진이 있던 석막은 다 국경으로 할 만한 곳이 못 되며, 소극론자들이 경원부를 퇴축시키자고 한 곳인 룡성이 또한 '관색지지關塞之地'가 못 된즉 만일 소극론자들의 의견대로 룡성을 경계로 하였다가는 룡성이 돌파되면 반드시 마천령을 경계로 하자 할 것이고, 마천령이 또 돌파되면 철령을 경계로 하자 할 것이 필정의 일이라고 하였다. 그는 이렇게 소극론자들의 고식성을 통렬히 비난한 다음에 "抑以龍城爲界者 有一不義二不利 蹙先朝之地一不義也 無山川之險一不利也 無守禦之便二不利也 以豆滿江爲限者 有一大義二大利 復興王之地一大義也 據長江之險一大利也 有守禦之便二大利也"[27]라고 하면서 두만강을 한계로 하는 것이 정치적 군사적 의

---
26 『東國輿地勝覽』 會寧都護府 城郭條, 論築行城四鎭使否疎.
27 동상.

의가 크다는 것을 강조하였다.

실로 '5진' 설치는 우리나라 력사에 있어서 커다란 의의를 가지고 있는 것이다. 그것은 첫째로, 두만강 류역의 가장 중요한 부분을 우리의 령역으로 확정함으로써 조선 인민이 오래 전부터 지향하여 오던 국토 완정의 중대한 과업이 거의 달성되었다는 데 있으며(두만강 상류인 무산 지방은 17세기 중엽에 우리의 국토로 완정됨),

둘째로, '천작지험天作之險'인 두만강을 국방선으로 함으로써 고려 이래의 내지 인민 생활의 위혁으로 되던 동북 녀진족의 침습을 효과적으로 방어할 수 있게 되었다는 데 있으며,

셋째로, 오래 동안 거의 '공허지지空虛之地'로 되고 있던 이 지역을 우리의 국토로 확정하고 활발한 개척을 진행함으로써 이 지방의 정치 경제 문화적 발전을 촉진시킬 수 있게 되었다는 데 있다.

'5진' 설치와 '행성' 축조는 인민들의 막대한 부담을 희생으로 하여 실현되었다. 원래 '5진' 설치는 민호民戶의 대대적 입거入居를 절대적 조건으로 하였다. 그것은 이 지역에 이미부터의 우리의 주민이 없었으며 또 왕년의 경험에 비추어 민호의 충실이 절대적으로 필요하였기 때문이었다. 처음 량진 이배를 결정할 당시의 병조의 이민에 대한 계획은 다음과 같았다.

> 兵曹啓 今設慶源寧北鎭 姑築壁城 設置土官 刷移本道民一千一百戶于寧北鎭 一千一百戶于慶源府 使之 且耕且戍 輕徭薄賦 以厚其生 待其阜盛 漸除南道赴防之軍 以革積年之弊 如本道可徙民戶未滿二千二百戶 則忠淸江原慶尙全羅等道 自募入居者 良民則賞以本處土官職 鄕驛吏則永免其役 賤口則永放爲良 … 從之.[28]

즉 신설 녕북진과 경원부에 각각 본도민 1,200호씩 쇄이刷移하여 경작과 수비를 겸하게 하면서 요부徭賻를 경감하여 그 생활을 보장하다가 그들이 부성阜盛하게 됨에 따라서 점차적으로 북변 방어를 그들에게 진적으로 담당시키고 남도南道(南關)로부터 입방하는 폐단을 없이하려는 것이며, 만일 본도민으로써 2,200호를 채울 수 없을 경우에는 3남

---

28 『世宗實錄』 十五年 十一月 庚子條.

지방의 자모입거自募入居하는 자를 우대함으로써 보충하려는 것이었다. 이 이민 계획은 예정대로 실시되었다. 1434년 정월 김종서가 정부에 보낸 제의에는 2,200호의 초정 방법과 그와 관련하여 제기되는 문제들의 처리 방침을 구체적으로 표시하고 있는바 그것은 제의대로 승인되었다. 그 제의 내용은 다음과 같다.

> 咸吉道監司金宗瑞條上事目 慶源寧北鎭入居二千二百戶內 慶源三百五十戶 端川二百八十戶 北青二百八十戶 洪原四十戶 鏡城五百五十戶 吉州五百戶 右各官農事稍稔 道路不甚遠阻 故定額之數多 咸興・永興各四十五戶 定平三十戶 安邊二十戶, 文川十二戶 宜川・龍津各十戶 高原十五戶 預原十三戶 右各官年歉道遠 故定額不多 因其數少 可擇壯勇之人 以定之 其行糧不敷者 計其人口多少程途遠近 量給還上 … 一本道各官 挾戶數多 今入居人家舍土田 仍給繼戶之人 則戶數復實 軍額不減 最是大節 預令各官 禁其豪勢潛奪土田破毀家舍 勿計彼我 官給其漏挾三四丁以上可立軍役 自願繼戶者 若有冒濫爭奪者 糾而罪之 其中或稱族派 或稱本宮之奴 而奪占者 有服之親 則取旨施行 其疎遠未辨者及本宮之奴 幷皆科罪 一抄定入居時 多有稱向化人子孫謀避者 本道人民與向化人 男婚女嫁 竝皆相連 若抄其暫不相連於向化者 則大事幾乎不成 除身向化外 後子孫及外孫等竝皆抄之 …[29]

다시 말하면 첫째로, 2,200호의 초정抄定에 있어서는 무엇보다도 실제적 가능성과 신속성을 타산하여 근거리일수록 많은 수를, 원거리일수록 적은 수를 배정하였다. 그리하여 경원, 경성, 길주는 합하여 1,400호라는, 총수의 과반수를 담당하였는바 그 중에서도 경원은 전읍이 떠나는 판이었으므로 당시 민호의 전수 350호를, 경성은 그 관호官號를 유지할 정도로 310호만 남기고 550호를,[30] 길주는 500호를 담당하였다. 그리고 단천, 북청, 홍원은 합하여 600호 즉 총수의 4분지 1 이상을, 함흥 이남은 합하여 200호 즉 총수의 십분지 일도 못 되는 수를 담당하였다.

둘째로, 입거인은 자기 소유의 동산이나 자유 처분하고 가사토전家舍土田은 그대로 남겨 두기로 하면서 세력 있는 토호들이 그 토전을 잠탈하거나 그 가사를 부셔버리는

---

29 『世宗實錄』 十六年 正月 甲申條.
30 동상서, 十六年 三月 丁亥條:"咸吉道監司金宗瑞啓 慶源則擧邑移排 故人物亦皆入居 鏡城則還爲知郡 仍存其號 不可盡徙軍民 宜擇鄕吏日守官奴婢壯實者及壯實正軍五百五十名入居 其雜色軍守城軍共計三百十戶 使之存留 不失官號"

것을 엄금하고, 녀진인이거나 조선인이거나를 막론하고[勿計彼我] 군적에 오르지 않은 루협정漏挾丁을 3, 4인 이상 가지고 있어 능히 군역을 질 만한 자로서 그 호를 계승하기를 자원하는 자에게 그것을 줌으로써 입거 후에도 군액이 줄지 않게 하였다.

셋째로, 입거인을 초정할 때에 향화인向化人의 자손이라고 칭하면서 회피하려 하는 자가 많았는데, 본도 인민은 향화인과 서로 혼인 관계를 맺고 있어서 다 서로 관련을 가지고 있으므로 만일 향화인과 관련 있는 자를 제외한다면 대사大事가 이루어지지 못할 것이라 하며, 본인이 향화한 자를 제외하고는 그 후손이거나 외손은 다 초정하기로 하였다.

실로 신설 량진에의 이민 사업은 규모가 컸으며 또 강력하게 집행되었던 것이다. 그러나 여기에 있어서도 부호는 갖은 방법을 다하여 이것을 피면하였던 것이니 북청인 김종남金從南이란 자가 황응黃鷹을 진상함으로써 본인은 물론 자서子婿와 처부의 초송을 면제 받은 사실은 그 뚜렷한 례이다.[31]

이상과 같이 하여 1434년에 경성 길주에서는 천 여 호를 량진에 초송하였으므로 그 곳 거민이 희소하여 군액이 감축되고 공한지가 많게 되었다. 경성 길주도 역시 변방인데 이 상태를 오래 지속시킬 수는 없었다. 그리하여 1435년(세종 17)에는 고원, 영흥, 문천, 의주宜州(현 덕원), 안변으로부터 경성에 300호, 길주에 200호를 입거시켰으며[32] 익년에는 다시 룡성龍城(현 경성군)에 경상도로부터 140호, 충청 전라도로부터 각각 120호, 강원도로부터 52호를 입거시키기로 하였다가 흉년 관계로 전반에 걸쳐 우선 반수만을 입거시켰다.[33] 만일 이상이 다 제대로 실현되었다면 경성군에는 원거민 잔류자의 수보다 더 많은 500여 호가 영흥 이남의 본도 남부 지역과 3남 지방으로부터 새로 입거한 것으로 된다.

다음으로, 1440년(세종 22)에 종성군을 수주愁州에 옮기고 온성군을 다온평에 신설함과 동시에 그 보강을 위하여 수주와 회령간인 오롱초吾弄草와 수주와 퉁컨童巾(현 동관童關 간인 자미하동구者未下洞口)에 새로 만호를 두기로 하였는데 이 신설 각 처와 새로 옮기는 곳에

...

31 『世宗實錄』 十六年 二月 甲寅條 참조.
32 동상서, 十六年 六月 甲辰條 참조.
33 동상서, 十八年 十月 丁丑條 참조.

분속시킬 정군으로서 관찰사와 도절제사는 합계 2,100명의 정군이 새로 요구됨을 력설하면서 홍원 이남의 정군 600인과 강원, 경상도의 정군 1,500인을 쇄이할 것을 제의하였다. 그러나 이 제의는 부인되고 "分屬正軍 則姑勿令江原慶尙道人入居 乃將本道慶源吉州以南安邊以北各官正軍 元數酌量除出 多溫新邑正軍七百人 鍾城移置處及新設萬戶處各正軍二百人 分定入居"하자는 병조의 제의가 채택되었다.[34] 다만 그 수만은 그 후에 다시 온성 800호, 오롱초 자미하동구 각 300호, 종성 200호 계 1,600호로 수정되었다. 이 1,600호의 각관 배정은 구체적으로 알 수 없으나 금번의 최북 신설진들에의 대량적 입거도 순전히 경원과 길주 이남 안변 이북의 본도내에서 초송된 것만은 틀림없는 사실이다.

1440년 길주 이남 안변 이북으로부터 1,600호라는 많은 수를 입거시킨 뒤를 메우기 위하여 정부에서는 1441년 5월부터 그 대책을 론의하였다.

> 議政府啓 咸吉道 國家根本之地 軍民生業不可疎虞 近因戌禦 以吉州以南各官正軍一千六百戶 抄入江邊 由是 田宅空虛 民戶減縮 誠可慮也 下三道昇平日久 生齒繁息 至於徙入海島 亦皆居之 乞除船軍外 勿論侍衛・營鎭屬・閑良 擇五丁以上富資者一千六百人 準徙邊正軍之數 徙慶尙道六百戶 全羅道五百五十戶 忠淸道四百五十戶 以實之 蠲免徭役 永遂生業 從之.[35]

즉 길주 이남의 정군 1,600호가 두만강변에 초입되었으므로 길주 이남 지방의 민호가 감축된 것은 매우 우려되는 일이기에, 하삼도로부터 수군만 제외하고 시위侍衛 영진속, 한량할 것 없이 5정 이상을 가진 부실호 1,600호를 택하여 입송할 것을 결정하였다. 그리고 이에 곧 뒤이어 정부에서는 그 입송 방법을 다음과 같이 구체적으로 결정하였다.

> 議政府啓 … 自壬戌至乙丑 每當春節 分運入送 其刷出之法 依鄕戶例 今年秋 發遣敬差官 一時抄定 以次入送 如有逋逃者 流品子孫定爲鄕吏 平民定爲驛吏 容隱之人 亦依鄕戶例施行 又令咸吉道新設各鎭入居人家

---

34 동상서, 二十二年 十一月 乙丑條 참조.
35 동상서, 二十三年 五月 癸丑條.

舍 每年修葺 又計其田數 記之於籍 隨其下三道入居之數 量宜許給 更以已曾入居之人之田 須卽加給 永遂生業 從之.[36]

즉 입송 기간은 1442~1445년(自壬戌至乙丑)의 4개년으로 하고, 매년 봄에 몇 회로 나누어 입송하되 초정만은 한꺼번에 하기로 하였으며, 초정당한 자가 도망할 경우에는 신분에 따라 벌에 처할 것과 함길도에서는 입송자入送者를 받기 위하여 신설진新設鎭에 입거한 자가 남기고 간 집을 수리하며 토지를 잘 조사하여 두었다가 하삼도 입거자의 수에 맞추어 내어줄 것 등을 상세히 결정하였다.

그러나 이와 같이 주도면밀한 계획이 섰음에도 불구하고 이 하삼도로부터의 부실 민호 입송 계획은 그 후 1443년까지 전연 집행되지 않고 그 동안에 딴 해결 방도가 강구되었다는 것을 다음과 같은 기사로써 알 수 있다.

傳旨咸吉道都觀察使鄭甲孫 吉州以南正軍一千六百戶 曾移入四鎭 而以下三道人民一千六百戶充之 已曾受敎 其後六百五十八戶 則以本道多丁 人之子壻弟姪 刷出充數 故未充數七百四十二戶 以下三道人民七百五十戶 充數入居事 更受敎旨 今欲以下三道逃接各道流移人民 充七百五十戶之數 ….[37]

즉 그 후 1,600호 중 658호는 본도 다정인多丁人의 자서제질子壻弟姪로 새로 호를 만들게 하는 방법으로써 해결하였고 부족수 942호는 하삼도에 도망하여 가 있는 각 도 류이流移 인민으로써 충당하려 한 것이다. 이와 같이 그렇게 떠들어댄 하삼도로부터의 부실자 초송 계획은 전적으로 단념하고 결국 세력 없고 자력 없는 하삼도의 류이민을 몰아 보내기로 한 것이다. 이 계획만은 실현된 모양이다. 『세종실록』에는 다음과 같은 기사가 있다.

左承旨黃守身啓 全羅道流移人及欺隱稅糧書員色吏等八百餘戶 已發遣于咸吉道五鎭 金宗瑞嘗言 五鎭入居已多 土地狹隘 已發遣者 不可追還 自今不可更遣 召禮曹判書鄭甲孫問之 以曾爲咸吉道監司也 甲孫對亦

---

36 동상서, 二十三年 六月 庚辰條.
37 『世宗實錄』 二十五年 五月 丙寅條.

如之 卽下諭書于咸吉道 其入居者 龍城鏡城以南 量宜分置 勿入五鎭.[38]

즉 전라도의 류이민과 부정不正 향리 800여 호를 '5진'에 발송하였다가 '5진'에 이를 수용할 만한 여유가 없다 하여 룡성 경성 이남에 배치하였다. 이 800여 호는 원래 '5진'에 입송하려 한 것인지 또는 우에서 말한 942호분으로 초정한 것이었는데 그것은 분호하는 방법으로 충당되었기에 '5진'에 입송하려다가 '5진'에 여유가 없다 하여 룡성 경성 이남에 배치하기로 한 것인지 그 갈래는 알 수 없다. 그러나 어쨌든 800여 호의 전라도 류이민이 본도 남부 지방에 입거한 것만은 사실이다.

이상에서 15세기 30년대로부터 40년대에 걸쳐서 '5진' 개척과 관련하여 봉건 정부의 강력한 조치에 의한 이민이 루차에 걸쳐 진행되었다는 것을 구체적으로 고찰하였다. 이제 그를 요약하여 보면 제1차로, 1432년(세종 16)에 새로 이배된 녕북진과 경원부에 본도민 2,200호를 입거시켰는바 그 과반수는 경원, 경성, 길주에서 초정하고, 4분지 1을 단천, 북청, 홍원에서, 10분지 1도 못 되는 수를 함흥 이남에서 초정하였다. 제2차로는, 제1차에서 초정 수가 가장 많았던 경성 길주에 1434년과 1435년 량차에 걸쳐서 영흥 이남의 본도와 하삼도 지방으로부터 약 700호를 입거시켰다. 제3차로는, 1440년(세종 23)에 은성 등 신설처와 종성이치처에 길주 이남 안변 이북의 본도민 1,600호를 입거시켰다. 제4차로서는 제3차의 초송 지역에 그 보강으로 하삼도로부터 부실富實 민호 1,600호를 초송하기로 주도한 계획을 세웠으나 결국 실패하고 그 일부는 본도의 자체 해결로, 일부는 하삼도 류이민으로 충당하였다. 이리하여 '5진'에 입거한 3,800 호는 전적으로 본도 내에서 초정되였고 그 뒤를 메우기 위하여 경성 이남 안변 이북에 두번에 걸쳐 약 1,000호의 하삼도로부터 민호(주로 류이민)의 입거가 있었다. 요컨대 '5진' 개척은 함길도 원거 인민의 희생적 부담으로써 수행되었으며, 그로 인하여 함길도 원거 인민의 피폐는 극도에 달하였던 것이다. 1443년(세종 25)의 함길도 관찰사 정갑손鄭甲孫의 다음과 같은 치계馳啓는 저간의 소식을 잘 말하여 준다.

道內安邊・德源・龍津・文川・高原・永興・預原・定平・咸興・洪原・北靑・端川・吉州・鏡

---

[38] 동상서, 二十八年 二月 己酉條.

城·利城等邑 元居人逃亡者 癸丑年以前 戶一百三 人口四百三十六 甲寅年以後 戶一千一百三十 人口五千二百五十一 而鏡城以南 各邑人民 自甲寅年以後 五鎭入居者三千七百一戶 臣訪問人 物流亡之由 皆曰 多丁實戶則並被每年入居 貧殘人民常恐入居 皆分異戶內率丁 故人少力微 不得力農 且北道往戍之時 馱載衣糧軍裝 踰越大嶺 馬多踣斃 雖至戍所 又乏芻豆 馬之還者 什常二三 及其再戍 至賣家財土田 買馬而往 又復踣斃 其弊無窮 以此流亡 衆口皆同.[39]

즉 '5진' 개척이 시작된 갑인甲寅년(세종 16) 이래로 경성 이남 안변 이북의 본도 각군 원거민중 도망한 자가 1,130호에 달하였는바, 그것은 갑인년 이래로 '5진'에 3,700여 호(초정수의 거의 100%)나 입거하였는데 그로 인하여 다정실호多丁實戶는 다 입거당하게 되었으므로 빈천한 인민들은 입거를 두려워서 모두 무리하게 분호하여 인력人力이 부족하고 따라서 농사에 힘 쓸 수 없었기 때문이었으며, 또한 북도로 부방赴防하는데 막대한 비용이 들어서 파산하게 되었기 때문이었다.

이리하여 1443년 이후 하삼도로부터 부실 민호를 직접 '5진' 지방에 입송하자는 의견이 적지 않게 제기되었다. 그러나 그것은 역시 실현된 적이 없었다. 다만 1447년(세종 29)에 '賊人兩界全家入居家舍沒官法'이 제정된 후 소위 유죄인이 '전가도변全家徒邊'(전 가족이 변방에 이사하는 것)으로 '5진'에 입송된 적이 있었으며, 특히 1509년(중종 4)에 전가 사변 죄인을 금후 모두 함길도 '5진' 입송하기로 한 이래로 전가 사변 입송자가 '5진' 지방에 집중된 것은 사실이며 16세기 이래의 사화 당쟁에 있어서 소위 명사들의 류적流謫이 역시 '5진'에 많았다는 것도 사실이다. 그러나 이것은 '5진' 지방의 주민 구성에 있어서는 극히 미미한 수였던 것이다.

17세기 중엽 사람인 김기홍金起泓(호는 관곡寬谷)은 그의 저서 『북관야승北關野乘』 실변조實邊條에서 "六鎭之實邊 蓋湖南下三道豪富 故今爲六七代八九代 而過十代者 鮮少焉"이라 하여 '육六진' 주민의 대다수가 하삼도로부터의 입거민인 것처럼 묘사하였으나 사실이 그렇지 않았음은 우에서 고찰한 바와 같다. 또 같은 17세기 중엽에 북평사北評事로서 경성에 와 있은 리단하李端夏(호는 외재畏齋)는 그의 저 『북관지北關志』 경성 풍속 조에서 "咸鏡一道 鄕音崔別 唯北道九官 無鄕音 蓋募南民入居 故其子孫 皆用故鄕音云"이라 하였다. 즉 함

---

39 『世宗實錄』 二十五年 四月 壬辰條.

경도 전체는 사투리가 매우 심한데 다만 북도 9군만은 사투리가 없는바 그 리유는 대개 남선 인민을 모집하여 입거시켰으므로 그 자손이 다 고향 말씨를 쓰기 때문이라는 것이다. 그러나 오늘날의 북관 지방 말씨를 볼 때에 그와는 정반대의 현상이며 특히 '5진' 지방의 사투리는 심하다. 다만 경성 일대의 말씨는 비교적 우아하다고 할 수 있는데 그것은 우에서 지적한 바와 같이 경성 지방은 그 원거민의 대다수가 '5진' 지방에 입거한 후 거기에 잔류한 원거민보다 퍽 더 많은 수가 영홍 이남의 본도와 삼남三南 지방으로부터 입거하였다는 사실과 일치한다. 경성에 와 있은 리단하는 이 현상을 보고 북도 9군에 사투리가 없다고 과장한 듯하다.

5. 북관 개척과
원주 녀진인女眞人

14세기 말~15세기 중엽에 리조 봉건 정부에서는 북관 개척 사업을 강행하면서 이 지방의 원주 녀진인에 대하여 그 투화投化하여 오는 자는 환영하고, 그 초유무안招諭撫安에 잘 응하는 자는 후히 대접하며, 그 침입하여 오는 자는 무력으로써 격퇴함과 동시에 될 수 있는 대로 그들 상호간의 분리를 획책함으로써 그들을 통제하는 정책을 썼던 것이다. 이와 관련하여 녀진인중에서 완전히 투하한 자를 투화야인投化野人 또는 향화야인向化野人이라 칭하였고, 완전히 투화까지는 하지 않았다 하더라도 장내의 장성長成 밖에 또는 장성 없는 곳에서는 강변의 각 진보鎭堡 주변에 그냥 남아 거주하면서 리조 봉건 정부의 초유무안에 잘 응한 자를 성저야인城底野人이라 하고 여기에 강의 근거리에 거주하면서 역시 초유무안에 잘 응한 자까지 넣어서 그들을 국가의 번병藩屛의 역할을 한다 하여 번호藩胡라 칭하였다. 그리고 강의 원거리에 거주하면서 대체로 리조에 적대적 태도를 취한 자들을 심처야인深處野人이라 칭하였다.

1) 투화야인投化野人

남관 지방과 북관의 남부 지역의 원주 녀진인들은 적어도 14세기 20년대부터 우리의 이주민들과 접촉하게 되었으며 그 후 14세기 50년대부터 고려~리조 정부가 이 지방에 진출함에 있어서 그들을 구태여 건드리지 않았고, 그들이 또한 별로 저항함이 없이 래투하였음은 이미 말한 바와 같다. 래투한 녀진인 추장들은 래투 후에도 아직 본래부터의 자기의 관하민管下民을 그대로 소유하고 있었다. 그들은 마치도 고려 초의 성주城主나 장군將軍과도 같이 토지와 인민을 사유한 소령주적 반독립적 지위를 그대로 유지하고 있었다. 그런데 1404년(태종 4)에 와서 명나라는 료동 천호 왕가인王可人으로 하여금 녀진에게 주는 칙서를 가지고 서울에 와서 소위 11처 녀진을 초유할 것을 전하게 하였다. 이 11처 녀진이란 해관만호奚關萬戶 영마합寧馬哈, 참산천호參散千戶 이역리부화李亦里不花, 독로올천호禿魯兀千戶 동참합佟參哈, 동아로佟阿蘆, 홍긍천호洪肯千戶 왕올난王兀難, 합란천호哈蘭千戶 주번실마朱蹯失馬, 대신천호大伸千戶 고난도부高難都夫, 실리천호失里千戶 김화실첩목아金火失帖木兒, 해동천호海童千戶 동귀동董貴洞, 아사천호阿沙千戶 주인홀朱引忽, 알합천호斡哈千戶 류설렬劉薛列, 아도가천호阿都哥千戶 최교납崔皎納·최완자崔完者 등이었다. 명나라가 초유하려 한 이 11처 녀진은 우리의 경내에 있은 녀진인 집단이었으므로[40] 이에 대한 명나라의 초유는 공민왕 이래로 고려~리조 정부가 남북관 지방에 대하에 고심 경영한 그 성과를 전적으로 부인하는 것으로 된다. 이는 실로 리조 정부에 대하여서 청천벽력이었다. 사태는 고려 말 우왕 때의 철령위鐵嶺衛 립위立衛 문제와 꼭 같은 난문제로 되었다. 그리하여 리조 정부는 김첨金瞻을 계품사計稟使로 하여 주본奏本 및 지형 도본을 가지고 왕가인과 함께 명에 가서 공험진公險鎭(孔州) 이남과 철령 이북은 본래 우리나라의 땅이므로 이를 환속還屬시켜 줄 것과 삼산參散, 툴우禿魯兀 등 11처의 녀진을 그 전과 같이 관할케 하여 줄 것을 요청하였다. 마침 명사明使 왕가인은 본래 동북면 향화인으로서 리성계 잠저潛邸 때의 부하였던 것만큼 중간 알선을 잘한 관계도 있은 양하여 쉽사리 명은 11처 녀진을 환속시킬 것을 허락하였다.

이리하여 11처 녀진에 대한 리조 정부의 지배는 명의 '공'적 승인까지 얻게 되었으니, 소위 11처 녀진 즉 남관으로부터 북관의 남부에 이르는 지역의 녀진 천호들의 관하민 사유는, 즉 그들의 소령주적 반독립적 지위는 오래도록 인정될 수 없게 되었다. 벌써 1413년에는 그들의 관하민 사유를 혁파하는 결정을 보게 되었는바 그것은 다음과 같은 기사로써 알 수 있다.

---

40 본 론문 2절, 「14세기 말 15세기 초의 북관 및 그 주변의 주민」 참조.

罷革東北面千戶等 私役管下民戶 政府啓 東北面來接向化人千戶金高時帖木兒管下李求大 崔也吾乃管下 金良龍等七人 告日 昔在元朝 各以毛物鷹子 貢于帝所 今者慕義來居 千戶等 役之如奴隸 不堪其苦 願依他軍 例 役之 臣等以爲此人等 歸化有年 不可不從其願 宜將上項千戶及其他千戶子孫內二品以上 給奉足十名 四 品以上五名 六品以上四名 百姓正軍則給二名 以爲式 從之 女眞遺種 祖先稱爲伊彦千戶百戶 投附元朝 稱其 所部爲管下百姓 自我開國以後 慕義向化 年紀已久 因循役使 多占者以百數.[41]

즉 향화인 김고시터물의 관하 리구대李求大와 최야오내의 관하 김량경金良鏡 등 7인이 자기들은 천호들로부터 노예처럼 부리움으로 견뎌 낼 수 없으니 자기들도 일반 인민들과 같게 군역을 지게 하여 달라고 청원한 것을 기회로 하여 녀진 천호들과 그들의 자손들에게 그 품에 따라서 최고 10여 명으로부터 최하 4명의 봉족奉足을 주기로 하고 관하민을 사역하는 제도를 혁파한 것이다. 그리하면서 대체 녀진인의 조상들이 자기들을 '이언伊彦', '천호千戶', '백호百戶'라고 하면서 원나라에 투항하고 그들이 관할하던 인민들을 관하민管下民으로 만들었던데 그 후 그들이 우리나라에 향화한지 벌써 오랬음에도 불구하고 그 전 습관대로 그냥 사역하고 있는바 많이 가진 자는 몇 백 명에 달한다고 녀진 관하민의 유래에 관하여 설명하였다.

원래 금金나라의 '맹안猛安 – 천호千戶', '모극謀克 – 백호百戶'는 국가 관리로서의 행정 기능과 군대 통솔자로서의 군정 기능을 겸하여 수행하는 세습직이었다. 그런데 원은 이 지방을 통치함에 있어서 이 금나라 시기의 '맹안모극제猛安謀克制'를 그대로 존속시키면서 '맹안猛安 – 천호千戶', '모극謀克 – 백호百戶'를 통하여 약간의 공부를 받아 가는 외에 아무런 간섭도 하지 않았으므로 그들은 자기의 소관 인민을 관하민이라 칭하면서 조세와 공부의 부과를 마음대로 한 것으로 짐작되며 특히 원이 쇠미하여짐에 이르러서는 그들은 완전히 토지와 인민을 소유한 독립적 존재로 전변하였다. 이와 같은 녀진 추장들의 소령주적 지위는 그들이 고려 – 리조에 래투한 후에도 그대로 존속되다가 1413년 시기에 와서 원칙적으로 혁파된 것이다. 그러나 이것은 원칙이고 또 그것이 일시에 철저히 단행된 것은 아니었다. 이러한 원칙을 제정하면서도 녀진 천호 리지란李芝蘭(일명 리두란)의 아들 리화영李和英에게는 그의 로모가 동북면에 그냥 남아 있다는 리유로 50인을 예

---

41 『太宗實錄』 十三年 八月 壬子條.

속시키기로 하였던 것이다. 또 이와 같은 사점민 - 관하민은 이 지방의 토호들도 소유하고 있었는데 그 역시 고려 - 리조의 세력이 이 지방에 침투되기 전에 있어서의 토호들의 소령주적 존재로부터 유래한 것이다. 이에 대하여는 뒤에서 다시 말하기로 한다.

천호千戶들의 관하민으로부터 벗어난 녀진인들은, "國家分割 以爲編戶 徭役租稅 無異本國之民"[42]에서 보는 바와 같이 편호로 되어 요역 조세의 공, 척 부담을 본국 인민과 꼭 같이 지게 되었다. 이 봉건 국가에 의한 공, 적 부담은 그 전의 천호들의 사역보다 결코 경한 것이 아니었다. 특히 '5진' 개척과 그 방어는 리조 봉건 정부가 남 북관 원거민에 대하여 희생적 부담을 강요함으로써 수행되었던 것만큼 그들의 부담은 그 전보다 오히려 더 심하였다고 보게 된다. 때문에 그들의 많은 부분이 각처로 류리 도산하였으며 지어 월경하여 동량북東良北, 건주위建州衛(婆猪江 방면) 등처로 도입한 자도 있었다. 향화인 중추원부사中樞院副使 은아리殷阿里의 다음과 같은 말은 저간의 소식을 잘 전하여 준다.

中樞院副使殷阿里啓曰 金高時帖木兒管下三十餘戶・許難豆管下十餘戶 舊居吉州 去乙丑年(1385년 - 禑王 11년)徙于安邊 李芝蘭管下五百餘戶 舊居北靑 去丙寅年(1386년 - 禑王 12년) 徙于預原・和州・高原等處 童甫下管下二十餘戶 舊居端川 臣管下三百餘戶 舊居縣城平 去壬子年(1372년 - 恭愍王 21년) 徙于咸興・定平等處 朱仁管下四十戶・朱萬管下四十戶・劉阿무哈管下二十餘戶 舊居咸興, 去乙丑年 徙于洪原 金波寶下管下十餘戶・劉所羅管下二十餘戶 舊居吉州 去乙丑年 徙于洪原 姜九管下三十餘戶 舊居甲山 去戊戌年(1418년 - 太宗 18년) 徙于北靑 臣於癸丑年(1433년 - 世宗 15년) 往定平 留四十餘日 見上項各人仍居者各一二戶 餘竝不在 臣訪諸古老 答云 就食于吉州・鏡城等處 或越境流入東良北・建州衛等處 ….[43] (괄호 안은 필자)

이를 녀진 관하민들의 최초의 이동은 그것이 대개 추장들의 래투 후 얼마 되지 않는 시기에 있는 것으로 보아서, 추장들의 세력이 약화된 틈을 리용하여 그들의 지배로부터 벗어나려는 데서 이루어진 일인 듯하다. 그러나 이동한 곳으로부터 다시 유리된 것은 틀림없이 봉건 국가에 의한 '공'적 부담이 과중한 데 기인한 것이라고 보아야 할 것이다. 『세종실록』 26년年 11월月 을유乙酉조의 "諭咸吉道觀察使 檢漢城崔也吾乃 初率管

---
42 『世宗實錄』 十九年 八月 甲子條.
43 동상.

下一百五十餘戶 投化而來 許於吉州北村阿干居焉 今有人來言 撫綏失宜 頗多逃散 …"은 녀진인 도산의 원인이 녀진인에 대한 국가 조치가 적당치 못하였던 데 즉 과중한 부담을 과한 데 있었다는 것을 말하여 준다.

 녀진인들의 이와 같은 류리 도산, 다시 말하여 녀진인 집단의 분산화 경향은 그들과 조선 인민과의 개별적 접촉을 더욱 용이하게 함으로써 그들의 조선화의 과정을 더욱 촉진시켰으리라고 말할 수 있다. 그리하여 량자간에는 호상 통혼이 례사로 되어 이미 우에서 말한 바와 같이 15세기 30년대에 '량진兩鎭' 입거민을 초정할 당시에는 "本道人民與向化人 男婚女嫁 並皆相連 若抄其甄不相連於向化者 則大事幾乎不成"이라고 할만큼 호상 깊은 인연을 가지게 되었던 것이다.

 이와 같이 남관과 북관의 남부 지역에 있는 수천 호에 달하는 소위 11처 녀진은 거의 전적으로 이 지방 주민중에 동화 흡수되었다. 그러나 '5진' 지방에 거주하던 오도리 斡朶里, 우랑캐兀良哈, 콜간우치캐骨幹兀狄哈 등은 이와 달랐다. 그들의 추장들은 일찍이 고려 말에 리성계의 초유에 응하여 '만호萬戶', '천호千戶', '백호百戶' 등의 직첩을 받은 일이 있는 이래로 거의 매년이라 할만큼 상경 래조하여 후대를 받았다. 그러나 그들은 직접 강의의 강성한 심처야인들과 련접하고 있었으며, 명나라와도 직접 통할 수 있었던 것만큼 조선과 심처야인 또는 조선과 명과의 사이에 소위 '거중양투居中兩投'하면서 리득을 보려 한 것이고 결코 본심으로 귀복한 것은 아니었다. 1434년(세종 16) 오무허에 설진할 때에 오도리 녀진들이 "자기들에 대한 조처를 어떻게 하려 하는 것인가"고 례조에 질문하여 은 데 대하여 세종은 "願爲之氓 則何逐之有 若欲出去 則何拘之有 … 女眞亦來居咸吉道 斡朶里若欲同居 則亦此例也 何獨差殊"[44]라고, 투화하기를 원한다면 받을 것이고 떠나가기를 원한다면 보낼 것이며. 만일 오도리가 동거하기를 원한다면 함길도에 와 사는 녀진 즉 소위 11처 녀진에 대한 대우와 꼭 같이 하겠다는 것을 명시하였다. 그러나 오도리의 추장 범찰凡察은 그 관하 300여 호를 데리고 동량북東良北을 거쳐서 파저강婆猪江(현 佟家江) 지방에 도망하여 갔으며, 잔류한 수 백 호도 대부분은 완전히는 투화하지 않고 소위 성저야인城底野人 즉 번호藩胡로 되어 있었다. 종성, 온성, 경원 지방의 우랑캐도 경흥 지방의 콜칸우치캐도 또한 그러하였다.

---

44 『世宗實錄』 十六年 一月 丙午條.

리조 정부는 이들의 투화를 장려하기 위하여 많은 우대 조건을 제시하였다. 족류族類 강성한 자로서 투화하여 올 때에는 그 "근각根脚·거처居處·공로功勞·재간材幹"을 참작하여 "제직除職·급료給料·급노비給奴婢 … 급가사給家舍"⁴⁵하고 처를 취하고 서울에 있게 하였다. 그리하여 '5진' 지방의 유력한 녀진인으로서 향화 거경하는 자가 속출하게 되었다. 그들 중에는 마변자馬變者 동청례童淸禮와 같이 실지로 리조 정부의 국정에 참획한 자도 있었지만 일반적으로는 공무 없이 다만 '수록식름受祿食廩'하였던 것이며 이승커伊升巨와 같이 회령 본토에 있는 그의 부父 량보르칸浪孛兒罕과 련락을 취하여 가지고 리조를 배반하고 명으로 도망하려다가 족멸당한 자도 있었다. 요컨대 오도리 오랑캐의 유력한 자들의 향화는 주로 은상恩賞을 목적으로 한 것으로서 리조 정부로 볼 때에는 그것이 그리 믿음직한 것이 아니었음으로 그를 제한하자는 의견이 속출하였던 것이다.

일반 향화자에 대하여도 그에 상응한 우대를 하였다. 1443년(세종 25)에는 투화 야인으로서 본국 내지에 살기를 원하는 자는 길주 이남의 좋은 땅과 집, 의복, 량식 그리고 염장鹽醬까지 주어 안착할 수 있도록 하기도 하였으며, 1446년(세종 28)에는 향화 오도리 녀진들의 향화전向化田에 대하여 대호는 30결, 중호는 20결, 소호는 10결까지를 한하여 그 조세를 면제하고 군정이 긴급한 때를 제외하고는 상시의 역도 면제하기로 하였다.⁴⁶

그런데 내지에 살고저하는 자를 길주 이남에 배정하기로 한 것은 리유가 있어 그리한 것인바 역시 그들이 반복하지 않으리라고 믿기 어려우므로 깊이 내지에 안치함으로써 반복할 수 없게끔 한 것이다.⁴⁷ 그러나 부령의 청암靑巖(현 청진시 및 부령군의 일부)은 차유령車踰嶺, 무산령茂山嶺, 백사봉재白砂峯峙를 넘어서 무산, 회령, 경원 방면과 용이하게 통할 수 있으며 또 비교적 토지가 비옥한 곳이었으므로 당시에 향화 녀진인의 안집처로 되었다. 그런데 청암은 그들의 본토本土에 가까웠기 때문에 후에 본토로 도망하여 가는 자가 속출하였으며 또 1535년(중종 30) 경까지도 경원 경흥 등처의 녀진인들과 상통 혼인하면서 자기들의 고유한 생활 풍습을 유지하고 있었으며 그 일부는 멀리 문천 지방

...

45 『經國大典』 禮典 待使客條.
46 『世宗實錄』 二十八年 十月 乙未條.
47 동상서, 三十年 四月 丙辰條: "有咸吉道都節制使 童加介性本奸詐反復難信 其請居內地 亦未可信 卿當與加介言曰 鏡城於亂(漁郎―필자)等處 野人聚居之地 且田少難居 端川以南 則可居也"

에 이주하여 략탈적 행동을 자행하였다.⁴⁸

한편 '5진' 지방에 남아 있는 많은 녀진인들은 완전히는 투화하지 않은 채로 강내의 장성 밖과, 장성 없는 곳에서는 각 진 보의 주변에 부락마다 추장이 있는 수다한 대소 부동한 부락을 이루고 살면서 소위 성저야인城底野人 번호藩胡의 명칭으로 어느 정도의 리조 정부의 기반과 무안을 받고 있었다.

이상을 요약하여 말하면 '5진' 지방에 거주하던 녀진인중 그 상층부의 일부는 투화하여 거경居京하였고, 일반 녀진인의 일부는 투화하여 내지에 천사遷徙하였으나 그 대다수는 완전히는 투화하지 않은 채로 강내에 그대로 거주하면서 리조의 어느 정도의 기반과 무안을 받고 있었다. 즉 반복무상叛服無常한 오도리 우랑캐에 대하여 리조 정부는 투화자는 될 수 있는 대로 내지 깊이 안치시켰고 '5진' 지방에 완전히는 투화하지 않은 채로 남아 있는 자는 성저야인-번호라고 칭하면서 일정한 구역을 정하여 거주케 하고 엄격히 본국 민호와 구별함으로써 그들에 대한 통제를 용이하게 할 수 있는 정책을 썼던 것이다.

2) 번호藩胡

우에서 말한 바와 같이 '5진' 지방의 장성 밖과, 장성 없는 곳에서는 각 진 보의 주변에 거주하면서 리조 정부의 어느 정도의 기반과 무안을 받은 녀진인을 성저야인城底野人이라 하고 여기에 또 강외의 근경近境에 있으면서 역시 리조 정부의 초유 무안에 잘 응한 자를 넣어서 그들은 국가의 번병藩屏으로 된다는 의미에서 '번호藩胡'라고 칭하였다. 그런데 이 소위 번호를 향화야인이라고 칭하는 일도 있으나 그러나 소위 번호는 일반 향화인과는 달리 각 부락마다 추장이 있었는바 그들은 매년 륜번으로 상경래조上京來朝하여 직접과 그에 상응하는 상사를 받았다. 그들은 당시에 서부 일본의 령주 또는 그 부하들로서 리조 정부로부터 수직受職 수도서受圖書한 자들과 유사한 립장에 있었다.

---

48 『中宗實錄』三十年 十月 丁酉條:"…北靑無海臺鏡城靑巖向化野人 安業而居久矣 鏡(龍城?-필자)城城固 城外長江 江外民田 與野人之田 相間而耕食 若未及收齊而疊入 則寄其穀于野人矣 野人今如我國之人 而又有能文筆者 與慶源慶興等處野人 相通而婚嫁矣 頃者移來于文川 地其輩皆胡服騎馬 以馳獵爲事 或出來于黃海道等處 奪取民家所曬之穀 橫行自恣 恩及江原道 而至于下三道矣 若如無海臺靑巖等處安業者推刷 則必致搖動矣…"

강 내외의 소위 번호는 우리의 고급한 문화와 접촉하는 동안에 차츰 반농 반수렵 경제로부터 농업 경제에 이행하였으며 그에 따라서 인구 증가률이 또한 비상히 높았다. 1455년(단종 3)의 함길도 도체찰사 리사철李思哲의 계[49]에 의하면 당시 '5진' 관내 – 강내 강외를 합하여 – 야인의 호수는 8백 수 십호에 불과하였던 것이 그로부터 132년을 경과한 1587년의 저작인 리일李鎰의 『제승방략制勝方畧』에 의하면 당시의 '5진' 지방과 진 보 소속 번호의 총수는 8,000여 호에 달하였다.

리조 정부의 이들 각 진 소속 번호에 대한 초유 무안의 방법으로는 그들의 상경 래조에 대한 후대와 현지에서의 궤향饋餉의 두 가지 방법이 있었는데 그에 따르는 북관 주민의 부담은 실로 막대하였다.

상경 래조에는 왕환往還 도중의 지공과 체류 중의 일체 비용을 지급함과 동시에 그들에게 주는 직첩에 상응하는 상사와 그들의 진상품에 대한 유리한 답사가 있었으므로 그들은 다투어 상경을 욕구하였으며 그로 인한 연로沿路 인민의 부담과 리조 정부의 부담을 심대하였다. 그러므로 리조 봉건 정부는 여러 차례에 걸쳐서 이들의 상경 래조에 대한 제한을 가하여 결국 풍년일 때는 17운運(회) 120인, 흉년일 때는 12운 90인으로 정하였다. 그 외에 특별한 공로가 있을 때는 례외로 특별히 보내는 별운상송別運上送이 있었다. 이 번호의 상경 래조는 임진 조국전쟁 전까지 계속되었다.[50]

'5진' 성저야인에 대한 현지 궤향饋餉 즉 현지에서의 접대는 절도사와 관찰사가 매년 각각 두 번씩 실사하는 것을 항례恒例로 하였는데 한 개 진鎭에서 한 차례에 참가하는 수만 하여도 1,000여명에 달하였다. 그리고 일차의 소비가 닭, 개, 돼지 계 300여 마리, 대구어 1,000여 마리, 소주 400여 병, 소금 100여 석(선물로 줌, 그들은 소금과 철물을 몹시 요구하였음)에 달하였다. 이 물자는 모두 북관의 군민軍民으로부터 정수하였으므로 이로 인하여 북관 군민은 가산을 탕진하고 류리 도망하는 자가 속출하게 되었다.[51]

...

49 『端宗實錄』 三年 三月 己巳條 참조.
50 『故事撮要』 接待野人事例條: "各鎭所屬野人等 酌其功勞及聚不聚 分運錄名 於每八月始上送 豊年則十七運毋過百二十人 凶年則十二運毋過九十人 若諸亐知介及建州衛等絶遠野人 情願來朝不可絶者 幷近境野人等別有功勞 不得已朝京者具由啓聞 朝廷量宜許調 壬辰後永廢 … 豊年 會寧四運 鐘城四運 穩城三運 慶源三運 慶興三運 以上幷一百二十人 凶年 會寧三運 穩城二運 慶源二運 慶興二運 以上幷九十人"
51 『燕山君日記』 九年 二月 庚戌條 참조.

번호에 대한 리조 정부의 이와 같은 지나친 후대는 그들을 회유함으로써 그들을 심처야인과 분리시키고 그들을 리용하여 심처야인에 대한 성식聲息을 탐지하려는 데 목적이 있었던 것이다. 번호들은 또한 그들대로 의도하는 바가 있었는바 그들은 리조 정부와 심처야인 사이에 소위 '거중양투居中兩投'하면서 리득을 보려 하였다. 그러므로 그들은 조금이라도 그 뜻에 만족되지 않을 때에는 란폭한 행동을 마음대로 부리었던 것이니 그들에 주는 직첩이 낮거나 주는 물건이 부족하다 하여 궐정闕庭에서 통사通事(통역)를 구타하며 받은 물건(朝賜)을 내던지는 등의 란폭한 행동을 감행하며, 본국인을 략취하여 심처야인에게 판매하거나 심처야인과 련락을 취하여 본국 인민을 략취하여 가게 하고는 그를 찾아 온 공로로 중상을 요구하는 등의 례가 비일비재하였다. 그 뿐만 아니라 더 나아 가서 소취작당嘯聚作黨하여 래습하는 일이 있었으며(1460년(세조 5)의 우랑캐의 반란, 1552(명종 7)의 쿨칸 우치캐의 반란, 특히 그 호구가 비상히 증가하여 8,000여 호에 달하였던 16세기 후반에 와서는 종래와 같은 리조 정부의 초유 무안에 만족하지 않고 심처야인과 련락하여 만기萬騎 2만기의 대무력으로써 경원, 종성의 읍성을 비롯한 여러 진 보를 계속적으로 침범하여 일대 사변을 일으킨 일까지 있었다(1583년 癸未之變).

주지하는 바와 같이 이 번호는 17세기 초(1607년(선조 40)]에 신흥하는 건주위의 누루하치奴爾哈赤(청 태조)에 의하여 모두 략거掠去되었다. 이 누루하치에 의한 번호의 략거는 '무자견無孑遺'이니, '진철번호盡撤藩胡'니, '태무견자殆無遺者'니, '몰수구거沒數驅去'니 하는 말로써 형용되었던 것만큼 그렇게 철저하였던 것이다. 그러나 그 일부가 우리의 경내에 도입 내부한 것은 사실이다. 1614년의 저작인 리수광李粹光의 『지봉류설芝峯類說』 북로北虜 조에는 저간의 소식을 잘 전하는 다음과 같은 기사가 있다.

> 頃年以來 奴西張甚 攎去藩胡 使之役屬 故藩胡多願內附 十百爲群 今畿甸兩湖之間 連村雜處 煙火幾於相望 恐有日後難處之患 謀國者其亦念及於此否.

즉 누루하치의 략거掠去를 피하기 위하여 번호의 일부는 수십 수백씩 무리를 지어 멀리 기전畿甸(경기도) 량호兩湖(충청도 전라도) 지방에까지 수다히 가서 살았다고 하는바 여기에는 다소 과장도 있는 듯하나 『지봉류설』이 번호 철거 직후의 저작인 것만큼 그것이 결코 전연 허황한 말은 아닐 것이다. 그런데 이와 같이 우리의 경내에 도입한 번호로서 지방에까지 이주한 자는 그들 중에서도 일부 장용壯勇하고 자력 있는 자였을 것이고 로약자老弱者 자력 없는 자들은 원거지에서 멀지 않은 지방의 산간 지역에 은익하였으리라는 것을 용이하게 짐작할 수 있는 것이다. 그들은 산간에 깊이 숨어 있으면서 될 수 있는 대로 세상에 널리 알려지지 않으려고 노력하였을 것이며 또 리조 정부는 구태여 그들을 들어내 놓아서 청나라의 소위 '兀良哈人 刷還要求'를 더욱 자극시킬 필요는 없었을 것이다. 그러므로 번호가 '6진' 지방에 잔류 은익한 사실을 전하는 뚜렷한 기록은 볼 수 없다. 그러나 '6진' 지방의 산간 지역에서 보는, 녀진인의 후예라고 전하여 오는 소위 '재가승在家僧'은 이와 같은 번호의 은익자로서 승려를 가탁하여 정체를 감추고 있는 자의 후예로 봄으로써만 리해할 수 있다.[52]

6. 북관 개척민의 부담과 그들의 투쟁

리조 정부는 '5진' 설치 시에 민호를 입거시키면서 '경요박부輕徭薄賦'를 표방하였다. 그러나 이 '5진'에의 민호의 초정 입송의 근본 목적은 '차경차수且耕且戍'하게 함으로써 '5진' 방어를 자체 해결시키려는 데 있은 것만큼 그 표방은 빈 선전에 불과한 것이었다. 실제에 있어서는 입거민은 입거 당초부터 과중한 요역과 병역을 부담하였다.

'5진' 본성의 축조와 '5진' 사이를 련결하는 두만강구의 서수라보西水羅堡로부터 회령 서쪽의 볼하진甫乙下鎭에 이르는 강변에 포치된 대소 20여에 달한 진 보의 성과 회령 서쪽의 독산 연대로부터 경원 북쪽의 훈융진訓戎陣에 이르는 307,083척 즉 이백 수십리에 궁하는 '행성行城' 축조는 본도민, 그 중에서도 특히 근거리에 있는 북관 주민의 요역에 의하여 축조된 것이었다. 이제 일례를 들어 보기로 하겠다. 1448년(세종 30) 한해만 하여도 회령 부근의 '행성' 31,174척을 축조하는 데 본도민 11,750인을 8월 15일부터

...

52 『北路紀略』: "或曰在家僧 惟西北邊境有之 舊之藩胡所住近處也 但以薙髮而居我境 故謂之僧耳 司敎之地宜有以變也 明川以南始有僧"(『東亞日報』 학예란에서 재인용)이라 하여 '在家僧'을 번호들 중 우리 경내에 잔류한 자로 보려 하였다.

9월 15일까지 1개월간 사역하였으며, 경원 읍성 축조에 본부민 1,650명을 8월 15일부터 9월 26일까지 40일간, 경원 읍성 증축에 본부 및 온성부민 1,400인을 8월 15일부터 9월 28일까지 40여 일간 사역하였다. 즉 1448년 한 해만 하여도 본도민 14,800인이 1개월 이상 동원되었는데 이것은 당시의 전소 함길도 총 호수 14,739호가 매호 1명씩 1개월 이상 동원된 것으로 된다. 또 '행성' 31,174척을 축조함에 있어서 11,750인이 1개월간 동원된 그 비례로 한다면, 전장全長 30만 7천 여척의 '행성' 전체를 축조함에는 실로 10만 명이 1개월 이상 동원되어야 하며, 따라서 전 함길도가 매호 평균 1인 1개월씩 하여 근 10개년 간 동원되어야 하는 계산으로 된다. 이것이 모두 자부담으로 수행된 것이니 함길도 인민의 요역이 얼마나 혹심하였던가를, 특히 근거리에 있는 북관 인민의 요역이 얼마나 혹심하였는가를 가히 짐작할 수 있다.

 병역 부담에 관하여 말할진대 본도는 북변 방어의 중요성에 비추어 경영시위京營侍衛의 의무는 없고 전'적으로 본도의 방어에 돌리어졌다. 그리하여 두만강 연선에 포치된 대소 20여에 달하는 진보鎭堡들(주로 강외녀진을 방어함)과 함경산맥 남쪽 연선에 포치된 역시 대소 20여에 달하는 진보鎭堡들(주로 동략북 녀진을 방어함)의 수비는 북관의 군정(토병土兵이라 하였음)들과 남관으로부터의 부방 군경(남방부방군南方赴防軍이라 하였음)에 의하여 담당되었다. 전출『제승방략制勝方略』에 의하면 주진主鎭 거진巨鎭은 전'적으로 토병에 의하여, 제진은 토병과 남방부방군에 의하여 수비되었다. 그런데 1444년(세종 26) 함길도 도관찰사 정갑손鄭甲孫이 북청 이북의 '5진' 수어 군정을 삼번三番으로 나누어서 사변 없을 때는 1번씩 부방케 하고 항시부방恒時赴防을 그만 두게 하자는 제의를 한 것을 보면 적어도 초기에 있어서는 남관으로부터의 부방 군정조차 분번分番 근무제가 실시되지 못하였으니 북관 군정의 장번長番 근무는 물론이었을 것이다. 그 뿐만 아니라 '5진' 지방의 남정으로서 15세 이상 되는 자는 적어도 초기에 있어서는 원근 왕래 시와, 경작과 나무 베기로 출입할 때에도 궁시弓矢를 항상 패용하게 되었으며 10세 이상의 남자도 궁시를 준비할 엄격한 의무를 지었던 것이다.[53] 이와 같은 둔전병식 체제는 실제상 필요에 의한 것이라 할지라도 입거민에게 있어서는 그것이 큰 부담으로 되지 않을 수 없었다.

 전세田稅에 관하여 말한다면, 그 당시 본도는 아직 량전이 실시되지 않고 막연히 일경

---

[53] 『世宗實錄』 十六年 四月 癸酉條 참조.

수日耕數를 기초로 결부結負를 등록하였던 것만큼 많은 경우에 있어서 등록된 결수보다 실지 면적이 더 많았을 것이다. 함평 량도咸平兩道는 수세에 있어서도 타도보다 3분지 1을 감하였으며 세곡도 특정한 조창漕倉에 조전漕轉치 않고 각 군읍에 저장하였던 것만큼 각종 부가세도 함평 량도에 있어서는 비교적 적었을 것이다. 즉 원칙적으로 함평 량도에서의 전세는 경하였다고 할 수 있다. 그러나 농산 기술이 저렬하고 풍토의 영향에 전적으로 좌우된 당시에 있어서 북관의 농업 생산은 자급자족이 잘 되지 못하였던 것이니 전세에 있어서의 약간의 원칙적 감액이 심각한 북관 주민의 의식 문제를 완화하는 대책으로 될 수 없었다. 『세종실록』 지리지에 의하면 '5진' 지방에서는 '토공土貢'이 없었다. 그러나 벌써 1467년에 온성 군민들이 왕정에 보낸, 부사 판관을 성토하는 글에는 초서피貂鼠皮 공납 문제가 나오며[54] 성종 대에 와서는 '5진'의 표피, 초피, 서피 등 공물을 감면하자는 문제가 자주 제기된 것을 보면 '5진' 지방은 다른 어디보다도 모필물 공납이 더 혹심하였음을 알 수 있다.

   상경 야인의 연로 지공과 현지에서의 야인 궤향의 막대한 부담이 북관 군민의 생활을 위협하였음은 이미 말한 바와 같았다.

   이상과 같은 정부에 의한 과중한 각종 부담에 부수하여, 또는 그와 별개로 관찰사, 도절제사(절도사) 이하 각 수령 진장들의 가렴주구는 주저 없이 감행되었다. 신개척지이고 생산이 빈약하여 인민 생활의 토대가 미약하였던 본 지방에 있어서의 이상과 같은 태중한 부담은 인민 생활을 혹심하게 파괴하지 않을 수 없었다.

   북관 개척민은 그 원거민이고 '5진' 개척 과정에서 입거한 자이고를 막론하고 모두 당시 세력 없고 자력 없는, 그러나 가장 생활력이 강하고 투쟁력이 강한 자들이었으며 그만큼 참을 수 없는 자기의 처지를 타개하려는 혁명적 기세가 왕성한 자들이었다.

   북관 개척민이 지배 계급을 반대하는 투쟁은 역시 일반적 류례와 같이 소극적 반항으로서의 류리 도망과 적극적 투쟁으로서의 농민 봉기로 표현되었다.

   소극적 반항으로서의 류리 도망에는 세 가지 방법이 있었다. 첫째는 원거지에 도망하여 가는 것이었는바 벌써 '5진' 입거 초년인 1434년에 버연수소伯顔愁所와 공주孔州의 입거민의 과반이 남도에 도환逃還하였으며 그 후에도 이 경향이 계속되었다. 리조 정부

---

54 『世宗實錄』 十三年 二月 甲申條 참조.

는 이와 같은 입거민의 도망을 방지하기 위하여 "徙民逃亡者 妻子屬殘驛奴婢 捕獲則戶首斬 自現則還元徙處 妻子放 徙民逃亡許接人 全家徙邊 五口以上逃亡守令罷黜 所管人及切隣等 知而不告者 以制書有違律論"[55]라는 엄혹한 금조를 제정하고 입거지에 긴박시키기에 광분하였다. 그런데 이 입거민의 원거지에의 도환은 륙로보다 해로를 더 리용한 듯한바 그렇게 함으로써만 쉽사리 목적을 달성할 수 있었을 것이다. 1445년(세종 27)에 함길도 도절제사 박종우朴從愚는 철령, 마운령, 마천령에 관문을 설치하고 관리를 파견하여 도환자를 단속하자고 제의하였는데 이에 대하여 정부에서는 경성으로부터 내려오는 수로가 이미 통하고 있기 때문에 도망하는 자가 반드시 3령을 경유하는 것이 아니라고 하면서 그 제의를 승인치 않았던 것이다.

둘째 방법은 유심幽深 산곡의 신지新地 또는 해중 원도에 도입하려는 것이었다. 그러나 이 신지 도입은 실지에 있어서는 그리 있은 것 같지 않으며 해중 원도 도입은 전연 사실 무근한 일이였다. 그러나 정부는 이를 광신하고 그 심방尋訪에 광분하고 있었던 것이다.

신지新地 심방은 1441년(세종 23)에 함길도인 김희달金希達이 본도에 신지가 있다고 한 말에 의하여 호군護軍 리사증李師曾을 보내어 심방케 한 것을 시초로, 1443년에는 자성백호慈城百戶 박원朴原으로 길주 갑산 유심 산곡에 신지를 심방케 하였고, 동년에 또 자성천호 박춘부朴春富로 하여금 신지를 심방케 하였으며, 1445년(세종 27)에는 함흥 사람 박정朴丁의 말에 의하여 례조좌랑 리선로李善老를 평안 함길도에 파견하여 신지를 탐구하게 하였다. 그러나 다 얻지 못하였다. 그 후 1434년(성종 15)에 함성군咸成君 리종생李從生이 영안도永安道(함길도의 개칭)에 신지가 있다고 한 말에 의하여 봉상시정奉常寺正 리손李蓀과 상의원주부尙衣院主簿 곽치우郭致祐를 경차관으로 하여 심방케 한 결과 처음으로 북청 동편 심처에서 길주 명천인과 향화인으로 되는 50여 호의 도부逃賦 민호를 발견하였다. 경차관으로서의 사명을 달성하고 돌아 온 리손, 곽치우의 복명 내용은 인민의 신지 도입의 사정을 잘 말하여 준다.

臣等初至永安道 廣問新地有無 且諭民以指告者重賞之意 無一人告者 但本道人言 新地土性沃饒 禾穀一

---

55 『經國大典』 刑典 逃亡條.

穗之大 幾如腰圍 茄莖可以斧伐 聞者 多欲就彼而居 或有破産傾財離妻子父母而行者 且云 所謂新地 前此屢尋不得 今臣等所得者 北靑東偏深處也 居于此者 皆吉城明川逃來者及向化人也 臣等問其來居之由 皆云 頃緣本土有水患 未得耕稼 流寓至此 非謀背國家也 向化人等乃曰 歸本土 亦可安業 但此處則無官役 故來居耳 問其逃來年月 答曰 五六年….[56]

즉 신지는 토지가 비옥하고 가혹한 관가의 부역을 면할 수 있으므로 궁박한 인민들에게 비상한 매력을 일으켰던 것이다. 정부에서는 이 신지 도부민의 처지에 대하여 의론이 분분하다가 결국 그들의 소요騷擾를 두려워서 그 죄를 용서함과 동시에 금후 다시 이를 모방하여 임의로 이사하는 자가 있을 때는 엄벌에 처한다는 것을 본도에 공포하는 조치를 취하기로 하였다. 그 후 1502년(연산군 8)에도 강계와 함흥 사이에 중평仲坪이라는 신지가 있어 토지가 비옥하고 탁석손卓石孫 이하 50여 호의 민호와 산사山寺까지 있다는 정보에 의하여 길주의 서북보西北堡 만호였던 황계동黃繼同을 보내어 심방케 하였으나 결국 얻지 못하였다. 이리하여 세종 23년 이래로 계속된 신지 심방은 그야말로 태산명동서일필泰山鳴動鼠一匹 격으로 별로 신통한 결과를 얻지 못하였으며 연산군 이후에는 더 진행하지 않았다.

해중 원도 도입자의 추구는 신지 심방보다 뒤져서 1472년(성종 3)에 강원도 해중에 있는 삼봉도三峯島라는 섬에 도부 민호가 많다 하여 박종원朴宗元을 보내어 추쇄推刷하게 한 것으로부터 시작된다. 1476년에는 영흥인 김자주金自周, 송영로宋永老라는 자가 경성의 독구미䒞仇味에서 배를 타고 가서 그 도형島形을 그려 왔다 하므로 여기서 본격적인 심방이 계획되었다. 즉 1479년(성종 10)에는 조위曺偉를 경차관으로 하여 사람을 삼봉도에 보내어 도부 인민들이 잘못을 뉘우치고 돌아오도록 설유하게 함과 동시에 만일 듣지 않을 경우에는 병력을 동원하여 토벌할 것을 지시하였다. 여기서 조위는 김한경金漢京 등 33인을 마상선麻尙船 세 척에 분승시켜 부령 남쪽 청암리靑巖里 해변으로부터 출발하게 하였다. 그러나 존재치 않는 삼봉도三峯島가 발견될 리 없었다. 그럼에도 불구하고 삼봉도의 실재를 망신한 정부는 익년에 또 다시 심 안인沈安仁을 초유사招諭使로 하여 삼봉도로 보내기로 하였으나 천기 불순으로 중지되었다.

---

56 『成宗實錄』 十六年 二月 癸丑條.

셋째 방법은 월경하여 야인이 사는 곳에 도망하는 것이었다.『세종실록』에는 다음과 같은 기사가 있다.

> 議政府據刑曹呈啓 咸吉道四鎭設立之初 新徙人民 逃竄越境 潛投野人以居及其現捉 國家乃以失所之人 竝皆降等論罪 今置邑已久 民皆奠居 而猶爲連續逃亡 則彼不知國家減刑欽恤之意 必以逃叛之罪爲不重 且大辟之罪 每從末減 有違治道 請自今彼土逃往人 竝依律處斬 以懲惡逆 從之.[57]

즉 입거민은 입거 당초부터 벌써 강을 건너서 생소한 녀진인이 사는 곳에까지 류리 도망하였으며 그 경향은 계속되었는바 이에 대하여 정부는 '의율처참依律處斬'하는 혹형을 가하기로 한 것이다.

이상에서 본 바와 같이 리조 정부는 북관 주민을 입거지에 긴박시키고 혹심한 부담을 지우기 위하여 갖은 수단과 방법을 다하여 엄혹하고 집요하게 단속하였다. 남 북관 인민의 봉건 통치 계급을 반대하는 적극적 투쟁으로서는 주지하는 바와 같이 1467년(세조 13)의 리시애李施愛의 반란을 계기로 남 북관 일대에서 광범하게 인민들이 봉기하여 농민전쟁이라고 할 만큼 확대된 거대한 투쟁이 있었다. 그런데 여기서 말하고자 하는 점은 이미 여러 저술에서 언급된 것을 반복하려는 것이 아니라 리시애李施愛를 비롯한 이 지방의 토호들과 농민들이 동맹할 수 있은 당시 이 지방 사회의 계급적 관계의 특수성과 이 투쟁에 실지로 농민들이 광범하게 궐기한 구체적 사실을 밝힘으로써 이 투쟁의 농민봉기적 내지 농민전쟁적 성격을 천명하려는 것이다. 만일 이 지방의 토호들이 그야말로 차츰 지방적으로 발생 발전하고 있던, 농민들의 토지를 겸병하는 그런 토호들이었다면, 그리하여 그들과 인민들과의 대립이 첨예하였다면, 중앙에 대하여 불평을 가진 토호들과 정부의 시책과 수령 진장들의 가렴주구에 격분한 인민들 간에는 부분적으로 공통한 리해 관계는 있었다 할지라도 그들이 용이하게 동맹할 수는 없었을 것이다. 특히 농민들이 목전의 직접적 억압자를 숙청함으로써 만사는 해결된다고 생각하고, 그 억압 조직의 최고부인 봉건왕조 내지 봉건제도 자체를 전복하려는 원대한 투쟁 목표를 가지지 못한 그러한 당시의 농민봉기에 있어서, 이 지방의 토호들과 농민들 간

---

[57]『世宗實錄』二十四年 九月 丁丑條.

의 대립이 첨예하였다면, 토호들이 농민에 대한 직접적인 억압자였다면 그들은 농민들의 투쟁 대상의 하나로 되었을 것이지 동맹자로는 될 수 없었을 것이다.

남 북관 지방의 토호들은 많은 사점민을 가지고 있었다. 『태종실록』에는 이미 말한 바와 같은 향화 녀진인 천호들의 관하민에 관한 기사에 계속하여 "又東北面土豪 私占百姓如奴隷 父子相傳 爲弊甚鉅 雖在王室 亦以良民 號爲家別抄 上深知其不可 於辛卯年 盡去家別抄爲官軍 宗室皆觀感而革之 唯都摠制李和英之蘭之子也 尙不革去 至是 召謂之曰 東北面良民 旣爲公役 又爲私役 困苦甚矣 雖曰世傳 義實未安 故自桓王以前所占別抄 予旣革之 予亦豈無子孫計哉 但法有不可耳 國家常欲革之 予以卿爲難之 然卿必以王室爲心 豈以此爲念哉…"[58]라고 씌어져 있다. 즉 동북면 토호들은 많은 사점민을 가지고 있었으며 동북면의 대표적 토호였던 리 왕조는 조상 때부터 많은 사점민(500호)[59]을 가지고 있었던데 1411년(태종 11, 신묘辛卯년)에 솔선하여 이를 다 혁파하고 계속하여 토호들의 사점민에 대한 통제를 가하기 시작한 것이었다. 그런데 이 토호들의 사점민이 녀진 천호들의 관하민과 동일한 유래, 동일한 성격을 가졌으리라는 것을 상게 실록 기사에서 알 수 있다. 즉 리 왕조의 가별초家別抄(사점민)는 "자환왕이전소점自桓王以前所占"하였던 것이다. 리지란의 아들인 리화영의 사점민은 대표적인 녀진 천호의 관하민임에도 불구하고 그것을 토호의 사점민과 동일하게 보고 있다. 또 "永安道土豪 多占良民 名曰世傳管下 役之如奴婢"[60]에서 보는 바와 같이 실제에 있어서 토호들의 사점민은 그 명칭도 관하민이라고 하였던 것이다. 그런데 상게 기사의 "東北面良民 旣爲公役 又爲私役 困苦甚矣"는 마치도 토호들의 사점민-관하민은 국가와 토호들로부터 2중적으로 사역된 듯이 짐작되게 하나 그것은 사점민 혁거의 필요성을 강조하는 어조사의 과장이고 실지에 있어서는 토호들의 사점민-관하민은 국역을 지지 않았던 것이다. 또 그러 하였기 때문에 국가는 그것을 혁거하려고 애썼던 것이다.

동북면 토호들은 비록 명문 세가는 못 된다고 할지라도 그들의 토지와 인민을 사유하는 소령주적 지위는 그 유래가 오랬다. 그리고 원래 리성계 자신이 그들의 지원支援을

---

58 『太宗實錄』 十三年 八月 壬子條.
59 『太宗實錄』 十一年 二月 丙午條: "罷東北面家別抄 先是 東北面咸州等處 良民五百家 役屬于太祖潛邸之時 守令莫得而役之"
60 『成宗實錄』 十八年 三月 壬申條.

토대로 흥기하였던 것만큼 리 왕조는 그들의 세력을 일시에 제거하지는 못하고 경이원 지敬而遠之하면서 중앙의 대관에는 등용하지 않고 점차적으로 그 세력을 제거하는 정책을 썼던 것이다. 그리하여 남 북관 지방의 토호들의 사점민 - 관하민 소유의 타성惰性은 그 후 오래 계속되어 1467년 리시애가 반란을 일으킬 당시는 물론이고 그 후 20년을 경과한 1487년(성종 18)에 와서도 "本道土豪 多占良民 稱爲管下 世傳如奴 多者至於數十 少者不下七八"[61]이라는 상태였는바 성종은 "永安道丁亥之變(리시애 난 - 필자) 由多率管下也 人心風俗 雖與南方不同 國家用法 不宜有異 今方改軍籍 不革宿弊 給良民爲管下 使之世傳 有同奴隷 豈可乎"[62]라고 하면서 그 혁파를 강조하기도 하였다. 그러나 결국은 관하민 20인 이상 소유자에게는 8인, 15인 이상 소유자에게는 6인, 10인 이상 소유자에게는 5인까지를 인정하자는 병조의 제안을 채택하였던 것이다.

　이 토호들의 사점민 - 관하민은 너진 천호들의 관하민과 마찬가지로 토호들이 아직 리 왕조의 지배를 받기 이전에 지배하던 인민에서 기원한 것으로, 신분상으로는 토호들의 노비가 아니었으며 또 후에 함경도에 많이 있었고 그 처지가 노비와 비슷하였던 고공雇工과도 그 유래를 달리하였다. 그들은 봉건 국가에 대하여 아무런 의무도 지지 않았고 이미 토호들의 소유로 화한, 자기들이 본래부터 경작하던 토지를 경작하면서 토호들에 대하여 로력, 공물, 전조(소작료)를 납부한 것으로 추측된다. 봉건 국가에 의한 국가 부담이 혹심하였던 남 북관 인민들에 비하여 그들의 부담은 경하면 경하였지 더 중하지는 않았을 것은 용이하게 짐작할 수 있다. 그러므로 토호들과 그들의 사점민 - 관하민과의 사이의 대립은 그리 첨예하지 않았을 것이다. 한편 남 북관 지방의 토호들은 중앙에 등용되지 못하였을 뿐 아니라 지방의 수령 진장으로부터도 명문 량반이 아니라는데서 멸시를 당하였다. 그러나 그들은 소위 '풍패지향豊沛之鄕'이라는 긍지를 가지고 있었으며, 경래京來 수령 진장들로부터 멸시를 받으면서도 그들과 아무 결탁할 그러한 무기력한 자로는 아직 전락하지 않았다. 그러므로 이 지방에 있어서는 다른 지방에서 보는 바와 같은 토호들과 수령 진장들의 결탁에 의한 일반 인민에 대한 략탈이 아직 적었으며 따라서 토호들과 일반 인민들 간의 대립은 아직 첨예하지 않았다고 보

---

61 동상서, 十八年 二月 癸未條.
62 동상서, 十八年 二月 辛巳條.

아진다.

이상과 같은 15세기 중엽에 있어서의 남 북관 지방 사회의 계급적 관계의 특수성은 농민들과 토호들의 동맹을 가능하게 하였다.

리시애는 검교문하부사檢校門下府事 리원경李原景의 손자이고 판영흥대도호부사判永興大都護府事 리인화李仁和의 아들이다. 그는 회령 부사를 지내고 길주에 세거世居한 일도一道의 유력한 토호로서 많은 토지와 많은 사점민 - 관하민을 가지고 있었다. 리조 정부는 호패법을 려행함으로써 그와 같은 세력을 제거하고 군액을 확충하려 하였다. 본래 리시애의 조부 리원경李原景은 「룡비어천가」 주에 의하면 원나라 동녕부 동지東寧府同知로서 본명을 우루터물兀魯帖木兒이라고 하였으며 그 조상은 고려인이었는데 공민왕 18년에 리성계가 동녕부를 공격할 때에 투항하여 그 부하로 된 자였다. 그는 동북면에서 활약하여 1391년(공양왕 3)에는 웅길주안무찰리사雄吉州按撫察理使로 되었고 그 후 함길도 도순문찰리사로 되었다. 그가 거느리고 왔고 그가 지배하던 300여 호는 그를 따라 동북면에 래주하여 그의 관하민으로 되었을 것이다. 그러니 리시애의 많은 관하민도 역시 그 유래가 오래며 그 조상이 리조의 지배를 받기 전에 관할하던 인민에서 기원하였다고 보게 된다. 그리고 『세종실록』 지리지 길주 성씨姓氏조에 '최리대원래崔李大元來'라고 한 '리李'는 리시애의 일족을 가리키는 것일 것이다.

1467년 5월 리시애는 함길도병마사(경성을 본영으로 하였음) 강효문康孝文이 평사評使 권징權徵, 부령 부사 김익수金益壽 이하 '6진'의 정병精兵을 거느리고 시위 차로 길주에 온 것을 기회로 그들과 길주 목사 설증신薛澄新을 죽이고 남 북관 각 읍 류향소留鄕所에 통문通文하여 경래京來 관리들을 처단하게 하였다. 정평 이북의 각 읍의 토호 군민들은 이에 호응하여 관찰사 이하 각급 경래 관리들을 모조리 처단하여 "定平以北 無得脫者"하게 되었다. 여기서 말하는 군민軍民은 정군正軍과 인민을 통칭한 것이니 곧 농민을 가리키는 말이다.

당황한 리조 정부는 3만 대군을 동원하여 '토벌'케 함과 동시에 여러 차에 걸쳐서 궐기한 군민軍民에 위혁과 회유를 겸한 국왕(즉 세조)의 '유서諭書'를 내려 보내었다. 봉기가 일어나서 9일 만에 내려 보낸 '유서'에는 "予親將大軍 期朝發而夕至 殲殄兇類 撫定軍民 汝等未知情狀 詿誤脅從耳 焉有知逆順而從賊者 汝等爭奮忠義 速捕逆賊 以成大功 其論賞節目 條于後"[63]라고 한 다음 그 표상 방법에 관한 조항을 렬거하면서 한편으로는 위혁하고 한편으로는 회유하는 음흉한 기만적 방법으로써 인민들의 투쟁 의식을 마비시키려고 하였다. 그러나 궐기한 인민들은 조금도 동요하지 않았다. '유서'에 대한 길주의 군민들의 회서에는 강효문康孝文이 신숙주申叔舟, 한명회韓明澮 등과 련락을 취하여 가지고 모반하였으므로 리시애에게 처단되었다고 력설함으로써 악질 관리들을 처단한 자기들의 정당성을 완강히 주장하면서 어디까지나 목적을 관철할 결의를 표명하였다.[64]

한편 북청에 집결한, 리명효李明孝가 지휘한 홍원, 북청, 리성, 갑산, 삼수의 봉기군과 리시애가 지휘한 단천 이북의 봉기군은 6월 말에 강순康純의 인솔 하에 북청에 침입한 '관군'의 선봉대에 맹공격을 가하여 대타격을 주었다. 결과에 '관군'의 선봉 부대는 홍원으로 퇴각하고 후속 본 부대는 함흥으로 퇴각하지 않을 수 없었다. 격분한 세조는 도총사 리준李浚에게 인민 도살과 략탈 파괴를 마음대로 아무 고려할 것도 없이 하라고 다음과 같이 명령하였다.

> 御札諭浚曰 咸吉道軍民 不知順逆 迷惑旣極 曉諭再三 猶不知之 其心以爲 施愛可託大事 定君民 皆反逆之徒 予初以爲 知逆順 則晏然太平 或有拿致施愛 以效疾風之操 今則不然 語言之而不聽 譬曉之 而不悟 敢于天討 豈漏天網 雖脅從之罔治 亦故犯之罔赦 爾知此意 縱兵殺掠 或屠城 或縱殺 隨意所欲 不可取旨.[65]

'관군'이 홍원, 북청에 대한 분탕질을 감행할 때에 북청, 홍원, 리성, 갑산, 삼수 봉기군은 남도 군대(즉 '관군')을 철회할 것을 청원하면서도 리시애가 모반한 것이 아님을 력설함으로써 자기들의 정당성을 표명하였다.[66] 온성 군민들은 '유서'에 대한 회서에서 처단된 강효문, 본부 부사 송석손宋碩孫 등의 죄악을 축조逐條 성토하면서 봉기군의 정당성과 그들의 투쟁 결의를 표명하였으며, 경성, 경원, 갑산, 삼수의 군민도 이와 류사한 내용의 회서를 보내었다.[67]

이상에서 본 바와 같이 1467년에 정평 이북 각 군 인민은 광범히 봉기하여 토호들과

---

63 『世祖實錄』 十三年 五月 戊子條.
64 『世宗實錄』 十三年 六月 癸亥條 참조.
65 동상서, 十三年 七月 甲戌條.
66 동상 참조.
67 동상서, 十三年 七月 甲申條 참조.

의 동맹 밀에 그들의 직접적 억압자인 관찰사 이하 경래 관리들을 처단하였으며, 특히 홍원 이북의 각 군 인민들은 봉건 왕조의 음흉한 위혁과 회유에 조금도 동요함이 없이 3만의 정예한 '토벌군'을 상대로 용감히 싸웠던 것이다(물론 중세기 농민 폭동이 공통적으로 그러하였던 것과 마찬가지로 그들도 봉건적 억압 조직의 최고부인 봉건왕조 내지 봉건체제 자체를 전복하는 데 자기들의 투쟁 목표를 두지 못한 약점이 있었지만).

1467년의 투쟁은 토호들이 거기서 수뇌부적 선발대적 역할을 놀았다는 데서 그것이 과연 농민폭동 내지 농민전쟁의 성격을 가졌겠는가고 의아를 느낄 수도 있으나 이상에서 본 바와 같은 구체적 사실들은 그 농민봉기 내지 농민전쟁적 성격을 충분히 증명하여 준다고 본다.

1467년의 투쟁에서 수뇌부적 선발대적 역할을 논 남 북관 지방의 토호들은 그 계급적 본질로부터, 형세가 불리하게 되자 완전히 봉건정부와 타협하고 자기들의 지휘자였던 리시애를 결박하여 가지고 '토벌군'의 군전에 투항하는 데 이르렀다. 그때로부터 그들은 과거의 기력, 과거의 야성野性을 완전히 상실하였으며 중앙의 량반 관료로 되는 길을 단념하고 오직 지방 수령들의 구사를 감수하면서 그들과 결탁하여 인민을 착취하는 데 전념하게 되었다. 그리하여 그들의 활동 무대가 극도로 제약되었던 것만큼 그들의 향곡鄕曲에서의 무단無斷의 폐는 그만큼 더 심하게 되었다.

1467년의 투쟁 이후 북관에는 그렇다 할 만한 인민 봉기가 없었다. 그러나 그것은 결코 인민의 투쟁력이 약화되었음을 의미하는 것은 아니었다. 1467년 이후 북관 지방에 크다란 인민 봉기가 없는 리유로서는 다음과 같은 것을 들 수 있다.

첫째로, 1467년 이후 번호의 대규모적 침습, 1592년의 왜적의 침입, 로토부老土部(현 무산의 녀진 부락명)와 구라온忽剌溫(현 길림 지방의 녀진)의 침습 그리고 누루하치의 침습 등 외적의 침입이 꼬리를 물고 계속되었으므로 북관 주민에게는 외적을 반대하는 투쟁이 무엇보다도 더 필요하였으며, 또한 북관에 부임하는 수령 진장들도 외적의 침습으로 인하여 항상 긴장된 생활을 지속하지 않을 수 없었으므로 그들 중에는 소위 '양관현장良官賢將'이 비교적 많았다는 것,

둘째로, 번호 철거 후에 있어서 북관 주민에게는 미개척지인 무산 지방에 이주할 수 있는 길과 거의 무인지경으로 된 두만강 외의 연해주 지방과 간도 지방에 류리 도망하는 류출로가 있었다는 것,

셋째로, 북관 지방은 지광인희地廣人稀하여 자작농이 많고 소작농이 적었다는 것. 즉 농촌의 계급 분화가 적었다는 것.

넷째로, 인구가 희박하고 각각 농토를 따라 산거 상태로 거주하였으므로 소위 '소취작당嘯聚作黨'하는 일이 용이하지 못하였던 것 등이 그것이다.

7. 15세기 중엽의
북관 주민들의 생활 형편

북관 개척민은 녀진의 침습을 격퇴하는 투쟁과 지배 계급의 착취를 반대하는 투쟁을 견인하게 계속함과 동시에 또한 렬악한 풍토 조건과 고투하면서 이 지방을 개척하여 안착할 수 있는 곳으로 전변하는 투쟁을 꾸준히 전개하였다. 그리하여 15세기 중엽까지에는 벌써 상당한 실적을 올렸다.

북관 지방은 척량 산맥인 함경산맥이 전 지역의 대부분을 차지하고 해안 지방의 남부 및 중부와 두만강 중류의 하곡 지대에 약간의 작은 평지들이 있어서 주요 농업 공간을 이루고 있다. 기후 조건에 있어서는 더욱 렬악하다. 소위 '조한만난早寒晚暖'이라 하여 가을 서리가 일찍 내리고 봄추위가 늦게까지 지속하여 농작에 지대한 악영향을 주고 있다. 과학적 지식과 선진적 기술이 결여되었던 과거에 있어서는 전'적으로 이 영향에 지배되지 않을 수 없었다. 그러나 북관 지방은 자연 부원이 풍부하다. 수억 톤의 매장량을 가진 무산 철광, 10억 톤의 매장량을 가진 함북의 갈탄, 두만강 상류의 대자연림, 연해의 풍부한 어족은 다 우리나라의 가장 중요한 자원으로 되고 있다. 맑스는 일찍이 『자본론』에서 "외부적 자연 제 조건은 경제학적으로 두 큰 부류로 즉 생활 수단의 자연적 부요성, 따라서 토지의 비옥토, 수중의 어류의 풍부성 등등과 효과 있는 폭포, 항행할 수 있는 하천, 목재, 금속, 석탄 등등과 같은 로동 수단의 자연적 부요성으로 나뉘어진다. 문화의 초기에는 첫째 종류의 자연적 부요성이 결정적 의의를 가지며 보다 높은 단계에서는 둘째 종류의 그것이 결정적 의의를 가진다."[68]고 지적하였다. 그런데 북관 지방은 일반적으로 자연적 부요성의 첫째 부류가 빈약하고 둘째 부류가

---

68 『자본론』 제1권, 로문 1940년판, 515~516쪽.

풍부하다고 할 수 있다. 그러므로 문화적 발전의 높은 단계에 있지 못한 북관 개척민에 있어서는 풍부한 철(무산 지방은 아직 령역으로도 되지 못하였지만), 석탄, 산림 등의 자연적 부원은 그들의 생산적 생활에 중요한 의의를 가질 수 없었고 따라서 그들은 생활 수단의 보장을 위하여 악전고투하지 않을 수 없었다.

15세기 중엽의 북관 개척의 총화라고 할 『세종실록』 지리지에 나타나는 북관의 민호, 인구, 군정, 간전墾田의 수를 표시하면 다음과 같다.

州郡別	吉州	鏡城	富寧	會寧	鐘城	穩城	慶源	慶興	計
戶	1,673戶	409	202	624	900	800	1,162	402	6,232
口	14,819人	9,031	1,294	2,151	21,815	3,637	5,271	5,058	63,076
軍丁	552人	370	262	720	730	711	762	402	4,520
墾田	12,883結 (335) ·	8,944 (74) 肥	2,915 (0) 墳	3,853 (12) 肥多墳少	4,347 (45) 肥多墳少	2,970 (9) 肥	4,090 (10) 肥	2,283 (1) 沮洳浮虛	42,230 (486)

※ 간전 결수 중 안의 숫자는 간전 총 결수 중의 수전 결수를 표시한 것이고 '肥', '墳', '肥多墳少' 등은 토지의 비옥도를 표시한 것이다.

당시의 주군의 경계는 근년의 군계와는 전연 달랐는바 길주목은 남쪽의 마천령으로부터 북쪽의 운가위대천雲加委大川(현 어랑천)에 이르는 오늘날의 김책군, 길주군, 화대군, 명천군, 영안군을 합한 지역을, 경성부는 남쪽의 운가위대천으로부터 북쪽의 두룡귀현豆籠耳峴(현 광주령)에 이르는 오늘날의 경성군, 라남시, 청진시를 합한 지역을, 부령부는 부령천 계곡과 부거 지방 즉 오늘날의 부령군과 대략 동일한 지역을 차지하였다. 그리고 두만강변의 회령, 종성, 온성, 경원, 경흥의 5부는 강변으로부터 남으로 해안을 향하여 협장狹長하게 노나 차지하였다. 그리하여 두만강변의 5부(5진)가 다 해안을 가지게 되었다. 례하여 오늘날의 라진 부근은 온성부에 속하였고, 경원부는 경흥부가 사이에 가로 막혀 있었으므로 그를 건너 뛰어 오늘날의 웅기 부근을 월지越地로서 차지하였던 것이다. 이와 같은 무리한 경제 분정은 각 관이 다 관내에서 해산물을 징발할 수 있게끔 하기 위하여서였다. 이상과 같은 주 군 경역을 고려에 넣으면서 상기 표를 고찰할 때에 경성부의 호수가 새로 입거한 수보다도 더 적은 것을 제외하고는 별로 모순이 없다.

상기 표에서 보면 15세기 중엽의 북관의 총호수는 6,232호(63,076인)로 되어 동 시대의 강원도의 총호수 11,084호의 반수를 훨씬 넘으며, 간전 총결수는 42,239결로 되어 동 시대의 강원도의 총결수 65,916결의 3분지 2에 해당한다. 즉 북관은 15세기 중엽에 벌써 거의 강원도에 따라 가는 개척 실적을 올리고 있었다. 이로써 얼마나 리조 정부의 북관 개척 사업이 강력하게 집행되었으며 얼마나 북관 개척민의 노력이 경주되었겠는가 하는 것을 가히 짐작할 수 있다.

북관 개척민은 척박한 토지와 불순한 기후로 인한 농산 수확률의 빈약을 극복하기 위하여 광대한 면적을 막대한 노력을 넣어서 경작하였다. 15세기 중엽에 있어서의 북관의 장정 총수를 전게 표의 군정 총수 4,520 명의 4배(군정 1인에 봉족 3명으로 쳐서) 18,080 명에 그 외의 루정과 토호들의 관하민을 넣어서 2만 수 천 명이였다고 본다면, 전게 표의 간전 총결수 42,239결은 매 장정 평균 근 2결로 된다. 그것은 18세기 중엽의 저작인 『북관기사北關紀事』에 북관 농민의 광작을 지적한 다음 하농부 4, 5구口의 집에 있어서는 1, 2결, 상농부에 있어서는 5, 6결의 토지를 경작한다.[69]고 한 그 하농부의 경작 면적과 일치한다. 이 매 장정당 2결이라는 것이 많을 뿐만 아니라 북관 지방에서의 매 결의 실제 면적이 또한 매우 광대하였던 것이다. 이 지방에는 좋은 밭이라는 것을 '좋은 5등전'이라고 하는 말이 있는 바와 같이 극상해야 5등전이고 약 80%가 6등전이었던 것만큼[70](등이 낮을수록 매 결의 면적이 많아짐), 또 이미 말한 바와 같이 본도는 "自前古不量田 見其日耕 錄其結負"[71]하였던 것만큼(이와 같은 조잡한 방법은 등록된 결수보다 실제 면적이 더 많게 하였을 것임) 매 결의 실제 면적이 매우 광대하였음은 명백하다. 1443년(세종 25)에 제정된 량척量尺 규정에 의하여 계산하면 6등전 1결의 면적은 약 11,000평에 달하는 것이다.

이와 같이 광대한 면적을 경작함에는 그에 상응하는 생산 도구가 요구되는 것이다. 장곡차長穀車, 번차藩車(발귀)의 보급[72]과 대두베(조 씨를 뿌리는, 박으로 만든 도구), 홀패(쟁기 뒤에

---

69 日帝朝鮮史編修會, 硏究彙報 『第1輯 近代朝鮮史硏究』, 438쪽에서의 인용문 참조.
70 선조 24년의 함길도 전결 총수 63,831결 중 53,800결이 6등전으로 되니 함길도에 있어서는 6등전이 약 80%를 차지하는 것으로 된다. 日帝總督府 編, 『李朝의 財政』, 219쪽 참조.
71 金起泓 著, 『寬谷集』 北關野乘 量田詳定條 : "本道自前古 不量田 見其日耕 錄其結負 凡百徭賦 不以田結 觀民之貧富 分其等數(上中下殘戶 貧貧中之類) 以應官賦稅…."
72 『輿地勝覽』 함흥부풍속조 : "俗好用長穀車與藩車 他郡縣同"

무거운 목판을 련결하여 자동적으로 씨를 묻게 하는 도구), 도로기(우피로 주머니처럼 만든 신발, 주로 밭갈이 할 때에 사용함) 등의 사용은 다른 지방에서는 볼 수 없는 특수한 것이었다. 이것들은 선주 녀진인으로부터 전승하였거나 또는 그로부터 암시를 받고 창조한 것이다. 물론 북관 개척민은 선주 녀진인보다 높은 사회 경제적 수준에 있었다. 그러나 그들은 이 지방의 풍토에 적응하기 위하여 선주민에 의하여 창설된 생산력을 정당하게 받아 들였던 것이다.

전게 표에 의하면 간전 총 42,239결에 대하여 수전은 486결 즉 1%밖에 못 된다. 그러므로 농산물은 『세종실록』 지리지 토의土宜에서 보는 바와 같이 기장黍, 피穄, 조粟, 보리麥類, 콩菽 등이 주곡이었다. 한전 농산물 중에서도 단위당 수확고가 낮은 기장, 피가 1위적이고 금일에 많은 조, 콩, 보리가 2위적이었다는 것은 풍토 관계도 있겠지만 그보다도 많은 봉건 체제하에서 일반적으로 있은, 농민들의 농산 개량에 대한 의욕의 결핍에 기인한 것이다. 하여간에 대단한 광작이었던 것만큼 일단 풍년을 당하면 소위 '곡천여토穀賤如土'라고 할 수도 있었으나 빈번한 흉년의 습래로 인하여 북관에서의 식량 문제는 항상 심각하였다.

의료衣料의 원료로 되는 목화는 봉건 국가의 장려도 자심하였으나 결국 성공하지 못하였다. 그러나 고대에도 동옥저東沃沮의 '맥포貊布'가 이름 있었던 것만큼, 또 목화를 재배치 못하는 조건하에 삼이 유일한 의료의 원료로 되었던 것만큼 삼의 재배만은 널리 보급되었다. 북관의 마포는 리조 시대의 가장 중요한 수공업품의 하나로 되었다. 『세종실록』 지리지의 토의土宜에 의하면 경원, 종성, 온성, 경흥, 부령만이 삼의 산지로 되고 있는데 『여지승람』에는 북관 9군 전부의 토산土産의 첫째 또는 둘째로 삼을 들고 있다. 그러나 이것은 북관 주민의 의료의 결핍에 대한 유일한 타개책과 가혹한 공세公稅와 유일한 남방과의 교역 자료로서 수지 타산을 무시하고 행하여진 희생적 생산이었다. 『북관지』 회령, 경성 풍속조의 다음과 같은 기사는 17세기 중엽에 와서도 마포는 생산자의 자신 수요조차도 도저히 충족시키지 못하였던 사정을 말하여 준다.

此地不産綿布 唯藝麻爲業 終歲績之 未滿數機 旋復盡輸公稅 故男子無冬夏 一狗皮衣 婦人通四時 縫百結 敗布以掩体 不襪不袴 川氣稍寒 則縮入土室 對竈暖身(會寧 風俗條).

그러므로 북관 주민의 생산 부대이며 국방 부대인 일반 인민들은 구피로 만든 갖옷皮衣과 우피로 만든 도로기多路岐가 가장 중요한 의복이며 신발이었다. 우리는 가죽으로 의복 보선들을 만드는 것이 녀진인의 보통사였음을 『대금국지大金國志』의 다음과 같은 기사로써 잘 알 수 있다.

> 金俗 好衣白 … 富人 春夏 多以紵絲綿紬爲衫裳 亦間用細布 秋冬 以貂鼠靑鼠狐狢皮 或羔皮爲裘 或作紵絲四袖 貧者 春夏 幷用布 爲衫裳 秋冬亦以牛馬猪羊猫犬魚蛇之皮 或獐鹿皮爲衫袴 襪皆以皮 至婦人 衣白大襖子 下如男子.[73]

북관 지방에서의 '구피의狗皮衣' 착용은 19세기 중엽까지도 광범히 존재하였다. 1870년에 북평사 조우희趙宇熙는 북관 지방의 구피의의 보급 상태를 다음과 같이 기술하였다. " … 至摩天嶺 … 此是北關初界也 居民 皆着狗襦狗袴 其往來行走之狀 宛如巨犬 初見不覺失笑 入北漸深 無人不着 故見頗尋常 但女人不着焉",[74] 저고리와 바지를 다 구피로 만든 점이라든가 녀자들은 그것을 입지 않은 점이라든가 모두 녀진인의 풍속과 류사하였다. 도로기多路岐에 대하여 『북로기략北路紀略』에는 "襪則多用牛革 長沒脛 以繩穿引 如縮囊 纏縛於脚 不着鞋履 名曰多路岐 彼人之來開市者 亦多此製"[75]라 하여 그것이 녀진 풍습임을 단적으로 지적하고 있다. 평안도와 함길도는 춥고 산악이 많은 지대니만큼 거기서 토표피土豹皮, 초피貂皮, 청서피靑鼠皮 등 모피물이 많이 산출되었다. 그러나 이와 같은 고귀한 모피물이 일반 인민의 방한 의료로 되었다고는 꿈에도 생각할 수 없다. 도리어 그와는 반대로 이와 같은 모피물의 산출은 그 토공土貢 때문에 인민들의 고통으로 되었다. 15세기 중엽까지는 '6진' 지방에 한하여는 하등의 토공土貢도 없었다. 그러나 성종 20년 경부터 '6진' 지방의 초피, 랑미狼尾, 초서피貂鼠皮 등 토공을 감면하자는 의견이 자주 제기된 것을 보면 북관의 모피물 토공 액수는 다른 지방보다 더 많았다는 것을 짐작할 수 있다. 그리고 모피수毛皮獸는 "道內捕貂鼠者 吉州甲山等處 幽深山谷 無不調和"[76]라고

---

73 『大金國志』 第三十九(『滿鮮文化觀』에 실린 「金初에 있어서의 女眞族의 生活 狀態」 중에서의 인용문에 의함).
74 『近代朝鮮史研究』, 443쪽(趙宇熙, 『金鐵奇觀』에서의 인용문에 의함).
75 동상서, 453쪽에서의 인용문에 의함.
76 『世宗實錄』 二十五年 二月 辛丑條.

한 데서 보는 바와 같이 오직 심산유곡에서 전문 수렵가들에 의하여만 포획되는 것이었다. 그러므로 과중한 모피물의 토공은 이 지방 주민들에게 커다란 부담으로 되지 않을 수 없었다.

가마, 솥, 보섭, 낫, 호미 등의 원료로 되는 철은 당시에 아직 무산 석철石鐵을 리용하지 못한 조건하에서 매우 귀하였다. 1406년(태종 6)에 녀진의 회유를 위하여 경성 및 경원에 무역소를 설치하고 소금과 수철水鐵을 매득케 한 것은 북관 및 두만강 외 지방에서 철이 매우 귀하여 그들의 요구가 절실하였기 때문이며 그 후 종종 있은 녀진인과의 철물 교역 금지, 녀진인들의 철물 략탈 등 사실은 다 같은 리유에서 오는 것이다. 철의 부족은 그의 탐색 개발을 촉진시키는바『세종실록』지리지에는 사철砂鐵 산지로서 경성에 2개소 길주에 1개소를 들었는데『여지승람』에서는 그 외에 부령, 회령, 종성, 경흥의 토산의 첫째 또는 둘째로 철을 들고 있다.

기타의 생활필수품으로서 도자기 어염에 대하여 보기로 하겠다.『세종실록』서 지리지에는 벌써 남쪽의 길주, 경성과 북쪽의 회령, 종성, 경원에 합 11개소의 도자기소가 렬거되고 있다. 그것으로 보아 비록 조야한 제품이라 할지라도 자체 수요는 충당하였을 것이다. 염소鹽所로는 길주의 27분盆과 경성의 21분이 있었으며 또 '6진'도 다 해안을 가졌던 것만큼 각 1, 2 개소의 염소가 있었다. 그리하여 자체의 수요를 충족시켰을 뿐만 아니라 번호에도 소금을 공급하였다. 해산물로서는 지리지에 대구어, 연어, 방어, 문어, 송어, 청어, 황어, 백합, 자게 등의 어물과 다사마多士麻, 곤포 등 해조류가 렬거되고 있는데『여지승람』에는 그 외에 고도어古刀魚, 홍어, 림연수어, 해삼, 은어, 무태어無泰魚 등이 렬거되어 그 종류가 많이 증가되고 있다. 고대에 있어서도 동옥저東沃沮의 '어염해중식물魚鹽海中食物'은 유명하였던 것만큼 북관 연해의 풍부한 수산 자원은 가장 일찍부터 개발되어 어획이 이 지방의 중요한 생산으로 되었던 것이다.

북관의 주택은 방한에 가장 적합한 쌍통제가 특색이다. 이 쌍통제는 남 북관 지방으로부터 강원도 동해안 지방에까지 미치고 있다. 쌍통제 주택 형식의 본원이 강원도 동해안 지방이었는지 또는 남 북관 지방의 선주민이었는지는 연구를 요하는 문제이겠지마는 하여간에 이 지방에 있어서 주택과 간계되는 것 중에 녀진으로부터 전승된 점이 적지 않음은 사실이다. 이 지방에 특유한 '통나무 연통'이 녀진의 '호란呼蘭'[77]과 동일한 것이고 '등꼬쟁이糠燈'(저릅 또는 쑥'대에 뜨물-쌀 씻은 물-깡치와 계를 이긴 것을 발라 만든 등화용품)이 녀진인의 '하붕霞繃'⁷⁸과 동일한 것임은 더 말할 것도 없거니와 '등디'(주간廚間 끝 쪽에 진흙을 다져서 만든 로爐)가 역시 녀진인으로부터 전승한 것이라고 생각된다. 녀진인의 조상인 흑수말갈은 오래도록 혈거 생활을 지속하였는데 '등디'는 그 혈거 생활 시기의 로爐의 잔재로 볼 수 있다. 일본인 아끼바秋葉隆는 재가승在家僧 부락에서 '등디'를 보고 그것이 산사람山人 특유의 것이라고 하였으나⁷⁹ 이 지방에 있어서는 원래 산이고 벌이고 할 것 없이 집집마다 '등디'가 있었는바 현재는 그 흔적조차 없는 곳에서도 과거에 '등디'를 설치하던 주간 끝 쪽의 위치를 '등디 끝'이라고 부르고 있다. 또 주거로서의 '움집'은 17세기 후반까지도 일반적으로 존재하였다. 『북관지』 경성 풍속조에는 "小民類 多鑿地爲屋"이라 하였고 동서 회령조에는 "婦人通四時 縫百結敗布 以掩体 不襪不袴 天氣稍寒 則縮入土室 對竈暖身"이라고 한 기사들로써 그렇게 말할 수 있는 것이다.

* * *

14세기 말~15세기 중엽에 걸쳐서 수행된 북관 개척은 정치 경제 군사적으로 거대한 의의를 가지는 사업이었다. 리조 정부는 생산 령역 확장이라는 봉건국가로서의 필연적 요구와 천작험조天作險阻인 두만강을 국방선으로 함으로서 녀진족의 침입을 효과적으로 방어하려는 군사적 요구와 조선 인민의 념원이며 지향인 국토 완정의 위업을 수행함으로써 왕조의 위신을 제고하려는 정치적 의욕에서 북관 개척 사업을 기도하고 강력하게 추진시켰던 것이다. 그런데 이 사업은 이 지방 선주민인 녀진족의 사회 발전 수준이 우리보다 락후하였을 뿐만 아니라 그들이 집결된 세력을 이루지 못하고 분산 상태에 있었다는 것, 남 북관 지방에는 벌써부터 많은 우리의 이주민이 정착하고 있어서 개척의 기초가 서고 있었다는 것, 또 리조 초의 태종, 세종대는 리조 봉건국가의 부력과 병력이 가장 충실한 시기였다는 조건들에 의하여 용이하게 실현되었다.

실지에 있어서 이 북관 개척의 세기적 대사업에 동원된 인민은 벌써 14세기 20년대 이래로 남 북관 해안 지대에 이주 정착하고 있은 함길도 원거민이 주였고 북관 개척과 동시에 새로 삼남 등지로부터 입거한 자는 안외로 적었다. 여하간에 북관 개척에 동원

---

77 『滿州原流考』第二十: "呼蘭 因木之 中空者 袴使直達 截城孤柱 樹?外 引炕煙出之 上覆荊筐 而虛其旁 竅以出煙 雨雪不能入 皆室皆然"
78 동상: "霞繃 蓬梗爲幹 博穀糠 化育傳之 以代燭燃之 靑光熒熒 煙結如雲 俗呼糠燈"
79 秋葉隆, 『朝鮮民俗誌』, 253쪽 참조.

된 인민은 남 북관 원거민이거나 삼남으로부터의 신입거민이거나를 막론하고 다 농민 중에서도 가장 세력 없고 자력 없는 자들이었으며 또 그만큼 생활력이 강하고 투쟁력이 강한 자들이었다. 그리하여 그들은 신개척에 수반하는 모든 가혹한 부담과 준엄한 금압을 반대하는 투쟁과 부단히 있은 외적 침습을 반대하는 투쟁을 견인하게 전개함과 동시에 렬악한 풍토 조건과 꾸준히 싸우면서, 전반적으로 가난한 생활을 계속하면서 북관 개척의 어려운 사업을, 국토 완정의 세기적 사업을 수행하였던 것이다.

남 북관의 해안 지방에 거주하던 전체 녀진인들과 두만강 류역에 거주하던 일부 녀진인들은 개척 사업의 진전과 더불어 급속히 조선인화하였다. 그리하여 이 지방의 생활 풍토에는 녀진인으로부터 영향을 받은, 녀진인으로부터 전승한 점들이 적지 않게 남아 있는바 거기에는 오늘 새로운 문화를 창설함에 있어서 비판 섭취할 만한 점도 없지 않다고 생각한다.

이상과 같이 14세기 말~15세기 중엽에 있어서의 북관 개척 사업은 정치 경제 군사적으로 커다란 의의를 가짐과 동시에 우리나라 인민의 혈통과 생활 풍습에도 적지 않은 영향을 주었던 것이다.

1946년 9월 16일 탈고

02.
고조선의 종족에 대하여*

-
-
-

오늘 지구상에는 수많은 서로 다른 민족들이 살고 있다. 그러나 그 어느 민족을 막론하고 본래 단일한 종족만으로써 형성된 것이라고는 없다.

매개 민족은 력사 발전 과정에서 일정한 종족들이 통일되고 동화되어 점차 오늘의 면모를 이루게 된 것인바 그 형성 인소因素로 된 종족들은 본래 서로 가까운 친연 관계를 가진 것이었을 수도 있고 완전히 다른 것이었을 수도 있는 것이다.

그런데 여기서 한 가지 언급할 것은 어떤 민족이 단일한 종족으로써 형성되었는가, 여러 종족으로써 형성되었는가 하는 문제는 어떤 나라가 단일 민족 국가인가, 다민족 국가인가 하는 문제와는 완전히 다르다는 점이다. 일정한 력사 발전 과정을 통하여 형성된 민족이 단 하나만으로써 국가를 이룬 것이 단일 민족 국가이고 그러한 민족이 몇 개 모여서 국가를 이룬 것이 다민족 국가다.

두 말할 것도 없이 우리나라는 단일한 민족으로써 이루어진 단일 민족 국가다. 그러나 그 단일한 민족인 조선 사람은 결코 원래 단일한 종족만으로써 형성된 것이 아니라는 것은 옛 문헌을 통하여 잘 알 수 있는 바다. 그런데 매개 민족에 있어서 어떤 종족들이 어떠한 력사 과정을 거쳐서 오늘의 면모를 형성하게 되었는가 하는 문제 즉 민족의 시원을 밝히는 문제는 력사학, 고고학, 민속학, 언어학, 인류학 등 여러 전문 과학의 그와 관련한 연구 성과를 종합적으로 연구함으로써만 원만한 해결을 얻을 수

* 『고고민속』 1963년 1호.

있는 것이다. 그러나 그러한 성과는 일조일석에 이루어질 수는 없는바 그렇다고 하여 그러한 성과가 이루어질 때까지 이 문제에 대하여 침묵을 지킬 수는 없는 것이다. 민족의 과거의 문화와 생활을 리해하는 데서 그것이 중요하게 요구되기 때문이다.

이 문제를 론함에 있어서 우리의 조상으로 된 종족의 범위를 어떻게 잡을 것인가 하는 문제가 우선 제기된다. 만일 시간적으로 한량없이 거슬러 올라간다면 그것은 결국 우리의 조상으로 된 종족들이 속한 인종의 기원에 관한 것으로 될 것이고 공간적으로 널리 확대한다면 그들과 친연 관계를 가진 종족들까지 포함시키는 것으로 될 것이다. 오늘 고조선의 령역에 관한 문제에서 생기는 견해 상 차이로 우리의 조상으로 된 종족의 범위를 어떻게 잡는가 하는 문제와 관련되는 점이 적지 않다고 생각된다.

물론 우리의 조상으로 된 고대 종족을 연구함에 있어서 그들이 속한 인종에 관하여서나 그 종족과 친연 관계를 가진 주변 종족들에 관하여 연구하는 것도 필요한 일이다. 그러나 그것은 어디까지나 우리 조선 사람으로의 형성에 직접 참가하여 일정한 역할을 논 종족들을 깊이 리해하기 위한 방도로서 하는 것이지 그들과 친연 관계를 가진 모든 주변 종족들을 우리의 조상으로 보는 데서 그렇게 하는 것은 아니다. 이렇게 말하는 것은 왕왕 그렇게 하지 않는데서 또는 그렇게 하려는 고려가 적은 데서 상고의 중국 본토 내의 '동이東夷'를 우리의 조상 같이 생각하거나 산융山戎, 령지令支, 고죽孤竹이 활동한 지역까지 고조선의 령역으로 보려는 경향이 생긴다고 생각되기 때문이다.

요컨대 우리의 조상으로 된 고대 종족이라고 할 때에 그것은 조선 사람으로의 형성에 직접 참가하여 일정한 역할을 논 종족에 한할 것인바 이러한 기준에서 볼 때에 우리의 조상으로 된 종족으로서 고조선, 부여, 고구려, 옥저, 예(예맥), 한을 들 수 있다.

본고에서는 우선 고조선의 종족에 대하여 론하기로 한다.

1.

우리나라의 오랜 과거의 문헌들은 이미 인멸되고 남아 있지 못하는 만큼 우리의 조상으로 된 고대 종족들을 연구하는 데도 기본 사료로서 중국의 옛 문헌을 리용하는 수밖에 없다.

그런데 주지하는 바와 같이 우리의 조상으로 된 고대 종족에 관한 중국의 문헌이라는 것은 그 모두가 한족이 우리의 조상으로 된 종족들과 접촉하게 된 때로부터 그 접촉 과정을 서술하면서 그와 관련되는 사실 또는 접촉 과정에서 보고 들은 바를 그들의 립장에서 그들의 견해대로 서술한 것이다. 따라서 모든 것을 그대로 인정할 수는 없는 것인바 고조선에 관하여는 그런 것마저 지극히 적다. 약간의 단편적인 것이 있을 뿐이다. 그러나 이러한 단편적인 자료와 함께 한족과 중국 본토의 동방 및 동북방의 종족들과의 접촉 관계를 전하는 일련의 문헌 자료들은 고조선의 종족의 거주 지역과 그들의 종족적 관계를 론하는 데서 중요한 의의를 가진다.

한족들이 중국 본토 동부에서 가장 일찍이 한족 아닌 다른 종족과 접촉한 것이 '동이東夷'였는데 중국에서 가장 오랜 문헌이라고 전하는 상서尙書의 우공禹貢에는 이와 관련한 다음과 같은 기사가 있다.

> 冀州…恒衛旣從 大陸旣作 島夷皮服 夾右碣石 入于河
> 青州…嵎夷旣略 濰淄其道…萊夷作牧 浮于汶 達于濟
> 徐州…淮夷蠙珠鱉魚…浮于淮泗 達于河
> 揚州…島夷卉服…沿于江 達于淮泗

우공의 이상 구절들은 우禹의 치수治水의 공으로 모든 하도河道가 바로잡혀 범람하지 않게 된 데서 각지의 생업이 정상화하여 공부貢賦를 잘 바치게 된 것을 말하면서 한족이 아닌 '이夷'들도 본래의 관습대로 생활할 수 있게 되었다는 것을 말한 것이다.

그런데 이 중에서 기주(오늘의 하북, 산서 지방)의 도이를 말갈靺鞨 또는 고조선 내지는 삼한의 주민을 가리킨 것이라고 하는 견해가 일찍부터 있었다. 그러므로 이에 대하여 좀 자세히 보기로 한다.

사기史記 하본기夏本紀에서는 이 글을 거의 그대로 인용하면서 "冀州…常衛旣從" 大陸旣爲 鳥夷皮服 夾于碣石 入于海"라고 하였다. 즉 우공의 '도이島夷'가 '조이鳥夷'로, '항수恒水'가 '상수常水'로, '하河'가 '해海'로 되었을 뿐이다. '도이'와 '조이' 중에서 어느 것이 옳은가? 이와 관련하여 상서에도 본래는 '조이'로 되어 있은 것을 후세의 주석가들이 '도이'로 고쳐 놓았다는 설도 있으나 이 상이는 '조鳥'와 '도島'가 자형이 상사하여 오사된 데서 초래된 것이라고 생각한다. 여하간 양주에 따로 '도이島夷'가 있는 것만큼 기주의 이는 '도이'가 아니라 '조이鳥夷'였다고 보는 것이 옳을 것이다. '항수恒水'가 '상수常水'로 된 것은 한문제漢文帝의 휘諱를 피하기 위하여서다. '하河'가 '해海'로 되었으나 서광徐廣의 주에 '해'를 "일작하一作河"라고 한 것을 보면 사기에도 상서에서와 같이 '하'로 된 본本도 있은 것이다. 그리고 항수(상수), 위수는 오늘의 하복성에 있는 하수이고 대륙은 거기에 있는 못이다. 그리고 보면 이 글은 우의 치수의 공으로 현 하북성에 있는 항수(상수), 위수가 제대로 흐르게 되고 대륙 못이 범람하지 않게 되어, 즉 수해가 제거되어 거기에 사는 도이(조이)도 본래대로 갖옷을 입게 되었는데 이 지역을 순회한 우는 갈석산을 우로 끼고 돌아 황하로 들어갔다는 뜻이다. 그러므로 이 도이(조이)는 분명히 오늘의 하북 지방에 거주한 종족이었다.

그럼에도 불구하고 장수절張守節(당 시대 사람)은 사기정의史記正義에서 말갈국은 옛날의 숙신인데 거기서는 돼지를 양하여 고기를 먹고 그 가죽을 옷으로 한다고 한 괄지지括地志의 글을 론거로 하고 도이(조이)가 곧 말갈이라고 보았고 김리상金履祥(원 시대 사람)은 통감 전편通鑑前編에서 "導夷 海島之夷 冀東北邊之國 如遼東朝鮮之地 不附庸于靑 而徑屬冀者也"라고 하여 도이(조이)를 료동, 조선의 주민으로 보았으며 호위胡渭(청 시대 사람)는 우공추지禹貢錐指에서 더 나아가서 "馬韓辰韓弁辰三韓 卽冀州所云島夷皮服者也"라고 하여 도이(조이)를 삼한을 가리킨 것이라고 하였다. 우리나라에도 이와 류사한 견해를 가진 학자가 있었으니 순암順庵 안정복安鼎福은 동사강목東史綱目에서 "按遼東 古初爲東夷之地 故禹跡所及 至于右碣石 而曰島夷皮服 島夷指我東也"라고 하여 도이(조이)는 우리나라 주민을 가리킨 것이라고 하였고 한치윤韓致奫도 그의 저서 해동역사海東繹史에서 이 견해를 그대로 계승하면서 관자管子 경중輕重편에 보이는 "發朝鮮之文皮毤服"을 들어 '도이피복島夷皮服'의 '도이'가 조선의 주민을 가리킨 것이라는 론거로 삼았는바 오늘도 이와 같은 견해를 가지는 분들이 있다.

이상과 같이 상서 사기에 보이는 기주의 도이(조이)를 말갈이나 고조선 내지 삼한의 주민으로 보는 리유는 첫째로 가죽 옷을 입은 풍습이 서로 통한다는 데서이고 둘째로는 기주와 이 고장들이 류지로 련속되어 있으니 도이(조이)가 이 고장에까지 퍼져 있었을 수가 있다는 데서 라고 보인다. 그러나 우선 가죽 옷을 가지고 말한다면 흉노匈奴, 오환烏桓, 선비鮮卑들도 입은 것으로 북방 종족들에 공통한 것[1]이였으며 말갈이나 고조선에만 특유한 것은 아니었다. 다음으로 고고학적 자료를 가지고 볼 때에 료동 지방의 청동기 시대의 흑도는 중국 본토의 그것과 다른 특성(더 두터운 것)을 가지고 있으며 그런 흑도의 유적의 오랜 층에 북방적인 빗살무늬 그릇이 유존하며 그런 흑도가 역시 북방적인 돌각담무덤에서 드러난 것 등으로 보아서 이 지역의 청동기 시대의 주민은 북방적 색채가 강하였다²고 한다.

이렇게 이 지역의 신석기 시대의 주민은 중국 본토에서 볼 수 없는 빗살무늬 그릇을 사용한 주민이었고 청동기 시대도 그 계통을 이은 북방적 색채가 강한 주민이었다는 사실은 문제의 기주의 도이가 여기까지 퍼진 것이 아니라는 것을 말하여 주는 것이다. 기주의 도이가 이 지역에까지 퍼지지 못하였다는 것은 또한 장성, 열하 일대에 강력한 종족들이 웅거하여 란하 중하류, 료서 지방에까지 내려 밀고 있었다는 사실로써도 설명할 수 있다.

그러면 장성, 열하 일대에서부터 란하 중하류, 료서에로 내려 민 문헌상에 보이는 가장 오랜 시기의 종족은 무엇이었는가.

사기 오제기五帝紀에서 우의 치수의 공으로 제순帝舜의 덕이 사방의 이종족異種族에까지 미친 것을 말하면서 "南撫交趾北發 西戎折技渠廋氐羌 北山戎發息愼 東長鳥夷"라고 한 것이 있다. 이 글은 너무 간결하여 새기기 매우 어려운바 당 나라 사마정司馬貞이 사기 색은索隱에서 "남으로 교지 불발, 서로 융 절지 거소 저강, 북으로 산융 발 식신, 동으로 장이 조이를 무마하였다"라고 읽도록 구누를 끊을 것과 불발은 북호北戶라고 할 것으로 남방에 북호라는 지명이 있음을 지적하여 처음의 북발이 북쪽의 발을 가리키는 것이 아님을 말한 것은 정당한 견해라고 생각한다. 여하간 사기의 이 기사에 의하여 이론 시기에 중국 본토의 서북부에 '융', '절지', '저', '강'이 있는 데 대하여 동북에 '산융', '발', '식신'이 있었고 북중국 동부의 '장이', '조이'가 있었다는 것을 알 수 있다. 여기 보이는 조이는 상술한 우공, 사기 하본기에 보이는 조이와 같은 시기 즉 제수 시기의 조이를 말하는 것인바 조이가 분명히 북중국에 있었다는 것은 우에서 이미 론한 바다. 발, 식신이 중국 본토에 가까운 연에 린접한 장성, 열하 부근에 있었으

---

1 『史記』 匈奴傳, 『後漢書』 烏桓列傳, 同書 鮮卑列傳 참조.
2 梅原末治, 『東亞考古學槪觀』 중의 「南滿洲 특히 關東州의 史前文物에 關한 新見解」 참조.

리라는 것은 좌전左傳 소공 9년조에 주周 왕조의 사경四境을 말하면서 "武王克商 薄始商 奄吾北土也 巴濮楚鄧吾南土也 肅愼燕亳吾北土也"라고 한 것으로써도 알 수 있는 것인 바 '숙신肅愼'은 '식신息愼'에 '박박'은 '발發'에 해당할 것이다. 여하간에 이 산융, 발, 식신은 남쪽의 한족과 대립하는 한편 상호 간에도 충돌이 있었을 것으로 짐작되는바 그 중에서 가장 일찍이 중국과 교섭이 있은 것이 숙신(식신)이었다.

숙신은 서주의 초 즉 기원전 12세기에 벌써 서주의 왕조와 교섭이 있었다. 상서 주관周官전에는 "成王旣伐東夷 肅愼來賀 王俾榮伯作賄肅愼之命"이라고 하였다. 이것은 벌써 서주초에 숙신이 서주 왕조와 통하고 물물 교환을 진행하였다는 것을 의미하는바, 춘추 시대에 공자가 진陳나라에서 돌 활촉 살에 맞아 죽은 새매隼를 보고 그 화살이 숙신씨의 것이라고 하면서 무왕 때에 숙신씨가 '호시석노楛矢石弩'를 선물하여 온 일이 있다고 말하였다는 사실[3]은 이 기사를 허황한 것이라고만 할 수 없다는 것을 말하여 주는 것이다.

서주 초에 숙신이 중국과 통할 수 있은 것은 이때에 중국 본토에 있는 동이들이 주한테 멸망당한 은殷의 유민遺民들과 합세하여 주에 대항하다가 주의 공격을 받아 쇠약하여진데서 그들에게 막혀서 중국과 교통하지 못하던 숙신이 직접 교통할 수 있게 되었다는 것으로써 설명할 수 있다. 그런데 이 숙신은 춘추 시대에는 이미 중국 가까이에 있지 않았다. 돌 활촉 살에 맞아 죽은 새매를 보고 오직 고전에 통한 공자만이 그 살이 먼 곳의 숙신씨의 살이겠다고 판정할 수 있었다는 그 사실 자체가 우선 당시에는 숙신이 중국 가까이에 있은 것이 아니었다는 것을 말하여 주는 것이거니와 벌써 이보다 먼저 기원전 8세기 말 7세기 초에 중국 동북부에서 활약한 것은 산융 령지슈支, 고죽孤竹, 도하徒何 등이었고 발, 숙신은 나타나지 않았다.

사기에는 산융의 활동과 관련한 다음과 같은 기사들이 있다.

　　사기 세가 제래공：齊釐公二十五年 北戎伐齊 鄭使太子忽 來救齊

　　동서 렬전 흉노전：山戎越燕 而伐齊 齊釐公與戰于齊郊

　　동서 세가 제태공：桓公三十三年 山戎伐燕 燕告急于齊 齊桓公救燕 遂伐山戎 至孤竹而還

---

[3] 『史記』孔子世家, 『國語』魯語 참조.

동서 렬전 흉노전 : 山戎伐燕 燕告急于齊 齊桓公北伐山戎 山戎走

보는 바와 같이 제리공, 제환공 시절 즉 기원 전 8세기 말 7세기 초에 산융이 매우 강성하여 제리공 때(기원전 8세기 말)에는 연을 넘어 멀리 제 나라를 공격하였는데 제는 정나라의 응원을 얻어 파멸을 면할 수 있었고 기원전 7세기 초에 연을 공격하였을 때에 연은 형세가 매우 위급하였는데 제환공의 '북벌'로써 구원되였으며 처음으로 산융의 세력이 좌절된 것이었다.

그런데 이 당시 이 지역에서 활약한 것은 산융뿐만이 아니었으며 제환공의 '북벌'도 이 때 뿐이 아니었다. 다음의 기사는 그 사이의 소식을 잘 말하여 준다.

사기 세가 재태공 : 桓公曰 寡人南伐至召陵望熊山 北伐山戎離支孤竹 西伐大夏涉流砂

관자 소광小匡 : 中救晉侯 禽狄王 敗胡貊 破屠何 而騎寇始服 北伐山戎 制令支 斬孤竹 而九夷如聽

제환공이 산융, 령지, 고죽을 공격한 것은 동시에 있은 일이였을 수도 있지만 대하大夏(산서 태원 북쪽)에 대한 것은 물론이고 호백, 도하屠何=徒何(금錦현 서북, 대릉하大陵河 류역)에 대한 것도 그 위치로 보아서 각기 별개로 진행된 것이라고 생각된다. 관자管子는 관중管仲이 지은 것이 아니라 전국 시대 사람들이 쓴 것이며 여러 사람들의 손을 거친 것으로서 그 내용을 믿기 어려운 것이라고 하지만 일률적으로 다 부정할 것은 아니라고 생각한다. 하여간 제환공 시절의 북방 종족들과 한족과의 충돌은 한족의 운명을 좌우한 격렬하고 넓은 범위에 걸친 충돌이었다. 공자가 관중이 없었드라면 나도 되의 풍습을 따르게 되었을 것[微管仲 吾其被髮左衽矣]이라고 한 것은 우연한 일이 아니었던 것이다.

이상에서 우리는 무엇을 알 수 있는가?

첫째로 기원 전 8세기 말 7세기 초에 장성, 열하 지역에 산융, 란하 중 하류에 령지, 고죽, 대릉하 류역에 도하가 있었는데 그들은 독자적으로 활동하였으며 그들이 어떤 정치적 집단으로 집결되고 있었거나 그들의 거주한 지역을 범칭하는 무슨 고장 이름이 있는 것은 아니라는 사실이다. 따라서 란하 류역이나 대릉하 류역을 조선이라고 한 일도 없으며 산융은 물론이고 거기에 거주한 령지, 고죽, 도하 등이 고조선의 주민으로 된 일도 없다. 고조선이라는 고장 또는 정치적 집단(국가로 형성되기 이전을 이렇게 가칭하기도 함)은 처음부터 그 이동에 있은 것이며 그와 연과의 접촉이 시작된 것은 그러한 종족들이 기원전 7세기경에 연, 제의 련합 세력에 의하여 쇠약하여지고 그 후 점차 연의 세력이 거기에 미치게 된 후부터의 일이라고 할 것이다. 이렇게 말하는 것은 란하 류역, 료서 지방이 원래 고조선의 땅이였다는 견해가 있기 때문이다.

둘째로 서주 초에 분명히 장성, 열하 지방에 있었던 발, 숙신(란하 중하류에는 이 시기에도 고죽이 있었다)이 이 시기에 전연 나타나지 않는 사실이다. 이것은 산융이 강성하여 집에 따라 발, 숙신은 동으로 밀렸으며 기원전 7세기 초에 제환공의 '북벌'로 대하, 산융을 비롯한 여러 종족들이 대타격을 받게 되면서 그러한 장성 지대에서의 주민 이동의 물'결이 더욱 촉진된 데서라고 생각한다. 이미 도유호 동지는 고고학적으로 기원전 7세기에 장성 지대에서 종족 이동의 큰 물'결이 일어났으며 그것이 동서 두 방향으로 있었다는 것을 론한 바 있다.[4]

그러면 장성, 열하 지방에 있었던 발, 숙신은 어디로 이동하였는가?

삼국지 위서 동이전에서 처음으로 읍루挹婁전을 세우고(후한서에도 읍루전이 있지만 삼국지보다 후에 쓴 것) 읍루를 옛날의 숙신의 나라라고 하였는데 이것은 근거 없는 소리라고 많은 사람들이 말하여 왔다. 사실 그렇게 말할 만한 점이 없는 것도 아니다. 우선 송화강 이동에서 연해주 지방에 걸쳐서 있었다고 보이는 읍루가 동방의 어느 종족보다도 먼저 기원전 12세기에 중국과 교역하였을 수 만무하며 다음으로 그 기사의 문장 련계를 고려할 때에 읍루를 숙신이라고 한 것은 글 쓴 사람의 추측에 불과하다고 할 수도 있다. 읍루 전에는 "其弓 長四尺 力如弩 矢用楛 長尺八寸 青石爲鏃"라고 하였다. 즉 먼저 그들의 궁시의 모습을 사기, 로어魯語에서 "숙신씨가 호시와 석노를 선물하여 왔는데 그 길이가 자 여덟 치였다肅愼氏貢楛矢石弩 其長尺有咫"라고 한 그 궁시와 흡사하게 형용하고서 거기에 이어 옛날의 숙신의 나라라고 하였는바 우 아래의 련계를 고려할 때에 그것이 추측에 불과한 것이라고 생각할 수도 있다. 그러나 숙신이 원래의 위치에서 이동한 것이 틀림없고 읍루에 숙신의 전통이 농후하다면 읍루를 옛날의 숙신의 나라라고 말하지 못 할 것이 아니다. 그런데 숙신족이 장성, 열하 지방에서 다른 데로 이동하였으리라는 것은 이미 말한 바거니와 숙신의 원주지였을 열하 지방과 읍루의 지

---

4 도유호, 『조선원시고고학』, 213쪽 참조.

역이었을 오늘의 길림, 연길, 왕청 지방은 청동기 시대에 공통한 전통으로 련결되여 있었다. 즉 열하 지방에서 볼 수 있는 돌상자 무덤石棺墓은 길림, 연길, 왕청 지방에서도 나타났는바 그것들은 무덤 구조에서 류사할 뿐만 아니라 그 부장 유물 종태에서 서로 통하는 점이 많다. 그것들에서는 석기와 함께 청동기가 나타나는데 그러한 석기와 청동 제품 중에는 류엽형의 편암제 활촉과 창끝, 제형의 도끼와 대패, 반월도, 청동제 장식품 등 일련의 공통한 전통을 보여 주는 것이었다. 또 토기 종태에도 일정한 공통성이 있는 것이니 이런 돌상자 무덤에서 드러나는 토기는 모두 민그릇 갈래의 것이다. 이러한 공통성은 청동기 시대에 열하 지방에서 길림, 연길, 왕청 지역으로 주민의 이동이 있었음을 말하여 주는 것이며 그것이 다만 문화의 파급으로 이루어진 것이라고는 볼 수 없는 것이다. 따라서 문헌에 읍루를 옛날의 숙신의 나라라고 한 것은 추측이 아니며 그들 사이에 그러한 설화가 전하여져 있는 데 근거한 것이라고 보인다.

다음으로 산해경山海經 대황북경大荒北經에는 "有胡不與之國 烈性黍食"이라고 한 구절이 있다. 산해경은 그 내용에 황당무계한 것이 많으며 거기에는 한대에 생긴 지명까지도 들어 있어 그 저작 년대에도 의문되는 점이 많은바 청대의 사람 필원畢沅은 그 중에서 대황경大荒經 이하 5편은 한대의 류수劉秀(처음 이름은 歆)가 지은 것이라고 하였다. 그것은 어쨌든 간에 이 대황북경에 보이는 불여不與는 부여夫餘를 가리킨 것임에 틀림없는바 부여는 발發의 전음轉音일 것이다. 그렇다면 장성, 열하 지방에 있었던 발은 동북 방향으로 송화강 중류 지역에 이동하여 부여로 된 것이라고 말할 수 있는바 그러한 관계는 고고학적 자료로써도 설명할 수 있다. 장성, 열하 지방의 청동기 시대의 그릇-홍도는 료동 지방으로도 들어 왔지만 그보다 더 큰 조류가 철령鐵嶺, 정가둔鄭家屯을 거쳐서 장춘 부근을 지나 송화강松花江 중류 및 눈강嫩江 좌우안 일대의 세석기 빗살무늬 그릇 문화 속으로 깊이 침투하였다. 이와 같은 사실은 장성, 열하 지방에서부터 이 지역으로 주민의 이동이 있었다는 것을 말하여 주는 것인바 그것이 바로 발이었다고 보아서 큰 잘못이 아닐 것 같다.

물론 장성 열하 지방에서 출발한 주민의 이동은 동으로 읍루 방향으로와 동북으로 부여 방향으로 뿐만 아니라 동남으로 료동 조선 방향으로도 있었다. 그러나 그것은 그 이동 물'결의 주류가 아니었던 것이니 우에서 말한 바와 같이 부여 방향에 비하여 료동 쪽에는 열하에서 출발한 홍도의 물'결이 매우 약하게 미쳤다. 그리고 상술한 열하-길림 - 연길 - 왕청을 련결하는 돌상자 무덤이 료동 지방에는 보이지 않으며 그 대신 이 고장에는 전형적인 돌멘(支石墓)이 보인다.

이상에서 중국의 가장 오랜 시기의 문헌에 보이는 하북 지방에 있은 조이가 료동, 조선의 주민이었다는 견해가 일찍부터 내외 학자들 간에 있었으나 그렇게 보기 어렵다는 것, 적어도 기원전 12세기까지는 장성, 열하 지방에 있은 발, 숙신(아마도 몽고 계통의 종족)은 기원전 12세기에서 기원전 8세기에 이르는 그 어느 중간에 숙신은 동으로 세석기, 빗살무늬 그릇 계통의 문화를 가진 종족들(퉁구스 또는 고아세아족)의 거주 지역으로 이동하여 그들과 합류하여 읍루족으로 되었고 발은 동북으로 세석기, 빗살무늬 그릇 문화의 본격적인 지역에 이동하여 그 곳의 주민(아마도 퉁구스 계통의 주민)들과 합류하여 부여족으로 된 것이라는 것을 말하였다.

2.

그러면 고조선이란 본래 어디를 가리킨 것이며 그 종족은 어떠하였는가? 결론부터 말하면 고조선이란 본래 오늘의 료동과 우리나라 서북 지방을 가리킨 고장 이름이며 그 주민은 예, 예맥으로 불리운 종족의 일부였다고 필자는 생각한다.

주지하는 바와 같이 조선이라는 명칭이 문헌상에 최초로 나타나는 것은 관자 규도揆度편에서 해내의 옥폐玉幣 중의 하나로서 발조선發朝鮮의 문피文皮를 들었고 동서 경중輕重편에서 "吳越不朝 珠象而以爲幣乎 發朝鮮不朝 請以文皮毤服而以爲幣乎"라고 하여 제환공 시대에 원방의 진귀한 물건의 하나로서 발조선의 모피와 갖옷을 든 그것이다. 우에서도 말한 바와 같이 관자는 환공 시대의 관중이 지은 것이 아니라 전국 시대의 그 어떤 사람들에 의하여 저술된 것으로 그 내용이 미덥지 않다고 한다. 그러나 그것이 전국 시대의 저작이라고 한다 하더라도 그렇다고 하여 그 내용이 모두 전국 시대의 지식을 반영한 것이라고만 볼 것은 아니다. 전국 시대 사람이 춘추 시대의 사실을 썼을 수도 있는 것이다. 실지로 일찍부터 산동 반도와 료동 서북 조선 간에 해로를 통하여 련계가 있었다는 것은 고고학적 자료로써도 말할 수 있다. 청동기 시대에 료동 반도와 서북 조선의 평남도 황해도에는 본격적인 고인돌이 특히 번영하였는데 그것은 기원전 8세기

경에 산동을 거쳐서 들어 온 것 같다고 한다.[5]

그런데 그것이 산동에는 보이나 하북, 료서 지방에 보인다는 소식을 아직 듣지 못하는 것은 그것이 하북, 료서를 통해서가 아니라 직접 해로를 통해서였다는 것을 의미하는바 기원전 7세기인 제환공 시절에 료동 서북 조선 주민들이 해로를 통하여 산동의 제 나라와 교역하였다는 것은 있었을 수 있는 일이라고 할 수 있다.

서북 조선의 돌멘이 분포되어 있는 곳에도 팽이그릇이 반드시 따라 다니며 료동 지방에서도 돌멘이 있는 곳에는 팽이그릇이 보인다고 한다.

이와 같이 료동 지방과 서북 조선 간에는 매장 형식에서와 그릇에서 현저하게 공통성이 있었다는 것은 이 지역 주민들의 문화와 생활에서 일정하게 통일성이 이루어졌다는 것을 의미하는바 그 지역을 조선이라고 범칭한 것이며 그 조선이 바로 제환공 시절에 제 나라와 모피와 갖옷을 가지고 교역한 것이었다고 보인다.

기원전 7세기 초에 제 나라와 교역한 고조선이 결코 란하 류역이나 그에 란접한 료서 지방이 아니고 그보다 먼 곳이었다는 것은 상술한 관자의 기사에 계속하여 "팔천리지오월八千里之吳越"이니 "팔천리지발조선八千里之發朝鮮"이니 하는 구절이 있는 것으로써도 알 수 있다. 물론 여기서 말하는 8천 리는 절대적 거리를 의미하는 것이 아니고 다만 거리가 멀다는 것을 형용한 데 불과하다. 그러나 조선이 남중국의 오월과 대비할 먼 거리에 있은 것이라면 그것이 결코 란하 류역이나 그 근방에 있은 것이라고 할 수는 없는 것이다. 뿐만 아니라 우에서도 말한 바이거니와 이 시기에 란하 류역에는 령지, 고죽이 있었고 그 이동에 도하가 있어 각기 독자적으로 활약하였으며 백이숙제伯夷叔齊의 나라 고죽은 은 말 서주 초에도 그 곳에 있은 것이다(백이숙제가 서주의 무왕이 은나라를 침공하는 것을 간하였다는 설화로 보아 고죽이 그 당시에는 서쪽에 있은 것이라고 할 수도 있으나 사기 백이숙제 렬전에는 그들이 서로 제위를 사양하기 위하여 자기 나라를 떠나 서쪽 나라에 가 있었다고 하였다). 실로 기원전 7세기경까지 고조선과 연과의 사이에는 산융, 령지, 고죽, 도하가 가로 막혀 있었는데 연, 제의 련합 세력에 의하여 그들이 쇠약하여졌으며 거기에 따라 점차 연의 동쪽으로의 진출과 고조선의 서쪽으로의 진출이 있게 된 데서부터 고조선과 연은 서로 접경

---

5 도유호, 『조선원시고고학』, 293~204쪽, 동서, 206쪽 참조.
6 도유호, 동상서, 101쪽 참조.

하게 되었으며 복잡한 관계가 벌어지게 된 것이라고 보인다.

흔히들 산해경의 조선에 관한 기사를 가지고 고조선이 료서 내지 란하 류역에 있었다는 론거의 하나로 삼는다. 그러나 산해경의 기사 자체도 결코 이상에서 말한 고조선의 위치와 모순되지 않는다고 필자는 생각한다. 산해경에는 다음과 같이 씌어 있다.

朝鮮在列陽東 海北山南(海內北經)

東海之內北海之隅 名曰朝鮮(해내경)

해내북경에서 '해북산남海北山南'이라고 한 것은 이른바 뒤로는 산을 등지고 앞으로는 바다에 면하였다는 의미다. 그런데 료동과 서북 조선은 바로 뒤로는 장백, 랑림의 산맥을 등지고 앞으로 바다에 면한 고장이다. 특히 해내경에서의 '동해지내북해지우東海之內北海之隅'라고 한 것은 조선이 크게 말하여 동해의 범위 내 즉 동해에 면하였고 좀 더 구체적으로 말하면 그 동해의 북부의 한쪽 가에 있다는 뜻인데 중국을 본위로 하여 말한 이 글에서 한쪽 가를 의미하는 것이 아니라 동쪽 가를 의미하는 것임은 물론이다. 즉 산해경의 기사는 고조선의 본래의 위치가 료동, 서북 조선이라는 것과 모순된다기 보다는 오히려 그 타당성을 말하여 주는 것이라고 필자는 생각한다.

주지하는 바와 같이 사기 조선렬전, 한서 조선렬전에는 전국 초에 북중국의 연나라가 고조선을 침략하여 '북속'시켰다고 하였으며 위략에는 고조선이 연장 진개秦開의 침략을 받아 서방 2천 리의 땅을 떼우고 드디어 약하여졌다고 하였다. 이것은 중국 사가들이 그들의 립장에서 쓴 과정이다. 그러나 고조선이 연나라의 침략으로 인하여 서방의 일부 땅을 포기한 것만은 사실인데 그 후부터는 고조선의 중심이 대동강 류역으로 되었으며 여기서 고조선의 찬란한 문화가 이룩되었다. 이 관계에 대하여는 다른 데서 이미 론한 바이기에 여기서는 더 론하지 않기로 한다.

다음으로 예, 예맥이란 어떤 종족이며 고조선의 주민이 예, 예맥의 일부라고 보는 리유는 어디있는가?

예, 예맥에 관한 선진 시대의 문헌으로서는 관자 소광小匡편에 "桓公曰 余乘車之會三 兵車之會六 九合諸侯 一匡天下 北至於孤竹山戎濊貊拘秦夏 西至流砂西虞"라 한 것과 급총주서汲冢周書(逸周書) 왕희王會편에 사방의 한족 아닌 이異종족들이 특산물을 가지고 모인 것을 렬거하면서 '예인전아穢人前兒'라고 한 것과 『려씨춘추呂氏春秋』에 "非('北'의 오사) 濱之東 東穢之邦 大解陵魚"라고 한 것을 들 수 있다. 그 중에서 관자 소광편의 것은 사기의 바로 이에 해당하는 기사에 "北伐山戎離支孤竹북벌산융리지고죽"이라 하였고 같은 관자 소광편의 다른 데서도 "北伐山戎制令支斬孤竹북벌산융제령지참고죽"이라 하고 예맥이 보이지 않는 것으로 보아서 후인이 첨가한 것일 것 같기도 하다. 급총주서는 일주서逸周書라고도 하여 진晉 태강太康년간에 급군汲郡의 위안리왕魏安釐王의 무덤을 도굴하여 얻은 것이라고 하니 반고班固의 후한서 예문지에 그 편목篇目이 들어 있고 사마천의 사기에도 이 책의 기사를 그대로 인용한 곳이 있는 것으로 보아서 벌써 량한 시대에 알려져 있는 것이며 그 용어, 문장, 서술 체제 등으로 보아서 전국 시대의 민간 학자의 저작일 것이라 한다. 그리고 려씨춘추는 전국 말의 려불위呂不韋의 저작이다. 그리고 보면 예, 예맥은 산융, 발, 숙신, 고죽과는 달리 늦게야 중국에 알려진 것이다. 그러나 그것은 결코 그만큼 늦게 생겨났다는 것을 의미하는 것은 아니다. 원래 중국에 가까이 있은 일이 없는 데서이며 조선이라는 명칭이 늦게 나타나는 것과 마찬가지 사정에서다.

예, 예맥이 한대 이후의 문헌에는 많이 나타나는바 그 주요한 것을 들면 다음과 같다.

(1) 사기 흉노전 : 諸左方王將居東方 直上谷以佐者 東接穢貊朝鮮
(2) 동서 화식전 : 北隣烏桓夫餘 東綰穢貊朝鮮眞番之利
(3) 동서 흉노전 : 漢使楊信於匈奴 是時漢東拔穢貊朝鮮
(4) 한서 식화지 : 彭吳穿穢貊朝鮮 置滄海郡
(5) 동서 지리지 : 玄菟樂浪武帝時置 皆朝鮮穢貊句麗蠻夷
(6) 동서 하후승전(夏侯勝傳) : "東征歲貊朝鮮
(7) 동서 무제기 : 元朔元年秋 東夷薉君南閭等口二十八萬人降爲蒼海郡
(8) 동서 왕망전 : 先時莽發高句麗兵 … 皆亡出塞 因犯法爲寇 … 嚴尤奏言 貊人犯法 不從騶起 … 今猥被以大罪 恐其遂畔 夫餘之屬必有和者 匈奴未克 夫餘穢貊復起 … 此大憂也 莽不慰安 穢貊遂反 詔尤擊之 尤誘高句麗侯騶 至而斬焉 … 莽大悅 下書曰 : 其更名高句麗爲下句麗 … 貊人愈犯邊
(9) 후한서 명세기 영평 2년 : … 百蠻貢職 烏桓穢貊咸來助祭

(10) 동서 안제기 원초 5년: 高句麗與穢貊寇玄菟

(11) 동서 령제기 건녕 원년: 鮮卑及濊貊寇幽幷二州

(12) 동서 부여전: 地方二千里 本濊地也

(13) 동서 고구려전: 南與朝鮮濊貊 東與沃沮 北與夫餘接

(14) 동서 예전: 元初元年 濊君南閭等畔右渠 率二十八萬口 詣遼東來屬 武帝以其地爲蒼海郡", "自單單 大嶺以東沃沮濊貊 悉屬樂浪

(15) 위서 부여전: 地方二千里 本濊地也

(16) 동서 고구려전: 南與朝鮮濊貊 東與沃沮 北與夫餘接

(17) 동서 동옥저전: 唯不耐濊侯 至于今猶置工曹主簿諸曹 皆濊民作之

(18) 동서 예전: 自單單大山嶺以西 屬樂浪 自嶺以東七縣 都尉主之 皆以濊爲民 今不耐濊 皆其種也

이상과 같은 문헌에 보이는 자료들을 근거로 하고 예맥에 관하여 내외의 학자들 사이에 대체로 다음과 같은 서로 다른 견해가 있다.

첫째로, 예가 곧 맥(사마정司馬貞은 사기색은에서 "맥즉예야貊卽濊也"라고 하였다)이라는 데서부터 '예맥'을 한 계렬 종족에 대한 총명總名이라고 보면서 부여, 예, 고구려 등을 이에 포함시키는 견해가 있다.

이와 관련하여 최근 도유호 동지는 '예맥濊貊'이라는 단어의 유래에 대하여 '예濊'에는 '예'와 '회'의 두 가지 음이 있어 북중국 발음으로는 회맥을 '후이모'라고 한다는 것을 지적하고서 마음과 같이 말하였다.

> 회맥을 '고마'의 대음對音으로 보는 견해가 있는바 거기에는 일리가 있다. 고마가 곰熊, 신神 등과 관련한 명사임은 민속학 상의 례로써 미루어 잘 엿볼 수 있는 바다. 대륙 북쪽의 종족들 사이에서 곰이 가지는 신성성을 고려하거나 에벤끼(퉁그쓰)족 사이에서 곰을 흐모띠хомоты라고 하며, 신의 성격을 띤 우상偶像을 흐모꼬르хомокор, 또 자기의 씨족의 조상을 상징하는 우상을 흐모껜хомокен이라고 하는 례로 미루어 우리는 '회맥', '고마' 등 단어의 유래를 잘 짐작할 수가 있다.[7]

---

7 『문화유산』 1962년 4호, 7쪽.

둘째로, '예맥'은 '예'와 '맥'의 두 개 종족의 련칭連稱, 합칭合稱이라고 보는 견해가 있다.

셋째로, '예맥'은 '맥'의 일종이며 '예'는 '예맥'의 략칭略稱이라는 견해가 있다. 이 견해가 첫째 견해와 다른 점은 첫째 견해에서는 '예맥'을 총명으로 보는 데 대하여 이 견해에서는 '맥'을 총명으로 보면서 '예맥'은 그것의 일종이라는 데 있다.

필자는 기본적으로 이 견해에 찬동하는바 그렇게 보는 리유에 대하여는 다른 데서 론하기로 하고 여기서는 략한다.

예맥에 대한 해석을 어떻게 하든지 간에 즉 그 어느 견해에 의하든지 간에 우에서 든 문헌 자료에서 고조선과 예, 예맥의 종족적 관계를 보여 주는 직접적인 자료를 찾아 낼 수는 없다. 비록 그렇기는 하나 그들이 고조선의 변두리에 살았으며 고조선과 밀접한 관계를 가지고 있었다는 것은 쉽게 짐작할 수 있다. '예맥조선穢貊朝鮮'이니, '조선예맥朝鮮穢貊'이니 하여 예맥과 조선을 병칭하였다. 또 반드시 다 동일한 시대의 사실이었다는 것은 아니라 하더라도 예맥 또는 예는 우에서 든 문헌 (12), (15)에 의하면 부여(아마도 그 남부)에도 있었으며 동 (8)에 의하면 고구려(아마도 그 서부)에도 있었고 동 (14), (17), (18)에 의하면 단단대산령單單大山嶺(랑림산맥) 이동, 이서에도 있었다. 이것으로 보아 그들은 고조선을 둘러싸고 있었다고 할 수 있는바 이것은 고조선이 예, 예맥과 동족이었을 가능성이 있다는 것을 말하여 주는 것이다.

다음으로 후한서 예전이나 위서 예전에서도 예는 고구려와 언어와 법속法俗이 대개 서로 같다는 것을 지적하고 그와 다른 특성으로서 성질이 순직하고 욕심이 적으며[性愚慤少嗜欲] 남녀가 둥근 것의 옷을 입으며[衣曲領] 동성끼리 혼인하지 않으며, 범을 신성시[祠虎以爲神]한다는 것 등등을 들었는바 이는 고조선 사람들의 성질, 풍습과 상통하는 것이라고 할 수 있을 것 같다. 즉 한서 지리지에서 낙랑 조선의 인민들은 서로 도적질하지 않아 문을 잠그는 일이 없다고 한 것은 예족이 순직하고 욕심이 적다는 것과 상통하며 부인이 정절을 지키며 음란하지 않다고 한 것은 예족이 동성끼리 혼인하지 않는다고 한 것과 상통하는 것 같다. 중국 사람들의 도덕관념으로 볼 때에 동성끼리 혼인하지 않는 것을 부인들이 음란하지 않은 중요한 징표로 삼았을 수 있다고 생각한다. 고조선 사람들의 이데올로기를 반영하였을 단군신화에는 범과 곰을 씨족의 토템으로 삼은 흔적이 보이는바 이 역시 예족이 범을 신성시하였다는 것과 상통한다. 고구려 고분 벽화에 나타나는 인물들에서 둥근 깃의 옷을 입은 례는 오직 안악 3호 분과 약수리 고분에서만 볼 수 있는바 이렇게 이전의 고조선의 중심지역이었던 곳의 것에서만 그런 것을 볼 수 있다는 것은 그 지역에 둥근 깃의 옷을 입는 전통이 오래 남아 있었음을 반영하는 것이 아닐까?

그리고 주지하는 바와 같이 후한서 및 삼국지 위서의 예전에서는 고조선의 력사를 필요 이상으로 장황하게 썼다고 할 수 있는데 그 역시 우연한 일이 아닌 것 같다.

이상으로써 우리는 희미하게나마 고조선의 주민이 예, 예맥과 동족이었음을 엿볼 수 있다고 생각한다.

예, 예맥은 산동 반도에도 진출한바 있은 것 같다. 수경주水經注 권4에 "洑水 … 東北過濊邑北濊水出焉"이라고 있는데 중국학자 릉순성淩純聲은 그의 저 『송화강하류적혁철족松花江下流的赫鐵族』에서 이것을 근거로 하고 예맥이라는 호칭은 예수 류역에 거주한 맥인이라는 데서 생긴 것이라고 한 모양이다.[8]

그렇게 보는 문제라고 할 것이나 량 지역 간에 사람들의 이주 관계가 있은 것을 말하여 주는 것일 수는 있을 것 같다. 우에서도 말한 바와 같이 우리나라 청동기 시대의 고인돌은 산동 반도를 거쳐서 들어 온 것이며 기원전 7세기에는 산동 반도와의 사이에 교역 관계가 있어 사람들의 왕래가 상당히 있었다고 보이는바 예읍은 예인 상인대가 거기에 가서 만든 예인 방이었을 수도 있다.

고조선 종족에는 고유한 호칭도 있은 것 같다. 상술한 급총주서 왕회편에는 예인뿐만 아니라 직신稷愼, 량이良夷, 발인發人, 고이高夷 등도 보이는데 공조孔晁의 주에 량이를 낙랑의 '이夷', 고이를 고구려의 '이'라고 한 것은 옳다고 생각한다. 아마도 낙랑이야말로 고조선의 종족을 가리키는 고유한 호칭이었던 것 같다. 그러나 그렇다고 하여 그것이 고조선 주민이 예, 예맥과 동족적 관계에 있은 것이 아니라는 증거로 될 수는 없다. 고조선의 주민은 사회 경제적으로 빨리 발전하여 같은 예, 예맥이면서도 변두리의 그들과는 구별되었던 데서 종족의 호칭도 서로 다르게 된 것이라고 볼 수도 있는 것이다.

이상에서 적어도 기원전 8~7세기경에는 료동 지방과 서북 조선의 주민들의 문화와 생활에서 일정하게 통일성이 이루어졌는데 그 고장이 바로 본래의 고조선이었다는 것

---

8   三上次南, 「穢人과 그 民族的 性格」(『朝鮮學報』 第二輯) 참조.

과 예, 예맥과 고조선에 관한 단편적인 자료를 가지고서도 고조선의 종족이 예, 예맥의 한 부분이었음을 엿 볼 수 있다는 것을 말하였다.

03.
예맥족에 대하여 1*

-
-
-

전 호의 「고조선의 종족에 대하여」에서 우리의 조상으로 된 고대 종족 중 고조선의 주민은 그 거주 지역이 뒤로는 큰 산맥을 등지고 앞으로는 바다에 면하였으며 기후도 한韓을 제외한 우리의 조상으로 된 다른 종족의 거주 지역보다 온화하였던 것과 장성 지대 및 북중국과 문화 교류를 하기에 편리한 지리적 위치에 놓여 있은 데서 우리의 조상으로 된 다른 어느 종족들보다도 사회 경제 문화의 발전이 빨랐는바, 종족적으로 볼 때에는 예맥족의 일부였으리라는 것을 론하였다.

또한 '예맥'이라는 호칭의 내용에 대하여 내외 학자들 간에 서로 다른 견해들이 있는데 그것을 대체로 (1) '예맥'을 부여, 고구려, 옥저, 예를 포함하는 한 계렬의 종족들에 대한 총명으로 보는 견해, (2) '예맥'을 '예'와 '맥'의 두 개 종족의 합칭으로 보는 견해, (3) '예맥'을 '맥'의 일종으로 보는 견해로 나눌 수 있는데 필자는 기본적으로 셋째 견해에 찬동한다는 것을 말하였다.

실로 '예맥'과 관련한 내외 학자들의 론술은 정다산丁茶山의 「예맥고濊貊考」,「예맥별고濊貊別考」를 비롯하여 일일이 매거하기 어려울 정도로 많은바, 여기서 그것을 일일이 소개하려고는 하지 않는다. 그러나 이야기하여야 할 것은 최근만 하여도 중국학자 공손연公孫燕 –「論濊貊之"貊"非東胡人」(잡지 『고고考古』 1962년 10호), 일본 학자 미가미三上次男 –「穢人과 그 民族的 性格에 대하여」(『조선학보朝鮮學報』 2집, 3집), 미시나三品彰英 –「濊貊族小考」

* 『고고민속』 1963년 2호.

(『조선학보朝鮮學報』4집) 등 '예맥'과 관련한 일련의 론문이 발표되었으며 그 외에도 필자가 아직 보지 못한 최근에 발표된 것이 있다는 것을 소개된 론문 목록을 통하여 알 수 있는 사실이다. 이렇게 '예맥'과 관련한 론술이 일찍부터 있었으며 지금도 계속되고 있는 것은 무엇 때문인가? 그것은 종래 이 문제가 만족하게 해명되지 못하였다는 것을 의미함과 동시에 이 문제의 해명이 우리나라 고대 력사를 론함에 있어서는 물론이고 중국 북부 장성 지대의 력사를 연구함에 있어서도 중요한 의의를 가지기 때문인 것이다.

그러므로 이 문제의 해명을 위해서는 앞으로 많은 토론이 요구된다고 보면서 아래에서 필자의 관견을 말하기로 한다.

1. 예濊, 예맥濊貊은
동일한 종족에 대한 두 가지 호칭

1) 선진先秦 문헌 및 사기에 보이는 맥貊, 만맥蠻貊, 호맥胡貊 및 예濊, 예맥濊貊

예 또는 예맥은 그와 호칭 상 관련이 있는 맥 또는 만맥, 호맥보다 문헌상에서 훨씬 뒤에 나타난다(예맥은 이夷・적狄・융戎・만蠻 등과 마찬가지로 과거 중국의 지배 계급들이 한족 아닌 종족들을 멸시하는 데서 쓴 글자다.). 그러므로 맥, 만맥, 호맥이란 무엇을 가리킨 것이며 그와 예, 예맥과의 관계는 어떠한가를 살펴보는 것이 예, 예맥이란 호칭의 내용을 밝히는 데 필요하다고 생각한다. 우선 선진 문헌 및 사기에서 맥(貉, 貊)이 단독으로 나타나는 례를 들고 고찰하기로 한다.

(1) 『주례』 하관 하: 직방씨는 … 나라의 도시와 시골, 4이, 8만, 7민, 9맥, 5융, 6적의 인민과 그 재정, 5곡, 6축의 회계를 살핀다(職方氏 … 辨其邦國都鄙四夷八蠻七閩九貉五戎六狄之人民與其財用五穀六畜之數要).

(2) 동서 추관 사구 하: 만예 120인, 민예 120인, 이예 120인, 맥예 120인 … 맥예는 복불씨에 속하여 짐승을 양하고 길들이는 일을 맡아 보며 짐승과 더불어 말하는 일을 맡아 본다(蠻隸百

有二十人 閩隸百有二十人 夷隸百有二十人 貉隸百有二十人 … 貉隸掌役服不氏 而養獸而教養之掌 與獸言 …].

(3) 『시경』 대아 한핵 : 저 커다란 한성은 평화 시기(燕) 인민(師)이 완공한 것이다. … 왕이(주선왕) 한후에게 되와 맥을 주어 북쪽 땅을 차지하게 하였고 그 선조의 작위대로 백으로 하였다 [溥彼韓城 燕師所完 王錫韓侯 其追其貊 奄受北國 因以其伯].

(4) 『맹자』 고자장구 하 : 백규가 말하기를 나는 20에서 1을 조세로서 취하려고 하는데 어떠한가. 맹자가 말하기를 그대의 제도는 맥의 제도다. … 대저 맥은 5곡이 나지 않고 오직 기장만 난다. 성곽 궁실 종묘 사직의 법이 없고 제후 례물 연회가 없으며 각가지 관리가 없다. 그러므로 20에서 1을 취하여도 충분하다[白圭曰 吾欲二十而取一何如 孟子曰子之道貉道也 … 夫貉五穀不生 唯黍生之 無城郭宮室宗廟社稷之體 無諸侯幣帛饗殮 無百官有司 故二十而一足也].

(5) 『사기』 조세가 : 내가 장차 너에게 림호의 땅을 주려고 한다. 후세에 이르러 또 항왕이라는 왕이 있어 … 하종을 차지하고 휴혼의 제맥에까지 이르며 남으로 진별을 정벌하고 북으로 흑고를 멸망시킬 것이다. 양자가 두 번 절하고 3신의 명령을 받았다[余將賜女林胡之地 至于後世 且有伉王 … 奄有河宗至于休溷諸貉南伐晉別 北滅黑姑 襄子再拜 受三神之令].

주례周禮는 주공周公이 지은 것이라고 하지만 과연 그러한가는 의문이다. 그러나 서주 시대의 글이라고는 할 수 있는바 그 하관夏官편의 한 구절(례 1) 중에 맥 외에 융戎, 적狄을 따로 든 것을 보면 서주 시대에 중국 북방 종족 중의 어느 한 부분을 맥이라고 특징한 것임이 틀림없다. 이 점에서 시경詩經, 대아大雅, 한혁韓奕장에 보이는 맥(례 3)과 사기 조세가趙世家에 보이는 맥(례 5)도 마찬가진 것이니 전자의 경우는 맥과 린접하여 되追라는 종족이 살고 후자의 경우는 림호林胡, 흑고黑姑도 북방의 땅인데 그것은 맥으로 보지 않은 것이다. 그런데 상기 주례 하관편에서 9맥, 사기 조세가에서 제맥諸貉이라고 한 것으로 미루어 보아 맥에는 또한 여러 갈래가 있었다는 것을 알 수 있다. 바로 주례 추관秋官, 사구司寇편에 보이는 맥예貉隸(례 2)는 그러한 맥족 출신의 노예를 가리킨 것이며 맹자 고자장구告子章句에 보이는 맥도貉道(례 4)도 그러한 맥족의 제도를 가리킨 것이라고 보인다.

그러면 그러한 맥들은 중국 북부의 어디에 거주하였는가? 맥이 단독으로 나타나는 례 중에서 상기 시경 한혁장의 경우와 사기 조세가의 경우는 그들의 거주 방향을 짐작할 수 있게 한다. 시경 한혁장은 기원 전 9세기 초에 윤 길보尹吉甫가 주선왕周宣王을 찬미하여 지은 시인데 그 때의 한후韓侯의 령지는 오늘의 섬서陝西, 산서山西 접경 지대였다고 추정되고 있다. 그런데 상기 인용 례(3)에서 보는 바와 같이 맥은 그 당시 즉 기원 전 9세기 초에 한후의 북쪽에 있은 것이었으니 그 위치는 산서, 섬서의 북쪽이었다. 사기 조세가에 보이는 기사는 조양자趙襄子가 지백智伯과 싸워 곤경에 빠졌을 때에 신神이 그에게 주었다는 분부盼咐의 내용이고 물론 력사적 사실은 아니다. 그러나 결국 그가 품고 있은 령토 확장 계획을 신의 분부에 가탁假託하여 표시한 것임에는 틀림없다. 그런데 여기서 "하종을 차지하고 휴혼의 제맥諸貊에 까지 이른다奄有河宗至于休溷諸貉"고 한 하종河宗을 장수절張守節은 사기정의에서 산서 북부인 람승嵐勝 2주州의 땅에 있다고 보았다. 그러고 보면 이 경우의 맥도 시경 한혁장에 보이는 맥의 경우와 같은 방향에 있은 것이었다고 할 수 있다.

호맥胡貊이라는 련칭連稱의 용례는 사기의 여러 곳에서 볼 수 있을 뿐만 아니라 관자管子, 순자荀子, 묵자墨子, 전국책全國策에도 보인다.

    (1) 『관자』 소광 : 환공이 … 중간 쪽으로 진후를 구원하여 적왕을 사로잡고 호맥을 패배시키고 도하를 파하니 기마 탄 외적이 처음으로 복종하게 되었다[桓公 … 中救晉侯 禽狄王 敗胡貉 破屠何 而騎寇始服].

    (2) 『순자』 강국 : 지금 진 나라는 … 북으로 호맥과 린접하고 있다[今秦 … 北與胡貉爲隣].

    (3) 『묵자』 겸애 : 룡문을 굴착하여 연, 대, 호맥과 서하의 백성을 리롭게 하였다[鑿爲龍門 以利燕代胡貉與西河之民].

    (4) 『전국책』 진책 : 소진이 … 진혜왕을 달래여 말하기를 대왕의 나라는 서쪽으로 파촉 한중의 리가 있고 북으로 호맥 대마가 쓸모가 있다 … 고 하였다[蘇秦 … 說秦惠王曰 大王之國 西有巴蜀漢中之利 北有胡貉代馬之用 …].

    (5) 『사기』 흉노 렬전 : 조양자가 구주를 넘어 대를 파하여 병합하고 호맥에 림하였다[趙襄子踰注而破幷代 以臨胡貉].

    (6) 동서, 리사열전 : 신이 승상이 되어 30여 년 동안 백성을 다스렸다. … 땅이 넓지 않은 것이 아니지만 또 호맥을 구축하고 남으로 백월을 평정하여 진나라의 강성함을 보여 주었다[臣爲丞相 治民三十餘年矣 … 地非不廣 又逐胡貉 南定百越 以見秦之彊].

(7) 동서 범수・채택열전: 고(賈)가 삶아 죽일 큰 죄를 지었으니 청컨대 스스로 호맥의 땅에 가게 하여 주소서[賈[須賈-위(魏)나라 사람]有湯護之罪 請自屏於胡貉之地].

이렇게 호맥이라는 련칭은 춘추 전국 이래로 사용된 것인바 그것은 일정한 개별적 종족에 대한 특칭이고 호와 맥의 두 개 종족을 의미한 것은 아니다. 사기 흉노 렬전을 훑어보면 잘 알 수 있는 바와 같이 호는 후세에 그러하듯이 원래도 중국 사람들이 북방의 한족 아닌 종족들을 범칭汎稱한 호칭이었다. 사기 흉노 렬전에서는 흉노, 동호는 물론이고 진秦 서북의 의거義渠까지도 호胡로 보았다. 그러므로 맥은 응당 호의 개념 속에 포함되는 것이며 따라서 호맥을 호와 맥의 두 갈래의 종족으로 갈라 볼 수 없는 것이다. 호맥이란 바로 호의 일종인 맥이라는 의미이며 단독으로 맥이라고 한 것과 내용상 다름이 없다. 호맥의 거주 지역을 가지고서도 그렇게 말할 수 있는 것이나 맥의 거주 지역과 호맥의 거주 지역은 대체로 일치한다고 할 수 있다. 즉 관자에 의하면 (례1) 맥은 적狄과 도하屠何의 중간, 순자(례 2), 전국책(례 4),¹ 사기 리사열전(례 6)에 의하면 진秦의 북쪽 또는 동북쪽, 묵자(례 3)에 의하면 연대燕代와 서하西河의 중간, 사기 흉노 렬전에 의하면 조趙의 북쪽, 동 범수・채택열전에 의하면 위魏의 북쪽에 있은 것이라고 할 수 있다. 이것은 결국 호맥이 산서 북부를 중심으로 하고 그 동서에 걸쳐 거주하였다는 것을 말하여 주는 것으로 단독으로 나타나는 맥의 거주 지역과 일치한다. 그리고 보면 맥과 호맥은 동일한 것에 대한 두 가지 호칭에 불과하며 따라서 서주 초에서부터 전국 말에 이르기까지 그 거주 지역에서 큰 변동이 없은 것이라고 말할 수 있다.

이 호맥은 흉노가 활약하면서부터 나타나지 않는다. 주지하는 바와 같이 사기 흉노 렬전은 흉노 활약 이전의 북변 상황을 장황히 썼으나 흉노 자체가 발전하여 온 과정에 대하여는 도무지 알 수 없게 되어 있다. 다만 묵특冒頓이 일어나던 당초에 벌써 동쪽의 동호와 서쪽의 월씨月氏, 저氐, 강羌을 제외하고는 중국 북방 종족들이 모두 흉노에 포괄되고 있었다는 것을 알게 될 뿐이다. 그리고 보면 호맥은 흉노에 완전히 흡수되고 말았거나 그렇지 않으면 호맥이 중심으로 되어 주위 종족을 통일한 것이 흉노였다고 말할

．．．

1 『전국책』에서의 胡貉代馬의 胡貉을 호의 맥(여우와 비슷한 짐승)으로, 代馬를 대군의 마읍(馬邑)이 아니라 대군의 말로 보는 견해도 있다.

수 있다고 생각한다.

이상과 같이 맥-호맥은 적어도 서주 초에서부터 전국 말경에 이르기까지 산서 북부를 중심으로 하고 거주한 개별적 종족을 가리킨 특징이었다.

그러나 한편 맥이란 호칭은 당초부터 북방 모든 종족들을 가리키는 범칭, 개칭槪稱으로도 사용된 것이었으니 아래의 용례에서 보는 바와 같이 만맥蠻貊이라고 할 때의 맥은 대개 다 그러한 범칭의 의미를 가진 것이었다고 할 수 있다.

(1) 『상서』 무성 : 내가 이미 어진 사람을 얻고 상제의 명령을 받들어 반란을 막으니 화하만맥이 복종하지 않음이 없다〔予小子 旣獲仁人 敢祗承上帝以遏亂略 華夏蠻貊罔不率俾〕.

(2) 『시경』 로송 민궁 : 회이 만맥 및 저 남이가 복종하지 않음이 없었고 응하지 않음이 없었으며 로후에 모두 복종하였다〔淮夷蠻貊 及彼南夷 莫不率從 莫敢不諾 魯侯是若〕.

(3) 『론어』 위령공 : 말이 진실하고 행실이 얌전하며 비록 만맥의 나라에라도 갈 수가 있다〔言忠信 行篤敬 雖蠻貊之邦行〕.

(4) 『사기』 연소공세가 : 태사공이 말하노니 … 연나라는 북으로 호맥에 가깝고 안으로 제와 진에 끼어 큰 나라 사이에서 곤란하게 보냈다. 이렇게 하여 약소하였다〔太史公曰 … 燕北道蠻貊 內措齊晉 崎嶇疆國之間 是爲弱小〕.

상서尙書 무성武成 편에 보이는 만맥(례 1)과 론어 위령공편에 보이는 만맥(례 3)은 남쪽의 한족 아닌 종족들에 대한 범칭인 만蠻과 북쪽의 그러한 맥을 합칭한 것이라고 볼 수도 있고 시경 로송 민궁편에 보이는 만맥(례 2) 및 사기 연소공세가에 보이는 만맥(례 4)과 마찬가지로 '미개한' 맥이라는 의미로도 볼 수 있다. 그것이야 어쨌든 간에 이 경우의 맥은 모든 북방 종족을 가리키는 범칭인 것임에도 틀림없다. 그러고 보면 맥을 북방의 일정한 개별적 종족을 가리키는 특칭으로서 뿐만 아니라 모든 북방 종족을 가리키는 범칭으로도 사용한 것은 벌써 서주 시대부터 있은 일이다. 그런데 시경 로손 민궁의 경우에는 같은 글에서 진짜 남만을 가리키는 남이南夷를 따로 들었고 사기 연소공세가의 경우에는 연과 남만南蠻은 하등의 관련도 없는 것만큼 이 두 경우의 만맥은 만과 맥의 합칭인 것이 아니라 '미개한' 맥이라는 의미인 것이다. 이것은 만이蠻夷, 례를 들어 사기 조선열전에서의 '추결만이복椎結蠻夷服', '진번조선만이眞番朝鮮蠻夷', '제만이군장

諸蠻夷君長'의 만이가 '미개한' 이夷라는 의미인 것과 마찬가지다. 이렇게 중국 사람들이 일찍부터 북방 종족들을 '미개한' 맥이라고 범칭한 것으로 보아 맹자孟子가 소위 "발전하지 못한" 제도의 례로서 든 맥도貊道라는 것도 맥이라는 개별적 종족의 제도를 의미한 것이 아니라 '미개한' 북방 종족들의 제도라는 의미일 수도 있다.

만맥과 관련하여 특히 주목되는 것은 상기 사기 연소공세가의 사마천司馬遷의 사론이다. 그는 연나라가 북으로 만맥과 접근하고 있은 사실을 그 나라가 약소하지 않을 수 없은 원인의 하나로 보았는데 연나라는 서북으로 맥, 호맥과 접근하고 있기도 하였지만 실지로 연나라를 제압한 북방 종족은 산융山戎, 동호東胡였다. 그러고 보면 사마천이 말한 만맥은 북방 종족을 범칭한 것이며 동시에 또 구체적으로 산융, 동호를 가리킨 것이다. 그런데 이 산융, 동호는 장성, 열하 지대에 걸쳐 거주한 것이다. 그러고 보면 이 경우에 그는 중국의 동북방에 거주한 종족들을 맥이라고 한 것이다. 뿐만 아니라 그는 그 이동에 있은 예穢도 맥으로 보아 예맥穢貊이라고 하였는바 이것은 범칭으로서의 맥의 범위가 동쪽으로 확장된 것이라고 할 수 있다.

아래에서 선진 문헌 및 사기에 보이는 예, 예맥의 용례에 근거하여 이 관계를 좀 더 살펴보기로 한다.

(1) 『관자』 소광 : 환공이 말하기를 승차의 회합 세 번, 병차의 회합 여섯 번, 모두 아홉 번 천하의 제후들을 회합하였고 북으로 고죽, 산융, 예맥에 이르렀다[桓公曰 余乘車之會三 兵車之會六 九合天下 北至於孤竹山戎穢貊].

(2) 『급총주서』 왕회해 : 서쪽으로 향한 자 정북방 직신과 큰 사슴, 예인과 전아 … 량이와 재자, 발인과 사슴 … 고이와 겸양 …[西面者 正北方 稷慎大鹿 穢人前兒 … 良夷在子 … 發人鹿 … 高夷嗛羊 …]

(3) 『려씨춘추』 시군람 : 북쪽 바다가의 동쪽 되인 예의 고장에서는 큰 게와 릉어가 난다[非濱之東 夷穢之鄕 大解陵魚].

(4) 『사기』 흉노 렬전 : 여러 좌방 왕장들은 동방에 있었는데 상곡에서 더 저쪽에 있은 자는 동으로 예맥 조선에 접하였다[諸左方王將居東方 直上谷以往者東接穢貊朝鮮].

(5) 동서 동전 : 한이 양신을 흉노에 사신으로 보내였는데 이때에 한은 동으로 예맥 조선을 빼앗아 군으로 삼았다[漢使楊信於匈奴 是時 漢東拔穢貊朝鮮爲郡].

(6) 동서 화식열전 : 대저 연은 또한 발갈 지방의 한 도회다. … 북으로 오환, 부여와 이웃하고 동으로 예맥 조선, 진반의 상리를 틀어 쥐였다(夫燕亦渤喝之間 一都會也 … 北隣烏桓夫餘 東綰穢貊朝鮮眞番之利).

(7) 동서 평준서 : 팽오(彭吳)가 예, 조선과 무역하였고 창해군을 두었다(彭吳賈滅(濊?)朝鮮 置滄海之郡).

례 (1)의 관자 소광편의 "北至於孤竹山戎穢貊"은 같은 관자 소광편의 다른 곳에서는 "北伐山戎 制令支 斬孤竹"이라 하였고 사기 제태공세가에서도 이에 해당한 것을 "北伐山戎離支孤竹"이라고 하여 예맥이 보이지 않는다. 그러므로 관자 소광편의 예맥은 후인이 첨가한 것일 수도 있다. 급총주서汲冢周書는 전국 시대의 민간 학자의 저술로 추정되고 있는바 문제의 왕회해王會解는 서주 초 성왕成王 때에 성주成周(洛邑)의 왕성 건설이 락성된 것을 축하한 대회의 상황을 서술한 글로써 거기에는 사방의 한족 아닌 종족들이 각기 자기 고장의 특산물을 가지고 참가한 사실이 기술되어 있다. 물론 이 기사를 그대로 력사적 사실로 볼 수는 없다. 그러나 저술 당시 즉 전국 시대에 중국 사람들이 알고 있은(력사적 전설적인 것을 포함하여) 사방의 종족들과 그 고장의 특산물들을 성주 왕회에 가탁하여 렬거한 것이라고 할 수 있다. 그런데 거기에 보이는 직신稷愼, 예인穢人, 량이良夷, 발인發人, 고이高夷는 각기 숙신, 예, 락랑(고조선), 부여, 고구려를 가리키는 것이라고 보아서 큰 잘못이 아닐 것 같다(大塵, 前兒, 在子, 鹿〈鹿人〉, 嗛羊은 그들이 각기 가지고 간 특산물). 그렇다면 전국 시대에 중국 사람들이 우리의 조상으로 된 북방 고대 종족들을 개별적으로 거의 다 알고 있은 것인데 그 중의 그 어느 하나도 맥이라 하지 않았다. 또 례 (3)에서 보는 바와 같이 전국 말경의 려불위呂不韋의 저작인 려씨춘추呂氏春秋에서 예를 이예夷穢라고 하고 예맥이라고는 하지 않았다. 그러나 그렇다고 하여 그것이 전국 시대까지는 중국 사람들이 아직 중국 동북방의 종족들을 맥으로 치지 않았다는 론거로 될 수는 없다. 급총주서의 경우는 여러 종족들을 개별칭으로써 든 것이고 려씨춘추의 경우는 예는 범칭으로서 말할 때는 맥이기도 하지만 그 때나 그 후에 있어서나 중국 사람들이 말하는 '이夷'기도 한 데서 그렇게 표현한 것이라고 볼 수도 있기 때문이다. 그러므로 관자 소광편에 보이는 예맥은 후인이 첨가한 것이라고 친다 하더라도 사마천의 사기 이전에는 중국 사람들이 동북방 종족들을 아직 맥으로 보지 않은 것이라고 단언할 수는 없다. 그러나 중국 동북방의 종족들을 맥으로 본 명확한 용례는 사기에서부터 찾아볼 수 있다고 할 수 있다.

산융 동호 등을 맥으로 본 사마천은 예도 맥으로 보아 예맥이라고 하였다. 즉 묵특 당시의 좌방左方, 왕장王將들이 차지한 땅은 동으로 예맥, 조선과 접한다(예 4)고 하였다. 이 예맥을 예와 맥으로 갈라서 보는 견해도 있으나 그렇게 될 수는 없는 것이다. 산융, 동호를 맥으로 본 그가 예는 맥으로 보지 않고 뛰어서 그 이동의 종족 – 고구려를 맥으로 보았을 수 없다. 그보다도 고구려는 아직 종족적으로 그렇게 나타나지 않은 데서 문제로도 삼지 않았으며 예맥에 포함시킨 것이라고 할 것이다. 또한 반대로 예맥의 맥은 동호이고 예는 그 이동에 있은 것(그렇게 보는 견해도 있다)이라고 할 수 없는 것이니 흉노의 좌방, 왕장들의 땅이 동으로 예맥 조선과 접한다고 한 것은 바로 흉노가 동호를 병탄하고 강성하여진 때의 동쪽 경계를 말한 것인 만큼 동호인 맥과 접경한 것으로 볼 수 없는 것이다. 그러므로 사기에 보이는 예맥은 바로 급총주서에 보이는 예인穢人, 려씨춘추에 보이는 이예夷穢를 가리킨 것이며 그것은 "예라고 하는 맥"이라는 의미라고 보아야 할 것이다.

사기 평준서의 "팽오고멸조선彭吳賈滅朝鮮"의 '멸滅'자는 '예濊'자의 오사이며 이것을 팽오라는 장사'군이 조선을 멸망시켰다고 새길 것이 아니라 팽오가 예, 조선과 무역하였다고 새길 것이라는 견해가 있는바 한서 식화지에 이에 해당하는 사실을 "팽오천예맥조선彭吳穿穢貊朝鮮"이라고 하였고 실지로 팽오가 조선을 멸망시킨 일도 없으며 있을 수도 없는 것만큼 이 견해는 옳은 것이다. 그렇다면 사기에도 예와 예맥의 두 가지 용례가 있으며 이 경우에 예와 예맥은 동일한 종족에 대한 두 가지 호칭으로 사용된 것이다.

요컨대 중국 사람들이 동북방의 종족들을 맥으로 칭하게 된 것은 그들의 동방에 대한 지식이 넓어짐에 따라서 북방 종족들을 범칭한 맥의 범위가 확대된 데서이며 흉노가 흥기하여 북방이 흉노 일색으로 되면서부터는 맥은 차츰 다만 동북방 종족들만을 가리키는 범칭으로 된 것이라고 할 수 있다. 실지로 흉노 흥기 이후부터는 중국 북방에서 개별적 종족으로서의 맥을 볼 수 없을 뿐만 아니라 중국 북방 종족을 맥이라고 범칭한 데도 볼 수 없다고 할 수 있다. 이 관계는 바로 중국 사람들이 중국 본토의 동부에 거주한 한족 아닌 종족들을 '동이東夷'라고 하다가 그들이 동방에 대한 지식이 넓어짐에 따라 그 호칭이 가리키는 범위가 넓어지고 본토 내의 '동이'가 완전히 한족에 흡수된 후에는 다만 본토 이동의 한족 아닌 종족들을 가리키는 호칭으로 된 것과 마찬가지다.

여기서 만일 전호에서 론한 장성, 열하 방면에 거주하다가 동북방으로 이동하였다고 보이는 발發이 바로 맥을 가리키는 것이라고 한다면 맥의 일부가 동북방으로 이동하여 그 곳의 원주민과 합류하여 불여不與-부여족으로 되었다고 할 수 있다. 그러나 그렇다고 하더라도 맥이란 전'적으로 중국의 동북방 종족들을 가리킨 것이었거나 기원전 9세기경에 한후韓侯의 북쪽 즉 산서 북부에 있는 맥이 동천하여 동북방 종족으로 되었으며 그런 데서 중국 사람들이 중국 동북방의 종족들을 맥이라고 한 것이라고는 볼 수 없다. 후한 말의 정현鄭玄은 시경 주석箋에서 한혁장의 '기추기맥其追其貊'에 대하여 "되와 맥은 엄윤에게 밀리어 차츰 차츰 동쪽으로 옮겼다追也貊也 爲嚴允所逐 稍稍東遷"고 하였으나 그것은 아무런 근거도 없는 말이며 실지로 산서 북부의 맥, 호맥이 흉노가 아직 크게 활약하기 전인 전국 말경까지도 의연히 그 곳의 중요 종족으로 되어 있었으며 흉노의 활약과 더불어 거기에 흡수된 것이었으리라는 것은 우에서 이미 론한 바다.

2) 한서, 후한서, 삼국지 위서에 보이는 예, 예맥 및 맥

한서, 후한서,[2] 삼국지 위서에서 예, 예맥, 맥(맥인)에 관한 기사가 적지 않다. 우선 그 주요한 기사(한서에 보이는 사기의 기사를 그대로 또는 거의 그대로 인용한 것을 제외)를 들고 그것에 근거하여 예와 예맥은 동일하며 예맥을 예와 맥으로 갈라 볼 수 없다는 것, 단독으로 맥(맥인)이라고 하였을 때의 맥을 고구려를 가리키되 그것은 여러 갈래의 맥, 그 영향 하에 있은 예맥까지도 포함시킨 그러한 고구려를 가리킨 것이라고 할 수 있다는 것을 론하기로 한다.

(1) 『한서』 무제기 : 원삭 원년 가을에 동이 예군 남려 등 28만 인이 항복하니 창해군으로 하였다

[元朔元年秋 東夷薉君南閭等 □二十八萬人降 爲蒼海郡].

(2) 동서 지리지 : 현토 락랑을 무제 때에 두었는데 다 조선 예맥 구려의 되 사람의 고장이다玄菟 樂浪 武帝時置 皆朝鮮濊貊句麗蠻夷].

---

[2] 후한서는 삼국지 위서보다 후에 저술된 것이나 거기에는 위서에서는 볼 수 없는 '동이'와 관련한 기사도 있다.

(3) 동서 왕망전 : 始建國四年 先是 莽發高句麗兵當伐胡 … 皆亡出塞 因犯法爲寇 … 州郡歸咎於高句麗侯騶 嚴尤奏言 貊人犯法 不從騶起 正有它心 宜令州郡且慰安之 今猥被以大罪 恐其遂畔 夫餘之屬 必有和者 匈奴未克 夫餘穢貊復起 此大憂也 莽不慰安 穢貊復起 詔尤擊之 尤誘高句麗侯騶 至而斬焉 … 莽大悅 下書曰 … 其更名高句麗爲下句麗 … 於是 貊人愈犯邊

(4) 『후한서』부여전 : 지방이 2천리인데 본래 예의 땅이다[地方二千里 本濊地也].

(5) 동서 고구려 전 : 남으로 조선 예맥, 동으로 옥저, 북으로 부여와 접한다[南與朝鮮濊貊 東與沃沮 北與夫餘接].

(6) 동서 안제기 : 원초 5년 여름 6월에 고구려가 예맥과 더불어 현토를 공격하였다[元初五年夏六月 高句麗與穢貊寇玄菟].

(7) 동서 동기 : 건광 원년 봄 정월에 유주자사 풍환이 2군 태수를 거느리고 고구려 예맥을 침략하다가 이기지 못하였다. … 여름 4월에 예맥이 다시 선비와 더불어 료동을 공격하니 료동태수 채풍이 추격하다가 전사하였다. … 겨울 12월에 고구려, 마한, 예맥이 현토성을 포위하였다[建光元年春正月 幽州刺史馮煥 率二郡太守 討高句麗穢貊不克 … 夏四月 穢貊復與鮮卑寇遼東 遼東太守蔡諷 追擊戰歿 … 冬十二月 高句麗馬韓穢貊圍現菟城].

(8) 고구려 전 : 建光元年春 幽州刺史馮煥玄菟太守姚光遼東太守蔡諷等 將兵出塞擊之 捕斬濊貊渠帥 獲兵馬財物 宮內遣嗣子遂成 將二千人逆光等 遣使詐降 光等信之 遂成因據險阨以遮大軍 而潛遣三千人攻玄菟遼東 焚城郭 殺傷一千餘人 於是發廣陽漁陽右北平涿郡屬國三千騎同救之 而貊人已去 夏 復與遼東鮮卑八千餘人攻遼隊 殺掠吏人

(9) 동서 광무제기 : 건무 25년 봄 정월에 료동 교외의 맥인이 우북평 어양 상곡 태원을 공격하였다[建武二十五年春正月 遼東徼外貊人 寇右北平漁陽上谷太原].

(10) 동서 화제기 : 원흥 원년 봄에 고구려가 군계를 공격하였다. … 가을 9월에 료동태수 경기가 맥인을 격파하였다[元興元年春 高句麗寇郡界 … 秋九月 遼東太守耿夔 擊貊人破之].

(11) 동서 고구려전 : 구려는 일명 맥이라고 한다. 별종이 있어 소수에 의거하여 거주하므로 소수맥이라고 부른다[句麗一名貊夷 有別種 依小水爲居 因名小水貊].

(12) 동서 옥저전 : 무제 조선을 멸망시키고 옥저의 땅으로써 현토군으로 하였다. 후에 되이 맥의 공격으로 군을 고구려의 서북에 옮겼다[武帝滅朝鮮以沃沮地爲玄菟郡 後爲夷貊所侵 徙郡於高句麗西北].

(13) 동서 고구려전 : 遂成還漢生口 詣玄菟降 詔曰 … 鮮卑濊貊連年寇鈔 驅略小民 動以千數 而裁送數

十百人 非向火之心也 … 遂成死 子伯固立 其後濊 貊率服 東垂少事

(14) 『삼국지』 위서 부여전: 그 인장에 예맥의 왕이라고 새겨 있고 나라에 옛 성이 있어 예성이라고 한다. 대개 본래 예맥의 땅인데 부여가 거기서 왕노릇을 한다. 스스로 류망하여 온 사람이 노라고 하는 것에 그럴듯한 점이 있다(其印文言濊王之印 國有古城 名濊城 蓋本濊貊之地 而夫餘王其中 自謂亡人 抑有似也).

(15) 동서 고구려전: 남으로 조선 예맥, 동으로 옥저, 북으로 부여와 접한다(南與朝鮮濊貊 東與沃沮 北與夫餘接).

(16) 동서 예전: 단단대산령에서부터 이서는 락랑에 속하고 령에서부터 이동 7현은 도위가 차지하는데 다 예로써 백성으로 삼는다(自單單大山嶺以西屬樂浪 自嶺以東七縣 都尉主之 皆以濊爲民).

먼저 예와 예맥은 동일하다는 것부터 보기로 한다. 한서에 보이는 동이예군東夷濊君(례 1)의 '예濊'는 '예穢', '예濊'와 동일한 것인바 여기서 '예맥군'이라고 하지 않고 예군이라고 한 것은 예맥을 예와 맥으로 갈라 보아야 할 하등의 리유로도 되지 않는다. 우에서 론한 바와 같이 원래 예라는 종족인데 중국 사람들이 '동북이東北夷'를 맥이라고 범칭하게 된 데서 "예라고 하는 맥"이라는 의미에서 예맥이라고 한 것인 만큼 예군濊君이니, 예왕濊王이니, 예민濊民이라고 할 수 있는 것이며 그렇게 하는 것이 또한 한문식으로 음조가 좋은 것이다. 그러나 조선, 부여, 옥저, 고구려 등 다음 절로 되어 있는 호칭들과 병렬할 때에는 음절의 조화를 맞추어 "예라고 하는 맥"이라는 의미에서 예에 '맥'자를 붙여 예맥이라 하고 고구려에서 '고'를 략하여 구려라고 하는 것이 중국 사람들이 하는 상례였다. 이것은 많은 사료들을 검토하여 보면 잘 알 수 있는 바다.

후한서나 삼국지 위서에는 예와 예맥을 동일한 의미로 사용한 례가 많다. 후한서 부여전에서는 부여를 본래의 예의 땅[本濊地也]이라(례 4)고 하였는가 하면 고구려전에서는 고구려의 령역을 말하면서 남으로 조선, 예맥과 접한다(례 5)고 하여 강원도 북부 방면의 예를 예맥이라고 하였다. 삼국지 위서에서도 부여전에서 부여왕의 인장에 '예왕지인濊王之印'이라고 새겨 있는 사실과 예성濊城이라는 옛 성이 있음을 말하고서는 부여를 본래의 예맥의 땅[蓋本濊貊之地]이라(례 14)고 하였고 고구려전에서는 후한서에서와 꼭 같이 남으로 조선 예맥과 접한다(례 15)고 하여 강원도 북부 방면의 예를 예맥이라고 하였다.

또 이렇게 후한서나 삼국지 위서에서는 다 같이 강원도 북부 방면의 예를 예맥이라고 하였는가 하면 예전濊傳을 세우고 이들을 예라고 하였다. 이것들은 예와 예맥을 동일한 의미로 사용한 뚜렷한 례로 되는바 그러한 례는 이 밖에도 있다.

이상에서 본 바와 같이 예와 예맥을 동일한 의미로 사용한 것은 어느 한 시기의 일도 아니며 한서, 후한서, 삼국지 위서를 일관하여 그렇게 한 것이라고 할 수 있다.

예맥을 예와 맥으로 도저히 갈라 볼 수 없는 용례는 한서, 후한서에서 다 찾아 볼 수 있다(사기에 보이는 예맥을 예와 맥으로 갈라 볼 수 없다는 것은 이미 우에서 론한 바다). 한서 지리지에서는 "현토, 락랑은 무제 때에 설치한 것인데 모두 조선, 예맥, 구려의 되 사람들"(례 2)이라고 하였다. 만일 여기서의 예맥을 예와 맥으로 갈라 서로 다른 종족을 가리키는 것이라고 본다면 현토군, 락랑군에 고조선도 예도 고구려도 아닌 맥이 따로 있어야 하겠는데 그런 맥은 없었다. 뒤에서 볼 바와 같이 고구려를 맥이라고 하는 일도 있었으나 보는 바와 같이 이 경우에 예맥과 함께 고구려를 들었으니 예맥의 맥을 갈라 내여 고구려를 가리키는 것이라고 볼 수는 없는 것이다. 이것은 예맥이 고구려와 병렬되는 다른 한 개 종족이라는 것을 말하여 주는 것이다.

후한서에는 한서 지리지에서처럼 예맥과 고구려를 뚜렷이 구분하여 사용한 례가 많다. 고구려전에서 "고구려가 예맥과 더불어 현토를 공격하였다"(례 6)고 한 것이라든가 "유주자사 풍환馮煥이 2군 태수를 거느리고 고구려와 예맥을 공격하다가 이기지 못하였다"(례 7)고 한 것 등은 고구려와 예맥이 완전히 별개라는 것을 말하여 주는 명백한 례다. 이 예맥을 예와 맥으로 갈라서 그 중의 맥을 고구려로 본다든가 그렇지 않으면 이 예맥에 고구려도 포함된다고 볼 여지가 없다.

그러나 한서나 후한서에 보이는 예맥의 용례 중에는 예와 맥으로 갈라 보아야 할 것 같이 보이는 개소도 있다. 한서 왕망王莽전에 보이는 예맥과 후한서에 보이는 예맥 중의 일부가 그렇다. 우선 왕망전의 것부터 보기로 한다.

문제의 왕망전의 기사(례 4) 내용은 다음과 같다. 왕망이 고구려 군대를 징발하여 호胡(흉노)를 공격하게 하였는데 그들은 다 도망쳐 나가서 법을 위반하고 한나라 주군州郡을 공격하였다. 주군에서 이 책임을 고구려후侯에게 지우니 엄우嚴尤는 왕망께 제의하기를 맥인貊人이 법을 위반한 것은 고구려후의 지시에 의한 것이 아니며 설사 그렇다고 하더라도 마땅히 위안하여야 할 것인데 함부로 대죄를 들씌우다가는 그가 드디여 일어날 념려가 있을 뿐만 아니라 부여 등속이 반드시 호응할 것인바 흉노를 아직 극복하지 못한 데다가 부여, 예맥이 다시 일어나면 이것은 큰 우려로 되는 일이라고 하였다. 왕망이 위안하지 않으니 예맥이 다시 일어났는데 그들을 공격할 임무를 받은 엄우는 고구려후(삼국사기에 의하면 고구려후가 아니고 고구려 장 연비延조였다)를 얼려다가 죽였다. 왕망은 크게 기뻐하면서 고구려를 하구려라고 고쳤는데 여기서 맥인이 더욱 침범하게 되었다는 것이다. 왕망전에는 또 이 사실을 말하기 전에 주맥장군 양준, 토예장군 엄우가 어양에서 나갔다(誅貊將軍陽俊 討穢將軍嚴尤 出漁陽)는 구절이 있다. 그러므로 여기서의 예맥은 예와 맥으로 갈라 보아야 할 것 같이 보인다.

그러나 여기서 이를 떠나서 고구려의 국가 형성 과정의 흐름을 볼 필요가 있다. 고구려는 원래 5개족(凡有五族 - 후한서, 本有五族 - 삼국지 위서)의 련맹 형태였으며 매개 족들에는 또한 고유한 명칭이 있었으며 일정하게 독자성도 있었다. 이들은 원래 고구려족을 구성하는 부족들이었겠지만 거기에는 종족적으로 갈래가 다른 요소도 포함되었을 것이다. 원래 고구려는 예맥의 거주 지역에 부여의 일파가 남하하여 정복 통일한 것이라고 볼 수 있는바 삼국사기에 보이는 고주몽高朱蒙과 비류국沸流國의 송양왕松讓王과의 관계라든가, 압록강 중류의 고구려 초기의 유물에 료동적 요소와 송화강 중류적 요소가 병존한다는 사실[3]은 이러한 사정을 말하여 주는 것이라고 할 수 있다고 생각한다. 이렇게 하여 예맥은 고구려 련맹체 내부에도 있었고 아래에서 론하겠거니와 료동군 현토군의 기본 주민이 예맥이었고 그 교외徼外는 모두 예맥이었다고 할 수 있다. 한 군현 교외의 예맥은 처음에는 고구려 련맹체의 통제를 받았으며 나중에는 완전히 그것에 흡수된 것이다. 이것은 결코 한 개 추측이 아니며 고구려 국가의 발전 과정을 통관할 때에 넉넉히 엿볼 수 있는 바다.

문제의 왕망전의 기사에 다시 돌아가서 고찰하기로 하자. 중국 동북방의 종족들을 맥으로 보는 견지에서 고구려 련맹체 내에 포함된 부족들이나 그 보호 통제 하에 있는 예맥이 다 맥이며 그런 데서 이들을 통털어 말할 때에는 맥인이라고 한 것이라고 보인다. 바로 왕망이 징발한 고구려 군대에는 그런 예맥도 포함된 것이며 그러하였기 때문에 엄우는 맥인이 법을 범한 것을 반드시 고구려후의 책임으로 볼 것이 아니라 하였으

...

3 정찬영 동지의 압록강 류역의 초기 고구려 유물에 대한 조사 연구의 결과에 의함.

며 또 고구려후에 책임을 지운데 대하여 예맥이 궐기한 것도 고구려와 예맥 간에 일정한 련대성이 있은 데서였다고 할 수 있다. 실로 한 군현 내에 동족을 가졌고 한 군현의 교외에 있었으며 고구려의 보호 통제 하에, 내지는 그 련맹체 내에 들어 있은 예맥은 고구려가 한 군현을 공격하는 데서 항상 안내적, 전초적 역할을 담당하였으리라는 것은 가히 짐작할 만한 일이다. 바로 그런 데서 한 군현 측에서 볼 때에는 고구려를 방어하는 데서 일차적으로 상대로 된 것이 예맥이었으리라는 것을 또한 짐작할 만하다. 그러한 예맥을 감시 방어할 책임을 진 것이 바로 토예장군인 엄우였으며 그런 데서 그는 우선 예맥이 일어나는 것을 우려한 것이라고 할 수 있다.

요컨대 왕망전에 보이는 예맥도 예와 맥으로 갈라 보지 않고서는 의미가 통하지 않는 것이 아니며 거기서의 맥인은 예맥도 포함한 것이라고 할 수 있는 것이다. 이것은 상술한 주맥장군이니 토예장군이니 하는 것과 모순되는 것이 아니다. 바로 주맥장군이라는 것은 예맥도 포함한 고구려를 상대로 하는 후비적 책임을 진 자이고 토예장군이라는 것은 한 군현과 직접 대치하고 있는 예맥을 상대로 하는 전초적 책임을 진 자였다고 할 수 있다. 그러하였기 때문에 엄우가 우선 행동을 개시한 것이라고 보인다.

후한서에는 예맥과 고구려의 이러한 관계를 좀 더 명료하게 말하여 주는 기사가 있다. 첫째로 상술한 안제기에서 "유주자사 풍환이 2군 태수를 거느리고 고구려와 예맥을 공격하여 이기지 못하였다"고 한 것을 동서 고구려전에서는 다음과 같이 좀 더 구체적으로 썼다. "유주자사 풍환馮煥, 현토태수 요광姚光, 료동태수 채풍蔡諷 등이 군대를 거느리고 새塞에서 나와서 공격하여 예맥의 거수渠帥를 붙잡아 죽이고 병마와 재물을 빼앗았다. 궁宮(고구려 왕)은 여기서 그 아들 수성遂成을 보내어 광光 등을 맞아 싸우게 하고 사람을 보내어 거짓 항복하는 척하니 광 등이 믿었다. 수성은 여기서 혐애에 의거하여 대군을 차단하였는데 모르게 3천인을 보내어 현토, 료동을 공격하여 성곽을 불 지르고 1천여 명을 살상하였다. 여기서 광양廣陽, 어양漁陽, 우북평右北平, 탁군속국涿郡屬國의 3천여 기를 징발하여 함께 구원하게 하였는데 맥인이 이미 떠나갔었다."

이 기사에 의하여 예맥은 한 군현의 새塞 밖에 있었으며 고구려의 보호 통제 하에 또는 그 련맹체 내에 들어 있었다는 것을 알 수 있다. 바로 그러하였으므로 광 등이 그들을 차략하니 고구려에서는 대군을 보내어 반격한 것이다. 이 예맥을 예와 맥의 합칭으로 볼 수는 없는 것이니 상술한 바와 같이 이 사변을 안제기에서는 고구려, 예맥을 침략하다가 패배한 것으로 썼다. 뿐만 아니라 같은 해의 기사에 고구려, 마한, 예맥이 현토성을 포위하였다는 구절도 있다. 이것은 예맥이 예와 맥의 합칭이 아니라는 것을 말하여 주는 것이다. 둘째로 안제기에서 상기 고구려, 예맥을 침략하다가 패배하였다고 한 기사에 뒤′이어 "여름 4월에 예맥이 다시 선비鮮卑와 더불어 료동을 공격하였다." (례 7)고 한 것을 고구려전에서는 궁宮 즉 고구려가 그렇게 한 것으로 하였다(례 8). 이것은 예맥을 완전히 고구려에 포함시켜 본 것이다. 즉 이 경우의 고구려는 예맥을 포함한 고구려인 것이다.

후한서에는 한서 왕망전에서처럼 고구려를 맥인貊人이라고 한 례가 적지 않게 보인다. 상기 고구려전 인용문에서 보는 바와 같이 고구려왕 궁이 파견한 군대를 맥인이라고 한 것을 비롯하여 광무제기에서 "맥인이 우북평, 어양, 상곡, 태원을 공격하였다"(례 9)고 한 것을 고구려전에서는 고구려가 그렇게 하였다고 하였고 화제기에서 "고구려가 군계郡界(료동군계)를 공격하였다"(례 10)고 한 것을 경기耿夔전에서는 맥인이 그렇게 하였다고 하였다. 이것들은 고구려와 맥인을 호용互用한 것이다.

그러나 맥인의 개념이 고구려의 개념보다 폭이 더 넓은 것만은 사실이다. 맥인은 예맥까지도 포함한 여러 갈래의 맥들을 포괄한 그러한 고구려를 가리킨 것이다. 만일 맥인이 오직 고구려인만 가리키는 것이라면 맥인과 예(예맥)를 병렬할 수 있겠는데 고구려와 예맥을 병렬한 례를 많이 볼 수 있음에도 불구하고 맥인과 예(예맥)를 병렬한 례는 전연 찾아 볼 수 없다. 이것은 맥인이 단지 고구려인만을 가리키는 것이 아님을 방증하여 주는 것이다.

이와 관련되는 것으로서 삼국지 위서 선비전 배송지裴松之 주에 인용된 위서에서 단석괴檀石槐의 령지의 구분을 말하면서 "우북평에서 이동 료동에 이르러 부여와 맥에 닿는 데를 동부로 삼았다從右北平以東至遼遼(遼遼는 遼東의 오사일 것)接夫餘貊爲東部"고 한 것을 후한서 선비전에서는 "… 부여와 예맥에 닿는 데를 동부로 삼았다… 接夫餘穢貊爲東部"고 하였다. 이것은 위서에서는 단석괴의 령지의 동부가 예맥도 포함한 그러한 고구려에 닿았다는 의미에서 맥과 접하였다고 한 것이고 후한서에서는 실지로 닿은 데는 고구려 중의 예맥이었기 때문에 예맥에 접하였다고 한 것이라고 할 것인바 이 역시 맥(맥인)의 개념에는 예맥도 포함된다는 것을 말하여 주는 것이라고 할 수 있다. 후한서 고구려전에서 "고구려 일명 맥인데 별종이 있어 소수小水에 의거하여 거주하므로 소수맥小水貊이라고 한다"(례 11)고 한 것도 고구려족만을 맥이라고 하였음을 의미하는 것이 아니다. 이것은 고구려 련맹체를 맥이라고도 하는데 거기에는 소수맥이라는 맥도 있다는 뜻으로서 나아가서는 량맥梁貊, 옥저(옥저에서 나는 포布를 맥포라고 하였고 옥저성에 두었던 현토군치를 고구려 서북에 옮긴 리유를 '되 사람인 맥貊'의 공격 때문이라고 한 것이니 옥저도 맥으로 본 것이다), 예맥도 그런 의미에서 맥, 맥인에 포괄된 것이라고 할 수 있는 것이다.

마감으로 후한서에 보이는, 예와 맥으로 갈라 보아야 할 것 같이 보이는 예맥의 용례를 보기로 한다.

후한서 고구려전에는 다음과 같은 기사가 있다. 연광延光 원년에 고구려 왕 수성遂成이 한인 포로 노예를 돌려보낸 데 대하여 안제는 "선비, 예맥이 매년이라고 하다시피 침입하여 백성을 랍치하여 가기를 자칫하면 천千으로 헬 정도로 하고서는 지금 겨우 수십 백인만 보내어 오니 이것은 결코 향화向化할 마음에서 하는 것이 아니다"라고 하였다는 것을 말하고 그 아래에서 "수성이 죽고 백고伯固가 섰는데 그 후부터 예맥이 다 복종하여 동쪽 변방이 일이 적게 되었다"고 하였다. 여기서의 예맥은 예와 맥을 가리키는 것이라고 보거나 그렇지 않으면 예맥이 곧 고구려라고 보아야 의미가 통할 것 같이 보인다. 그러나 바로 동서 안제기의 같은 연광延光 원년조에는 "부여왕이 아들을 보내어 군대를 거느리고 현토를 구원하여 고구려, 마한, 예맥을 격파하였다夫餘王遣子 將兵救玄菟 擊高句麗馬韓穢貊破之]"고 한 기사가 있어 고구려와 예맥을 병렬한 것이니 상술한 고구려전의 예맥을 예와 맥으로 갈라 본다든가 예맥이 곧 고구려라고 볼 수 없음은 물론이다. 이 예맥은 바로 주에서 왕망전에 보이는 예맥을 설명할 때에 론한 바와 같이 고구려의 통제 하에 있었거나 고구려 련맹체에 포괄되어 있으면서 고구려의 한나라 군현 공격에서 전초적, 선봉적, 안내적 역할을 담당한 그 예맥이라고 할 것이다. 고구려는 그들을 안내자로 선봉으로 하고 한 군현을 습격하여 한인을 랍치하기도 하고 그들이 랍치한 한인을 노예로 공급받기도 하였는데 수성은 그런 한인 노예의 일부를 돌려보낸 것이라고 할 수 있다(이와 류사한 사실은 후세에도 있었다. 두만강 류역의 녀진인들 '건주좌위建州左衛'은 동가강 류역의 녀진인들을 안내로 하고 료동의 한인을 랍치하기도 하고 동가강 류역의 녀진인이 랍치한 한인을 사다가 노예로 한 일이 있었다). 그리고 한나라 측에서 볼 때에는 한인을 랍치하여 가는 것이 이렇든 저렇든 간에 예맥이 하는 일로 보였던 데서 선비 예맥이 매년이라 하다시피 한인을 랍치하여 간다고 한 것이며 또 고구려의 전초인 예맥이 활약하고 활약하지 않는 것이 그들에게 있어서는 동쪽 변방이 평온한가 평온하지 않은가의 표징으로 되었던 데서 예맥이 '복속'하여 동쪽 변방이 일이 적게 되었다고 표현한 것이라고 할 수 있다.

그렇기는 하나 사실 이 기사 하나만을 떼여 놓고 볼 때에는 이 예맥은 고구려 전체를 가리키는 것이며 고구려의 별칭이라고 보는 것이 자연스럽다고 할 수 있다. 그러나 그렇다 하더라도 그 경우의 예맥은 예와 맥이라는 의미에서가 아니라 이전에 고구려족이 아직 크게 알려지지 않았을 때에 예맥에 그것을 포괄시켜 말하던 관습에서 그렇게 사용된 것이라고 할 것이다. 후한서 동이열전 서序에 보이는 "예맥왜한만리조헌濊貊倭韓萬里朝獻"이라고 한 예맥도 그렇게 볼 것이라고 생각한다.

이상과 같이 사기, 한서, 후한서, 삼국지 위서에 보이는 예, 예맥의 용례를 고찰할 때에 그 어디서나 예와 예맥은 동일한 종족에 대한 두 가지 호칭으로 사용한 것이며 예맥을 예와 맥의 합칭으로 사용한 것은 아니었다. 따라서 예맥을 예와 맥으로 갈라 볼 수 없는 것이다. 예맥이란 '예라는 맥'이라는 의미다. 이 경우의 맥은 중국 사람들이 그들의 북방 내지 동북방 종족들을 맥이라고 범칭한 데서 유래한 것이고 저 시경 한혁장의 '기추기맥其追其貊'의 맥이나 전국책, 순자, 묵자, 기타에 보이는 호맥胡貊의 맥의 동천東遷에 의한 맥인 것은 아니다. 그 맥은 흉노의 흥기 전까지도 중국 산서 북부에 있었는바 그들은 흉노의 흥기와 더불어 그것에 흡수되었다고 할 수 있다.

이와 관련하여 벌써 다산茶山 정약용丁若鏞은 아방강역고我邦疆域考의 예맥고濊貊考에서 맥은 범칭이며 예맥을 예와 맥으로 나누어 볼 수 없다는 것을 명확하게 론술하였다. "대개 맥貊이라는 글'자는 이夷, 적狄, 융戎, 만蠻이라는 글'자의 뜻과 용례가 같은 것이다. 세상에 맥 한 자로써 나라 이름으로 될 것은 없는 것인데, 우리나라 사람들이 잘 상고하지 못 하고 예濊라느니 맥貊이라느니 하여 나누어 둘로 하고 각기 그 고장을 지적하는바 이것은 또한 조잡하기 짝이 없는 것이다[蓋以貊之爲字 與夷狄戎蠻義例相同也 世無貊一字可爲國名者 而東人不覈 曰濊曰貊 分而二之 各指其地 此又鹵莽之尤甚者]."

이렇게 그는 '예맥濊貊'을 '예濊'와 '맥貊'으로 갈라 볼 수 없다는 것을 주장함과 동시에 '예맥濊貊'의 '예濊'를 고장 이름 또는 물 이름으로 보면서 그 론거로서 '양맥梁貊'(대량수大梁水 류역에 살았을 것), '소수맥小水貊', '구려맥句麗貊'(필자의 천견에서인지는 몰라도 '구려일명맥이句麗一名貊耳'이라고 한 것은 있어도 '구려맥句麗貊'이라고 한 것은 없다)이라는 것이 있는 것과 수隋가 고구려를 나무리는 말에 "료예遼濊 지방에서 유목하면서 산다荐食遼濊之墟"고 한 것을 들었다. 즉 그는 예(濊)를 료동 지방의 어느 고장 이름이거나 물 이름이라고 보려 하였는바 거기에는 일리가 있어 보인다. (다음 호에 계속)

04.
예맥족에 대하여 2*

-
-
-

2. 예맥의 거주 지역과 그 문화와 풍습

1) 예맥의 거주 지역

예, 예맥에 관한 사료에는 그들의 거주 지역을 짐작할 수 있게 하는 것이 적지 않다. 그것에 근거하여 문헌을 통하여 알 수 있는 한에서 그들의 거주 지역을 고찰하고 다음으로 그들이 고구려족으로 동화한 데 언급하기로 한다.

관자 소광편에 "북으로 고죽, 산융, 예맥에 이르렀다[北至於孤竹山戎穢貊]"고 한 것은 우에서 말한 바와 같이 실지로 기원전 7세기경에 제환공이 예맥의 땅까지 간 일이 있은 것이 아니고 후인이 첨가한 구절일 수도 있다. 그러나 어쨌든 간에 이것은 예맥에 관한 가장 오랜 기록이며 예맥의 위치가 연나라 동북쪽에 있은 산융[山戎]의 동쪽에 있었음을 말하여 주는 것인 것만은 틀림없다.

려씨춘추[呂氏春秋]에 보이는 "북쪽 바다'가의 동쪽인 이예[夷穢]의 지방에서는 큰 게와 릉어가 난다[非(北)濱之東 夷穢之鄕 大解陵魚]"고 한 기사는 기원전 3세기 중엽 경에 예맥의 위치를 명확히 말하여 주는 것이라고 할 수 있다. 원문에 '비빈지동[非濱之東]'이라고 한 '비[非]'자는 '북[北]'자의 오사임이 틀림없다. 그렇다고 하면 북쪽 바다'가의 동쪽 즉 발해만의

---

* 『고고민속』 1963년 3호.

동부가 예(예맥)의 거주 지역이었던 것이니 그들의 서쪽 한계는 발해만 동부의 바다'가 였던 것이다. 이것은 고조선의 중심이 동으로 옮긴 후에도 료동 지방의 기본 주민이 예맥이었다는 것을 말하여 주는 것이다.

주지하는 바와 같이 사기 흉노 렬전에는 묵특冒頓 당시에 흉노의 동쪽 경계를 말하면서 "諸左方王將居東方 直上谷以往者 東接穢貊朝鮮"[1]이라고 한 기사가 있다. 즉 흉노의 여러 지방 왕장王將들은 동방에 있었는데 상곡上谷에서부터 더 저쪽에 해당하는 자는 동으로 예맥 조선에 닿았다는 것이다.

그런데 여기서의 '예맥 조선'을 예맥과 조선으로 보지 않고 '예맥의 조선' 즉 '예맥이 사는 조선'이라고 보는 견해가 있으며 그 견해 중에도 서로 다른 두 가지가 있다. 그 하나는 그것이 바로 동호東胡라고 보고 다른 하나는 그것이 바로 위만衛滿의 령토 확장으로 고조선에 들어 간 예맥 부분을 가리키는 것이라고 본다. 이 견해들에는 일리가 있어 보이기도 한다. 그러나 과연 그러할까? 그렇게 보아야 한다는 주되는 리유는 '접예맥조선接穢貊朝鮮'의 '접接'자에 있는 것 같다. 즉 '예맥 조선'이 예맥과 조선이라고 할 진대 그 경우에 조선은 예맥의 남쪽이나 동쪽에 있었다고 할 것인데 그렇다면 어떻게 흉노의 동쪽이 조선에 닿을 수 있겠는가 하는 데 있는 것 같다. 그러나 그것은 '접接'자를 너무 지나치게 심각하게 보는 것이라고 할 수 있다. 같은 사기의 화식貨殖열전에는 "夫餘 … 北隣烏桓夫餘 東綰穢貊朝鮮眞番之利" 즉 대저 연(연나라 수도)은 … 북으로 오환과 부여와 이웃하고 동으로 예맥 조선 진번의 상업 리익을 틀어 쥐였다고 한 구절이 있다. 여기서의 이웃하였다는 '인隣'자는 닿았다는 '접接'자와 다를 것이 없다. 닿지 않고 이웃할 수는 없는 것이다. 그러나 실지로는 오환烏桓은 연과 이웃하였으나 부여는 오환의 동북쪽에 위치한 것이다. 뿐만 아니라 흉노 렬전의 상기 인용문 바로 아래에 계속하여 "右方王將居西方 直上郡以西 接月氏氐羌" 즉 우방 왕장들은 서방에 있었는데 상군 이서에 해당하며 월씨, 저, 강에 닿았다고 한 것도 결코 실지로 이 세 종족이 흉노의 서쪽과 맞닿은 것이라고는 할 수 없는 것이다. '접接'자나 '린隣'자는 그렇게 엄격한

---

1 한서의 바로 이에 해당하는 기사에 '直上谷以東'이라 하였고 또 사기의 바로 이 글 아래에 '直上郡以西'라는 구절이 있는 것으로 보아서 이 글에서 '往者' 2자는 군다리(衍文)라는 견해가 있는데 일리가 있다. 그러나 그렇다고 하더라도 내용상에서는 별로 차이가 없다.

의미로 사용된 것이 아니다. 예맥과 조선, 오환과 부여는 서로 린접하고 있었으며 밀접한 관계에 있는 데서 한데 묶어 보았으므로 그렇게 표현한 것이라고 할 것이다. 그런데 우에서도 언급한 바와 같이 여기서의 흉노의 경역은 묵특이 동호를 멸망시킨 후의 것을 말하는 것인 만큼 거기에는 동호의 거주 지역도 응당 포괄되여있을 것이므로 예맥 조선을 예맥의 조선이라고 친다 하더라도 그것이 동호로 될 수는 없으며 또 위만이 확장한 부분이라고 하는 것도 무리하다. 여기서의 예맥은 당시의 료동군의 교외徼外, 주로는 후의 소위 현토군(옥저성에서 옮겨 간 고구려도 포함한 현토군)의 주민을 가리키는 것이며 그 당시의 고조선은 그 남쪽에 있은 것이라고 할 것이다. 사기 흉노 렬전의 다른 곳에서 "한이 동으로 예맥 조선을 빼앗아 군으로 하였다漢東拔穢貊朝鮮爲郡"고 한 것이 있는데 이것은 예맥의 거주 지역에 진번군 현토군 등을 설치한 데서 하는 말이며 이 경우에 고구려는 예맥에 포함시켜 본 것이라고 보인다. 중국의 이른바 정사正史에서 고구려를 예맥과 명확히 구별하여 본 것은 한서부터다. 한서 지리지에서는 바로 사기의 이 사실에 해당하는 것을 "현토 락랑은 무제 때에 두었는데 다 조선 예맥 구려의 되'사람의 고장이다玄菟樂浪武帝時置 皆朝鮮穢貊句麗蠻夷"라고 하여 예맥과 고구려를 명확히 구별하였다.

우에서 언급한 바와 같이 기원전 3세기경의 료동 지방의 기본 주민은 예맥이었고 전호에서 론한 바와 같이 고조선의 주민은 예맥 중에서 가장 일찍부터 발전한 부분이였으며 료서의 원주민은 대체로 동호(후의 오환)였다고 필자는 생각한다. 청동기 시대의 전형적 고인들支石墓 유적이 료하 이동에 집중되고 그 이서에는 보이지 않는 것은 결코 우연한 일이 아니며 두 지역 간에 종족적 차, 따라서 풍습의 차가 있는 데서라고 말할 수 있다고 생각한다. 물론 그렇다고 하여 료하 이서에는 예맥이 전연 미치지 않았다는 것은 아니다. 한서 지리지에 의하면 소위 한 료동군이 료하 이서 대체로 대릉하大凌河까지 이르렀는데 이것은 바로 거기까지 예맥이 미쳤으며[2] 대체로 종족들의 거주 범위를 기준으로 군의 경역을 정한 것이라고 보이는 것이다.

...

2 『삼국지』 위서 전예전(田預傳)에 "自高柳以東濊貊以西船費數十部比能彌加素利割地統御 各有分界"라고 한 구절이 있다. 비능(比能)은 대군(代郡) 부근에 있은 듯한 선비 대인(大人)이고 미가(彌加)는 우북평, 소리(素利)는 료서에 있은 선비 대인이며 고류(高柳)는 산서 대동부(大同府) 동남의 지명이다. 이 글대로 해석하면 기원 3세기 초(曹魏 시기)에 산서 고류 이동의 주민이 예맥이었다는 것으로 되는데 당시의 정세로 보아 그러하였을 수 없다. 그러나 3세기 초에 료동 속국 료서, 우북평 방면의 오환이 중국 내부로 옮겨 들어가거나 선비가 그곳에 밀거니 할 무렵에 예맥의 일부가 이 방면에 이동하여 선비와 잡거하였을 수는 있다.

예맥의 거주 지역은 북으로는 오늘의 장춘 농안 방면까지 미쳤다. 후한서에서 부여를 "본래 예의 땅[本濊地也]"이라고 한 것이라든가 삼국지 위서에서부터 부여 왕의 인장에 '예왕지인濊王之印'이라고 새겨 있으며 예성濊城이라는 옛 성이 있으며 대개 본래는 예맥의 땅[盖本濊貊之地]이었다고 한 것은 예맥이 일찍이 부여의 남부에까지 미쳤으며 그들은 기원 2세기경에는 이미 부여화하여 있었음을 말하여 주는 것이다.

예맥의 거주 지역의 동쪽 관계는 어떠하였는가? 우에서도 언급한 바 있는 사기 평준서平準書에서 "팽오彭吳가 예 조선과 교역하고 창해滄海군을 두었다"고 한 것이라든가 한서 식화지에서 "예맥 조선을 개통하고 창해군을 두었다"고 한 것이라든가 동서 무제기에서 "동이 예군濊君 남려 등 28만 인이 복종하니 창해蒼海군으로 하였다"고 한 것 등을 종합하여 보건대 함경도 서남부 지방에도 예맥이 거주하고 있었다고 할 수 있다. 여기서 예맥과 조선의 길을 개통하고 창해군을 두었다는 것은 료동군에서부터 동가강 류역~독로강 류역~설한령~동해안에 이르는 길을 따라 동해안의 예맥과 통상하였음을 의미하여 료동 지방의 예맥, 독로강~설한령 방면의 위만 조선의 땅을 경유한 데서 예맥 조선의 길을 개통한 것이라고 한 것이 아닐까? 이 통로는 오늘 우리가 생각하는 바와는 달리 옛날에는 료동 지방과 동해안을 련락하는 직로이며 상당히 리용된 길이었다고 할 수 있다. 관구검毌丘儉이 침입하여 왔을때에 고구려 동천왕東川王이 한 동안 옥저 방면으로 후퇴할 때에도 이 통로를 리용하였고 리성계李成桂가 료동의 동녕부東寧府를 공격할 때에도 대군을 거느리고 이 통로를 따라 진군하였던 것이다. 그리고 그들이 창해군을 두었다고 한 것은 실지로 군을 둔 것이 아니라 상업 근거지로 둔 것이거나 군을 설치할 계획을 시도한 것을 과장한 것이라고 보인다.

예맥이 함경도 서남부 지방에서부터 강원도 북부 지방에 걸쳐 거주하고 있었다는 것은 후한서, 위서에서 고구려는 남으로 예맥에 닿았다고 한 것이라든가 위서 예전에서 "단단대산령 이서는 락랑에 속하고 령에서부터 이동 7현은 도위都尉가 차지하는데 다 예濊를 백성으로 삼고 있다[者單單大山嶺以西 屬樂浪 自嶺以東七縣 都尉主之 皆以濊爲民]"고 한 것으로써 잘 알 수 있는 바다. 그런데 이 함경도 남부에서부터 강원도 북부 방면에 거주한 예맥이 과연 료동의 예맥이 한족 침략 세력이나 고구려 세력에 밀리워 이동하여 온 것인가 그렇지 않으면 이른 시기부터 벌써 여기까지 퍼져 있는 것인가를 고찰할 필요가 있다. 료동의 예맥은 적어도 기원 후 2세기 말까지(후한 시대까지)는 일정하게 독자성을 유지하면서 고구려와 함께 한족 침략 세력을 반대하여 정력적으로 투쟁하였으며 그 후 뚜렷이 나타나지 않는 것은 이제 와서는 거의 완전히 고구려에 합류 동화하였음을 의미한다. 이것은 현토군, 료동군의 기본 주민도 역시 예맥이었던 것만큼 고구려가 한의 현토군, 료동군을 몰아내는 데서 또한 큰 의의를 가진 것이었다고 할 수 있다. 또 압록강 중류의 고구려의 땅은 원래 예맥의 거주 지역이었는데 거기에 부여의 일파인 고구려족이 남하하여 통일 동화한 것이었으리라는 것은 우에서 이미 론한 바다. 그리고 보면 함경도 서남부, 강원도 북부 방면의 예맥은 한족 침략 세력이나 고구려 세력에 밀리여 남하한 것이 아니며 료동~압록강 중류~동해에 이르는 지역에 걸쳐 벌써 이른 시기부터 예맥이 퍼져 있은 것이었다고 할 수 있다. 청동기 시대의 전형적인 고인돌이 료동, 서북 조선, 함경도의 서남부, 강원도 북부 방면에 집중적으로 분포되어 있는 것은 우연한 일이 아니며 이 지역들에 이미 기원전 7세기경에 일정하게 공통한 문화 전통을 가진 종족이 살고 있었음을 반영하는 것이라고 할 수 있을 것이다.

 예맥이 중국 문헌에 늦게야 나타나는 것은 그 때에 처음으로 예맥족이 형성된 데서가 아니라 한족들이 예맥과 접촉한 것이 늦었기 때문이다. 한족들이 예맥과 접촉한 것이 늦었다는 것은 예맥의 거주 지역과 한족의 거주 지역 간에 적지 않은 거리가 있었으며 거기에 다른 종족이 끼여 있었다는 것을 의미한다. 예맥의 거주 지역은 고정 불변한 것이 아니라 시대에 따라 달랐을 수 있지만 문헌을 통하여 짐작할 수 있는 한에서 말한다면 다음과 같았다고 할 수 있다. 즉 예맥은 기원전 4세기경에는 서북으로는 료하 또는 대릉하 류역에서 장춘, 농안 방면에 이르는 선 이동, 동북으로는 장춘 농안 방면에서 압록강 중류를 거쳐 동해에 이르는 선 이서, 남으로는 강원도 북부 이북에 거주하고 있었다고 할 수 있다. 이것은 관자에 보이는 중국 산동 지방의 제 나라와 서로 교역한 일이 있은 고조선의 변두리를 둘러싸고 있은 것으로 된다. 그러므로 전 호에 론한 바와 같이 고조선의 주민도 다름 아닌 예맥족의 일부였는데 가장 이른 시기부터 변두리의 그들보다 뛰어 나게 발전한 데서 그와 일정하게 구별된 것에 불과하다고 말할 수 있다고 생각한다. 또한 고조선 주민과 그 변두리의 예맥 간에는 민속 상에서도 일련의 공통성이 있었다고 할 수 있다는 것은 전 호에서 론한 바다.

 고조선의 변두리에 거주한 예맥 중에서 가장 북쪽에 미친 부분은 적어도 기원 2세기경(후한 시대)에는 부여화하였고 압록강 중류의 부분은 기원전 1세기경에는 고구려화하였으며 이전의 고조선의 땅이었던 료동의 예맥은 기원 2세기경까지도 일정하게 독자성을 가지고 있었으나 결국 고구려화하였고 강원도 방면의 예맥은 가장 늦게까지 독자성을 가지고 남아 있었다. 그들이 완전히 고구려화한 것은 4세기 말~5세기 초였다고 할 수 있다. 그것은 고구려 광개토왕廣開土王 비문에 "새로 래부한 한예[新來韓穢]", "략취하여 온 한예[略來韓穢]" 등 문구가 있는 것으로 보아서도 알 수 있는 바다.

2) 예맥족의 문화와 풍습

이렇게 예맥은 광범한 지역에 퍼져 있었던 것만큼 그들의 문화와 풍습에는 공통한 고유의 전통이 있음과 동시에 지역에 따르는 차가 적지 않게 있었으리라는 것을 가히 짐작할 만한 바다. 예맥족들 간의 문화적 공통성과 차이의 해명은 오직 고고학적 자료의 연구로써만 가능할 것이다. 문헌상으로는 후한서와 삼국지 위서의 예전濊傳의 기사에 의하여 강원도 북부 방면의 예맥은 다른 지역의 예맥에 비하여 상대적으로 사회경제적 발전이 늦었다고 할 수 있다. 그러므로 그들은 당초부터의 고유한 전통을 좀 더 보유하고 있은 것이라고 할 수 있다.

삼국지 위서 예전에는 쓰기를 "그 늙은이들이 이전에 자기들로 말하기를 고구려와 같은 갈래라고 하였다. … 언어와 례법은 대체로 고구려와 같으나 의복이 다른 데가 있다. 남녀의 옷에는 다 둥근 깃曲領을 단다. 남자들은 너비 여러 치寸 되는 은화를 달아 매여 치레'거리로 한다其耆老自謂與句麗同種 … 言語法俗 大抵與句麗同 衣服有異 男女衣皆著曲領 男子繫銀花以爲飾"고 하였다. 언어는 종족의 계통을 론하는 데서 중요한 요소로 되지만 서로 완전히 다른 계통의 종족이라고 하더라도 오래 동안의 호상 접촉 과정을 통하여 교차될 수 있다. 그러나 이 강원도 북부 방면의 예맥은 가장 늦게야 고구려화한 것이라는 것을 고려하더라도 그 언어와 례절이 대체로 고구려와 같다는 것을 다만 호상 접촉에 의한 언어의 교차의 결과로서만 볼 것이 아니며 량자 간에는 원래 가까운 친연성이 있었음을 말하여 주는 것이라고 할 수 있을 것이다.

언어와 례절이 고구려와 류사하였던 데 반하여 의복에는 서로 다른 점이 있었다. 의복이 역시 종족의 계통을 론하는 데서 중요한 요소로 되나 또한 문화 교류로 교체될 수도 있으며 생활환경의 차로 달라질 수도 있다. 그런데 예맥과 고구려의 옷에서의 차는 상기 사료의 문맥으로 보아 깃領의 형태에 있은 것 같다. 그렇다면 그것은 생활환경과는 아무런 관련도 없는 차라고 할 수 있다. 이야말로 예맥은 넓은 의미에서는 고구려와 같은 계통의 친연성 있는 종족이면서도 좁은 의미에서는 갈래가 서로 달랐다는 것을 보여 주는 표징으로 되는 것이라고 할 수 있을 것 같다. 고구려 고분 벽화에 보이는 인물들이 입은 옷을 보면 모두 곧은 깃 저고리를 입었다. 둥근 깃 저고리를 입은 것은 오직 약수리 고분 벽화 중의 두 시녀의 례를 볼 수 있을 뿐인바 그것은 원래의 예맥의 출신 시녀를 그린 것일 수 있다. "그들의 성질은 순박하고 진실하여 욕심이 적고 렴치가 있으며 남에게 구걸하지 않는다其人性愨少嗜欲 不請句麗 － 句麗를 후한서에서는 勾라고 하였는데 그것이 옳은 젓"고 하였다. 사람들의 성질은 생활환경에 많이 지배되는 것만큼 그것을 가지고 종족의 계통을 론할 수는 없다. 그러나 이것과 고조선 사람들의 례의가 밝았다는 사실과 이 예맥은 범을 존숭하여 신으로 삼았다祭虎以爲神고 한 것과 고조선 사람들이 범을 토템으로 하였다고 보이는 사실과를 아울러 생각하여 볼 때에 예맥과 고조선 주민 간에는 원래 좀 더 친연성이 있은 것 같다. 주지하는 바와 같이 단군 신화에는 범과 곰을 토템으로 한 흔적이 보이는바 그것은 예맥이 범을 신으로 삼았다는 것과 서로 통한다고 할 수 있다. 이에 반하여 부여족과 계보 상 불가분의 관계에 있는 고구려족 내지 백제의 지배적 지위에 있는 주민은 원래 곰을 신성시하였다고 할 수 있다. 고구려의 명산을 개마대산蓋馬大山, 웅심산熊心山 등 곰으로 표시한 것이라든가 일본서기日本書紀에서 고구려를 가리키는 '맥貊'을 '고마'로 읽은 것이라든가 백제의 국도를 고마성固麻城, 곰나루熊津라고 부른 것은 그러한 심정을 말하여 주는 것이다. 이것은 부여족~고구려족은 북방 퉁구스적 색채를 좀 더 보여 주는 것이라고 할 수 있다. 퉁구스가 곰을 신성시한다는 것은 잘 알려져 있는 사실이다. 단군 신화에서 범과 곰이 결혼한 것으로 되어 있는 것은 바로 범을 신성시하는 갈래와 곰을 신성시하는 갈래의 결합 통일을 말하여 주는 것이라고 할 수 있을 것 같다. "그들의 풍습이 산천을 중히 여겼는데 산천에는 각기 구획이 있어 거기에는 함부로 서로 드나들지 못하였으며 동성 간에 서로 혼인하지 않는다其俗重山川 山川各有部分 不得妄相涉入 同姓不婚"고 하였다. 이런 것은 원시 시대의 촌락 공동체 간에 일정한 지역 한계가 설정되어 서로 그 한계를 침범하지 못하던 유습이며 씨족제 사회에서 같은 종족 내에는 혼인이 허용되나 동일한 씨족원끼리는 혼인할 수 없는 이른바 씨족적 족외혼의 유습이다. 그런데 각기 지역 한계를 침범하지 못한다고 한 데 뒤'이어 동성 간에 혼인하지 않는다고 한 것을 보면 부락 간에 엄격한 한계가 있었으나 혼인만은 그들의 부락 구성이 씨족적 잔재가 농후하였던 데서 같은 부락 간에서보다도 다른 부락과의 사이에 주로 행하여진 것 같다. 그러하였기 때문에 외국 사람인 중국인들에게 특히 주목된 것이라고 보인다. 또 "부락 상호 간에 침범사건이 있을 경우에는 책벌로써 노예(生口)와 우마를 받아 낸다其邑落相侵犯輒相責生口牛馬 名之爲責禍"고 하였는바 이것은 촌락 공동체 상호 간에 설정된 한계를 침범하였을 경우에 취하던 조치의 유습이다.

그들은 "가리는 것(忌諱)이 많아서 질병이 나거나 사람이 죽으면 곧 살던 집을 버리고 다시 새 집을 짓는다多忌諱疾病死亡輒捐棄舊宅更作新居"고 하였다. 이 역시 원시 종족에 일반적으로 있었다고 할 수 있는 그러한 풍속의 유습이다. 그러한 유습은 부분적으로 후세까지도 잔존하였다.³ 그런데 그들은 삼베 짜기와 누에치기를 알고 있었으며 품솜(누에고치 솜)을 만들었고 "천체天體에 관한 지식을 가지고 있어 미리 그 해의 흉풍을 알았다曉候星宿 豫知年歲豊約"고 하였으니 이미 농경을 주요한 생업으로 삼고 있은 것이다. 그럼에도 불구하고 그러한 풍습이 특히 지적한 만큼 농후하게 남아 있었다는 것은 그들이 원래는 농업을 주로 한 것이 아니며 반목축 반수렵의 이동성 있는 생업을 주로 하였으며 따라서 그러한 풍습 전통이 특히 강하였던 데서였다고 할 수 있을 것 같다.

그들은 항상 10월이 되면 하늘에 제사 드리었는데 그 때에는 술과 노래와 춤으로 명랑하게 보냈으며 이 년중 행사를 무천舞天이라고 하였다 한다. 이것은 바로 부여의 영고迎鼓 고구려의 동맹東盟 3한의 10월의 명절에 해당하는 것으로서 우리의 조상으로 된 고대 종족들에 공통한 민속이었다.

그들은 길이 3장丈이나 되는 큰 창을 만들어 혹 몇 사람이 함께 쥐고 사용하기도 하였으며 또 보전步戰을 잘 하였다고 하였다. 이러한 긴 창은 실지로 보전에만 쓸 수 있을 것인바 창을 가지고 보전하는 것은 옥저의 경우와 류사하였다. 또 그들은 강한 활도 사용한 것이었으니 세상에 이름 있는 '락랑단궁樂浪檀弓'이 그 곳에서 난다고 하였다. 그들이 사는 바다에서는 반어피班魚皮가 나며 그들이 사는 곳에는 문표文豹가 많고 또 체구

...

3 『세종실록』 11년 4월 기묘조 : "高麗之季 外方無知之民父母歿則反生雅意 卽毁其家" 『日本書紀』 권24에 백제, 신라의 풍속이 사람이 죽으면 이거(移居)한다고 한 것이 있다.

가 작은 과하마果下馬가 난다고 하였는바 이것들은 산이 많고 바다도 낀 강원도 방면의 지세에 상적한 산물들이라고 할 수 있다.

05.
과거 우리 나라 경작耕作 관습의 몇 가지에 대하여*

-
-
-

오늘 우리 나라는 조선 로동당의 올바른 농업 정책의 관철로 농업 기술 경작 관습에서 력사적인 거대한 전변을 일으켰다. 이러한 전변이 급속한 시일 내에 이루어질 수 있은 리면에는 지혜롭고 근면한 우리 선조들이 장구한 력사를 통하여 이룩하여 놓은 토대가 또한 안받침되였음을 망각할 수 없는바 과거 우리 나라 경작 관습에 관한 고찰은 바로 그러한 토대를 밝히는 사업의 한 부분을 이루는 것이라고 생각한다.

1. 재배 작물의 종류와 그 배치

경작 체계, 경작 관습의 형성은 기후 풍토, 주민의 관습과도 관련되지만 특히 재배 작물의 종류와 많이 관련된다. 그러므로 과거 우리 나라 경작 관습에 대하여 고찰하려면 우선 재배 작물의 종류와 그 배치 및 그것의 변천을 보는 것이 필요하다.

우리 나라의 다른 봉건 사회의 문화와 풍습이 그러하듯이 봉건 사회의 농업 기술, 경작 관습도 그 기초는 이미 삼국 시기에 이루어졌으며 통합 신라, 고려, 리조 시기는 그것을 변화 발전시키면서 완성하여 간 시기였다고 할 수 있는바 우리 나라에서 가장

* 『고고민속』 1964년 4호.

오랜 농서農書인 『농사직설農事直說』에 의하건대 15세기 즉 리조 초기에는 벌써 그것이 거의 완성의 경지에 이르렀었다고 말할 수 있다.

『농사직설』과 『세종실록』 지리지에 의하건대 15세기 경에 우리 나라에서 재배한 주요 작물은 논'벼, 밭'벼, 기장, 조, 피, 수수, 콩, 팥, 록두, 보리, 밀, 메밀, 참깨, 들깨, 삼, 목화 등이였다. 이러한 작물은 근세에도 주요한 작물로 되었는바 그 중에서 목화를 제외하고는 거의 다 벌써 원시 시대부터 재배된 것이라고 말할 수 있는 것이다.

신석기 시대의 유적인 지탑리 유적에서는 피낟알이 아니며 조라고 보이는 것이 나왔으며, 청동기 시대의 유적들인 무산 범의구석 유적에서는 기장이라고 보이는 것과 수수라고 보이는 것이 나왔고, 회령 오동 유적에서는 콩이나 팥이라고 보이는 것이 나왔다. 또 신석기 시대 유적인 궁산 유적과 청동기 시대 유적인 라진 초도 유적에서는 베실이라고 보이는 것이 나왔다. 그리고 보면 밭에 심는 기장, 조, 피, 수수, 보리, 콩, 팥, 삼 등은 벌써 원시 시대부터 우리 인민의 조상이 거주한 모든 지역에서 재배한 것이라고 할 수 있다.

논에 심는 벼도 벌써 원시 시대부터 재배하였다. 다만 주요 밭 작물과는 달리 우리 인민의 조상이 거주한 모든 지역에서 재배한 것이 아니라 처음에는 일부 지역에서만 재배하였을 뿐이다. 김해 회현리 조개무지 유적에서는 탄화한 벼알이 나온 일이 있다. 이 유적은 층위 관계가 교란 상태에 있어 그 년대를 추정하기 어려우나 드러난 유물로 보아서 대개 초기 철기 시대의 것인듯 하다. 우리 나라 남쪽의 초기 철기 시대는 북쪽보다 그리 늦지 않았다고 볼 것이므로 이 유적의 상한은 기원 전 5~4세기로 볼 수 있으며 또 이 유적에서 왕망王莽 시대의 돈인 화천貨泉이 나온 것을 고려할 때에 그 하한은 기원 후 1세기 경으로 볼 수 있을 것 같다. 그런데 당시 벼가 이미 이 유적을 남긴 주민의 주요 곡물로 되었다는 것은 그것이 이미 일정한 재배 력사를 가졌음을 보여 주는 것으로 적어도 이 지역에서의 벼 재배는 기원 전 수백 년 전부터였다고 할 수 있다. 이와 관련하여 종래 어떻게 해서나 우리 나라의 유구하고 찬란한 문화를 깎아 보려고 애 쓴 일본 어용 학자들도 일본의 벼 재배 기술이 우리 나라에서부터 건너 간 엄연한 사실에 대하여는 인정하지 않을 수 없었던 것이다.

여하간 기원 전후한 시기의 정형을 전하는 것으로 보이는 『삼국지』「위서」에서 오직 진한과 변한을 뒤섞어 쓴 개소 즉 락동강 하류 지방에 관하여 쓴 개소에서만 오곡

뿐만 아니라 벼를 재배한다고 한 사실이나 김해 회련리 조개무지 유적에서 탄화한 벼알이 나온 사실 등으로 미루어 보아 벼 재배는 처음에 남부 조선에서도 락동강 하류 지방에서부터 시작된 것 같다. 그리고 『삼국사기』 신라 본기나 백제 본기에서 제방을 신축 또는 수측한 기사를 자주 보게 되는 것은 벼 재배가 남부 조선에 널리 보급되여 간 사실을 전하는 것이다. 특히 백제에서 기원 33년(다루왕多婁王 6)에 나라 남쪽 주군州郡에 처음으로 논을 풀었다는 기사는 벼 재배가 점차 북으로 퍼진 사실을 잘 보여주는 것이다. 한강 하류 지역을 중심으로 하고 일어 난 백제의 나라 남쪽은 1세기 초엽에 극상해야 경기도 남쪽이나 충청도였을 것인데 이 때에 벌써 그러한 곳에서까지 벼를 대규모로 경작하게 된 것이였다.

다만 오늘 밭 작물에서 중요한 의의를 가지는 목화, 담배, 옥수수, 감자, 호감자만은 후세부터 재배한 것이다.

주지하는 바와 같이 목화가 중국에서부터 전래하여 우리 나라에서 재배하게 된 것은 고려 말기부터이며 리조 시기에 들어 와서는 삼남 지방을 비롯하여 함경도 지방을 제외한 모든 지방에서 재배하게 되였다. 아메리카주를 원산지로 하는 담배와 남해 지방을 원산지로 하는 당추가 17세기 초에 일본을 거쳐 전래하였다는 것도 주지의 사실이다.

리규경李圭景이 쓴 『오주연문장전산고五洲衍文長箋散稿』에 의하면 역시 아메리카주를 원산지로 하는 감자는 19세기 초엽(1824년 경)에 중국 동북부 지방에서 함경도 지방으로 처음 들어 왔는데 19세기 중엽에는 벌써 강원도, 경기도 지방에까지 널리 퍼졌으며 이 시기에 벌써 함경도 일부 산간 지방에서는 주작물로 되였다. 그리고 호감자는 이보다 먼저 18세기 중엽(1763년 경)에 일본에서부터 전래하여 남쪽 연해 지방에 퍼졌었는데 19세기 중엽까지는 아직 충청도, 경기도 지방에서도 그렇게 많이 재배하지 않았다.

아메리카주를 원산지로 하는 옥수수가 우리 나라에 언제 어디서부터 들어 왔는지는 잘 알 수 없다. 『오주연문장전산고』에는 전술한 감자, 호감자의 전래에 관한 것 외에 당추, 호박, 담배 등의 전래에 관한 기사도 있으나 옥수수의 전래에는 전연 언급이 없다. 다만 곡중을 론하는 조항에서 옥수수의 종류에는 한 가지가 있다고 하였고 또 『속북관지증보續北關志增補』의 토산 조에도 옥수수에 해당하는 것을 옥당玉糖, 강남당江南糖[1]이

---

[1] 옥수수를 강남당이라고도 한 것은 그것이 일찍부터 구라파인들이 드나든 남중국 즉 강남에 전해한 데 서인

라고 한 것이 보인다. 그러므로 옥수수가 19세기 중엽에 이미 널리 퍼져 있은 것만은 틀림 없는바 아마도 감자와 마찬가지로 19세기 초에 중국 동북 지방에서 들어온 것 같다. 그리고 감자가 함경북도에 먼저 들어온 데 대하여 옥수수는 평안북도에 먼저 들어왔다고 보이는 것이니 다 같이 랭한성이 강한 작물이며 두 지방은 지대적, 기후적 조건이 류사함에도 불구하고 감자가 지난 날 함경도 산간 지대의 주작물로, 옥수수가 평안도 산간 지대의 주작물로 된 것은 그러한 사정과 관련되는 것 같다.

주지하는 바와 같이 오늘 우리 나라 북부 산간 지대에서는 아마, 호프, 사탕무를 재배하는바 이것은 우리 나라 밭작물에서 가장 새로운 것이다.

이상과 같이 우리 나라는 오랜 과거부터 밭 경작도 하고 논 경작도 하였는바 그 비중과 배치는 어떠하였는가?

우선 『세종 실록』 지리지에 의하여 15세기 경의 각 도의 중 경지 면적에 대한 논과 밭의 비률을 분석하고 그 이전의 형편과 그 이후의 변화를 다음 표에서 보기로 한다.

〈표 1〉 두레에서 나발의 신호 체제(부산 지역)

도명	논 면적 비률			밭 면적 비률		
	15세기 경[2]	16세기 경[3]	1930년대 말[4]	15세기 경	1646년	1930년대 말
경기도	38%	46%	53%	62%	54%	47%
충청도	40%	51%	66%(남도) 45%(북도)	60%	49%	34%(남도) 55%(북도)
전라도	46%	65%	50%(남도) 72%(북도)	54%	35%	50%(남도) 28%(북도)
경상도	43%	50%	65%(남도) 51%(북도)	57%	50%	35%(남도) 49%(북도)
강원도	13%	35%	21%	87%	65%	79%

....

    것 같으며 오늘 옥수수를 강남당이라고도 하는 것은 강남당에서 전화한 말인 것 같다.
2 15세기 경의 비률은 『세종실록』 「지리지」에 보이는 각 고을의 간전(墾田) 결(結) 수와 그 중에서 논이 차지하는 비률을 자료로 하여 산출함.
3 1646년(인조 24)의 비률은 『반계수록(磻溪隧錄)』에 게재된 각 도 별 논과 밭의 결 수에 의하여 산출함.
4 1930년대 말의 비률은 『朝鮮의 農業地帶』에서 이용함.

황해도	16%	21%	25%	84%	79%	75%
평안도	10%	10%	17%(남도) 17%(북도)	90%	90%	83%(남도) 83%(북도)
함경도	5%	4%	11%(남도) 7%(북도)	95%	96%	89%(남도) 93%(북도)

경지 면적(수확량을 기준으로 한 면적)의 비률로 볼 때에는 15세기 경에 논 면적이 50% 이상 된 도는 삼남 지방에도 없었다. 17세기 중엽에 와서야 삼남 지방이 50% 이상에 달하였다. 그러나 논의 단위 당 수확고가 높은 점이라던가 곡식 중에서의 벼의 중요성을 고려할 때에 총 경지 면적에 대하여 논 면적이 50% 이하라고 하더라도 그것에 가까운 면적을 가진 지대는 벼농사를 주로 한 지대였다고 보아도 좋을 것이며 또 그렇게 보는 것이 실질적이며 진상에 가까울 것이다. 이제 그런 기준에 의할 때에 당시 논 경지 면적이 40% 이상 된 삼남 지방(전라도 46%, 경상도 48%, 충청도 40%)과 40%에 가까웠던 경기도(36%)는 벼 재배 지대였다고 볼 수 있다. 그러나 당시 같은 중부지방에서도 황해도(16%)와 강원도(13%)는 20%에도 멀리 달하지 못 하였으며 서북 지방과 동북 지방은 문제로도 되지 않았다. 그리하여 과거 경기 이남 지방은 벼 재배 지대였으며 황해도, 강원도 이북 지방은 밭농사 지대로 되어 있었다.

벼 재배는 남쪽에서부터 시작하여 점차 북으로 전파된 것 만큼 재배 작물 배치 상에서의 이상과 같은 성격은 과거일수록 더욱 현저하였을 것이다. 중국의 사서史書인 후주서後周書에서 고구려는 부세로서 비단과 조(粟), 백제에서는 베, 비단, 삼과 쌀(米)을 부과한다고 하였는바 이것은 삼국 시기에 벌써 남쪽 지방에서는 벼, 북쪽 지방에서는 조를 주되는 재배 작물로 하였음을 의미한다고 할 수 있다. 또 북쪽 지방(서북 지방)에서는 일반적으로 곡식을 '낟알'이라고 범칭汎稱하는 데 대하여 남쪽 지방에서는 벼를 '나락'이라고 특징한다. '나락'을 '낟알'의 전음이라고 보는 견해는 옳다고 생각하는바 남쪽 지방에서 벼를 곡식 일반을 의미하는 말인 '낟알' - '나락'으로 표시하는 것은 벼가 오랜 과거부터 이 지방에서 기본 곡식으로 되어 있었음을 의미한다고 할 수 있다. 또 '나락'을 신라에서 관리들의 록으로서 벼를 준 데서 생긴 말이라고 하는 견해도 있는데 그렇다고 한다면 그것은 삼국 시기에 남쪽 지방에서 벼를 기본 곡식으로 하였음을 좀 더 잘 말하여 주는 것이다.

요컨대 경기 이남 지방은 이미 삼국 시기에 벼 재배 지대로 되어 있었다. 고구려가 평양으로 천도하고 남쪽 경영에 힘을 기울인 것은 종족 통일의 리념과 정치 군사적 의미에서 뿐만아니라 벼 재배 지대를 차지하려는 경제적 의미도 있었다고 보인다.

벼 재배에서의 이상과 같은 성격은 후세까지도 그렇다 할 큰 변화를 보이지 못 하였다. 표에서 보는 바와 같이 8·15 해방 전까지도 황해도, 강원도 이북 지방에서는 가장 논이 많았다는 황해도마저 25%에 불과하였다.

다음으로 밭곡식의 배치는 어떠하였는가? 『세종 실록』「지리지 토의土宜 조」는 당시의 재배 작물 배치를 잘 보여준다. 그러나 거기에는 꼭 고려되여야 할 것이 있다. 그것에 의하면 당시 조, 피, 기장 등도 북쪽보다 남쪽에서 더 많은 곳에서 재배한 것으로 된다. 그러나 그것은 남쪽의 여러 곳에서도 그런 곡식을 재배하기도 하였음을 의미하는 데 불과한 것이다. 결코 그것으로써 당시 그런 곡식을 남쪽에서 량적으로 더 많이 재배한 것 같이 생각해서는 안 된다. 실지로 남쪽에서는 밭곡식으로서 보리와 콩을 절대적으로 우세하게 경작하였고 북쪽에서는 조(지대에 따라서는 피, 기장)를 많이 재배하였고 보리 재배는 그리 많이 하지 않았던 것이다.

밭곡식 재배에서의 이러한 성격은 먼 과거부터 이루어졌었다. 『삼국사기』에는 신라, 백제에서 3, 4월에 서리가 내리여 보리와 콩을 망쳤다거니 7, 8월에 서리가 내리여 콩을 망쳤다거니 하는 기사가 수다히 보이는바 이것은 그 당시에도 보리와 콩이 밭 작물에서 차지하는 비중이 가장 컸음을 의미한다. 밭곡식 배치에서의 이상과 같은 성격은 벼 재배에서와 마찬가지로 후세까지도 그렇다 할 큰 변화를 보지 못 하였다.

그리하여 시대에 따라 정도의 차는 있었으나 오랜 과거부터 전통적으로 북쪽 지방의 주민은 좁쌀과 콩을, 남쪽 지방 주민은 입쌀과 보리쌀을 주식량으로 하였다.

우리 인민의 식생활에서의 그러한 전통은 해방 후 조선 로동당의 올바른 농업 정책의 관철의 결과로써만 일변할 수 있었다. 먼 과거부터 밭농사 지대로 남아 있었던 공화국 북반부 지역은 오늘 당의 농촌 경리에서의 수리화, 전기화, 기계화 정책의 관철로 벌써 전체 경지 면적의 3분의 1이 논으로 되었고 벼 단위 당 수확고가 획기적으로 제고됨으로써 전체 주민이 당장 입쌀을 주식량으로 할 수 있게 되었다. 이것은 실로 력사적인 거대한 전변이다. 또 오랜 과거부터 밭곡식에서 기본을 이루었던 조가 수확성이 높고 공업 원료로서 의의가 큰 옥수수와 교체됨으로써 밭곡식의 배치에서도 또한 력사적인 전변이 일어 났다.

2. 씨붙이기

『농사직설』에서는 벼 심는 방법으로서 "물갈이(물삶이)가 있고 건갈이(건삶이)가 있으며 또 모심기(모종)가 있다(有水耕鄕名手沙彌 有乾耕鄕各乾沙彌 又有揷種鄕各苗種)."고 하고 물갈이, 건갈이, 모심기의 순으로 그 방법을 구체적으로 설명하였다. 이 순서는 당시 즉 15세기에 우리 나라에서 실시한 세 방법의 보급 실적의 순위를 표시하며 또 세 방법의 발생 순위를 말하여 주는 것임에 틀림 없다.

물갈이에 대하여 『농사직설』에서는 정월에 얼음이 풀리면 갈고 거름과 객토를 넣으며 3월 상순에서부터 망종에 이르는 기간에 또 갈고 물에 담근 벼씨를 뿌린 다음 덮고 물을 댄다고 하였다. 요컨대 물갈이는 처음부터 물에서 벼가 나서 자라게 하는 것이다. 벼는 원래 물에서 자라는 곡식인 것 만큼 이렇게 물갈이 즉 수직파하는 방법이 가장 먼저 생겨났을 것이다. 건갈이가 물갈이보다 먼저 발생한 것으로 보는 분들이 있으나 그러하였을 수 없다고 생각한다. 건갈이 법은 물갈이로 심은 벼가 물을 대지 못 하여 땅이 말라도 죽지 않는 것을 알게 된 다음에 창안한 것임에 틀림없다. 하여간 15세기에 이르기까지는 이 방법이 지배적인 방법이였으며 한랭한 함경도 지방이나 평안도 지방에서는 20세기 10년대 까지도(평안도 일부 지역에서의 건갈이 논을 제외하고) 거의 전적으로 이 방법을 적용하였다고 할 수 있다.

건갈이에 대하여 『농사직설』에서는 봄에 가뭄이 들어 물갈이를 할 수 없을 경우에는 건갈이를 하는 것이 좋다고 하였다. 그리고 그 방법에 대하여 갈이하고 충분히 땅을 다스린 다음 벼씨에 거름을 섞어 발자국을 치고 심으며 모가 자라기 전에는 물을 대지 말아야 한다고 하였다. 이것이 15세기에 삼남 지방에서 실시한 건갈이 즉 건직파하는 방법이였는바 발자국을 치고 심은 것이였으니 그것은 일종의 점파였던 것이다. 그리고 이렇게 건갈이하는 것은 봄에 가뭄이 들어 물 부족으로 물갈이하기 곤난한 경우였고 건갈이하는 논이 반드시 고정되어 있은 것은 아니였다. 그리하여 남쪽 지방에서는 15세기 이후 모심기 법이 광범히 보급되고 그 기술이 발전됨에 따라 점차 없어졌다. 18세기 말에 호남湖南(전라도) 암행어사로 갔던 류경柳耕의 보고에 의하건대 그 당시 호남 지방에서는 전면적으로 모심기 법이 실시되고 건갈이는 전체 논 면적의 1% 밖에 안 되었다. 다만 『천일록千一錄』에 의하건대 경기도 서해안 지방과 강화도의 일부 지역에서만은 건갈이가 18세기 중엽까지도 상당한 정도로 남아 있었다.

그러나 평안도의 청천강 하류 일대 즉 청천강 남쪽으로 안주, 문덕, 숙천, 평원군에 이르는 지역과 북쪽으로 박천, 정주군에 이르는 지역에서는 언제부터 시작된 일인지는 잘 알 수 없으나 과거부터 8·15 해방 후 대대적인 관개 시설이 이룩될 때까지 매년 고정적으로, 대다적으로 건갈이를 하여 왔었다. 이렇게 이 지방에서 남쪽 지방과는 달리 고정적으로 건갈이를 하였으며 그것이 오래도록 존속한 것은 땅이 저습하며 밭농사에는 적합하지 못 하였던 것과 관개 시설이 없어서 봄에 가물거나 가물지 않거나 물갈이나 모내기를 할 수가 없었던 데서였다. 이 지방의 건갈이에는 또 한 가지 남쪽 지방에서 하는 것과 다른 점이 있었다. 남쪽 지방에서는 자국을 치고 심어 일종의 점파식으로 심은 데 대하여 이 지방에서는 조파條播식으로 심었는데 이것은 완전히 주민들의 경작 관습과 관련된 것이다. 조를 주로 경작한 북쪽 지방에서는 조를 조파하던 관습으로 벼 건갈이도 조파로 하였고 벼를 주로 경작한 남쪽 지방에서는 벼 건갈이를 점파식으로 하던 관습에서 조도 자욱을 치고 점파식으로 심은 것이었다.

건갈이 기술은 가장 오래동안 대대적으로 그 방법을 실시하여 온 청천강 하류 일대 지역에서 발전하였으며 완성되였다. 건갈이에서 난점은 제때에 물이 나지 않거나 제때에 김매지 못할 경우 잡초가 무성하여 실농하게 되는 것이였는데 이 지방에서는 일찍부터 잡초 제거에 축력을 리용하는 방법을 창안 도입하였다. 즉 초벌 김은 칼거라고 하는 작두날 같은 것을 단 독특한 농구를 소에 메워 끌게 함으로써 곬에 풀 뿌리를 깎아 냈으며 중복 무렵에 물이 나면 비로소 물을 대고서는 또 축력을 리용하여 물후치질하고 김매였다.

건갈이 법은 아마도 봄에 가물고 여름의 강우기가 비교적 늦은 우리 나라에서 창안되였으며 우리 나라에만 있은 독특한 방법이였던 것 같다. 건갈이는 벼가 마른 땅에서 비록 크지는 못 한다 하더라도 튼튼하게 자란 다음에 물을 대는 것이므로 물을 댄 다음의 장성이 특히 왕성하다. 건갈이의 이와 같은 원리를 모 키우는 법에 적용한 것이 마른모법(乾苗法)이고 그것을 한층 더 발전시킨 것이 랭상모법인 것이다. 또 지난 날에는 건갈이가 다른 방법에 비하여 씨붙이기와 김매기에 더 많은 로력을 요하는 것이 큰 결함으로 된 것이였으나 이 방법은 벼농사를 기계화하는 데 매우 유리하다. 그러므로 오늘 우리나라에서는 이 방법의 계승 발전을 위한 연구도 진행하고 있다.

모심기 법에 대하여 『농사직설』에서는 가물을 당하여도 마르지 않는 논을 가려서 실시한다고 하였다. 그리고 그 방법에 대하여 2월 하순에서부터 3월 상순에 이르는 동안에 갈아야하며 논을 10등분하여 그 1분을 모판으로 마련한다. 우선 모판을 갈아 법대로 충분히 다스리고 물을 떼고 거름을 넣고 볕을 쐬여 땅이 마르게 한다. 그 다음에 물을 대고 물에 담근 벼씨를 뗠구고 번지로 그것을 덮는다. 모가 한 줌 이상의 길이로 자라면 옮겨 심어야 한다. 먼저 모 심을 곳을 갈고 거름을 내고 옮겨 심을 무렵에 또 갈고 법 대로 충분히 다스려 흙이 부드럽게 한다. 한 포기에 모 서너 대씩 꽂고 모가 뿌리 붙일 때까지 물을 깊이 대지 않는다고 하였다. 또 모판 관리법에 대하여서도 아주 발전한 방법을 소개하였다. 이것은 후세의 방법과 다름 없을 정도로 발전한 것으로 이미 상당히 오랜 력사를 가졌음을 보여 주는 것이다.

그러면 우리 나라에서 모심기 법이 언제부터 창안 도입되였는가?

문헌에 보이는 것으로서는 14세기 초의 사람인 최해崔瀣가 '3월 20일 비가 내린다'라는 시에서 "작년에 날씨가 괴상하여 농사집에서 모내기를 못 했다. 만백성이 굶주림에 빠져 서로 바라보는 낯빛이 처량하다去歲垂雨暘豊家未揷秧萬民落餓坎相視顔色凉"고 한 것과 같은 시기의 사람인 박효수朴孝秀가 경상도 성주星州의 청운루靑雲樓를 읊은 시에 "들 바람이 때때로 모심기 노래를 보내어 온다野風時送揷秧歌"고 한 것이 가장 오랜 것인 것 같다. 다음으로는 14세기 중엽(1362년)에 백문보白文寶가 나라에 제의한 글에 낮은 데서 높은 데로 물을 올리는 데 쓰는 수차水車를 보급시킬 것을 강조하면서 "이것은 가물에 대한 대처와 묵은 땅 개간에 으뜸가는 계책이다此備旱墾荒第一策也"라고 한 데 뒤이어 "또 백성들이 씨붙이기와 모심기를 겸하여 할 수 있게 된다면 또한 가히 가물에 대처할 수 있을 것이며 실농하지 않을 것이다又民得兼務於下種揷秧則亦可以備旱不失穀種"라고 한 것이 있다.

최해의 시는 14세기 초에 벌써 가물로 모내기를 하지 못 한 것이 만백성이 굶주림에 빠지게 되는 원인으로 될 만큼 모심기 법이 보급되였음을 말하여 주며 박효수의 시는 그 당시 이미 경상도 지방에는 농악이 잡히면서 집단적 공동 로동으로 모내기하는 풍습까지 있었음을 의미한다. 또 백문보의 글은 모심기법이 광범히 보급되지 못한 원인이 물에 대한 대책이 잘 세워지지 못 한 데 있음을 보여 줌과 동시에 그 당시에 벌써 봉건 정부에서 모심기법을 억제하고 있었음을 암시하여 주는 것이다.

생각건대 벼 모심기는 다른 작물의 모심기와는 달리 원래 물 있는 땅에서 뽑아서 물 있는 땅에 심는 것으로 실수 없이 붙는다. 물갈이한 논의 모가 밴 데서 뽑아서 모가 빈 데 심든 일은 일찍부터 있었을 것인바 그 방법을 일보 전진시킨 모심기법도 건갈이법과 마찬가지로 이른 시기부터 안출되였을 것이다. 실로 건갈이라는 우리 나라에 독특한 방법은 우리 나라가 봄에 가물고 여름의 우기가 늦은 데서 안출되여 부분적으로나마 오래 동안 존속한 것이였는 바 모처럼 안출된 우월한 방법인 모심기 법은 여름의 우기가 늦어 항상 모를 심을 무렵에 물이 부족하였던 데서 그 발전이 굼떴던 것이라고 할 수 있다. 그리고 봉건 정부가 적극적으로 관개 대책을 강구할 대신에 모심기 법을 위태로운 일이라 하여 억제하거나 환영하지 않은 것이 또한 그것의 급속한 발전을 저해하였던 것이다.

요컨대 우리 나라에서 모심기 법을 실시하기 시작한 것은 결코 문헌에 처음 나타나는 것을 기준으로 하여 14세기 초이거나 그보다 얼마 전이였다고 볼 것이 아니라 부분적으로 먼 과거부터 있은 일이라고 할 것이다.

그러면 모심기법이 처음에 어디서부터 시작되였는가?

상술한 바와 같이 15세기 초에 편찬된 『농사직설』에서는 당시의 발전된 모심기법을 소개하였는바 그와 동시에 거기서는 "이 법은 김매기에 편리하나 만일 크게 가물이 드는 경우에는 실수하게 되므로 농가의 위태로운 일이다 此法便於除草 萬一大旱則失手豊家厄事也"라고 부언하였다. 그렇게 보았던 것 만큼 봉건 정부에서는 그 후 곧 그것을 엄금하였던 것 같다.

『세종실록』에 의하건대 1435년에 경상도 고성固城 사람들이 련명으로, 모심기 법을 적용한 것은 그 유래가 이미 오랜 것인데 그것을 금지 당한 이래로 전면적으로 실농하게 되었으니 그 전대로 모심기를 하게 하여 달라고 청원한 일이 있다.

그런데 여기에서 우리의 주의를 끄는 것은 이 청원에 대하여 봉건 정부의 관료배들은 경상도, 강원도 인민들이 모심기하는 법을 금하는 것은 류전六典에 실려 있는 것이니 경솔히 고칠 수 없는 일이라고 한 것[5]과 그 도 감사로 하여금 관하 각 군현 인민에게 묻게 하였더니 과연 모두가 모심기하는 것이 편리하다고 하였기에 수원이 있는 곳에서는 모심기하는 것을 허락하였다는 사실이다. 경상도, 강원도 인민이 모심기하는 것을 금지하였다는 사실을 다른 도에는 허락하면서 그 도에 한하여 금지한 것으로 해석할 수는 없다. 그 도에도 할 수 있는 데도 있고 할 수 없는 데도 있었을 것이며 다른 도도 그러하였을 것이다. 또 경상도나 강원도가 다른 도보다 봄, 여름 동안 강우량이 뚜렷하게 차이가 있는 것도 아니다. 그럼에도 불구하고 그 도 인민이 모심기하는 것을 금지하였다는 것을 당시 그 도 인민이 줄기차게, 광범히 모심기를 실시하였으며 그 곳이야 말로 모심기하는 력사가 가장 오랜 곳이였음을 암시하는 것이라고 할 수 있다. 고성 사람들이 그 법을 적용한 유래가 오랬다고 한 것이라던가 그 도의 모든 사람들이 완강히 그 법이 편리함을 주장한 것으로 보아서도 그렇게 볼 수 있는 것이다. 문헌 상 모심기법과 관련한 오랜 기록으로 되는 상술한 박효수의 시가 역시 경상도 성주에서 읊은 것이였다는 것도 우연한 일이 아니다. 모심기법을 가장 일찍부터 벼농사를 시작한 경상도에서부터 시작된 것임이 틀림 없다. 그리고 경상도와 함께 강원도를 문제로 삼은 것으로 보아 경상도에 가까운 강원도의 남부 지방도 비교적 일찍부터 모심기법을 적용한 것 같다.

모심기법을 수원이 풍부한 곳에 한하는 조건부로 승인한 다음에도 봉건 관료배들은 모심기를 게으른 농민들이 하는 일로 치면서 그리 환영하지 않았으며 때로는 금지하기도 하였다. 그러나 모심기법은 그 후 농민들의 꾸준한 연구로 그 기술이 더욱 발전하였고 그 우월성이 더욱 나타나게 되면서 널리 보급되였다. 상술한 18세기 말 경의 호남 지방의 실례에서 보는 바와 같이 당시 남부 지방에서는 거의 전적으로 적용하였고 『천일록』에 의하건대 경기도, 강원도 등 중부 지방에서도 지배적 형태로 되였으며 20세기부터는 한랭한 평안도, 함경도 지방에 이르기까지 광범히 실시하게 되였다.

『농사직설』에 의하면 15세기 경에 또 도루심기법(反種法)이라는 것이 있었다. 그것은 논에 물이 없어 잡초가 무성하여 김매기가 어렵게 되었을 경우에 물 나는 것을 기다려 잡초를 뽑는 것이 아니라 벼모를 뽑고 논판을 갈아 엎은 다음 뽑은 모를 도로 심는 것이였다. 물이 있는 논이라도 로력 부족으로 김매기가 어려울 경우에는 그 방법을 적

---

5 『농사직설』이 간행된 것은 1430년이고 『경제속륙전(經濟續六典)』이 간행된 것은 1433년이며 고성 사람들이 청원한 것은 1435년이다.

용하는 데 그렇게 하면 벼가 모심기 법으로 심은 것보다 더 잘 자란다고 하였다. 또 이 경우 모가 모자란다고 하는 사람도 있으나 여러 번 경험한 사람들의 말이 모자라는 일이 없다고 한다고 하였다. 그리고 보면 15세기 경에 이 방법이 또한 부분적으로 적용되고 있었던 것이다. 그러나 모심기법이 광범히 적용됨에 따라 이 방법은 자연적으로 필요 없게 되었을 것은 물론이다.

이상과 같이 일찍부터 벼농사를 하였으며 근면하고 창발성이 풍부한 우리 인민은 우리 나라의 특수한 자연 조건을 고려하면서 여러 가지 벼 심기법을 창안 도입하였으며 변화 발전시켰다. 그 중에서도 건갈이 법은 우리 나라에 독특한 법이었다고 할 수 있는 바 벌써 몇 백 년 전에 이 방법의 우점을 따서 선진적인 마른 모법을 창안하였었다. 연암 박지원은 그의 저 『과농소초課農小抄』에서 『직설보直說補 -『농사직설』을 증보한 것』을 인용하면서 "봄에 가물어 모판에 물이 없을 경우에는 마른 밭을 잘 갈아 흙덩이리가 없게 하고 작은 이랑을 지어 벼씨와 거름을 섞어 건갈이법과 같이 심으되 한 말 씨 뿌릴 땅에 일곱 말 씨를 뿌린다. 비를 얻어 모심기하면 물모보다 낫다春旱秧基無水 熟耕乾田 治令無塊 作小畦 將稻種和灰糞 如乾播法 而一斗地可種七斗得雨移秧勝於水秧]."고 하였으니 마른 모 법은 벌써 몇 백 년 전에 창안된 것이었다.

밭곡식 씨붙임법에서 주목되는 것은 평안도, 함경도에서 조 등속을 씨붙임하던 방법과 황해도 이남에서 하던 방법에 각기 특색이 있으며 또 조 등속을 씨붙임하는 방법과 보리 등속을 씨붙임하는 방법 사이에도 다른 점이 있는 것이다.

『농사직설』에서 조 등속은 "이랑을 따라 좌우 발로 자욱을 치고 심으며 어기어기 밟는다逐畝左右足種交踏]."고 하였는바 이것은 일종의 점파를 하되 일직선이 되게 한 것이 아니라 비뚤비뚤하게 점파하였음을 의미한다. 남부 지방 뿐만 아니라 황해도에서도 근년까지 주로 이런 방법으로 조를 심었다. 그러나 평안도, 함경도 지방에서는 조 등속을 씨붙임 할 때 화종禾種이라 하여 이랑을 째고 씨앗을 조파하였다. 이 경우 함경도 지방에서는 '두베'라고 하는 일종의 파종기를 사용하였다.

그러면 이러한 지방적 특성은 어떤 리유로 언제부터 이루어졌는가? 그것은 결코 『농사직설』편찬 이후 즉 15세기 이후 이루어진 것은 아닐 것이다. 왜냐하면 『농사직설』은 평안도, 함경도 농민들에게 삼남 지방의 영농법을 전습시키기 위하여 편찬한 것이니만큼 평안도, 함경도 지방의 조 등속 씨붙임법이 『농사직설』편찬 이전에는 삼남 지방의 그것과 같았던 것이 그 이후 달라졌을 수는 없기 때문이다. 그 특색들은 그 지방 주민이 전통적으로 벼, 조 중에서 어느 것을 절대 우세하게 재배하였는가와 관련된다. 조는 벼보다 단위 당 수확고가 매우 적으므로 벼를 경작하는 경우보다 더 넓은 면적을 경작하여야 할 것은 물론인바 그러는 데는 조파로 심는 것이 심는 데도, 김내는 데도 편리하다. 평안도 지방에서 벼의 건갈이도 조파식으로 한 것은 장구한 기간 산파, 점파에 익숙한 남부 지방의 농민은 벼의 건갈이도 점파식으로 하였으며 조 등속이나 밭벼도 점파식으로 씨붙임한 것이다.

3. 김매기

우리 나라의 김매기 도구 즉 호미류와 후치질 도구는 실로 다종다양하다. 각 곳 농촌을 돌아다닌 일이 있으며 얼마만이라도 농사일에 관심을 가진 사람이라면 누구나 곧 그것을 느끼게 될 것이다. 그러나 그것들을 종합 분류하여 보면 크게 세 개 류형으로 나눌 수 있으며 매개 류형은 일정한 분포 지역을 가지고 있으며 그것이 갈이 도구에서의 세 개 류형 및 그 분포와 상응함과 동시에 또 그것이 씨붙임에서의 특성들과도 관련된 것을 알 수 있게 된다.[6]

공화국 북반부에서 볼 수 있는 호미에는 경직이, 곧직이, 막직이, 벗쇠호미, 깻잎호미, 수수잎호미, 평호미, 날호미, 벼루개, 평안도형 호미, 함경도형 호미 등등이 있다, 그 중에서 경직이에서부터 벼루개에 이르는 호미들은 요컨대 같은 류형에 속하는 것으로 땅을 찍거나 긁는데 적합하며 자루가 긁히 짧아서 앉아서 매게 되었다. 이 류형의 호미들은 바로 갈이 도구에서의 호리와 연장의 중간형인 보연장이 퍼져 있는 지역에 퍼져 있는바 이것을 첫째 류형이라하고 평안도형을 둘째 류형, 함경도형을 셋째 류형이라고 한다면 그것들의 분포는 바로 갈이 도구에서의 첫째 류형의 변형인 보연장, 둘째 류형 연장, 셋째 류형 가대기의 분포와 상응한다. 남반부의 사정을 구체적으로 자세히 알 수는 없다. 그러나 거기의 호미가 대개 이 첫째 류형에 속하는 것만은 틀림 없다. 보연장에서의 호리적 요소가 그러하듯이 아마도 북반부에서의 이 첫째 류형의 호미들

---

6 정시경, 「우리 나라 재래 농기구의 류형과 그 분포」, 『문화 유산』 1961년 1호 참조.

도 벼 재배가 북쪽으로 퍼짐에 따라 남쪽에서부터 전파하여 변화 발전한 것임에 틀림 없다.

이 류형의 호미들은 다른 류형의 호미보다 논이나 점파식으로 심은 밭 작물을 김매는 데 적합하다. 연암 박지원은 『과농소초』 김매기(鋤治) 조에서 이 류형의 호미로 점파식으로 심은 밭곡식을 김매는 정형을 생동하게 묘사하였다. "우리 나라에서는 넓은 이랑에 산만하게 심어(비뚤비뚤 점파식으로 심은 것을 가리킨 것) 곡식이 줄을 이루지 못 하므로 부득불 자루가 짧은 작은 호미로 종일토록 앉아서 한 대 한 대 가꾸어 나간다. 로력은 배나 들고도 효과는 절반이나 된다. 비록 자루가 긴 두 귀 난 호미가 있다 하여도 쓸 수 있다我國之種者 廣畝滿種苗生無行列 不得不爲(以?)小鋤短柄 終日坐而遷延 根根而培之 勞倍而切半 雖有長柄兩脚之制無所用之]."

그가 예리하게 관찰한 바와 같이 이 류형의 호미로써는 능률적으로 김 맬 수 없으며 또 점파식으로 비뚤비뚤하게 심은 밭김은 그렇게 매게 마련이다. 생각건대 중부 이남 지역에서 그렇게 심고 그렇게 김맨 것은 그 지역 농민들이 논김 매기에 관습된 사정과 그 지방은 논농사가 주이고 밭농사는 보조적이였으며 또 그 지방의 특히 령세한 경리 조건 하에서는 능률적이 못 되더라도 집약적으로 그렇게 심고 그렇게 가꾸지 않을 수 없었다는 사정과 관련된 것 같다.

함경도형 호미와 평안도형 호미는 자루가 길며 조파한 밭곡식을 김매는 데 적합하다. 18세기에 홍량호洪良浩의 『공주풍토기公主風土記』에서 함경도형 호미를 평하여 "호미가 크기를 삽만 하고 자루가 긴데 잔풀을 매지 못한다鋤大如鍤而柄長不耨細草]."고 하였는바 이것은 이 류형의 호미의 우점과 단점을 정확하게 본 것이다. 실로 이 류형의 호미는 능률적으로 땅을 끌어 내리거나 끌어 올릴 수 있는 반면에 세밀하게 잔 풀을 맬 수 없는 것으로 함경도 지방에서는 이런 자루 긴 두 귀 난 호미로 조파한 조밭을 반쯤 서서 능률적으로 매 나간 것이다.

이와 관련하여 연암 박지원은 상술한 글에 앞서 중국에서는 씨앗을 곬에 심으므로 자루가 긴 호미로 서서 이랑의 흙을 긁어 좌우로 나누어 곡식에 북을 주게 되어 풀이 뿌리 붙일 데 없으며 효과는 배나 나고도 트럭이 덜 든다고 하였는바 아마도 그는 함경도나 평안도 특히 함경도에서 조파하고 긴 자루의 큰 호미로 매는 것을 알지 못 하였던 것 같다.

또 그가 유감스럽게 생각한 우리 나라에서 조 등속을 곬에 심지 않고 이랑에 즉 둥에 높게 심은 관습에 대하여 말한다면 그것은 우리 조상들의 오랜 경험에서 실정에 맞게 안출되여 관습화한 것이였다. 우리 나라에서 그렇게 한 것은 그가 본 북중국이나 료동 지방과 같이 강우량이 적은 데와는 달라서 낮게 곬에 심어서는 물황이 들 우려가 있는 데서였다(지금은 중국 동북 지방에서도 조 등속을 곬에 심지 않고 이랑에 심는 모양이다). 그것은 우리 나라에서도 보리만은 예로부터 조 등속과 달리 곬에 심어 온 사실로써 알 수 있는 바다. 『농사직설』에서도 보리 등속은 "빽빽하게 잔 이랑을 짓고 이랑 사이에(즉 곬에) 분재와 섞어서 심는다[密作小畝畝面和糞灰挿種]."고 하였다. 이렇게 같은 밭곡식이면서도 조 심는 관습과 보리 심는 관습이 달랐던 것은 보리 등속은 우기 전에 수확하는 것이고 조 등속은 그 때가 바로 성장기인 데서였다.

『농사직설』에서는 또 조밭이나 콩밭의 이랑과 이랑 사이 즉 곬을 소 입에 꾸러미를 씌워 가지고 후치질하여야 한다는 것을 여러 곳에서 강조하였다. 이것으로써 우리 나라에서 후치질을 특히 중요시하는 관습이 이미 오래 전에 이루어졌음을 알 수 있다. 그런데 이 후치의 형태도 단순하지 않다. 갈이 도구에 소 한 마리를 메우는 중부 이남 지방의 후치 채는 그곳의 갈이 도구가 그러하듯이 짧은 성에에 줄을 매여 메우게 되었다. 갈이 도구에 소 두 마리를 메우는 중부 이북 지방에서도 연장을 갈이 도구로 하는 평안도 지방에서는 원래부터 두 가닥으로 된 나무를 택하여 후치채로 하였으며 가대기를 갈이도구로 하는 함경도 지방에서는 짧은 성에에 수레채와 같은 형식의 후치틀을 만들어 련결하게 되었다.[7]

이상에서 과거 우리 나라 농업에서의 씨붙임법과 김매기법에 대하여 보았다. 우리 인민은 그 어느 것에서나 구체적 실정에 맞게 다양한 방법과 기술을 창안 도입하였었는바 거기에는 귀중한 유산으로 되는 것이 적지 않다.

오늘 공화국 북반부에서는 우리 조상들이 벌써 몇 백 년 전에 창안한 마른 모법의 원리를 한층더 발전시켜 랭산모법을 창안하여 광범히 적용함으로써 벼 단위 당 수확고를 획기적으로 제고하였으며 건갈이법의 취할 점도 연구하고 있다. 한 편 락후한 김매기 도구는 청산되고 축력 제초기가 광범히 도입되였으며 광범한 지역들에서 후치질을

---

7 정시경, 「우리 나라 재래 농기구의 류형과 그 분포」, 『문화 유산』 1961년 1호 참조.

기계화시켰다.

주지하는 바와 같이 과거 우리 나라에는 씨붙임 및 김매기와 관련하여 두레, 황두, 품앗이 등 특성 있는 공동 로동 조직 형태가 있었다. 이것은 갈이에서의 소결이와 함께 민속학적 연구에서 중요한 대상으로 되는 것이나 이에 대하여는 여기서는 략하기로 한다.

06.
우리 나라 과거 주택의 류형과 그 형성 발전*

-
-
-

8·15 해방 후 우리 나라에서는 우리 나라 주택에 관한 연구가 일정하게 진행되여 많은 면에서 새로 밝혀졌으며 체계화되였다. 그러나 금후 더욱 조사 연구를 거듭하여 부족점을 보충 시정하여야 할 것은 물론이다. 우선 지금까지 관심을 덜 돌렸던 우리 나라 주택 류형의 형성, 발전에 관하여 연구 보충함으로써 지난 날 일제의 어용 학자들이 우리 나라 주택 형성의 유래에 대하여 외곡 날조한 것을 분쇄하는 것이 필요하다고 생각한다. 그런 의미에서 아래에서 평면 상으로 본 우리 나라 주택의 류령과 분포 및 특성을 개괄하고 그 형성 발전에 관하여 약간의 고찰을 하기로 한다.

1. 우리 나라 주택의 류형과 그 분포

우리 나라 전래의 주택은 립면 구조 상으로 보면 공통적으로 기단을 축성하고 목조 골격에 토벽 벽체로 하며 지붕을 우산각집, 배집 또는 학각집 형식으로 한다. 그러나 평면 구성(내부 방 배치) 상으로 보면 지역에 따라 일련의 특성이 있는바 이는 우리 나라의 기후 풍토상의 특성과 크게 관련된다.

우리 나라 국토는 남북 방향으로 매우 길고 동서 방향으로 짧은 데서 남북에 따르

* 『고고민속』 1965년 3호.

는 기후 풍토상의 차가 상당히 크다. 또 남북 방향으로 뻗은 척량 산맥을 사이에 두고 동서에 따라서도 기후 풍토상 일정한 차이가 인정된다.

우리 조상들은 장구한 세월을 통하여 우리 나라 기후 풍토 상의 이상과 같은 특성에 맞게 주택의 평면 구성을 다양하게 그리고 일상 생활에 편리하게 창안 발전시켜 왔다.

우리 나라 전래의 주택을 기본 건물의 평면 구성에 기준을 두고 분류하면 대체로 다음과 같다.

1) 외통 유형

ㄱ) 일―자형(외채집)

ㄴ) 이二자형(쌍채집)

ㄷ) ㄱ자형
ㄹ) ㄷ자형 〉 대청 마루 없는 집(서북부형)
ㅁ) ㅁ자형 〉 대청 마루 있는 집(중남부형)

2) 량통 유형

ㄱ) 북부형 → 정주간이 있는 집

ㄴ) 중부형 → 봉당이 있는 집

ㄷ) 남부형 → 대청 마루 있는 집

이상은 두 류형에 속하는 기본 형태들을 든 례 불과한 것이고 이 밖에 이러저러한 변형 또는 배합형이 있음은 물론이다.

이 두 류형 집의 지리적 분포를 보면 다음과 같다.

외통 류형 집이란 부속적인 건물은 물론이고 기본 건물(몸채)까지도 평면 구성 즉 방들의 배치를 외줄로 한 집을 말한다(량통 류형 집도 부속적인 건물은 대개 방들을 외줄로 배치한다). 이 류형의 집은 북의 자강도, 평안북도에서 남의 경상남도, 전라남도에 이르기까지 즉 기후가 특히 추운 동북 지방을 제외한 모든 지역에 분포되어 있다. 이 류형 집의 분포 지역 중에서 강원도 령동 지방 및 대체로 강원도의 회양淮陽과 황해남도의 강령康

鳴을 련결하는 선을 중심으로 한 일대에는 이 류형 집과 함께 봉당이 있는 량통 유형에 속하는 집이 병존하고 또 경상남도, 전라남도의 남해 연안 일대에도 이 류형 집과 함께 대청 마루가 있는 량통 유형에 속하는 집이 병존하는 것을 볼 수 있다. 그러나 기타의 이 류형 집 분포 지역에는 전적으로 이 류형 집만 분포되여 있다.

외통 류형 집 중에서 몸채만으로 된 일-자형(외채집)과 몸채와 경리 시설, 대문간을 위한 앞채로 구성된 이二자형집(쌍채집)(〈그림 1〉)은 농촌에 많다.

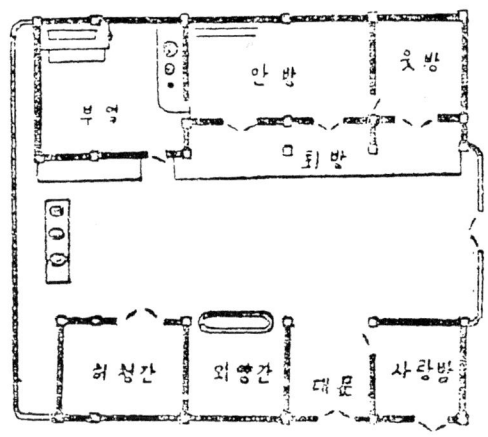

〈그림 1〉 외통 류형 二자형집

몸채에 직각으로 되게 곁채를 련결 융합시킨 ㄱ자형(〈그림 2-1〉)과 ㄱ자형 건물을 몸채 격으로 하고 거기에 부속 건물을 련결한 ㄷ자형(〈그림 2-2〉), ㅁ자형은 평양을 중심으로 한 서북 지방과 개성, 서울을 중심으로 한 중부 및 그 이남 지방에 분포되여 있다. 그 중에서 중부 지방의 개성, 서울 등 도시의 전래의 주택은 거의 다 이 형태이고 농촌에도 이 형태가 적지 않은 것 같다.

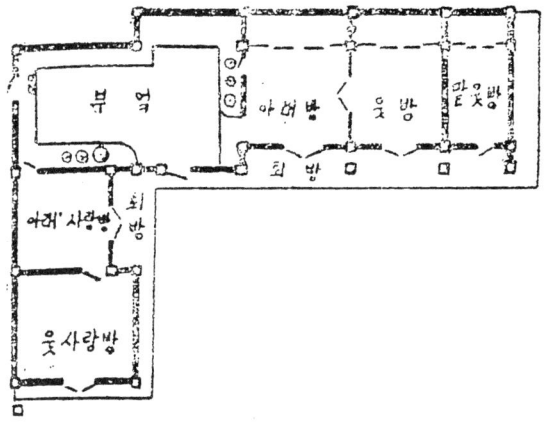

〈그림 2-1〉 서북 지방의 대청 마루가 없는 ㄱ자형 집

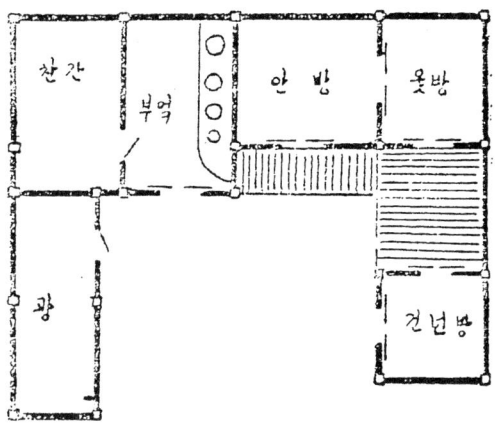

〈그림 2-2〉 외통 류형 ㄷ자형 집 개성 지방

ㄱ자형, ㄷ자형, ㅁ자형은 기지를 절약하는 점, 방들을 리용하기 편리한 점, 외관 상 체재가 아름다운 점 등으로 보아 원래 도시에서 발생하여 농촌에도 파급한 것이라고 보는 견해가 있는데 거기에는 일리가 있다.

같은 ㄱ자형, ㄷ자형, ㅁ자형이라 하여도 평양을 중심으로 한 서북 지방의 것과 개성 서울을 중심으로 한 중부 지방의 것 간에는 평면 구성 즉 방들의 배치에서 기후 관계를 반영하여 각기 특성이 있으며 또 개성의 것과 서울의 것 간에도 각기 약간의 특성이 있다.

평양을 중심으로 한 서북 지방의 것은 바로 ㄱ자형으로 꺾어진 부분에 부엌을 배치하고 그것을 중심으로 하고 정면 쪽에 아랫방, 웃방 내지 맏웃방, 꺾어진 부분에 아래 사랑방, 윗사랑방을 배치한다. 맏웃방을 대청 마루로 하는 수도 있으나 그런 례는 매우 드물다. 이렇게 부엌간을 꺾임 부분에 배치함으로써 량쪽으로 방을 덥힐 수 있게 하였는바 그 한 쪽의 방 즉 사랑방은 개성이나 서울의 ㄱ자형 집에서의 건넌방에 해당한다고 할 수 있다. 요컨대 서북 지방의 ㄱ자형 집의 방 배치는 추운 기후 조건에 적합하게 되어 있다.

이와는 달리 기후가 온화한 개성의 것은 보통 정면 한 쪽 끝에서부터 부엌 안방, 웃방의 순으로 일직선으로 배치하고 꺾어진 부분에 온돌방이 아닌 커다란 대청 마루를 배치하며 서울의 것은 보통 정면 중앙에 커다란 대청 마루를 배치하고 그 한쪽에 건넌방, 다른 한 쪽과 거기서 잇달아 꺾어져 나간 부분에 일직선으로 웃방, 안방, 부엌을 배치한다. 개성의 것을 남향南向집이라 하고 서울의 것을 동서월방東西越房집이라고 하는바 전자는 일상 생활에서 가장 많이 리용하는 안방과 부엌이 정면에 남향하고 있다는 뜻이고 후자는 그것이 정면에서 떨어져 동쪽 또는 서쪽에 있다는 뜻이다〈그림 3〉. 어느 경우나 건넌 방에는 퇴계를 놓지 않으며 툇마루를 다른 방의 경우보다 한 단 더 높이고 그 가에 란간을 둘렀으므로 그

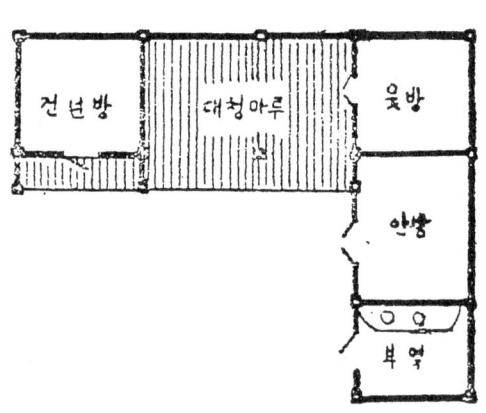

〈그림 3〉 외통 류형. ㄱ자 서울형 집 동서월방집

방으로는 반드시 대청 마루를 통하여서만 출입할 수 있게 되어 있다. 그리하여 건넌방은 외관 상으로나 또는 방 안에서 안뜰을 내다 볼 때에 마치도 다락(樓)과 같은 느낌을 가지게 된다. 같은 평면에 놓인 방을 이렇게 간단한 조치로서 완연히 평면이 다른 방같이 보이게 함으로써 변화 풍부하게 한 것은 기묘한 고안이라고 하지 않을 수 없다.

ㄱ자형, ㄷ자형, ㅁ자형 집의 평면 구성에서 볼 수 있는 이상 말한 바와 같은 지역적 특성은 우리 조상들이 얼마나 기후 풍토 조건에 세심한 주의를 돌리면서 주택을 다양한 형태로 발전시켜 왔는가를 보여 주는 것이다.

다음으로 량통 류형 집이란 기본 건물의 평면 구성 즉 방들의 배치를 두 줄로 한 것을 말한다.

이 류형의 집은 (1) 척량 산맥 이동의 동북 지방 전 지역 (2) 척량 산맥 이동의 령동 지방과 척량 산맥 이서의 대체로 강원도의 회양과 황해남도의 강령을 련결하는 선을 중심으로 하는 일대 (3) 남해안 지역에 분포되어 있다. 그 중 첫째 지역에서는 함경남도의 평안도와 접촉하는 지대에서 약간의 외통 류형 집을 볼 수 있는 것을 제외하고는 전적으로 이 류형 주택만 분포되어 있고 둘째 지역과 셋째 지역에는 이 류형 집이 외통 류형집과 병존한다

그런데 같은 량통 류형에 속하면서도 이상 세 지역의 것 사이에는 평면 구성에서 각기 일련의 특성이 있다. 자세한 것은 아래에서 보겠지만 요컨대 둘째 지역의 것과 셋째 지역의 것은 외통 류형의 특성을 많이 가미한 량통 류형이라고 할 것인바 이 량자 간에서도 또 각기 적지 않은 특성을 찾아볼 수 있다.

량통 류형 집의 이상과 같은 분포와 지역에 따르는 특성은 첫째 지역 즉 동북 지역의 것이 기본형이고 기타 지역의 것은 심대한 변화를 거친 것임을 보여준다. 이제 첫째 지역의 것을 북부형, 둘째 지형의 것을 중부형, 셋째 지형의 것을 남부형이라 하고 그 특성들을 보면 다음과 같다.

량통 류형 집의 북부형은 집 중앙부에 정주간이라고 하는 장방형의 큰 통간 방을 배치하고 그것을 중심으로 하고 량쪽에 두 줄로 방들을 배치한다. 즉 한 쪽에는 새방과 안방 그 다음으로 웃방과 고방 다른 한 쪽에는 바당과 부엌 그 다음으로 경리를 위한 칸들을 배치한다. 도시의 집에서는 이 경리를 위한 칸들 대신에 살림방을 배치하거나 그렇지 않으면 그 부분을 완전히 없애고 바당과 부엌으로 끝나게 한다.

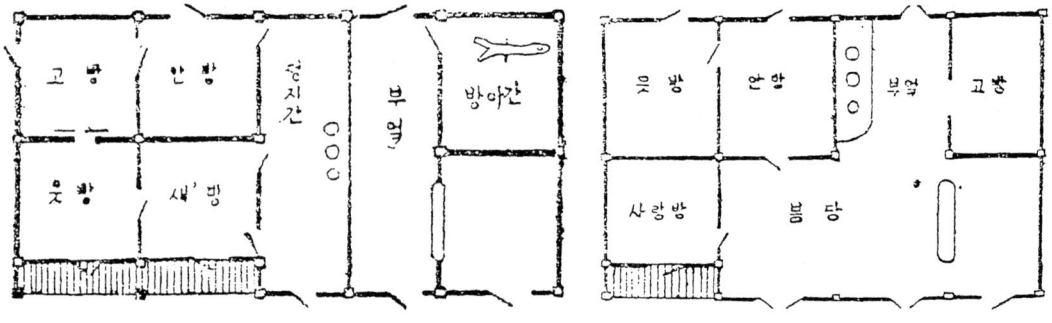

〈그림 4〉 량통 류형 북부형 집 정주간이 있는 량통집   〈그림 5〉 량통 류형 중부형 집 정주간이 없는 량통집

이렇게 량통 류형의 집의 북부형(〈그림 4〉)은 통간인 정주간을 중심으로 하고 그 좌우에 살림방들과 경리를 위한 칸들을 두 줄로 배치하는데 그 중에서 바당과 부엌은 역시 통간을 이루는 바당과 부엌간이 합쳐서 하나의 큰 공간을 이룬다. 이렇게 정주간이라는 독특한 통간 살림방이 있고 또 그것과 바당과 부엌 사이에 간벽이 없이 합쳐서 하나의 큰 공간을 이루는 것은 량통 류형 집 중에서도 북부형에만 고유한 특징이다. 또 몸채 안에 경리를 위한 칸들도 배치하는 것은 중부형에서도 볼 수 있은 일이나 역시 전형적으로 그렇게 하는 것은 북부형 집에서이다.

요컨대 량통 류형의 북부형은 방들의 배치가 추운 기후 조건에 가장 적합하게 되어 있다.

다음으로 량통 류형의 중부형 집(〈그림 5〉)은 북부형과는 달리 정주간이 없고 정주간에 해당하는 부분의 앞쪽 절반(뒤쪽 절반은 안방으로 됨)과 바당에 해당하는 부분을 통간으로 하고 그것을 봉당이라고 한다. 경우에 따라서는 봉당의 일부에 마루를 깔고 그것을 봉당 마루라 한다. 그러나 방들을 두 줄로 배치한 점에서는 북부형과 같다.

그러나 각도를 달리하여 보면 중부형 집에는 외통 류형의 ㄱ자형 또는 ㄷ자형 집과 류사한 점이 또한 많다. 우선 외통 류형의 ㄱ자형 또는 ㄷ자형 집에서 살림방과 경리를 위한 칸들이 안뜰을 둘러 싸면서 배치되듯이 중부형 집에서는 봉당을 둘러싸면서 정면에 부엌, 안방, 웃방이 배치되고 그 량 끝에 사랑방 또는 경리를 위한 칸이 꺾어진 형식으로 배치된다. 그리고 봉당에서 살림방들로 통하는 문들이 새문식으로 되어 있는 것이 아니라 완전히 밖으로 출입하는 문 즉 창호지를 바른 만살문으로 되어 있다. 이것은 봉당과 살림방 및 경리를 위한 칸들과의 관계가 외형 상 외통 류형 집에서의 안뜰과 산림방과 경리를 위한 칸들과의 관계와 매우 흡사할 뿐만 아니라 실지로 봉당을 안뜰과 같이 친다는 것을 의미한다. 그 뿐만 아니라 중부형 집에서는 살림방들의 이름과 그것을 리용하는 면에서 또 부엌과 안방 사이를 완전히 막는 점에서 외통 류형의 ㄱ자형 또는 ㄷ자형 집에서와 꼭 같다.

그리고 보면 량통 류형의 중부형 집은 량통 류형에 속하는 집이기는 하나 대청 마루를 가지지 않는 서북 지방 외통 류형의 특성을 많이 가미하여 심대한 변화를 일으킨 것으로 이러한 변화는 결코 일조일석에 이루어진 것이 아니라 장구한 세월을 경과하는 과정에서 이루어진 것이라고 할 것이다. 자강도의 량강도에 가까운 지역에서는 정주간이 없는 량통 류형 집을 볼 수 있고 함경남도의 평안도에 가까운 지역에서는 정주간이 있는 외통 류형 집을 볼 수 있다. 그러나 이런 것은 정주간을 기계적으로 빼거나 넣었을 뿐이고 전자에서와 같은 심각한 변화를 일으킨 것은 아니다.

량통 류형의 중부형 집을 그 지방에서 '고주집' 또는 '고제집'이라고 부르는 것을 볼 수 있다. 일반적으로 중부형 집은 폭이 넓은 이른바 오량五樑집으로 하고 고주高柱를 많이 세우는데 봉당, 부엌, 경리를 위한 칸들에는 천장에 천반을 누르지 않아서 고주가 그 대로 드러나 보인다. '고주집'이라는 이름은 아마도 그런 데서 생긴 것 같다.

마감으로 우리는 이전에 조사된 약간의 자료를 통하여 남해안 지역에도 량통 류형에 속하는 집이 외통 류형에 속하는 집과 함께 존재함을 알게 된다. 그러나 현재의 형편에서는 그 분포 정형과 평면 구성을 정확히 알기 어렵다. 단편적인 자료를 통하여 보건대 그 평면 구성은 대체로 다음과 같은 것 같다.

량통 류형의 남부형 집(《그림 6, 7》)은 통간으로 된 대청 마루를 중심으로 하고 한 쪽에 두 줄 또는 통간으로 온돌방, 다음으로 부엌간을 배치하고 다른 한 쪽에도 역시 두 줄로 온돌방을 배치한다. 독립적인 사랑채를 가지는 경우 거기서도 방을 두 줄로 배치하며 그 하나를 마루방으로 한다. 또 경우에 따라서는 앞 줄 방들에 해당하는 면적 전부를 마루를 깔아 대청 마루와 함께 한 개 공간을 이루게 하는 수도 있으며 그 밖에도 적지 않은 변형이 있는 것 같다.

이상에서 보는 바와 같이 같은 변화를 일으킨 량통 류형 집이라 해도 중부형이 대청 마루를 가지지 않는 서북 지방의 외통 류형 집의 특성을 가미하여 심대한 변화를 일으

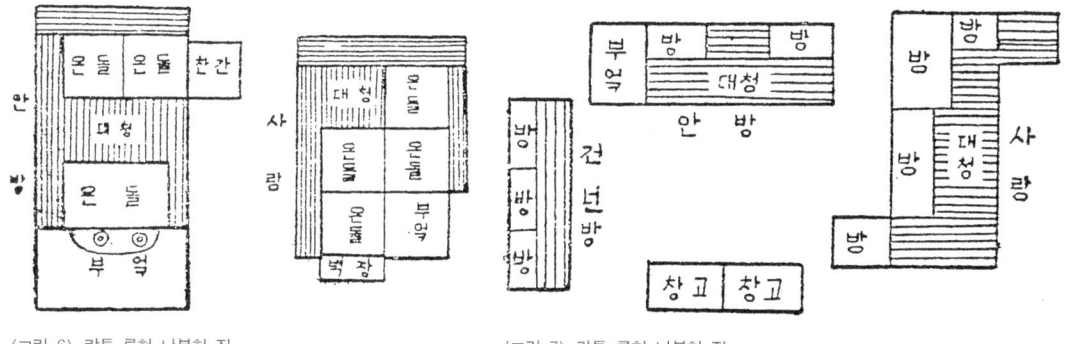

〈그림 6〉 량통 류형 남부형 집   〈그림 7〉 량통 류형 남부형 집

킨 것과는 달리 남부형은 대청 마루를 가지는 중부 이남의 외통 류형 집의 특성을 가미하여 역시 심각한 내면적 변화를 일으킨 것이다.

우리 나라에 오래 전부터 있은 주택 류형과 매개 류형에 속하는 각 개 형태의 분포 및 그 특성은 대체로 이상과 같다.

2. 주택 류형의 형성 발전과 각 류형에 공통한 특성

우리 조상들은 장구한 세월을 통하여 우리 나라 기후 풍토 조건에 맞게 주택의 평면 구성을 우에서 본 바와 같이 다양한 류형, 형태로 형성 발전시켜 왔다.

그런데 지난 날 일제의 어용 학자들은 우리 나라의 다른 문화에 대하여 그렇게 한 것과 같이 주택 문화에 대해서도 그 전통을 외곡 말살하기에 광분하였다.

우리 나라의 주택 문화 전통과 관련하여 일제의 어용 학자 노무라(野村孝文)는 우리 나라의 주택에는 첫째로 동북 지방에서부터 강원도 령동 지방에 이르는 지역의 량통 류형, 둘째로 남해안의 량통 류형, 셋째로 외통 류형의 세 가지가 있는데 그것은 다 외부에서 들어온 것이라고 왜곡하였다.[1] 이것이 터무니 없는 날조라는 것은 아래에서 보는

---

1 잡지 『朝鮮과 建築』 1933년 1호 참조.

바와 같다.

평면상으로 볼 때에 우리 나라 주택에는 세 가지 류형이 아니라 외통과 쌍통의 두 가지 류형이 있는데 그것은 모두 우리 조상들이 창안 발전시킨 것이였다. 외통 류형에 대하여 말한다면 우리 나라 신석기 시대의 집에는 원형, 방형의 집과 장방형의 집이 병존하였었는데 청동기 시대부터는 원형 집이 없어졌으며 방형 집이 적어지고 대부분이 단실 장방형 집이거나 간을 막은 장방형 집이였다는 것을 고고학적 자료에 의하여 알 수 있다. 이것은 우리 나라 외통 류형 집의 시원으로 된다.

다음으로 『삼국지』「위서 고구려 전」에 의하건대 고구려에는 집집마다 '부경桴京'이라고 하는 작은 창고가 있었으며 또 큰 집 뒤에 작은 집을 짓는 풍습도 있었던 것이였다. 이것은 고구려의 집에는 일찍부터 몸채 외에 경리 또는 살림을 위한 부속 건물이 있어 ㄴ자형 또는 ㄱ자형을 이루고 있었음을 의미한다. 그리고 리종목 동지가 「우리 나라 농촌 주택에 관한 연구」에서 지적한 바와 같이 벌써 기원 4세기에 축조한 안악 3호 무덤의 평면 구성은 후세의 ㄷ자형 또는 ㅁ자형 집을 련상케 하는 것으로 당시 그런 형태의 집이 있었음을 반영한다. 이 무덤 구성에서의 앞간(前室)은 ㄷ자형 또는 ㅁ자형 집의 안뜰, 안간(後室)은 몸채, 서쪽 곁간(側室)과 동쪽 곁간은 협채, 대문이 있는 연도는 대문간을 상징한 것이라고 할 수 있는 것이다.

이런 형식은 통합 신라를 거쳐 고려 시기에 이르러 개경을 중심으로 ㄱ자형, ㄷ자형으로 발전하였으며 그것이 리조 시기에 계승되여 개성, 서울을 중심으로 더욱 발전하였고 점차 지방에까지 보급하게 되였다고 할 수 있다. 고려의 국도였던 개성에 그런 형식의 것이 특히 발전한 것은 그러한 사실을 방증하는 것이라고 할 수 있을 것이다.

우리 나라 외통 류형 주택의 ㄷ자형, ㅁ자형 집과 외형상 류사한 것은 중국의 주택에서도 볼 수 있다. 중국 주택에서의 이른바 삼합원三合院(삼면을 건물로 둘러 싼 안뜰을 가진 것) 집, 사합원四合院(사면을 건물로 둘러 싼 안뜰을 가진 것) 집이 바로 그것이다.

그러나 우리 나라의 ㄷ자형, ㅁ자형 집은 그런 것과 본질적으로 다르다. 중국의 삼합원, 사합원 집은 평면 구성을 대칭적으로 하여 당堂을 중심으로 하고 그 좌우에 침실(臥室)을 대칭적으로 배치하여 같은 크기의 부엌간까지 대칭적으로 배치하는 것을 볼 수 있다. 중국의 그러한 주택에서 동상東廂이니 서상西廂이니 하는 것은 외형 상 대칭적일 뿐만 아니라 내부방 배치도 대칭적으로 한다. 그러나 우리 나라의 ㄷ자형, ㅁ자형 집의 꺾어져 나간 부분은 외형상 대칭적으로 보이나 내부 방 배치는 완전히 다르다. 한 쪽은 살림방으로 되고 다른 한 쪽은 경리 시설을 위한 칸들로 된다. 또 ㄱ자형 집에서는 대청 마루를 중심으로 하고 그 좌우에 살림방을 배치하나 한 쪽에는 안방, 웃방 등 주되는 살림방들을 배치하고 다른 한 쪽에는 별실격인 건넌방만을 배치할 뿐만 아니라 그것은 뒷마루를 한 단 더 높이고 거기에만 란간을 두룸으로써 다른 방들과 다르게 보이게 하여 풍부한 변화를 나타낸다. 이렇게 하여 우리 나라의 ㄷ자형, ㅁ자형 집은 외형 상 중국의 삼합원, 사합원 집과 류사하게 보이나 내부 평면 구성에서 본질적인 차이가 있다.

『명종실록』 9년(1554) 9월 조에는 우리 나라 주택과 중국 주택 간에 존재하는 이러한 본질적 차이를 각도를 달리 하여 생동하게 지적한 기사가 있다. "대저 중국에서 집 짓는 제도는 각기 한 조照를 이루고 있다. 그러므로 다만 형제 뿐만 아니라 8, 9대에 이르기까지 동거하는 사람도 있다. 우리 나라로 말하면 비록 큰 집이라고 할지라도 모두 한 조照를 이루고 있다. 그러므로 비록 형제라 할지라도 동거할 수 없다. 형편이 그렇게 되어 있는 것이다夫中國造家之制 各爲一照 故非徒兄弟 至八九代 同居者有之 我國則雖大家皆爲一照 故雖兄弟不得同居 其勢然也]." 여기서 조照자의 뜻이 명확하지 못하나 문장 전체의 흐름으로 보아서 한 개 세대世帶씩 살 수 있는 구성이라는 뜻으로 쓰인 것만은 틀림 없다. 혹 음이 같은 데서 '조照'자를 '조竈'자 대신에 썼을 수도 있다. 실로 우리 나라의 주택은 아무리 큰 집이라 할지라도 취사할 수 있는 부엌간은 하나 뿐이고 기타는 아궁지만으로 되었거나 부엌으로 되였다 할지라도 취사할 수 있을 만큼 크게 되어 있지 않다. 실로 우리 나라의 ㄷ자형, ㅁ자형 집은 중국의 삼합원, 사합원 집과 달리, 같은 성격의 것의 종합체로 되어 있는 것이 아니라 각기 다른 성격의 것의 통일체로 되어 있는 것이다.

다음으로 량통 류형에 대하여 말한다면 두만강 류역의 원시 집자리에서와 청천강 류역 세죽리의 기원 전 3세기 경의 유물을 반출한 집자리에서는 기둥 구멍이 세 줄 또는 네 줄로 된 것을 볼 수 있는 바 이것은 량통 류형 집의 시원을 암시하여 주는 것이라고 할 수 있다. 이렇게 겹으로 기둥을 세운 원래의 목적은 지붕을 좀 더 잘 받치기 위하여서였을 것이나 한 걸음 더 나가서 그런 보조적 기둥을 리용하여 겹벽을 설치한다면 방이 두 줄로 될 것만은 사실이다. 그러므로 량통 류형 집도 그 시원이 멀리 원시 시대까지 소급될 수 있는 것이다. 그리고 기둥을 세 줄로 세운 집자리는 세죽리 유적에서와 같이 척량 산맥 이서에서도 볼 수 있으나 량통 류형 집은 주로 함경도 지방에서 발전하였었는바 이것은 기후 조건과 관계될 것이다. 또 그런 집자리는 두만강 이북 지방에서도 볼 수 있으며 그 지역은 함경도보다도 추위가 더 심하나 그 지역의 집은 폭이 넓으면서도 량통 집으로까지는 발전하지 못 하였다. 17세기 초에 리민환李民寏은 『건주문견록建州聞見錄』에 그가 목격한 주택에 대하여 이렇게 썼다. "집 제도는 암키와로 덮고 기둥을 다 땅에 꽂으며 반드시 남향한다. 네 벽은 벽돌로 쌓고 동, 서, 남면에 다 큰 창문을 낸다. 절대로 막은 것이 없으며…병졸들의 집에는 풀을 잇고 흙을 덮으나 그 제도는 한 가지다." 류사한 내용의 기사는 12세기에 송 나라 사람들이 쓴 책들에서도 찾아볼 수 있다. 인용문에서 보는 바와 같이 녀진인의 주택은 단실형이고 결코 다실 량통형으로 발전한 것이 아니였다. 오늘 연해주 지방의 원주민의 주택도 그러하다.

　이러한 사실은 량통 류형 집이 바로 함경도 지방에서 창안되였음을 말하여 주는 것이다. 함경도의 주택과 관련이 있는 기사로서 『성종실록』 22년(1491) 12월 조에 북쪽 사람들은 집에 긴 온돌간을 만든다고 한 것이 있고 또 『중종실록』 25년(1530) 3월 조에도 평안도, 함경도에서 그렇게 한다는 기사가 있다. 이런 기사들을 보고 15~16세기 경까지도 함경도의 주택은 일반적으로 외통 류형 집이였던 것 같이 생각할 수 있다. 그러나 원래 함경도에서 량통 두 간을 통간으로 한 정주간을 가족이 모여 앉는 곳으로 삼았던 사실이나 평안도에서 외통 두 간을 통간으로 한 큰 방을 역시 그렇게 한 사실을 념두에 두건대 그것은 정주간을 두고 하는 말이고 함경도 집 평면 구성이 외통 외간이였음을 의미하는 것은 아닐 것이다. 18세기에 홍량호洪良浩는 『공주풍토기』에서 함경도 주택에 대하여 집 제도가 다 한 건물에 겹 기둥을 세우고 가운데 겹벽을 설치하여 여러 간을 설치한다고 하였다. 리종목 등지도 지적한 바와 같이 만일 15~16세기에 외통 류형의 집이였다면 그보다 불과 1~2세기 후인 18세기에 이렇게 일변하였을 수는 없다. 이 지역에는 오랜 과거부터 량통 류형의 집이 있은 것임이 틀림 없다.

　한편 량통 류형 집은 일찍부터 그 이남 지역에도 분포되어 있었다. 상술한 바와 같이 강원도 령동 지방이나 황해도 일부 지역에 분포되어 그 곳의 대청 마루 없는 외통 류형 집의 요소를 가미하여 심대한 변화를 일으켰고 또 남해안 지역에 분포되어 그곳의 대청 마루 있는 외통 류형 집의 요소를 가미하여 심각한 변화를 일으켰는바 이러한 변화는 장구한 세월을 경과하는 과정에 이루어졌을 것이다.

량통 류형 집은 일본에 전하여져서 그것의 이른바 네눈식(四目式) 집으로 발전하였다. 추운 기후와 관련하여 창안된 량통 류형 집은 추위를 막는 데 뿐만 아니라 더위를 막는 데도 적합한 것이다.

평면 구성 상으로 볼 때에 우리 나라 주택에는 우에서 말한 바와 같이 두 가지 기본 류형이 있고 또 매개 류형에는 서로 다른 여러 가지 형태가 있다. 그러나 그 어느 류형 어느 형태를 막론하고 민족적 특성을 반영하는 공통한 점이 있다.

첫째로 립면으로 보면 일반적으로 기단을 쌓고 목조 골격에 벽체를 하며 문을 달았다. 문과 창의 문살을 격자(格子), 아자(亞子), 완자(卍子) 등 무늬로 다양하고 아름답게 꾸미고 백지를 발라서 단조한 벽면에 변화를 주며 운치를 도꾼다. 또 살림방 앞면에는 툇마루를 달아서 실내와 안뜰, 실내와 후원을 련결시킴과 동시에 여름의 강한 태양의 직사를 방지하는바 이 툇마루는 또 주택의 외관미를 높인다. 지붕 형식에 배집, 우산각집, 학각(혹 합각)집이 있는데 어느 류형의 집에서나 잘 짓는 집은 학각집 형식으로 한다. 조선 기와를 이은 학각집은 우리 나라 지붕의 전형적 형태로 그 풍부한 곡선미, 날아나는듯 한 자태는 조선 주택의 미를 집중적으로 표현하는 것이라고 할 수 있다.

둘째로 평면 구성 상으로 보면 공통적으로 비교적 작은 방들을 여러 개 가지고 있어 이른바 다실형을 이루는데 이것은 난방에 유리한 것이며 부모와 자식 성별에 따라 별거하기 위한 것이라 보인다. 또 방들의 리용에서 내실과 의실을 구분하고 내실은 녀자, 외실은 남자가 사용하였다. 살림방을 온돌방으로 하며 거기에 장판을 하거나 깔개를 깔고 방 안에서의 생활을 주로 바닥에 앉아서 한다. 중부 이남 지역에는 대청 마루라 하여 널빤지를 깐 방도 있으나 거기서도 자리를 깔고 앉는 것이 원칙이다.

셋째로 방안 장식은 일반적으로 십장생(十長生)을 상징한 경첩을 붙인 각종 장롱, 십장생을 수놓은 홰대보, 서화 등으로 한다. 또 지난 날에 세화(歲畵)라 하여 설날에 처용(處容) 호랑이, 닭 등의 그림을 문간에 붙이며 립춘첩(立春帖)이라 하여 립춘 날에 경사스러운 글구를 써서 문간 또는 기둥에 붙인 것은 새해에 복을 맞이한다는 의미도 있었지만 그것은 새봄에 주택을 장식하는 한 방법이기도 하였다.

이상은 우리 나라 주택에서 볼 수 있는 공통성의 몇 가지를 든 데 불과한바 이러한 공통성은 단일 민족으로서의 우리 인민의 공통한 생활 감정의 반영으로서 이루어진 것이다.

07.
자료: 단오端午의 유래와 행사*

지난 날에 음력 5월 5일을 단오라고 하였는데 그것은 설(음력 1월 1일), 한보름(음력 1월 15일), 추석秋夕(음력 8월 15일)과 함께 우리 나라에서 1년 중 가장 큰 명절의 함께 우리 나라에서 1년 중 가장 큰 명절의 하나로 되고 있었다. 단오端午라는 명칭은 5월의 첫 번째(端) 4일(午는 五로 통함)이라는 의미로서 물론 한문에서 온 것이다. 그러나 그렇다고 하여 우리 나라의 단오 명절이 중국의 단오와 그 유래를 같이 하는 것은 아니다. 이 날을 단오라고 부르게 된 것은 중국과의 문화 교류가 성하게 된 후부터의 일인 것 같으며 원래 우리 나라에는 이 날을 '수리날'(車衣, 戌衣日 - 『삼국유사』 권2 문호왕 법민 조, 『동국세시기』 5월 단오조 참조)이라고 하는 고유한 이름이 있었다. 이 날을 '수리날'이라고 한 것은 이 날에 쑥 잎을 뜯어 멥쌀 가루에 넣어 푸른 빛이 나게 하고 쳐서 떡을 만들어 먹는데 그 모양을 수레 바퀴와 같이 둥글게 하였기 때문이라 한다. 이것은 또한 후세에 적당히 해석한 것이고 원래의 의미를 전하는 것이라고는 짐작되지 않는다. '수리날'이라는 말은 그와는 다른 어떤 특별한 의미를 가지는 고어가 아닌가 싶다. 그 유래가 오래고 그렇게도 중요한 행사들이 진행되는 큰 명절 명칭이 떡의 모양에서 온 것이라고는 생각하기 어려운 것이다.

그러면 단오 명절의 기원은 어떠한가? 옛 문헌(우리 나라 고대 종족들에 대하여 쓴 중국의 옛 문헌 - 『삼국지』 「위서 동이전」 등)에 말하기를 마한馬韓 사람들은 5월에 파종이 끝나면 신에

---

* 『문화유산』 1962년 5호.

제사 지내고 한데 모여서 노래하고 춤추며 술을 마시면서 주야를 통하여 즐겁게 논다고 하였다. 실로 음력 5월은 1년 농사 일 중에서 가장 중요하고 힘든 파종이 완전히 끝나고 김매기가 아직 본격적으로 다가 오지 않을 때이며 또 신록이 우거진 가장 좋은 계절이다. 원래 명랑하고 화목한 기풍을 가진 우리 조상들은 이렇게 5월에 파종이 끝난 다음에는 시대적 제약성으로 인하여 우선 농사가 잘 되게 하여 달라는 제사를 지내고 다음으로 다가 오는 새로운 로동을 준비하면서 즐겁게 휴식하였던 것이다. 이 명절은 농업 조건이 좋아서 일찍부터 농업이 주되는 생업으로 되었던 마한과 같은 남쪽 지방에서 더 성하였을 것은 사실이겠지만 우리의 조상으로 되는 기타의 고대 종족들에도 공통적으로 있은 일일 것이다. 이 5월의 행사는 시대의 흐름에 따라서 즉 사회 경제적 조건의 변천에 따라서 그 형식과 내용에서 변천이 있었다 하더라도 그 후 장구한 세월을 통하여 계속되여 온 것이며 그것이 바로 단오의 기원이라고 보게 되는 것이다.

중국에도 단오 명절이 있다. 중국에서는 종래 이 날을 옛날 전국시대(기원 전 4세기~3세기 중엽)의 초楚 나라 사람 굴원屈原이 악당의 꾀임으로 정배 당하였다가 원한을 품고 이 날에 먁라강汨羅江에 빠져 죽은 것을 위로하는 데서 발생한 것이라고 전하여 왔다. 그러나 이것도 한 개 후세의 억지로 하는 해석이고 기실은 룡龍을 숭배한 남중국에서 룡을 위한 것과 관련하여 이 명절이 발생한 것이라는 설이 유력하다.

우리 나라의 단오의 행사에 중국적 요소도 섭취된 것은 사실이다. 그러나 우리 나라의 단오 행사의 중심적인 것, 기본적인 것은 오랜 옛날이나 후세나 중국의 것과는 완전히 달랐다.

그러면 우리 나라에서 단오 행사의 중심적이며 기본적인 내용은 어떠하였는가? 우에서 본 바와 같이 마한에서의 5월 행사는 신에 제사 지내는 것, 남녀 로소가 한데 모여서 노래하고 춤추며 음식하면서 즐기는 것이였다. 중세의 단오 행사는 지방에 따라 다소의 차이가 있었으며 지방적인 특색 있는 것도 있었으나 가장 보편적이고 중심적인 행사는 매 집에서 가묘에 차례를 지내거나 산소에 가는 것 그네, 편싸움, 후에는 씨름과 같은 특색 있는 군중적 놀이를 광범히 조직하는 것이였는데 이런 것은 중국에는 없은 것이다. 단오 행사에서 중국과 공통한 것은 임금이 신하들에 단오 부채를 나누어 준다던가 기타 약간의 속신적이고 지엽적인 것들 뿐이였다. 이제 우리 나라에서 단오 명절에 진행한 보편적이고 중심적인 행사가 언제부터 있었으며 어떻게 진행되였는가를 보기로 하자.

　단오날에 차례를 지내거나 산소로 가는 풍습은 우리 나라에 독특한 것이였으며 그 유래가 오라다. 이와 관련하여 저명한 실학자였던 성호(星湖) 리익(李瀷)은 다음과 같이 말하였다. 우리 나라에서는 4절일(설, 한식, 단오, 추석)에 다 산소에 가서 제사 지내는데 한식에 그렇게 하는 것은 공통한 풍속이나 기타는 중국 옛 문헌에서는 볼 수 없는 것이다. 고려에서는 이렇게 하는 것을 제도로서 승인하였는데 그것은 근원이 없는 것이 아니다. 삼국유사에 의하면 옛날에 가락국(駕洛國)에서는 시조묘를 수로왕 릉 곁에 짓고 정월 3일과 7일, 5월 5일, 8월 5일과 15일에 제사 지냈다. 그러고 보면 단오와 추석에 산소에 가는 풍습은 가락에서부터 시작된 것이다. 이렇게 그는 단오와 추석에 산소에 가는 풍습은 우리 나라에 독특한 것이며 그 기원이 오라다는 것을 밝혔는데 이것은 한 옛날에 공동으로 신에 제사지내던 것이 자기의 조상을 제사 지내는 것으로 된 것이라고 볼 것이다. 그리고 지난 날과 사회 경제적 조건이 완전히 달라진 오늘 이러한 풍습이 소멸하여 가는 것은 또한 당연하다.

　단오에 조직된 다양한 군중적 놀이 중에서 가장 보편적인 것이 남자의 씨름과 여자의 그네뛰기(추천)였다. 씨름과 그네뛰기, 널뛰기는 우리 나라 어느 지방에서나 광범히 행하여진 민족 경기다. 그 중에서 널뛰기는 주로 정월 명절의 오락, 씨름과 그네뛰기는 주로 단오 명절의 오락, 경기로서 행하여진 것이다.

　씨름은 우리 나라에서 오랜 과거부터 있은 경기다. 벌써 지금부터 1,500~1,600년 전의 고구려의 고분 벽화에 보이는 씨름은 그 방법이 후세의 것, 오늘의 것과 매우 가깝다. 우리는 이 우수한 민족 경기의 전통이 이렇게도 유구함에 깊은 긍지감을 느끼지 않을 수 없다.

　그러면 이 씨름이 특히 단오의 경기로서 성대히 행하여지게 된 것은 언제부터인가? 씨름에 관한 기록이 고려 중엽부터 보이는데 그것은 단오와 관련한 것이 아니다. 고려에서 리조 초까지는 단오 명절에 남자들은 편싸움을 하였다. 아마도 씨름이 단오에 남자 경기로서 점차 우세를 차지하게 된 것은 15세기 20년대 말에 단오의 편 싸움을 금지한 후부터의 일인 것 같다. 하여간 18~19세기 경의 풍속을 기록한 『동국세시기(東國歲時記)』에는 "이 놀이(씨름)는 단오에 제일 성대히 하며 서울 시골 할 것 없이 많이 한다."는 것을 특히 지적하고 있다. 또 그 방법에 대하여 "단오날 청장년들이 서울 남산의 왜장(倭場)과 북산의 신무문(神武門) 뒤에 모여서 씨름 놀이를 하여 승부를 겨루는데 그 방법은 두 사람이 마주 무릎을 꿇고 제각기 바른 손으로 상대방의 허리를 잡으며 한 편 왼손으로 상대방의 바른 편 다리를 잡은 다음 두 사람이 한꺼 번에 일어나면서 서로 들어서 메치는데 넘어지는 자가 지는 것으로 된다. 씨름에는 안걸이(內局), 바같걸이(外局), 뜨기(輪起) 등 여러 가지 재주가 있으나 그 중 힘이 세고 솜씨가 날쌔어서 여러 번 겨루어 여러 번 이긴 자를 관막이(都結局)이라고 한다."라고 하였다. 이것은 그 방법이 오늘의 것과 꼭 같으며 고구려의 것과도 류사하다.

그네뛰기 놀이가 우리 나라에서 언제부터 시작되였는가는 잘 알 수 없다. 기록에서 나타나는 것은 고려 중엽부터이나 씨름과 마찬가지로 오랜 옛날부터 있은 것이라는 것은 의심할 바 없다. 우에서 말한 바와 같이 씨름도 기록 상으로 나타나는 것은 고려 중엽부터다. 그러나 다행하게도 씨름하는 그림이 고구려 고분 벽화에 남아 있으므로 우리는 그 유래가 오람을 실증적으로 잘 알게 되었다. 그네뛰기만은 아직 벽화에서 그 실례를 발견하지 못하였으나 그 유래가 오라다는 것만은 틀림없다. 특히 그네는 원래 북방 종족의 놀음이였는데 기원 전 7세기 경부터 중국에도 퍼지게 된 것이라고 하는 것(사원辭源 추천鞦韆 조 참조)만큼 더욱 그렇게 말할 수 있는 것이다.

그네뛰기는 우리 나라에서 고려 리조를 통하여 단오 명절과 분리할 수 없는 오락 경기로 되고 있었다. 그것은 외국에도 널리 알려졌다. 송사(宋史)를 비롯한 중국 문헌에 고려에서 단오에 그네뛰기 놀이를 한다는 것이 특히 지적되고 있다. 그리고 그네뛰기가 일찍부터 단지 오락으로서 뿐만 아니라 경기로서 실시되였다는 것은 15세기 사람인 성현(成俔)의 시에 그네에 쇠 방울을 달았다는 구가 있는 것으로 보아서도 알 수 있다. 솟아 올라 간 높이를 측정하기 위하여 그네에 방울 줄을 다는 것은 지금도 있는 일이다. 또 그네줄은 큰 버드나무 가지에 매는 방법과 특별히 그네대를 세우고 매는 방법도 일찍부터 있었다. 고려 중엽에 벌써 놀이판(彩棚) 가운데 그네를 매였다 하니 이것은 특별히 그네대를 세운 것이다. 그네뛰기 놀이는 전국적으로 있은 일이지마는 특히 평안도 지방이 예로부터 성하였으며 그 중에서도 평양의 단오 그네뛰기 놀이는 가장 유명하였다.

이 밖에 단오 명절에는 지방적인 특색 있는 놀이들도 적지 않았다. 례를 들어 황해도 지방에서는 단오날 낮에는 씨름 또는 그네뛰기를 즐기고 밤이 되면 탈판에 모여 탈놀이(가면극)를 구경한 것이였다.

　이상과 같이 우리나라에서는 지난날 단오 명절에 우수하고 유구한 전통을 가진 민족적 오락, 경기로 남녀로소가 즐겁게 휴식하고 씩씩하게 심신을 단련하였다.

　우수하고 오랜 전통을 가진 우리의 민족 문화 유산을 계승 발전시킬 데 대하여 심대한 주의를 돌리고 있는 우리 당은 창건 첫날부터 건전한 민족 오락, 민족 경기의 계승 발전을 위하여 커다란 배려를 돌려 왔다. 그리 하여 씨름, 그네뛰기, 널뛰기 활쏘기 등 민족 오락, 민족 경기가 근로자들의 새로운 사회 생활, 새로운 생활 감정에 맞게 한층 더 높은 단계로 계승 발전되고 있다. 지난 날 주로 단오 명절에 진행되던 씨름, 그네뛰기 등 오락, 경기는 오늘 로동자들의 국제적 명절 5·1절과 력사적 8·15 해방을 기념하는 민족 오락 경기로서 민주 수도 평양을 비롯하여 전국 각지에서 진행되며 천리마 시대의 근로자들의 즐거운 명절을 한층 더 흥겹게 하고 있다.

08.
그네뛰기*

-
-
-

   그네뛰기는 조선의 정서를 잘 보여 주는 오랜 전통을 가진 민속놀이로서 지방에 따라 '굴리', '굴기', '훌기', '궁구', '군디'라고 부르며 '추천鞦韆'이라고도 한다.

   그네뛰기는 특히 지난 날 년중 3대 명절의 하나로 친 '단오' 명절에 부녀들이 즐겨 논 놀이다.

   그러나 아직 출가하기 전 처녀들은 명절 아닌 때에도 봄과 여름철에 이 놀이를 많이 하였다.

장장 채승[1] 그네'줄을
두 손에 갈라 쥐고
선뜻 올라 발 굴러서
한 번 굴러 뒤가 솟고
두 번 굴러 앞이 높아
연비 려천[2] 솔개 뜨듯
란만 도화[3] 높은 가지

* * *

* 『조선의 민속놀이』, 1964.
1 장장 채승(長長綵繩) : 길고 긴 채색 동아'줄.
2 연비 려천(鳶飛戾天) : 소리개가 하늘 높이 뜬 것.
3 란만 도화(爛漫桃花) : 복숭아꽃이 한창 피어 난 것.

> 솟아 올라 툭툭 차니
> 송이 송이 맺힌 꽃이
> 분분히 떨어지니
> 바람 없는 락화로다.

이것은 춘향전에 나오는 명절날 아닌 춘삼월 어느 날에 춘향이 광한루 앞 로변에서 그네 뛰는 모습을 묘사한 첫머리 글'귀다.

그러나 본격적인 그네뛰기가 열리는 것은 어디서나 단오 명절 때였다.

해마다 이때가 되면 도시와 농촌을 가리지 않고 가는 곳마다에서 전망 좋은 곳의 큰 버드나무 가지거나 늙은 소나무 가지 또는 특별히 마련한 그네틀에 여러 채의 그네'줄을 매고 이 놀이를 성대히 하였다.

그리하여 사람들은 그네뛰기를 말할 때면 의례 단오 명절을 련상하게 되었는데 그것은 이 놀이가 단오의 명절 기분을 얼마나 돋우어 주었던가를 말해 준다.

오랜 봉건 유습에서 온 심한 내외법으로 일 년 내내 집 대문 안에서 바깥 구경을 못하던 젊은 녀인네들이 이때만은 너나없이 떨쳐 나와 그네터로 몰려가서 이 놀이로 하루를 즐기면서 날이 저물어 가는 줄도 몰랐다.

그리하여 이때를 리용하여 장가보낼 나이의 아들을 가진 집에서는 남의 집 처녀의 선을 보는 좋은 기회로 삼기도 하였다.

음력 5월의 따사로운 초여름 햇빛 아래 계절에 어울린 새 옷 차림을 한 젊은 녀성들이 신록이 우거진 가운데 소리개 같이 높이 떴다가 물차는 제비 같이 내리어 날래게 땅을 스치는 모습은 참으로 한 폭의 움직이는 그림과도 같다.

그것은 조선 녀성의 우아하고 명랑하며 씩씩한 모습을 남김없이 보여 준다.

그네뛰기는 한 번 굴려 뒤에 솟고 두 번 굴려 앞에 솟는 동작을 반복하는 것이므로 단조로운 것으로 생각할 수도 있다.

그러나 그네뛰기는 매번 구를 때마다 더 솟고 올라 최고 높이에 이르렀다가는 점차로 솟는 것을 낮추면서 멎는 것이니 결코 변화 없는 것이 아니다.

단오 명절의 그네뛰기는 처녀들이나 젊은 부인들만 한 것이 아니라 중년의 부인들도 한 몫 끼였으며 또 서북 지방에서는 늙은이들까지 앉은 그네나마 한 번씩 뛰어 보는 풍습이 있었다.

이것은 부녀자들이 얼마나 그네뛰기에 관심을 가지고 있었는가를 말해 주는 것이다.

그네뛰기가 우리나라에서 언제부터 시작되었으며 특히 어느 때부터 단오 명절과 분리할 수 없는 놀이로 되었는가에 대하여 정확히 알 수 있는 구체적인 사료는 찾아보기 어렵다.

문헌 상 우리나라에서 그네뛰기 놀이가 나타나기 시작한 것은 13세기 초 즉 고려 말기에 가까운 시기부터다.

그러나 이것은 결코 그 때부터 그네뛰기가 시작되었다거나 이때부터 그것이 비로소 성행하게 되었음을 의미하는 것은 아니다.

그보다 아득한 옛날부터 그네뛰기가 있었다는 것은 다음의 글로써 잘 알 수 있다.

즉 중국 '송宋'나라 때에 쓴 『사물기원事物起源』이라는 책에는 그네와 관련하여 "북방 종족들이 경쾌하게 높이 뛰어 오르는 모습을 익히기 위하여 해마다 한식이 되면 이 놀이를 한 것인데 후일에 중국 녀자들이 그것을 배웠다"는 글과 "본래 산융山戎(종족 이름)의 놀이였는데 제齊나라 환공桓公이 북으로 산융과 전쟁하던 시기에 이 놀이가 중국에 전하여졌다"는 글이 있다.

여기서 '북방 종족'이라고 한 것은 우리의 조상으로 된 고대 종족들을 포함한 일련의 종족들을 가리킨 것이라고 할 것이니 우리의 조상으로 된 고대 종족들이 아주 먼 옛 시기부터 그네뛰기 놀이를 하였다는 것은 의심할 바 없다.

문헌상으로는 우리나라의 전통적인 민속놀이로서 녀성들의 그네뛰기 놀이에 비길 수 있는 남성들의 씨름도 대체로 13세기 초부터 나타나기 시작한다.

이렇게 이 놀이들이 문헌에 일찍부터 나타나지 않은 데는 리유가 있는 것이다.

그네뛰기나 씨름은 원래 인민 대중이 즐겨 노는 놀이였고 량반 통치 계급이 노는 놀이는 아니었다.

따라서 그들이 관심하는 바가 아니었으니 오직 그들만이 글을 독점하였던 당시의 문헌들에 그것이 나타날 수 없는 것이다.

그네뛰기나 씨름이 문헌 상 13세기 초부터 보이는 것은 그 즈음부터 인민들이 즐겨 노는 매력 있는 이 놀이들이 차츰 량반 계층들 사이에도 침투되어 갔다는 것을 의미하는 것이라고 할 것이다.

그네뛰기 놀이를 단오 명절에 특히 성대히 하는 풍습은 우리나라에 독특하였으며 그 전통이 또한 상당히 오랬다. 벌써 13세기 초엽에 그렇게 한 것이었으니 당시의 탁월한 시인 리규보李奎報는 자기 시에서 단오에 녀성들의 그네뛰기 놀이를 하는 광경을 읊으면서 "우리나라 풍속에 단오에 반드시 이 놀이를 한다."고 하였다.

단오의 그네뛰기 놀이는 리조 시기에 더욱 성행되었으며 대규모적 경기로까지 발전하였다.

『성종실록成宗實錄』에 의하면 15세기에 서울 시민들은 단오 명절에 서울 한복판인 종로 네거리 뒷골목에 화려하게 그네 터를 설치하고 서울 시내를 남북 두 패로 나누어 내기를 하였는데, 그런 때에는 서울 안의 부녀자들이 모여 들어 인산인해를 이룬 것이었다.

그네뛰기에서 내기를 하자면 솟아올라 가는 높이를 기준으로 하기 마련인데 벌써 15세기에 그네가 솟아올라 가는 높이를 측정하기 위하여 그네'줄 앞에 높게 방울'줄을 다는 방법이 있었다는 것을 성현成俔이 지은 다음의 시'구에서 알 수 있다.

'룡'인양 나는 듯 그네'줄 잡더니　　　　　　　爭攬彩索如飛龍
어느덧 반공중에 쇠방울 소리 나네　　　　　　金鈴肅語半空

우리나라에서 그네뛰기 놀이는 예로부터 전국적으로 있은 일이지만 특히 서북 지방이 성하였으며 그 중에서도 평양의 단오 그네뛰기 놀이는 가장 유명하였다.

평양에서 단오에 그네뛰기 놀이를 한 날'자와 장소는 때에 따라 다소 다르기도 하였지만 대개 단오날인 음력 5월 5일은 앞동산(지금 해방탑이 있는 부근)과 6일은 뒤'동산(지금 모란봉극장이 있는 부근), 7일은 창광산에서 놀았다.

그 때에는 모란봉과 창광산, 이곳저곳에서 아름드리 로송나무 가지에 여러 채의 그네를 매고 어여쁘게 단장한 녀인네들이 오색구름 떼같이 모여 들어 꽃동산을 이루면서 온 종일 그네뛰기 놀이로 즐기었다.

이렇게 모란봉이나 창광산의 그네 터로 모이는 것을 "동산에 오른다."고 하였다.

18세기의 시인 신광수申光洙는 평양의 이러한 단오 그네뛰기 놀이를 다음과 같이 노래하였다.

옷단장 아롱지어	青苧裙和向苧衣
더욱 빛나라 단오 명절	一時端午著生輝桐
동화 별원 그네 터	花別院鞦韆索推送
창공 나는 듯 꽃그네 뛰네	空中貼體飛

그네 터로서는 평양에서처럼 전망 좋은 동산을 택하는 데도 있었지만 그보다도 백사장을 낀 강변의 버들 방천을 리용하는 데가 더 많았다고 할 수 있다.

우리나라에서 그네뛰기 놀이는 처음부터 근로 인민의 놀이로서 시작되었으며 발전하였다.

그네를 매는 데 필요한 물자와 로력은 도시나 농촌이나 할 것 없이 인민들이 공동으로 부담하였다.

그네는 버드나무나 소나무 등 알맞춤한 곳의 큰 나무'가지에 매는 것이 리상적이다. 그렇게 함으로써 구경하는 사람으로 하여금 구르고 챌 때 휘청거리는 경쾌감을 더욱 느낄 수 있게 한다.

그러나 그렇게 하는 데는 장소의 제한을 받게 되며 임의의 곳에 맬 수 없는 결함이 있다.

그리하여 특별히 그네 틀을 세우고 그네'줄을 매는 법이 또한 이른 시기부터 나왔다.

우리나라에서는 벌써 13세기 초엽에 놀이판彩棚 한가운데 그네 틀을 세워 그네를 매고 채색 비단과 꽃으로 장식한 일이 있었다.

그네'줄은 보통 벼'짚 또는 삼으로 동아'줄을 드려서 만들지만 물들인 천을 찢어서 오색찬란하게 드리는 일도 벌써 이른 시기부터 있었다.

그네'줄에는 앉을'개(발판)를 얹어서 두 발이 편하게 놓이어 잘 구를 수 있게 하고 또 부드러운 무명으로 안전'줄을 매어 줄잡은 두 손목을 그네'줄에 련결시킴으로써 뛰는 사람으로 하여금 마음 놓고 구르고 챌 수 있게 한다.

안전'줄 매는 방법은 근세부터 있게 된 것 같다.

그네'줄의 길이는 8~9메터 정도로 하는 것이 적합하다.

지나치게 길게 하면 뛰는 사람의 힘이 그네를 이겨 내지 못하고 지나치게 짧게 하면 힘을 충분히 발휘할 수 없으며 뛸 맛이 없게 된다.

그리고 그네'줄의 굵기는 재료에 따라서 일정하지 않으나 반드시 손아귀에 들어야 한다.

줄이 굵어서 손아귀에 벅찰 때에는 뛰는 사람의 힘이 그네'줄에 앗기여 실력을 충분히 발휘할 수 없게 된다.

그네를 뛰는 방법에는 한 사람이 단독으로 뛰는 것과 한 그네에 두 사람이 마주 향하여 뛰는 방법이 있다. 두 사람이 마주 향하여 뛰는 것을 '쌍그네' 또는 '맞그네'라고 하는데 이것은 여흥적으로 하는 것이고 보통 그네 뛰는 방법은 아니다.

그네뛰기는 널뛰기와는 달리 우리나라뿐만 아니라 다른 나라에도 있었으며 오늘도 학교, 공원 등에 그네 틀을 만들어 세우고 어린이들의 체육 오락으로 삼는 것을 다른 나라들에서도 볼 수 있다.

그러나 그네뛰기가 가장 광범하게 보급되고 발전한 것은 우리나라다.

우에서도 말한 바와 같이 우리나라에서는 그네뛰기가 단순한 오락으로서 뿐만 아니라 일찍부터 개인적 및 단체적 경기로서 진행되었었다.

우리나라에서 그네뛰기가 벌써 15세기경에 녀성들의 대규모적인 경기로서 시행되었다는 것은 자랑할 일이라고 하지 않을 수 없다.

그네 경기 방법으로서는 다음과 같은 몇 가지가 있다.

첫째로 옛날에는 그네를 적당한 곳의 나무'가지에 맨 것만큼 앞에 나무'가지 또는 꽃가지를 목표물로 정하고 그것을 발끝으로 차거나 입에 무는 것으로 내기를 하였는데 이것이 아마도 가장 일찍부터 있은 경기 방법이겠다.

둘째로 그네 앞쪽에 방울'줄이 높이 달아 놓고 그것에 닿도록 하는 것인데 밑에서 조종하여 방울'줄을 점점 높여 감으로써 최고 높이를 측정한다.

우에서 말한 바와 같이 우리나라에서는 적어도 벌써 15세기에 이런 방법이 창안되었다.

셋째로 그네'줄 앉을'개(발판) 밑에 자'눈(尺目)을 박은 줄을 매여 놓고 그네'줄의 정지 지점에서부터 공중 몇 메터 올라갔는가를 측정하여 우렬을 결정하는 것인데 이것은 근래에 창안된 방법이다.

이렇게 우리나라에서 그 유래가 오래고 우수한 전통을 가지고 있는 그네뛰기 놀이는 오늘 우리나라 근로자들의 새로운 생활 감정에 맞게 계승 발전되고 있다.

그네뛰기 놀이는 오늘 8.15 해방 기념일과 5.1절, 9.9절 등 명절에 시행되어 전체 인민들의 뜻 깊고 즐거운 명절을 한층 더 흥겹게 하여 주고 있다.

09.
활쏘기*

-
-
-

    나라와 인민을 사랑하는 애국심이 드높고 생업에 부지런하던 우리 조상들은 나라의 방위와 사냥, 그리고 사람들의 심신의 단련을 위하여 활쏘기를 후대 교육의 중요한 수단의 하나로 삼았으며 그것을 익히도록 힘써 왔었다.

    먼 옛날 일은 그만 두고 3국 시대부터 보더라도 고구려에서는 궁벽한 곳에 이르기까지 마을 한 쪽에 특별히 공회'집을 짓고 젊은이들이 거기에 모여 글 읽기와 활쏘기를 부지런히 하였으며 신라에서는 8세기까지도 나라에서 인재를 선발하는 데 오직 활쏘기만을 시험 과목으로 하였었다. 그러니 당시에 활쏘기가 얼마나 성하였겠는가를 가히 짐작할 만한 일이다.

    고려, 리조 시기에도 때에 따라 정도의 차이는 있었으나 일관하여 활쏘기를 전 국가적으로 장려하였으며, 전체 인민들이 관심하는 일로 되고 있었다.

    실로 우리나라에서는 활쏘기가 무인(군인)들의 독점물이 아니었고 전체 인민들이 즐겨 익힌 것이었으며, 문인(옛날 학문에 종사한 사람)들과 승려(중)들에 이르기까지도 뜻 있는 사람들은 다 익히었다는 데 큰 특징이 있었다.

    1232년 몽고 침략군이 재차 침입하여 왔을 때에 승려였던 김윤후金允侯가 '처인성處仁城'(경기도 룡인龍仁)에서 적의 총지휘관 살례탑撒禮塔을 활로 쏘아 죽이고 적을 격퇴한 것은 너무나도 잘 알려져 있는 사실이다.

----
* 『조선의 민속놀이』, 1964.

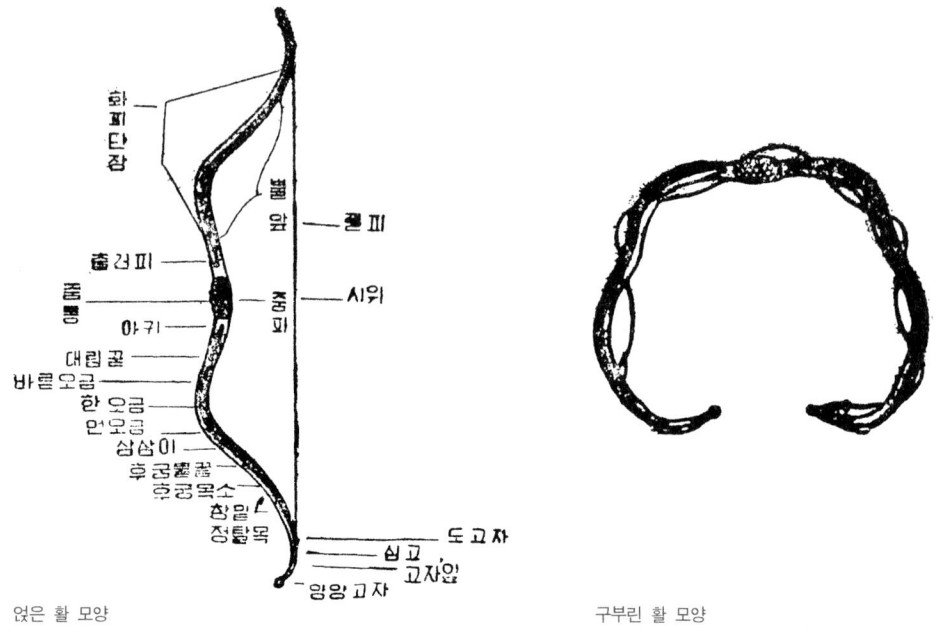

얹은 활 모양　　　　　　　　　구부린 활 모양

또 여기서 더 이야기하여야 할 것은 우리나라에서는 주로 오락 경기로서 이기는 하였으나 녀성들도 활쏘기를 한 사실이다.

이것은 외래 침략자들을 물리치는 성스러운 전투에서 조선 녀성들이 남자들만 못지 않게 영용성을 발휘한 것이 결코 우연하지 않음을 말해 주는 사실의 하나라고 할 것이다.

이렇게 활쏘기는 원래 그것이 가진 커다란 실용적 의의로부터 인민들 속에 광범히 보급된 것이었다. 그런데 그것을 장려하기 위한 방도로서와 또 그 자체가 장쾌하고 고상한 경기적 요소를 다분히 가지고 있는 데서 활쏘기는 일찍부터 벌써 개인적 또는 단체적 경기로서 거행되었었다.

옛 문헌은 이미 신라에서 매년 음력 8월 보름에 음악을 연주하면서 말과 베를 상으로 걸고 활쏘기 경기를 거행한 풍습이 있었음을 전하여 주고 있다.

활쏘기는 정중한 동작과 평정한(마음이 침착하고 고요한 것) 심리, 호대한 담기를 갖추어야만 그 묘한 경지에 도달할 수 있는 장쾌하고 고상한 운동 경기이다.

전통(화살 넣는 통)에서 화살을 뽑아 먹여 힘껏 당긴 화살을 세차게 내보낼 때 깍지손(화살을 당기는 손)을 떠난 화살이 공중에 둥근 선(弧形)을 그리면서 날아가는 순간과 그것이 백 수십 메터의 거리에 떨어져 있는 과녁(화살의 목표로 세워 놓는 것. 가죽, 널, 베틀로 만든다.)에 들어맞았다는 붉은 신호기가 오를 때의 감격은 실로 그 어떤 다른 경기와도 비할 수 없는 통쾌감을 느끼게 한다.

이로부터 활쏘기는 그 실용적 의의를 잃은 후에도 도시는 물론 농촌에 이르기까지 여전히 생활력을 가지고 있었는데 일제의 악독한 민족 문화 말살 정책으로 점차 쇠미하여져서 그 자취를 거의 감출 형편에까지 이르렀었다.

그러나 오늘에 와서는 우리 당의 올바른 체육 문화 정책에 의하여 활쏘기는 자랑찬 전통을 가진 민족 경기로서 새 시대의 근로자들 속에서 계승 발전되고 있다.

이렇듯 장쾌하고 자랑찬 전통을 가진 민족 경기 – 활쏘기를 말하는 데는 우선 그 경기 도구로 되는 활과 화살에 대하여서부터 시작하여야 하겠다.

우리나라는 예로부터 좋은 활의 산지로서 널리 알려졌다.

고조선의 땅이었던 고장에서 생산된 '단궁(檀弓)'과 고구려에서 생산된 맥궁(貊弓)은 멀리 중국에까지 그 이름을 떨쳤다.

단궁은 그 이름으로 보아서 알 수 있는 바와 같이 나무로 만든 활 즉 '목궁(木弓)'이었다.

그러나 맥궁은 기원 3세기 초에 고구려가 '각궁(角弓)'을 중국에 수출한 사실이 있은 것으로 미루어 그것이 뿔을 재료로 하여 만든 활이었으리라는 것을 짐작할 수 있다.

또 이런 각궁은 북쪽의 고구려에 뿐만 아니라 남쪽에도 일찍부터 있었다는 것을 같은 기원 3세기 초에 백제가 사절(使節)로 온 왜인(倭人)에게 각궁을 주어 보낸 사실이 있은 것으로써 알 수 있다.

이리하여 우리나라는 좋은 목궁뿐만 아니라 또 좋은 각궁을 일찍부터 창안하여 두 가지를 갖추어 사용하면서 그것들을 다른 어느 나라의 활

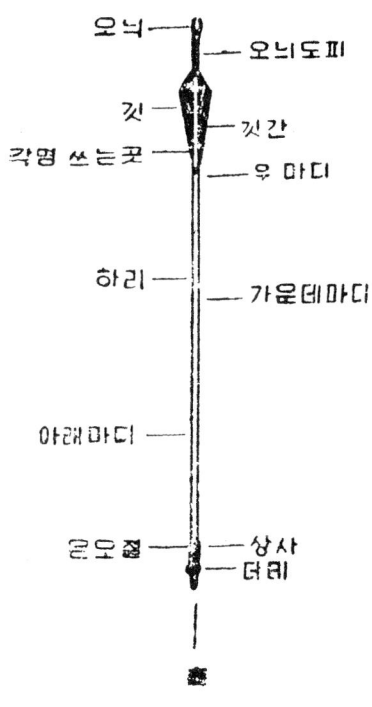

화살

도 따를 수 없는 특성 있는 것으로 발전시켰다.

우리는 리조 시기에 사용한 활과 화살의 종류와 그 용도를 살펴봄으로써 우리나라의 활과 화살이 얼마나 높이 발전하였는가를 구체적으로 잘 알게 된다.

1. 리조 시기의 활의 종류와 용도

각궁 – 뿔과 나무와 동물의 힘'줄 기타 재료를 아교로 붙여 만든 것으로 전투 및 수렵용과 련습 및 경기용의 두 종류가 있었는데 예로부터 그 제조 방법에 독특한 묘법(묘한 방법)이 있어 어느 외국의 활도 따를 수 없는 특징을 가지고 있었다.

큰 활 – 각궁의 일종 '정량궁正兩弓'이라고도 하여 정량正兩 또는 '류량전六兩箭'이라고 하는 무거운 화살을 쏘는 데 쓴 커다란 활.

례궁禮弓 – 각궁의 일종. 례식으로 활쏘기를 할 때에 쓴 길이가 긴 활.

동개활弧 – 각궁의 일종. '동개鞬' 즉 활'집에 넣어 등에 지고 말을 타고 달리면서 쏘는 데 쓴 작은 활.

철태궁鐵胎弓 – 뿔과 쇠를 주재료로 하여 만든 것으로 전투 및 수렵에 쓴 활.

목궁 – 전투 및 수렵에 쓴 순전히 나무로 만든 활.

철궁鐵弓 – 전투에 쓴 순전히 쇠로 만든 활.

2. 리조 시기의 화살의 종류와 용도

류엽전柳葉箭 – 각궁에 쓴 화살.

류량전六兩箭 – '정량'이라고도 한 것으로 그 무게가 6량兩 즉 220그람이나 되는 전투에 사용한 무거운 화살.

례전禮箭 – 례식으로 활쏘기를 할 때에 쓴 화살.

애기살 – '편전片箭'이라고도 한 것으로 짧고 작은 화살. 애기 살은 먼 거리를 쏠 수 있었을 뿐만 아니라 살이 박히는 힘이 강하고 촉이 예리하여 투구, 갑옷이라도 뚫을 수 있은 데서 의적들이 두려워 한 것이었다.

동개 살 - '대우전大羽箭'이라고도 한 것으로 동개 즉 활'집에 활과 함께 넣어 등에 지고 말 타고 달리면서 쏘는 데 쓴 화살.

장군전將軍箭 - 순전히 쇠로 만든 것으로 무게가 1.8키로그람 내지 3.5키로그람이나 된 화살. '포노砲弩'라고 하는 일종의 기계적 장치로써 발사하여 적의 함선을 파괴하는 데 썼다.

가는 대[細箭] - 적의 진영에 글(檄書)을 보낼 때에만 쓴 화살.

이렇게 리조 시기의 활과 화살은 다종다양하였는데, 그 중에서 활이 사격 무기로서의 실용적 의의를 잃은 후에도 운동 경기용으로 오래 남은 것은 각궁과 류엽전이다.

따라서 각궁과 류엽전은 그 만드는 방법과 쏘는 방법을 우리들이 잘 알 수 있는 것이다.

우에서도 말한 바와 같이 각궁에는 전투에 쓰는 것과 연습 및 경기에 쓰는 것의 두 가지가 있는데 전투용 활은 그 몸체를 산뽕나무, 뿔, 힘'줄, 아교, 실, 옻漆 등 여섯 가지 재료를, 련습 및 경기용 활은 산뽕나무, 뿔, 힘'줄, 아교, 참나무, 참대, 봇나무 껍질樺皮 등 일곱 가지 재료를 배합하여 만든다. 그리고 각궁에는 그 군세기에 따라 '강궁强弓', '실궁實弓', '실중력實中力', '중력中力', '연상軟上', '연중軟中', '연하軟下'의 구별이 있어 쏘는 사람이 자기의 힘에 맞게 적당히 택하여 쓸 수 있게 되었다. 각궁의 모양과 각 부분의 명칭은 그림에서 보는 바와 같이 매우 복잡하다.

류엽전 즉 각궁에 쓰는 화살은 참대, 광대싸리, 꿩의 깃, 쇠, 복숭아나무 껍질, 아교, 힘'줄 등을 재료로 하여 만드는데, 그림에서 보는 바와 같이 그 구조와 각 부분 명칭이 역시 복잡하다.

이렇게 우리나라 활과 화살은 여러 가지 재료를 배합하여 만들었으며 또 그 구조가 매우 복잡한바 이것은 우리나라 활과 화살이 얼마나 력학적 원리를 많이 리용하였으며 얼마나 높이 발전하였는가를 잘 말하여 주는 것이다.

다음으로 말하여야 할 것은 활쏘기 법식이다.

활 쏘는 데는 일정한 법식이 있으며, 그 법식에 따르는 활 쏘는 자세를 가져야 한다.

예로부터 전해 온 바에 의하면 각궁을 쏘는 기본자세는 다음과 같이 한다.

1) 몸은 곧은 자세로 과녁과 정면으로 향해 선다.

2) 발은 정丁자 모양도 아니고 팔八자 모양도 아닌 자세로 벌려 서되 발끝이 숙지 않도록 하며, 체중이 량 발에 고루 실리도록 한다.

3) 아래'배에 힘이 들게 하며 엉덩이가 뒤로 나가지 않도록 한다. 두 다리에 힘을 주고 서면 자연히 아래'배에 힘이 쏠린다.

4) 가슴통은 화살을 놓을 때에 숨을 들여 마시도록 한다.

5) 턱 끝은 죽머리(활을 잡은 왼쪽 어깨) 가까이 묻어야 한다. 그렇지 않고 들리거나 돌거나 하면 화살이 바로 빠지지 못하는바, 목덜미를 늘이면서 턱을 묻으면 저절로 죽머리 가까이 묻히게 된다.

6) 목덜미는 항상 평평하게 늘일 것이요, 오므리거나 구부리지 말아야 한다.

7) 줌'손(활을 쥔 손)은 하삼지下三指를 흘려서 거들쳐 쥐고 발바닥(엄지 손'가락이 박힌 뿌리)과 등힘(활을 잡은 손목에서부터 어깨까지 손'등과 팔'등에 전일하게 뻗는 힘)이 같이 밀리고 범아귀(엄지 손'가락과 둘째 손'가락의 사이)가 다물리고 북전(활에 둘째 손'가락이 닿는 곳)은 높고 엄지 손'가락은 낮아야 한다.

만일 삼지三指(줌'손의 아래 세 손'가락)가 풀리고 웃아귀(엄지 손'가락과 둘째 손'가락의 뿌리가 잇닿은 곳)가 밀리거나 하면 화살이 덜 가는 법이다.

8) 깍지손(활시위를 잡아당기기 위해 엄지 손'가락에 뿔로 만든 깍지를 낀 손)은 오지五指 또는 삼지로 쥐며 높이 끌어당기되 중구미(활을 잡은 팔의 팔꿈치)와 등힘으로 시위를 힘껏 당기어 화살이 세차게 나가도록 탁 놓아야 한다.

9) 죽머리는 바투 붙어서 턱과 가까워야 한다.

10) 중구미(활을 잡은 팔꿈치)는 적당히 엎이여야 한다. 또한 줌통(활 한 가운데를 손으로 쥐는 곳)을 똑바로 가져야 한다.

11) 등힘은 줌'손에서 생기는 힘이니 평평하게 일직선으로 되어야 한다. 만일 줌'손이 꺾이면 힘이 충분히 나지 못한다.

다음 우리나라에서 활쏘기 경기는 어떻게 하였는가?

활쏘기 경기는 개별적으로도 할 수 있고 단체적으로도 할 수 있다.

그런데 우리나라에서는 예로부터 주로 단체적 경기 즉 편을 갈라 이기고 지는 것을 경쟁하는 '편사便射'의 방법으로 하여왔다.

편사는 량 편이 각기 일정한 수의 선수를 선정하여 매 선수가 세 '순巡'(1회에 화살 다섯 대를 쏘는 것을 한 '순'이라고 한다) 또는 다섯 순씩 쏘아 맞힌 화살의 총 수를 계산하여 승부를 결정하는 것이다.

편사에는 '사정편사射亭便射', '골편사洞便射', '사계편사射契便射', '아동편사兒童便射' 등 여러 가지 종류가 있었다.

'사정'이란 원래 활터에 세운 정자를 가리키는 말인데, 그런 정자를 중심으로 하여 집결된 활 쏘는 사람, 즉 '사원射員'들의 조직체를 또한 사정이라고 하였다.

그런데 그런 조직체 즉 사정이 각기 자기 사원 중에서 선수를 뽑아 대항 경쟁하는 것을 사정편사 또는 '터편사'라고 하였고 구역과 구역이 각기 그 구역 안에 있는 사정을 련합하여 선수를 선출하고 대항 경쟁하는 것을 골편사라고 하였다.

또 어느 한 사정이 중심이 되어 다른 사정에 속하는 사원들까지도 포함하여 조직한 조직체를 '사계'라 하고 그런 사계와 사계 사이에 실시하는 편사를 사계 편사라 하였고 순전히 아동만으로 동네 별로 선수를 선출하여 경기하는 것을 아동편사라고 하였다.

요컨대, 사정편사니, 골편사니, 사계편사니, 아동편사니 하는 것은 경쟁 쌍방의 편성을 어떻게 하는가에서 생기는 구별이었고 그 경기 방법에는 다른 것이 없었다. 그리고 편사 중에서 가장 흔히 한 것이 사정편사였는데 개성은 그것을 가장 성하게, 가장 오래 도록 한 곳 중의 하나였다.

그러므로 개성에서 한 사정편사의 방법을 봄으로써 다른 모든 종류의 편사, 모든 지방의 편사가 어떻게 진행되었는가를 짐작할 수 있다.

개성 관덕정에서 활쏘기를 즐기고 있는 로인들에게서 수집한 자료에 의하면 그것은 대체로 다음과 같았다.

개성에는 원래 네 개의 사정이 있었다. 전망 좋은 자남산 등성이의 네 곳에 자리 잡고 있는 '호정虎亭', '관덕정觀德亭', '반구정反求亭', '군자정君子亭'이 곧 그것이다.

조직체로서의 사정에는 사원들을 통솔하는 인망 있는 사람 1명을 선출하고 그를 '사두射頭'라고 하였으며 사두 밑에 2~3명의 '장무掌務'를 두어 사정의 여러 일을 주관하며 재정을 처리하게 하였다.

또 사정에는 고지기 한 집을 두어 정자를 관리하며 필요한 잡무를 담당하게 하였다.

대개 사정의 사원수는 100~200명에 달하였다.

사정에는 성문화된 규약이 없고 대체로 관례에 의하여 운영되었다.

그러한 관례 중에서 특히 이야기할 것은 '지면례知面禮'라고 하는 것과 사원들의 점심 회식會食이다.

'지면례'라는 것은 새로 사정에 들어 와서 활쏘기를 배우려고 희망하는 사람이 사두 이하 이미 있는 사원에게 인사하는 례절을 가리키는 말이다.

사정에 들기를 희망하는 사람은 반드시 지면례를 차린 후에야 비로소 사원의 자격을 얻었는데 이러한 잔치를 통하여 사원들은 서로 특별히 우의의 감정을 깊이 하였다.

로선생들은 이렇게 들어 온 새 사원에게 성심성의로 활 쏘는 기'법을 전수하였다.

사원들의 점심 회식은 활 쏘는 날의 점심을 돌려 가면서 준비하여 사정에 날라다가 전원이 회식하는 것이다. 사원들은 이러한 회식을 통하여 특별히 공고한 친분 관계를 유지하였다.

사정의 관례에서 또 한 가지 이야기해야 할 것은 사원들이 늙은이를 존경하며 엄격히 규률을 지키고 만일 과실이 있을 경우에는 그 정도에 상당하는 책벌을 받아야 하는 사실이다.

매개 사정은 자기가 위치한 방위에 해당하는 색깔의 기'발을 가졌다. 즉 동쪽에 있은 호정은 남색 기'발을, 남쪽에 있은 반구정은 붉은 기'발을, 북쪽에 있은 군자정은 검은 기'발을, 중앙에 위치한 관덕정은 원래 황색 기'발을 가졌으나 군자정이 없어지고 그 사정이 관덕정에 병합된 후로는 검은 기'발을 쓰게 되었다.

각 사정은 편사의 경기에 출전하면 그 처소에 각기 자기 기'발을 세워 표식으로 삼았다.

활쏘기 경기 – 편사는 어느 한 사정이 다른 사정에 편지를 보내어 경쟁을 호소하는 데서 시작되었다. 이 호소의 편지를 '격서檄書'라고 불렀는데, 그것은 상대편의 경쟁심을 격발하는 것이라는 데서였다.

또 상대편이 보내는 응낙의 회답 편지를 '답통答通'이라고 불렀는데 그것은 경기에 동의하는 통고라는 데서였다.

이렇게 편지가 몇 번 왕래하는 사이에 편사의 날'자가 결정되며 출전할 선수가 선정되었다.

선수들은 출전하는 날 깨끗한 두루마기를 입고 정성스레 다룬, 손에 익은 화살을 가지고 주최 측의 사정에 집결하였다.

경기는 한꺼번에 매 사정의 선수가 2명씩 참가하여 매 선수가 1순(다섯 대)씩 쏘는 방법으로 진행되었다.

매 선수마다 이렇게 하기를 세 번 또는 다섯 번씩 한 총 성적에 의하여 승부는 결정되었다.

편사 마당에 흔히 '6잡이'(쌍피리, 해금, 적'대, 북, 장구의 악공) 악대를 초청하였다.

또 흔히 '호창呼唱'을 위하여 네 명의 녀기女妓를 초청하였다.

편사가 있는 날에는 수많은 구경'꾼들이 사정을 둘러싸서 인산인해를 이루었다.

선수는 순서에 따라 활터에 들어가는데 화살을 허리에 차고 활을 들되 시위(활'줄)를 넓적다리에 붙여 쥐며 걸음을 빨리 걷지 않는다.

활터에 올라가서는 손우 자리를 서로 사양하며 자기 설 자리에 정숙하게 개자리(과녁 앞에 구덩이를 파고 사람이 들어 앉아 화살이 맞고 안 맞은 것을 살피는 곳)를 향하여 서되 기운을 평정히 하고 좌우를 돌아보거나 활을 만지거나 빈 활을 당기여 보거나 하지 않는다.

손우 사람이 쏘아서 화살이 살받이에 떨어진 후에야 서서히 화살을 빼며 만일 손우 사람이 과녁을 맞혔을 경우에는 그것에 대한 호창이 끝나고 개자리에서 신호기를 지운 다음에야 천천히 태연하게 화살을 빼여 쏜다.

살이 과녁에 맞으면 개자리에서 등대하고 있던 사람이 붉은기'발을 흔들어서 신호한다.

그러면 그 편을 담당한 녀기 2명이 합창으로 그 선수의 이름과 맞았다는 것을 소리 높이 호창하며 뒤'이어 6잡이가 주악한다.

이와 같이 하여 한 선수가 한 순에서 석 대째 과녁에 맞히면 녀기는 "지화 지화 지화자 지화자"를 길게 부르고 6잡이는 한층 더 흥겹게 주악한 것이다.

이렇게 편사 마당에 악대와 녀기를 초청하여 선수들의 흥을 돋우는 풍습은 그 유래가 오랬다.

우에서 본 바와 같이 벌써 신라에서 주악하면서 활쏘기 경기를 하였다는 것을 문헌은 전하여 주고 있는 것이다.

선수는 3순(15대)인 경우에는 8시(화살의 수를 말하는 단위), 5순(25대)인 경우에는 13~14시를 과녁에 맞히면 기술이 우수한 '상수上手'로 인정되었다.

전체 경기를 통하여 가장 많이 과녁을 맞힌 사람이 그 해의 장원 즉 1등에 뽑혔다. 또 각 편의 성적을 총계하여 맞힌 수가 많은 편이 승리하였다.

장원에게는 활 한 장을 상으로 주며 2등, 3등에게는 화살 한 조와 양산 한 개를 각각 상으로 주었다.

그리고 경기에서 진 편을 '망지'라고 불렀는데, 망지는 승리한 편을 초청하여 잔치를 베풀었다.

이것을 '띠대접'이라고 불렀는데 망지는 띠대접 이외에 또 편사의 비용 전부를 부담하였다.

진편이 승부가 아수하면 상대편에 다시 격서를 보내어 '중회重會'(다시 경기하는 것)를 청할 수도 있었다.

중회의 절차도 첫 번째 편사와 같았다. 만일 중회에서도 또 다시 지면 그 해에는 그 편이 아주 망지로 되어 버리고 편사는 끝나는 것이었다.

이상이 지난 날 개성에서 한 활쏘기 경기 - 편사의 진행 절차였는바 과거로 올라 갈수록 그 절차가 더 복잡하고 더 정중하였던 것이다.

편사를 가장 오래도록 한 곳은 서울을 비롯하여 개성, 수원, 인천, 양주, 고양 등 경기 지방이었다.

그러나 우에서도 말한 바와 같이 원래 우리나라에서는 그 규모에는 차이가 있어도 도시는 물론이고 농촌에 이르기까지 어디서나 활쏘기 경기를 한 것이며, 개인 경기로서 하는 활쏘기 경기는 오래도록 각지에서 볼 수 있은 것이었다.

찾아보기

가

가계假髻 355
가대기 87, 88, 95, 290, 547, 549
가락국駕洛國 397, 565
가락추紡絲錘 266
가랍떡 151
가래 메커리 146
가리개 98
가마 161
가마釜䥈 117, 198
가묘家廟 395, 396
가무무歌舞巫인 스승師傅 186
가별초家別抄(사점민) 477
가사 322
가야금 324
가죽 오라기 92
가죽 이기기皮革加工 120
가죽 이기는 수공업 122
가택굿 177
각궁角弓 577
각환본성各還本城 430
간작법 94
간장 149
간肝지짐 414
갈배기 93, 94
갈비찜 414
감자 86, 148, 294, 359
감태 413

감태산삼 412
감태甘苔조악 412
갑산 436
갑오 농민 전쟁 144
갓笠 144, 382
갓끈 144
갓 등속笠子類 356
강계江界지방 97
강남당江南唐 294, 537
강냉이 294
강란薑卵 413
강석준 23
강순康純 480
강영이 149
강원도 통천 159
강정羫飣 389
강효문康孝文 479, 480
강희맹姜希孟 352
갖옷裘 254, 255, 260, 369, 385, 486, 493, 499, 500
개가죽 43, 101, 102, 122, 142, 180, 253~255, 258, 259, 261~264, 269, 270, 385
개 가죽 바지 저고리 142, 144
개가죽 배자 142
개 가죽 버선 142
개 가죽 토수 142
개경開京 190
개구리 쫓이 277
개마대산蓋馬大山 532

개양改陽 444
개원로開元路 449
개인신 174
개지 88
개狗찜 414
『개천문책開川文册』 199
객주客主 277
갸주甲州 436
거담제 358
거양巨陽 444
거여粗秧 389
거울 384
거중량투居中兩投 446
건갈이乾耕 306, 325, 334, 343, 419, 541~544, 546, 547
건갈이乾畓 35
건단乾團 390
건답직파乾畓直播 35
건사미乾沙彌 37
건삶이 37, 306, 541
『건주기정도기建州紀程圖記』 180, 238
『건주문견록建州聞見錄』 102, 561
건주위建州衛 93, 154, 196, 200, 224, 235, 439, 465, 470
건주좌위建州左衛 445
건직파법乾直播法 306
걸립乞粒 181, 208
검교문하부사檢校門下府事 479
검은 원숭이[狖] 254
겉자귀 111, 282
게르만족 300
게발이 146
격자格子 562
『견첩록見睫錄』 52, 54, 350, 420
경단 391
『경도잡기京都雜記』 54, 55, 181, 350, 365, 408

경면지鏡面紙 352
경사편經史篇 380
경성鏡城 47, 84, 181, 194, 204, 205, 223, 227, 252, 265, 269, 278, 287, 445~448, 450, 456, 457, 460~462, 474, 475, 480, 487
경성군 룡성龍成 203
경성절제사 448
「경성鏡城 풍속조」 142, 261, 292, 485, 488
경영시위京營侍衛 472
경요박부輕徭薄賦 471
경원군慶源郡 70, 72, 79, 213
경원군 오룡천五龍川 439
경원도호부 435
『경원부준행사목』 343
경작耕作 관습 20, 47
경직이 547
경흥군慶興郡 70, 79~81, 100, 134, 152, 153, 159, 162, 172, 174, 203, 213, 290, 444
경흥군 고성동古城洞 444
경흥慶興도호부 453
『계림구문록鷄林舊聞錄』 92
『계림지鷄林志』 352, 355
계정희 29
계품사計禀使 463
계피가루 413
고간庫間 122
『고고考古』 507
『고고민속』 20
고고학 490
고고학 및 민속학연구소 18, 29
고구려 163, 331, 491
고기를 베는 사람 168
고기만두 412
고깔 144
고난도부高難都夫 463
고도어古刀魚 487

고려 충렬왕 390
『고려도경高麗圖經』 185, 217, 239
『고려사高麗史』 257, 329~332, 336, 425, 427, 428, 430, 431, 436, 441, 443, 444
『고려사高麗史』「고기古記」 257
『고려사高麗史』「렬전」 330
고론두란허믈古論豆蘭帖木兒(李之蘭) 198, 436
고론어허쥬古論阿哈出 437
고리한古里罕 444
고마성固麻城 532
고무신 146
고비(고사리) 149
고삼피 265
고역자苦役者 73, 214
고용농제 101
고원 457
고을나高乙那 257
고이高夷 505
고장나무 134
고전연구소 29
고정옥 20
고제집 557
고조선 19, 491, 492
고조선의 위치비정설 25
고주몽高朱蒙 520
고주야인古州野人(寧古塔 부근의 嫌進兀狄哈) 450
고주집 557
고주판 47, 109, 114, 280, 281
고죽孤竹 491
고창훈 22
곤이(杵) 404
곤포 487
곧직이 547
골다годы족 191
골리간국骨利幹國 369
골알骨幹 444

골야투칭개括兒牙禿稱介 440
골칸(閣兒看, 骨幹) 191
골간우지캐 196
골편사淵便射 581
곰나루熊津 532
곰취 149
공납 107, 183
공동 제사 175
공민왕恭愍王 424, 425, 428, 429
공산주의 170
공산주의 교양 320
공산주의 사회 170
공성현扎城縣 453
공손연公孫燕 507
공자가어孔子家語 396
공조孔晁 505
공주孔州 203, 444
『공주풍토기孔州風土記』 123, 289, 290, 548, 561
공험진公險鎭 444, 463
『과농소초課農小抄』 89, 98, 546, 548
과부를 동여 간다 165
과야하嗄呀河 440
과학원 물질문화사연구소 18, 23
과학으로서의 민속학 15
과학적 세계관 170
곽승우郭承祐 447
『곽우록藿憂錄』 380
곽치우郭致祐 474
관개 382
관곡寬谷 김기홍金起泓 461
관구검毌丘儉 529
관덕정觀德亭 581
관막이(都結局) 566
관모련봉冠帽蓮峯 286
관혼상제 393
괄지지括地志 493

광개토왕廣開土王 531
광대 놀이 403
광목천 161
광주리 115
광주목光州牧 205
괴풍뢰우怪風雷雨 404
교군군 161
교원리 교원 부락 77
교원리 남원 부락 77
교원리 불웅 부락 77
교원리 77, 83, 132, 159
교하交河 367
교화황敎化皇 370
구가狗加 254
『구당서舊唐書』 255
『구당서舊唐書』「실위전室韋傳」 255
구덩이 103
구두 146
구라온忽刺溫 200, 481
구라파국歐羅巴國 300, 348, 368
『구라파국여지도歐羅巴國輿地圖』(세계 지도) 348, 370
구려맥句麗貊 524
구름 깔개 47, 115, 127, 280, 281
구명(굿) 175
구새 47, 109, 131, 280, 281
구술사 16
구이糗餌 391
9.18사변 248
구정구미 149
구종직丘從直 400
구주具州 440
구피의拘皮衣 19, 39, 42, 43, 45, 253, 256, 258~264, 486
구혼求婚 160
국사당國師堂 175
국선國仙 328

국수 313
국자가局子街(延吉) 59, 246
국제주의 사상 317
국화잎전 412
군디 568
군무 324
군보포軍保布 270
군자정君子亭 581
굴기 568
굴리 568
궁구 568
궁부대宮夫大 439
궁재 98
권징權徵 367, 479
궐리 117, 118, 119
궐리 타령 117
궤항體䮗 469
귀락리 송상 부락 79, 80
귀밀燕麥 86, 148
귀밀 수단 151
귀주사 158
귀틀식 132
그네뛰기 20, 62, 182, 565~573
그루갈이根耕 37, 419
『근로자』 319, 320
근친혼 394
금강리 77
금강리 강선 부락 77
금강리 김성 부락 77
금강리 김채 부락 77
금강리 종평 부락 77
금기 101
금생리 78, 81, 83
『금양잡록襟陽雜錄』 352
금중탕錦中湯 414
금침 161

금포錦袍 387
금화절풍모金花折風帽 388
기경 도구 86
기류寄留 163
기불멸氣不滅의 사상 379
기불멸설氣不滅說 395
기쁜 레 160
기수起溲 388
기술 전습회 319
기술 크루쇼크(kruzhok) 319
기와집 131
기우제祈雨祭 101
기장 86
기제忌祭 167
기제사 172
기주떡 313
기타 미신 169
길리길사(기르기스) 369
길림 지방 190, 498
길마 지기 181
길주 436, 457
길주군 287
길주도찰리사吉州道察理使 446, 447
김도암 251
김량경金良鏡 464
김리상金履祥 493
김리석金李碩 250
김매기 382
김매순金邁淳 54, 55, 350, 408
김무삼 29
김석형金錫亨 25, 29
김세정金世楨 269
김신숙 23, 29
김안국金安國 338
김용간 29
김유신 326

김윤후金允侯 575
김익수金益壽 479
김인찬金仁贊 354
김일성 74, 121, 278, 286, 289, 290, 295, 303, 311, 319, 345, 376, 416
『김일성 선집』 345
김일성종합대학 29
김일출 20, 23
김자주金自周 475
김장 제조 방법 149
김제金堤 382
김종남金從南 457
김종서金宗瑞 184, 216, 453, 454, 456
김채만두 412
김책 지방 436
김책군 287
김첨金瞻 463
김태곤 50
김한경金漢京 475
김해 허후許后 407
김화실첩목아金火失帖木兒 463
김희달金希達 474
깍두기 149
깨다식 413
깨설기 411
깨차설기 411
깻잎호미 547
꺾음집 311
꼬니 182
꽃전花煎 410, 412
꿀설기 411
꿀차설기 411
꿩의 굴 104, 105
끌개 88

나

나그네 쓸 157
나말(나물) 150
날호미 547
남대천 287
남령초 358
남만南蠻 512
남만시南蠻柿 358, 359, 374
남만초南蠻草 358, 359, 374
『남무보대책南無報大册』 198
남번국南蕃國 348, 368
남사고南師古 367
남이南夷 512
남중 171
남향 123
납채 316
낫쇠뇌(낫소늬) 104
낮제끼 168
내두산奶頭山(仍頭山) 244, 245, 251, 252
내륜산內輪山 250
너울羅兀 355
년루구루暖禿古魯 439
넌출 114
널뛰기 182
네기달 43, 256
네눈식四目式 562
녀진인女眞人 47, 90, 92, 93, 95, 101, 102, 113, 114, 128, 131, 138~142, 154, 155, 164, 174, 180, 184, 186~194, 197~199, 201, 202, 206, 207, 209~211, 216~221, 223~225, 229~232, 234~242, 255, 259, 260, 262, 264, 267, 269, 285, 436~438, 440~442, 453, 457, 462~468, 471, 476, 477, 485~489, 523, 561
념불향도念佛香徒 329
녕변寧邊 47, 265
녕북진寧北鎭 203, 450

노승繩 92, 147, 262
노루 가죽 122
노루 또는 사슴 쫓아 잡기 105
노리개 145
노무라野村孝文 558
놀음戲 180
놀이판(彩棚) 566
농구農具 198
농무濃霧 287
『농민 신문』 320
농사동農事洞 244, 246, 251, 252
『농사직설農事直說』 37, 419, 536, 541, 543~546, 549
농산 크루쇼크 319
농업협동조합 19
『농정요지』 38
농촌 경리의 합리화 81
농촌 협동화 74
농포農布 121
농포역農圃驛 445
누루하치奴爾哈赤 93, 180, 200, 207, 210, 224, 225, 230, 238, 240, 241, 361, 470, 481
누비옷衲衣 355
누에 치기種麻養蠶 267, 269
누이 바꿈 163
니궛시紉出闕失맹간 440
니브히Нивхи(낄리야크) 43, 192, 256

다

다라치(채롱) 181
다루왕多婁王 537
다리를 밟는 놀이踏橋之戲 365
다사마多士麻 487
다산茶山 정약용丁若鏞 49, 53, 377, 380, 524
다식과茶食菓 413
다온평多溫平 453

다성실호茶丁實戶　461
닥나무楮　107
단감주　153
단궁檀弓　577
단령團領　387
단마但馬　398
단속옷　138
단애丹涯　407
단오端午　19, 61, 62, 151, 179, 313, 390, 397, 563, 564~571
단원 김홍도　49
단자團子　391, 410
단천　436
달구지　47, 91, 109, 280, 281
달래(달비月子)　180
달마대達麻大　431
달마치達麻赤　189
달문㺚門　250, 251
닭지짐　414
담바고淡婆姑　358, 374
담배　359
담비貂　260
담습痰濕　358
담헌湛軒 홍대용洪大容　53, 377
답통答通　582
답호褡胡　353
당 나라 소종昭宗　360
당과류　413
당귀잎전　412
당반　125
당산석堂山石　250
당산축堂山築　250
당추　359
대고　324
대공친大功親　394
대구어　357, 487

『대금국지大金國志』　102, 232, 260, 486
대농호　86
대덕리 리춘골 부락　75, 78, 79, 116
대동법大同法　270
대두베　484
대드리　164
대릉하大凌河　528
대마　86, 265
대마 재배　121
『대명일통지』　356
대목수　135
대박계　390
대반　162
대산귀大山鬼　175
대산호초大珊瑚礁　372
대서국大西國　370
대소상제大小祥祭　167
대소상제사　172
대신천호大伸千戶　463
대아大雅　509
대약과大藥果　413
대연지봉大燕脂峯　247
대우전大羽箭　579
대유녀大乳女　139, 216, 232
대장大匠　116
『대전속록』　334
대추조악　412
대패　111, 283, 498
대포　348
대황북경大荒北經　498
더덕이　149
더버的渴發　436
덕시령, 선반　127
덧자귀　88
덧자귀군　88
덧저고리　138

덩지鑄型　116
덫　103
데릴 사위혼率婿婚　155, 163, 209
도가都家 집　166
도감　162
도깨비(獨脚)　404
도라지　149
도래　117
도레기　92, 93, 95, 147, 229, 230, 290
도련포都連浦　424, 451
도로기　485
도루심기법(反種法)　545
도리깨連枷　98, 99
도마도　359
도방장都房長　159
도병마사　444
도복道服　387
도선무찰리사都宣撫察理使　444
도세끼　116
도순문찰리사都巡問察理使　479
도안무사　444
도요저都要渚　402
도유호　18, 503
도절제사　474
도정搗精 방법　100
도체찰사　196, 453, 469
도트마리　275
도포道袍　354, 387
도하доха　164
독 걸이　87, 100
독구미瓮仇味　475
독로올천호禿魯兀千戶　463
돌금배磙磑　98
돌멘(支石墓)　499
돌방아　99
돌상자 무덤石棺墓　498

돌싸움石戰　366
돌아 보기　316
동가시파童哥時波　198
동강　103
동개 살　579
동개활弧　578
동고리　115
동곳　144
『동국세시기東國歲時記』　52, 54, 55, 350, 365, 408, 420, 563, 565
『동국여지승람東國輿地勝覽』　52, 264, 269, 292, 420
동귀동董貴洞　463
동냥　171
동녕부東寧府　529
동동動動　403
동래東萊　389
동량등처상만호同良等處上萬戶　439
동량북東良北　189, 439, 450, 453, 465
동림산성東林山城　445
동맹東盟　533
동북면 도순문사都巡問使　447
동북 변경사연구　17
동북이東北夷　518
『동사강목東史綱目』　493
동서월방東西越房　554
동성 동본　156
동성동종同姓同宗　315
동성불혼　360, 394
동아로佟阿蘆　463
동예　41
동옥저東沃沮　266, 485, 487
동월童越　391
동이東夷　491, 515
동이제족東夷諸族　43, 254, 256
동종이족同種異族　41
동참합佟參哈　463

동창童倉　195
동천왕東川王　529
동청례童淸禮　198
동호東胡　513
돼지 우리　177
되창문　127, 130
되취렴升聚斂　152
되치럭(되놀이)　152
된장　149
두레　36, 550
두롱귀현豆籠耳峴　483
두루마기　138
두류豆類　307
두만강　435
두만강 회곡부廻曲部　437
두지　99
뒤달애　90, 91
뒤사랑　132
드론봉　324
드베瓠種　88, 89, 90, 95, 229~231, 290
들금배　98
들깨 기름　150
등걸이　142
등꼬쟁이糠燈　128, 487
등디　127, 234, 235
등미리　282
등밀이　111
떡개　175
떡구시　47, 109, 280, 281
떡구유　109, 114
떡국餠羹　412
떡을 베는 사람　168
똥뒤　90, 91
따리집　311
뜨락또르트랙터의 러시아어　305, 319, 322

라

라주羅州　47, 265
라진羅津　451
라진 초도羅津草島　102, 266, 536
락랑(고조선)　514
란삼襴衫　387
란상패속亂常敗俗　335
랑미狼尾　486
랭상모冷床-　48, 295, 304, 306, 307, 320
략탈농 방법　94
량강도　90, 122
량견 논돌　293
량을나良乙那　257
량이良夷　505
량통 류형　556
레닌　169
려불위呂不韋　514
려신제厲神祭　174
『려씨춘추呂氏春秋』　502, 513~515, 526
『려씨향약呂氏鄕約』　338
려조겸呂祖謙　338
력사연구소　29
력사학　405, 490
『력옹패설櫟翁稗說』　52, 349, 405, 420
련화대蓮花臺　403
『렬양세시기洌陽歲時記』　55, 350, 365, 408
령지令支　491
례궁禮弓　578
례장　315
례장감　161
례전禮箭　578
『로동 신문』　320
로준魯準　394
로토부老土部　481
로환卆丸　388
록두설기　411

록두지짐 313
록두 질금 149
록두차설기 411
록말 414
록피鹿皮(사슴 가죽) 141, 142, 262, 263
롱 109
롱현리 한처골 부락 72, 79, 80
료동태수 521
료화떡蓼花餠 389
롱드레 우물 134
롱마루 133
「룡비어천가龍飛御天歌」 189, 191, 432, 435, 437, 439, 444, 479
룡성龍城 446~449, 454, 457, 460
룡성리 어운 부락 78, 79, 81, 100, 134, 162, 172~174
룡성 수북 논돌 293
룡진龍津 429
룡화향도龍華香徒 326, 364
류건봉劉建封 59, 246
류경柳耕 542
류구琉球 348, 368
류두절流頭節 365
류득공柳得恭 55, 350, 408
류설렬劉辥列 463
류엽전柳葉箭 578
류인우柳仁雨 428, 430
류혁연柳赫然 407
륙량전六兩箭 578
륙상모 307
륙진六鎭개척 41, 193, 204
륙진六鎭지방 84, 87, 181, 184~188, 190, 193, 194, 196, 201, 202, 204, 205, 210, 216, 218, 220~228, 261, 263
륜작법 94
률곡栗谷 리이李珥 330, 339, 340
률란栗卵 413

리격李格 262
리광정李光庭 370
리구대李求大 464
리규경李圭景 52, 55, 293, 350, 356, 357, 408, 420, 537
리능화李能和 184, 217
리달한李達罕 154
리덕무李德懋 52, 350, 357, 420
리두란 436
리량일李良一 448
리론 민속학(этнология) 298
리마두利瑪竇(마테오 릿치) 370
리만주李滿住 154
리명효李明孝 480
리무정李茂貞 360
리민환李民寏 102, 561
리발소 321
리백李白 388
리사증李師曾 474
리사철李思哲 196, 198, 469
리상의李尙毅 377
리상호 25, 26
리석李碩 368
리선로李善老 474
리성계 198, 429, 431, 432, 436, 439, 440, 442~444, 463, 466, 477, 479, 529
리손李蓀 474
리시애李施愛 476
리안사李安社 442
리원 436
리원경李原景 479
리원하 29
리의복李義復 247
리의신李懿信 367
리인화李仁和 479
리자춘李子春 429

리재욱李在郁　187, 219, 220
리제현李齊賢　52, 349, 405, 420
『리조실록』　234, 328, 330, 334, 440
리종목　23
리종생李從生　474
리중환李重煥　261
리지란李之蘭　444, 464, 477
리지린李趾麟　25, 26, 29
리지실李之實　448
리지안李志安　377
리진梨津(현 부령군)　263
리필李必　443
리하진李夏鎭　377
리화영李和英　464
림건상林健相　25, 26
림명臨溟(현재 김책군)　248, 443
림명천　287
림연수어　487
림정林整　447
림천林川　47, 265
림호林胡　509
립석 지방立石之地　430
립주 상량立柱上樑　134

ㅁㅏ

마가馬加　254
마골대 불　128
마래　87
마래소　87
마루간 문　127
마루방堂　123
마르크스방법론　24
마른모법乾苗法　542
마립간麻立干　394
마미군馬尾裙　354

마변자馬變者 동청례童淸禮　467
마천령　262, 291, 430, 436, 441, 454, 474, 483
마포麻布　46, 120, 197, 254, 265~267, 269, 270, 274, 485
마한馬韓　563
마한조　331
마후촌馬休村　402
막승幕僧　84
막직이　85, 547
만도링　324
만두　388, 412
만두과饅頭菓　413
만두국　313
만력신묘향목萬曆辛卯鄕目　337
만리장당萬里長塘　372
만리장사萬里長沙　372
만맥蠻貊　512
만물편萬物篇　380
만불향도萬佛香徒　37
만주　163
『만주원류고滿洲原流考』　47, 113, 114, 285
만주인　43, 142, 256
만주족　129
만호萬戶　190
만호부　432
말갈靺鞨　41, 141, 191, 255, 492
말갈靺鞨의 움집　128
말씨 윷　182
맑스-레닌주의　58, 298, 300, 345
맑스　482
망건網巾　356
망종芒種　94, 541
맞혼二婚　163, 164, 209
매鷹　105
매매혼　316
매 자지　106

매춘부 169
맥궁貊弓 577
맥도絡道 509
맥류麥類 307
맥예絡隸 509
맥포貊布 197, 255, 266, 267, 485, 523
맹간(천호) 437
맹간猛安 221
맹사성孟思誠 451
맹안猛安 189
맹안모극제猛安謀克制 464
머루山葡萄 넌출 117
메밀 86
메밀구편 151
메밀 국수 152
메설기 411
메주 149
메커리 146
먹 감는다 209
먹라강汨羅江 564
명간 논돌 293
명간천 287
명당경明堂徑 175
『명종실록』 560
명주실 384
명천明川 47, 84, 262, 265, 269, 294
모권제母權制 사회의 유습 163
모라 47, 113, 285
모란봉 571
모래(모래기) 47, 109, 110, 112, 113, 280~282, 284, 285
모린毛憐 189, 192
모린위毛隣衛 439, 445
모방주술模倣呪術 97
모시베 385
모캐 사랑 132

목공업 19, 39, 45~47, 80, 85, 109, 113, 280, 281
목궁木弓 577, 578
목노 103, 104
목릉하穆陵河 지방 189, 190, 192, 437
목욕탕 321
목자牧子 258
목탄 116
목홍木紅 385
목화木棉 267~269, 274, 293, 371, 485, 536, 537
몰수구거沒數驅去 470
몽고 163, 357
몽둥 서방 165
몽우(올)실위(蒙兀室韋, 蒙瓦室韋) 255, 258
묘지 167
무고舞鼓 403
무녀巫女 168
무두봉無頭峯 59, 246
무명 385
무봉茂峯 244
무부巫夫 328
무산고원 287
무산령茂山嶺 467
무산리 77~79, 85, 159
무산리 곡전거리 부락 78, 79, 159
무산리 무산 부락 78, 79
무산리 속사골 부락 159
무산리 신명 부락 78, 79
무산보茂山堡(현 고무산) 200
무수애 149
무슨들레 149
무애無㝵 403
무우 김치 149
무자견無子遣 470
무천舞天 533
무태어無泰魚 487
문벌 399

문어 487
문창지 131
문천 457
『문화유산』 19
물갈이水耕 38, 48, 306, 541, 542, 544
물갬나무 133
물고기회 414
물길 41
물길勿吉 255
물길인 140, 233
물동이 134
물두무 117
물레 274, 275, 323
물방아 99
물삶이 306, 541
물소水牛 371
물질문화유물보존위원회 18, 23
물질민속 15, 45
미가미三上次男 507
미나리 149
미록피麋鹿皮 43, 258
미시나三品彰英 507
미신적 풍습 97
미신적 행사 135
미신 타파 24, 134
미전진美錢鎭(온성군) 205
미친 비 자루 404
민간 료법 321
민속놀이 20
민속사民俗史 17
민속학(этнография) 298, 303, 490
민속학연구실 16, 61
민속학적 기술 52
민속학적 내용 54
민속학적 연구 54
민속학적 저작 55

민정중閔鼎重 340
민족적 공고화(консолидация) 301
『민주 청년』 322
민청원(민주청년동맹조직원) 74, 310, 319
밀 307
밀가루 389
밀이蜜餌 389
밑며누리혼預婦婚 163, 209

바

바가지 47, 109, 110, 112, 113, 233, 280~282, 285
바당 124, 125
바당문 130
바당 상고주 177
바디쟁이 패 275, 277
바라 173
바라이데 322
바리(보리) 150
바부제 97, 274
바요링 324
바재(울타리) 133
박계朴桂 389, 390
박권朴權 248
박도상朴道常 249
박두데기 181
박시형 61
박원朴原 474
박장薄壯 388
박종우朴從愚 474
박종원朴宗元 475
박춘부朴春富 474
박한주朴漢柱 125
박효수朴孝秀 543
반계磻溪 류형원柳馨遠 53, 377, 378
반구정反求亭 581

반농 반목축업 협동조합 74
반석평潘碩枰 400
반승반속半僧半俗 186
반프로레타리아트 169
반함飯含 398
발가토하布爾哈通河 439
발구 90, 91
발인發人 505
발해국渤海國 191, 259, 451
밤다식 413
밤제끼 168
밥상 47, 109, 280, 281
방관幇辦(副席) 246
방실 123
방아간 122
방어 487
방어종사관防禦從事官 347
방장房長 157
방형단方形壇 250
밭갈이 382
밭방아 99
배등背燈 178
배자(배장) 176
배준裵俊 193, 450
배집 551
배짜개 150
백감사과 413
백남운白南雲 25
백단白團 390
백두산대택수종덕사白頭山大澤水宗德寺 251
백두산 정계비定界碑 59, 246
백두산 탐사대 16, 22, 58
백로白露 97
백료화 413
백매화강정 413
백문보白文寶 543

백사봉재白砂峯峙 467
백설기 411
백세한과 413
백연사과 413
백은정과 413
백일제 167
백일해 321
백저포白苧布 47, 265
백제 256
백지총 신 147
백초白貂 254
백합 487
백호百戶 190
버드나무 110
번리藩籬 196
번차藩車(발귀) 484
번호藩胡 140, 187, 188, 193, 196, 197, 199~202, 206, 207, 210, 211, 220, 224~226, 232, 233, 239~242, 259
범의 가죽 122
범찰凡察 195
법고 173
법고 춤 171
법화경法華經 206
벗쇠호미 547
벙어리 놀음 181
베麻布 120
베細布 120
베 나이織布 120, 121, 271, 275, 400
베르다니 103
벼루개 305, 547
벽성리 대탑 부락 78, 83
벽초 홍명희 61
변弁(복두) 356
변무공사邊務公司 246
별감別監 337

별잡탕 413
병마사 447
병마절제사 449
병시餠匙 412
병자호란丙子胡亂 183, 185, 216
보도치 100
보라매海東靑 105
보름새(15승)베 276
보리 86, 148, 307
보물고적명승천연기념물보존령 22
보쉐트만 440
보습 117
보앙개 149
보연장 305, 547
보천보普天堡 244
『보한집補閑集』 52, 53, 349, 405, 420
복술 161, 173
복숭아 396
볶은콩(炒豆)차설기 411
볼하진甫乙下鎭 471
봉건 통치배 132
봉기군 480
봉사혼奉仕婚 155
봉상시정奉常寺正 474
부가적富家狄(일명 부가참婦家站) 449
부곡部曲 185
부구復舊 430
부군府君 치성 174
부락제 169, 173, 175, 176
부령군富寧郡 70, 213
부령군 교원 부락 75
부령군 판장板長 116, 118
부령 지역 78, 79, 80, 83, 85, 128, 132, 162
부령 집단 지역 77, 78
부령천 77, 450, 483
부르죠아 리론 84

부성문 130
부여夫餘 44, 254, 256, 491, 498, 503, 504, 507, 514, 518, 520, 522, 527~529, 530, 533
부을나夫乙那 257
부전령산맥 432
부채竹扇 382
『북관기사北關紀事』 270, 288, 293, 484
북관대첩비北關大捷碑 248
북관北關 46, 142, 248, 262, 265~267, 269, 271, 272, 274~277, 279, 336, 424, 432, 437, 440~445, 450, 454, 462, 463, 466, 469, 471~473, 476, 481~489
『북관야승北關野乘』 461
『북관지北關志』 84, 90, 142, 261, 270, 292, 461, 485, 488
북데기 312
「북도연읍재가승촌北道沿邑在家僧村조」 184, 217
북령 청암靑岩 206
『북로기략北路紀略』 207, 240, 486
『북사北史』 335, 356
북어北魚(마른 명태) 46, 265
『북제서北齊書』 41
북조선고적보존위원회 22
북청 436
북청 무해대無海台 206
북평사 486
북포北布 19, 39, 45~47, 120, 265, 266, 270, 271, 274, 276~279, 294
북학론자北學論者 377, 404
북한민속학사 14
분가分家 풍습 153
분단粉團 390
분사粉䭔 391
분양糞壤 380
분재군 88
분투分套 354
『불경책佛經冊』 198

불교 75, 101, 167, 169, 171, 173, 176, 179, 182, 184, 192, 198, 201, 207~209, 211, 213, 217, 225, 228, 238, 241, 242, 251, 327, 328, 333, 335, 348, 362, 370, 404
불교 신앙 169, 171, 192, 198, 224
불교 의식 171
불교적 잔재 171
불교 행사 171
불란서 368
불랑기(대포) 374
불랑기국 348, 368, 369
불弗과 신장神將 177
붉은 고비 149
붕어찜 414
비갑臂甲 140
비껴斜 96
비류국沸流國 520
비유성肅悠城(縣城, 경원 대안) 200
빈랑檳榔 371
빗(梳篦) 382
빠마 145

사

사계편사射契便射 581
사관舍館 190
『사기정의史記正義』 493
사대부士大夫 337, 372, 387
사돈 보기 160
사라紗羅 354
사력층砂礫層 134
사르후 129, 234
사마천司馬遷 513
『사물기원事物起源』 570
사미沙彌 206
사발 147

사발에 담는 사람 168
사승 베 276
4월 8일(초파일) 171
사인舍人 364
사점민 478
사정편사射亭便射 581
사차마沙大磨(鹿屯島) 444
사탕무 295
사탕수수蔗草 371
사하리 77
사하리 계화 부락 77
사하리 박상 부락 77
사하리 황만 부락 75, 77
사헌부司憲府 대사헌大司憲 377
사헌부 지평持平 377
사환仕宦 401
사환 우시군 161
사회과학원 민속학연구실 14
사회주의 318
사회주의 건설 74, 81, 98, 170, 215
삭병槊餠 411
산대 놀이(綵棚) 403
산동 논돌 293
산령가山靈歌 175
산령돌 178
산마山麻 269
산마散馬 398
산병散餠 410, 412
산삼떡山蔘糕 391
산삼山糁(산승) 412
산소 167
산신 174
산약山藥다식 413
산융山戎 44, 491, 494~497, 500, 502, 513, 515, 526, 570
산적 313

산제山祭　175
산증山蒸　391
산증편散蒸餅　389
산 치성　174
산탈　167
산편散餅　391
산포군　277
『산해경山海經』　498, 501
살궁　124, 129, 234
살례탑撒禮塔　575
살지문　130
삵이[狸]　254
삼大麻　120
삼결례혼三婚　163, 164
삼 굿　121
『삼국사기三國史記』　41, 326, 520, 537, 540
『삼국유사三國遺事』　50, 52, 326, 397, 420, 563, 565
『삼국지三國志』　254, 256, 257, 331, 385, 497, 505, 516, 518, 519, 522, 524, 529, 531, 536, 559
『삼국지』「위지 동이전」　331
삼만위三萬衛　190
삼베　385
삼복三伏　97
삼붓대　149
삼산參散(북청)　198, 430, 436
삼신三神　177
삼장三長　244, 248
삼한三韓　256
삽종揷種　306
상가시　149
상고주　167
상도계喪徒契　341
상도방喪徒房　341
상두　36, 334
상두방　341
상례　171

상묘上墓　397
상사賞賜　443
상산제　176
상수 옷　277
상여喪輿　166
상여계喪輿契　166, 325
상원上元　365
상을 차리는 사람　168
상의원주부尙衣院主簿　474
상인常人　166
상제 풍습　165, 397
상진尙震　400
상차喪車　398
상화떡霜花餅　388
새고방　123, 125, 130
새고방문　130
새길 농업 협동 조합　78, 81, 83
새깃鳥羽　356
새방(묘)　123, 125, 130
새서방 잔치　316
새아씨 잔치　316
새위 없이　134
생내生布　276
생복회　414
생산 기술　351
생산풍습연구　18
생선지짐　414
생치탕　413
샤마니즘　168
샤마니즘적 미신 행사　169, 171, 173
샤만 제사　177
샨춘實眼春맹간　440
샬린스　16
서거정徐居正　52, 53, 349, 405
서경署經　400
서구라파　368

서긍徐兢　185, 217
서리胥吏　205
서반아　358, 368
서북 경략사西北經略使　73, 214
서산舒山　47, 265
서속류黍粟類　307
서수라보西水羅堡　471
서수라西水羅　383
서신면 상안리　158
서양포西洋布　348, 368, 374
서인가례庶人家禮　397
서지위西之衛　443
서직黍稷　390
석가노釋家奴(李顯忠)　437
석돈石墩(돌각담)　248
석막리 옥련 부락　77
석막리　77
석막상평石幕上平　450, 453
석모席帽　355
석을수石乙水　244
석이단자　412
석이石耳설기　411
석이차설기　411
선공감繕工監 가감역假監役　377
선랑仙郎　328
선비鮮卑　493
『선악응보책善惡應報冊』　198
선음先蔭　400
선전 교양 사업　170, 173
『선조실록』　333
선폐　315
선희창　61
설　565
설고雪糕　411
설기雪只　411
설기　391, 410, 411

설기떡　313
설날　365
설비　176
설증신薛澄新　479
섬계剡溪 리잠李潛　377
섬라暹羅(지금의 타이)　348, 368
섬라국　371
성동리 구절령 부락　78
성동리 세동 부락　78
성리학性理學　361
성저야인城底野人　462, 468
성조 풀이　135
성천成川　47, 265
성쿠레　149
성현成俔　52, 53, 331, 349, 420, 566
성호 리익李瀷　19, 52, 53, 55, 258, 350, 357, 376, 377,
　　380, 381, 404, 405, 410, 420, 565
『성호사설星湖僿說』　52, 54, 350, 380, 420
『성호선생문집』　380
성황신　102
세계 지도　348
세병　151
세시기歲時記　346
세족世族　401
『세종실록』　192, 267, 269, 287, 291, 426, 427, 437,
　　459, 473, 476, 479, 483, 485, 487, 536, 544
『세종실록』「지리지」「토의土宜」조　291
세화歲畵　562
소 가죽 행건　142
소결이　87
소경리자　169
소고비　149
소구시　47, 109, 280, 281
소구유　109, 114
소금食鹽　198
소농호　86

소다로蘇多老　203, 445, 452
소독소　321
소목蘇木　385
소박계　390
소발구　97
소사당小祠堂　244
소수맥小水貊　524
소약과　413
소작(제)　74, 101
소조小組　319
소주　357
소주락　181
소집　175
『속관북지증보續關北誌增補』　84, 293, 294
『속대전』　333
속말말갈粟末靺鞨　259
『속북관지續北關志 - 경성읍지鏡城邑誌』　264
『속북관지증보續北關志增補』(鏡城邑誌)　269, 537
속빈速頻　444
속인俗人 부락　75, 76, 78, 183, 216
속평速平　444
속평강速平江(牧丹江)　440
손진태　19, 20
손풍금　324
솜　384
솟을 대문　133
송고松古　413
송기떡　391
송석손宋碩孫　480
송석하宋錫夏　20, 42, 84
송양왕松讓王　520
송어　487
송영로宋永老　475
송진산松眞山　79
송편松餠　391, 410, 412
송화강　43, 192

수단水團　390, 410
수단떡水團餠　366
수레　109
수렵　102
수렵도구　103
수령守令　337
수리날(車衣, 戌衣日)　563
수모獸帽　259
수박手拍치기　181
수분하綏紛河　440
수상장樹上葬　192
『수서隋書』　41, 353, 355
『수서隋書』「말갈전靺鞨傳」　41, 255
수성천　287
수성평야　446
수수　307
수수잎호미　547
수양소 제도　100, 101
수어찜　414
수연장壽延長　403
수인떡水引餠　388
수정과　413
수주愁州　457
수직파법水直播法　306
수차水車　351, 543
수천 놀이(투전投錢놀이)　181
수피獸皮　259
숙뒤간　149
숙복熟腹조림　414
숙삼熟麻　273
숙신　41, 499
순암順庵 안정복安鼎福　380, 493
『순조기축진찬의궤』　410, 411
순천부사　347
술가術家　404
쉬나물　149

쉬내제도 121
슈바shuba 256, 262
스루하치舒而哈赤 200
슬라브족 300
승僧과 무巫 173
승려 157
승무(바라 춤, 법고 춤) 182
승수僧首 185
승재僧齋 361
시경詩經 509
시공미 171
시렁 125
시령부時令部 365
시로꼬고로프 193
시루떡 151, 411
시리失利 436
시반時反 451
시전市廛 383
시조묘始祖廟 397
시종時鐘 370
시지미時知未 444
신감초辛甘草설기 411
신감초차설기 411
신검초다식 413
신검초단자 412
신神과 불佛 173
『신당서新唐書』 255
신라 256
신명神名 176
신무성神武城 244, 245, 246, 248
신무재神武岾 244
신발 146
신비론 170
신사神祀 332
신선설 367
신설진新設鎭 459

신성인神聖人 186
신숙주申叔舟 480
『(신증)동국여지승람(新增)東國輿地勝覽』 257
신충 146
신충일申忠一 180, 238
신평군 생양리 96
실리천호失里千戶 463
실린實隣 444
실사구시實事求是 348, 378
실위室韋 43, 255, 256
실적멱失的覓 444
실학사상 372
실학자 405
심도원沈道源 453
심우경 329~331
심유경沈惟敬 370
심처야인深處野人 462
10간집 125
쌍 바라지 131
쌍무 324
쌍성등처천호雙城處等千戶 429
쌍성총관부雙城摠管府 424
쌍채집 311
쌍통식 류형 127
쌍통식 126
쏘련 301
쏘베(에)트 민속학 31, 298~300
쑥단자 412
쓴감주(탁주) 153
쓸치마 145, 209
씨군 88
씨비리 163, 300
씨뿌리기 382
씰로스 309, 310, 320
썰베 157

아

아간(阿罕, 阿間) 지방　189, 436
아고차阿古車　446
아끼바秋葉隆　128, 186, 218, 488
아도가천호阿都哥千戶　463
아동편사兒童便射　581
아마　295
아모라阿木羅 탕고唐括(百戶)　440
아목라阿木羅　444
아무르 지방　106, 126
『아방강역고我邦疆域考』　524
아보기阿保機　387
아사阿砂　436
아사천호阿沙千戶　463
아. 웨. 스몰랴끄　256
아자亞子　562
아침제끼　168
아프리카　300
아한阿罕　437
악기　366
악부樂府　366, 388
안경　348, 370, 374
안고방　149
안과태평　174
안남국安南國　348, 368, 371, 374
안도현安圖縣　244, 251
안변　457
안소　87
안원리 금월 부락　79, 86
알합천호斡哈千戶　463
압란押蘭　444
앙가盎架　129, 234
앞 사랑　132
야마野麻　269, 270
야인野人　162, 164, 188, 194~196, 202, 210, 220, 222, 224, 226, 236, 237, 241, 269, 440, 447

약과藥果　389, 390
약밥　412
약산藥散적　414
양금　324
양마　265
양만세楊萬世　351
양목탑우楊木塔兀　193, 449, 450
양복　139
양윤부楊允孚　391
양잠　255, 268, 269, 304, 382, 385, 400
양胖소위장　414
양천엽胖千葉회　414
양포탕胖胞湯　413
어거내於巨乃　198
어두워(어두어)阿都哥　189, 436
어랑군　287
어랑 수북 논돌　293
어랑천　287, 483
어리방　149
어사리　149
어염魚塩　266, 487
어염해중식물魚鹽海中食物　487
어윤중魚允中　73, 214
어채魚菜　414
언어학　490
엄드룹　149
엄우嚴尤　519
에벤끼(퉁그쓰)　503
여뀌꽃蓼花　389
여우狐　254, 260
『여지승람輿地勝覽』　206, 239, 326, 364, 402, 435, 445, 485, 487
역 기름麻子油　150
역사과학으로서의 민속학　15
역사인류학　17
역씨大麻子　172

『역옹패설櫟翁稗說』 53
연계軟鷄찜 414
연길 지방 498
연떡우기 366
연변 지방 190
연사종延嗣宗 447
연산리 봉오골 부락 79, 80
연산리 연산 부락 75, 79, 80
연軟산삼 412
연암燕巖 박지원朴趾源 53, 55, 89, 98, 231, 376, 377, 406, 408, 546, 548
연어 487
연자마 99
연제軟猪적 414
연지 413
연치軟雉적 414
연통 130, 131
열구자탕悅口子湯 414
열두삼천리벌 35
열새(10승升)베 276
『열양세시기洌陽歲時記』 54
열콩 86, 148
염경冉耕 375
염색 방법 385
염지 149
엽승厭勝 404
영결리국永結利國 368, 369
영고迎鼓 533
영국 369
영길리국永吉利國 348
영마합寧馬哈 463
영안군 287
영안남도永安南道(함경남도) 125
영주길주등처관군민만호부英州吉州等處管軍民萬戶府 443
영흥 457
예 44, 491, 499, 501~504, 508, 514, 516, 519~522

예군 518
예맥濊貊 44, 491, 499, 501~508, 513~524, 526~532
「예맥고濊貊考」 507, 524
예맥군 518
「예맥별고濊貊別考」 507
예맥조선濊貊朝鮮 504, 513~515, 527~529
예맥족 20, 44
예술 써-클 사업 183
예인穢人 515
오갈암烏碣岩에 200
오규정소五糾正所 157
오대사五代史 387
오덕五德 404
오도리斡朶里 190, 443, 466
오도리부斡朶里部 189, 190, 193~198, 203, 221~224, 226, 439, 440, 450, 451, 453
오랑캐(兀良哈, 吾郞哈) 188~192, 194, 196, 197, 201, 203, 221~224, 467
오랑캐인兀良哈人 쇄환刷還 184, 225
오로시 92, 93, 229, 230
오롱초吾弄草 457
오롱소吾籠所 439
오롱천五龍川 287, 439
오류리 옥성동 부락 75, 78
오르촌 43, 256
오무달리 149
오무허斡木河 189, 190, 193~195, 203, 437, 439, 440, 445, 446, 449~451, 453, 466
오비칼 111, 283
오색 꽃전 413
오색수단 412
오소리 가죽 122
오소리 관 145
오소리관 144
오소리 굴 들추기 105
오송캐 116

오스트라리야 300
오양선五羊仙 403
오자야인吾者野人(元) 191
오자화烏刺靴 140
『오주연문장전산고五洲衍文長箋散稿』 52, 54, 55, 142, 293, 294, 341, 350, 408, 420, 537
오진五鎭 204
『오체청문감五体請文鑑』 93, 129, 157, 180, 230, 234, 236
오화당五花糖 413
오환烏桓 493
옥노 106
옥당玉唐 294, 537
옥미리 283
옥성리 77
옥수수 86, 148, 294, 359
옥자귀 110, 111, 282, 283, 284
옥저沃沮 163, 197, 491
옥저족沃沮族 255, 256, 259, 266
옥춘당玉春糖 413
옥황상제천불위玉皇上帝天佛位 251
온돌炕 114
온돌 놓기 134
온돌방 123
온성군穩城郡 70, 213, 453
온성부행장성穩城府行長城 454
올리인兀里因 444
올아홀리兀兒忽里 444
올야兀惹(遼) 191
올자야인兀者野人(明) 191
올적개兀的改(金) 191, 444
올적합兀狄哈(朝鮮) 191, 444
올지개兀知介(朝鮮) 191
와다和田淸 191
와르카瓦爾喀 192
와르카瓦爾哈 201

완椀 113, 285
완자卍子 562
『왕오천축국기往五天竺國記』 52, 420
왕올난王兀難 463
왕청 지방 498
왕회해王會解 514
왜계자 358
왜구 367
외양간 123
외양문 130
외채집 311
외통집 310
요광姚光 521
요령搖鈴 172
요수사 170
「용비어천가龍飛御天歌」 188
『용재총화慵齋叢話』 52, 53, 162, 236, 332, 333, 349, 373, 405, 407, 420
우가牛加 254
우경牛耕 375
우구시 150
우구시를 덮는 사람 168
우데게 192
우데게인 164
우데게족 191
우등불(모닥불) 127, 176
우라총관목극등烏剌摠管穆克登 247
우라화兀拉靴 92, 93, 197, 229, 230
우랑캐兀良哈 443, 445, 446, 466
우루터물兀魯帖木兒 479
우리 쓸 157
우맹선禹孟善 261, 269
우물 132, 134, 367
우병 149
우산각집 551
우스리강烏蘇里江 440

우시군　161
우지개亐知介(朝鮮)　191
우지캐兀狄哈　189, 191
우차 몰이군　161
우차　161
우하영禹夏永　187, 219, 220
운가위대천雲加委大川　483
운독질병　174
운동화　146
운산雲山군　377
울리치　43, 256, 262
「울리치의 물질문화와 그들의 족族 기원에 관한 약간의 문제」　256
울후리兀兒忽里맹간　440
웃방　123, 125
웃방문　130
웅길주안무찰리사雄吉州按撫察理使　479
웅심산熊心山　532
원동 지방　192
원사元史　369
원산리 령천 부락　76, 78, 79, 119
원산포元山浦　263
원선圓線 무늬 모양　112
월파리　159
월파리 상월 부락　79
월파리 제봉 부락　79
월하 부락　86
웨지窩集(삼림森)　191
위만衛滿　527
『위서魏書』　140, 233, 254~256
『위서魏書』「고구려전」　255
『위서魏書』「물길전勿吉傳」　140, 233, 255
『위서魏書』「읍루전挹婁傳」　254, 497
『위서魏書』「한전韓傳」　256
위안리왕魏安釐王　502
위허韑哈　442

위혜왕魏惠王　398
유고　167, 175, 372
유녀遊女　328
유득공柳得恭　54
유리乳裏　140
유문저포有紋苧布　47, 265
유문주有紋紬　47, 265
유물론자　169
유물론적 세계관　170
유밀과油蜜果　390
유삼油衫　362
유선군遊仙郡　70, 78, 213
유신론적 잠재 의식　173
유원진柔遠鎭(온성 군내)　197
유주자사　521
유학자　404
유희儒戲　403
6간집　125
육종답陸種畓　37
『육진승도의六鎭僧徒議』　187
윤관尹瓘　184, 185, 217, 430, 444
윤길보尹吉甫　510
윤둘소　100
윤둘소 제도　100, 101
윤탁연尹卓然　353
윤효손尹孝孫　360, 373
율리야 쉐쓰따꼬바　191
윷놀이　182, 366
은아리殷阿里　189, 435, 440, 465
은어　487
음식　138
『음양점복책陰陽占卜册』　198
『음양택일책陰陽擇日册』　198
읍루挹婁　41, 235, 256, 267, 497, 498
읍루挹婁의 움집　128
의롱衣籠　113, 130

의복 138
의정부議政府 좌찬성左贊成 377
의주宜州 457
이규경李圭景 54
이깔나무益佳木 131, 362
이덕무李德懋 54
이랑짓기 382
이수광 54
이앙 382
이앙법 35, 37, 293, 305, 306, 382
이역리부화李亦里不花 463
이영(이엉) 131
이예夷穢 515
이二자형(쌍채집) 552, 553
이제현李齊賢 53
이판령伊板嶺 430
이풍수속異風殊俗 264
익총 매커리 147
인권환 51
인류학 16, 490
인마引馬 398
인민 경제 발전 제 1차 5개년 계획 265
인민군대 74, 75
인복引鰒회 414
인사편人事篇 380
인삼 384
인삼당 413
인속引屬 162, 236, 237
인절미떡印切餠 391, 410, 411
인종적(этнический) 300
인함박 47, 280, 281, 283~285
인함지 109, 112
일반 벌 사람 72, 75, 129, 167, 208, 228, 229, 232, 234, 237
『일본서기日本書紀』 532
일수日守 205

일연一然 52, 420
일자중영一字重楹 126
일一자형(외채집) 552, 553
임경소 305
임진왜란 351
임진조국전쟁(임진왜란) 199, 248, 347, 348, 351, 352, 354, 358, 362, 365, 373, 469
입택 135
잉어 396

자

자강도 90, 122, 148
자계 487
자귀군 88
자마坐馬 398
자명종 348, 370, 374
자바귀 152
자본주의 169, 170
자성 천호 474
작도간斫刀間 124
작목탈 134
잔존문화론 15
잠방 등거리 277
잡과차설기 411
잡놀음 403
잡당다식 413
잡탕雜湯 413
장고 324
장고방 123, 125, 130, 149
장곡차長穀車 484
장군전將軍箭 579
장기 182
장대기 176
장두범張斗範 251, 252
장떡 151

장박 질굼 149
장백부설치지현長白府設治知縣 59, 246
장보관章甫冠 388
장소 - 한웃방(만웃방) 176
장수절張守節 493
장신구 138, 145
장자 분가 제도 154
장자 분호 154
장자온張子溫 431
장포長袍 43, 257, 259
장피獐皮(노루 가죽) 141, 142, 262, 263
재 167, 333
「재가승만고在家僧漫考」 187, 219
재가승부락 70, 72, 74~87, 101, 103, 113, 128, 139, 152, 155, 157, 158, 167, 172, 178, 183, 184, 186, 187, 195, 202, 205, 208, 210, 211, 216, 220, 253
재가화상在家和尙 185
재담 322
재미쌀 172
재이災異 404
쟁개비 116
저가豬加 254
저고리 138, 259
저녁제끼 168
저마포苧麻布 47, 265
저상모 307
저수리 131
적폐積弊 214
적훈赤鱃 396
전가사변률全家徙邊律 186, 204, 210
전마田麻 269, 447
전복조림 414
전성甏城(온성의 별호) 206
전안奠雁식 161
전유화煎油花 414
전장석全長碩 16, 17, 20, 23, 26, 29, 32, 44, 53, 249

전조前兆 367
전주 만마동萬馬洞 383
전포 95
전후복구건설 45
절당 후원 174
절서節序 365
절육截肉 414
절취력 쌀(절취렴 쌀) 172
절취렴聚斂쌀 172
절편 313, 410
절풍건折風巾 356
절풍립折風笠 388
절풍모折風帽 356
접술 367
접자 281
접제 115, 281
접반사接伴使 248
정갑손鄭甲孫 204, 227, 292, 460, 472
정계비定界碑 25, 59, 246~250
정과正果 413
정곽井梆 407
정노식 20
정다산丁茶山 507
정도전鄭道傳 444, 445
정량궁正兩弓 578
『정리의궤整理儀軌』 409~411
정묘란 347
정백운 22
정사류 52
정시경 23, 48, 61
정신계丁臣桂 430
정언正言 125
정월 365
정월 초하루 389
정유재란丁酉再亂 348
정주定州 424

정주간 123~127, 176, 177
정주문 127, 130
정찬영鄭燦永 25
『정치 지식』 320
정치경제학자 405
정현鄭玄 516
제기차기打毬 366
제만이군장諸蠻夷君長 512
제맥諸貊 509
제사 391
제석신帝釋神 177
『제승방략制勝方略』 196, 197, 199, 224, 472
제영돌 178
제육탕猪肉湯 414
제주도 43, 206, 239, 253, 256~259, 262, 264, 360, 361, 384, 385, 407
제천법 396
제추리 272, 274
제포탕猪胞湯 414
정계비定界碑 59
조 86, 148, 307
조경趙儆 347
조고棗餻 391
조과 407
조과趙過 375
조과造果 389
조광조趙光祖 338
조념주曹念珠 251
조돈 430
조돈전 430
조란棗卵 413
조미료 150, 359
조비형曹備衡 449
조산造山 25, 59, 250
『조선 녀성』 320
조선 로동당 70, 74, 170, 214, 265, 286, 303, 317, 318, 345, 535, 540
『조선 철학사』 404
『(조선)불교통사佛教通史』 184, 217
『조선민속지朝鮮民俗誌』 186, 218
조선부朝鮮賦 391
『조선학보朝鮮學報』 507
조악助岳 391, 410, 412
조양자趙襄子 510
조연趙涓 446
조완벽趙完璧 371
조왕덕대 129
조우희趙宇熙 147, 262, 264, 486
조인벽趙仁璧 430
조종지법祖宗之法 450
조종지봉강祖宗之封疆 450
조중친선농업협동조합 45, 60, 303, 304
조찰떡 150
조태상趙台相 247
조한만난早寒晚暖 482
조혼早婚 160
족의 기원(этногенез) 300
족탕足湯 414
종가宗家 395
종교적 세계관 170
종덕사宗德寺 250~252
종독 116
종법宗法 396
종선군 봉호골 부락 75
종성~경원~은성 집단 78
종성鍾城(郡) 47, 79, 194, 199~221, 227, 265, 267, 269, 276, 439, 453, 466, 470, 483, 485, 487
종성군鍾城郡 70, 79, 80, 193, 204, 213
종족기원문제 18, 40
좌수座首 337, 364
죄리(조리) 115
『주례周禮』 391, 509

주번실마朱蹯失馬 463
주선왕周宣王 510
주악 391
주의 138
주인홀朱引忽 463
주자가례 395, 396
주자증손향약朱子增損鄕約 339
주조업鑄造業 116
주지춤(주지 놀음) 180
주촌(논돌) 180, 293
주형鑄型 117
주호州胡 258
준군駿裙 354
줄온 중평 논돌 293
줄온천 287
줄타기 놀음路索戱 403
중농주의 383
중등 의무 교육제 318
중박계 390
중복 306
중산개소비衆山皆小碑 59, 246, 247
중상군中商軍 277
중신 아비(애비) 160, 209
중앙민속박물관 29
중앙 아세아 300
중의 롱 109, 113, 209
중의 메커리 146
중참(밤 식사) 177
중추부中樞府 347
중추원부사中樞院副使 465
중화절中和節 365
증병甑餠(시루떡) 411
증불과오륙대僧不過五六代 211
증산甑山 79
증산리 방은防銀 부락 72, 79, 81, 86
증산리 심령 부락 81

증파 나루澄波度 363
증편蒸餠 391, 410
증편(기주떡) 391
증편(기지떡) 152
지게 134
지리 405
지리학자 405
지백智伯 510
『지봉 리수광이 조선 민속학 분야에 남긴 유산』 405
『지봉류설芝峯類說』 52~55, 326, 335, 346, 348~351, 358, 359, 365~368, 372, 373, 380, 381, 405, 407, 420, 470
지봉芝峯 리수광李睟光 19, 52, 53, 201, 225, 326, 335, 336, 346, 348~352, 357, 359, 368, 372, 373, 376, 377, 380, 381, 386, 405, 420, 470
지붕 130, 131
지신경地神經 175
지진 쌀 389
『직설보直說補』 546
직신의直身衣 192
직신稷愼 505
직첩 191, 443
진번조선만이眞番朝鮮蠻夷 512
진변도호부 안무사 431
진사進士 387
『진언책眞言冊』 198
진지를 붙인다 97
『진찬의궤進饌儀軌』 409
진철번호盡撤藩胡 470
진한辰韓 185
진홍眞紅 385
질굼 149
질우배 149
집사執事 168
집을 뵈운다 162
집탑군 88

짚가리 177
짚신 146
쪼끼 138
쫓개 110, 111, 282, 284
쯔다津田左右吉 425, 428
찌갈이 93, 94
찐떡(餻) 391

차

차경차수且耕且戍 471
차끼 104
차사관差使官 249
차설기 411
차수떡差手餠 389
차유령車踰嶺 467
착화着和 446
『찬록군서纂錄群書』 350
찰떡 313
찰방 윷 182
참대대竹筒 358
참산천호參散千戶 463
참취 149
찹쌀떡粘米餠 411
창광산 571
창우倡優 328
창의氅衣 387
창태 농업 협동 조합 101
창태리蒼台里 47, 72, 74, 75, 78, 79, 85, 86, 91, 103, 107, 109, 111, 114, 116, 118, 119, 132, 134, 146, 153, 159, 161, 163, 164, 173, 182, 214, 280
창태리 대홍안 부락 78
창태리 마위 부락 78
창태리 명당모로 부락 78
창태리 박두 부락 78
창태리 소홍안 부락 78

창태리 원두 부락 78
창태리 원평 부락 78, 116
창태리 창태 부락 74, 78
창태리 청초 부락 78, 103
채만두 412
채원정蔡元定 366
채풍蔡諷 521
처가살이혼(妻贅一率婚, 데릴사위) 394
처인성處仁城 575
척량 산맥 555
천布帛類 162
천문 405
천불교天佛敎 251
천불당 252
천역賤役 73, 184, 214, 217
천엽탕千葉湯 413
천원지방天圓地方설 378
천인 75, 140, 166, 203, 205, 208, 210, 226~228, 354, 355
『천일록千一錄』 38, 542, 545
천자종모법賤子從母法 399
천주교 348
『천주실의天主實義』 348
천지天池 59, 246, 248, 250
천지반天池畔 59, 250
천지편天地篇 380
천호千戶 190
천호 할주卞乙主 446
철갑 륜선 369
철궁鐵弓 578
철태궁鐵胎弓 578
첨성촌瞻星村 377
첨지중추부사僉知中樞府事 378
청계사淸溪寺 77, 170
청금안靑襟案 337
청문聽聞 127

청서靑鼠　260
청서피靑鼠皮　486
청암靑巖　467
청어　487
청운루靑雲樓　543
『청장관전서靑莊館全書』　52, 54, 350, 420
청진 교원 대학　18, 20, 22, 25, 58
청진(시)　77, 103, 287
청춘경로회靑春敬老會　402
청콩설기　411
청혼　316
초가집　131
초개草芥　380
초교　161
초도유적　22
초등 의무 교육제　318
초복　306
초서貂鼠　260
초서피貂鼠皮　473, 486
초정楚亭 박제가朴齊家　53, 377
초피貂皮　197, 260, 473, 486
촌극　322
총　103
총대　176
최교납崔皎納　463
최대봉崔大封　246, 251
최봉지崔鳳至　293
최야오내崔也吾乃　189, 436, 440
최완자崔完者　463
최원희　23
최이대구래崔李大九來　437
최자崔滋　52, 53, 349, 405, 420
최종악崔宗岳　293
최해崔瀣　543
추결만이복椎結蠻夷服　512
추복탕搥鰒湯　414

추석秋夕　151, 167, 179, 233, 238, 313, 397, 563, 565
추천鞦韆　568
축리흥상逐利興商　187
축산 크루쇼크　319
축산업　101
춘향전　569
충렬왕　430
측화산側火山　247
치마　138
치성 장소　174
치자　413
치재致齋　250
치째게　180
칠계탕七鷄湯　413
칠보산七寶山　84
칠색조악　412, 413
칠칠일七七日　192

ㅋ

카바이트 가스 불　127
콜간우·치캐骨幹兀狄哈　440, 466
콩　86, 148, 295, 307
콩 질굼　149
키箕　404
키무나金木乃　446
킬더거葛多介　446

ㅌ

타개죽　312
타리개　274
탁도경卓都卿　430
탁석손卓石孫　475
탄마誕馬　398
탈놀이　24, 366

탐라耽羅(제주도)   361, 407
탐조지   88
탐주探州   440
탕건   144
탕고唐括   189
탕병湯餠   388
태무견자始無遣者   470
태징   173
태치기   305
『택리지擇里志』   261
탸신泰神   436
털채   122
토관직土官職   203
토막리   77
토막리 가는골 부락   77
토문土門   189, 446
토문강土門江   59, 247~249
토산령土山嶺   178
토스래 베   138
토와   131
토장   167
토표피土豹皮   486
토호   72, 75, 132, 184, 214, 217, 337, 364, 382, 456, 465, 476~478, 481, 484
토홍土紅   385
통김치   149
통나무 구새(연통)   113, 114, 131
통일 신라   420
퇴계退溪(李滉)   397
투레   93
투먼豆漫   189, 221
툴우禿魯兀   431, 436
퉁그스-만주족   300
퉁멍거터물東猛哥帖木兒   193, 195, 439, 440, 445~447, 449, 450, 452
퉁컨童巾   457

튀운 쌀   389
특수 부락   72, 73, 76, 80, 187, 205, 208, 213, 219, 228, 241
티프테리야   321

ㅍ

파곡坡谷   407
파저강婆猪江 류역   190
판관判官   205
판디   175
판영흥대도호부사判永興大都護府事   479
8간집   125
팔관회八關會   328
팔보당八寶糖   413
팔손把兒遜   445, 446
팥   307
팥설기(豆糕)   391, 411
편세공編細工   115
편세공품   115
편육片肉   414
평개   116
평남일보   320
평대문平大門   133, 209
평상복   387
평수길平秀吉   367
평안남도 순안군   303
평안도   148
평양성   367
평전   86
평호미   547
폐양립蔽陽笠   388
폐어廢語   129
포구악抛球樂   403
포노砲弩   579
포도아   358, 368

포무갈 146
포의한사布衣寒士 378
포태리胞胎里 244
표고蔈古 414
품앗이 97, 550
풍계리 심포 부락 79
풍계리 차골眞洞 부락 79, 86
풍리리 오지 바위 부락 79
풍산리 맹가골 부락 75, 78, 79, 138, 158
풍산리 봉의골 부락 78, 79
풍수설 366, 404
풍환馮煥 521
프로레타리아 169, 317
피 86
피꽃나무 146
피역자避役者 73, 214
피총 메커리 146
필구멍(마지막 굿) 176, 177
『필원잡기筆苑雜記』 52, 53, 349, 405, 420

ㅎ

하경복河敬復 453
하기제下氣劑 358
하라구치原口九萬 258
하란哈蘭 430, 436
하붕霞繃 488
하삼도下三道(충청, 경상, 전라도) 204, 227, 267, 458~461
학봉鶴峰 김성일金誠一 364
한구寒具 389
한국민속학사 14
한국역사민속학회 15
한명회韓明澮 480
한문(총출입문) 127, 130
한변외韓邊外 245
한보름(음력 1월 15일) 97, 563
한보름날 365
한산韓山 47, 265, 382
한양漢陽 367, 404
한치윤韓致奫 493
한혁韓奕장 509
한흥보韓興寶 446
한흥수 20
함경도 재가승촌락 17
함경도 지방 35, 36, 90, 105, 106, 163, 166, 199, 206, 221, 239, 255, 259, 264, 269, 285, 325, 328, 330, 334, 336, 337, 339, 340, 342~344, 383, 385, 537, 541, 545, 546, 548, 549, 561
함길도咸吉道 194, 204, 222, 227, 267, 459~461, 466, 472, 474, 479, 486, 488
함길도 관찰사 453
함길도병마사 479
함정 103
함지 109
함지박 47, 280~282, 285
함흥 158, 436
합란천호哈蘭千戶 463
합병盒餠 411
합사주合絲紬 47, 265
합蛤지짐 414
항료화 413
항시부방恒時赴防 472
해관만호奚關萬戶 463
『해동역사海東繹史』 493
해동천호海童千戶 463
해란하海灡河 439
해삼 487
해삼조림 414
해삼찜 414
해연海洋 436
해적 행위 369
『해주향약』 330

해중 식물海中食物　266
행부(보)석行步席　161
행영行營　203
행전行纏　354
향국香國　327
향님鄕任(향청 직원)　399
향대부안鄕大夫案　337
향도(鄕徒, 香徒)　19, 35, 36, 166, 325~339, 341~344, 364, 365, 374, 419
향도계香徒契　341
향리鄕吏　205
향선생안鄕先生案　337
향안鄕案　337, 364
향약鄕約　328, 337
향약법　337
향역리鄕驛吏　203
향연享宴　443
향왕香王　327
향전香殿　327
향좌목鄕座目　337
향청鄕廳　337
향촌사회연구　18
향화인向化人　189, 201, 206, 225, 234, 239, 457, 463~465, 468, 474
향화전向化田　467
허량許樑　249
허항령虛項嶺　244
허혼 편지의 교환　316
혐진우지캐嫌進兀狄哈　203, 439
헛간(허덕간)　132
현선도獻仙桃　403
현성縣城　435
현성평縣城平　189, 435
현소玄蘇　370
현토태수　521
혐진 우지캐嫌進兀狄哈　193

형제리　77
형제리 다갈 부락　77
형제리 연대 부락　77
혜초慧超　52, 420
호강豪强　205
호란呼蘭　114, 131, 487
호미　48, 95, 96, 290, 305, 487, 547, 548
호복胡服　138, 139, 232
호쁘　295
호시석노楛矢石弩　383
호신부護身符　145, 146
호정虎亭　581
호주濠洲　372
호창呼唱　583
호표피虎豹皮　253
홀패　484
홍갈분紅葛粉다식　413
홍감사과紅甘絲果　413
홍긍천호洪肯千戶　463
홍긍洪肯　436
홍기문　20, 61
홍람紅藍　385
홍량호洪良浩　95, 123, 289, 290, 336, 548, 561
홍료화紅蔘花　413
홍매화강정紅梅花强精　413
홍산리　77
홍석모洪錫謨　52, 54, 55, 350, 408, 420
홍세한과紅細漢菓　413
홍어　487
홍역　321
홍연사과紅軟絲果　413
홍원　436
홍은정과紅銀丁果　413
홍주목사　347
홍차수紅叉手　413
홍합조림　414

홍합탕紅蛤湯 414
홍헌洪獻 430
홍희유 23
화구호火口湖 250
화대 지방 436
화덕 112
화랑花郞 326~328, 344, 364
화로 117
화문석花紋席 352
화유자靴蚴子 93
화장법 166
화장터 165
화전 경작 74, 80, 85, 94, 352
화종禾種 87
화패 88
환병環餠 389
활쏘기 20, 62, 567, 575~584
황가리 가죽 122
황계동黃䌷同 475
황기덕 22
황두 18, 35, 36~38, 45, 306, 325, 333, 334, 339, 343, 550
황매화강정 413
황모필黃毛筆 352
황산곡黃山谷 388
황상黃象 448
황어 487
황연사과 413
황욱黃澳 25
황응黃鷹 457
황저포黃苧布 47, 265
황정욱黃廷彧 353
황黃조약 412
황지 제조 107
황철나무山白楊 110, 281
황철산 23, 25

황희黃喜 451
홰대 130
회격灰隔 397
회령會寧 41, 47, 79, 83, 86, 96, 114, 130, 132, 134, 141, 142, 162, 190, 195, 196, 199, 201, 221, 222, 230, 237, 262, 265, 267, 269, 278, 287, 439, 453, 467, 471, 479, 483, 487, 536
회령군會寧郡 70, 78, 79, 86, 101, 213
회령군 창태리 창태 부락 74, 79, 103
회령군 풍산 역전 78, 81, 83
회령등처행성필역會寧等處行城畢役 454
회령천 상류 78
「회령會寧 풍속조」 261, 485
회재晦齋(李彦迪) 397
후금後金(청淸) 201
후사가노侯史家奴 190
후주厚紬 47, 265
『후주서後周書』 539
후추가루 414
후치 87
후치질 48
『후한서後漢書』 255, 497, 502, 504, 505, 516~524, 529, 531, 532
『후한서後漢書』「삼국지三國志」 255
훈융진訓戎陣 471
훈춘琿春 189
훈춘강(류역) 190, 435, 439
훈춘 평야 189, 190, 221, 222, 439, 445
훌기 568
흰잣성奚關城 435
휘항(휘양, 풍대기) 180
흉노匈奴(렬전) 493, 510, 511, 513, 527, 528
흑고黑姑 509
흑룡강 43, 192
흑수말갈黑水靺鞨 255, 259, 451, 488
흑초黑貂 254

흑칠립黑漆笠　388
『흠정만주원류고欽定滿洲原流考』　129, 168
홍산리 오소 부락　78
홍산리 팔소 부락　78
홍산리 편인동 부락　78
희령진會寧鎭　453

희자온喜刺溫　444
희자올喜刺兀　444
흰쌀떡白米餠　411
흰콩설기　411
히란보야奚灘孛牙　439
히탄서러奚灘薛列　437

# 황철산 민속학
북한의 '역사과학으로서의 민속학'

초판1쇄 발행 2016년 11월 20일

지은이 황철산
엮은이 주강현
펴낸이 홍기원

총괄 홍종화
편집주간 박호원
편집 · 디자인 오경희 · 조정화 · 오성현 · 신나래 ·
　　　　　　 이정희 · 이상재 · 남지원
관리 박정대 · 최기엽

펴낸곳 민속원
출판등록 제18-1호
주소 서울 마포구 토정로25길 41(대흥동 337-25)
전화 02) 804-3320, 805-3320, 806-3320(代)
팩스 02) 802-3346
이메일 minsok1@chollian.net, minsokwon@naver.com
홈페이지 www.minsokwon.com

ISBN 978-89-285-0958-4
SET 978-89-285-0359-9 94380

ⓒ 민속원, 2016, Printed in Seoul, Korea

저작권법에 의해 한국 내에서 보호를 받는 저작물이므로 무단전재와 복제를 금합니다.
이 책 내용의 전부 또는 일부를 이용하려면 반드시 저작권자와 민속원의 서면동의를 받아야 합니다.
이 도서의 국립중앙도서관 출판시도서목록(CIP)은 서지정보유통지원시스템 홈페이지(http://seoji.nl.go.kr)와
국가자료공동목록시스템(http://www.nl.go.kr/kolisnet)에서 이용하실 수 있습니다. (CIP제어번호: CIP2016026050)

책 값은 뒤표지에 있습니다.
잘못된 책은 바꾸어 드립니다.